Richard Adelbert Lipsius

Die Apokryphen

Apostelgeschichten und Apostellegenden

Richard Adelbert Lipsius

Die Apokryphen
Apostelgeschichten und Apostellegenden

ISBN/EAN: 9783743326965

Hergestellt in Europa, USA, Kanada, Australien, Japan

Cover: Foto ©ninafisch / pixelio.de

Manufactured and distributed by brebook publishing software
(www.brebook.com)

Richard Adelbert Lipsius

Die Apokryphen

DIE

APOKRYPHEN

APOSTELGESCHICHTEN

UND

APOSTELLEGENDEN.

EIN BEITRAG

ZUR ALTCHRISTLICHEN LITERATURGESCHICHTE

VON

RICHARD ADELBERT LIPSIUS.

ZWEITER BAND
ZWEITE HÄLFTE.

BRAUNSCHWEIG,

C. A. SCHWETSCHKE UND SOHN

(M. BRUHN).

1884.

Die Acten des Philippus.

Die ältere Tradition über Philippus.

Die katholische Tradition des 2. Jahrhunderts feiert bekanntlich
den Philippus neben Johannes als den Apostel Kleinasiens. Als Schauplatz seiner Wirksamkeit wird Hierapolis in Phrygien genannt, woselbst
er auch begraben liegen soll (Polykrates Ephes. bei Eus. h. e. III, 31. V,
24. Proclus bei Eus. III, 31). Polykrates von Ephesos bezeichnet ihn
ausdrücklich als einen der Zwölfe, und diese Annahme ist auch in der
Folgezeit herrschend geblieben, obwol hier aller Wahrscheinlichkeit
nach eine Verwechslung mit dem gleichnamigen Diakonus und Evangelisten vorliegt. Die vier jungfräulichen mit Prophetengabe ausge-
statteten Töchter des Evangelisten, welche in der Apostelgeschichte
(21, 9) erwähnt werden, sind in der kleinasiatischen Tradition für den
Apostel annectirt. Proclus, der ihre Zahl ebenfalls auf vier bestimmt,
lässt sie ebenso wie ihren Vater in Hierapolis bestattet sein, wogegen
Polykrates nur von drei Töchtern des „Apostels" Philippus weiss, von
denen zwei im hohen Alter als Jungfrauen in Hierapolis gestorben sein
sollen, eine dritte, die „im heiligen Geiste wandelte", in Ephesos bestattet liegen soll. Clemens von Alexandrien (Strom. III, 6 p. 535
Potter) erzählt, dass Philippus, den er ausdrücklich als Apostel bezeichnet,
nicht blos selbst verheirathet gewesen sei, sondern auch seine Töchter
verheirathet habe. Bischof Papias von Hierapolis, welcher von Eusebios
noch als Zeitgenosse des Philippus und seiner Töchter betrachtet wird,
zählt ihn ebenfalls schon unter die Apostel (bei Eus. III, 39, 4) und
berichtet eine von ihm vollbrachte Todtenerweckung, welche er von
den Töchtern des Philippus vernommen haben soll [1]).

---

1) In Cäsarea am Meere, wo der Evangelist Philippus eine Zeitlang
gewirkt hat, war die Erinnerung an ihn, als eine vom Apostel verschiedene

Die περίοδοι Φιλίππου.

Die spätere Legende war durch diese Ueberlieferungen genöthigt, wenigstens das Ende der Wirksamkeit des Philippus nach dem phrygischen Hierapolis zu verlegen. Dies ist daher auch in den ursprünglich gnostischen Acten der Fall, von denen sich noch erhebliche

Person. auch nachmals lebendig. Noch zur Zeit des Hieronymus (ep. CVIII ad Eustoch. Opp. I, 696 Vallars.) zeigte man hier die Gemächer seiner vier weissagenden Töchter. Dagegen hat eine spätere Ueberlieferung den Evangelisten nach „Asien" versetzt, ihm aber im Unterschiede vom Apostel nicht Hierapolis, sondern Tralles als Wohnort und Bischofssitz zugewiesen, woselbst er auch begraben liegen soll.

So schon das Verzeichnis der 70 Jünger in beiden Dorotheostexten und darnach in dem Mischtext bei Lagarde (Constt. App. p. 284), sowie bei dem angeblichen Logothetes, aber nicht im Hippolytostexte. Die in allen Texten ziemlich übereinstimmende Notiz lautet in Dorotheos A: Φίλιππος ὁ καὶ αὐτὸς εἰς τῶν ἑπτὰ ὁ καὶ Σίμωνα καὶ τὸν εὐνοῦχον βαπτίσας, ἐν Τράλλεσι τῆς Ἀσίας ἐπίσκοπος γέγονεν. Ferner die griechischen Menäen zum 11. October (Venedig 1684 p. ξς΄) mit der Ueberschrift τοῦ ἁγίου ἀποστόλου Φιλίππου ἑνὸς τῶν ἑπτὰ διακόνων. Vorangehen die Verse

Ὧνπερ διηκόνησας ἐν γῇ πραγμάτων
ἐν οὐρανοῖς Φίλιππε μισθὸν λαμβάνεις.

Οὗτος ἐκ Καισαρείας τῆς κατὰ Παλαιστίνην ὁρμώμενος καὶ γάμῳ προσομιλήσας τέσσαρας θυγατέρας προφητευούσας ἐκέκτητο. Τοῦτον ὁ εὐαγγελιστὴς καὶ θεῖος Λουκᾶς ἐν ταῖς πράξεσιν ἀπεμνημόνευσεν. ὑπὸ δὲ τῶν ἀποστόλων ἐν ταῖς χρείαις τῶν ἁγίων διάκονος καταστὰς ἅμα Στεφάνῳ καὶ τοῖς λοιποῖς. οὗτος τὴν Σαμάρειαν ἐμαθήτευσεν καὶ Σίμωνα τὸν μάγον ὑποκριθέντα ἐβάπτισεν, ὑπὸ ἀγγέλου δὲ ἁρπαγείς, τὸν Αἰθίοπα καταλαβὼν εὐνοῦχον κατηχήσας ἐβάπτισεν. εἶτα εἰς Ἄζωτον ὑπὸ ἀγγέλου ἀπενεχθεὶς καὶ ταύτην τῷ λόγῳ κατεφώτισεν. καὶ μετὰ ταῦτα τὴν ἐν τῇ Ἀσίᾳ Τράλλην κατέλαβεν, ἐν ᾗ θαύματα ἐργασάμενος καὶ ἐκκλησίαν δειμάμενος πρὸς κύριον ἐξεδήμησεν. Ebenso lässt ihn das Martyrologium des Basilios in Tralles Bischof werden und daselbst entschlafen (Albani I. 111; Migne CXVII, 104), und übereinstimmend hiermit berichtet der Hymnolog Joseph (Acta SS. Jun. I, •619). Ebenso auch die Synaxis zum 30. Juni: Φίλιππος ὁ ἐν ταῖς πράξεσιν ἐμφερόμενος, ὁ ἐκ Καισαρείας τῆς Παλαιστίνης καὶ γάμῳ προσομιλῶν καὶ τέσσαρας ἔχων θυγατέρας προφητίδας καὶ διάκονος κατασταθεὶς ἀπὸ τῶν ἀποστόλων καὶ τὸν Σίμωνα ὑποκριθέντα βαπτίσας, ἀλλὰ καὶ τὸν Αἰθίοπα εὐνοῦχον ὁμοίως φωτίσας· οὗτος ἐν Τράλλῃ τῆς Ἀσίας κηρύξας σὺν ταῖς ἑαυτοῦ θυγατράσιν ἐκεῖ τὸν βίον μετήλλαξεν. Ein etwas abgekürzter Text dieser σύναξις findet sich in cod. Paris gr. 1575. Auch im Synaxarium der koptischen Kirche wird zum 14. Tekemt oder Babeh (11. October) berichtet, dass Philippus der Evangelist die Städte Asiens durchwandert habe.

Von besonderm Interesse ist noch ein weiter unten zu besprechendes

Bruchstücke erhalten haben. Die Verbreitung derselben scheint eine geringere gewesen zu sein als die verwandter Apokryphen; unter den von Leucius Charinus verfassten Apostelgeschichten werden sie nicht

Landschriftliches Menologium zum 14. November in cod. Paris. gr. 1551 saec. XIIII, dessen Kenntnis ich Max Bonnet verdanke. In der Einleitung zu einer Lebensbeschreibung des Apostels Philippus wird zur richtigen Unterscheidung der beiden Philippus zuerst vom Evangelisten gehandelt. Der Text dieser kurzen Notiz ist ziemlich derselbe, wie in den gedruckten Menäen zum 11. October, doch theilweise ausführlicher. So werden die vier Töchter des Evangelisten namentlich aufgeführt; sie heissen Hermione, Charitine, Irais, Eutychiane. Ganz abweichend lautet der Schluss. Nachdem die Taufe des äthiopischen Eunuchen erwähnt ist, lesen wir Folgendes: καὶ ταῖς λοιπαῖς καθεξῆς εὐαγγελισάμενος πόλεσιν, τότε μὲν τὴν θρεψαμένην κατέλαβεν, ὕστερον δὲ λόγος κατέχει ὡς καὶ ἐπὶ τὰς λοιπὰς πόλεις ἐξελθὼν τοῦ θείου κηρύγματος ἕνεκεν Τράλης τε τῆς ἐν Ἀσίᾳ ἐπιτροπεύσας σὺν ταῖς αὐτοῦ θυγατράσιν, ἐκεῖ τὸν βίον διὰ μαρτυρίου μετήλλαξεν. Von dem zuletzt erwähnten Martyrium des Evangelisten Philippus weiss die sonstige Ueberlieferung nichts. Dagegen feiern die Menäen zum 4. September (S. 36 flg.) das Gedächtnis der heiligen Hermione, einer Tochter des Apostels Philippus, welcher „den Kandakes" getauft habe. Dieselbe pilgert mit ihrer Schwester Εὐτυχίς nach Asien zum heiligen Johannes dem Theologen, findet ihn aber nicht mehr, da er wie Henoch und Elias hinweggenommen ist. Dafür lernt sie einen Paulusschüler Petronius kennen, von dem sie samt ihrer Schwester unterrichtet wird. Hermione übt die Heilkunde aus, was eine grosse Menge zu ihr lockt, muss unter Trajan um ihres Christenglaubens willen Schläge erdulden, wird jedoch wieder losgelassen. Zuletzt in ihrem Alter wird sie von Hadrian auf die mannichfaltigste Weise gequält, sogar nackt in einen siedenden Kessel geworfen, doch Alles ohne Schaden zu leiden.

Die lateinische Kirche feiert seit dem 8. Jahrhunderte das Gedächtnis des Diakonus Philippus am 6. Juni. Schon das Martyrologium Hieronymianum nennt an diesem Tage einen Märtyrer Philippus, der aber nach Afrika gehört und mit dem Diakonen nichts gemein hat (so codd. Epternac. Lucc. Corbei. maj. Wissemb.; martyrol. Rhinov., Richenov., Reg.-Succ.; irrthümlich versetzen martyr. Augustan.-S. Udalrici und Labbeanum denselben nach Nividunum, das Gellonense nach Nikomedien). Dagegen hat schon das kleine römische Martyrologium jenen afrikanischen Philippus mit dem Diakonus identificirt. Dasselbe schreibt 'VIII id. Jun. Philippi diaconi de VII apud Caesaream'. Darnach bringt Ado im libellus de festivitatibus apostolorum (ed. Roswcyde Antwerp. 1613 p. 31 sqq.) unter demselben Datum einen ausführlichen. aus den Nachrichten der Apostelgeschichte znsammengewobenen Bericht, den er aber aus anderweiter Tradition vermehrt. Die Taufe des Eunuchen soll *'in fonte qui est in vico Bethsoro in tribu Juda euntibus ab Aelia ad Hebron in vicesimo lapide'* erfolgt sein. Die Schlussworte über Philippus lauten: *'qui postea apud Caesaream requievit. Juxta quem tres virgines filiae ipsius prophetissae tumulatae iacent: nam quarta filia illius*

ausdrücklich mit aufgezählt. Doch nennt das decretum Gelasii VI, 6
unter den zu verwerfenden Büchern auch '*Actus nomine Philippi apostoli apocryphum*'. Dieselben waren bis in die neueren Zeiten nur in
späteren katholischen Auszügen bekannt, welche sich in den griechischen
Menäen zum 14. November, bei Nikephoros, Anastasios Sinaites, Symeon
Metaphrastes und anderwärts erhalten haben. In den Actis Sanctorum
zum 1. Mai (Mai. Tom. I p. 8) wird eine vaticanische Handschrift (cod.
Vat. 808) erwähnt, von welcher G. Henschen für die Acta SS. eine
Abschrift genommen, aber leider nicht veröffentlicht hat. Darnach
machte Thilo (Prolegg. ad Acta Thomae p. LXII sq.) Mittheilung von
mehreren Pariser Handschriften, unter denen der cod. bibl. nat. 1468
der wichtigste ist. Die Ausgabe Tischendorfs (acta app. apocrypha
p. 75 sqq.) basirt auf zwei andern Handschriften, dem ebenfalls von
Thilo schon erwähnten cod. Paris. 881 saec. XI, und einem Codex der
Marcusbibliothek zu Venedig (cod. Marcian. 349). In denselben ist
das gnostische Element schon theilweise ausgemerzt; so findet sich z. B.
darin nicht mehr der in den Actis SS. und bei Thilo erwähnte Zug,
dass ein Leopard und ein Ziegenbock mit menschlicher Stimme reden.
Erhalten ist derselbe dagegen noch in dem freilich am Schlusse unvoll-
ständigen cod. Paris 1468, welchen Tischendorf nachträglich (Apocalyps.
apocr. p. 141 sqq.) abgedruckt hat, und in einem schon von Grabe
benutzten, dann ebenfalls von Tischendorf aber nur unvollständig mitgetheilten cod. Barocc. 180 (l. c. p. 151 sqq.) [1]). Das Erhaltene ist

---

*plena spiritu sancto in Epheso occubuit. Quidam tamen putant, apud
Hierapolim eas tumulatas, ubi apostolus Philippus unus de duodecim quiescit. Cuius fuisse filiae ab aliquibus scriptoribus putatae sunt'*. Aehnliche,
bald ausführlichere, bald kürzere Notizen bieten zum 6. Juni auch die Martyrologien des Beda, Ado, Usuard, Notker u. s. w. — Der Gedächtnistag des Evangelisten Philippus in der armenischen Kirche ist der 9. Februar. Die Kopten
feiern denselben am 14. Babeh (11. October), also an demselben Tage, wie
die griechische Kirche. Das arabische Synaxarium (Wüstenfeld S. 69 flg.) stellt
unter diesem Datum sämtliche biblische Nachrichten über den Evangelisten
zusammen; am Schlusse fügt es hinzu, er habe die Städte Asiens durchwandert und dort das Evangelium gepredigt. „Er hatte vier Töchter, welche
mit ihm predigten, und nachdem er viele von den Juden, Samaritanern und
andern Völkern bekehrt hatte, ging er in Frieden zur ewigen Ruhe".

1) Ausserdem erwähnen Thilo und Tischendorf noch einen sehr alten
cod. Paris 1454 saec. X, der aber zum Schlusse unvollständig und durch Nässe
verdorben ist und einen von Lambecius (Comment. Vol. VIII p. 584 sqq. ed.
Kollar.) verzeichneten, auch von Fabricius (bibl. graec. X p. 313 ed. Harless)
aufgeführten cod. Vindob. (cod. XIX hist. graec.).

leider nur ein kleines Bruchstück der ursprünglichen Acten. Dies ergibt sich schon aus der Ueberschrift in dem cod. Marc.: ἐκ τῶν περιό-
δων Φιλίππου τοῦ ἀποστόλου, ἀπὸ πράξεως πεντεκαιδεκάτης μέχρι
τέλους, ἐν αἷς τὸ μαρτύριον. Aus dem Eingange erfahren wir weiter,
dass Philippus erst nach Durchwanderung der Städte von Lydien und
Asien (Asia provincia) nach Hierapolis gekommen sein soll. Verbinden
wir hiermit gleich die weiter unten noch näher zu besprechenden acta
Philippi in Hellade (bei Tischendorf act. app. apocr. p. 95 ff.), so
ergibt sich, dass nach der ursprünglichen gnostischen Legende Philippus
auch in Griechenland, speciell in Athen gewirkt, und von dort nach
Parthien gereist sein soll. Ein von Henschen benutztes vaticanisches
Manuscript dieser Acten (Acta SS. Jun. Tom. I p. 620) trägt die
Ueberschrift πράξεις τοῦ ἁγίου Φιλίππου τοῦ ἀποστόλου τὸ β΄ εἰς τὴν
Ἑλλάδα τῶν Ἀθηνῶν, was vielleicht darauf schliessen lässt, dass die
Thaten in Athen die zweite πρᾶξις des Gesamtwerkes gebildet haben.

Die lateinische passio Philippi in der Abdiassammlung, sowie in
den Actis Sanctorum zum 1. Mai erzählt von den Wunderwerken des
Apostels in „Scythien", die von Wright herausgegebenen syrischen
Acten (Apocryphal Acts of the Apostles p. 69 sqq. der englischen Uebersetzung) von seinen Thaten zu Karthago, wohin er zu Schiff von
Cäsarea aus gelangt sein soll. Endlich die unter der Ueberschrift ἐκ
τῶν θαυμάτων τοῦ ἀποστόλου in den griechischen Menäen zum
14. November erhaltene Erzählung (Venetianer Quartausgabe von 1684
S. 114 sqq., auch bei Combefis auctar. noviss. T. I p. 387 sqq. hinter
des Niketas Paphlago orat. encomiast. in S. Philippum) weiss von einem
frühern Aufenthalte des Apostels in Hierapolis und von weiteren Reisen,
die er von Hierapolis aus durch Phrygien, Lykaonien und Asien unternommen haben soll; bevor sie ihn aber nach Hierapolis kommen lässt,
erzählt sie von seinen Thaten zu Athen, im Wesentlichen übereinstimmend mit den acta Philippi in Hellade, und berichtet dann, dass er
von Athen aus nach Parthien in die Städte der „Kandaker" und weiter
zu Schiff nach Asdod (Azotos) gekommen sei, woselbst er die augen-
kranke Tochter seines Gastfreundes geheilt habe (vgl. auch Acta SS.
Jun. Tom. I p. 620). Nach Azotos kommt nach der Apostelgeschichte
(8, 40) der Evangelist Philippus, nachdem er vorher den Kämmerer der
äthiopischen Königin Kandake bekehrt hat (Act. 8, 27 ff.). Die πόλεις τῶν
Κανδάκων können auf Missverständnis beruhn. Wesentlich dieselben Geschichten wie in der Erzählung ἐκ τῶν θαυμάτων τοῦ ἀποστόλου begegnen uns auch in dem noch zu besprechenden handschriftlichen Menäum
zum 14. November in dem cod. Paris. 1551. Auffällig ist, dass auch

in den syrischen Acten die Stadt Karthago als „Karthago, welche ist in Azotus" bezeichnet ist. Man könnte daher vermuthen, dass die Erwähnung von Karthago auf Misverständnis der πόλεις τῶν Κανδάκων beruhe, von denen Philippus nach Azotos gekommen sein soll. Bemerkung verdient ferner, dass in diesen syrischen Acten Philippus ausdrücklich als „Apostel und Evangelist" bezeichnet wird. Henschen versucht vergeblich, die in den Menäen berichteten Thaten des Philippus zwischen dem Apostel und dem Evangelisten zu vertheilen. Es ist aber zweifellos, dass die apokryphen Acten schon in ihrer ältesten Gestalt beide Personen völlig identificirt haben.

Die dem Martyrium des Apostels vorangegangenen Geschichten in Hierapolis sind nicht mehr vollständig erhalten. Wenigstens erfahren wir aus dem vaticanischen Manuscript, dessen die Acta SS. zum 1. Mai gedenken, dass der hierapolitanische Gastfreund des Apostels, der auch in unsern gedruckten Texten vorkommende Stachys, durch Philippus von 40jähriger Blindheit geheilt worden sei. In dem cod. Paris. 1468 ist auf diese Geschichte noch Bezug genommen: die Bewohner der Stadt erzählen hier dem Johannes (l. c. p. 145), dass die Heilung durch den Speichel des in der Begleitung des Apostels befindlichen Weibes (der Mariamne) erfolgt sei. Die Geschichte ist verwandt mit der oben aus den griechischen Menäen erwähnten, die sich aber nach den letzteren nicht in Hierapolis, sondern in Azotos zugetragen haben soll. Doch wissen auch die griechischen Menäen von Stachys zu erzählen, dessen Haus vom Proconsul und vom Volke in Brand gesteckt worden sei [1]). In den durch Tischendorf veröffentlichten Texten findet sich von alledem nichts; doch wird hier deutlich auf Früheres zurückgewiesen, vgl. die Worte im Eingang (Tischend. act. app. apocr. p. 75): πάντες οὖν καταλιπόντες τὰ ἔργα αὐτῶν οἱ ἄνδρες τῆς πόλεως ἔτρεχον εἰς τὸν οἶκον τοῦ Στάχυος, ἀκούοντες περὶ τῶν ἔργων ὧν ἐποίει ὁ Φίλιππος. Da die vom Apostel gethanen Werke im Vorhergehenden nicht erwähnt sind, so lässt sich mit Bestimmtheit voraussetzen, dass ursprünglich Aehnliches, wie das was Henschen aus dem vaticanischen Codex mittheilt, vorangegangen war. Ebenso nimmt auf die Verbrennung des Hauses des Stachys noch eine Rede des Philippus an Bartholomäus Bezug, ohne dass die Thatsache selbst be-

---

1) Die ebendaselbst enthaltene Angabe, dass dieser Stachys später zum Bischof von Byzanz ordinirt worden sei, geht auf die mit der Philippuslegende in gar keiner Beziehung stehende spätere byzantinische Sage zurück, welche der falsche Dorotheos im Verzeichnisse der 70 Jünger aufbewahrt hat.

richtet würde. Dass im Vorangegangenen auch von Todtenauferweckungen durch die Apostel erzählt war, geht aus einer gelegentlichen Bemerkung (p. 84 Tischend.) hervor.

Die Thaten des Philippus in Hierapolis.
Inhalt derselben.

Der Text der hierapolitanischen πράξεις ist in drei verschiedenen Recensionen erhalten, von denen die erste in den codd. Paris. 881 und Marcian. 349, die zweite in cod. Paris. 1468, eine dritte in cod. Barocc. 180 vorliegt. Das Ursprüngliche ist bald in der einen, bald in der andern Recension bewahrt. Der Inhalt ist folgender:

Nach dem Martyrium des Simon Klopa, des zweiten Bischofs von Jerusalem, im 8. Jahre des Trajan, durchzog der Apostel Philippus die Städte von Lydien und Asien mit der Predigt des Evangeliums. Als er nach der Stadt Ophioryme, d. h. nach Hierapolis in Asien kam, fand er in dem Hause eines gewissen Stachys gastfreundliche Aufnahme. In seiner Begleitung waren seine Schwester Mariamne, Bartholomäus einer der siebzig Jünger, ein Leopard und ein Ziegenbock, welche mit menschlicher Stimme redeten. Die Wunderwerke des Apostels lockten bald eine grosse Volksmenge zum Hause des Stachys, an dessen Thüre Mariamne sitzt und die Kommenden einladet, die Predigt des Apostels zu hören. Philippus ermahnt sie, sich dem Dienste ihres Feindes, des ὄφις, des Sohnes des Teufels, der sie gefangen habe und ins ewige Verderben bringe, zu entziehen. Die Bewohner von Hierapolis verehrten nämlich von alten Zeiten her die Schlangen (τοὺς ὄφεις) und die Echidna, von denen sie auch Bilder aufgestellt hatten: daher der Name der Stadt Ophioryme (Schlangenwindung). Unter den Vielen, welche durch die Predigt des Apostels gläubig werden, befindet sich auch Nikanora, die Gattin des Proconsuls. Bettlägerig und augenkrank, wird sie durch Anrufung des Namens des Philippus von allen ihren Leiden geheilt und lässt sich von ihren Sklaven in einer Sänfte in das Haus des Stachys tragen. Mariamne begrüsst sie an der Thür mit einer hebräischen Rede, worauf Nikanora selbst sich als Hebräerin zu erkennen gibt und die ihr zu Theil gewordene wunderbare Heilung erzählt. Philippus betet für sie, als aber die Versammlung im Hause eben das Amen gesprochen hat, stürzt der tyrannische Proconsul wuthschnaubend herein, erfasst Nikanora am Gewand, und droht ihr mit unbarmherzigen Strafen, wenn sie nicht bekenne, wem sie ihre plötzliche Heilung verdanke. Die Gattin sucht ihn zur Busse zu rufen und mahnt ihn, dem geschlechtlichen Umgange, „dem Ackerbau des Todes, dem finstern Zaun, der Scheidewand des Verderbens" zu entsagen. Darüber ergrimmt der Tyrann erst recht, erfasst sie bei den Haaren, schleift sie, tritt sie mit Füssen und droht ihr und ihren „Verführern" furchtbare Strafen. Auf seinen Befehl werden Philippus, Bartholomäus und Mariamne geschlagen, gebunden, durch die Strassen der Stadt bis zum Tempel der Echidna gebracht und daselbst eingeschlossen. In ihrem Geleite befinden sich wieder der Leopard und der Ziegenbock, welche wie Menschen reden und dadurch vieles Volk zum Glauben bringen. Die Priester der Echidna und die von ihnen aufgehetzten Massen verlangen den Tod der Fremden, welche seit ihrer Anwesenheit in der Stadt viel Uebles gestiftet, die Schlangen, die Söhne der Göttin umgebracht, den Tempel verschlossen, den Altardienst und die Weinspende, durch welche man die Göttin einzuschläfern pflegte, verhindert haben [1]). Der Proconsul stimmt in ihre Klagen ein, und erzählt, wie die Fremden sein Weib bethört hätten; die ganze Nacht hindurch bete sie in fremden Sprachen, von einem wunderbaren Lichte umgeben, und rufe „Erschienen ist mir das wahre Licht Jesus". Als er sie habe belauschen wollen, sei er von jenem Lichte beinahe geblendet worden. Als die Priester ebenso rathlos dastehn wie der Proconsul, befiehlt dieser die Gefangenen vorzuführen und zu entkleiden, um zu sehen, ob man an ihren Leibern die Zaubermittel entdecken könne. Philippus und Bartholomäus werden darauf entblösst; jener wird mit durchbohrten Knöcheln und Fersen an einem Haken kopfüber an einen Baum, dem Tempel gegenüber, Bartholomäus ihm gegenüber mit ausgespannten, durchbohrten Händen an der Tempelmauer aufgehängt. Die Entkleidung der Mariamne soll nach des Proconsuls Willen zu einem Schauspiele für die ganze Stadt werden. Aber als man sie ausgezogen hat, verwandelt sich plötzlich ihre Gestalt, sie erscheint wie ein von blendendem Lichte erfüllter Glaskasten, so dass niemand sie anblicken, geschweige sich ihr nahen kann.

Philippus will Feuer vom Himmel herabrufen, um die Bewohner von Hierapolis zu bestrafen. Da kommt Johannes, dessen Anwesenheit sein Mitapostel eben noch schmerzlich vermisst hat, in die Stadt, er-

---

1) Der Text ist hier offenbar verkürzt. Die ursprüngliche Erzählung muss berichtet haben, dass all dies über den Tempel hereingebrochene Unheil erst als eine Folge der Einschliessung der Apostel eingetreten sei. Vgl. die weiter unten folgenden Worte: τάχα οὐκέτι ἐσμὲν ἱερεῖς· ἀφ' οὗ γὰρ συνέκλεισας αὐτούς, εὐχομένων αὐτῶν οὐ μόνον τὸ ἱερὸν ἐκ θεμελίων ἐσαλεύθη, ἀλλὰ τάχα καὶ συμπίπτει.

kundigt sich auf der Strasse nach dem Geschehenen und lässt sich von den Leuten, die ihn für ihren Mitbürger halten, zu der Marterstätte führen. Als er aber seine Mitapostel in geheimnissvollen Worten begrüsst und darnach in strafender Rede an das von der Schlange verblendete Volk sich wendet, wollen sie auch ihn tödten und sein Blut ebenso wie das seiner Mitapostel, mit Wein vermischt, der Echidna zum Trankopfer darbringen. Da plötzlich erscheint Mariamne wieder in ihror früheren Gestalt; als darauf die Priester den Johannes ergreifen wollen, werden ihre Hände gelähmt. Philippus von Zorn übermannt, ruft nach Rache. Vergeblich mahnt ihn Johannes, nicht Böses mit Bösem zu vergelten. Auf sein Fluchgebet eröffnet sich plötzlich der Abgrund: die Erde erbebt und verschlingt den Tempel samt der Echidna, den Proconsul, die Priester und siebentausend Männer, ungerechnet die Weiber und Kinder. Nur die Stätte, wo die Apostel sich befinden und das Haus des Stachys wanken nicht, auch die Nikanora, ferner 24 Frauen, welche den Umgang ihrer Männer geflohen und 40 unberührte Jungfrauen bleiben verschont [1]. Im Sinken hatte das Volk Christum um Erbarmen angerufen und eine Stimme war ertönt: „Ich werde mich eurer erbarmen in dem lichtglänzenden Kreuz". Jetzt erscheint der Heiland dem Philippus, stellt ihn wegen seiner Rachethat zur Rede, und kündigt ihm an, dass er zur Strafe für die Uebertretung seiner Gebote nach dem ihm unmittelbar bevorstehenden Tode zwar von Engeln bis zu den Paradiespforten geführt werden, vor denselben aber 40 Tage lang warten solle, bis ihm der Eingang sich eröffne. Zugleich verkündigt er ihm, dass Bartholomäus in Lykaonien den Kreuzestod leiden, Mariamne aber ihren Leib im Jordanflusse lassen werde. Nach diesen Worten streckte der Heiland seine Hand aus und alsbald erscheint in der Luft das Zeichen des Kreuzes, das vom Himmel bis herab zum Abyssus reicht: dasselbe ist voller Licht und einer Treppe vergleichbar, auf welcher das ganze in den Abyssus versenkte Volk wieder emporsteigt: nur der Proconsul, die Echidna und die Priester bleiben unten. Die Wiederbelebten bekehren sich, wenn auch Einige ein neues Strafwunder befürchten, einige Gläubige eilen hinzu, um den Philippus, der noch immer mit dem Kopfe nach unten am Baume hängt, zu befreien; er aber wehrt ihnen, da sein ihm gesetztes Ende nahe sei, und deutet auch

---

1) So cod. Paris. 1468. Der andere Text nennt ausser dem Stachys, seinem Hause und dem Weibe des Proconsuls noch 50 gläubige Frauen, 100 Jungfrauen und viele andre gläubig gewordene Männer und Frauen.

die ihm beschiedene Todesart als Erfüllung des Befehls des Herrn, das Obere nach unten, das Rechte nach links zu wenden und so die durch den Fall des ersten Menschen verkehrte Ordnung wieder herzustellen. Es folgen Mahnreden an das Volk, und weitere Aufträge des Apostels an den auf seinen Befehl von den Fesseln gelösten Bartholomäus. An der Stätte seines Todes soll eine Kirche gebaut und in derselben sollen der Leopard und der Ziegenbock zum Zeichen für die Gläubigen bis zu ihrem Tode von Nikanora verpflegt, darnach aber an der Kirchenthür begraben werden. In dem Hause des Stachys sollen sämtliche gläubige Jungfrauen Wohnung nehmen, und von da täglich zu je Zweien ausgehn, um die Kranken zu besuchen. In Bezug auf diese Jungfrauen erhält Bartholomäus strenge Vorschriften, dieselben nicht blos vor Thatsünden, sondern auch vor Gedankensünden und vor jedem versucherischen Anblicke zu bewahren, mit Bezugnahme auf das Beispiel des Petrus, welcher durch sein Gebet bewirkte, dass seine Tochter gelähmt wurde, um vor jeder Versuchung geschützt zu sein. Um die Jungfrauen vor Augenlust zu bewahren, soll in der Kirche eine Scheidewand angebracht werden, damit ihre Gedanken nicht abgelenkt werden vom Gebet; den Eingang zur Kirche sollen sie immer nur paarweise betreten. Zum Bischofe soll Bartholomäus den Stachys einsetzen, und diesem die gegebenen Vorschriften einschärfen. Zuletzt ordnet Philippus noch an, seinen Leichnam nicht in Linnen wie den Leib des Herrn, sondern in syrischen Papyrus zu hüllen und 40 Tage lang für ihn zu beten, damit ihm der Herr seine Sünde vergebe. An der Stelle aber, wo sein Blut auf die Erde herabströmt, werde ein Weinstock wachsen und Trauben tragen: den Saft derselben sollen sie in den Becher drücken, am dritten Tage davon trinken, und dazu Amen rufen, damit die Darbringung eine vollkommne sei. Zuletzt wendet sich Philippus noch im Gebet an Christus „den Vater des Lichts, den König der Aeonen" und bittet ihn um Beistand auf dem Todeswege, damit er siegreich durch die Reiche der feindlichen Gewalten hindurchdringe. Nach diesen Worten gibt er seinen Geist auf. Bartholomäus und Mariamne nehmen den Leichnam ab und bestatten ihn in der Weise wie er angeordnet hat an der Stätte seines Todes. Da ertönt eine Himmelsstimme: „Der Apostel Philippus ist mit dem Kranze der Unvergänglichkeit gekrönt von dem Kampfrichter Jesus Christus" und alles Volk ruft Amen.

Nach den drei Tagen sprosst an der Stätte, wo das Blut des Philippus geflossen ist, der Weinstock auf. Und sie thun Alles wie er ihnen geheissen, bringen 40 Tage lang das Opfer dar, unter unablässigem Gebet, bauen eine Kirche an der Stätte und setzen den Stachys zum Bischof daselbst ein. Nikanora und alle Gläubigen versammeln sich hier und lassen nicht ab, Gott für seine Wunderthaten zu preisen: die ganze Stadt wird gläubig und Alle werden von Stachys getauft. Nach Ablauf der 40 Tage erscheint der Herr dem Bartholomäus und der Mariamne in Gestalt des Philippus, meldet ihnen, dass er ins Paradies eingegangen sei, und gebietet beiden nach den Orten ihrer Bestimmung abzugehen, was auch, nachdem sie sich bei den Brüdern unter Fürbitte für Alle verabschiedet haben, geschieht. Stachys aber bleibt mit seinen Genossen zurück.

Geschichtlicher Werth.

Der geschichtliche Werth dieser Philippus-Acten beruht theils in den Lokalnachrichten über den Schlangencult zu Hierapolis, theils in den wichtigen Beiträgen, welche sie zur Kenntnis gnostischer Lehren und Bräuche geben. In ersterer Beziehung hat Gutschmid (die Königsnamen S. 399 ff.) in der betreffenden Notiz „eine der werthvollsten Nachrichten nachgewiesen, die uns in den apokryphen Apostelgeschichten überhaupt erhalten sind". Die Gegend von Hierapolis war wegen ihres vulkanischen Charakters und ihrer häufigen Erdbeben bekannt und es unterliegt, wie Gutschmid (S. 399) bemerkt, keinem Zweifel, dass das Versinken von Hierapolis durch den Fluch des Philippus sich auf ein Erdbeben beziehe, wahrscheinlich auf dasselbe, durch welches die Stadt im Jahre 64 oder 65 u. Z. verschüttet wurde (Eus. Chron. ad ann. 2079 Abr.). Dass die Acten selbst das angebliche Martyrium des Philippus erst ins 8. Jahr Trajans (105 u. Z.) verlegen, würde nicht entgegenstehn: denn, wie Gutschmid bemerkt, „die Sage bindet sich ja überhaupt nicht an die Zeitrechnung". In die Vulkanlandschaft an den Grenzen Phrygiens und Kariens (Φρυγία κατακεκαυμένη) verlegte man von Alters her die Arimer und das Lager des gefesselten Typhon (Strab. XII, 8, 19 p. 579). Typhon der Erdbebenriese war nach Hesiod mit Echidna vermählt und erzeugte mit ihr den Orthros, den Kerberos und die Hydra: Echidna selbst ist die Tochter des Chrysaor, in welchem Gutschmid den karischen Nationalgott Ζεὺς Χρυσάριος oder Χρυσαορεύς wiedererkennt und der Kalliroë, deren Name sich wol auf die heissen Quellen bezieht, die aus vulkanischem Boden hervorsprudelten. Aber auch Echidna selbst soll nach Hes. Theog. 304 im Lande der Arimer in einer unterirdischen Felshöhle gefangen liegen. Die Spuren derselben mythischen Ungethüme weist

Gutschmid ferner auch bei den Armeniern nach, deren Schlangenriese Aj'dahak mit seinem Weibe Anojah ziemlich genau dem Typhon und der Echidna entsprechen. Ihre Söhne heissen „das Drachengeschlecht", Anojsh selbst die Mutter der Drachen; auch ein Tempel der Drachen wird erwähnt (Moses v. Khorene I, 29, 3 ff. ed. Whiston). Dass auch in Hierapolis selbst, vielleicht in Verbindung mit dem Kybeledienste, ein Schlangencultus bestand, lässt sich noch mit ziemlicher Wahrscheinlichkeit aus den häufigen Schlangen-Emblemen, welche auf hierapolitanischen Münzen erscheinen, entnehmen; auch die in unsern Acten erwähnte Weinspende an die Echidna erhält eine bemerkenswerthe Bestätigung durch einen mehrfach auf Münzen vorkommenden Typus: Kybele, die mit der rechten Hand einer vor ihr sich aufrichtenden Schlange eine Schale reicht (Gutschmid S. 400). „Die Münzen bestätigen also die Erzählung der Acten des Philippus wenigstens insoweit, als sich aus ihnen folgern lässt, dass in Hierapolis die Schlange wo nicht als solche verehrt, doch als heiliges Thier der Kybele in deren Tempel gehegt, von den Gallern gewartet und von den Frommen mit Libationen bedacht ward" (Gutschmid a. a. O.). Auch den Beinamen Ὀφιορύμη, welchen die Stadt Hierapolis in den Acten führt, hält Gutschmid für historisch.

Die Philippus-Legende selbst entbehrt natürlich jedes geschichtlichen Werthes. Auf älterer Tradition beruht darin nur das bereits früher Bemerkte, dass der frühzeitig mit dem Apostel dieses Namens vermischte Evangelist seinen Wohnsitz später in Hierapolis aufgeschlagen hat und daselbst begraben liegt. Von einem Martyrium desselben ist jedoch der ursprünglichen Ueberlieferung nichts bekannt. Im Gegentheile berichtet der Valentinianer Herakleon (bei Clem. Alex. Strom. IV, 9, 73 p. 595 Potter) ausdrücklich, dass Philippus eines natürlichen Todes gestorben sei. Auch seiner angeblichen Schwester Mariamme oder Mariamne (in den Handschriften finden sich beide Formen) wird von der älteren Tradition nirgends gedacht [1]). Von der eigenthümlichen Verbindung, in welche Bartholomäus mit Philippus gebracht wird, ist bei den Acten des Bartholomäus zu sprechen. Derselbe erscheint hier als einer der Siebenzig, und lediglich als Begleiter

---

1) Die griechischen Menäen zum 17. Februar lassen Mariamne später nach Lykaonien, dagegen den Bartholomäus nach dem glücklichen Arabien gehn. Die Angabe beruht auf künstlicher Ausgleichung der Nachricht unsrer Acten, nach denen vielmehr Bartholomäus nach Lykaonien geht, mit der „indischen" Bartholomäuslegende.

des Philippus, von dem er zuletzt noch eine Reihe von Anweisungen
empfängt. Bemerkenswerth ist dagegen das Auftreten des Johannes
in Hierapolis. Derselbe erscheint auch dem Philippus gegenüber
als der angesehenere Apostel, der seinen Genossen wegen begangenen
Unrechts zur Rede stellt. Zahn hat hierauf (acta Joannis S. LXXIX f.)
die Vermuthung gegründet, dass diese Erzählung auf die Anregung der
Johannesacten zurückzuführen sei, welche ja den Apostel Johannes
wenigstens in die nächste Nähe des Wohnsitzes des Philippus, nach
Laodikeia, kommen lassen. In der That hat eine Abhängigkeit der
Philippusacten von den jedenfalls älteren Johannesacten viel Wahrscheinlichkeit, wenn sie auch mit unsern gegenwärtigen Mitteln nicht
sicher erweislich ist.

Wie dem aber auch sei, jedenfalls liegt in jener Erzählung eine
Reminiscenz an die alte Ueberlieferung zu Grunde, welche Johannes
und Philippus als die beiden Apostel Kleinasiens bezeichnet. Die Bezeichnung des Johannes ὁ εἰς Βαρέχ (c. 23) in cod. Paris. 881 und in
cod. Marcian. ist natürlich verderbt; in cod. Barocc. heisst er ebenso
verkehrt ὁ ἱερεὺς Βαρέχ, aber cod. Paris. 1468 hat dafür ὁ υἱὸς βαρεγᾶ,
d. h. רַב רַק, die aus Mc. 3, 17 bekannte Bezeichnung (βοανεργές).
Wunderlich und charakteristisch für das angebliche Hebräisch des
Legendenschreibers ist aber die in allen Handschriften beigefügte
Namensdeutung ὅ ἐστιν τὸ ὕδωρ τὸ ζῶν, die natürlich auf das
Johannes-Evangelium zurückgeht. Dagegen wird die richtige Deutung
des Namens vielmehr auf Philippus übertragen, welcher sect. 25 wenigstens im Texte des cod. Barocc. (a. a. O. p. 154) von sich erzählt:
διὰ τὸ ὀργίλον με εἶναι υἱὸν βροντῆς ὠνόμασέν με ὁ Ἰησοῦς. Und
hiermit stimmt weiter, dass es in unserer Schrift nicht Johannes, sondern Philippus ist, welcher auf die Bewohner der gottlosen Stadt Feuer
vom Himmel herabfleht, während gerade Johannes ihn hierfür vergeblich
zur Rede stellt. Mit der Ueberlieferung von der langen bis in die
Zeiten Trajans sich erstreckenden Lebensdauer des Johannes scheint
ferner die Zeitbestimmung im Eingange der Acten zusammenzuhängen,
dass Philippus Lydien und Asien durchzogen habe Τραϊανοῦ τοῦ βασιλέως παρειληφότος τὴν τῶν Ῥωμαίων ἀρχήν, μετὰ τὸ μαρτυρῆσαι ἐν
ὀγδόῳ ἔτει τῆς βασιλείας αὐτοῦ Σίμωνα τὸν τοῦ Κλωπᾶ ἐπίσκοπον
ὄντα Ἱεροσολύμων, δεύτερον γενόμενον ἐπίσκοπον μετὰ Ἰάκωβον τὸν
χρηματίσαντα ἀδελφὸν τοῦ κυρίου τῆς ἐκεῖσε ἐκκλησίας. Es schien
nämlich dem Legendenschreiber erforderlich zu sein, die kleinasiatische
Wirksamkeit des Philippus in dieselbe Zeit zu verlegen, bis zu welcher
sich die seines Amtsgenossen Johannes erstreckt haben soll. Der

Martyrertod des Simon oder Symeon von Jerusalem „im achten Jahre
Trajans" weist auf die uns durch Eusebios h. e. III, 32 aufbewahrte
Notiz Hegesipps zurück. Das genauere Datum ist von Eusebios aus Hegesipp nicht mitgetheilt: in der Chronik nennt er vielmehr das 10. Jahr
Trajans [1]). Indessen wissen wir nicht, ob diese Zeitbestimmung, mit
welcher gegenwärtig das als selbständige Schrift umlaufende Martyrium
eingeleitet ist, schon den ursprünglichen Acten angehört. Dieselbe
findet sich auch in dem Menologium des Basilios (Albani I, 188;
Migne ser. gr. CXVII, 160: ἐπὶ Τραϊανοῦ τοῦ βασιλέως παρεγένετο καὶ
εἰς Ἱεράπολιν) und in dem alten von Henschen (Acta SS. Mai. T. I
p. 8) mitgetheilten griechischen Synaxar; der Text beider Schriften ist
aber aus unsern Acten geflossen, kann also nicht als selbständiges
Zeugnis gelten. Dagegen lassen ihn einige jüngere Texte des indiculus
der 12 Apostel schon unter Domitian Märtyrer werden [2]). Die lateinische Passio Philippi in der Abdiassammlung und in den Actis SS. (l. c.
p. 12) gibt ihm eine Lebensdauer von 87 Jahren.

Mit noch grösserer Bestimmtheit als eine Abhängigkeit unsrer
Acten von den πράξεις Ἰωάννου ist ihr Abhängigkeitsverhältnis zu den
gnostischen Petrusacten zu behaupten. In der Rede, in welcher
Philippus lehrt, dass die Jungfrauen jede Gelegenheit zur fleischlichen
Versuchung aufs Aengstlichste meiden sollen, heisst es in cod. Paris.
1468 (bei Tischend. a. a. O. S. 149): καὶ διὰ τοῦτο ὁ ἀδελφὸς ἡμῶν
Πέτρος ἔφυγεν ἀπὸ παντὸς τόπου, ἐν ᾧ ὑπῆρχεν γυνή· ἔτι δὲ καὶ
σκάνδαλον εἶχεν διὰ τὴν ἰδίαν θυγατέρα, καὶ ηὔξατο πρὸς κύριον,

---

1) Die Thatsache des Martertodes dieses Simeon ist nicht zu bezweifeln.
Der Proconsul von Syrien „Atticus", unter welchem das Martyrium nach Hegesippos erfolgte, ist derselbe, der in mehreren Texten des Martyrium Ignatii
als Consul erwähnt wird. Ich habe längst nachgewiesen, dass dieser „Atticus"
mit dem Consul Suranus oder vielmehr Suburranus, dem Collegen des Marcellus,
der nach gewöhnlicher Annahme im 6. Jahre Trajans das Consulat bekleidete,
identisch ist (Das Buch Judith und sein neuester Dolmetscher, Zeitschr. f.
wiss. Theol. 1859 S. 94 f.). Nur hat der Mann wie jetzt Mommsen constatirt
hat, nicht Atticus, sondern Sextus Attius Suburranus geheissen: sein zweites
ordentliches Consulat fällt ins Jahr 104, Trajani VII. Vgl. Mommsen, zur
Lebensgeschichte des jüngeren Plinius, Hermes III (1869) S. 126 ff.

2) So Pseudo-Hippolyt bei Combefis Auct. Nov. T. II p. 831: Φίλιππος
ἐν Φρυγίᾳ κηρύξας ἐν Ἱεραπόλει ἐσταυρώθη κατὰ κεφαλῆς ἐπὶ Δομετιανοῦ καὶ
θάπτεται ἐκεῖ. Ebenso die Scholien zu den codd. x y der Constitutionen bei
Lagarde p. 282. Indessen enthalten weder die beiden Recensionen des Dorotheos
noch Pseudo-Epiphanios, noch der Text bei Lagarde (a. a. O. p. 283) die betreffende Notiz.

καὶ ἐγένετο ἐν παραλύσει τῆς πλευρᾶς αὐτῆς διὰ τὸ μὴ ἀπατηθῆναι αὐτήν. Aehnlich cod. Barocc. (bei Tischend. a. a. O. S. 155): καὶ ὁ κορυφαῖος δὲ Πέτρος ἔφυγεν ἐκ προσώπου γυναικός· τὴν γὰρ θυγατέραν αὐτοῦ εὔοπτον οὖσαν καὶ ἤδη [σκάνδαλον] γεγενῆσθαι διὰ τὴν εὐμορφίαν. καὶ ὁ μακαριώτατος Πέτρος ηὔξατο, καὶ ἐγένετο ἐν παραλύσει ἡ θυγάτηρ αὐτοῦ[1]). Ebenso schreibt Marcellus in den Acten des Nereus und des Achilleus (Acta SS. Mai. Tom. III p. 10), dass die Tochter des Petrus (Petronilla) mit Willen des Apostels paralytisch geworden sei. Auf die Frage des Titus, warum er, der so viele Kranke heile, seine Tochter gelähmt daliegen lasse, erwidert er: „Es ist ihr so heilsam". Um jedoch zu zeigen, dass ihre Heilung nicht unmöglich sei, muss sie auf seinen Befehl aufstehn und bei Tische dienen. Nach beendigtem Dienste aber legt sie sich wieder auf ihr Bett und wird nicht eher gesund, als bis sie in der Gottesfurcht vollkommen und gegen alle Versuchungen geschützt ist. Dass die Geschichte in apokryphen Petrusacten enthalten war, ersehen wir aus einer Stelle Augustins (c. Adimant. c. 17 Opp. T. VIII col. 101 ed. Antwerp. 1700), in welcher aus Acten, die im Gebrauche der Manichäer waren, erzählt wird, die paralytische Tochter des Petrus sei durch das Gebet des Vaters geheilt worden. Das Vorhandensein der betreffenden Acten wird also in den Philippusacten bereits vorausgesetzt. Wie sich aus dem apokryphen Briefe des Marcellus weiter ergibt, hat sich die Geschichte mit Petronilla in Rom zugetragen, wo sie auch (via Ardeatina milliario VII) begraben liegen soll. Die benutzten Petrusacten sind also die römischen, wenngleich die Geschichte weder bei Pseudo-Linus, noch beim Anonymus Vercellensis erhalten ist. Mit diesen römischen Petrusacten zeigen die Philippusacten, wie sich unten ergeben wird, auch noch weitere Berührungspunkte.

Die Abfassungszeit der Philippusacten wird hiernach frühestens auf den Anfang oder die Mitte des 3. Jahrhunderts fixirt. Hiermit stimmt das bereits oben Bemerkte, dass noch der Gnostiker Herakleon zu Ende des 2. Jahrhunderts (vgl. meine Abhandlung in der Zeitschrift f. wiss. Theologie 1867 S. 80 ff.) nichts von einem Martyrium des Philippus weiss. Auch Clemens Alexandrinus kennt unsre Philippusacten noch nicht. Die Notiz (Strom. III, 4, 25 p. 522 Potter), Jesus habe das Wort Matth. 8, 22 zu Philippus gesprochen, ist wahrscheinlich aus irgend einem apokryphen Evangelium geschöpft. Unsere περίοδοι enthalten, wenigstens soweit wir sie besitzen, keine Anspielung darauf.

---

1) Der Text ist auch nach Einschiebung von σκάνδαλον noch nicht heil.

Gnostischer Charakter der Acten.

Der ursprünglich gnostische Charakter unsrer Acten geht theils aus der ganzen Scenerie und dem sonstigen Anschauungskreise, theils aus verschiedenen, noch stark gnostisch gefärbten Reden und Gebeten hervor. Gnostischen Geschmack verrathen vor Allem der Leopard und der Ziegenbock, welche sich in der Begleitung des Apostels befinden, und mit menschlicher Stimme reden. In dem bei Tischendorf acta app. apocr. p. 75 ff. gedruckten Texte ist der letztere Zug beseitigt, findet sich dagegen noch in cod. Paris. 1468 (bei Tischend. apoc. apocr. p. 143 sq.) und in cod. Barocc. (a. a. O. p. 151. 153). An einer nur in der letztgenannten Handschrift erhaltenen Stelle werden die beiden Thiere wirklich redend eingeführt. Sie rufen Χριστὲ μερὶς ἡμῶν ἡ ἁγία, stellen sich auf die Hinterfüsse, versigeln sich (κατασφραγίζονται) mit den Vorderfüssen die Gesichter und sprechen zu einander ἡ εἰρήνη τοῦ Χριστοῦ καὶ ὁ σταυρὸς μεθ' ὑμῶν. Unter der Versigelung ist wahrscheinlich die Bekreuzigung zu verstehn, welche auch sonst in gnostischen Schriften als σφραγίς bezeichnet wird (vgl. auch Martyr. Matthaei c. 11 bei Tischend. acta app. apoc. p. 173) [1]). In dem Texte der codd. Paris. 881 und Marcian. werden die beiden Thiere nur in den letzten Anordnungen des Apostels erwähnt: sie sollen in der Kirche gepflegt und nach ihrem Tode an der Kirchenthür begraben werden (Tischend. l. c. p. 91 sq.). Gnostisch ist ferner die Geschichte von der wunderbaren Verwandlung der Mariamne, das geheimnisvolle Licht, welches die Nikanora in ihrem Gemache umstrahlt, das Kreuz, welches Jesus in die Luft zeichnet und auf welchem wie auf einer Treppe die vom Abyssus Verschlungenen wieder emporsteigen, das Wunder mit dem Weinstock, der aus dem Blute des Apostels hervorspriesst, die wiederholt ertönenden Himmelsstimmen, die Erscheinung Christi in der Gestalt des Philippus. Eben dahin gehören ferner die ganz im gnostischen Geschmack gehaltenen Strafwunder, das Verdorren der Schlangen im Echidnatempel (vgl. p. 81 sq. 88) und die geheimnisvolle Verhinderung des Tempeldienstes durch die eingeschlossenen Apostel, das Erdbeben und die Versenkung der Götzendiener auf das Fluchgebet des Philippus, insbesondere auch die als Gebets- und

---

1) Dagegen ist die σφραγίς τοῦ Χριστοῦ, mit welcher die Jungfrauen versigelt sind, nach dem auch in gnostischen Schriften vorherrschenden Sprachgebrauche wol die Taufe (Tischend. act. app. apocr. p. 87 sect. 28).

Zauberformeln dienenden „hebräischen" Worte, die bei verschiedenen Gelegenheiten der Mariamne und dem Philippus in den Mund gelegt werden (p. 78. 85 sq. vgl. apoc. apocr. p. 142. 146. 154). Auf die dualistische Weltanschauung der syrischen Gnosis weist ferner die Verwerfung des ehelichen Umganges, welche ganz ähnlich wie in andern gnostischen Schriften gepredigt wird: die cheliche Beiwohnung wird wenigstens in dem einen Texte (apoc. apocr. p. 143) als γεωργία τοῦ θανάτου, φραγμὸς ὁ σκοτεινός, τὸ μεσότοιχον τῆς φθορᾶς bezeichnet (der audere Text act. app. apocr. p. 80 hat bereits geändert, und bezieht diese Ausdrücke auf den Götzendienst). Speciell auf den Geschlechtsverkehr scheint sich auch sect. 5 (Tisch. act. app. apocr. p. 77) die Mahnung zu beziehen, abzulassen von der bösen Begierde, welche als τὸ πονηρὸν σύστημα, als ὁ θάνατος τῶν ψυχῶν bezeichnet wird. Wie anderwärts, so verlassen auch hier (wenigstens nach dem ursprünglichen Texte des cod. Paris. 1468; der andre Text hat wieder geändert) viele Frauen das Ehebett ihrer Männer (Tischend. apoc. apocr. p. 145. 151) und werden dadurch vom Verderben gerettet (l. c. p. 146). Auch die heiligen Jungfrauen, welche in der Kirche ihre Wohnung nehmen sollen, sind wol ursprünglich als gnostische Ascetinnen und nicht als katholische Nonnen gemeint; und ebenso erinnert die Rolle, welche hier die jungfräuliche Schwester des Philippus, Mariamne, als Begleiterin des Apostels und als Prophetin spielt, an gnostische Prophetinnen wie Philumena, Marcellina u. A. Nach der Rede des Proconsuls in cod. Barocc. (a. a. O. p. 152) begleitete sie ihren Bruder wie Thekla in Männertracht. Für unsre Kenntnis der gnostischen Cultusbräuche ist aus unsern Acten noch zu lernen, dass die Eucharistie (die προσφορά) ähnlich wie bei den Markosiern und wol auch bei den Markioniten mit Wein (nicht mit blossem Wasser) gefeiert wird, und dass bei den gottesdienstlichen Versammlungen die Geschlechter durch eine hohe Scheidewand getrennt sassen.

Unter den gnostisch gefärbten Reden und Gebeten kommt schon die Predigt des Philippus am Eingange der Acten in Betracht (verhältnismässig am besten in cod. Paris. 881 erhalten). Allerdings ist der gnostische Charakter schon ziemlich verwischt: aber eine Reminiscenz an das Ursprüngliche enthält schon die Anrede an die Hörer ὑμεῖς ἐστὲ τὸ πλοῦτος τὸ καλόν (cod. Paris 1468 ὑμεῖς ἐστὲ τοῦ γένους μου κατὰ Χριστόν) καὶ ἡ ὕπαρξις τῆς ἄνω πόλεως (cod. 1468 τῆς ἐμῆς πόλεως, τῆς ἄνω Ἱερουσαλήμ), ἡ τερπνότης τοῦ κατοικητηρίου οὗ ἡτοίμασεν ὁ θεὸς τοῖς ἀγαπῶσιν αὐτὸν (cod. 1468 nur τοῦ κατοικητηρίου μου). Die Angeredeten sind also als pneumatischen

Wesens gedacht, welche aber, wie das Folgende lehrt, in die Gefangenschaft ihres Feindes, des krummen und gewundenen ὄφις gerathen sind. Von diesem ὄφις heisst es, er sei ein Sohn des Bösen, sein Vater sei der Tod (so codd. Paris. 881. 1468), seine Mutter die Vergänglichkeit (ἡ φθορά), seine Wohnstätte der Abyssus. Man ist geneigt, bei dieser Beschreibung eher an den gnostischen Ophiomorphos, als an den kirchlichen Teufel zu denken. Dann heisst es weiter: ὑμεῖς γάρ ἐστε δεδεμένοι ἐν τῇ ἀπιστίᾳ καὶ τῇ πλάνῃ τοῦ υἱοῦ αὐτοῦ τοῦ ἀτάκτου καὶ μὴ ἔχοντος ὑπόστασιν, τοῦ ἀμόρφου καὶ μὴ ἔχοντος μορφὴν μήτε ὑπόστασιν ἐν πάσῃ τῇ κτίσει κτλ. Der von den Hierapolitanern angebetete ὄφις (freilich ist sonst von der ἔχιδνα die Rede) erscheint also als der Sohn des bösen oder hylischen Princips, was jedenfalls auf einen metaphysischen Dualismus zurückweist. Weiter unten heisst der ὄφις noch ὁ ὄφις ὁ πονηρὸς δράκων, ὁ ἀρχέκακος (cod. 1468 katholisirt schon mit dem Ausdrucke ὁ δράκων τοῦ σατανᾶ). Näheres über den gnostischen Begriff des ὄφις s. I, 321 flg. zu den Acten des Thomas. Stärker noch tritt das gnostische Element in den Worten hervor, mit welchen Mariamne die in das Haus des Stachys eintretende Nikanora begrüsst. Die angeblichen „hebräischen" Worte der Anrede sind Unsinn. Der griechische Text lautet (Tisch. acta app. apocr. p. 78): θυγάτηρ τοῦ πατρός, σὺ εἶ κυρία μου, σὺ ἐδόθης ἐνεχυρίασμα τῷ ὄφει· ἀλλ᾽ ἦλθεν Ἰησοῦς ὁ λυτρωτὴς ἡμῶν, ῥύσασθαί σε δι᾽ ἡμῶν, διαρρῆξαι τοὺς δεσμούς σου καὶ τεμεῖν αὐτοὺς καὶ ἐκτῖλαι (cod. ἐκτεῖλαι) ἐκ σοῦ ἀπὸ τῆς ῥίζης αὐτῶν, ὅτι σὺ ἀδελφή μου εἶ, μία μήτηρ ἐγέννησεν ἡμᾶς διδύμους. ἐπελάθου τοῦ πατρός σου, ἐπελάθου τῆς τρίβου τῆς ἀγούσης σε εἰς κατοικητήριον τῆς μητρός σου, γεναμένη ἐν πλάνῃ. ἐγκατέλιπες τὸν ναὸν ἐκείνης τῆς ἀπάτης καὶ τῆς προσκαίρου δόξης, καὶ ἦλθες πρὸς ἡμᾶς φυγοῦσα τὸν ἐχθρόν, ὅτι αὐτός ἐστιν τὸ κατοικητήριον τοῦ θανάτου. ἰδοὺ δὴ ἦλθεν ὁ λυτρωτής σου, ἵνα σε λυτρώσηται· ἀνέτειλέν [σοι] ὁ ἥλιος τῆς δικαιοσύνης Χριστός, ἵνα σε φωτίσῃ. „Tochter des Vaters, du bist meine Herrin, du bist dem Ophis als Pfand gegeben worden: es kam aber Jesus unser Erlöser, dich durch uns zu erlösen, zu zerreissen deine Fesseln, sie zu zerschneiden und bis auf die Wurzeln von dir auszurotten, denn du bist meine Schwester, Eine Mutter hat uns als Zwillingsschwestern geboren. Vergessen hattest du deines Vaters, vergessen hattest du des Pfades, der dich in den Wohnsitz deiner Mutter führt, indem du in die Irre geriethest. Aber verlassen hast du den Tempel jenes Trugs und des vergänglichen Glanzes, und bist zu uns gekommen, fliehend den Feind, denn er ist der Wohnsitz des Todes. Siehe nun ist dein Erlöser gekommen, um dich zu erlösen;

aufgegangen ist dir die Sonne der Gerechtigkeit, Christus, um dich zu
erleuchten". Es ist der alte gnostische Mythus von der aus dem Licht-
reiche herabgesunkenen Seele, die ihren Ursprung vergessen hat und
in die Gewalt finstrer Mächte gerathen ist. „Der Vater" ist der wahre
Gott der oberen Welt, die Mutter die Sophia-Achamoth, deren Kinder
die pneumatischen Seelen sind. Zwillingsschwester der Mariamne heisst
die Nikanora aber wol nicht im buchstäblichen, sondern im mystischen
Sinn (wenn sie gleich im Folgenden sich als Hebräerin wie Mariamne
zu erkennen gibt). Gnostisch ist auch das Wort, mit welchem Johannes
den Philippus und Bartholomäus begrüsst (a. a. O. p. 84) τὸ μυστήριον
τοῦ κρεμασθέντος ἐν μέσῳ τοῦ οὐρανοῦ καὶ τῆς γῆς ἔσται μεθ᾽ ὑμῶν.
Zu Grunde liegt hier die gnostische Kreuzessymbolik (man erinnere sich
an die Bedeutung des Σταυρός im valentinianischen System). Dieselbe
Symbolik tritt noch deutlicher weiter unten in einem Abschnitte hervor,
der theilweise fast wörtlich mit den gnostischen πράξεις Πέτρου sich
berührt. Der mit dem Kopfe nach unten — also ebenso wie Petrus —
aufgehängte Philippus spricht (p. 90) zu denen, die ihn abnehmen wollen:
μὴ οὖν λυπηθῆτε ἔτι κρέμαμαι οὕτως· τὸν γὰρ τύπον φέρω τοῦ
πρώτου ἀνθρώπου, κατὰ κεφαλῆς ἐνεχθέντος ἐπὶ τῆς γῆς, καὶ πάλιν
διὰ ξύλου τοῦ σταυροῦ ζωοποιηθέντος ἐκ τοῦ θανάτου τῆς παραβά-
σεως. καὶ νῦν ἀναπληρῶ τὸ προσταχθέν μοι· εἶπεν γάρ μοι ὁ κύριος·
Ἐὰν μὴ ποιήσητε ὑμῶν τὰ κάτω εἰς τὰ ἄνω [cod. Barocc. addit καὶ
τὰ ἄνω εἰς τὰ κάτω], καὶ [cod. Barocc. addit δεξιὰ εἰς ἀριστερὰ
καὶ] τὰ ἀριστερὰ εἰς τὰ δεξιά, οὐ μὴ εἰσέλθητε εἰς τὴν βασιλείαν
μου. μὴ οὖν ὁμοιωθῆτε τῷ ἀντιπαρηλλαγμένῳ τύπῳ, ὅτι πᾶς κόσ-
μος ἐνήλλακται καὶ πᾶσα ψυχὴ ἀναστρεφομένη ἐν σώματι γίνεται ἐν
λήθῃ τῶν ἐπουρανίων. ἡμεῖς δὲ ἔχοντες τὴν τῶν ἐπουρανίων δόξαν
μὴ ζητήσωμεν τὸ ἐκτός, ὅπερ ἐστὶν τὸ σῶμα καὶ ὁ οἶκος τῆς δουλείας.
Der aus den πράξεις Πέτρου bekannte gnostische Mythus erzählt, dass
durch den Fall des ersten Menschen, welcher kopfüber auf die Erde
stürzte, das Oberste zu unterst und das Rechte nach links gekehrt sei;
das Kreuz ist nun das Symbol der Wiederherstellung des Umgekehrten
zu seiner ursprünglichen Gestalt. Zugleich ist aber die Folge des
Falles die Bekleidung der pneumatischen Seele mit dem materiellen
Leibe gewesen, welcher dieser untern, verkehrten Welt angehört; die
Befreiung vom Leibe, diesem „Hause der Knechtschaft", ist also die
Bedingung, um in die obere Welt wieder einzugehn. Das angeführte
Wort des Herrn ist der bekannte Ausspruch des Aegypterevangeliums,
welcher in den griechischen πράξεις Πέτρου, bei Pseudo-Linus und
dem Anonymus Vercellensis in demselben Zusammenhange angeführt

wird. Es kann wol keinem Zweifel unterliegen, dass hier die gnostischen Petrnsacten benutzt sind. Auch die Motivirung der Kreuzigung mit dem Kopfe nach unten ist hier weniger durchsichtig als dort. Gnostischen Klang hat ferner auch das Fluchgebet des Philippus (a. a. O. p. 86). Um von den „hebräischen" Zauberworten abzusehn, gehören hierher namentlich die Worte, mit welchen hier Gott angeredet wird, besonders der Name Sabaoth, das θεὲ ὃν φρίττουσιν πάντες αἰῶνες, das ὁ βασιλεὺς ὁ ἅγιος τῆς μεγαλειότητος, οὗ τὸ ὄνομα ἔφθασεν εἰς τὰ θηρία τῆς ἐρήμου καὶ ἡσύχασαν καὶ αἰσθητικῇ φωνῇ ᾔνεσάν σε u. a. m.

Und dasselbe gilt endlich auch von den Gebetsworten, mit denen Philippus Abschied vom Leben nimmt (a. a. O. p. 92 sq.): „Christus, Vater der Aeonen, König des Lichts, der du uns unterwiesen hast in deiner Weisheit und uns verliehen hast deine Einsicht, der du uns geschenkt hast den Rath deiner Güte, der du niemals von uns geschieden bist, du bists, der hinwegnimmt die Krankheit derer, die zu dir ihre Zuflucht nehmen, du bist der Sohn des lebendigen Gottes, der du uns verliehen hast deine Gegenwart der Weisheit (τὴν σὴν παρουσίαν τῆς σοφίας), der du uns gegeben hast Zeichen und Wunder und bekehrt hast die Verirrten, der du bekränzest die, welche den Gegner im Ringkampfe (τὸν ἀντίπαλον) überwinden, du guter Kampfrichter! Komm jetzt, Jesu und gib mir den ewigen Kranz des Sieges über alle feindliche Macht und Gewalt und nicht möge mich umhüllen ihre finstere Luft, damit ich hindurchdringe durch die Feuerströme und durch den ganzen Abyssus. Mein Herr Jesu Christe, nicht habe Raum der Feind mich anzuklagen vor deinem Richterstuhl, sondern bekleide mich mit deinem glänzenden Gewand, deinem lichten allezeit strahlenden Sigel (τὴν φωτεινήν σου σφραγῖδα τὴν πάντοτε λάμπουσαν), bis dass ich vorbeikomme bei allen Weltherrschern und bei dem bösen Drachen der uns widerstreitet (ἕως οὗ παρέλθω πάντας τοὺς κοσμοκράτορας καὶ τὸν πονηρὸν δράκοντα τὸν ἀντικείμενον ἡμῖν). Jetzt also, mein Herr Jesu Christe, lass mich dir begegnen in der Luft, indem du mir verzeihst, dass ich meinen Feinden Böses mit Bösem vergolten habe, und verwandle die Gestalt meines Leibes in Engelherrlichkeit und lass mich ausruhn in deiner Seligkeit und empfangen möge ich was du deinen Heiligen verheissen hast in Ewigkeit". Es bedarf kaum der Bemerkung, dass auch hier der gnostische Mythus von der Wanderung der abgeschiedenen Seele durch die Reiche feindlicher Gewalten bis zur oberen Lichtwelt zu Grunde liegt. Ausserdem sei nur noch darauf hingewiesen, wie das Werk Christi ausschliesslich in die Mittheilung der

Gnosis und in den Beistand, den er den Gnostikern zur Ueberwindung der feindlichen Archonten leistet, gesetzt wird.

In andern Stücken, wie in dem Fürbittengebet für Nikanora, in der Strafrede des Herrn an Philippus und in der Predigt des Philippus an die aus dem Abyssus wieder Emporgestiegenen tritt nichts specifisch Gnostisches hervor: namentlich die letzten beiden Stücke sind katholisch überarbeitet. Der jetzige Text enthält verschiedene Citate aus unsern kanonischen Evangelien und noch zahlreichere Anspielungen. Vgl. sect. 6 a. a. O. p. 77 die johanneische Bezeichnung Christi als φῶς καὶ ζωὴ καὶ ἀλήθεια; s. 21 p. 83 Feuer vom Himmel vgl. Luc. 9, 54; s. 26 p. 85 (s. 35 p. 91); Essig und Galle vgl. Mt. 27, 34; ibid. die Kreuzesworte Vater vergieb ihnen etc. vgl. Luc. 23, 34 und den Spruch Lernet von mir, denn ich bin sanftmüthig etc. vgl. Mt. 11, 29; s. 29 p. 87 Wer seine Hand an den Pflug legt etc. vgl. Luc. 9, 62 (aber mit bemerkenswerther Abweichung: τίς θέμενος τὴν χεῖρα αὐτοῦ ἐπ' ἄροτρον καὶ βλέπων εἰς τὰ ὀπίσω, εὐθετός ἐστιν αὐτοῦ ἡ αὔλαξ;) [1]). Anspielungen finden sich noch ebendaselbst: Der getreue Knecht vgl. Mt. 24, 45. Luc. 12, 42; das hochzeitliche Kleid Mt. 22, 11 ff. und das Hochzeitsmahl Mt. 22, 1 ff.; die Aernte und die Arbeiter Mt. 9, 37; die Lilien Mt. 6, 28 (sämtlich in der Strafrede Christi an Philippus); ferner s. 35 p. 91: Christus wird bespieen Mt. 26, 67 und Par.; der σινδών, in welchen der Leichnam Christi gehüllt wurde Mt. 27, 60. In cod. Paris. 1468: sect. 34 (a. a. O. p. 149) der Spruch Mt. 5, 28 jeder der ein Weib ansieht etc. (noch genauer in cod. Barocc. p. 155); ferner in cod. Barocc. s. 25 p. 154 der υἱὸς βροντῆς und s. 36 p. 156 eine Anspielung auf Mt. 7, 15. Ein Citat aus dem Alten Testament findet sich in cod. Paris. 1468 s. 34 vgl. Gen. 3, 6 frei nach LXX (abweichend cod. Barocc. p. 155). Anspielungen auf die Paulinischen Briefe finden sich s. 29 p. 87: Vergilt nicht Böses mit Bösem vgl. Röm. 12, 17. 1. Thess. 5, 15 (1. Petr. 3, 9); ibid. der in der Rennbahn Laufende vgl. 1 Kor. 9, 24; s. 35 p. 91 τὸ κέντρον τῆς ἁμαρτίας vgl. 1 Kor. 15, 56; Christus war gross und ist klein geworden um unsertwillen, die wir klein waren vgl. 2 Kor. 8, 9; s. 37 p. 92 kein νεώτερος soll zum

---

1) cod. Paris. 1468 liest: τίς ἐστιν θέμενος τὴν ἑαυτοῦ χεῖρα ἐπ' ἄροτρον καὶ στραφεὶς εἰς τὰ ὀπίσω εὐθεῖαν ποιῶν τὴν αὔλακα; Zahn (acta Joann. S. LXXIX) entdeckt hier eine Anspielung an die von Clemens Alexandrinus (Strom. III, 4, 25 p. 522 Potter) erzählte Tradition. Aber nicht das Wort Luc. 9, 62, sondern das vorhergehende, Luc. 9, 60 = Matth. 8, 22, soll der Herr an Philippus gerichtet haben.

Bischof geweiht werden vgl. 1 Tim. 3, 6. Aus cod. Paris. 1468 gehört noch hierher s. 37 p. 150 ὁ λόγος ἠρτυμένος vgl. Kol. 4, 6. Die Zahl der aufgeführten Anspielungen lässt sich, wenn man minder Sicheres hinzunimmt, noch erheblich vermehren. Wie viel davon auf Rechnung der ursprünglichen Schrift, wie viel auf Rechnung der katholischen Bearbeitung kommt, ist nicht mehr zu entscheiden. Sicher zeigt sich die Hand des katholischen Bearbeiters in verschiedenen, bereits im Vorhergehenden bemerklich gemachten Auslassungen und Kürzungen. Die auf die Ordnung des Kirchenwesens bezüglichen Vorschriften am Schlusse des Martyriums sind, wie das theilweise noch erhaltene gnostische Gepräge zeigt, der Grundschrift zu vindiciren; auch die Taufe auf Vater, Sohn und heiligen Geist s. 41 p. 94 braucht nicht vom katholischen Bearbeiter hinzugethan zu sein, da diese Taufformel auch bei Markioniten und Valentinianern in Gebrauch gewesen zu sein scheint (vgl. Cyprian. ep. 74 Baluze ad Pompeium. Augustin. de baptismo III, 15 und dazu Acta Thomae sect. 45 p. 226 Tischend.).

Katholische Bearbeitungen.

Der Erzählungsstoff dieser gnostischen Acta Philippi ist den katholischen Kirchenschriftstellern verhältnismässig spät bekannt geworden. Die erste sicher datirbare Benutzung der περίοδοι finden wir bei Anastasios Sinaites († 599) de tribus quadragesimis (abgedruckt bei Cotelier, Monum. eccl. graec. III, p. 428 sqq. Fabricius cod. apocr. II, 806. Tischendorf prolegg. ad act. app. apocr. p. XXXI sq.), der einen förmlichen Auszug daraus mittheilt. Aus dem 40tägigen Gebete, welches nach der Anordnung des scheidenden Philippus nach seinem Tode veranstaltet worden sein soll, leitet der katholische Verfasser die Einrichtung der kirchlichen Quadragesimalfasten ab, welche von Jakobus und den übrigen Aposteln allen Gläubigen auferlegt worden seien.

Andere Auszüge finden sich noch im Menologium des Basilios zum 14. November (Albani I, 188, Migne CXVII, col. 160 sq.) [1] in einem griechischen Synaxarium der Kirche von Constantinopel (Acta SS. Mai. Tom. I p. 8. Tischend. l. c. p. XXXIV), in dem ὑπόμνημα εἰς τὸν ἅγιον Φίλιππον des Symeon Metaphrastes (lateinisch übersetzt von Gentianus Hervetus im 5. Bande der vitae Sanctorum des

---

1) In der σύναξις τῶν ἁγίων ιβ' ἀποστόλων (Albani III, 146, Migne CXVII, 516) bezeichnet das Menologium des Basilios den Philippus als ὁ ὑπὸ ὁ Ἑλλήνων ἐν τείχει κρεμασθείς.

Lipomanus und bei Surius zum 1. Mai, darnach griechisch und in dem nach dem Griechischen revidirten Texte des Papebroek, Acta SS. l. c. p. 12 sq. und bei Migne 115, col. 187 sqq.); bei Niketas Paphlago encomium in S. Philippum bei Combefis, Auctar. Noviss. T. I p. 383 sqq. vgl. p. 492 sqq. (auch in den griechischen Menäen zum 14. Nov.); bei Nikephoros h. e. II, 39 (vgl. auch Tischend. l. c. p. XXXVI sq.; zum Schlusse folgt die anderwärtsher entnommene Notiz, dass Bartholomäus zu Urbanopolis „in Kilikien“ gekreuzigt worden sei); endlich in den grossen griechischen Menäen zum 14. November ed. Venet. 1684 p. ρ,δ′. In den letzteren heisst der Proconsul Nikanor, was an sich ja weit näher liegt, als der Name Nikanora für seine Frau, aber wahrscheinlich doch nur eine Umbildung der älteren Ueberlieferung ist.

Wenigstens haben sich in den aufgeführten abgeleiteten Quellen sonst nirgends Züge erhalten, welche auf Benutzung eines ursprünglicheren Textes, als er in unsern jetzigen Handschriften vorliegt, schliessen lassen [1]).

Besondere Erwähnung verdient noch eine Bezugnahme auf den Text des Martyriums in der Apokalypse des Erzengels Michael (διήγησις καὶ ἀποκάλυψις τοῦ ἀρχαγγέλου Μιχαήλ), welche sich in verschiedenen Handschriften findet [2]). Ich benutze eine Abschrift Useners aus dem cod. Angelicanus B. 2. 2 saec. XII fol. 52ʳ ff., eine Abschrift Max Bonnets von einem cod. Paris. gr. 1468 und eine Collation desselben von dem cod. Paris. gr. 769. Der betreffende Text lautet

---

1) Die Menäen schicken folgende Verse voran:
    Ἀρθεὶς Φίλιππος ἐκ ποδῶν ἐπὶ ξύλου.
    Τὰ τῶν ποδῶν σοι νίκτρα σῶτερ [l. σωτήρ] ἐκτείνει.
    Ἤρθης κατὰ κεφαλῆς δεκάτῃ Φίλιππε τετάρτῃ.

2) Beiläufig sei bemerkt, dass jene „Apokalypse des Erzengels Michael“ öfters von den Legendenschreibern und Enkomiasten behandelt worden ist. So verfasste Symeon Metaphrastes eine „Erzählung von dem durch den Erzengel Michael vollbrachten Wunder zu Chonae“, welche mit den Worten beginnt: καὶ τὸ περὶ τῶν ἄλλων ἁγίων διεξιέναι καὶ διὰ μνήμης (Leo Allatius de Simeonibus p. 127). Ebenso schrieb ein Eremit und Paramonarius oder Prosmonarius Archippos eine Schrift περὶ τῆς ἀποκαλύψεως τοῦ ἀρχαγγέλου Μιχαήλ, welche denselben Gegenstand behandelt. Die Anfangsworte lauten (ἡ ἀρχή) τῶν θαυμάτων (ἰαμάτων) καὶ δωρεῶν καὶ χαρισμάτων τῶν δοθέντων ἡμῖν ἀπὸ τοῦ θεοῦ (Leo Allatius l. c. p. 94. 113). Andere Erzählungen von den Wundern des Erzengels Michael erwähnt Leo Allatius von Michael Bischof von Synnade (p. 107), Michael Psellos (p. 109), desgl. Enkomien von einem Presbyter und Chartophylax Chrysippos von Jerulem (p. 100) einem Mönch Michael (p. 112) und einem Unbekannten (p. 122).

folgendermaassen: ἐξ ἀρχῆς ἐκηρύχθη ὑπὸ τῶν ἁγίων ἀποστόλων Φιλίππου καὶ Ἰωάννου τοῦ θεολόγου. ἀποδιώξας γὰρ ὁ ἅγιος Ἰωάννης
τὴν ἀκάθαρτον Ἄρτεμιν ἀπὸ τοῦ Ἐφέσου, ἀνῆλθεν εἰς Ἱεράπολιν
πρὸς τὸν ἅγιον Φιλίππον· ἦν γὰρ καὶ αὐτὸς πολεμῶν μετὰ τῆς
ἐχίδνης· καὶ ἀσπασάμενοι ἀλλήλοις, λέγει αὐτῷ ὁ ἅγιος Φίλιππος·
τί ποιήσωμεν ἀδελφὲ Ἰωάννη, ὅτι οὐ δύναμαι ταύτην τὴν ἀκάθαρτον
καὶ μιαρὰν ἔχιδναν ἐκριζῶσαι ἐκ τῆς πόλεως ταύτης; ἦν γὰρ αὕτη
ἡ μιαρὰ καὶ ὀλέθριος ἔχιδνα πάντων ἑρπετῶν καὶ ἀκαθάρτων πρώτη·
ἦν δὲ καὶ περιεζωσμένη ὄφεις κατὰ παντὸς τοῦ σώματος· καὶ
δράκοντας κύκλῳ τῆς κεφαλῆς αὐτῆς, καὶ ἄλλος κύκλῳ τοῦ τραχήλου αὐτῆς, καὶ ἦν ἐφισταμένη ἐπάνω δύο δρακόντων· καὶ κύκλῳ
αὐτῆς πᾶν ἑρπετὸν ἀκάθαρτον· καὶ ἁπλῶς εἰπεῖν ὡς βασίλισσα ἐστο-
λισμένη ἦν. καὶ οἱ Ἕλληνες εἶχαν αὐτὴν ὡς θεὰν μεγάλην, καὶ πάντες προσεκύνουν αὐτὴν καὶ ἔθυον. καὶ πολλάκις καθεζομένου τοῦ
ἁγίου Φιλίππου καὶ διδάσκοντος, ἐπέρριψεν τὰ ἑρπετὰ ἐπάνω τοῦ
ἁγίου ἐπιδραμεῖν τοῦ ἀποκτεῖναι αὐτὸν καὶ ἔλεγε πρὸς αὐτὸν· ἔξελθε
Φίλιππε ἐκ τῆς πόλεως ταύτης, πρίν σε κακῶς ἀναλώσω [ἀπολέσω].
καὶ ἦν ὁ ἅγιος Φίλιππος κηρύσσων τὸν λόγον τῆς ἀληθείας. καὶ
ποιήσαντες προσευχὴν οἱ ἀπόστολοι ἀπεδίωξαν καὶ ταύτην ἀπὸ τῆς
Ἱεραπόλεως. καὶ μετὰ ταῦτα ἔρχονται οἱ σεβαστοὶ κήρυκες τῆς ἀληθείας καὶ ἐκαθέσθησαν εἰς τόπον λεγόμενον Χαῖρε τόπε, ἔνθα ἡ
χάρις καὶ ἡ δωρεὰ καὶ τὰ θαύματα ἔμελλον ἀποδεικνῦσθαι τοῦ ἁγίου
καὶ ἐνδόξου ἀρχιστρατηγοῦ Μιχαήλ. καὶ ποιήσαντες εὐχήν, ἐσήμαναν
τῷ λαῷ λέγοντες, ὅτι ἐνταῦθα μέλλει κατέρχεσθαι ὁ μέγας ταξιάρ-
χης καὶ ἀρχιστράτηγος Μιχαὴλ τῆς δυνάμεως κυρίου καὶ ποιεῖν παρά-
δοξα θαύματα· ἐξῆλθον οὖν οἱ ἀπόστολοι καὶ ἐπὶ τὰς ἑτέρας πόλεις
διδάσκοντες, καὶ εὐθέως ἔβρυσεν ἐν τῷ τόπῳ ἐκείνῳ ὕδωρ ἐπιτελῶν
θαύματα.

Wir haben in vorstehender Erzählung eine Localsage, welche sich
an eine der zahlreichen heissen Quellen bei Hierapolis knüpft. Das
Eigenthümliche ist nur, dass dieselbe mit der Erzählung des Martyriums
von der Besiegung der Echidna von Hierapolis durch Philippus und
Johannes in Verbindung gesetzt wird. Wie es scheint, lag dem Verfasser noch der ursprüngliche gnostische Text, oder doch eine andre als
die jetzt erhaltene Bearbeitung vor: denn die ausführliche Beschreibung
der Echidna, welche in unsern Texten fehlt, ist gewiss nicht erst spätere
Ausschmückung. Die Behauptung Zahns (acta Joann. S. LXXX),
dass diese Erzählung nicht aus den Philippusacten, sondern mit diesen
aus einer gemeinsamen älteren Quelle entlehnt sei, „in welcher von
Philippus in Hierapolis im Zusammenhange mit der Geschichte des

Johannes erzählt war" (d. h. aus den Johannesacten), hat durchaus keine Wahrscheinlichkeit, auch wenn man es sonst ganz glaubhaft findet, dass die Johannesacten in unsern Acten benutzt sind. Die Bezugnahme auf die Zerstörung des Artemistempels durch Johannes, welche sicher auf die Johannesacten zurückweist, kann auch in den Philippusacten gestanden haben; der von Johannes gebrauchte Ausdruck aber ἦν γὰρ καὶ αὐτὸς πολεμῶν μετὰ τῆς ἐχίδνης weist sicher auf letztere zurück.

Auf unsere gnostischen Acten geht auch die Angabe der σύναξις τῶν ἀποστόλων zum 30. Juni in den gedruckten griechischen Menäen zum 30. Juni, ferner in codd. Paris. gr. 1587 und 1588 (und wenig kürzer cod. 1575) zurück: Φίλιππος ἀπὸ Βηθσαϊδὰ τῆς Γαλιλαίας· συμπολίτης Ἀνδρέου καὶ Πέτρου· καὶ αὐτὸς ἐν τῇ Ἀσίᾳ καὶ Ἱεραπόλει σὺν Μαριάμνῃ [cod. 1587 συμμαριάμ] τῇ ἀδελφῇ αὐτοῦ καὶ Βαρθολομαίου τὸν Χριστὸν κηρύξας ὑπὸ τῶν Ἑλλήνων σταυρωθεὶς τελειοῦται. Dagegen wissen die älteren Texte des Verzeichnisses der 12 Apostel noch nichts von dem Kreuzestode des Philippus. Derselbe wird weder im cod. Vindob. bezichnngsweise der lateinischen Uebersetzung (Dorotheos A), noch in dem Texte bei Ducange (Dorotheos B), noch bei Pseudo-Epiphanios (Paris. gr. 1115), noch bei Pseudo-Sophronios erwähnt; auch das Scholion bei Lagarde Constt. app. p. 282 schweigt davon. Nur die Texte des Pseudo-Hippolyt bei Combefis (Nov. Auctar. II, 831 sq.), bei Lagarde (l. c. p. 283) und bei dem angeblichen Symeon Logothetes (cod. Paris. gr. 1712) kennen die Kreuzigung in Hierapolis und zwar wie der erste und dritte Text ausdrücklich hinzufügen κατὰ κεφαλῆς (nach dem dritten Text noch: ἐπί τινος κίονος). Die übrigen Texte lassen ihn in Frieden in Hierapolis sterben und daselbst „mit seinen Töchtern" ehrenvoll bestattet werden [1]).

---

1) Dorotheos A (cod. Vindob.): Φίλιππος δὲ ὁ ἀπὸ Βηθσαϊδὰ πόλεως ἐν μὲν τῇ Φρυγίᾳ ἐκήρυξε τὸ εὐαγγέλιον τοῦ κυρίου· θάπτεται δὲ ἐν Ἱεραπόλει μετὰ τῶν θυγατέρων ἐνδόξως. Cod. Matrit.: Φίλιππος ὁ ἀπόστολος ἐν Φρυγίᾳ κηρύσσει τὸ εὐαγγέλιον· θάπτεται δὲ ἐν Ἱεραπόλει μετὰ τῶν θυγατέρων ἐνδόξως. (Der Text vor den Werken des Oikumenios ebenso, nur schreibt er τὸ εὐαγγ. τοῦ κυρίου und lässt μετὰ τῶν θυγ. ἐνδ. weg).

Dorotheos B: Φίλιππος δὲ ἀπόστολος ἐν Φρυγίᾳ κηρύξας τὸ εὐαγγέλιον, θάπτεται ἐν Ἱεραπόλει μετὰ τῶν ἑπτὰ θυγατέρων αὐτοῦ, ὡς Λουκᾶς ὁ εὐαγγελιστής ἐν ταῖς πράξεσιν τῶν ἀποστόλων ἀπεμνημόνευσεν.

Pseudo-Epiphanios: Φίλιππος δὲ ὁ ἀπόστολος. οὗτος ἦν ἀπὸ Βηθσαϊδὰ ἐκ τῆς κώμης Πέτρου καὶ Ἀνδρέου· ἐν δὲ τῇ ἄνω Φρυγίᾳ ἐκήρυξε τὸ εὐαγγέλιον· θνήσκει δὲ ἐν Ἱεραπόλει καὶ ἐκεῖ θάπτεται ἐνδόξως μετὰ τῶν [θυγατέρων] αὐτοῦ.

Ebenso die noch zu besprechende lateinische passio in der Abdias-sammlung. Von den Lateinern erwähnen nur Pseudoisidor (de vita et obitu sanctorum) und das Breviarium apostolorum den Kreuzestod; letzteres lässt den Apostel auch noch gesteinigt werden [1]).

Pseudo-Sophronios: Φίλιππος ὁ ἀπόστολος ἐν Φρυγίᾳ κηρύσσει τὸ εὐαγγέλιον τοῦ κυρίου Ἰησοῦ, θάπτεται ἐν Ἱεραπόλει μετὰ τῶν θυγατέρων ἐνδόξως.

Pseudo-Logothetes: Φίλιππος ἐν Ἱεραπόλει ἐπί τινος κίονος κρημασθείς κατὰ κεφαλῆς τελειοῦται.

Pseudo-Hippolyt (bei Combefis): Φίλιππος ἐν Φρυγίᾳ κηρύξας· ἐν Ἱεραπόλει ἐσταυρώθη κατὰ κεφαλῆς ἐπὶ Δομετιανοῦ καὶ θάπτεται ἐκεῖ.

Pseudo-Hippolyt und Dorotheos bei Lagarde l. c. p. 283: Φίλιππος οὗτος ἐν Φρυγίᾳ ἐκήρυξε τὸν Χριστόν· καὶ ἐσταυρώθη ἐν Ἱεραπόλει τῆς Ἀσίας, ἔνθα καὶ ἐτέθη.

Scholion bei Lagarde p. 282: Φίλιππος Ἀσιανῇ διοικήσει κηρύξας τὸν ζωοποιὸν λόγον ἐν Ἱεραπόλει τῆς Φρυγίας τέθαπται ἅμα ταῖς θυγατράσιν, μαρτυρίῳ τελειωθείς ἐπὶ Δομετιανοῦ αὐτοκράτορος.

Menolog. Basilii (Albani III, 146. Migno 117, 516): ἕκτος Φίλιππος ὁ ὑπὸ Ἑλλήνων ἐν ταῖχει κρεμασθείς.

1) Breviarium apostolorum: 'Philippus qui interpretatur os lampadis [sive lampadarum eo quod fratri suo lumen a quo illustratus fuit per oris officium propinavit Zusatz in Paris. lat. 2543] a Bethsaida civitate ortus unde [et] Petrus. Gallis praedicavit Christum, deinde in Hierapolin [Paris. lat. 2136 Genovef. II. l. 10 om.] Phrygiae provinciae crucifixus et lapidatus obiit, ibique cum filiabus suis quiescit. Cuius natali'ium kl. Maii celebratur'.

Pseudo-Isidor: 'Philippus a Bethsaida civitate unde et Petrus Gallis praedicavit Christum barbarasque gentes vinctasque [vicinasque Freculph] tenebris et tumenti oceano coniunctas, ad scientiae lumen [lucem Freculph] fideique portum dedit [deducit Freculph]. Deinde in Hierapoli Phrygiae provinciae urbe crucifixus [† lapidatusque Freculph] obiit rectoque sepultus cadavere simul cum filiabus suis ibidem requiescit'. Freculph schiebt nach 'et Petrus' noch Folgendes ein: 'de quo in evangeliis atque in actibus apostolorum digna laudis memoria saepius facta est, cuius etiam filiae prophetissae exstiterunt et mirae sanctitatis perpetuae virgines ut ecclesiastica narrat historia. Hic etc.' (Chron. II, 2, 4).

Indiculus in cod. Paris. lat. 9562: 'Philippus cum filiabus suis in Hierapoli'.

Ordericus Vitalis hist. eccl. P. I L. 1 c. 13 (Migno Patr. lat. 188 col. 156): 'Philippus os lampadis interpretatur quo nomine demonstratur, quod ipse totus patens erat infusioni genuinae caritatis .... instar lucidae lampadis barbaras gentes illustravit rutilantibus exemplis et doctrina veritatis. Hic a Bethsaida civitate Galilaeae ortus est et inter primos vestigia Christi secutus est. Post ascensionem domini Gallis vel Galatis atque Scythis per XX annos evangelium praedicavit'. (Folgt die weiter unten zu besprechende lateinische passio).

Acten des Philippus in Hellas.

Unter den übrigen uns noch erhaltenen Resten der Philippus-
Legende sind in erster Reihe die A c t a P h i l i p p i i u H e l l a d e zu
erwälnen, welche T i s c h e n d o r f (acta app. apoc. p. 95 sqq.) aus
demselben cod. Paris. 881, welcher auch das Martyrium enthält, hat
abdrucken lassen.   Die Ueberschrift lautet πρᾶξις τοῦ ἁγίου Φιλίππου
τοῦ ἀποστόλου ὅτε εἰσῇλθεν εἰς τὴν Ἑλλάδα τὴν ἄνω. Der Inhalt ist
folgender.   „In jenen Tagen", als Philippus „in die Stadt der Athener,
welche Hellas heisst", kam, versammelten sich dreihundert griechische
Philosophen bei ihm, um seine Weisheit zu hören, da sie ihn um seiner
asketischen Lebensweise willen für einen der durch ihre grosse Weisheit berühmten asiatischen Philosophen hielten.   Ihr Verlangen etwas
Neues zu hören, befriedigt der Apostel neidlos mit der Predigt von
seinem Herrn Jesus Christus.   Die Philosophen, die seinen Namen niemals in den Büchern ihrer Väter gehört haben, erbitten sich drei Tage
Zeit und wenden sich brieflich an den Hohenpriester der Juden Ananias
in Jerusalem mit einem Berichte über die Wunder, welche Philippus im
Namen Jesu vollbringt und mit der Bitte nach Athen zu kommen, um
sie über diesen Mann zu belehren.   Voll Zorn, dass „dieser Verführer"
auch die athenischen Philosophen zu berücken versuche, macht Ananias,
in den der „Mansemat", d. h. der Satan gefahren ist, nach dem Rathe
der Schriftgelehrten und Pharisäer mit 500 Männern sich auf und reist
mit grosser Pracht, angethan mit dem hohenpriesterlichen Gewande,
nach Athen.   Vor dem Hause des Philippus angelangt, redet er den
Apostel als Giftmischer und Magier an und schildert den versammelten
Philosophen Jesum als einen mit Fug und Recht gekreuzigten Gesetzes-
verächter, seine Jünger aber, welche fälschlich vorgeben, dass ihr Herr
auferstanden und zum Himmel erhöht sei, als Betrüger und Magier, die
aus Judäa ausgetrieben die ganze Welt durchziehen und Alle durch die
Zauberkunst jenes Jesus zu bestricken versuchen.   Als Philippus demgegenüber sich auf den Wunderbeweis für die Wahrheit seiner Predigt
beruft, will der Hohepriester ihn schlagen.   Da verdorrt seine Hand,
seine Augen erblinden und zugleich mit ihm erblinden seine 500 Begleiter.   Als der Hohepriester trotzdem nicht glaubt, droht ihm der
Apostel, dass er lebendig zum Hades hinabfahren werde.   Plötzlich
erscheint Jesus in wunderbarem Lichtglanze: alle Götzenbilder Athens
fallen zu Boden, das Volk entflicht bestürzt, die Dämonen verlassen mit
Geschrei die Stadt.   Der Hohepriester bleibt dabei: er kenne keinen
anderen Gott als den, der Israel in der Wüste erschienen sei.   Als

Jesus zum Himmel zurückkehrt, erschüttert ein Erdbeben den Boden;
die Volkshaufen fallen dem Apostel zu Füssen und flehen denselben
um Erbarmen, ebenso flehen die 500 Männer von Jerusalem. Philippus
verkündet ihnen Rettung, aber zuvor wolle er dem Hohenpriester das
Augenlicht wiedergeben. Eine Stimme vom Himmel verheisst ihm Er-
hörung seiner Bitte. Auf das Wort des Apostels wird Ananias wieder
sehend, aber dennoch glaubt er nicht, sondern beschuldigt den Philippus
der Zauberei. Die 500 Männer wollen den Hohenpriester tödten, wenn
auch sie das Augenlicht wieder zurückerhalten haben, aber der Apostel
verbietet ihnen sich zu rächen. Ein neues Wunderzeichen geschieht:
auf die hebräischen Gebetsworte des Philippus öffnet sich die Erde,
Ananias versinkt bis ans Knie, aber dennoch glaubt er nicht. Auf das
Wort des Apostels verschlingt ihn die Erde bis an den Nabel, wogegen
die 500 ihr Augenlicht zurückerhalten und Christum dafür preisen.
Als der Hohepriester noch immer nicht glaubt, verschlingt ihn die Erde
bis an den Hals. Ein Oberster der Stadt meldet dem Apostel, ein
Dämon habe ihm, weil er den Philippus in die Stadt eingelassen habe,
aus Rache seinen einzigen Sohn erwürgt. Auf Befehl des Apostels
wird der Todte herbeigeschafft. Philippus fragt den Hohenpriester, ob
er glauben wolle, wenn der Knabe wieder ins Leben zurückkehre. Als
aber Ananias auch jetzt noch halsstarrig bleibt, wird er lebendig vom
Abyssus verschlungen, nur sein hohenpriesterliches Gewand entflattert,
und wird seitdem nicht mehr geseln. Der Apostel aber wendet sich
zu dem todten Knaben, verjagt den Dämon und belebt den Leichnam.
Da preisen die Volkshaufen den Gott des Philippus, die 500 Männer
empfangen das „Sigel Christi", d. h. die Taufe, der Apostel aber bleibt
noch 2 Jahre in Athen, erbaut eine Kirche, setzt einen Bischof und
einen Presbyter ein und reist dann weiter nach Parthien.

Gnostischer Charakter.

Das gnostische Colorit tritt in dieser Erzählung weniger stark hervor.
Ausser den „hebräischen" Gebetsworten und der (mir unverständlichen)
Bezeichnung μανσημάτ für den Teufel bemerke man die Christophanie,
die Himmelsstimme, die Strafwunder. Die Reden sind gut katholisch;
ein gnostischer Ton klingt nur noch aus den Worten des Philippus
sect. 13 p. 100 heraus: ὦ ἀσθενὴς φύσις, ἥτις ἀπέρριψεν ἑαυτὴν εἰς
ἡμᾶς, εὐθέως δὲ εἰς ἑαυτὴν καταταπεινουμένη· ὦ ἡ πικρὰ θάλασσα,
τὰ ἑαυτῆς κύματα εἰς ἡμᾶς ταράσσουσα καὶ ἐκβάλλειν νομίζουσα,
ἀλλὰ παρ' ἑαυτῇ τὰ κύματα κομίζουσα. Unter „der schwachen Natur",

dem „bitteren Wasser" ist wol das hylische Princip zu verstehn, welches die Pneumatiker zu bewältigen versucht hat, aber seiner eigenen Ohnmacht überführt wird. Bemerkenswerth für die ganze Darstellung ist auch ihr judenfeindlicher Zug. Der Zorn des Hohenpriesters gegen Christus und seine Apostel wird damit motivirt, dass Christus das Gesetz, den Tempel, die Reinigungen und die Feste der Juden aufgelöst hat, und dass seine Jünger mit dieser seiner Lehre die ganze Welt erfüllen (sect. 8. 10). Noch beachtenswerther ist, dass der Hohepriester erklärt, er kenne keinen anderen Gott als „den in der Wüste". Hier scheint noch die gnostische Unterscheidung des Judengottes vom höchsten Vater hindurchzublicken. Der vorliegende Text enthält verhältnismässig noch mehr Beziehungen auf die kanonischen Schriften des N. T. als das Martyrium: so das Verlangen der athenischen Philosophen etwas Neues zu hören (ἀκούειν τι καινότερον) sect. 2 p. 95 vgl. Act. 17, 1; der Spruch vom neuen Wein und den alten Schläuchen sect. 3 p. 96, ziemlich genau nach Luc. 5, 37—39; die Aufforderung der Philosophen an Philippus, ihnen seinen Herrn zu zeigen sect. 4 p. 96 erinnert an Joh. 14, 8; ebendaselbst das ὅπερ οὐκ ἐστὶν ἄλλο vgl. Gal. 1, 7; ebendaselbst (vgl. sect. 11 p. 99) οὐκ ἐν λόγῳ μόνον, ἀλλ᾽ ἐν ἐπιδείξει θαυμασίων ἔργων vgl. 1. Kor. 2, 4; sect. 9 p. 98 υἱὸς βροντῆς vgl. Marc. 3, 17; ebendaselbst „die Decke des Unglaubens" über dem Herzen des jüdischen Hohenpriesters vgl. 2 Kor. 3, 15; die jüdische Lüge, die Jünger hätten den Leichnam Jesu gestohlen sect. 10 p. 99 vgl. Mt. 28, 13; sect. 12 p. 100 (sect. 16 p. 101) Menschen können wider Gott nicht streiten vgl. Act. 5, 39; die Himmelsstimme die wie Donner hallt sect. 17 p. 101 vgl. Joh. 12, 28 flg.; jede Zunge wird bekennen, dass Jesus der Herr sei sect. 19 p. 103 vgl. Phil. 2, 11. Die letzte der angeführten Stellen verräth zugleich die Hand des katholischen Ueberarbeiters: nach den Worten ἐν ἐκείνῃ γὰρ τῇ ἡμέρᾳ πᾶσα γλῶσσα ἐξομολογήσεται ὅτι κύριος Ἰησοῦς ist nämlich hinzugefügt καὶ ὅτι μία δόξα τοῦ πατρὸς καὶ τοῦ υἱοῦ σὺν τῷ ἁγίῳ πνεύματι εἰς τοὺς αἰῶνας.

Verhältnis zum Martyrium.

Schwierig ist, das Verhältnis dieses Stückes zu dem Martyrium des Philippus zu bestimmen. Ein gewisses Verwandtschaftsverhältnis ergibt sich schon aus der Aehnlichkeit des Stoffes, insbesondere der Versenkung des Hohenpriesters in den Abyssus, mit der Verschlingung der Stadt Hierapolis, ihres Echidnatempels und ihrer gottlosen Be-

wohnerschaft durch ein Erdbeben. Eine weitere Berührung findet sich
darin, dass auch hier nicht Johannes, sondern Philippus als υἱὸς βροντῆς bezeichnet wird, eine Benennung, welche Jesus ihm „in Jerusalem"
ertheilt haben soll (sect. 9 p. 98). Aber während Philippus dort sich
an seinen Feinden rächt und dafür Strafe leiden muss, verbietet er
hier die Rache (sect. 18 p. 102) und die Stimme vom Himmel verkündet, dass Philippus, der vormalige Donnersohn, jetzt ein Sohn der
Sanftmuth geworden sei (Φίλιππε, υἱὲ ποτὲ βροντῆς νῦν δὲ πραότητος
sect. 17 p. 101). Indessen contrastirt hiermit merkwürdig die Thatsache,
dass ja doch auch in unserer Erzählung Philippus wirklich durch sein
Fluchgebet den Hohenpriester zur Hölle schickt, freilich nachdem er zu wiederholten Malen vergeblich versucht hat, ihn zu bekehren.

Dieser letztere Umstand scheint die sonst naheliegende Annahme
(vgl. auch Tischendorf prolegg. p. XXXVIII sq.) zu verbieten, dass
unsere Erzählung eine spätere Nachbildung der andern sei. Es ist an
sich wol denkbar, dass ein Späterer an der Rachsucht des Philippus
Anstoss nahm und den Donnersohn in einen Sohn der Sanftmuth verwandelte; auch lässt sich für die Annahme einer Nachbildung anführen,
dass die Geschichte von dem Erdbeben und dem Untergange der Stadt
Hierapolis auf einer historischen Erinnerung ruht, also im Martyrium
ursprünglich ist, während die ähnliche Erzählung in unsern Acten nur
als Wiederholung desselben Motives erscheint. Doch lässt sich aus dem
Allen wol höchstens schliessen, dass die ältere Philippuslegende später
erweitert worden ist, nicht aber dass die älteren und die jüngeren
Bestandtheile derselben in völlig getrennten Schriften umliefen. Und
selbst diese Annahme ist nicht sicher, da wir nicht wissen, wie weit
die katholische Bearbeitung in das ursprüngliche Textgefüge eingegriffen hat. Jedenfalls sind die gnostischen Züge hier gründlicher als
in der andern Erzählung ausgemerzt [1]).

Uebrigens ist der Text der Acten schlecht überliefert, theilweise
lückenhaft und oft stark verderbt. Ob das Quidproquo der Eingangs-

---

1) In den katholischen Nacherzählungen des Martyriums bei Anastasios
Sinaites, Symeon Metaphrastes und Niketas dem Paphlagonier u. s. w. ist alles beseitigt, was den Apostel als rachsüchtig erscheinen lässt. Besonders charakteristisch
ist die Erzählung bei Niketas (a. a. O. p. 385). Darnach ist das Erdbeben,
welches die Stadt und ihre Bewohner versenkt, nicht durch das Fluchgebet des
Apostels veranlasst; vielmehr erscheint auf sein und seiner Begleiter Bitten
der Herr und lässt die Versenkten auf der wunderbaren Treppe wieder emporsteigen.

worte εἰς τὴν πόλιν τῶν Ἀθηνῶν τὴν καλουμένην Ἑλλάδα auf Rechnung des ursprünglichen Textes kommt, kann zweifelhaft erscheinen, da sowol die Ueberschrift (εἰς τὴν Ἑλλάδα τὴν ἄνω) [1]), als der weitere Context (sect. 7 p. 97 εἰς πᾶσαν τὴν Ἑλλάδα καὶ Μακεδονίαν) beweist, dass der Verfasser Ἑλλάς richtig als Namen des Landes gekannt hat. Dagegen mag der Anachronismus in der Rede des Hohenpriesters sect. 10 p. 99, wonach Archelaos damals König der Juden gewesen sein soll, auf des Erzählers eigene Rechnung kommen.

Katholische Bearbeitungen.

Dass es auch dieser Erzählung nicht an Verbreitung gefehlt hat, beweisen die griechischen Menäen zum 14. November (u. a. O. p. 115, auch bei Combefis, Auctar. Noviss. I, 387 sq.), welche unter der Ueberschrift ἐκ τῶν θαυμάτων τοῦ ἀποστόλου wesentlich dieselbe Geschichte, wenn auch mit einigen Modificationen erzählen. Der Hohepriester heisst hier ἀρχιγραμματεύς, Oberster der Schriftgelehrten. Doch wird er im weiteren Verlaufe der Erzählung auch ἀρχιερεύς genannt. Von Athen soll der Apostel sich zuerst nach Parthien, darnach in die Städte der Kandaker und von da zu Schiff nach Azotos (Asdod) begeben haben. Eine zweite katholische Redaction derselben Erzählung, welche manche Abweichungen zeigt, findet sich in dem mehrerwähnten handschriftlichen Menologium des cod. Paris. 1551. Dasselbe verlegt die Handlung nicht nach Athen, sondern nach Asien. Um ihrer Abweichungen von dem Texte unserer Acten willen wird diese Erzählung weiter unten noch besonders zu besprechen sein.

Jedenfalls sind die Thaten des Philippus in Athen nur ein Stück aus einem grösseren Ganzen. Ausser der bereits erwähnten Unterschrift in dem von Papebroek erwähnten cod. Vatican. sprechen hierfür der Eingang und der Schluss. Das ἐν ἐκείναις ταῖς ἡμέραις weist auf Vorhergegangenes zurück; die nächstfolgenden Worte setzen voraus, dass Philippus von „Asien" nach Griechenland gekommen ist. Letztere Angabe könnte wieder als Nachbildung des Martyriums Philippi erklärt werden; die gnostischen Acten können aber den Apostel auch zweimal, am Anfange und am Ende seiner Missionswirksamkeit nach Asien geführt haben, wovon weiter unten noch einmal zu reden sein wird. Von Athen geht er nach unserm (und dem vaticanischen) Texte nach „Parthien".

---

[1] Der in den Actis SS. Jun. Tom. I p. 620 erwähnte cod. Vaticanus schreibt εἰς τὴν Ἑλλάδα τῶν Ἀθηνῶν.

Acten des Philippus in Karthago.

Es wurde bereits bemerkt, dass die Angabe der Menäen, nach welcher Philippus zu Schiff nach Azotos kommt (a. a. O. S. 69 ff. der englischen Uebersetzung), eine merkwürdige Bestätigung durch die von Wright edirten syrischen Philippusacten, die in Karthago, „welche ist in Azotus", spielen, zu erhalten scheint. Dieselben zeigen überhaupt auffallende Berührungspunkte mit den actis Philippi in Hellade. Der Inhalt ist folgender: Jesus erscheint dem Philippus zu Jerusalem und befiehlt ihm nach Karthago [1]), „welches ist in Azotus" zu gehn und dort den „Satansherrscher" auszutreiben. Nach anfänglichem Sträuben — weil er weder Lateinisch noch Griechisch verstehe — fügt sich der Apostel, begiebt sich nach dem Hafen von Cäsarea und besteigt ein Schiff, das seit 20 Tagen auf günstigen Wind wartet. Auf Veranlassung des Philippus betet die Mannschaft darum, und er selbst beschwört den Engel des Friedens, sie noch an demselben Tage nach Karthago zu bringen. · Mit Ausnahme eines Juden Ananias, der Christus und seinen Apostel lästert, betet Alles; da kommt ein gewaltiger Wind und das Schiff fliegt wie ein Adler in der Luft. Der Jude aber, der beim Kappen der Taue geholfen hat, wird vom Engel des Herrn oberhalb des Segels kopfüber gehängt. Da fleht er um Erbarmen, gesteht seine Schuld und bekennt sich zu Christus als dem Gotte Israels. Alsbald werden seine Bande gelöst, er steht inmitten des Schiffes, bittet und erhält Vergebung. Plötzlich erblickt man den Leuchtthurm von Karthago vor sich; in einem Tage hat das Schiff zum grössten Staunen der Mannschaft 75 Parasangen (= ·56¼ Meilen) zurückgelegt. Am Sonntag geht Philippus ans Land, und erblickt, als er in die Stadt eintritt, den Satansherrscher, einen schwarzen Mann, die Lenden von zwei Schlangen umringelt, einen Kranz von Nattern auf seinem Haupte, seine Augen wie feurige Kohlen, Flammen ausgehend aus seinem Munde, rings um ihn Dampf, zur Rechten und zur Linken Schaaren schwarzer Gestalten. Als · der Apostel eintritt und sich mit dem Kreuzeszeichen versigelt, stürzt der Götze kopfüber zu Boden und seine Schaaren fallen über ihn. Wehklagend bekennt sich der Satansherrscher durch Christus besiegt und entflieht auf das Gebot des Apostels samt seinem Thron und seinen Schaaren aus dieser Stadt, die er 3795 Jahre lang bewohnt hat, bis

---

[1]) Der syrische Text schreibt ܩܪܛܓܢܐ also eigentlich Cartagena (קַרְטְיָנָא.)

nach Babylon. Als das Volk Jesum Christum, den Gott des Philippus, lobpreist, predigt der Apostel ihm das Evangelium und mahnt es, von den todten Götzenbildern und vom Satan sich abzuwenden, sich zum Glauben an Christus zu bekehren und vor allem dem Umgange mit Weibern zu entsagen. Das Volk wird gläubig, Philippus segnet es und kehrt dann nach seinem Schiffe im Hafen zurück. Am folgenden Sabbat sind alle karthagischen Juden in ihrer Synagoge versammelt, und stellen den Ananias wegen seines Abfalles von Moses zu Rede. Der aber bekennt sich unerschrocken zu Christus, und hält den Juden eine heftige Strafrede, weil sie allezeit sich dem Willen Gottes widersetzt, und alle seine Propheten verworfen haben. Wie er so redet, erscheint sein Angesicht wie das eines Engels; die Juden aber knirschen mit den Zähnen, und einer ihrer Priester erschlägt ihn. Darauf graben sie in der Synagoge ein Grab, bestatten den Leichnam und verschwören sich, das Geschehene niemanden zu verrathen. Am folgenden Morgen um die neunte Stunde erhebt sich Philippus mit den um ihn versammelten Bürgern der Stadt auf dem Schiffe zum Gebet, und bittet Jesum, seinen Knecht Ananias von den treulosen Juden zu befreien und zurückzubringen. Da öffnet sich die Erde, es bildet sich ein Canal wie eine Wasserröhre, in welchem der Leichnam des Ananias zum Meere gelangt. Hier nimmt ihn ein grosser Delphin auf den Rücken und trägt ihn vor aller Augen auf die Oberfläche des Wassers. Die Anwesenden meinen, ein Dämon sei ihnen erschienen; der Apostel aber mahnt sie, sich nicht zu fürchten, denn an dem Leichnam solle ein Wunder geschehn, welches Viele zum Glauben führen werde. Darauf gebietet er dem Delphin, den Märtyrer Ananias wieder zu der Stelle zu tragen, von wo er ihn genommen hat; der Delphin schwimmt zurück, die Wellen tragen den Leichnam zur Todesstätte, wo die Erde sich öffnet, ihn wieder aufnimmt und sich über ihm schliesst. Am folgenden Tage geht Philippus in die Stadt, bittet den Procurator (Hegemon), sämtliche Juden vor sein Tribunal zu laden und fragt sie, als sie daselbst versammelt sind, wo Ananias hingerathen sei. Sie erheucheln völlige Unkunde; auch als der Apostel sie des Mordes beschuldigt, beharren sie auf ihrem Leugnen, schelten ihn einen Betrüger und beschwören feierlich ihre Unschuld. Da führt eben ein Landmann einen kranken Ochsen in die Stadt, um ihn an die Fleischer zu verkaufen. Der Apostel gebietet dem Thiere in die Synagoge zu gehn und dort den Ananias zu rufen, dass er komme und die mörderischen Juden überführe. Der Ochse thut wie ihm befohlen, da steht der todte Mann auf, erfasst den Ochsen und beide kommen eiligst zum Apostel, hinter ihnen her der Eigenthümer des

Thieres. Von Philippus befragt, berichtet Ananias alles Geschehene und bittet ihn an den Mördern zu rächen. Der Apostel aber erinnert ihn an das göttliche Verbot, Böses mit Bösem zu vergelten. Ebenso wehrt er dem Ochsen, der mit menschlicher Stimme ruft, er sei auf Befehl des Apostels bereit, die Mörder mit seinen Hörnern zu tödten, und auf sein Gebot kehrt das Thier mit seinem Herrn gesund nach seinem Dorfe zurück. Auch der Procurator erklärt, die Juden hätten den Tod verdient, der Apostel erwidert aber, er sei nicht gekommen zu tödten, sondern die vom Satan durch die Sünde Getödteten zu beleben. Beschämt stehen die Mörder da, und wagen kein Wort hervorzubringen. Philippus verkündigt ihnen, dass das Evangelium an die Stelle des alttestamentlichen Vergeltungsrechtes das Gebot gesetzt habe, dem Bösen nicht zu widerstehn. Da aber die Juden auch jetzt noch keine Reue bezeugen, lässt der Procurator sie mit Stöcken hinwegtreiben [1]. Nun erst bekehren sich ausser 3000 Heiden auch 1500 Juden und empfangen die Taufe; die ungläubig Gebliebenen verlassen die Stadt, und noch vor Sonnenuntergang werden 40 Priester zur Strafe, dass sie unschuldig Blut vergossen, vom Engel des Herrn getödtet.

Ursprung und Charakter.

Ob der vorliegende Text ein syrisches Original, oder Uebersetzung aus dem Griechischen sei, bedarf noch einer besondern Untersuchung. Nur im letzteren Falle liesse sich seine ursprüngliche Zugehörigkeit zu den περίοδοι wahrscheinlich machen. Die Reden sind gut katholisch, voller Citate aus dem Alten und Neuen Testament. Insbesondere zahlreich sind die Beziehungen auf die alttestamentlichen Geschichten (namentlich p. 73. 83. 86. 87) und auf alttestamentliche Stellen, insbesondere Prophetensprüche (namentlich in der Strafrede des Ananias an die ungläubigen Juden p. 81 sqq. vgl. Jes. 6, 9 f.; 1, 10; Deut. 32, 32; Jer. 4, 22; Jes. 18, 2; Jer. 6, 30; Jes. 30, 22; Hos. 4, 16; Jer. 2, 13; Jes. 56, 10), aber auch Psalmenstellen z. B. p. 80 vgl. ψ 115, 4 ff. und sogar in der Rede des Satansherrschers p. 77 vgl. ψ 139. Die Rede des Ananias ist ausserdem offenbar der Rede des Stephanus Act. 7 nachgebildet, aus welcher sich mehrere wörtliche Entlehnungen finden (σκληροτράχηλοι καὶ ἀπερίτμητοι τῇ καρδίᾳ Act. 7, 51 vgl. auch die Schlussworte: sie blickten auf

---

1) Nöldeke macht mich darauf aufmerksam, dass p. 91 Z. 21 der englischen Uebersetzung das syrische Wort ܒܫܒܛܐ falsch mit „by tribes" wiedergegeben ist.

ihn hin und sahen sein Angesicht wie das eines Engels vgl. Act. 6, 15,
und dazu das Zähneknirschen der Juden vgl. Act. 7, 54). In der Rede
des Philippus an Ananias (p. 89) werden eine Reihe von neutestamentlichen Stellen aufgeführt, welche Feindesliebe, Barmherzigkeit und Ver-
söhnlichkeit predigen (Rom. 12, 19—21; Mt. 5, 44 f.; 6, 14 f.; 5, 7) und
in der Rede an die ihrer Schuld überwiesenen Juden (p. 91) werden den
alttestamentlichen Stellen, welche das Vergeltungsrecht verkündigen
(Prov. 28, 17; Num. 35, 30 ff.) die Vorschriften der Bergpredigt (Mt.
5, 38 f.) gegenübergestellt. Auch sonst fehlt es nicht an Citaten: so in
der Volkspredigt des Philippus p. 80 vgl. Kol. 3, 9 f., in der Anklage-
rede p. 80 vgl. Gen. 4, 9 ff., in der Strafrede p. 90 vgl. Jer. 2, 26 f.
— Beziehungen auf unkanonische Schriften sind nirgends nachweisbar:
das Citat p. 89 „Ist ein Mann, der dich beneidet oder hasset, so sollst
du nicht bitten, dass ihm ein Leids geschehe, damit es nicht missfällig
sei in den Augen des Herrn und er das Uebel von ihm hinwegwende
und es bringe über dich und über dein Haus" findet sich allerdings
nirgends wörtlich, erinnert aber stark an Prov. 24, 17 f. Dagegen sind
bemerkenswerth die Beziehungen auf die apokryphen Prophetenlegenden
(p. 83 f.): den Jesaja sollen die Juden mit einer Säge von Buchsbaum-
holz zersägt, den Ezechiel an den Füssen geschleift haben, bis seine
Hirnschalen zerschmettert waren; den Jeremia hätten sie in eine
Schlammgrube geworfen, den Micha mit Backenstreichen wie einen
Knaben mishandelt, den Sacharja wie ein Opferlamm vor dem Altare
Gottes geschlachtet [1]).

Mit den Actis Philippi in Hellade haben die karthagischen Philippusacten den antijüdischen Charakter gemein; ebenso den Zug, dass
Philippus im scharfen Gegensatze zu der Erzählung des Martyriums das
Gebot des Herrn, nicht Böses mit Bösem zu vergelten, aufs Nachdrück-
lichste einschärft. Aber wie dort der Hohepriester, so werden auch
hier die 40 ungläubigen Priester dennoch vom göttlichen Strafgericht
ereilt, wenngleich dasselbe in unserer Schrift sich nicht durch Vermittelung des Apostels vollzieht. Merkwürdig ist übrigens, dass hier der von
seinem Unglauben bekehrte und dann zum Märtyrer gewordene Jude
denselben Namen führt, wie dort der halsstarrige Hohepriester.

Für gnostischen Ursprung auch dieser Acten scheinen wenigstens
noch einige Züge zu sprechen. Dahin gehört z. B. die wunderbar schnelle

---

1) Die Zersägung des Jesaja wird auch sonst in der jüdischen Tradition
berichtet; die Todesart des Sacharja beruht auf Verwechslung mit dem
Matth. 23, 35 erwähnten Manne gleichen Namens. Mit den Prophetenlegenden
bei Dorotheos stehen die Angaben der Acten in keiner näheren Beziehung.

Seefahrt, welche das Schiff auf das Gebet des Apostels in einem Tage
aus Ziel bringt, die Erde, die sich auf Befehl öffnet und schliesst, der
Delphin, der den Leichnam des Ananias auf dem Rücken trägt, der
redende Ochse, der die Mörder entlarvt, überhaupt der ganze Geschmack der erzählten Strafwunder. Au gnostische Sitte erinnert
wenigstens noch das allgemein gehaltene Gebot, den Umgang mit Weibern zu meiden (p. 80), an gnostische Lehren der Gegensatz des
Rechten und Linken (p. 80). Mit den hierapolitanischen Acten berühren sich die karthagischen namentlich noch darin, dass auch der
„Satansherrscher", der Götze von Karthago, als ein Schlangendämon
geschildert wird. Noch grösser ist ihre Verwandtschaft mit den athenischen Acten. Allerdings stimmt aber der Eingang unserer jetzigen
Schrift mit der sonst nabeliegenden Annahme, dass Philippus von Athen
aus nach Karthago oder Azotos gefahren sei, nicht überein. Denn die
Art, wie hier der Auftrag des Herrn an Philippus, nach Karthago zu
gehn, erzählt wird, sieht ganz wie eine erste Aussendung ins Heidenland aus. Es erinnert ganz an den ähnlichen Eingang der gnostischen
Thomasacten, wenn der Jünger gegen die ertheilte Weisung Bedenken
erhebt, weil er weder Lateinisch noch Griechisch verstehe, die Bewohner
von Karthago aber umgekehrt mit seiner Muttersprache, dem Aramäi-
schen, nicht bekannt seien. Wenn also die karthagischen Acten wirklich
ein ursprüngliches Bestandtheil der περίοδοι Φιλίππου gebildet haben,
so liegt die Annahme am nächsten, dass sie noch den Anfang der gnostischen Acten, die πράξις α' bewahrt, und dass sich hieran die athenischen Geschichten als πράξις β' (wie der von Papebroek benutzte vaticanische Codex anzudeuten scheint) angeschlossen haben.

Anderweite Reste der περίοδοι Φιλίππου.

Eine weitere Spur der karthagischen Acten ist bisher noch nicht
aufgefunden. Dagegen haben sich noch einige andere Bruchstücke der
gnostischen περίοδοι in den griechischen Menäen erhalten.

Dieselben fügen (a. a. O.) ihrem Berichte über das Martyrium des
Philippus anhangsweise noch einen eignen Abschnitt unter der Ueberschrift ἐκ τῶν θαυμάτων τοῦ ἀποστόλου hinzu. Daselbst wird uns
zunächst die Geschichte einer Todtenerweckung durch den Apostel erzählt, die sich noch in Galiläa zugetragen haben soll. Als Philippus
predigend in Galiläa umherzieht, begegnet er einer Mutter, die unter
lauten Klagen ihren Sohn zu Grabe trägt. Der Apostel ergreift den
Todten bei der rechten Hand, erweckt ihn, gibt ihn seiner Mutter

zurück und ertheilt beiden die Taufe. Die Erzählung scheint eine Weiterbildung auf Grund des papianischen Berichtes (bei Eus. h. e. III, 39, 4)
zu sein, und hat wol mit den gnostischen περίοδοι nichts zu schaffen.
Dagegen folgt' nun sofort die Geschichte von den Thaten in Athen, in
ziemlich ausführlicher Fassung. Vor seiner Abreise von Athen setzt
der Apostel den Röm. 16, 11 erwähnten Narcissus zum Bischof ein,
und reist dann nach Parthien (p. 389 sq.). Hier fleht er kniefällig um
ein Zeichen vom Himmel. Alsbald schaut er die Gestalt eines Adlers,
unter dessen goldenen Schwingen der gekreuzigte Jesus sichtbar wird.
Gestärkt setzt er die Verkündigung des Evangeliums fort, durchwandert
die Städte der Kandaker (τῶν Κανδάκων πόλεις), besteigt dann ein
Schiff und fährt nach Azotos. Ein heftiger Sturm bricht aus, da erscheint über dem Schiffe in lichtem Glanze das Zeichen des Kreuzes
und erhellt das Dunkel. Man landet, und der Apostel findet Unterkunft
in der landeinwärtsgelegenen Wohnung eines Einwohners der Stadt,
Namens Nikoleides. Während er hier betet, steht die von heftigen
Augenschmerzen geplagte Tochter seines Gastfreundes, Charitina, ganz
in der Nähe am Fenster und spürt, da sie die Rede des Apostels vernimmt, Linderung ihrer Leiden. Sie eilt zum Vater und meldet ihm,
sie wisse Jemand, der sie wol heilen könne. Der Apostel wird herbei-
geholt, bekehrt durch seine Predigt das ganze Haus und nachdem Alle
die Taufe erhalten haben, ertheilt er der Kranken die Macht, durch
Handauflegung selbst ihr krankes Auge zu heilen. Die Heilung erfolgt
und Charitina und Nikoleides schliessen dem Apostel als Begleiter sich an.

Die Erzählung verräth ihren gnostischen Charakter schon durch
die wiederholten wunderbaren Erscheinungen am Himmel: den goldenen
Adler mit dem Bilde des Gekreuzigten und dem leuchtenden Kreuzeszeichen über dem Schiff.

Unmittelbar darauf folgt eine weitere Geschichte, die sich in Hierapolis zugetragen haben soll. Philippus kommt nach Hierapolis und soll
von den Einwohnern als Magier gesteinigt werden, weil er ihre Frauen
bezaubere. Ein angesehener Bürger namens Heros beschützt ihn, nimmt
ihn in sein Haus und sucht seine Mitbürger von ihrem Vorhaben abzubrin-
gen. Darüber erzürnt sich seine Gattin Marcella, welche den Heros mit
Scheidung und Zurücknahme der Mitgift bedroht, wenn er den Fremden
nicht aus dem Hause weise. Jener wird unschlüssig, aber Philippus
bestärkt ihn im Glauben und auf sein Gebet wird der Sinn der Gattin
plötzlich gewandelt. Beide fallen dem Apostel zu Füssen und empfangen
mit ihrem ganzen Hause die Taufe. Einige wollen, vom Teufel verleitet,
das Haus des Heros in Brand stecken; Philippus erhält davon wunder-

bare Kunde, geht heraus, wird aber gegriffen und vor das Tribunal des Senats geschleppt. Aristarchos, der „Exarch" und Vorsitzende der Rathsversammlung bedroht ihn mit Steinigung, wenn er von seinen Zauberkünsten nicht ablasse und schleppt ihn an den Haaren durch den Koth. Da betet Philippus zum Herrn und alsbald verdorren dem Aristarchos die Hände, seine Augen erblinden, seine Ohren werden taub. Während noch der ganze Senat in tiefster Bestürzung ist, wird ein Todter, Namens Theophilos, herbeigetragen. Der Apostel ruft ihn bei seinem Namen, und befiehlt ihm aufzustehn und zu reden. Der Todte erhebt sich von der Bahre und erzählt unter Danksagungen gegen Philippus, dass zwei ungeheure schwarze Cyklopen ihn ergriffen hätten, um ihn zur Unterwelt zu schleppen: grade noch zur rechten Stunde sei seine Rettung erfolgt. Alles staunt, da fordert Philippus den Heros auf, über dem Aristarchos das Zeichen des Kreuzes zu machen. Es geschieht, und sofort ist dieser gesund. Da stürzen alle dem Apostel zu Füssen, der Vater des Erweckten, welcher princeps senatus war, lässt sich im christlichen Glauben unterrichten und überliefert dem Philippus seine 12 goldenen Götzen, damit derselbe sie zu Gunsten der Armen verkaufe. Die ganze Stadt wird zum orthodoxen Glauben bekehrt, Heros zum Bischof geweiht, Presbyter und Diakonen ihm zugesellt, Kirchen gebaut und fundirt. Darauf reist der Apostel weiter nach Phrygien, Lykaonien und Asien.

Die Annahme liegt nahe, dass die Erzählung ebenso wie die vorhergehenden Geschichten ursprünglich ein Bestandtheil der alten περίοδοι Φιλίππου gebildet hat. Der gegenwärtige Text ist sehr spät und gut katholisch; aber die Beschaffenheit der Wundergeschichten, desgl. der Zug, dass Philippus die Frauen der Stadt „bezaubert", d. h. sie veranlasst, dem Beischlafe mit ihren Männern zu entsagen, weist doch wol auf gnostischen Ursprung hin. Auffällig ist namentlich noch die Verwandtschaft dieser Erzählung mit den acta Philippi in Hellade. Wie dort der jüdische Hohepriester, so wird hier der Exarch Aristarchos für die Misshandlung des Apostels mit Erblindung und Verdorrung der Hände (ausserdem noch mit Taubheit) bestraft; wie dort, so dient ferner auch hier eine Todtenerweckung durch den Apostel als Mittel die Ungläubigen zu bekehren. Mit den athenischen und den karthagischen Acten findet sich noch eine anderweite Beziehung: das Strafwunder, welches Philippus an Aristarchos vollzieht, wird nämlich ausdrücklich damit motivirt, dass es ein Mittel werden solle, den Gestraften ebenso wie die Augenzeugen des Vorganges zur Busse zu leiten; also auch hier soll jeder Gedanke an Rache ferngehalten werden.

Aehnlich wie zu den acta Philippi in Hellade ist auch das Verhältnis unserer Erzählung zu dem gnostischen Martyrium Philippi. Auch hier kehren verschiedene Züge in beiden Erzählungen wieder und erwecken den Verdacht, dass bei Niketas und in den Menäen nur eine Doublette des Martyriums vorliegt: so erinnert namentlich die Rolle, welche Heros hier spielt, an den Stachys des Martyriums, auch der Zug, dass man an das Haus des Heros Feuer anlegen will, scheint dem Martyrium entlehnt, wo das Volk das Haus des Stachys wirklich in Brand steckt. Auch lässt sich nicht wol vorstellen, wie nach den hier erzählten Erfolgen des Apostels noch Vorgänge, wie sie das Martyrium berichtet, möglich gewesen sein sollen. Auf einer Combination beider Erzählungen scheint die oben erwähnte Angabe späterer Martyrologien zu beruhn, dass Philippus gekreuzigt und gesteinigt worden sei. Freilich bleibt es aber in der Erzählung der Menäen bei dem Vorsatze der Steinigung. Da der Apostel nach der letzteren weiter nach Phrygien, Lykaonien und Asien reist, so könnte man vermuthen, dass die ganze Geschichte fälschlich nach Hierapolis, welche Stadt ja selbst in Phrygien lag, verlegt worden ist.

Das katholische ὑπόμνημα Φιλίππου.

Die Erzählungen der Menäen ἐκ τῶν θαυμάτων τοῦ ἀποστόλου bilden jedenfalls ein Bruchstück einer zusammenhängenden katholischen Bearbeitung der περίοδοι Φιλίππου. Dass dergleichen Bearbeitungen in mannichfacher Gestalt im Umlaufe waren, beweisen auch die Nachrichten über das Martyrium bei Anastasios Sinnites (bei Cotelerius Monum. Eccl. Graec. III, 428 sqq., auch bei Fabricius cod. apoc. II, 806 sqq.) und bei Nikephoros (h. e. II, 39). Auch der Text des Metaphrasten (griechisch bei Migne Patr. gr. 115 col. 183 sqq., in lateinischer Uebersetzung des Papebroek Acta SS. Maii Tom. I p. 12 sq.), mit den Anfangsworten ὁ τοῦ θεοῦ θεὸς λόγος ἀϊδίως συνών κτλ., enthält nach einigen, dem N. T. entlehnten Notizen über die Person des Philippus lediglich eine ausführliche Darstellung seines Martyriums. Dieselbe ist aber ebenso wie die einleitenden Notizen aus einer grösseren Schrift excerpirt, welche die Thaten des Philippus im Zusammenhange erzählte. Es ist dies das wiederholt erwähnte, von Max Bonnet aus dem cod. Paris. gr. 1551 abgeschriebene, mir freundlich zur Benutzung überlassene Menologinm zum 14. November. Die Ueberschrift lautet ὑπομνήματα περὶ τοῦ βίου καὶ τῶν θαυμάτων καὶ τοῦ μαρτυρίου τοῦ ἁγίου καὶ πανευφήμου ἀποστόλου Φιλίππου, ἑνὸς τῶν δώδεκα ἀποστόλων. Die Anfangsworte des Textes sind folgende: Φίλιππόν τις ὀνομάσας εὐθὺς τὸν μέγαν ἐννοεῖ τοῦ σωτῆρος ἀπόστολον. Der Eingang macht zunächst darauf aufmerksam, dass es ausser dem „grossen" Apostel des Erlösers, einem der Zwölf, noch einen andern Philippus gebe, der ebenfalls Apostel gewesen, den von der Apostelgeschichte erwähnten Diakonen Philippus, welcher aus Cäsarea gebürtig gewesen und vier weissagende Töchter gehabt habe. Von ihm wird nun Philippus aus Bethsaida, der Stadt des Andreas und Petrus, unterschieden. Nach einer ziemlich breiten Reproduction der Notizen des vierten Evangeliums über diesen Philippus wird fol. 70 die Geistesausgiessung am Pfingstfeste und die Aposteltheilung erwähnt, bei welcher Philippus von Jakobus dem ἀδελφόθεος und von Petrus Asien zugetheilt erhält. In seiner Begleitung befinden sich Bartholomäus und des Philippus Schwester Mariamne. Hierauf folgt der Bericht von den Thaten des Philippus, wesentlich übereinstimmend mit der Erzählung der gedruckten Menäen ἐκ τῶν θαυμάτων τοῦ ἀποστόλου, doch in ganz andrer Redaction, in Einzelheiten abweichend, und theilweise in andrer Ordnung. Zuerst mit καὶ ἐλθὼν ἐν χώρᾳ τῆς Γαλιλαίας eingeleitet wird die Erweckung des Sohnes der Witwe berichtet. Der Uebergang zum Folgenden wird mit den Worten gemacht ἀπάρας δὲ ἐκεῖθεν ἀπὸ τῆς Γαλιλαίας σὺν τῷ Βαρθολομαίῳ ἦλθεν ἐν ὁρίοις Παρθενίας κατὰ θαλάσσην τῶν Κανδάκων [1]). Er findet ein Schiff, welches im Begriff ist nach Azotos abzugehn und besteigt es wohlgemuth. Als man dreihundert Stadien weit gefahren ist, bricht ein heftiger Sturm aus, den Philippus durch das Kreuzeszeichen beschwört. Die Schiffsmannschaft bekehrt sich und empfängt, nachdem man gelandet ist, die Taufe. Nun folgt die ziemlich abweichend von den Menäen erzählte Geschichte von dem augenkranken Mädchen in Azotos, welches von dem Apostel geheilt wird. Das Mädchen heisst hier Θεοκλία (Θεόκλεια), deren Vater Νικοκλήδης oder Νικόκλης (Menäen: Νικολείδης). Letzterer wird als ὑπομνηματογράφος des Königs Archelaos bezeichnet. Die Krankheit

---

1) Wahrscheinlich aus ganz andrer Quelle geflossen, ist eine Stelle bei Anastasios Sinaites im Hexaëmeron (Migne Patr. Graec. 89 col. 925), auf welche Prof. Usener mich aufmerksam gemacht hat: *'eiusmodi volucris erat Philippus, qui volans per aërem et veniens ad Candacem Aethiopem ipsum baptizavit super aquam et per columbam nempe spiritum seipsum effecit volucrem'.* Eine Vergleichung mit der Erzählung in den Menäen und dem Pariser Texte von den „Kandakern" und der wunderbaren Seefahrt des Philippus zeigt, dass jene Sage nicht aus den gnostischen Acten geschöpft sein kann. Wahrscheinlich ist sie eine einfache Weiterbildung der Erzählung Act. 8, 26 ff.

des Mädchens wird als Aussatz des Gesichts bezeichnet, in Folge dessen das eine Auge ausgelaufen sei. Die Wunderheilungen des Apostels erwecken auch in ihr die Hoffnung, durch ihn Genesung zu erhalten, da die beiden Aerzte, welche sie bisher behandelt, Leukios und Ilides, ihr nichts geholfen haben. Auf Befehl des Apostels bekreuzigt sie dreimal ihr Gesicht und wird geheilt. Vater und Tochter bekehren sich, letztere legt Männertracht an und folgt der Schwester des Philippus, Mariamne, als Dienerin. Hieran reiht sich nun ebenso wie in den Menäen die Geschichte mit Heros. Der Apostel durchzieht die Städte und kommt εἰς Νικάτηρα πόλιν (ob aus Ἱερὰν πόλιν verderbt?), wo er samt seinen Begleitern in dem Hause des Heros gastliche Aufnahme findet. Dieser wird hier als πολιτάρχης oder Oberpriester (ἱερεύς) bezeichnet: seine Gattin heisst Ἐρχέλλα (aus Μαρχέλλα verderbt?), ausserdem wird noch eine Tochter Ἀρτεμίλλα erwähnt. Philippus bekehrt die Frauen und das ganze Haus, heilt einem Sklaven die verdorrte linke Hand und vollbringt noch viele andere Wunderthaten, so dass viel Volks dem Glauben gewonnen wird. Da reizt der arge Teufel die Juden zur Eifersucht; sie berauben den Priester seiner Habe und zünden sein Haus an. Die Jünger Christi aber werden ins Gefängnis geworfen, und ein aufrührerischer Haufe fordert ihren Tod. Da tödtet den Obersten der Juden ein Blitzschlag, zehn andere Unruhestifter werden von bösen Geistern ergriffen. Nun werden die Juden und Griechen reumüthig, führen den Philippus und Bartholomäus aus dem Kerker und bitten um Verzeihung, welche ihm diese (οἱ τοῦ ἀκάκου καὶ πραοῦ Χριστοῦ γνήσιοι μαθηταί) gern gewähren, und ihnen die Uebelthaten mit Fürbitten vergelten. Philippus predigt ihnen und alle bekehren sich zum Christengott, zumal noch ein neues Wunder hinzukommt: die bösen Geister fahren, als der Apostel ihnen naht, mit Dampf aus den zehn Besessenen aus. Alle empfangen die Taufe, Philippus setzt den frommen Priester zum Bischof ein, weiht Presbyter und Diakonen und lässt ihnen κανόνας καὶ τύπους zurück. Darauf reist er mit Bartholomäus, Mariamne und Theoklia weiter nach den Städten Mysiens und Lydiens (das λιβύας der Handschrift ist natürlich in λυδίας zu verbessern), predigt und thut abermals zahlreiche Wunder. Da sind es wieder eine Anzahl Juden, welche wider die Apostel wüthen, sie schlagen, einsperren und zuletzt mit ehernen Ketten fesseln. Die Obersten der Juden beschliessen darauf einen Brief an den gesetzeskundigen Hohenpriester Annas nach Jerusalem zu richten, damit dieser komme und die neue fremde Lehre des Philippus und Bartholomäus widerlege. Nun folgt die aus den acta Philippi in Hellade bekannte Geschichte in ziemlich modificirter Gestalt. Nach Empfang des Briefes legt Annas seinen hohenpriesterlichen Schmuck an und kommt mit zahlreichem Gefolge an den Ort, wo Philippus sich aufhielt. Er redet ihn mit herben Worten an und es entspinnt sich zwischen beiden eine Disputation, in welcher der Apostel den Hohenpriester durch Beweise aus der Schrift von der Gottheit Christi zu überzeugen sucht. Dieser aber entbrennt von Zorn, erhebt sich von seinem Stuhl und will den Apostel schlagen. Da verdorrt seine rechte Hand und seine Augen erblinden. Dennoch bleibt er hartnäckig. Auch als der Apostel ihm durch das Kreuzeszeichen das Augenlicht zurückgegeben und seine Hand wieder geheilt hat, bekehrt jener sich nicht. Da versinkt er zuerst bis zu den Knieen, dann bis zum Nabel in die Erde. Aber auch dieses Strafwunder vermag seinen Sinn nicht zu wenden, vielmehr fährt er fort, den Apostel als Betrüger zu lästern. Vergeblich sucht dieser ihn aus den heiligen Schriften zu belehren. Der Hohepriester versinkt bis an den Hals. Da trägt sich ein neues Wunder zu. Ein Jüngling, der einzige Sohn des Obersten der Stadt wird vom Teufel erwürgt und todt zum Apostel hingetragen. Philippus fragt den Hohenpriester, ob er glauben wolle, wenn Christus den Todten erwecke. Der aber erwidert: ich weiss, dass du ihn zum Scheine, aber nicht in Wirklichkeit erwecken wirst, und erklärt seinen Entschluss, als Jude zu sterben. Der Apostel bricht über solche Hartnäckigkeit in Thränen aus, die Erde öffnet sich auf Gottes Geheiss und vor Aller Augen fährt Annas lebendig in den Abyssus, sein hohepriesterliches Gewand entschwebt und wird nicht mehr gesehen. Philippus weckt den Todten auf, und alles Volk bekehrt sich, und empfängt die Taufe. Der Apostel aber verweilt noch einige Zeit in dieser Stadt, baut eine Kirche, setzt Bischöfe und Presbyter ein und reist dann weiter.

Hieran schliesst sich nun die Geschichte von dem Martyrium in Hierapolis, welche mit folgenden Worten eingeleitet wird: καὶ ἦλθεν ἐν Ἀσίᾳ τῇ πόλει· ἐπεὶ δὲ καὶ τοῖς ἐνθένδε τοῦτον ἔδει πάντως ἐμφοιτῆσαι· ἐνδημίαν τε τὴν πρὸς τὸν κύριον στείλασθαι, τοιόνδε τι περὶ τὸ τέλος αὐτοῦ συνηνέχθη. πόλις ἐστὶ κατὰ τὴν Φρυγίαν περιφανὴς Ἱεράπολις (cod. ἱεράπολις) μὲν καλουμένη, διὰ δὲ τὴν κρατοῦσαν ἐν αὐτῇ τότε πλάνην ὀφιορύμη προσαγορευμένη. Die Stadt Hierapolis verehrte eine schreckliche Echidna. Der Apostel stürzt sie und bewirkt ihren plötzlichen Tod. Zornentflammt ergreifen ihn die Bürger, und werfen ihn ins Gefängnis. Es war aber Nikanora, die Gattin des Proconsuls von „Lydien“, gläubig geworden. Der Teufel regt abermals das Volk und den Proconsul wider ihn auf, das Haus des (vorher nicht erwähnten)

Stachys wird verbrannt, Philippus noch grausam gegeisselt, zuletzt mit durch die Knöchel gezogenen Stricken kopfüber aufgehängt. Dieselbe Marter leidet Bartholomäus, auch Mariamne muss Qualen erdulden. Da öffnet sich plötzlich die Erde und verschlingt den ganzen Haufen samt dem Erdboden. Die Uebrigen fürchten, dass ihnen das gleiche Schicksal bevorstehe. Endlich erkennen sie, dass das Geschehene die Strafe ist für die Misshandlung des Philippus und flehen ihn an, er möge ihnen Verzeihung erwirken. Da erbarmt sich Christus, erscheint ihnen und befestigt den wankenden Erdboden; eine Treppe zeigt sich, als „Weg des Glaubens zum Heil", auf welcher die Versunkenen emporsteigen. Man löst die Bande des Bartholomäus, und will auch den Philippus befreien, der ihnen aber wehrt, da sein Heimgang zum Herrn bevorsteht. Er belehrt sie, dass sie durch die Gnade Christi aus der Unterwelt wieder emporgestiegen sind, und erzählt ihnen, dass er selbst, weil er der Stadt geflucht und Böses nicht habe mit Gutem vergelten wollen, vierzig Tage lang ausserhalb des Paradieses zubringen müsse. Nach noch weiteren Reden gibt der Apostel seinen Geist auf. Der Leichnam wird von Bartholomäus und Mariamne am 14. November ehrenvoll bestattet. Nachdem sie noch beide eine Zeit lang verweilt [1]) und den Stachys als Bischof eingesetzt haben, reisen sie weiter nach Lykaonien. Den Schluss des Ganzen macht eine Anrufung des heiligen Philippus um Fürbitte für die, welche seinen Gedächtnistag feiern.

Die griechische vita, deren Inhalt im Vorstehenden reproducirt ist, ist die vollständigste der noch erhaltenen katholischen Bearbeitungen der gnostischen περίοδοι. Der Text des Metaphrasten stimmt im Eingange und am Schlusse vielfach wörtlich überein, dagegen fehlt dort der ganze mittlere Theil, welcher die θαύματα des Apostels von seiner Abreise nach Asien bis zum Martyrium enthält. In den bei beiden übereinstimmend mitgetheilten Stücken verhält sich der Text des Metaphrasten theils als Excerpt, theils als Paraphrase. Zu den in den gedruckten Menäen aufbewahrten θαύματα des Apostels verhält sich der Pariser Text wie eine völlig selbständige Bearbeitung einer gemeinsamen Grundschrift. Eine vollständige Darstellung der πράξεις enthält er ebenfalls nicht, auch weicht, wie bereits bemerkt wurde, die Anordnung mehrfach von der der gedruckten Menäen ab. Nach dem Pariser Texte begibt sich Philippus von Galiläa sofort ins Gebiet von Parthenien (wol nicht Samos, sondern aus Parthien verderbt) und zwar

---

1) Der Codex liest Βαρθολομαῖος δὲ ἄμα ἐπὶ βραχὺ τόπῳ προσμείναντος, es ist aber herzustellen Βαρθολομαίου δὲ ἄμα Μαριάμνῃ κτλ.

κατὰ θαλάσσην τῶν Κανδάκων, dann nach Azotos, darauf nach Νικά-τηρα πόλις, wo sich die Geschichte mit Heros zuträgt, dann nach Mysien und Lydien, wohin die Erzählung von dem jüdischen Hohenpriester verlegt ist, zuletzt nach „der Stadt Asien" und nach Hierapolis, wo er das Martyrium leidet. Dagegen lassen die gedruckten Menäen auf die Todtenerweckung in Galiläa sofort die Thaten in Athen, dann die Reise nach Parthien, die Durchwanderung der Städte der Kandaker, die Seefahrt nach Azotos und die wunderbare Heilung daselbst, die Reise nach Hierapolis und die Geschichten mit Heros und Aristarchos folgen, worauf der Apostel weiter nach Phrygien, Lykaonien und Asien reist.

Die Anordnung der Erzählung in den Menäen stimmt mit den acta Philippi in Hellade überein, deren Schluss den Apostel ebenfalls von Athen nach Parthien reisen lässt. Auch darin haben die Menäen noch das Ursprüngliche bewahrt, dass sie den Apostel wirklich in Athen, und nicht in einer Stadt Mysiens oder Lydiens den jüdischen Hohenpriester überwinden lassen. Hätten nun die syrischen Acten wirklich den ursprünglichen Anfang der gnostischen περίοδοι bewahrt, so wäre der Apostel nach der Aposteltheilung zuerst zu Schiff nach „Karthago", von da nach Asien (wie die acta Philippi in Hellade voraussetzen), darauf nach Athen, dann weiter nach Parthien, ins Kandakerland, nach Azotos, weiter (zum ersten Male) nach Hierapolis oder wie das Pariser Menologium bietet, nach „Nikaterapolis", dann nach Phrygien, Lykaonien und Asien, zuletzt abermals nach Hierapolis gereist, um dort den Märtyrertod zu leiden. Dass zwischen den Geschichten mit Heros und dem Martyrium weitere Reisen des Apostels in der Mitte liegen, lehrt auch der Eingang des Martyriums (p. 75 Tischend.), nach welchem der Apostel, bevor er in Hierapolis den Martertod leidet, die Städte Lydiens und Asiens durchzieht. Nach dem Pariser Text folgen auf die Geschichten in Azotos Reisen durch Mysien und Lybien (vielmehr Lydien), darnach kommt er ἐν 'Ασία τῇ πόλει, ein ähnliches quidproquo wie „die Stadt der Athener Namens Hellas", dann nach Hierapolis in Phrygien. Die Reisen durch Mysien und Lydien erwähnt auch der kurze Abriss des Lebens des Apostels in den Menäen (l. c. p. 114), welcher der Erzählung ἐκ τῶν θαυμάτων τοῦ ἀποστόλου vorangeschickt ist.

Was die Textbeschaffenheit des Pariser Menologiums betrifft, so lässt dieselbe sich in den meisten Abschnitten durch Vergleichung mit den parallelen Texten controliren. Sehr abweichend von den gedruckten Menäen sind zunächst die Reisen nach „Parthenien", auf dem Meere der Kandaker, nach Azotos samt den Vorgängen daselbst, desgleichen die Geschichten mit Heros erzählt. Von den Wunderzeichen in Parthien (dem Adler mit dem Bilde des Gekreuzigten unter den Schwingen) schweigt der Pariser Text ganz, aus den Städten der Kandaker, die Philippus durchwandert, ist ein „Meer der Kandaker" geworden; der Sturm auf der Fahrt nach Azotos wird durch das Wort des Apostels beschwichtigt. Dafür fehlt die Erscheinung des Kreuzeszeichens. Auch das Folgende wird anders erzählt. Wenn der Vater des augenkranken Mädchens hier als ὑπομνηματογράφος des Königs Archelaos bezeichnet wird, so erinnert dies an die acta Philippi in Hellade, in denen uns ebenfalls der wunderliche Anachronismus begegnet, Archelaos sei der damalige König der Juden gewesen (sect. 10 p. 99 Tischend.). Wenn ferner das Mädchen in den Menäen Charitina, im Pariser Texte Theoklia heisst, so ist wol ebenfalls die letztere Angabe ursprünglich; Charitina heisst in der Tradition vielmehr eine der Töchter des Evangelisten Philippus. Der Name des Vaters weicht wenig ab. Ein ächt gnostischer Zug ist wol noch, dass Theoklia in Männertracht der Mariamne als Dienerin folgt [1]). Sehr abweichend wird ferner auch die Geschichte von Heros erzählt. Der Name des Orts Νικάτηρα πόλις mag verderbt sein; doch passt auch das Hierapolis der Menäen nicht, da ja Philippus erst später nach Phrygien auszog. Heros ist hier Oberpriester, in den Menäen nur ein angesehener Bürger. Der anfängliche Widerstand seiner Frau wird übergangen, ebenso der Exarch Aristarchos, der in den Menäen eine ähnliche Rolle spielt wie der jüdische Hohepriester; auch die Auferweckung des Theophilos fehlt. Dagegen erinnert es an die syrischen Acten und an die Acten in Athen, wenn hier namentlich die Juden als die Häupter des Widerstandes gegen Philippus und Bartholomäus erscheinen; eigenthümlich ist dieser Erzählung auch die Geschichte von dem Blitzstrahl, der den ἄρχων der Juden tödtet und von den 10 Dämonischen. Vielleicht liegt hier vielfach noch das Ursprüngliche vor. Drei verschiedene Texte können wir bei der Geschichte des widerspenstigen Hohenpriesters vergleichen. Das Pariser Menologium weicht hier ebenso von den actis in Hellade wie von den gedruckten Menäen ab, wenn es der Stadt Athen eine Stadt

---

1) In den Acten des Paulus und der Thekla ist Theoklia der Name von Thekla's Mutter. Dieselbe bleibt ungläubig, dagegen wird auch von Thekla erzählt, dass sie in Männertracht den Apostel Paulus begleitet (c. 40). Vgl. die oben aus dem cod. Barocc. (Tischendorf apoc. apocr. p. 152) mitgetheilte Notiz, dass Mariamne ihren Bruder Philippus in Männertracht begleitet habe.

in Mysien oder Lydien, den griechischen Philosophen vielmehr Juden substituirt, die hier wie anderwärts als die Hauptgegner des Apostels erscheinen. Im Uebrigen steht dagegen die Erzählung des Pariser Menologiums dem Texte der Acten bei Tischendorf noch weit näher als die hier ziemlich stark kürzenden Menäen. Der Hohepriester heisst hier Annas, nicht Ananias (die Menäen nennen ihn überhaupt nicht). Die Disputation des Apostels wider ihn ist dem Pariser Texte eigenthümlich, und von gut katholischer Färbung. Wenig Eigenthümliches bietet dagegen wieder die Geschichte des Martyriums. Dieselbe ist ein dürftiges Excerpt aus den Acten bei Tischendorf, in welchem alle gnostischen Züge sorgfältig verwischt sind. Interessant ist jedoch, dass die Strafe des Philippus für seine Verfluchung der Stadt, die vierzigtägige Bussfrist nach dem Tode ausserhalb des Paradieses, ausdrückliche Erwähnung findet.

Die koptischen und äthiopischen Acten.

Eine wesentlich andere Gestaltung der Philippuslegende liegt in der Tradition der koptischen Kirche vor. Das äthiopische Certamen apostolorum gibt (Malan p. 66—72) eine fragmentarisch auch noch in einem sahidischen Codex (Nr. 126 bei Zoëga) erhaltene Darstellung von den ersten Thaten und Schicksalen des Apostels unter dem Titel „das Buch der Predigt des Apostels Philippus in der Stadt Assakia" und ausserdem eine ziemlich secundäre Bearbeitung seines Martyriums (Malan p. 72—76). Die Letztere findet sich wesentlich ebenso im arabischen Synaxarium (Wüstenfeld p. 122 sq.). Als Todestag wird übereinstimmend mit der griechischen Tradition im Synaxar der 18. Hatur (= 14. November), im äthiopischen Certamen der 18. Hedar angegeben [1]).

Das Buch der Predigt des Philippus in Assakia beginnt mit der Aposteltheilung. Christus erscheint den versammelten Jüngern auf dem Oelberg und fordert sie auf, nicht länger zu verweilen, sondern 12 Loose zu nehmen und die Missionsgebiete unter einander zu vertheilen. Philippus erhält das Loos in die Stadt Assakia zu gehn und wird von Petrus dahin geleitet. Vor dem Thore treiben sie einen Dämon aus, worauf der Geheilte ihnen nachfolgt. Als sie am Stadtthor anlangen,

---

1) Die armenische Kirche feiert das Andenken des Philippus am 17. November.

in dessen Nähe eine hohe Säule steht [1]), müssen auf das Gebet des
Petrus Thor und Säule sich herabsenken, bis sie dem Erdboden gleich
sind. Der Mann besteigt auf des Apostels Geheiss das Kapitäl der
Säule, die sich alsbald zu ihrer früheren Höhe wieder erhebt und von
seinem hohen Standorte herab muss er Flüche gegen die Bewohner
ausstossen und sie auffordern, sich zu dem Apostel Christi zu wenden,
um von ihm gesegnet zu werden. Ein Erdbeben setzt Alle in Schrecken,
sie fliehen in Keller und Höhlen, werden von Blitzen nach Inseln getrieben und eine grosse Menge, Männer und Weiber, kommen um.
Hilfeflehend wenden die Uebrigen sich an die Apostel; diese beten,
das Erdbeben und die Blitze verschwinden, der Mann auf der Säule
schweigt, Thor und Säule senken sich wieder herab. Als der Mann
heruntergestiegen ist, wollen die Einwohner demselben als einem Gotte
opfern, werden aber von diesem angewiesen, den Worten der Apostel zu
lauschen. Auf des Philippus Befehl bringen sie ihren Götzen, eine goldne
Statue, herbei. Die Priester rufen, man solle die Schutzgötter der Stadt
nicht zerstören und schelten die Apostel Betrüger. Philippus lässt Feuer
vom Himmel kommen, welches die Priester rings umgibt. Die Bürger
brechen in Thränen aus, Petrus aber zwingt das goldne Götzenbild,
seine eigne Ohnmacht und Nichtigkeit, sowie den mit ihm von den
Priestern getriebenen Betrug zu bekennen. Die Priester bitten die
Apostel, sie aus dem Feuer zu befrein und werden gläubig. Alsbald
verwandelt sich das Feuer in Wasser, weiss wie Milch. An der Stelle,
wo sie gläubig geworden sind, lässt Philippus eine Kirche bauen: als
der Grund gelegt ist, fällt auf des Apostels Geheiss das Stadtthor herab,
und die Säule wandert zu der Stelle, wo die Kirche gebaut werden
soll. Auf dieses Wunder bekehrt sich auch der König, alle legen Hand
an, um den Kirchbau zu vollenden, die Apostel aber nehmen Wohnung
bei dem Richter der Stadt, Namens Karu. Da erscheint ihnen der Herr
in Gestalt eines lichtglänzenden Mannes und fordert sie auf, weiter zu
wandern. Nach seinem Wiederverschwinden sieht das Volk seine
Glorie noch auf den Angesichtern der Apostel glänzen, und fällt vor
ihnen zu Boden. Diese aber heissen es aufstehen und bestärken es im
Glauben. Nachdem darauf noch ein Dämonischer geheilt worden ist,
führen die Apostel das Volk zur Meeresküste, taufen es, lehren es,
spenden die Eucharistie, setzen Bischöfe, Priester und Diakonen ein
und reisen darauf ab.

---

1) Dies muss der Sinn der in der englischen Uebersetzung ziemlich unklaren Worte sein.

Die vorstehende Erzählung berührt sich in einzelnen Zügen, wie dem Erdbeben und dem Feuer das vom Himmel fällt, mit den gnostischen περίοδοι Φιλίππου. Auch sonst verräth die Scenerie hie und da gnostischen Geschmack, so in dem Wunder mit der Säule, in dem zum Reden gezwungenen Götzenbild, in der Erscheinung Christi in Gestalt eines glänzenden Mannes. Doch lässt es sich zur Zeit nicht ermitteln, ob uns hier noch ein weiteres Stück der alten περίοδοι — natürlich stark überarbeitet — erhalten ist, oder ob wir es hier lediglich mit einer späteren Nachbildung zu thun haben. Das Wunder mit der Säule, welche in die Kirche versetzt wird, könnte auf einer alten Localtradition beruhn; doch lässt sich darüber nichts Näheres ausmachen. Die Stadt „Assakia" lag nach der Legende an der Meeresküste; doch ist von einer Seefahrt der Apostel dahin nichts erwähnt. Dass Philippus durch Petrus nach seinem Missionsgebiete geleitet wird, bildet einen stehenden Zug der koptischen Aposteltradition.

Die Erzählung des Martyriums bildet in dem äthiopischen Certamen apostolorum ein selbständiges Ganzes. Philippus kommt in die Stadt Afrikia und predigt. Auf Satans Betrieb werfen die Bewohner ihn ins Gefängnis und wollen ihn kreuzigen. Aber die Hand an ihn legen, werden alsbald mit Blindheit geschlagen, worauf das Volk gläubig wird und den Apostel befreit, der nun umherzieht und fortfährt zu predigen und Kranke zu heilen. Da verklagen ihn die Obersten der Stadt beim König, und wenden dessen Verbot vor, dass kein Fremder die Stadt betreten dürfe. Auf des Königs Befehl wird Philippus abermals eingekerkert, dieser aber verlacht die Häscher und frohlockt, dass sein Hingang zu Gott nahe ist. Darauf wird er, den Kopf nach unten, die Füsse nach oben gekreuzigt. Als man aber den Leichnam verbrennen will, kommt ein Engel und entführt ihn vor aller Augen nach Jerusalem, wo er unter einigen Bäumen bestattet wird. Alle bekehren sich und beten, Gott möge ihnen den heiligen Leib zurückgeben. Ein Engel offenbart die Grabstätte, darauf werden die Reliquien zurückgeholt und ehrenvoll bestattet.

Das Synaxarium zum 18. Hatur bietet genau dieselbe Geschichte. Nur heisst es hier zum Eingange, dass den Philippus das Loos getroffen habe, nach Afrika und dessen Provinzen zu gehn. Wäre diese Angabe ursprünglich, so hätte man irgend eine afrikanische Stadt als Stätte des Martyriums zu verstehn, und Afrikia wäre hieraus verderbt. Die Sendung des Philippus nach Afrika würde zu den syrischen Acten stimmen, die ihn nach Karthago reisen lassen; sonst bieten die betreffenden Texte aber keine Berührungspunkte. Wie übrigens die Todesart des Apostels — die

Kreuzigung mit dem Kopfe nach unten — zeigt, liegt in der koptischen Tradition nur eine Modification der gnostischen Legende vor. Unter der 'Stadt Afrikia', wohin die äthiopische Erzählung das Martyrium des Apostels verlegt, ist sicher nicht Afrika, wie Wüstenfelds Uebersetzung des arabischen Synaxarium wiedergibt, sondern Phrygien zu verstehn. Aber auch die Stadt 'Assakia' in der vorhergehenden Erzählung bei Malan ist aus Phrygia verderbt. Dies wird bestätigt durch eine Mittheilung Zoëga's catal. codd. copt. p. 228 über den sahidischen Codex Nr. 126. Derselbe enthält fol. IV zunächst den Schluss 'de actis et praedicatione S. Jacobi apostoli'. Dann folgt 'pariter praedicatio S. apostoli Philippi quam praedicavit in Phrygia in pace dei amen'. Den Inhalt gibt Zoëga mit folgenden Worten an: 'Narrat auctor apparuisse dominum apostolis in monte Oliveto congregatis et praecipisse mundum sibi dividere in partes XII. Philippum sorte exiisse Phrygiam, quo statim se contulit ad evangelium praedicandum comite Petro'. Es ist klar, dass wir hier den Anfang derselben Erzählung vor uns haben, welche oben aus dem äthiopischen Certamen apostolorum mitgetheilt ist. Dieselbe ist also ebenso wie das Martyrium den Abyssiniern durch Vermittelung der koptischen Kirche zugekommen.

Philippus in den Acten des Petrus und Andreas.

Zu bemerken ist ferner, dass Philippus auch in den acta Petri et Andreae (bei Tischend. apoc. apocr. p. 165) gelegentlich erwähnt wird. Als Petrus zur Ueberführung des Onesiphoros ein Kameel buchstäblich durch ein Nadelöhr gehen lassen will, bringt ein vom Apostel Philippus bekehrter Krämer (cod. παντάπολις Tisch. πανταπώλης) eine Nadel mit besonders grossem Oehre herbei, muss dieselbe aber wieder fortnehmen und an ihrer Stelle eine kleine bringen. Die Stadt, wo er wohnte, ist wahrscheinlich Tyana in Kappadokien, wo Petrus und Andreas nach Epiph. Monach. p. 47 ed. Dressel bei einem Juden Onesiphoros Quartier nahmen. Die Wirksamkeit des Philippus und Bartholomäus in Oberphrygien und Pisidien, sowie einen Aufenthalt des Ersteren zu Antiochia in Syrien (wenn hier der Text heil ist) erwähnt derselbe Mönch Epiphanios bei Gelegenheit der ersten Reise des Andreas zur österlichen Apostelzusammenkunft nach Jerusalem (a. a. O. p. 55 sq.).

Die lateinische passio Philippi.

Zwar nicht nach „Parthien" aber nach „Scythien" führt uns endlich die Philippuslegende in der lateinischen passio Philippi. Dieselbe ist gedruckt bei Lazius als 10. Buch der apostolischen Geschichten
des Abdias (Fabricius II, 738, 3 sqq.), desgleichen bei Nausea
(f. 59—60) und bei G. Henschen (Acta Sanctorum Mai. Tom. I
p. 11 sq.).

Nach Christi Himmelfahrt predigt Philippus 20 Jahre lang den
Völkern in Scythien das Evangelium. Als man ihn dort gefangen genommen hat und zur Bildsäule des Mars führt, um daselbst zu opfern,
kommt unter dem Postament des Marsbildes ein ungeheurer Drache
hervor und tödtet den Sohn des Priesters, der die Opferflamme unterhält,
sowie zwei Tribunen, welche die Provinz verwalteten. Die übrige Menge
erkrankt schwer durch den Gifthauch des Drachen. Der Apostel verheisst ihnen Heilung, wenn sie das Marsbild stürzen und an seiner Stelle
das Kreuz Christi aufrichten wollen. Die Gequälten sind dazu bereit,
darauf fährt der Drache auf des Apostels Geheiss aus und verschwindet
auf Nimmerwiedersehn, die Getödteten werden erweckt, die Kranken
geheilt, alles Volk thut Busse und betet den Philippus an wie einen Gott.

Noch ein ganzes Jahr predigt er ihnen unablässig das Evangelium,
viele Tausende werden nach dem Sturze des Marsbildes getauft, Kirchen
werden gebaut, Bischöfe und Presbyter eingesetzt. Darauf kehrt der
Apostel in Folge einer Offenbarung nach Asien zurück und schlägt seinen
Wohnsitz in Hierapolis auf, woselbst er die gottlose Häresie der Ebioniten bekämpft, welche leugnen, dass der Sohn Gottes eine wahre
Menschheit angenommen habe. Sieben Tage vor seinem Tode ruft er
die Bischöfe und Presbyter zusammen, ertheilt ihnen zum Abschiede
noch weise Mahnungen, stirbt im 87. Lebensjahre, und wird in Hierapolis bestattet. Seine beiden jungfräulichen Töchter, die mit ihm in derselben Stadt gelebt haben, folgen ihm einige Jahre später im Tode
nach und wurden zu seiner Rechten und Linken begraben.

Dass diese Legende ursprünglich einen Theil der gnostischen
περίοδοι Φιλίππου gebildet hat, ist sehr unwahrscheinlich. Dagegen
spricht vor Allem, dass sie noch nichts von einem Märtyrertode des
Apostels weiss, sondern denselben, übereinstimmend mit der ältesten
Tradition, nach langer Wirksamkeit in Hierapolis in Frieden daselbst
als hochbetagten Greis entschlafen lässt [1]). Hierzu kommt weiter, dass

---

1) Dagegen erwähnen das oben citirte Breviarium apostolorum sowie die

die in den gnostischen περίοδοι unsres Wissens schon völlig verwischte
Erinnerung an die Töchter des Philippus hier noch lebendig ist. Ihre
Zahl wird auf zwei bestimmt: beide sollen als Jungfrauen gestorben
und zur Rechten und Linken des Vaters in Hierapolis begraben worden
sein. Dies geht zurück auf die oben erwähnte Nachricht des Polykrates
von Ephesos, dass zwei als Jungfrauen verstorbene Töchter des Philippus
in Hierapolis begraben liegen [1]. Unter dem „Scythien", wo der Apostel
20 Jahre lang gewirkt haben soll, bevor er nach Hierapolis übersiedelte,
ist wol das Küstenland des schwarzen Meeres zu verstehen, also dieselbe
Gegend, in welcher nach der alten Legende auch Andreas gepredigt
haben soll. Der in der vita erwähnte Mars-Cultus ist wirklich für die
Skythen bezeugt (vgl. Fabric. cod. apoc. II, 738 not. g). Mit den gnostischen Acten berührt sich die Erzählung nur darin, dass auch sie von
einem Drachen oder Schlangendämon weiss, der durch das Wort des
Apostels ausgetrieben wird. Da dieser Zug uns ebenso auch in den karthagischen Acten begegnet, so haben wir darin wol ein uraltes Motiv
der Philippuslegende wiederzuerkennen, welches von der Sage in der
mannichfaltigsten Weise verwendet wurde. Die lateinische vita verlegt
ebenso wie die gnostische Sage die letzte Lebenszeit des Apostels nach
Hierapolis, erwähnt hier aber grade nichts von dem Sturze des Schlangen-
dienstes, wol ein weiterer Beweis, dass sie von den gnostischen περίοδοι
unabhängig ist. Dagegen lässt sie den Apostel in Hierapolis die „Ebioniten" bekämpfen, deren Lehre aber vielmehr als Doketismus geschildert
wird: 'qui docebant quod non vere natus ex Maria virgine Dei filius
carnem assumpsisset'. Die Bezeichnung dieser Irrlehrer als Ebioniten
beruht natürlich auf Confusion; die Bekämpfung doketischer Meinungen
aber durch Philippus ist wol eine Reminiscenz an das, was die alte
kirchliche Tradition von seinem Mitapostel Johannes erzählt. Wir haben
schon gesehen, dass auch die gnostischen Acten Verschiedenes, was ursprünglich von Johannes erzählt wurde, auf Philippus übertragen haben.

Texte bei Pseudo-Isidor und Freculph, und danach das Martyrologium Romanum den Märtyrertod: 'Philippus .... apud Hiera; olim Asiae civitatem cruci
affixus et lapidibus obrutus, glorioso fine quievit'. Ebenso sind in einem handschriftlichen Breviarium von 1522 (Acta SS. Mai T. I, p. 12 not. m) und
danach in dem von Pius V. herausgegebenen Texte, in die lateinische vita die
Worte: 'tentus ab infidelibus crucifixus lapidatusque' hinein interpolirt.
  1) Der Text B des Dorotheos in append. chron. Paschal. (T. II. p. 136
ed. Bonn.) und das Menologium des Basilios zum 14. Nov. (Albani I, 188;
Migne 117, 162) nennen dafür sieben Töchter des Philippus. Indessen ist die
Verbindung, in welche dieselben bei Basilios mit der gnostischen Legende des
Martyriums gebracht sind, schwerlich ursprünglich.

4*

Die jüngere lateinische Philippuslegende.

Der Gedächtnistag des Philippus in der lateinischen Kirche ist der 1. Mai, zu welchem das Breviarium apostolorum, die Notitia apostolorum, das Sacramentarium Gregorii und sämtliche Martyrologien seiner — zugleich mit Jakobus des Bruders des Herrn — gedenken. Daneben findet sich in den meisten Texten des Martyrologium Hieronymianum sein Todestag auch zum 22. April bemerkt: So codd. Lucc. Epternac. Wissemb. Corbej. maj. und min., Gellon. Rhinov. Richenov. Augustan. Labbean. Reg.-Snec. u. A.

Die Erzählung der lateinischen 'passio Philippi' liegt schon dem Martyrologium Bedae zu Grunde. Dasselbe schreibt (Bedae opp. ed. Colon. 1688 T. III col. 303) zum 1. Mai: '*Natale SS. Apostolorum Philippi et Jacobi filii Mariae etc. Ex quibus Philippus cum paene Scythiam ad fidem Christi convertisset, diaconibus presbyteris et episcopis ibi constitutis, reversus est ad Asiam et apud Hierapolim dormivit in pace*'. Die Angaben der passio sind darnach von den Lateinern häufig wiederholt worden. Sie finden sich ähnlich bei Ado im 'libellus de festivitatibus apostolorum' und in den jüngeren Martyrologien, bei Ado, Usuard, Notker u. s. w. Dagegen begnügen sich noch die verschiedenen Texte des Martyrologium Hieronymianum entweder einfach Asien (respective Afrika!) oder Hierapolis in Asien als Todesstätte zu nennen. So zum 1. Mai codd. Lucc. Corbej. min.: '*In Africa Hierapoli natalis sanctorum Philippi et Jacobi*'. Cod. Wissemb.: '*In Africa natalis sanctorum Philippi apostoli Jacobi*'. Cod. Corbej. maj.: '*In Asia Hierapoli natalis sanctorum Philippi apostoli et Jacobi*'. Codd. Autissiod. Morbac. noch kürzer: '*In Asia Philippi et Jacobi apostoli*'. Aehnlich auch die codd. Rhinov. Richenov. Augustan.-S. Udalr. und Labbean. Cod. Epternac. hat nur '*natalis sanctorum Philippi et Jacobi*'. Zum 22. April schreiben codd. Lucc. '*In Africa Ierapoli natalis S. Philippi apostoli*'. Ebenso cod. Wissemb., nur mit Weglassung von '*apostoli*'. Epternac.: '*In Phrygia civitate Hierapoli Philippi apostoli*', Richenov. ebenso, nur mit Weglassung von '*apostoli*'. Corbej. maj. '*civitate Hierapoli natalis S. Philippi apostoli*'. Rhinov. '*In Phrygia Philippi*'. Dagegen Gellon. Augustan. Labbean. einfach '*Philippi*'. Eigenthümlich ist die Nachricht einiger Lateiner, dass Philippus, bevor er nach Hierapolis in Phrygien gekommen sei, in Gallien gewirkt habe. So das 'Breviarium apostolorum' (in den Drucken bei Martène, d'Achery und Florentini, handschriftlich in codd. Paris. lat. 2136. 12604. S. Genovef. Paris.

H. I. 10 und in noch etwas ausführlicherer Fassung cod. Paris. lat. 2543 s. oben S. 26) und darnach der Text bei Pseudo-Isidor (de vita et obitu Sanctorum in den Basler Orthodoxographis ed. Grynaeus II, 598; besser in Freculphs Chronicon II, 2, 4, s. oben S. 26). Auch die lateinischen versus memoriales des cod. Paris. lat. 8069 (saec. XI) erwähnen seine gallische Wirksamkeit:

'*Bartholomaeus Indos, Gallos tu porro Philippus*'.

Wahrscheinlich sind aber unter diesen 'Galliern' die Nachbarn der Phrygier, die Bewohner des Galaticus gemeint, wie Ordericus Vitalis bemerkt '*Gallis vel Galatis atque Scythis...praedicavit*' (s. o. S. 26). Von einer französischen Localtradition über den Apostel Philippus ist gar nichts bekannt.

Die Acten des Bartholomäus.

Von Bartholomäus sind keine älteren Acten auf uns gekommen. Gnostische περίοδοι Βαρθολομαίου werden nirgends erwähnt. Das noch griechisch und lateinisch erhaltene μαρτύριον Βαρθολομαίου gehört mindestens in der gegenwärtigen Gestalt einer weit späteren Zeit an als die gnostischen περίοδοι ἀποστόλων und dasselbe gilt von der neuerdings herausgegebenen armenischen vita Bartholomaei. Die leider nur fragmentarisch erhaltenen koptischen Bartholomäusacten, die kurzen Notizen in dem von Wüstenfeld herausgegebenen arabischen Synaxarium, und die ausführlicheren Geschichten des Bartholomäus im abyssinischen Certamen apostolorum scheinen zwar auf dieselbe Literatur-Gruppe wie die πράξεις Ἀνδρέου καὶ Ματθαίου zurückzuweisen, stehen aber von diesen, wie sich zeigen wird, nur in schriftstellerischer Abhängigkeit.

Die lykaonische Bartholomäuslegende.

Die gnostischen Acten des Philippus bringen, wie wir gesehen haben (S. 7 ff.), den Bartholomäus, der hier aber einer der Siebzig heisst, mit Philippus, dem angeblichen Apostel Phrygiens, in Verbindung. Nach ihnen hätte Bartholomäus gemeinsam mit Philippus und dessen Schwester Mariamne in dem phrygischen Hierapolis gewirkt und gelitten, wäre aber, vom Tode errettet, nach dem Martyrium seines Mitapostels nach Lykaonien gegangen und dort gekreuzigt worden (acta Philippi bei Tischendorf p. 74 sqq. 88. 91. 94). Diese Tradition ist in der griechischen Kirche die herrschende geblieben [1]. Was das Menologium des Basilios zum 14. Nov. (ed. Albani I, 188;

— —— ——

1) Vgl. die Zusammenstellungen bei Tillémont, mémoires I, 387 ff. 642 ff. Acta SS. Augusti Tom. V p. 1 sqq.

Migne Patr. gr. T. CXVII col. 160 sq.), die gedruckten Menäen zu demselben Tage (S. ριε΄) und ein konstantinopolitanisches Synaxar (Acta SS. Mai. T. I p. 8) über die Schicksale des Bartholomäus in Phrygien und Lykaonien berichten, ist einfach aus den Philippusacten entlehnt, und aus derselben Quelle haben mittelbar oder unmittelbar geschöpft Pseudo-Chrysostomos (sermo in XII apostolos opp. T. VIII append. p. 11 Montfaucon), der Redner Joseph (laudatio in S. Bartholomaeum, in lateinischer Uebersetzung bei Surius zum 24. August p. 254 sqq. und Acta SS. Aug. T. V p. 43 sqq.), der Mönch Epiphanios (in der vita Andreae cd. Dressel p. 47)[1]), Niketas David, der Paphlagonier (ἐγκώμιον εἰς Βαρθ. bei Combefis Auctar. Noviss. I, 325), Michael Psellos der Aeltere in seinen στίχοι εἰς τοὺς ιβ΄ ἀποστόλους (Pitra Spicil. Solesm. IV, 496), Nikephoros (h. e. II, 39) und die σύναξις zum 30. Juni (bei Philippus)[2]).

Ziemlich selten, und mit der Nachricht von dem Märtyrertode zu Albanopolis in Grossarmenien combinirt, findet sich die Angabe der lykaonischen Wirksamkeit des Bartholomäus bei lateinischen Schriftstellern. So vor Allem in dem lateinischen 'Breviarium apostolorum' und darnach bei Pseudo-Isidor, in verschiedenen Handschriften der lateinischen passio und bei Anastasius Bibliothecarius in der lateinischen Bearbeitung des Enkomium auf Bartholomäus von Theodoros Studites[3]).

---

1) Derselbe weiss von einer Wirksamkeit des Philippus und Bartholomäus in „Oberphrygien und Pisidien".

2) Der gedruckte Text in den Menäen zum 30. Juni lautet übereinstimmend mit den Pariser Codd. gr. 1575. 1587. 1589: Φίλιππος . . . . . καὶ αὐτὸς ἐν τῇ Ἀσίᾳ καὶ Ἱεραπόλει σὺν Μαριάμνῃ [cod. 1588 Μαριάμ] τῇ ἀδελφῇ αὐτοῦ καὶ Βαρθολομαίῳ τὸν Χριστὸν κηρύξας, ὑπὸ τῶν Ἑλλήνων σταυρωθεὶς τελειοῦται. Ebenfalls auf die gnostischen Acten geht es zurück, wenn die Chronik des angeblichen Symeon Logothetes (cod. Paris. 1712) erzählt, Bartholomäus sei „in Parthien" aufrecht gekreuzigt worden. Eine Randglosse gleicht diese Nachricht mit dem Märtyrertode in Urbanopolis in Armenien aus.

3) Der Text des Breviarium lautet nach codd. Paris. lat. 2136. 12604 und S. Genovef. Paris. II. l. 10, mit denen die Drucke fast wörtlich übereinstimmen, folgendermaassen: 'Bartholomaeus apostolus nomen ex Syra lingua suscepit et interpretatur filius suspendentis aquas. Lycaoniam praedicavit. Ad ultimum in Albano maioris Armeniae urbe vivens a barbaris decoriatus atque per iussus Astargis regis decollatus sicque terrae conditus est VIII. (IX) kt Septembris'. Ein im Eingange etwas erweiterter Text findet sich in cod. Paris. lat. 2543. Auf den Text des Breviarium geht die Angabe Pseudo-Isidors de vita et obitu sanctorum (in den Basler Monum. Patrum Orthodoxographa II, 598, auch in Freculphs Chronicon II, 2, 4) zurück, nur dass hier mit der Angabe des Breviarium auch noch die weitere Nachricht

Die lykaonische Wirksamkeit des Apostels Bartholomäus wird auch bei den Syrern erwähnt; so schon bei Ephrem, im Commentar zum Diatessaron, der sie mit der noch zu besprechenden indischen Legende combinirt [1]). Die Armenier unterscheiden den Gefährten des Philippus von dem Apostel, und rechnen jenen nach dem Vorgange der acta Philippi zu den siebzig Jüngern: ihm ist im armenischen Kalendarium der 17. November, dem Apostel dagegen der 8. December ge-

---

von der indischen Wirksamkeit des Apostels combinirt wird: *'Bartholomaeus apostolus nomen ex Syra lingua suscipiens, Lycaoniam in sortem praedicationis accepit atque evangelium iuxta Matthaeum apud Indos in eorum linguam convertit. Ad ultimum etc.'* (von hier wörtlich mit dem Breviarium, nur ohne das Datum der Deposition). Derselbe Text des Breviarium wurde gelegentlich auch der noch zu besprechenden lateinischen 'passio Bartholomaei.' vorangestellt. So in cod. Paris. lat. 11753 (S. German. 74) membr. saec. XII f. 119ʳ. Hier folgen unmittelbar auf die wörtlich mitgetheilten Notizen des Breviarium die Anfangsworte der Passio *'Indiae tres esse etc.'*. Wahrscheinlich sind die Angaben des Breviarium in der erweiterten Gestalt des falschen Isidor gemeint, wenn in der von Anastasius Bibliothecarius verfassten lateinischen Uebersetzung des ἐγκώμιον des Theodoros Studites auf Bartholomäus gelegentlich „ältere und reinere Acten" des Bartholomäus erwähnt werden, welche seiner lykaonischen, indischen und armenischen Predigt gedenken. Die Worte lauten hier: *'Legitur etiam in gestis eius antiquioribus et emendatioribus, quod Lycaoniae verbum vitae praedicavit. Dehinc Indiae evangelizans, ad ultimum in Armenia maiori quae eiusdem est provincia in Albano ipsius Armeniae urbe, postquam multa et intolerabilia tormenta subiit, decoriatus est ab impiis in modum follis. postmodum capite plexus est sicque demum a fidelibus ibidem sepultus est'*. (d'Achery Spicileg. Paris. 1722 II, 125; wörtlich ebenso in cod. Paris. lat. 5273 f. 35ʳ. In dem Drucke der Acta SS. August. T. V p. 39 sqq. fehlt die Stelle ebenso wie im griechischen Original). Mit dem Texte Isidors sind hier einige aus jener Uebersetzung geschöpfte Angaben combinirt; so die wunderliche Bezeichnung Armeniens als einer indischen Provinz und der Zusatz zu *decoriatus est* —: *'in modum follis'*. Einen ähnlichen Text wie den des Anastasius hat auch Stephan Praetorius vor sich gehabt, in dem bei Fabricius II, 931 wieder abgedruckten angeblichen Fragmente des Crato (hinter der apokryphen epistola Pauli ad Laodicenos, Hamburg 1595) *'verbum spiritus vitae praedicavit in Lycaonia, ubi ab impiis decoriatus est in modum follis'*. Die angebliche Schrift des Crato über Bartholomäus beruht übrigens auf einem Misverständnisse, da die vor den 'fragmentis Bartholomaei' stehenden Worte *'Ex Cratone horum apostolorum discipulo'*, vielmehr den Schluss der Notizen über Simon und Judas bilden (s. o. I, 121).

1) Evang. concordantis expositio. Aus dem Armenischen von Aucher und Mösinger (Venedig 1876) S. 286: *'Bartholomaeus evangelium Matthaei dedit Indis et fuit ibi episcopus et praedicavit in Lycaonia'*.

weiht (A u c h e r bei Mösinger vita et martyrium Bartholomaei p. 33).
Es bedarf indessen keiner Bemerkung, dass diese freilich auch von
A u c h e r (a. a. O. p. 23. 27. 32) festgehaltene Unterscheidung der
Begründung entbehrt. Ein Bartholomäus wird in keinem alten Ver-
zeichnisse der siebzig Jünger erwähnt.

Vielmehr beruht die Zusammenstellung mit Philippus nach dem
Obigen (I, 32) auf der Ordnung des Apostelverzeichnisses im Matthäusevangelium, in welchem Philippus und Bartholomäus ein Paar bilden.
Dagegen sahen wir bereits (oben a. a. O.), dass eine andre, und vielleicht ursprünglichere Tradition vielmehr Matthäus und Bartholomäus
zusammenordnet. Eine unverkennbare Spur dieser Ueberlieferung ist
in der schon bei Eusebios (h. e. V, 10) enthaltenen und darnach sehr
häufig (besonders auch in der noch zu besprechenden armenischen vita)
wiederholten Nachricht zu finden, dass Bartholomäus das Evangelium
des Matthäus in hebräischer Sprache mit sich geführt und in den Gegenden, wo er predigte, verbreitet habe. Eine weitere Reminiscenz an die
ursprüngliche Zusammenordnung beider Apostel enthält vielleicht noch
die Notiz Späterer von dem Martertode des Matthäus in einem Hierapolis.

Die bosporenische und grossarmenische Bartholomäus-Legende.

In die K ü s t e n l ä n d e r d e s s c h w a r z e n M e e r e s scheinen uns
die A c t e n d e s A n d r e a s u n d B a r t h o l o m ä u s zu führen, welche in
einigen sahidischen Fragmenten (Zoëga catal. codd. copt. p. 235 ff.)
und vollständig noch in äthiopischer Uebersetzung (bei Malan the Con-
flicts of the holy Apostles p. 76 ff.) erhalten sind. Wie in den actis
Andreae et Matthaei Matthäus als Genosse des Andreas erscheint, so
hier Bartholomäus. Von dem „Barbarenlande", wo Andreas nach den
actis Petri et Andreae gemeinsam mit Petrus gewirkt hatte, wird jener
zu den 40 Tagereisen entfernten Cazarenern oder Cadarenern gesandt,
um dort mit Bartholomäus zusammenzutreffen, und gemeinsam mit
diesem zu den Parthern und Elamitern zu reisen. Da das „Barbarenland"
in der ursprünglichen Andreaslegende an den Küsten des schwarzen
Meeres localisirt ist, so liegt es nahe, auch die Cazarener oder Cadarener
der Acten des Andreas und Bartholomäus ebendaselbst zu suchen,
also unter ihnen die Chazaren zu verstehn, welche auf dem taurischen
Chersonnes und an der untern Wolga wohnten. Wenn man berechtigt
wäre, jene koptischen Acten derselben Literaturgruppe wie die Acten
des Andreas und Matthäus zuzuweisen, so bliebe diese Annahme wol

die einzig mögliche. Indessen wird eine nähere Untersuchung zeigen, dass jene Voraussetzung unberechtigt ist. Man hat also auch kein Recht, aus der Notiz, dass Andreas und Bartholomäus von den Cazarenern zu den Parthern und Elamitern gehen, eine ältere Ueberlieferung zu erschliessen, nach welcher beide Apostel gemeinsam erst in den Ländern am schwarzen Meere, darnach in Parthien gewirkt hätten. Vielmehr localisirt die koptische Bartholomäuslegende die Wirksamkeit dieses Apostels im obern Aegypten und Aethiopien, und lässt ihn von dort nach Parthien reisen. Dagegen weist umgekehrt das lateinisch und griechisch erhaltene Martyrium Bartholomaei, obwol es in dem vorliegenden Texte die Missionsthätigkeit des Apostels nach Indien versetzt, ursprünglich nach dem Pontus und dem bosporenischen Reich. Mit der bosporenischen Legende aber hängt wahrscheinlich die grossarmenische zusammen. Die armenische vita Bartholomaei (herausgegeben von Mösinger, Insbruck 1877) lässt den Apostel von „dem glücklichen Indien" zu den Parthern, Medern und Persern, von da aber zu den Armeniern kommen; Moses von Khorene (in dem Briefe an Isaak von Erzerum bei Mösinger a. a. O. p. 13 sqq.) berichtet umgekehrt, dass er zuerst in Armenien gewirkt, von da sich zeitweilig ins Land der Magier und Perser geflüchtet, später aber sich nach Grossarmenien zurückgewendet und dort den Märtyrertod erlitten habe. Die parthische Bartholomäustradition hat aber wahrscheinlich mit der grossarmenischen ursprünglich gar nichts gemein.

Die grossarmenische Legende haftet an der Stadt Urbanopolis oder Arbanopolis, in welcher Bartholomäus Märtyrer geworden sein soll. Ihrer gedenken zuerst die einheimischen Schriftsteller Armeniens, allen voran Moses von Khorene. In seiner armenischen Geschichte (II, 31 Whiston; II, 34 le Vaillant) zählt derselbe neben Andern auch den Bartholomäus als Apostel Armeniens auf und erwähnt seinen Märtyrertod in der Stadt Arcuban (Arépan) [1]. Ausführlicheres berichtet er in dem Briefe an Isaak von Erzerum (a. a. O.), wo er den Bartholomäus mit Thaddäus zusammenbringt und beide unter Sanatruk Märtyrer werden lässt. Der Ort des Martyriums heisst hier Urbanos in Grossarmenien, offenbar derselbe Name wie Arcuban. Dasselbe erzählt noch ausführlicher die armenische vita bei Mösinger, wo der Name der Stadt Urbianos lautet (a. a. O. p. 16), und darnach wieder das armenische Kalendarium zum 8. December (Mösinger p. 33). Mit

---

1) *'Ceterum Armeniam sortitus est etiam Bartholomaeus apostolus, qui apud nos in oppido Arcuban martyrium subiit'.*

der Beziehung, in welche Moses und seine Nachfolger den armenischen Apostolat des Bartholomäus zu dem des Thaddäus und zu der edessenischen Abgarsage setzen — Sanatruk soll der Schwestersohn Abgars V. sein — hat es nun eine ganz eigne Bewandtnis. Jedenfalls liegt Urbanopolis von Mesopotamien, dem Schauplatz der Heldenthaten Sanatruks, sehr weit entfernt, und die Vermuthung liegt nahe genug, dass der Bericht des Moses auch in diesem Stücke bereits auf einer Combination der grossarmenischen und der parthischen Legende, beziehungsweise auf einer Annexion der letztern für sein Vaterland beruht. Urbanopolis oder Arbanopolis in Grossarmenien wird auch von zahlreichen griechischen und lateinischen Schriftstellern als Marterstätte des Bartholomäus genannt, aber ohne jede Beziehung auf die weitere Erzählung des Moses von Khorene. So zunächst die verschiedenen Texte des Pseudo-Epiphanios, Pseudo-Dorotheos und Pseudo-Hippolyt, in denen der Name der Stadt verschieden lautet: Οὐρβανόπολις, Ἀρβανόπολις, Ἀλβανόπολις, Κορβανόπολις. In allen Texten aber, welche die Lage der Stadt überhaupt näher bestimmen, wird dieselbe nach Grossarmenien versetzt. Die meisten dieser Texte combiniren den Märtyrertod in Arbanopolis mit der vorhergegangenen Predigt „im glücklichen Indien", wohin Bartholomäus nach alter Tradition das Matthäusevangelium gebracht haben soll. Von der Todesart wissen nur einige jüngere Texte zu berichten [1]).

1) Pseudo-Epiphanios (Paris. gr. 1115): Βαρθολομαῖος δὲ ὁ ἀπόστολος Ἰνδοῖς τοῖς καλουμένοις εὐδαίμοσιν ἐκήρυξε τὸ εὐαγγέλιον τοῦ Χριστοῦ καὶ τὸ κατὰ Ματθαῖον ἅγιον εὐαγγέλιον αὐτοῖς τῇ ἰδίᾳ διαλέκτῳ αὐτῶν συγγράψας. ἐκοιμήθη δὲ ἐν Ἀλβανίᾳ πόλει τῆς μεγάλης Ἀρμενίας καὶ ἐκεῖ ἐτάφη. Dorotheos A (cod. Vindob. u. latein. in Bibl. Patr. Max. III, 427): Βαρθολομαῖος Ἰνδοῖς τοῖς καλουμένοις εὐδαίμοσιν ἐκήρυξε τὸ εὐαγγέλιον τοῦ κυρίου ἡμῶν Ἰησοῦ Χριστοῦ καὶ τὸ κατὰ Ματθαῖον εὐαγγέλιον ἐξέδωκεν αὐτοῖς· ἐκοιμήθη δὲ ἐν Ἀλβανίᾳ πόλει κτλ. (wörtlich wie vorher). Cod. Matrit.: Βαρθολομαῖος ὁ ἀπόστολος Ἰνδοῖς ἐκήρυξε τὸ εὐαγγέλιον τοῖς καλουμένοις εὐδαίμοσιν, οἷς καὶ τὸ κατὰ Ματθαῖον εὐαγγέλιον ἐξέδωκεν· ἐκοιμήθη δὲ ἐν τῇ Ἀλβανῷ πόλει τῆς μεγάλης Ἀρμενίας ἐνδειχῆς. Ebenso text. impress. ante Oecumen. opp., nur † τοῦ κυρίου zu εὐαγγέλιον und ἐξ — ἔδωκεν αὐτοῖς. Dorotheos B: Βαρθολομαῖος ὁ ἀπόστολος Ἰνδοῖς τοῖς καλουμένοις εὐδαίμοσιν κηρύξας τὸν Χριστὸν καὶ δεδωκὼς αὐτοῖς τὸ κατὰ Ματθαῖον εὐαγγέλιον ἐκοιμήθη ἐν Οὐρβανοπόλει (Coislin 224; Ὀρβανοπόλει Paris. Reg. 257. Coislin 209 Κορβανοπόλει Reg. 1085. Ducange) τῆς μεγάλης Ἀρμενίας. Pseudo-Sophronios: Βαρθ. ὁ ἀποστ. Ἰνδοῖς τοῖς καλ. εὐδ. ἐκήρυξε τὸ εὐαγγ. τοῦ Χρ. καὶ τὸ κατὰ Ματθ. αὐτοῖς εὐαγγ. ἔδωκεν. ἐκοιμήθη δὲ ἐν Ἀλβανοπόλει τῆς μεγάλης Ἀρμενίας. Pseudo-Hippolyt (ed. Combefis): Βαρθ. δὲ Ἰνδοῖς οἷς καὶ τὸ κατὰ Ματθ. εὐαγγ. ἐκδεδωκὼς ἐσταυ-

Den Märtyrertod zu Arbanopolis oder Urbanopolis erwähnen ferner die griechischen Menäen zum 11. Juni (Venetianer Ausg. von 1683 p. 43: ἐν ἀρβανοῦ πόλει) und zum 25. August (p. 136 ἐν τῇ μεγάλῃ Ἀρμενίᾳ τῆς ἀνατολῆς — ἐν Οὐρβάνου πόλει), das Menologium des Basilios (Albani III, 130; Migne scr. gr. CXVII, 493: ἐν Ἀρβανουπόλει) [1]), letzteres ebenso wie die Menäen zum 11. Juni ohne Armenien zu

ρώθη κατὰ κεφαλῆς καὶ θάπτεται ἐν Ἀλανῷ [Αβλανω Paris. 1555 A. l. Ἀλβανῷ] τῆς μεγάλης [om. Coisl. 296] Ἀρμενίας. Hippolyt. ed. Lagarde: Βαρθολομαῖος. οὗτος τοῖς Ἰνδοῖς τοῖς καλουμένοις εὐδαίμοσιν κηρύξας τὸν Χριστὸν καὶ δεδωκὼς αὐτοῖς τὸ κατὰ Ματθαῖον εὐαγγ. τέθαπται ἐν Οὐρβανουπόλει τὴν κεφαλὴν ἀποτμηθείς· πρὸ τῆς σφαγῆς ἐκδαρθεὶς ὥσπερ θύλαξ. Abweichende Traditionen enthalten das Scholion bei Lagarde, das ihn in Indien begraben sein lässt, die Chronik des falschen Logothetes, die seine Kreuzigung in Parthien und nur in einer Randbemerkung von andrer Hand seine Befreiung vom Kreuz und seine abermalige Kreuzigung ἐν Οὐρβανοπόλει τῆς Ἀρμενίας erzählt. Σύναξις τῶν ιβ´ ἀποστόλων zum 30. Juni (codd. Paris. gr. 1587. 1588. 1575): Βαρθολομαῖος ὁ ἀπόστολος Ἰνδοῖς τοῖς καλουμένοις εὐδαίμοσιν κηρύξας τοῦ Χριστοῦ εὐαγγέλιον σταυρῷ προσηλωθεὶς ἐν Ἀρβανουπόλει τελειοῦται. Ebenso die gedruckten Menäen zum 30. Juni, die nur die weiter unten zu besprechende wunderbare Meeresfahrt des Leichnams in einem eisernen Sarge (nach Lipari) hinzufügen.

1) Die gedruckten Menäen erwähnen zum 11. Juni die Natalitien τῶν ἁγίων ἀποστόλων Βαρθολομαίου καὶ Βαρναβᾶ, zum 25. August die κατάθεσις τοῦ λειψάνου τοῦ ἁγίου ἐνδόξου ἀποστόλου Βαρθολομαίου. An der ersten Stelle geben folgende Verse vorher:

καὶ ὃς μαθητὴς Χριστὲ Βαρθολομαῖος
μιμούμενός σου καὶ φέρων σταυροῦ πάθος.
ἐνδεκάτῃ σταύρωσαν ἔμφρονα Βαρθολομαῖον.

Die auf den Apostel Bartholomäus bezügliche Notiz lautet ganz kurz: οὗτος ὁ μὲν ἅγιος Βαρθολομαῖος εἰς ἣν τῶν δώδεκα μαθητῶν, ὃς Ἰνδοῖς τοῖς καλουμένοις εὐδαίμοσι κηρύξας τὸ εὐαγγέλιον καὶ τὸ κατὰ Ματθαῖον αὐτοῖς παραδοὺς εὐαγγέλιον σταυρῷ παραδοθεὶς ἐν Ἀρβανοῦ πόλει τελειοῦται ἐνδόξως καὶ ἐν μολιβδίνῃ λάρνακι τεθεὶς τῇ θαλάσσῃ ἀναπορρίπεται (folgt eine kurze Notiz der Translation nach Sicilien). Zum 25. August gehn folgende Verse vorher:

ἵνα τρυγῶμεν ἄφθονον πιστοὶ χάριν
Βαρθολομαῖος εὑρέθη κεκρυμμένος.
σὸν νέκυν εἰκάδι Βαρθολομαῖος ἐφεῦρον πέμπτῃ.

Nachdem Bartholomäus an verschiedenen Orten den Namen des Herrn den Menschen offenbar gemacht hat, σταυροῦται ἐν τῇ μεγάλῃ Ἀρμενίᾳ τῆς ἀνατολῆς. Man setzt ihn bei ἐν λάρνακι λιθίνῃ . . . . ἐν Οὐρβάνου πόλει, als der Sarg aber viele Wunder thut, wird er von den Heiden ins Meer geworfen. Nun folgt ein sehr ausführlicher Bericht über die Translation nach Lipari.

Das Menolog. Basil. zum 11. Juni gibt fast wörtlich denselben Text wie die Menäen zu demselben Tage. Auf die Ueberschrift ἄθλησις τῶν ἁγίων nennen. Vgl. auch Theodoros Studites (ἐγκώμιον εἰς Βάρθ. Nova Bibl. Patr. ed. Mai T. V, 4 p. 152 sq.), Niketas David (ἐγκώμ. εἰς Βαρθ. bei Combefis Auctar. Noviss. T. I p. 325 sq.), Nikephoros (h. e. II, 39) [1]). Von Lateincrn das 'Breviarium Apostolorum' ('in Albano maioris Armeniae urbe') und wörtlich übereinstimmend der Text des angeblichen Isidor (de vita et obitu sanctorum in den Basler Orthodoxographis II, 598), der laterculus apostolorum des cod. Paris. lat. 9662 (saec. XII—XIII f. 142ʳ: 'Barth. [sc. sepultus est] in Albano civitate maioris Armeniae'), und verschiedene Spätere, deren Angaben auf das Breviarium zurückgehn.

Von syrischen Schriftstellern, welche der armenischen Predigt des Apostels gedenken, ist zuerst ein syrischer Text des Transitus Mariae (Syr. A) bei Wright (Contributions to the apocryphal literature p. 23) zu erwähnen. Auch Barhebraeus (Chron. Eccl. ed. Abbeloos et Lamy T. I col. 33) lässt den Bartholomäus nach Armenien gehn. Ausserdem bezeichnet der bei Mösinger (a. a. O. p. 63) erwähnte codex Syr. 101 der Barberinischen Bibliothek saec. XII „Inner-Armenien" als das Land, wo Bartholomäus gepredigt habe, und nach der Ueberlieferung „Andrer" die armenische Stadt Arvoin als die Stätte, wo er Märtyrer wurde. Auch der freilich sehr späte und harmonisirende Amrus (14. Jahrh.) lässt den Apostel von Persien nach Grossarmenien reisen, von da aber sich zu den Indern und Chinesen wenden, bei denen er enthäutet wird.

Eine Abwägung der mitgetheilten Zeugnisse führt zu der Annahme, dass wir es bei der Nachricht von dem Märtyrertode des Apostels zu Arbanopolis oder Urbanopolis wirklich mit einer grossarmenischen Localsage, nicht mit einer patriotischen Erdichtung des Moses von Khorene zu thun haben. Eine Abhängigkeit der griechischen und lateinischen Schriftsteller von Moses ist unerweislich, ja bei näherer Betrachtung chronologisch und sachlich unmöglich. Dann bleibt es aber am wahrscheinlichsten, dass die grossarmenische Legende ursprünglich mit der pontischen im Zusammenhang stand, die armenische Predigt des

---

ἀποστόλων Βαρθολομαίου καὶ Βαρνάβα folgt die Notiz: Τούτων ὁ μὲν ἅγιος Βαρθολομαῖος εἷς ἦν τῶν δώδεκα μαθητῶν, ὃς Ἰνδοῖς κτλ. wörtlich wie oben, nur ἐν Ἀβαρνουπόλει.

1) Das oben S. 55 erwähnte ἐγκώμιον des Redners Joseph auf Bartholomäus (mit den Anfangsworten ὁ τὸν παρόντα συγκεκροτηκὼς σύλλογον τὴν χαρμόσυνον ταύτην) nennt weder Land noch Stadt, wo Bartholomäus den Märtyrertod starb, setzt aber, wie die Geschichte von der wunderbaren Meeresfahrt des Sarges durchs schwarze Meer und weiter bis nach Sicilien zeigt, die armenische Tradition voraus.

Apostels also in den nordöstlichen Gränzgebieten von Grossarmenien, am schwarzen Meere, localisirt war, wie sich durch eine genauere Fixirung der Lage von Urbanopolis noch weiter bestätigen wird. Die Verlegung der Wirksamkeit des Apostels in das obere Tigrisgebiet beruht hiernach erst auf Combination mit der parthischen Legende.

Die parthische Bartholomäus-Legende.

Diese ist uns vorzugsweise durch syrische Schriftsteller, freilich ziemlich späten Datums, bezeugt. Die betreffenden Stellen hat Assemani (B. O. III, 2 p. IV sqq.) gesammelt. Die Syrer zählen den Bartholomäus, der bei ihnen mit Nathanael identificirt wird, zu den Aposteln des Orients. So ausser Mares dem Sohne des Salomon in der vita Addaei auch Ebed Jesu (epitom. canon. P. 9. c. 1), der ihn als Apostel der „Aramäer" bezeichnet, Elias von Damaskus, welcher den Nathanael oder Ebn-Tholmai den Aposteln Addäus und Mares in die von diesen bereisten Missionsgebiete Gezira (Mesopotamien), Mosul (Assyrien), Babylonien, Savada (Arach Babylonica), Haza (Adiabene) und Arabien nachfolgen lässt; endlich Amrus, der ihn, bevor er nach Grossarmenien gekommen sein soll, in Nisibis, Mesopotamien, Mosul, Babylonien, Chaldäa, Arabien, „dem Orient", Nabatäa, Huzidis und Persien predigen lässt [1]).

Wahrscheinlich ist die mesopotamisch-parthische Legende jüngeren Ursprungs als die armenische. Die älteren syrischen Schriftsteller wie Ephrem wissen noch nichts von einer Wirksamkeit des Bartholomäus in den Gegenden des Euphrat und Tigris. Bei den griechischen Schriftstellern findet sich ausser in der Chronik des angeblichen Logothetes [2]), soviel mir bekannt ist, nirgends von dieser Tradition eine Spur; aber auch Lateiner, wie Ambrosius und Paulinus von Nola, wissen nichts

---

1) *Nathanaël qui et Bartholomaeus, una cum Thoma et Lebaeo et Adaeo, Mari et Alphaeo, docuit Nisibim, Mesopotamiam, Assyriam, Babyloniam, Chaldaeam, Arabiam, Orientem, Nabathaeam, Huzitidem et Persidem; tum in Armeniam maiorem profectus eius incolas Christiana religione imbuit ibique ecclesiam aedificavit; demum ad Indos et ulteriores Sinas migravit, cique pellis detracta est*.

2) Βαρθολομαῖος καὶ αὐτὸς ἐν Πάρθοις ὀρθὸς σταυροῦται. Die Randglosse combinirt hiermit die Legende von Urbanopolis: ὑπὸ δὲ τοῦ ὄχλου ἀφίεται· ὕστερον δὲ ἐν Οὐρβανοπόλει τῆς Ἀρμενίας πάλιν σταυρωθεὶς ἀνελύθη πρὸς κύριον.

davon, obwol sie doch die parthische Wirksamkeit des mit Bartholomäus sonst vielfach combinirten Matthäus erwähnen. Erst im 8. Jahrhunderte findet sich in verschiedenen Texten des Martyrologium Hieronymianum zum 13. Juni (codd. Lucc. Corbej. maj. u. min. Gellon.
Morbac. Rhinov. Richenov. Augustan. Labbean.) die Notiz: *'In Persida
natalis S. Bartholomaei apostoli'* neben der Angabe zum 24. oder
25. August, welche übereinstimmend mit der im Abendlande allgemein
verbreiteten Ueberlieferung die Natalitien des Apostels nach Indien verlegt. Letzteres ausser dem Breviarium und der notitia apostolorum in
den codd. Lucc. bei Florentini, codd. Epternac. Corbej. maj. und den
kürzeren Texten der codd. Autissiodor. Turon. Morbac. bei Martène,
codd. Rhinov. Richenov. Augustan. Labbean. Reg.-Succ. Corbej. min. bei
Sollier; ferner im martyr. Rom. parv., bei Beda und Späteren. Immerhin
ist die ostsyrische, respective parthische Tradition bereits im 5. Jahrhunderte verbreitet gewesen. Was Moses von Khorene von einer Wirksamkeit des Apostels bei den Persern und Magiern, die armenische vita
von einer Predigt in Syrien und Mesopotamien, bei den Parthern, Medern,
Elamitern, Persern und Magiern, die koptischen Acten des Andreas
und Bartholomäus von einer Predigt unter den Parthern und Elamitern
zu erzählen wissen, beruht auf einer schon vorgefundenen Ueberlieferung. Die später noch zu besprechende Erzählung von der Stiftung
der Marienkirche und eines Nonnenklosters zu Hogenzwan unweit
Nisibis am Tigris hat Moses wahrscheinlich einer ältern Localtradition
entlehnt. Auch zu Nephergerd (Martyropolis) und später zu Dara in
Mesopotamien wurde das Grabmal des Apostels gezeigt; und wir werden
noch finden, dass die angebliche Translation der Gebeine durch den
heil. Maruthas nur auf künstlicher Ausgleichung der ostsyrischen und
der armenischen Legende beruht.

Die indische Bartholomäus-Legende.

Höher hinauf als die ostsyrische oder parthische lässt sich die indische Bartholomäuslegende verfolgen, welche bei Griechen und
Lateinern die meiste Verbreitung gefunden. Dieselbe ist uns zuerst
durch Eusebios (h. e. V, 10) bezeugt. Nach demselben soll schon
Pantänos bei seiner Reise nach „Indien" daselbst Christengemeinden
angetroffen haben, welche Bartholomäus gestiftet habe, und das
Matthäusevangelium in hebräischer Sprache, welches derselbe Bartholomäus dahin gebracht haben soll. Dieselbe Nachricht wird von Hieronymus (catal. viror. illustr. c. 36), Rufinus (h. e. X[I], 9),

Eucherius von Lyon (de quaest. N. T. Bibl. Patr. Max VI, 852), in
sämtlichen Texten des Pseudo-Epiphanios, Pseudo-Dorotheos und
Pseudo-Hippolyt, bei Pseudo-Sophronios, in dem Apostelverzeichnisse
des Cod. Reg. 1007 bei Cotelier (Patres apost. T. I p. 271 ed. Clericus), den griechischen Menäen zum 11. Juni, Niketas Paphlago
(a. a. O.) u. s. w., ferner in dem lateinischen 'Breviarium Apostolorum'
und dem hier wörtlich übereinstimmenden Texte des „Isidor", der
lateinischen 'Divisio Apostolorum' (cod. Paris. lat. 12604) und fast
sämtlichen lateinischen Martyrologien wiederholt. Rufinus bezeichnet
das „Indien", in welchem Bartholomäus gewirkt haben soll, als '*India
citerior*', '*Aethiopiae adhaerens*' oder '*confinis*', ebenso Sokrates (τὴν
συντημμένην ταύτῃ, d. h. τῇ Αἰθιοπίᾳ, Ἰνδίαν). Die Texte des Pseudo-
Epiphanios, Pseudo-Hippolyt, Pseudo-Dorótheos, Sophronios, des Menologium des Basilios, der grossen Menäen zum 11. Juni und der σύναξις
τῶν ἀποστόλων in den Menäen zum 30. Juni schreiben, dass Bartholomäus Ἰνδοῖς τοῖς καλουμένοις εὐδαίμοσιν gepredigt habe, d. h. in dem
glücklichen Arabien. Hiermit stimmt die Angabe der armenischen Vita,
die ihn ausdrücklich nach Aden und ausserdem nach Bostra in Arabien
kommen lässt, und Niketas David, der freilich Arabien noch neben
Indien aufzählt. Nach Indien weist auch die gleich näher zu besprechende griechische und lateinische passio Bartholomaei, welche in
der Einleitung drei verschiedene „Indien" unterscheidet, das Aethiopien
benachbarte (Arabia felix), das an Medien anliegende (Karamanien) und
das eigentliche Indien, welches auf der einen Seite vom Lande der Finsternis, auf der andern vom Ocean begränzt werde. Freilich soll Bartholomäus gegen alle sonstige Tradition in dieses letztere Indien gekommen sei [1]). Dieselbe passio erzählt von dem Märtyrertode des
Apostels in Indien, den sonst von griechischen Quellen nur das Scholion
bei Lagarde (p. 282: ὅς καὶ τέθαπται ἐν Ἰνδίᾳ) überliefert. Die Späteren combiniren meist die indische Sage mit der armenischen Localtradition von Urbanopolis: so Pseudo-Epiphanios, Pseudo-Dorotheos,
Pseudo-Hippolyt, Sophronios, die griechischen Menäen zum 11. Juni,
das Menologium des Basilios zu demselben Tage, Niketas David

---

1) Tischendorf acta app. apocr. p. 243: Τὴν Ἰνδίαν εἰς τρία μέρη οἱ
ἱστοριογράφοι διαιρεῖσθαι διαγορεύουσι· καὶ ἡ πρώτη μὲν λέγεται εἰς Αἰθιοπίαν
καταλῆξαι, ἡ δὲ δευτέρα εἰς Μηδίαν, ἡ δὲ τρίτη ἀποπεραίνει τὴν χώραν· καὶ
ἡ μία μὲν μοῖρα καταλήγει εἰς τὴν σκοτεινήν, ἡ δὲ ἄλλη εἰς τὸν ὠκεανόν.
ἐν ταύτῃ οὖν τῇ Ἰνδίᾳ εἰσελθών . . . . Βαρθολομαῖος . . . . . . κατεσκή-
νωσαν κτλ.

(Paphlago), das lateinische Breviarium apostolorum (und Pseudo-Isidor), die armenische vita Bartholomaei. Dieselben lassen insgesamt den Apostel zuerst nach Indien gehn; wogegen der Syrer Amrus das Umgekehrte statuirt, dafür aber natürlich den Apostel auch nicht in Urbanopolis, sondern irgendwo in Indien oder China Märtyrer werden lässt. Niketas Paphlago und das Breviarium combiniren mit der indischen und armenischen auch die lykaonische Legende, indem sie den Apostel zuerst nach Lykaonien, dann nach Indien, zuletzt nach Armenien reisen lassen. Die wunderlichste Combination bieten mehrere Texte des Dorotheos (cod. Matrit. und der Text vor den Werken des Oikumenios) und die lateinische Uebersetzung des Theodorus Studites (D'Achery Spicil. a. a. O.), welche Armenien zu einer Provinz von Indien machen.

Trotz der verhältnismässig hoch hinaufreichenden Bezeugung ist die indische oder südarabische Legende wahrscheinlich nur eine ebenfalls mit der Mattbäuslegende zusammenhängende anderweite Localisirung der ursprünglich nach den Ländern am schwarzen Meere hinweisenden Ueberlieferung. Der ursprüngliche Zusammenhang der Bartholomäus- und Mattbäuslegende zeigt sich noch darin, dass während Matthäus nach Aethiopien geht, Bartholomäus das Evangelium seines Mitapostels in das benachbarte „Indien" bringt. Wie nun aber die äthiopische Matthäussage auf die pontische zurückweist, so lässt sich Aehnliches auch von der indischen Bartholomäuslegende erweisen.

Das griechische Martyrium und die lateinische passio.

Es kommen hierbei namentlich diejenigen Acten des Bartholomäus in Betracht, welche griechisch als μαρτύριον Βαρθολομαίου, lateinisch als Passio Bartholomaei erhalten sind. Der griechische Text ist bei Tischendorf (a. a. O. p. 243 sqq.) aus einem cod. Venet. Marcian. 362 saec. XIII abgedruckt (vgl. Tischendorfs proll. p. LXX); der lateinische findet sich in den Ausgaben des Abdias (Fabricius II, 669 ff.), bei Nausea (fol. LII᷎ sqq.), in den Actis SS. Augusti Tom. V p. 36 sqq., am vollständigsten nach einem Codex des Martinsklosters zu Trier bei Mösinger l. c. p. 48 sqq.

Eine genauere Analyse dieser Acten zeigt, dass sie ursprünglich mit Indien, möge man nun darunter Abyssinien, Südarabien, Arachosien, oder mit dem Legendenschreiber selbst das eigentliche Indien verstehn, nicht das Geringste zu thun haben, sondern ins bosporenische Reich gehören und erst von da nach „Indien" übertragen sind (vgl. Gut-

schmid a. a. O. S. 172 ff.), also ganz ähnlich wie man die Menschenfresser, welche den Matthäus verspeisen wollten, von Kolchis nach Aethiopien wandern liess und die selbst schon spätere karamanische Matthäussage in dem Reiche des Königs Elesbaas fixirte. Das Interesse für
„Indien" d. h. Abyssinien und Südarabien, ist aber im römischen Reiche
erst seit der Zeit, in welcher Athanasios diese Länder dem christlichen
Glauben und der kaiserlichen Politik erschloss, also erst seit dem zweiten
Viertel des 4. Jahrhunderts erwacht.

Der Inhalt der Legende ist in der Kürze dieser. Bartholomäus
quartiert sich bei seiner Ankunft in Indien im Tempel des Götzen Astaroth ('Ασταρούθ) ein, der die unwissenden Menschen mit Uebeln und
Krankheiten plagte, und wenn sie ihm opferten wieder von ihnen wich,
sodass sie geheilt zu sein wähnten. Seit der Ankunft des Apostels kann
der Götze weder auf Befragen antworten noch Krankheiten heilen. Als
der Tempel von einer zahlreichen Menge, welche vergeblich Hilfe sucht,
erfüllt ist, schickt man in eine andre Stadt, um den dort verehrten Haupt-
gott Berith (Βεχίρ) um Rath zu fragen, und erhält von diesem die
Antwort, der wahrhaftige Gott im Himmel habe seit der Ankunft seines
Apostels Bartholomäus den Gott Astaroth in feurige Banden geschlagen.
Auf weiteres Befragen gibt der Götze auch über die Person des Apostels,
seine äussere Erscheinung und seine Wunderkraft Auskunft. Während
man noch den Bartholomäus nach der erhaltenen Personalbeschreibung
aufzufinden sucht, gibt er sich selbst durch eine Dämonenaustreibung
zu erkennen und diese wird der Anlass, dass der König des Landes
Polymios ihn zu sich bescheidet, um auch seine von einem bösen Dämon
besessene Tochter zu heilen. Bartholomäus heilt die Prinzessin, verschwindet aber, als der König ihn fürstlich belohnen will. Gegen Morgen
erscheint er plötzlich bei verschlossenen Thüren in des Polymios Schlaf-
zimmer, predigt ihm von Christus, welcher gekommen ist, die Teufel zu
besiegen und seinen Jüngern Macht über die Dämonen verliehen hat
und erbietet sich die Gaukelkünste des bisher von ihm gefesselten Dämon im Götzentempel zu entlarven. Der König willigt ein, Bartholomäus
zwingt den Dämon, selbst die teuflischen Künste, mit welchen er die
Seelen der Menschen in seine Gewalt gebracht habe, seine Ohnmacht
wirklich zu heilen und seine Fesselung durch den Apostel zu bekennen,
und bannt ihn in die Wüste. Bei seinem Ausfahren aus dem Götzen-
bilde zertrümmert der Dämon dasselbe, ein Engel weiht den bisherigen
Götzentempel zur Kirche, der König nimmt mit seiner Familie und
seinem ganzen Volke die Taufe. Die Götzenpriester beschweren sich
über das Geschehene bei Astyages ('Αστρίγγης), dem älteren Bruder

des Polymios. Dieser lässt den Bartholomäus gefangen nehmen und verlangt von ihm, er solle seinem Götzen opfern. Statt dessen bewirkt der Apostel, dass der Götze des Astyages, Baldad (Vualdath) und alle übrigen Götzenbilder in Stücke brechen, worauf jener den Apostel geisseln und enthaupten lässt. Dreissig Tage nachher werden Astyages und alle Götzenpriester von Dämonen erwürgt, alle Uebrigen bekehren sich. Polymios wird durch eine Offenbarung auf Befehl des Matthäus zum Bischof geweiht und verwaltet dieses Amt zwanzig Jahre lang.

Nestorianischer Ursprung.

Die Legende liegt in der von Tischendorf herausgegebenen griechischen Handschrift (cod. Venet. Marcian. 362 saec. XIII) in stark überarbeiteter Gestalt vor. Obwol der lateinische Text eine Uebersetzung aus dem griechischen ist, so ist er doch noch in weit reinerer Gestalt erhalten als der bei Tischendorf gedruckte griechische Text. Insbesondere trägt derselbe noch deutlich die in unserem griechischen Texte schon völlig verwischten Spuren eines nestorianischen Ursprungs. So heisst es im Lateinischen (bei Fabricius II, 675, 13 ff. cap. 4), der Sohn Gottes sei mit dem Menschen (Jesus) geboren worden; der Mensch hat den Gott zugleich mit sich im Mutterleibe der Jungfrau, der Gott nimmt zugleich mit dem Menschen durch die jungfräuliche Geburt einen Anfang, obwol er von Ewigkeit her von Gott dem Vater geboren ist: *'filius dei dignatus est per uterum virginis nasci cum homine, ita ut homo in virginis vulva conceptus secum inter ipsa secreta virginis haberet deum . . . . Hic simul cum homine natus, partu virginis coepit habere initium nascendi cum homine, cuius initium ante secula a deo patre est'.* Dafür sagt der griechische Text (pag. 247 sect. 19 Tischend.), der Sohn Gottes sei aus dem Leibe der Jungfrau als Mensch geboren worden, und habe die immerwährende Jungfrau zu sich hinzugenommen, welche bei sich hatte den Schöpfer Himmels und der Erde. Gleichwie ein Mensch geboren, hat dieser von der Jungfrau den zeitlichen Anfang hinzugenommen: ὁ υἱὸς τοῦ θεοῦ κατηξίωσεν ἐκ γαστρὸς παρθενικῆς γεννηθῆναι ὡς ἄνθρωπος· ἐν γαστρὶ τῆς παρθένου συνελήφθη, πρὸς ἑαυτὸν τὴν ἀεὶ παρθένον προσελάβετο, ἔχουσαν μεθ' ἑαυτῆς τὸν ποιήσαντα τὸν οὐρανὸν καὶ τὴν γῆν κτλ. οὗτος ὁμοίως ὡς ἄνθρωπος γεννηθεὶς ἐκ παρθένου προσελάβετο ἀρχὴν χρονικήν, ὁ μήτε χρόνον μήτε ἡμερῶν ἀρχὴν ἔχων. Eine Aenderung derselben Tendenz begegnet uns auch cap. 5, wo das *'homo cum deo'* (Fabric. 677, 6) durch θεὸς καὶ ἄνθρωπος (p. 249, 18 Tischendorf) wiedergegeben wird.

Es ist klar, dass die nestorianischen Anschauungen im katholischen Interesse umgearbeitet sind. Auch sonst hat der Grieche in cap. 4 mehrfach geändert. So ist zunächst das 'cum execraretur omnem virum' (Fabricius 675, 19) in οὐκ ἔγνωσεν ἄνδρα (Tischend. 248, 4) gemildert, im Folgenden aber das 'hic ergo cum natus esset passus est se tentari a diabolo' (Fabric. 676, 13) durch οὕτως οὖν ὑπαναχωρήσας ἀπ' αὐτῆς ἄγγελος ἔλαθε τὸν πειρασμὸν τοῦ διαβόλου (Tischend. 248, 20) wiedergegeben. Offenbar stand ursprünglich οὗτος οὖν (nämlich der Mensch Jesus) ὑπαναχωρήσας ἀπ' αὐτῆς, ἔπαθε τὸν πειρασμὸν κτλ. Eine ähnliche absichtliche Aenderung findet sich cap. 5, wo wir im Lateinischen (Fabricius 677, 14) lesen 'sicut qui victor exstiterit tyranni mittit comites suos, ut in omnibus locis, quae tyrannus possidet, titulos regis sui victoris et triumphatoris imponant: ita hic homo Christus Jesus qui vicit, misit nos in omnes provincias, ut expellamus ministros diaboli, qui per templa in statuis [Lazius instantius] habitant. Et homines qui eos colunt, de potestate eius qui victus est auferamus'. Dafür liest der Grieche (Tischend. 251, 7): ὡς δὲ ἐνίκησε τὸν τύραννον ὁ κύριος, ἀπέστειλε τοὺς ἀποστόλους αὐτοῦ εἰς πάντα τὸν κόσμον, ὅπως λυτρώσῃ τὸν λαὸν αὐτοῦ ἐκ τῆς πλάνης τοῦ διαβόλου· ὧν εἷς εἰμὶ ἐγὼ ἀπόστολος Χριστοῦ. Auch hier kann es keinem Zweifel unterliegen, auf welcher Seite das Ursprüngliche sich findet. Dergleichen allgemeine Reflexionen, wie wir sie in dem angeführten Gleichnisse angestellt finden, liebt der Verfasser auch sonst, vgl cap. 1 die Worte (Fabr. 670, 6) 'deus autem falsus hac arte illudit eos etc.', wo der griechische Text wieder geändert, und die allgemein gehaltene Aussage über die Gewohnheiten falscher Götter in eine einfache Erzählung der Uebel umgesetzt hat, welche im concreten Falle der falsche Gott den Leuten zugefügt habe. Im dogmatischen Interesse sind auch cap. 7 die trinitarischen Formeln vom Griechen im Sinne der ausgebildeten nicänischen Theologie bedeutend erweitert [1]. Etwas anderer Art sind die Abweichungen in den Anreden an die Dämonen, cap. 6 und 7. Der Grieche lässt an der ersteren

[1] Freilich schwanken hier auch die lateinischen Texte. Lazius (= Fabricius 682, 12) liest: 'Unus Deus Pater ingenitus et unus Filius eius ingenitus dominus noster Jesus Christus, et unus Spiritus sanctus illuminator et doctor nostrarum animarum'. Mösinger p. 59 c. 18: 'Unus Deus cum Filio Pater, unus etiam cum Spiritu sancto, vere trinus et vere unus, unus Pater ingenitus, unus Filius' etc. Der Grieche (Tischend. 255, 9): εἷς θεὸς ὁ πατὴρ ὁ ἐν υἱῷ καὶ ἁγίῳ πνεύματι γνωριζόμενος, εἷς θεὸς ὁ υἱὸς ὁ ἐν πατρὶ καὶ ἐν ἁγίῳ πνεύματι δοξαζόμενος, εἷς θεὸς τὸ πνεῦμα τὸ ἅγιον

Stelle vor 'cxi' den beschränkenden Satz aus (Fabricius 681, 18): 'si vis ut non te faciam in abyssum mitti' und streicht an der letzteren die Worte (Fabric. 683, 25) 'quoniam audivisti vocem apostoli et omnia pollutionum genera de isto templo mundasti, secundum promissum apostoli solvam te'. Es war ihm offenbar anstössig, dass ein „gehorsamer" Dämon eine mildere Behandlung finden sollte, als die übliche Verweisung in den Abyssus. Die geringere Ursprünglichkeit des griechischen Textes geht auch aus der Erzählung von der Bestattung des Apostels (Cap. 9) hervor. Hier kennt der Grieche bereits die Translation der Gebeine nach der Insel Lipari. Er lässt daher den schon bestatteten Leichnam übereinstimmend mit der jüngeren Legende durch den König Astreges ins Meer geworfen werden (Tischendorf 259, 13). Im Uebrigen hat bald der Grieche, bald der Lateiner die richtige Lesart. Beispiele der ersteren Art sind cap. 4 der Satz εἶτα ὁ υἱὸς τοῦ θεοῦ — εἰ υἱὸς τοῦ θεοῦ (Tischendorf 249, 6—9, beim Lateiner per homoioteleuton ausgefallen); cap. 7 (Tischend. 256, 2) die Erwähnung vier anderer Engel, welche die vier Ecken des Tempels einnehmen; cap. 9, der im Lateinischen ganz verderbte Satz ἔπεσεν ἀπὸ δαίμονος — ἐτελεύτησαν u. a. m. (Tischendorf 260, 2). Wo der Text bei Lazius lückenhaft ist, gibt der Grieche den vollständigen Text der lateinischen Handschriften. So cap. 5 (Tischendorf 250, 4 bis 251, 7), die (auch bei Mösinger erhaltenen) Worte καὶ ἰδοὺ ἐνίκησεν — Μαρίας τοῦ Χριστοῦ, ebenso cap. 6 (Tischendorf 253, 20—24) λέγει αὐτῷ ὁ ἀπόστολος — εἰς τὰς ψυχὰς αὐτῶν (auch bei Mösinger; bei Lazius sind beide Sätze per homoioteleuton ausgefallen), cap. 8 (Tischend. 258, 6—8) ἰδοὺ πάλιν ἦλθον καὶ ἄλλοι — ἐνώπιον τοῦ βασιλέως τότε (steht ebenfalls bei Mösinger) u. a. m. Ungleich häufiger sind aber die Beispiele, wo der lateinische Text noch das Vorzüglichere bietet. So cap. 1 die Erwähnung des Dämon, der im Idol wohnt (Fabric. 670, 2); cap. 3 der Name Speustius (Lazius Pscustius) für den geheilten Dämonischen (Fabric. 674, 9); cap. 4 das 'ostio clauso' (Fabric. 675, 3) weiter unten 'prima' vor 'deo omnipotenti vovit' (Fabric. 675, 20) und am Schlusse (Fabric. 677, 2) das cap. 5 (Fabric. 677, 12) wiederholte 'par erat ut qui filium virginis vicerat, a filio virginis viceretur'; cap. 5 der Zusatz (Fabric. 678, 21—679, 2) 'fallaciis includens — qui plus peccant'; cap. 6 (Fabric. 679, 22) 'putantes eum posse detineri a morte' für φοβηθέντες γὰρ αὐτὸν θανάτῳ κατεδίκασαν,

---

ὁ ἐν πατρὶ καὶ υἱῷ προσκυνούμενος, καὶ ἀληθῶς μονὰς γνωριζομένη, ὁ πατὴρ ἀγέννητος, ὁ υἱὸς γεννητός, τὸ πνεῦμα τὸ ἅγιον ἐκπορευόμενον.

die Sätze (Fabric. 680, 16) '*at ubi sacrificaverint pro salute corporis sui — potestatem habere incipimus*' und am Schlusse des Capitels (Fabricius 681, 23) '*nec solum ipsum maius idolum — picturam omnem deleret*'; cap. 7 (Fabricius 683, 6) das von dem Engel in die Steine gegrabene Zeichen des Kreuzes; cap. 8 (Fabric. 684, 14) '*universorum templorum pontifices*' für οἱ ἄπιστοι τῶν Ἑλλήνων; cap. 9 (Fabric. 686, 1) '*venerunt XII civitatum populi*', woraus der griechische Text 12000 Menschen aus allen Städten macht u. a. m. Besonders bemerkenswerth ist auch, dass der lateinische Text noch nichts von der im griechischen berichteten Enthäutung des Apostels weiss (Tischend. 279, 8): (καὶ οὕτως ἐκδαρθέντα ἀποκεφαλισθῆναι αὐτόν), einem handspäteren Einschiebsel in die ältere Erzählung.

Die Behauptung Tischendorfs (proll. p. LXIX), dass der griechische Text Spuren einer Uebersetzung aus dem Lateinischen verrathe, zeigt sich bei näherer Betrachtung unhaltbar. Wenn für θάνατος βασιλεύς cap. 6 (Fabric. 679, 23) '*mors regina*' steht und darnach der Teufel als '*maritus mortis*' (Fabric. 680, 1) erscheint, so kommt die '*regina*' lediglich auf Rechnung des Uebersetzers, da mors im Lateinischen femininum ist; der '*maritus mortis*' ist eine erst hieraus geflossene geschmacklose Glosse. Cap. 9 (Tischend. 260, 12) προκέψας — ἐν πᾶσιν ist nicht aus '*profectus in omnibus*' entstanden, sondern letzteres ist umgekehrt die richtige Uebersetzung des Griechischen, die nur handschriftlich in '*perfectis omnibus*' verderbt ist. Dagegen sind viele Varianten unzweifelhaft auf griechischem Boden gewachsen. So cap. 4 (Tischend. 249, 1) griechisch ἔλαθεν, lateinisch '*passus est*' == ἔπαθεν. Cap. 8 (Tischend. 258, 1) οἱ ἄπιστοι τῶν Ἑλλήνων für οἱ ἀπάντων τῶν ἱερῶν ἱερεῖς (universorum templorum pontifices). Ebendaselbst im Griechischen wiederholt (Tischend. 258, 7. 9. 260, 3) μιερεῖς statt ἱερεῖς, desgleichen (Tischend. 258, 13) οὐκ ἀπέστρεψα αὐτόν, ἀλλ' ὑπέστρεψε πρὸς τὸν θεόν, ein Wortspiel, welches der Lateiner weniger glücklich durch '*ego non everti eum sed converti*' nachahmt. Cap. 9 (Tischend. 260, 3) πνιγέντες im Griech., '*pleni*' = πλησθέντες im Lateinischen. Ebendaselbst (Tischend. 260, 4) κακῷ im Griech., '*ibidem*' = κάκει im Lateinischen (Fabric. 687, 1; der Text bei Mösinger liest '*sic*') u. a. m. Die Namen sind zum Theil in beiden Texten verderbt, doch kommt Manches in dem Texte bei Fabricius nur auf Rechnung des ungenauen Abdrucks (vgl. den Text bei Mösinger und die in den actis SS. August. Tom. V p. 36 sq. aus Handschriften angeführten Varianten).

Abfassungszeit und geschichtlicher Werth.

Die im Vorstehenden nachgewiesenen Spuren eines n e s t o r i a n i -
s c h e n Ursprungs unserer Acten geben zunächst eine Handhabe für die
Bestimmung ihrer A b f a s s u n g s z e i t. Da sie in lateinischer Uebersetzung in die Passionensammlung aufgenommen wurden, dieser lateinische
Text aber die Translation nach Lipari (580) noch nicht kennt, so sind
sie jedenfalls einige Zeit vor den letzten Decennien des 6. Jahrh. schon
vorhanden gewesen. Ihre Entstehungszeit fällt also etwa zwischen 450
und 550. Die im cod. Marcian. vorliegende Redaction des griechischen
Textes ist jünger. Da sie die Translation nach Lipari ausdrücklich erwähnt, so ist sie jedenfalls nach 580 veranstaltet, vielleicht bald nachher auf Lipari selbst, im Lokalinteresse der dortigen Bischofskirche.
Dagegen ist die Heimath der älteren Textgestalt nothwendig ein Land,
in welchem der Nestorianismus zu Hause war. Ob sie ursprünglich
syrisch verfasst war, ist zur Zeit kaum zu entscheiden; bei syrischen
Schriftstellern ist bisher noch keine Spur davon aufgefunden worden.
Da die Acten schon um Mitte des sechsten Jahrhunderts in griechischer
und mindestens schon bald nachher auch in lateinischer Sprache vorhanden waren, so können sie schwerlich im östlichen Syrien, Babylonien
oder Persien, sondern wol nur in irgend einer östlichen Provinz des byzantinischen Reiches entstanden sein.

Die ursprüngliche Form der Erzählung ist nach G u t s c h m i d s
Nachweisungen im ehemaligen bosporenischen Reiche zu Hause. Denn
nur hier ist der König Polymios oder Polemios aufzutreiben, in welchem
G u t s c h m i d Polemon II., König von Bosporos und Pontos, dann von
Pontos und Kilikien, zuletzt von Kilikien allein, einen Zeitgenossen des
Bartholomäus, wiedererkannt hat. Auch sein Bruder Ἀστρί̣γης oder
Astyages (Astriges, Astrages, Astraiges, Astiarges, vergl. die Varianten)
ist nach G u t s c h m i d s scharfsinnigen Combinationen eine geschichtliche
Person. Polemon II. hatte einen Bruder Zenon, der im Jahre 18 n.
Chr. unter dem Namen Artaxias III. den Thron von Gross-Armenien
bestiegen hatte (Tacit. Ann. II, 56. Strab. XII, 3, 29); die armenische
Form dieses Namens ist Artashês. In dieselben Gegenden führen nach
G u t s c h m i d s Nachweisungen aber auch weiter die G ö t t e r n a m e n.
Die Gottheit Astaroth steht durch die Inschrift der Königin K o m o -
s a r g e (C. I. Gr. 2119), auf welcher sie Ἀστάρα heisst und durch
Münzen der bosporenischen Könige fest. Den μέγας καὶ ἐξοχώτατος
αὐτῶν θεὸς Βεχίρ oder wie er im Lateinischen heisst, Berith (Lazius:
Beireth), combinirt G u t s c h m i d mit dem in jener Inschrift vor Astara

genannten ἰσχυρὸς θεὸς Σναεργής, welcher nach Köhler dem assy-
rischen Nergal oder dem Planeten Mars entsprechen soll. Der arabische
Name des Mars ist Merrîch „und auf diesen führen die Varianten, denen
eine Form Βειρήχ oder Βερήχ zu Grunde liegen wird". Für Vualdath,
Βαλδάτ oder Βαλδάδ ist sicher Μαλδάδ hinzustellen, d. h. Môledeth,
der einheimische Namo der babylonischen Göttin Mylitta. Letztere ist
nach Gutschmid jedenfalls bis nach Armenien hin verehrt worden,
wie der kleinarmenische Tempelort Melite und die nach diesem benannte
Provinz Melitene beweist. Nun fanden wir aber die Bartholomäuslegende grade auch in Armenien localisirt. Das Martyrologium und Breviarium Romanum zum 25. August, welche im Uebrigen wesentlich der in
den actis Bartholomaei enthaltenen Ueberlieferung folgen, bezeichnen
wirklich den Mörder des Apostels, Astyages (freilich auch seinen Bruder
Polymios), als grossarmenischen König. So leicht möglich es also an sich
auch wäre, die semitischen Götternamen einem in Syrien lebenden Legendenschreiber zu vindiciren, so weisen doch die Königsnamen
sicher auf einen armenischen Ursprung der Acten hin. Die Verlegung
des Schauplatzes nach Indien ist also entweder durch Combination der
älteren Sage mit der oben besprochenen jüngeren Ueberlieferung bei
Eusebios, oder wie Gutschmid (S. 175) vorzieht, durch die auch sonst
nicht seltene Verwechselung der „Sinder", deren Namen die bosporenischen Könige des polemonischen Hauses im Titel führten, mit den
Indern entstanden; vielleicht haben beide Motive zusammengewirkt.

Ursprünglicher Zusammenhang der Legenden von Bartholomäus und Matthäus.

Die ursprüngliche Sage liess also den Apostel vom bosporenisch-
pontischen Reiche Polemons II. nach Grossarmenien kommen, zwischen
welchen Gebieten zur Zeit des polemonischen Herrschergeschlechts eine
lebhafte Verbindung bestanden haben muss. Nach dem Pontos aber
und dem taurischen Chersonnes kam er nach derselben Ueberlieferung
sicher mit seinem Gefährten Matthäus. Schon hierdurch wird es sehr
wahrscheinlich, dass trotz des späteren Ursprungs unserer Acten der
Kern der Legende aus denselben Kreisen stammt, aus denen die Sagen
von den Abenteuern des Matthäus unter den Menschenfressern entsprungen
sind. Die geschichtliche Grundlage bildet nach Gutschmids Nachweisungen (a. a. O. S. 176 ff.) eine jüdische Bekehrungsgeschichte,
welche von den Christen annectirt worden ist. Polemon II. nahm zur
Zeit, als er zwar nicht mehr den Bosporos, aber noch den Pontos und

Kilikien regierte, in Folge seiner Heirath mit der Herodäerin Berenike, der Wittwe des Herodes von Chalkis, das Judenthum an, wurde aber freilich später, als Berenike ihn verlassen hatte, wieder abtrünnig (Joseph. Antt. XX, 7, 3 vgl. Gutschmid a. a. O. S. 174). Auch die 20 Jahre, welche er nach seiner Bekehrung noch lebte, kommen nach Gutschmids Berechnung (S. 176 f.) genau heraus. Die Rolle, welche die Legende seinen Bruder Artaxias spielen lässt, ist freilich schon darum eine geschichtliche Unmöglichkeit, weil dieser schon im Jahre 35 n. Chr. starb: indessen vermuthet Gutschmid, dass auch hier irgend eine Reminiscenz an eine uns nicht näher bekannte Bedrängung der in Grossarmenien sehr zahlreichen Juden zu Grunde liegen möge. Wie dem auch sei, jedenfalls berührt sich die Bartholomäuslegende auch darin mit den Acten des Matthäus, dass beide in ihrem letzten Kerne auf jüdische Ueberlieferungen zurückgehn.

Aber auch sonst lassen sich manche Spuren von ursprünglicher Verwandtschaft der beiderseitigen Acten entdecken. Die meisten Parallelen bietet die lateinische passio Matthaei bei 'Abdias'. Dieselbe ist offenbar nach einem verwandten Plane gearbeitet: wie in der Bartholomäussage die im Götzentempel verehrten Dämonen, so fügen hier die beiden Zauberer dem gläubigen Volke viel Uebles zu, und erwecken den Schein, als ob sie Kranke zu heilen vermöchten, indem sie diejenigen, welche ohne es zu wissen vorher von ihnen geplagt worden sind und sich im Vertrauen auf ihre Hilfe an sie wenden, zu plagen ablassen, worauf die Getäuschten wähnen, von den Zauberern wirklich geheilt worden zu sein. Beidemale führt ein vom Apostel an einem Gliede des Königshauses vollbrachtes Wunder, dort die Heilung der Königstochter, hier die Auferweckung des Königssohnes, die Bekehrung des Königs und seines ganzen Volkes herbei; ebenso wird der Tod des Apostels beidemale durch den Bruder des Königs herbeigeführt, dort durch Hyrtacus, den Bruder des Aeglippus, hier durch Astyages, den Bruder des Polymios; beidemale endlich nimmt der Mörder ein schreckliches Ende, und auf seine Regierung folgt eine lange glückselige Zeit des Friedens, in welcher das Christenthum dauernd im Volke befestigt wird.

Wie aber die lateinische passio Matthaei wenigstens in einem Zuge noch deutlich auf die gnostischen Matthäusacten zurückweist, so berühren sich mit denselben auch die Geschichten des Bartholomäus. Wie dort, so legt der bekehrte König seine Krone nieder, um als Bischof an die Spitze der Gemeinde zu treten (martyr. Matthaei bei Tischend. p. 187. 189 vgl. Passio Bartholomaei c. 8). Wie dort, so zwingt ferner auch hier der Apostel einen Dämon zum Selbstbekenntnisse seiner Ohn-

macht und zum Zeugnisse von dem wahrhaftigen Gott und von der
Wunderkraft seines Gesandten (martyr. Matthaei bei Tischend. p. 175 sq.
Passio Bartholomaei cap. 2. 6); ja selbst die speciellen Züge stimmen
überein, dass der Apostel nach beiden Erzählungen durch verschlossene
Thüren geht (martyr. Matth. p. 176 vgl. Passio Barthol. c. 4), und
nur wenn er will, gesehen werden kann (martyr. Matth. p. 175. 177 sq.
Passio Barthol. c. 2). Hiermit vergleiche man die acta Andreae et
Matthaei, nach denen Andreas ebenfalls verschlossene Thüren durch das
Kreuzeszeichen sich öffnet und trotz der Nachforschungen des Volks so
lange unsichtbar bleibt als er will (bei T i s c h e n d. p. 149. 156 sq.)[1].
Auch sonst entspricht das geheimnisvolle Erscheinen und Wiederver-
schwinden des Bartholomäus und die durch einen Befehl des abgeschie-
denen Apostels, per revelationem, d. h. durch eine Vision desselben, er-
folgte Bischofsweihe des Polymios ganz den gnostischen Matthäusacten.
Einen gnostischen Anflug endlich haben auch die längeren Reden über
die Ueberwindung des Teufels durch Christus und die Parallele der Jungfrau Maria, aus welcher der Erlöser geboren wurde, mit der Jungfrau
Erde, von welcher der erste Mensch, Adam, seinen Ursprung nahm (passio
Matthaei cap. 5, theilweise noch vollständiger als bei Fabricius bei
Mösinger p. 54 sq. und im griechischen Texte p. 249 sq.). Letztere
Vorstellung begegnet uns im 2. und 3. Jahrh. auch in nicht-gnostischen
Kreisen (Tertull. adv. Judaeos c. 13), scheint aber ebenso wie die Ent-
gegensetzung des Kreuzesholzes und des Holzes oder Baumes der Erkenntnis ursprünglich bei den Gnostikern zu Hause zu sein[2]. Freilich
haben die katholischen Ueberarbeiter hier wie anderwärts grade an die
Reden mit besonderm Eifer ihre bessernde Hand gelegt und nichts
passiren lassen, was mit der nachmaligen Rechtgläubigkeit unverträglich
schien, daher nur noch sehr schwache Spuren des gnostischen Charakters der Acten geblieben sind. Indessen reicht schon das Nachgewiesene aus, um die vorauszusetzende ältere Grundlage der passio Bartholomaei in eine und dieselbe Gruppe mit den gnostischen Acten des
Andreas und des Matthäus zu verweisen.

1) Nach dem griechischen Texte bei Tischendorf p. 259 wird sogar der
Leichnam des Bartholomäus ähnlich wie der des Matthäus ins Meer geworfen.
Doch fehlt dieser Zug im Lateinischen und hängt wol mit der unmittelbar darauf erwähnten Translation der Gebeine nach Lipari zusammen, von welcher
der Lateiner ebenfalls noch nichts weiss.
2) Bei Katholikern steht dafür häufiger die Parallele zwischen der „Jungfrau" Eva und der Jungfrau Maria vgl. Iren. haer. III, 22, 4. Epiphan. haer.
78, 18 u. ö.

Verhältnis des Martyriums zur lykaonischen Legende.

Ob zwischen dieser vorauszusetzenden Bartholomäus-Matthäus-Legende und der andern, welche den Bartholomäus mit Philippus in Verbindung bringt und in Lykaonien sterben lässt, irgend welcher Zusammenhang bestand, ist nicht mehr auszumitteln. Wenn Nikephoros (h. e. II, 39) Urbanopolis nach Kilikien verlegt, so kann man sich erinnern, dass Kilikien und Lykaonien Nachbarländer sind, und dass König Polemon II. auch über das erstgenannte Gebiet regierte. In Lykaonien, Kilikien und Pisidien spielen auch die Acten des Paulus und der Thekla, in welcher uns ebenfalls eine Fürstin des polemonischen Hauses, die frühere Gemahlin Polemons II., Tryphäna, begegnet. Indessen wird die von Nikephoros gegebene Localbestimmung wol lediglich auf Confusion beruhn; dass aber die phrygisch-lykaonische Legende mit der „indischen", d. h. bosporenischen, respective armenischen, gar nichts zu schaffen hat, ergibt sich theils aus der ganz verschiedenen dem Apostel zugeschriebenen Todesart, theils und ganz besonders aus dem Umstande, dass der Bartholomäus, welcher in Begleitung des Philippus auftritt, ausdrücklich nicht als einer der Zwölf, sondern als einer der Siebzig bezeichnet wird. So unhistorisch nun auch diese Bezeichnung ist, so lehrt sie doch wol, dass jede Combination der verschiedenen Legenden von Uebel ist.

Dagegen zeigt die passio Bartholomaei mit den Acten des Paulus und der Thekla noch einen andern auffallenden Berührungspunkt. Wie dort von Paulus, so wird hier von Bartholomäus eine genaue Personalbeschreibung gegeben (Tischend. p. 245. Fabric. II, 671)[1]. Wörtliche Berührungen beider Beschreibungen finden sich indessen nicht. Aehnliche Personalbeschreibungen gibt z. B. auch Malala in seiner Chronik von Petrus und Paulus (Malalae chron. ed. Oxon. p. 330. 332). Dieselben verrathen eine auffallende stilistische Verwandtschaft mit der Beschreibung des Bartholomäus, und sind vermuthlich mit letzterer aus einer gemeinsamen Quelle geflossen. Der in dem Signalement des

---

[1] Ἔστι μαυρότριχος, δασυκέφαλος, ἀσπρόσαρκος, μεγαλόφθαλμος, καλόρινος, ὦτα κεκαλυμμένα ἔχων ἐκ τῶν τριχῶν τῆς κεφαλῆς, ξανθογένειος, ἔχων πολιὰς ὀλίγας, μέσης ἡλικίας, καὶ οὔτε μακρὸς οὔτε κονδοτράχηλος ἀλλὰ μέσος, ἐνδεδυμένος κολόβιον ἄσπρον συγκεκλεισμένον πορφύρᾳ, ἔχων ἐπὶ τοὺς ὤμους παλλίον ἔξασπρον· εἴκοσι καὶ ἓξ ἐτῶν εἰσὶ καὶ οὔτε ῥύπον ἔχουσι τὰ ἱμάτια αὐτοῦ οὔτε παλαιοῦνται· ἑπτάκις τῆς ἡμέρας κλίνει γόνυ πρὸς κύριον, καὶ ἑπτάκις τῆς νυκτὸς προσεύχεται πρὸς τὸν θεόν κτλ.

Bartholomäus erwähnte Purpur am Kleide des Apostels weist auf die
bei Petrus de Natalibus berichtete Legende hin, Bartholomäus sei ein
Syrer aus königlichem Geschlecht gewesen, und habe, als er in Christi
Jüngerschaft eintrat, sich die Erlaubnis ausbedungen, einen Purpur zu
tragen.

Die koptischen Acten des Andreas und Bartholomäus.

Eine ähnliche Uebertragung einer ursprünglich in den Küsten-
ländern des schwarzen Meeres heimischen Legende nach Aegypten beziehungsweise Aethiopien scheint in den Bartholomäusacten der
koptischen Kirche vorzuliegen [1]).
Unter den verschiedenen auf Bartholomäus bezüglichen Erzählungen, welche die Kopten bewahrt haben, sind in erster Linie die Acten
des Andreas und Bartholomäus zu nennen.
Dieselben sind fragmentarisch in zwei von Zoëga (catal. codd.
copt. p. 235 sqq., auch bei Tischendorf apocal. apocr. proll. p. XLIX sq.)
excerpirten sahidischen Handschriften (cod. 132 und 133), vollständig
in äthiopischer Uebersetzung in dem Certamen Apostolorum der abyssinischen Kirche (englisch bei Malan, p. 76—99) enthalten. Der Inhalt der Legende findet sich auch kurz zusammengefasst in dem von
Wüstenfeld aus dem Arabischen übersetzten Synaxarium der koptischen Christen zum 1. Tut oder 29. August (p. 6 sq.). Die im Aethiopischen meist arg verderbten Namen scheinen in den Codd. bei Zoëga
in verhältnismässig ursprünglicher Gestalt erhalten zu sein. In den
koptischen Codd. führen die Acten die Ueberschrift „Acten des Bartholomäus"; die (von Tischendorf weggelassenen) Schlussworte in cod. 132
lauten: 'Haec sunt acta Bartholomaei, qui egressus e finibus Ichthyo-
phagorum ivit ad Parthos cum Andrea et Christiano homine cyno-
cephalo, et miracula quae ab iis facta sunt in pace dei amen'. Im
äthiopischen Texte bei Malan lautet die Ueberschrift: „Das Buch der
Acten der zwei gesegneten Jünger, Andreas und Bartholomäus, Apostel
unseres Herrn Jesu Christi, welche sie vollbrachten in der Stadt Barthos,
nach ihrer Rückkehr von der Stadt Hawa, welche genannt ist Elwa,

---

1) Der Gedächtnistag des Bartholomäus in der koptischen Kirche ist der
1. Thot = 29. August. Ausserdem wird zum 19. Hathur = 15. November
„Bartholomäus in den Oasen" gefeiert. Als Todestag nennt das äthiopische
Certamen apostolorum den 17. Senne (Payni) = 11. Juni, den Gedächtnistag
des Apostels in der griechischen Kirche.

im Frieden Gottes. Amen". Nach cod. 132 bei Zoëga erscheint der Herr dem Bartholomäus und befiehlt ihm zu den Parthern zu gehn, welche von den Makedanern oder Cazarenern ('a *Makedanis sive Cazarenis*') gen Norden wohnen. Alsbald erscheint er auch dem Andreas und befiehlt ihm, aus dem Barbarenlande zu den 40 Tagemärsche entfernten Cazarenern zu gehn und von da mit Bartholomäus zu den Parthern und Elamitern zu reisen, indem er ihm unter Anderm verheisst, ihnen einen hundsköpfigen Menschen aus dem Lande der Kynokephalen zu senden, dessen Dienste die Leute zum Glauben führen solle. Andreas wird an der Küste der Cazarener, nahe bei der Stadt Jericho ausgesetzt, glaubt noch im Barbarenlande zu sein, bis er durch die Ankunft des Bartholomäus, der sich von Jericho, wo er das Evangelium gepredigt hat, nach Makedan begeben will, über die Lage des Orts, wo er sich befindet, in Kenntnis gesetzt wird.

Ausführlicheres über die wunderbare Versetzung des Andreas in das Land, wohin der Herr ihm zu reisen geboten hat, berichtet cod. 133. Als Andreas mit seinen Schülern Rufus und Alexander sich aus der Barbarenstadt ins Land der Cadarener (so hier, nicht Cazarener) begibt, kommt er ans Meer. An der Küste erscheint ihm das Seeungethüm, welches einst den Jonas verschlungen hat, verschlingt den Apostel mit seinen Jüngern und trägt sie in seinem Bauche binnen drei Tagen zur Küste der Cadarener, der Stadt Rochon (so hier, nicht Jericho) gegenüber. Von dem gemeinsamen Wirken der beiden Apostel Andreas und Bartholomäus in Jericho oder Rochon erzählt derselbe Codex folgendes. Beide treiben gemeinsam aus der Stadt, welche der Proconsul Gallio (Act. 18, 12!) verwaltete, die Idole aus, werden dreimal ins Feuer geworfen, bleiben aber unversehrt. Darnach werden sie lebendig zersägt, die Stücke verbrannt und die Asche ins Meer geworfen. Ein Seeungeheuer verschlingt sie, worauf die Idole wieder in die Stadt zurückkehren. Nach drei Tagen nöthigt Gott das Ungethüm, die Apostel wieder lebendig herauszugeben. In dem letzten Fragmente des Cod. 133 tritt nun der verheissene Kynokephalos mit dem Beinamen Christianus auf. Als das Volk im Theater versammelt ist, verspeist er zwei Löwen und jagt allen solchen Schrecken ein, dass sie aus der Stadt zu fliehen beginnen. Die Apostel aber umgeben die Stadt mit einem Feuerwall, sodass Keiner entrinnen kann. Da fallen die Bewohner den Aposteln zu Füssen; diese verwandeln den Kynokephalos in einen sanftmüthigen Knaben, Bartholomäus legt ihm den Namen Pistos bei und verheisst ihm das Himmelreich und unsterblichen Ruhm, weil mit seinem Beistande das Volk zum Glauben bekehrt worden sei. Das

Volk verlässt darauf auf des Apostels Predigt seine Idole und bekehrt sich zum grossen Aerger der Götzenpriester zur allerheiligsten Dreieinigkeit.

Nach dem arabischen Synaxarium kommt Bartholomäus aus der Wahat (den ägyptischen Oasen) ins Land der „Berbern", wohin ihn der Herr gerufen hat, um dem Andreas Beistand zu leisten. Die Einwohner „jener Stadt" waren böse Menschen und wollten weder Zeichen noch Wunder von ihm annehmen. Da befahl der Herr einem von den Hundsgesichtern, welche Menschen fressen, dass er seinen Schülern gehorche in allem, was sie ihm befohlen und sich ihnen nicht widersetze. Sie nahmen ihn also mit sich nach jener Stadt; da stürzte er sich auf wilde Thiere, welche ihnen entgegenkamen, um die Jünger zu fressen. Das Hundsgesicht frass die wilden Thiere und zerriss ihre Gesichter und tödtete auch viele von den Einwohnern der Stadt. Deshalb fürchteten sich Alle, sie folgten den Worten der Jünger, wurden gehorsam und nahmen die Religion Christi an. Die Jünger setzten ihnen Priester ein, bauten ihnen Kirchen und kehrten dann von ihnen zurück. Im Folgenden wird erzählt, wie Bartholomäus in die Städte an der Küste ging und dort den Märtyrertod litt. Die Erzählung von den Thaten des Andreas und Bartholomäus ist hier zwischen anderweite Legenden, die wir noch näher zu betrachten haben, eingeschoben. Dieselben finden sich auch in dem äthiopischen Certamen apostolorum, aber völlig getrennt von dem „Buche der Acten des Andreas und Bartholomäus". Der Inhalt des letztern, durch welchen die Angaben der Fragmente bei Zoëga und des Synaxarium vervollständigt werden, ist folgender.

Nach seiner Auferstehung erscheint der Herr dem Bartholomäus in der Gegend der Heiden von Mactran, welches ist die Stadt Azrianos, sendet ihn aus zur Predigt des Evangeliums und verkündigt ihm alles Ungemach vorher, welches ihm widerfahren soll. Er werde dreimal verbrannt, mehrmals gekreuzigt, zersägt, wilden Thieren preisgegeben, an den Füssen gebunden und ins Meer geworfen werden. Alles dies möge er standhaft ertragen; zu seinem Beistande aber verheisst der Herr ihm den Andreas zu senden, der ihn in jene Stadt bringen und gemeinsam mit ihm viele Wunder thun und viel Volk bekehren werde. Nachdem der Herr dies gesagt, fuhr er wieder auf gen Himmel, Bartholomäus aber begab sich dorthin, wohin Christus ihm zu gehen befohlen hatte. Darauf erscheint der Herr auch dem Andreas um Mitternacht an dem Orte, wo er sich eben befand und befiehlt ihm, in die Stadt Azrianos zu Bartholomäus und gemeinsam mit ihm weiter nach der

Stadt Barthos zu gehn [1]), dort zu predigen und alle Leiden geduldig zu
tragen. Als Gehilfen verheisst ihm der Herr einen Mann von schrecklichem Aussehen zu senden, der die Bewohner von Barthos und darnach
auch die von Elwa durch seine Wunderthaten bekehren soll. Darauf
verschwindet der Herr, Andreas aber macht sich mit seinen Schülern
Rufus und Alexander auf, um zu Bartholomäus in die Stadt Azrianos
und mit ihm weiter „nach Barthos und Mekos" zu gehn. Als sie am
Meeresstrande ankommen, finden sie kein Schiff. Sie beten in hebräischer Sprache zu Gott, dass er ihren Weg ebnen möge, und schlafen
darauf unter einem Baume ein. Da sendet Gott einen grossen Fisch,
welcher alle drei verschlingt und sie in der dritten Nacht an der 40
Tagereisen entfernten Küste von Azrianos wieder ausspeit. Als sie erwachen, meinen sie noch an der alten Stelle zu sein. Andreas schlägt
vor, wieder nach der Stadt zurückzukehren, bis sich eine Schiffs-
gelegenheit finde, da erblickt zuerst Rufus ein Schiff, welches in den
Hafen steuert. Der Capitän des Schiffes war Jesus selbst.

Andreas begrüsst ihn ohne ihn zu erkennen, erfährt von ihm, dass
er auf der Fahrt nach Barthos begriffen sei und vor drei Tagen Azrianos verlassen habe [2]). Andreas will ihm nicht Glauben schenken, da
begegnen ihm Männer aus der Stadt Macedonia, die auf dem Wege
nach Azrianos zu Bartholomäus begriffen sind, um denselben zu ihrem
Herrn, dem Richter von Macedonia zu holen, dessen Weib von einem
Dämon besessen ist. Auf Jesu Befragen bestätigen die Boten, dass die
nahegelegene Stadt Azrianos ist und berichten ihren Auftrag. Andreas
glaubt noch immer nicht. Inzwischen gehen die Boten in die Stadt hinein und bringen nach kurzem Aufenthalt den Bartholomäus mit sich
heraus. Dieser bittet den vermeintlichen Capitän, ihn nach Macedonia
zu fahren, wird aber von diesem bedeutet, dass das Schiff nach der
Stadt Barthos segle. Auf sein Geheiss begibt er sich zu dem Baume,
wo Andreas mit seinen Schülern sitzt; die Apostel begrüssen einander,
und Bartholomäus bestätigt, dass die nahegelegene Stadt keine andre
als das ihm als Missionsgebiet zugewiesene Azrianos ist. Erstaunt

---

1) Da aber im Folgenden die Rede des Herrn noch fortgeht, und die
Reise des Andreas weiter unten erzählt wird, so muss hier ein Fehler
stecken.

2) Die folgenden Worte: '*But if thou inquirest for the city of Azrianos,
it is forty day's and forty night's journey from this city, for I have been
there many a time*' sind wieder fehlerhaft. Azrianos ist ja ganz in der Nähe.
Natürlich war hier ursprünglich die Entfernung von dem Barbarenlande angegeben, an dessen Küste Andreas sich noch immer zu befinden meinte.

theilt Andreas ihm mit, dass der Herr ihn in einer Nacht nach diesem
entfernten Orte gebracht habe, um gemeinsam mit seinem Mitapostel
in die Stadt Barthos und Mekos zu reisen. Nachdem der Capitän
nochmals bestätigt hat, dass sie sich in der Nähe von Azrianos befinden, fragt er den Andreas, wann er aus Syrien gekommen, wer sein
Gebieter und weswegen er hierher gekommen sei, und versichert ihm
nach erhaltenem Bescheide, dass der Gott Jesus, dem er diene, ihn
ebenso, wie er ihn nach Azrianos gebracht, auch nach Barthos und
Mekos bringen werde. Bartholomäus wünscht, dass der Capitän ihn
zuerst nach Macedonia, damit er dort sein nächstes Geschäft vollführe,
und dann nach jenen Städten fahre. Als er ihm darauf erzählt hat,
was er in Macedonia wolle, antwortet ihm dieser, wenn er die Welt
und alles darin verlasse und dem guten Gott nachfolge, könne er wol
selbst den Dämon aus dem Weibe austreiben. Andreas fordert ihn auf,
ihn zuvor nach Barthos zu bringen, dann sein Schiff zu verkaufen, den
Erlös den Armen zu geben, und ihm nachzufolgen, wohin er auch
gehe. Wenn dann der Geist eines Jüngers über ihn gekommen sein
werde, werde auch er Wunder thun können. Der Capitän fordert die
Apostel auf, mit ihm um die Herabkunft des Geistes Jesu und um seine
Kraft zu beten. Da betet Andreas, dass das Meer ihn samt allen, die
mit ihm sind, nach Makedonia tragen möge; alsbald kommt das Meer
heran, alle besteigen das Schiff und werden alsbald nach Makedonia
versetzt. Auf das Gebet des Bartholomäus bringt der Engel Michael
das dämonische Weib des Richters — ihr Name war Lydia — aus
ihrem Hause an den Strand. Als der Dämon den Capitän, d. h. Jesum
sieht, schreit er laut auf, wird aber von ihm zur Ruhe verwiesen. Bartholomäus treibt ihn aus und verbannt ihn in die Gehenna, Lydia samt
ihrem Gemahl und der ganzen Hausgenossenschaft bekennen ihren
Glauben an Jesus den wahren Gott, Gottes Sohn. Die Einladung Lydias
in die Stadt und in ihr Haus zu kommen, beantwortet Andreas auswei-
chend. Als aber die Diener in die Stadt gegangen sind, um alles zur
Aufnahme der Gäste vorzubereiten, fordert der Capitän die Jünger,
welche ihn immer noch nicht erkennen auf, ihn zu lehren, im Namen
ihres Gottes Wunder zu thun und betet darauf, dass Jesus ihn samt
den Aposteln und den beiden Schülern nach dem Orte bringe, wohin sie
verlangen. Alsbald werden sie von lichtglänzenden Wolkenringen nach
der Stadt Barthos gebracht und befinden sich plötzlich auf einem
grossen Thurm. Jetzt erst gibt sich Jesus den Aposteln zu erkennen,
mahnt sie zur Standhaftigkeit, segnet sie und fährt gen Himmel. Das
Volk der Stadt ist grade im Theater versammelt, um das Fest seiner

Götter zu feiern und wartet auf den Richter Akalabius. Verwundert
sieht die Menge die Fremdlinge in den oberen Reihen des Theaters erscheinen. Als Akalabius endlich hoch zu Rosse, umgeben von seiner
Leibgarde, erscheint, bricht ein solcher Lärm aus, dass er einen Aufstand befürchtet. Die Menge schreit, die Fremden wollten die Götter
aus der Stadt schaffen; der Richter aber lässt die Priester kommen,
welche im festlichen Aufzuge mit Trompetenschall die Götter ins Theater
bringen, worauf das Fest seinen Verlauf nimmt. Darnach lässt der
Richter die Apostel vor sich führen, verhört sie, und als er vernimmt,
dass sie zu den Jüngern Jesu gehören, fordert er sie auf, Wunder
zu thun. Auf das Gebot des Andreas müssen die Götter bekennen,
dass sie keine Götter, sondern Gebilde von Menschenhand sind. Er
befiehlt ihnen darauf, auf den obersten Theil des Theaters sich zu begeben. Vergeblich rufen die Priester ihnen zu, sie möchten herab-
steigen und ihre Sitze wieder einnehmen. Da gebietet Satan durch
ihren Mund, die Fremdlinge zu verbrennen, widrigenfalls sie selbst die
Stadt verlassen würden. Das Volk steinigt die Apostel, bindet sie mit
eisernen Ketten und schleppt einen Scheiterhaufen zusammen, um sie
ins Feuer zu werfen. Ein Engel befreit sie. Auf Antrieb der Dämonen
ergreift man sie abermals und wirft sie ins Feuer, aber ein Engel beschützt sie vor den Flammen, und führt sie unsichtbar in die Mitte
der Volksmenge. Nach dreimaligem vergeblichen Versuche sie zu verbrennen [1]), erklärt Akalabius seine Rathlosigkeit, mahnt aber das Volk,
die Fremden nicht aus dem Gesicht zu verlieren. Als sie sich zu erkennen geben, führt man sie in die Versammlung und steinigt sie. Andreas will die Stadt mit allen ihren Bewohnern zur Hölle verfluchen;
der Richter droht ihnen wiederholt, sie verbrennen, oder von wilden
Thieren zerfleischen zu lassen. Als das Volk ihn selbst samt seinem
Hause verbrennen will, wenn er die Fremden nicht tödte, schlägt er
vor, sie in einem kupfernen Kessel zu braten und in die See zu werfen.
Dann befiehlt er, sie auf ein Rad zu binden und zu zersägen. Aber als
man die Säge bringt, verdorren den Knechten, die sie anfassen, die
Hände; als darauf der Richter befiehlt, ein Rad und Seile zu bringen,
fallen denen, welche die Seile ergreifen, die Hände ab. Als alles vergeblich ist, bietet man den Aposteln Geld, dass sie die Stadt verlassen
sollen. Sie lehnen das Anerbieten ab. Darauf schleppt das Volk sie
zur Stadt hinaus, steinigt sie und lässt sie draussen als todt liegen. Da

---

1) Die Erzählung berichtet nur von einem zweimaligen Versuch. Aber
die Rede des Akalabius setzt einen dreimaligen voraus.

erscheint ihnen Christus, fordert sie auf, in die Wüste zu gehn und verheisst ihnen seinen Kynokephalos (Gatsa-Keleb) von schrecklichem Aeussern zu senden: den sollen sie mit sich nehmen und in die Stadt zurückkehren. Als der Herr wieder verschwunden ist, folgen die Apostel seinem Befehle, gehen in die Wüste und schlafen ein. Ein Engel verbirgt sie unter einem Felsen[1]). Da kommt der Mann mit dem Hundsgesicht von der Stadt her, um Nahrung zu suchen. Ein Engel gebietet demselben, den Aposteln kein Leids zuzufügen und lehrt ihn den guten Gott kennen; zum Zeichen der Wahrheit seiner Worte fällt Feuer vom Himmel, welches den Kynokephalos umgibt, ohne ihn zu verzehren. Darauf bekennt er seinen Glauben; der Engel befreit ihn aus dem Feuerkreis, bezeichnet ihn mit dem Kreuzeszeichen und ruft über ihn den Namen des Vaters, des Sohnes und des heiligen Geistes an. Alsbald weicht die thierische Natur von ihm, er wird sanft wie ein Lamm und begibt sich zu der Stelle, wo die Apostel mit den beiden Schülern verborgen sind. Sein Anblick aber war schrecklich: denn er war vier Ellen hoch, sein Angesicht wie das eines grossen Hundes, die Augen wie Feuer, die Zähne wie die eines Bären oder Löwen, die Nägel an seinen Zehen waren wie gekrümmte Gartenmesser, die Fingernägel wie Löwenklauen, Haar und Bart fiel auf die Arme herab wie eine Löwenmähne. Als Alexander, des Andreas Schüler, ihn erschaut, wird er wie eine Leiche; die Apostel selbst halten ihn für einen unreinen Geist, bekreuzigen sich, fliehen vor ihm, und lassen den Rufus und Alexander zurück. Der Kynokephalos aber ergreift diese bei der Hand, mahnt sie ohne Furcht zu sein und begrüsst sie als Brüder. Auch die Apostel werden herbeigerufen und fassen endlich Muth, als der Kynokephalos ihnen mittheilt, dass er von Gott zu ihrem Beistand gesandt sei. Andreas legt ihm statt des Namens „Laster", den er bisher geführt, den Namen Christian bei. Darauf beten sie gemeinsam und verlassen, von dem Engel geleitet, die Gegend. Nach drei Tagen kommen sie zur Stadt Barthos und lassen sich draussen nieder. Satan kommt ihnen zuvor, begibt sich in Gestalt eines vornehmen Bürgers zum Richter und meldet ihm, dass die Fremden vor der Stadt sind. Der Richter lässt die Thore schliessen und bewachen. Aber auf das

---

1) Der Text ist wieder verderbt. Die Worte *but an angel of the Lord took up the apostles and brought them to the city full of inhabitants and laid them under a rock'* sind unsinnig. Der Felsen ist offenbar in der Einöde, der Kynokephalos kommt von der Stadt her und erst drei Tage nachher werden die Apostel nach der Stadt Barthos zurückgebracht.

Gebet des Andreas stürzen sie ein, und die Apostel betreten in Begleitung des Kynokephalos, dessen Antlitz sie bedeckt haben, die Stadt.
Als die Wächter das Geschehene gemeldet haben, bewaffnet sich das
Volk und bringt sieben Löwen mit drei Jungen und eine Löwin, die
eben geworfen hat, herbei, um sie auf die Apostel zu hetzen. Die
Knechte des Richters legen Hand an Andreas, um ihn den Löwen vor-
zuwerfen. Da nimmt der Kynokephalos die Decke von seinem Ge-
sichte, seine wilde Natur kehrt zurück, wuthschnaubend stürzt er sich
unter den Volkshaufen und tödtet 603 von den Edelsten der Stadt. Die
Uebrigen wollen hinausfliehn, aber Gott sendet Feuer vom Himmel, sodass keiner entrinnen kann. Voll Angst werfen sich jetzt der Richter
und die Aeltesten den Aposteln zu Füssen, bitten um Verschonung und
geloben Glauben. Auf Befehl des Bartholomäus werden alle Götter
der Stadt herbeigebracht. Die Apostel treten sie mit Füssen und auf
ihr Gebet werden dieselben von der Erde verschlungen. Richter und
Volk bekennen ihren Glauben. Von den Aposteln aufgefordert, begeben
sie sich ins Theater, um dort Belehrung zu empfangen; die Apostel führen
den Kynokephalos mit sich, welchem ihr Gebet die menschliche Natur
zurückgibt, worauf er wieder sanft wird wie ein Lamm, und sich zu
den Füssen der Apostel niederlegt. Richter und Aelteste nehmen Oel-
zweige in die Hand, geloben den Aposteln Gehorsam und begehren die
Taufe. Im Theater befand sich aber eine Statue des Magnetos (sic).
Andreas stampft sie mit den Füssen in die Erde, da quillt Wasser hervor, in welchem der Apostel tauft. Auf Bitten des Kynokephalos
werden darauf auch die Getödteten wiederbelebt und erhalten ebenfalls
die Taufe. Die Apostel vollbringen noch zahlreiche Wunder, bauen
eine Kirche, setzen Bischöfe, Presbyter und Diakonen ein und ordnen
den Gottesdienst. Darnach verlassen sie die Stadt, um weiterzu-
reisen.

Das äthiopische Buch der Acten des Andreas und Bartholomäus
ist eine offenbar im Wesentlichen treue, wenn auch oft verderbte und
vielleicht hie und da verstümmelte Uebersetzung aus dem Koptischen.
Die Legende, in welcher Andreas die Hauptrolle spielt, ist eine Nachbildung der auch in der koptischen und abyssinischen Kirche verbreiteten Acten des Andreas und Matthäus, die freilich an ästhetischem
Werth tief unter ihrem Vorbilde steht. Aus den genannten Acten, beziehungsweise aus den mit denselben zusammenhängenden Acten des
Petrus und Andreas, ist der frühere Aufenthalt des Andreas und seiner
Schüler Alexander und Rufus im „Lande der Barbaren" entlehnt. Als
Nachbildung der gleichen Vorlage erweisen sich eine Reihe einzelner

Züge, z. B. die wunderbare Seefahrt des Andreas (acta Andreae et Matth. p. 136 sqq. Tischend.), bei welcher Christus das Schiff als Capitän oder Steuermann führt, die Feuermauer, welche die Stadt umringt, sodass Niemand entrinnen kann (Tischend. p. 163), das Wasser, welches unter der Bildsäule auf Befehl des Andreas hervorquillt (vgl. Tischend. p. 162) u. a. m., auch die öfters wiederkehrende Bezeichnung Jesu als des „guten Gottes".

Die Orts- und Völkernamen sind in den koptischen Fragmenten jedenfalls noch besser als im Aethiopischen überliefert. Der Schauplatz ist aber hier nicht das Land östlich und nordöstlich vom schwarzen Meer, sondern Ober-Aegypten und Nubien, und erst von hier aus treten die beiden Apostel ihre Wanderschaft nach Parthien an, wo der Hauptinhalt der Legende spielt. Darauf weist schon die im koptischen Synaxarium vorangeschickte, weiter unten noch besonders zu besprechende Erzählung hin, nach welcher Bartholomäus die Wahat, d. h. die Oasen von Aegypten, zum Missionsgebiet erhält. Dafür schreibt der Abyssinier Elwa. Da er aber ganz dieselbe Sageugestalt wie das Synaxarium bewahrt hat, so wird, zumal wenn man die durchgängige Abhängigkeit der abyssinischen Legende von der koptischen beachtet, dieses Elwa nirgend anderswo zu suchen sein. Eben dieses Elwa kehrt aber in den abyssinischen Andreas-Bartholomäus-Acten wieder. „Die Stadt Hawa, welche genannt ist Elwa", bezeichnet hier in der Ueberschrift die Oertlichkeit, von welcher die beiden Apostel „zurückkehren", bevor sie „in die Stadt Barthos", d. h. wie die koptischen Fragmente noch richtig sagen, zu den Parthern gehn. Im Texte wird als Ort ihres Zusammentreffens die Stadt Azrianos genannt, während die koptischen Fragmente dafür ursprünglicher „die Makedauen oder Cazarener" (so cod. 132), oder das Land der Cadarener (cod. 133) nennen. So nahe es nun auch läge, im Hinblick auf den Schauplatz der Andreas-Matthäus-Acten unter den Cazarenern oder Cadarenern die Chazaren nördlich und nordöstlich vom schwarzen Meer zu verstehn, und in den „Makedanen" etwa die Μακρῶνες (Strabo XII, 3, 18) an der südöstlichen Küste des Pontos Euxeinos wiederzufinden, so wird man damit doch schwerlich den Sinn der koptischen Legende getroffen haben. Nach dem Schlusse von cod. 132 kommt Bartholomäus aus dem Lande der Ichthyophagen zu den Parthern. Ichthyophagen werden von Strabo an den Küsten von Gedrosien und Karamanien (XV, 2, 1. 2. 12; II, 5, 33. 36), aber auch am rechten Ufer des arabischen Meerbusens, im Lande der Troglodyten und „Aethiopen", d. h. an der nubischen Küste (XVI, 4, 4. 7. 13) erwähnt. Da die Apostel nun von hier nach Parthien in nördlicher Richtung

reisen sollen, so sind die äthiopischen Ichthyophagen gemeint. Hier wird
die Stadt Hawa oder Elwa (Elaia?) zu suchen sein, und einem Kundi-
gern gelingt es vielleicht, auch die Makedanen (Mactran) oder Cazarener (Cadarener), sowie den Namen der Stadt Rochon, woraus Jericho
doch wol nur verderbt ist, oder wie der Aethiope sie nennt Azrianos, dort
nachzuweisen. In Hawa ist vermuthlich das Aδ̈ά auf der von Kosmas mitgetheilten griechischen Inschrift auf dem weissen Marmorthron von Adule
(bei Montfaucon coll. nov. Patr. II, 140 ff. auch im Corpus Inscr. Gr. III
n. 5127 p. 508 ff.) gemeint. Hierdurch fällt auch auf das „Land der
Barbaren", in welchem Andreas sich vor seinem Zusammentreffen mit
Bartholomäus aufgehalten haben soll, ein neues Licht. Wenn auch die
älteren Acten des Petrus und Andreas diese Barbaren aus schwarze
Meer versetzen, so hat die koptische Legende dieselben vielmehr landeinwärts vom rothen Meere gesucht, wo uns der Name Barbaria wieder
begegnet (vgl. Kosmas Indikopleustes bei Montfaucon collect. nov. Patr.
II, 132. 139. Periplus maris erythraei bei C. Müller geogr. gr. min. I
p. 257 sqq., die erwähnte Inschrift bei Kosmas und dazu Dillmann,
über die Anfänge des axumitischen Reiches. Aus den Abhandlungen
der Königl. Akademie der Wissenschaften zu Berlin 1878, 191 ff. 198 [1]).
Das koptische Synaxarium lässt den Bartholomäus aus den ägyptischen
Oasen nach Wüstenfelds Uebersetzung ins Land der „Berbern" gehn;
gemeint werden dieselben βάρβαροι sei, bei denen Andreas nach den
Fragmenten bei Zoëga vor dem Zusammentreffen mit seinem Mitapostel
verweilt.

Dies alles schlösse noch nicht aus, dass die Acten des Andreas
und Bartholomäus erst von der koptischen Legende an einen ganz
andern Schauplatz, als der ursprünglich gemeinte, verlegt worden wären.
Aber auch der Erzählungsstoff weist auf ägyptischen Ursprung hin. Die
Kynokephalen werden von den Alten meist nach Libyen oder Aethiopien
versetzt; auch im ägyptischen Thierkultus spielt der Kynokephalos eine
Rolle (vgl. die Nachweise von O. F. Fritzsche in Hilgenfelds Zeitschrift 1881, 1, 58 ff.). Auf ägyptischen Ursprung der Acten werden
wir auch durch die Thatsache geführt, dass dieselben nur bei den koptischen und abyssinischen Christen verbreitet waren, während uns weder

---

1) Auch in der Geographie des Moses von Khoreno (bei M. J. Saint
Martin Mémoires historiques et géographiques sur l'Arménie, Paris 1818, T. II,
p. 344) wird unter den drei Theilen Aethiopiens ein Land Barbaria genannt.
Die beiden andern heissen Azania (ob dies etwa hinter Azrianos steckt?) und
Armolod.

bei den Syrern, noch bei den Griechen und Lateinern irgend eine Spur derselben begegnet.

Das gewonnene Ergebnis berechtigt uns, mit den Acten des Andreas und Bartholomäus auch die weiteren koptischen Legenden in Verbindung zu setzen, welche uns in dem Synaxarium und in dem äthiopischen Certamen apostolorum begegnen, und in jenem mit den genannten Acten zu einem Ganzen verschmolzen sind.

Die koptische Legende von Bartholomäus in der Oasenstadt.

Das koptische Synaxarium (a. a. O.) erzählt zum 1. Thut (29. August), dass Bartholomäus in Gemeinschaft mit Petrus in die ihm durch das Loos zugefallene Provinz, die Wahat (Oasen von Aegypten), abgereist sei. Er war mit List dadurch in die Stadt gekommen, dass Petrus ihn als einen Sklaven verkaufte, und arbeitete nun in dem Weinberge mit seinem Herrn, und so oft er einen Steckling an den Wasserleitungen einsetzte, brachte er sogleich Früchte hervor. Als der Sohn des Ortsvorstehers gestorben war, liess ihn der Apostel von den Todten wieder auferstehn; da wurden alle Leute gläubig und er führte sie zur Erkenntnis Gottes. — Hieran reiht sich im Synaxar sofort die oben besprochene Sendung des Apostels ins Land der „Berbern", bei welcher Andreas ihm Hilfe leistet. Nach einem kurzen Ueberblick der Andreas-Bartholomäus-Legende folgt dann das Martyrium des Bartholomäus. Der Apostel geht in die Städte der Küste, predigt den Bewohnern, die Gott noch nicht kannten, und befiehlt ihnen, einen reinen Lebenswandel zu führen. Dafür wird er bei Agarbus, dem Fürsten der Stadt angeklagt, und dieser befiehlt, ihn in einen härenen Sack zu stecken, diesen mit Sand zu füllen und ins Meer zu werfen. So geschah es, und er vollendete seinen Lauf und seinen Kampf an diesem Tage.

Ausführlich behandelt dieselben Geschichten das 5. Capitel des äthiopischen Certamen apostolorum (Malan p. 29 ff.). Die Ueberschrift lautet „die Schrift von der Predigt des heil. Apostels Bartholomäus in der Stadt Elwa, im Frieden Gottes. Amen".

Bei der Aposteltheilung fällt auf Bartholomäus das Loos, nach Elwa zu gehn, wohin ihn Petrus gemäss dem ihm gewordenen göttlichen Auftrage und auf die eigenen Bitten seines Mitapostels begleitet. Sie begegnen einem reichen Kaufmanne, der mit zehn Kameelen und vielen Sklaven auf dem Wege nach Elwa begriffen ist. Auf die Bitte der Apostel, ihn begleiten zu dürfen, befragt er sie nach dem Zwecke ihrer Reise, da sie ja keine Waaren mit sich führten. Als er vernimmt, dass

sie zu den zwölf Sendboten Christi gehören, will er sie nicht in die
Stadt lassen, da er gehört habe, dass sie das Volk verführen, die
Frauen von ihren Gatten scheiden und von den Männern ein enthalt-
sames Leben fordern. Ein Freund von ihm sei um seines Weibes
willen in tiefe Betrübnis versenkt worden, als Männer wie sie in die
Stadt gekommen seien und die Weiber ihren Gatten abspenstig gemacht
hätten. Er fürchte also, dass es auch ihm mit seinem Weibe ebenso gehen
würde, wenn sie in die Stadt kämen [1]). Betrübt über diesen Bescheid,
wollen die Apostel erst umkehren, bis Bartholomäus auf den Gedanken
geräth, den Mann durch Verkleidung zu täuschen. Petrus soll ihn dann
für seinen Sklaven ausgeben, der sich auf die Weinbergsarbeit ver-
stünde, und ihn an den Mann, wenn sie ihn wieder eingeholt hätten,
verkaufen. Dies geschieht und der Mann erkennt sie nicht. Petrus
bittet ihn, auf einem seiner Kameele mit aufsitzen zu dürfen, um nach
Elwa zu reiten und, nach seinem Vorhaben befragt, giebt er vor, er
habe einen Sklaven zu verkaufen, welcher ein tüchtiger Weingärtner
sei. Der Kaufmann erwidert, grade eines solchen zu bedürfen; sie
werden handelseinig, der Kaufmann zahlt statt der ausbedungenen
30 Stater deren hundert, welche Petrus heimlich dem Bartholomäus
gibt, und sich darauf verabschiedet. Bartholomäus aber reist mit seinem
neuen Herrn weiter. In der Wüste verlieren sie den Weg, es tritt
Wassermangel ein, die Männer ermatten und die Kameele zerstreuen
sich. Der Herr der Kameele geräth in Verzweiflung und klagt, dieses
Unheil treffe ihn um des Sklaven willen, den er gekauft habe. Aber
auf das Gebet des Bartholomäus kommen die Kameele zurück, die
Männer sitzen auf, während der Apostel zu Fusse vor ihnen hergeht.
So kommen sie zur Stadt. Im Thore sitzt ein Blinder, welcher, vom
Geist ergriffen, den Bartholomäus um Hilfe fleht. Dieser macht ihn
sehend. Zu Hause angelangt, ruft der Herr seine Freunde und die
Aeltesten der Stadt zusammen und erzählt ihnen die Wunder, welche
sein neugekaufter Sklave gethan hat. Darauf sendet er ihn in seinen
Weinberg und setzt ihn über sämtliche Arbeiter. Des Tages über ar-
beitet Bartholomäus im Weinberg, Abends kommt er in die Stadt und
predigt die ganze Nacht, ohne dass jemand auf seine Rede achtet.
Nach vierzig Tagen vergeblicher Lehrthätigkeit — nur der geheilte
Blinde hat den Apostel nicht verlassen — wendet sich Bartholomäus im
Gebete zu Christus, und bittet um Beistand. Da fordert der Herr des

---

1) Der Text bei Malan ist theilweise verderbt. Doch muss obiges der
ursprüngliche Sinn der Erzählung sein.

Weinbergs Rechenschaft von seiner Arbeit. Der Apostel nimmt drei Weinreben, befestigt sie in Kreuzesform an einen Baum, und alsbald tragen sie köstliche Frucht. Als die Freunde des Herrn dies sehen, halten sie ihn für einen der Götter und fragen ihn, ob er „Kerenos" (Kronos?) sei. Der Apostel antwortet, er sei ein Knecht Christi, und lässt sich Stäbe bringen, um die übrigen Weinstöcke anzubinden. Als der Herr des Weinbergs die Stäbe ergreift, hängt eine grosse Schlange an seiner Hand, und er fällt von ihrem Bissen zu Boden. Die Diener weinen; ein Arzt wird herbeigerufen, trifft aber den Verwundeten bereits todt. Während alles sich tiefer Trauer überlässt, arbeitet Bartholomäus ganz ruhig weiter und singt dazu, was grosse Entrüstung der Anwesenden erregt. Nach vollendetem Werk wäscht er sich die Hände, gebietet den Weinenden aufzuhören und betet. Alsbald kommt die Schlange hervor, saugt auf des Apostels Befehl ihr Gift wieder auf und sofort erwacht der Todte wieder zum Leben. Der Erweckte bekehrt sich und baut auf der Stelle des Weinbergs eine Kirche. Alles Volk wird getauft; darauf nimmt Bartholomäus eine Traube von dem Weinstock, den er gepflanzt hat, drückt einige Beeren in einen Kelch, lässt weisses Brot bringen und feiert darauf die Eucharistie. Sein bisheriger Herr wird zum Presbyter, Andre zu Diakonen geweiht. Nachdem er noch drei Monate gelehrt und geheilt hat, reist er von Elwa ab und kommt nach Naidas.

Hieran reiht sich im äthiopischen Texte sofort (p. 39 ff.) das Martyrium des Bartholomäus. Der Apostel kommt nach Naidas und beginnt seine Predigt mit Seligpreisungen der Armen im Geist, der Barmherzigen, der Friedfertigen, der nach der Gerechtigkeit Hungernden und Dürstenden, derer, die den Armen Almosen geben und derer, die ihre Weiber haben als hätten sie sie nicht. Alles Volk bekehrt sich und wendet sich von den Götzen. Auch die Gattin des Königs Acarpus hört die Lehre des Apostels und entzieht sich dem ehelichen Umgang. Der König bescheidet den Bartholomäus vor sich und schilt ihn einen Zauberer; darauf lässt er sein Weib vor sich führen, während Bartholomäus von ferne steht und betet. Da tritt ein Mann ein, der auf dem einen Auge blind ist und von Geburt an verdorrte Hände hat. Bartholomäus heilt ihn und der Ruf seiner Wunderthätigkeit verbreitet sich in der ganzen Gegend. Der König verkündigt seinen Grossen und seinen Dienern, er beabsichtige den Apostel zu tödten. Diese wünschen ihn zu retten; aber Acarpus verschwört sich, dass er auf ihren Rath nicht hören wolle und wird durch einen bösen Mann in seinem Entschlusse bestärkt. Abermals sendet er Hauptleute seines

Heeres aus, um den Apostel an Händen und Füssen zu binden und ins
Meer zu werfen. Sie treffen ihn, wie er grade einen Dämon austreibt,
und stehen sprachlos. Freiwillig erbietet er sich, mit ihnen zu gehn und
lässt sich vor Acarpus führen. Auf die Anklage des Königs, er ver-
wirre die Stadt und trenne die Frauen von ihren Gatten, erwidert er,
nicht er thue dies, sondern Gott, an den sie glauben, verleihe ihnen die
Gabe der Enthaltsamkeit. Der König ergrimmt, befiehlt einen Sack mit
Sand zu füllen, den Apostel hineinzustecken und ins Meer zu werfen.
Der Befehl wird ausgeführt und Bartholomäus leidet das Martyrium am
17. Senne (11. Juni). Darnach spült die See den Leichnam an den
Strand; gläubige Männer heben ihn auf, bekleiden ihn mit baumwollnen
Gewändern und bestatten ihn.

Verhältnis der beiden koptischen Legenden zu einander.

Es ist wahrscheinlich, dass die Legende von den Schicksalen und
Thaten des Bartholomäus in der Oasenstadt und von seinem Martyrium
in Naidas nicht erst im Synaxarium mit den Acten des Andreas und Bartholomäus zu einem Ganzen verschmolzen worden ist, sondern mit diesen
in der koptischen Ueberlieferung ursprünglich zusammenhing. Wie die
letzteren nach dem Vorbilde älterer Acten, insbesondere der Acten des
Andreas und Matthäus gearbeitet sind, so sind auch in der Schrift von
der Predigt des Bartholomäus in der Wahat, oder wie der Aethiope
schreibt in Elwa, ältere Muster benutzt. Die Erzählung, dass Bartholomäus als Sklave verkauft wird und einen Herrn findet, der grade einen
Weingärtner bedarf, erinnert an die Acten des Thomas, in denen ein
ganz ähnliches Motiv verarbeitet ist. Wie ferner in der zuletztgenannten
Schrift Thomas, so fordert hier Bartholomäus, dass die Frauen sich des
Umgangs mit ihren Ehemännern enthalten sollen. Derselbe Zug kehrt
im Martyrium des Bartholomäus wieder, und motivirt hier ganz ebenso
wie in den Thomasacten den Zorn des Königs und die Hinrichtung des
Apostels. Auch die Geschichte von der Schlange, welche vom Apostel
genöthigt wird, ihr Gift aus dem von ihr Gebissenen wieder aufzusaugen,
worauf der Todte wieder auflebt, hat ihr Vorbild in den Acten des
Thomas (p. 218 Tischendorf). Das Martyrium enthält ausserdem noch
eine auffällige Berührung mit den Acten des Paulus und der Thekla.
Wie dort Paulus im Hause des Onesiphoros in Ikonion (p. 42 Tischend.),
so tritt hier Bartholomäus in Naidas mit Seligpreisungen auf, welche
auf die Seligpreisungen der Bergpredigt zurückgehn, aber mit eigenthümlichen, der Tendenz der Erzählung entsprechenden Erweiterungen.

Insbesondere die Worte: „Selig sind, die ein Weib haben und sind als
hätten sie es nicht, denn sie sollen die Erde erben", sind fast wörtlich
aus den Acten des Paulus und der Thekla entlehnt. Auch die in den gnostischen Apostelgeschichten und speciell in den beiden genannten Schriften
so häufig wiederkehrende Hochschätzung des Almosengebens und der
freiwilligen Armuth fehlt in den koptischen Acten nicht.

Verhältniss zu gnostischen Legenden.

Die Vermuthung liegt nahe, dass auch die koptischen Bartholomäusacten gnostischen Ursprungs sind. Die räumliche Entfernung von der
muthmasslichen Heimath der älteren περίοδοι τῶν ἀποστόλων würde
nicht entgegenstehen, da auch in Aegypten gnostische Meinungen verbreitet waren. Auch der gutkatholische Lehrbegriff spricht nicht gegen
diese Annahme, da ja auch sonst die gnostischen Apostelgeschichten
eine mehr oder minder durchgreifende katholische Ueberarbeitung erfahren haben. Die Betonung der allerheiligsten Dreieinigkeit in dem
einen sahidischen Fragmente der Acten des Andreas und Bartholomäus
kann nur beweisen, dass der vorliegende Text derselben nicht älter ist
als das 5. Jahrhundert.

Dennoch ist der gnostische Ursprung nicht sicher erweislich. Liegt
einmal eine Nachbildung älteren Legendenstoffes vor, so kann dieselbe
ebenso gut von einem katholischen als von einem gnostischen Verfasser
herrühren. Dass die gnostischen Wundergeschichten trotz oder vielmehr grade wegen ihrer bunten Phantastik auch dem katholischen
Volke genehm waren, beweisen die zahlreichen katholischen Bearbeitungen ächt gnostischer Schriften und ihre weite Verbreitung als viel-
gelesene Volksbücher. Namentlich in den Acten des Andreas und Bartholomäus ist aber der immerhin poëtische Charakter der älteren gnostischen Legende völlig verwildert. Die gehäuften und ausgesuchten
Martern der verschiedensten Art, denen die Apostel unterworfen werden,
deuten auf eine Zeit, in welcher das Märtyrerzeitalter der Kirche nur
noch in der die Greuel jener Tage ins Ungeheuerliche ausmalenden Sage
fortlebte. Dass die beiden Apostel zersägt, verbrannt, ihre Asche ins
Meer geworfen und von einem Seeungethüme verschlungen wird und
beide trotz ihres vierfachen Todes dennoch wohlbehalten wieder zum
Vorschein kommen, scheint selbst dem äthiopischen Uebersetzer zu viel
geworden zu sein; denn er lässt es bei einem dreimaligen Versuche die
Apostel zu verbrennen, bei einem ebenso vergeblichen Versuche sie zu
zersägen, der Drohung sie von wilden Thieren zerfleischen zu lassen, sie in

einem kupfernen Kessel zu braten und ins Meer zu werfen, bewenden. Sie werden zuletzt nur gesteinigt, kommen aber mit dem Leben davon. Dennoch setzt auch diese Darstellung den Bericht des Fragmentes voraus: denn alle jene dort aufgeführten Todesarten verkündigt hier Christus dem Bartholomäus beim Antritt seiner Reise voraus. Dass der Kynokephalos zwei ganze Löwen verspeist, steht ebenfalls im äthiopischen Texte nicht mehr zu lesen. Auch dieser Zug gehört der naiven Volkssage an; an gnostischen Ursprung erinnert dabei nichts.

Abfassungszeit und Entstehungsverhältnisse.

Eine genauere Bestimmung der Abfassungszeit der koptischen Acten scheint kaum möglich zu sein. Wären unter den Cazarenern oder Cadarenern die Chazaren gemeint, so würden wir bis ins 7. Jahrhundert hinabgeführt; denn die Χάζαροι werden zuerst als Bundesgenossen des Kaisers Heraklios im Perserkriege (626) erwähnt (Theophanes Chron. p. 486 ed. Bonn.). Aber eine anderweite Combination empfiehlt ein früheres Datum. Im Jahre 580 erfolgte die noch zu besprechende Translation der Reliquien des Apostels nach Lipari. Der Leichnam des Apostels sollte von den Heiden ins Meer geworfen und an der Küste von Lipari angeschwemmt worden sein. Weder die lateinische passio Bartholomaei noch die armenische vita weiss hiervon etwas. Wohl aber ist Aehnliches in den koptischen Acten zu lesen. Allerdings wird hier der Leichnam in dem Lande, wo er ins Meer geworfen worden war, also in Aethiopien, wieder an den Strand gespült und ehrenvoll bestattet. Aber wenn die Bewohner von Lipari einmal in den Besitz der kostbaren Reliquien gelangt zu sein meinten, so verstand sich die hierzu erforderliche Umbildung der Legende von selbst. Nun lässt aber der Zeitgenosse jenes wunderbaren Ereignisses, Gregor von Tours, den Leichnam des Apostels von „Indien" her nach Lipari schwimmen (glor. martyr. I, 33); und dieselbe Nachricht setzt das griechische μαρτύριον Βαρθολομαίου (Tischend. p. 259) voraus, nach welchem der indische König Astreges den Leichnam ins Meer wirft. In dem griechischen Martyrium ist dies ein späterer Zusatz zu dem ursprünglichen Texte. Aber „Indien" wird so häufig mit Aethiopien identificirt, dass eine Abhängigkeit der Tradition von Lipari von der koptischen Legende bei Weitem das Wahrscheinlichste bleibt, wenn auch Gregor von Tours zur Nennung dieses Landes lediglich durch die von ihm benutzte lateinische passio veranlasst sein wird. Um dieselbe Zeit finden wir das lateinische Abendland im Besitze der in die Abdiassammlung aufgenommenen Matthäuslegende,

die ebenfalls in Abyssinien heimisch ist. Hiernach sind die koptischen
Acten zwischen 400 bis 580 verfasst.

Von der hier berichteten Todesart des Apostels — dem Säcken —
ist nirgends sonst eine Erinnerung aufbewahrt. Aber wenigstens einzelne,
wenn auch ziemlich späte Notizen griechischer Schriftsteller nennen
Aethiopien oder die ägyptische Thebais als Missionsgebiet des Bartholomäus. Ersteres findet sich bei Niketas Paphlago (a. a. O.), der alle
drei mit dem Namen Indien bezeichnete Länder combinirt und ihn
τοῖς Ἄραψι τοῖς καλουμένοις εὐδαίμοσι, darnach τοῖς Ἰνδοῖς καὶ τοῖς
Ἐῴοις Αἰθίοψι predigen lässt, bevor er in Urbanopolis in Grossarmenien
den Märtyrertod stirbt; letzteres im griechischen und einem syrischen
Texte des Transitus Mariae (Syr. B) vgl. Tischend. apoc. apocr.
p. 102. Wight, Journal of Sacred Literature, Jan. 1865.

Den Anlass zur Localisirung der Wirksamkeit des Apostels in
Oberägypten und Aethiopien hat doch wol die oben besprochene ältere
Tradition von seiner indischen Predigt gegeben. Mochte man
„Indien" nun von Karamanien oder vom glücklichen Arabien verstehn,
das Küstenland westlich vom erythräischen Meerbusen lag immerhin
nahe genug, um dem Patriotismus der koptischen Christen eine Gründung ihrer Kirche durch den Apostel Indiens glaubhaft erscheinen zu
lassen. Ausser der indischen Mission liegt den koptischen Acten noch
eine Erinnerung an die parthische Legende zu Grunde. Dagegen ist
eine Beziehung derselben zu der ebenfalls in „Indien" spielenden lateinischen passio nicht zu entdecken. Wenn aber letztere mit grosser
Wahrscheinlichkeit auf eine ältere pontische oder bosporenische, beziehungsweise armenische Legende zurückweist, so bleibt es eben nur
eine Möglichkeit, dass die Beziehung der koptischen Acten des Andreas
und Bartholomäus zu den an den Küsten des schwarzen Meeres spielenden Acten des Andreas und Matthäus auf einer Erinnerung an die
ältere Tradition von der Wirksamkeit des Bartholomäus in denselben
Gegenden beruht.

Die armenischen Acten des Bartholomäus.

Gar nichts gemein mit den bisher besprochenen Bartholomäusacten
hat das Martyrium des Apostels, welches sich in dem armenischen
Homiliarium findet. Dasselbe ist in armenischer Sprache gedruckt in
den Vitae et martyria Sanctorum, Venedig 1874, T. I, p. 200 sqq.
Der gelehrte Mechitarist Aucher hat im IX. Bande seines ebenfalls
'vitae et martyria Sanctorum betitelten' Werkes jenes Martyrium in er-

weiterter Gestalt, mit Zusätzen aus andern Quellen, namentlich aus Moses von Khorene, neu herausgegeben und mit gelehrten Anmerkungen verseln. Eine lateinische Uebersetzung davon hat Georg Mösinger unter dem Titel 'Vita et martyrium S. Bartholomaei apostoli' (Insbruck 1877) besorgt. Der Inhalt ist folgender. Bei der Aposteltheilung am Pfingstfest erhält auch Bartholomäus sein Loos und geht in die ihm zugewiesenen Heidenländer ab. Zuerst begibt er sich gemeinsam mit Thomas in die Stadt Edem in der Nachbarschaft Indiens (nach Athana, dem heutigen Aden, am gleichnamigen Vorgebirge an der Südwestspitze von Arabien). Hier lässt er an einer heissen Quelle Namens „Tochter des Nil" sich nieder, welche von Dämonen bewohnt und zu allerlei trügerischen Zauberkünsten benutzt wurde. Eines Tages hat sich eine grosse Volksmenge mit reichen Opfergaben an der Quelle versammelt. Als die Dämonen unter ungeheuerm Getöse wallendes Wasser und Feuer emportreiben, erhebt das Volk ein grosses Geschrei und betet die Quelle als Gott an. Da tritt der Apostel hervor, breitet sein Pallium gegen die Quelle aus, macht sie versiegen und treibt die Dämonen aus. Von Nah und Fern eilt man herbei, um das Wunder zu schauen. Aber die Bewohner der Stadt werden von heftigem Durst gequält und wollen den Apostel steinigen. Allein statt ihn zu treffen, werfen sie sich gegenseitig mit Steinen, sodass zwanzig Mann todt bleiben. Der Apostel weckt sie wieder auf. Darauf bringt man alle Kranken zu ihm getragen. Er heilt sie und predigt dem Volke das Evangelium Matthäi. Darauf lässt er draussen vor der Stadt auf einem ebenen, felsigen Platze durch das Kreuzeszeichen eine neue Quelle hervorsprudeln. Die Einwohner bekehren sich, werden in der Quelle getauft und empfangen den Leib und das Blut Christi. Der Apostel aber setzt einige der vom Tode Erweckten zu Presbytern ein und reist weiter ins Land der Meder und Elamiter. Wegen des Unglaubens der Bewohner kann er hier keine Wunder thun. Nur einige wenige, denen er das Evangelium Matthäi gepredigt, werden gläubig und folgen ihm mit Zurücklassung all ihrer Habe nach. Von da begibt er sich nach Bustr (Bostra), einer Stadt in Nieder-Syrien (Cölesyrien). Bei seinem Eintritt in die Stadt wird grade ein zwölfjähriger Jüngling, der Sohn eines angesehenen Tribunen Andronikos, zu Grabe getragen. Der Apostel tritt zum Sarge und weckt den Jüngling auf. Die Menge sieht einen Feuerstrahl aus dem Munde des Bartholomäus in den Mund des Jünglings übergehn; sie meint, ein Gott sei in ihrer Mitte erschienen und beginnt dem Apostel zu opfern. Er entwindet sich ihnen, verkündet ihnen den wahren Gott, dessen Diener er nur sei und veranstaltet für sie eine Ab-

schrift des Evangeliums Matthäi. Nach drei Tagen tauft er den erweckten Jüngling samt seinem Vater und seiner ganzen Verwandtschaft und legt ihm den Namen Matthäus bei. Dies geschah im 18. Jahre
der Aposteltheilung. Freiwillig begehren darauf alle, die den Jüngling
zu Grabe geleitet hatten, die Taufe. Es waren aber in der Stadt sieben
Altäre mit geschnitzten (gegossenen?) menschenähnlichen Götzenbildern
des Ares (?) und Ormudz. Auf Befehl des Apostels zerstört der Tribun
die Bilder und vertheilt die (goldenen) Trümmerstücke an die Armen.
Bartholomäus heilt Kranke, treibt Dämonen aus, errichtet einen Altar
und lässt einen seiner Schüler mit dem erweckten Jünglinge als Priester
zurück. Von da begibt er sich ins Land der Germanikäer (in Kom-
magene). Sein Ruf ist ihm weit vorangeeilt und viele Kranke erwarten
ihn, um Heilung durch ihn zu finden. Der König des Landes aber lässt
ihn ins Gefängnis werfen und befiehlt nach fünf Tagen ihn vor sein
Tribunal zu führen. Aber ein mächtiger Lichtglanz bricht zu den
Thüren des Kerkers heraus, sodass die abgesandten Schergen voller
Schrecken zum Könige zurückkehren. Dieser befiehlt, das Gefängnis
anzuzünden, in welchem der Apostel sitzt und für die Bekehrung der
Bewohner jenes Landes betet. Plötzlich rollt der Donner, Blitze zucken,
der König und seine Grossen sinken zur Erde und werden wie unvernünftige Thiere. Da tritt der Apostel aus dem Gefängnisse hervor,
legt ihnen die Hand auf und gibt ihnen ihre Verstandeskräfte zurück.
Sie stehen auf, bitten um Erbarmen und bekehren sich. Bartholomäus
predigt ihnen nach seiner Gewohnheit das Evangelium Matthäi und die
Weissagungen des Jesaja und legt ihnen die Gleichnisreden und die
Weissagungsworte aus. Der König und seine Grossen empfangen auf
ihre Bitte die Taufe und den heiligen Geist, der sie mit seinem Lichte
wie mit einem Gewande umgibt. Der Apostel errichtet Altäre, theilt
die Eucharistie aus und zieht dann weiter. Er kommt ins Land der
Parther, Meder und Elamiter und bekehrt durch Predigt und
Wunder zahlreiche Personen. Dann reist er zu den Persern und
Magiern, denen er ebenfalls das Evangelium Matthäi auslegt. Dort
begibt er sich nach einem Feuertempel, in welchem man die Sonne nach
der Lehre der Magier anbetete. Er streckt seine Hand gegen die Sonne
aus und verdunkelt sechs Stunden lang ihre Strahlen. Dafür erscheint
mitten im Tempel eine Feuersäule, welche die Anbeter des Helin und
Sephai und Aresi und Preuai (der Sonne, des Schlangendämon, der
Flamme und des Feuers) ihres Irrthumes überführt. Dennoch bekehren
sich mit Ausnahme von acht Seelen die Götzendiener nicht.

Von dort kommt der Apostel nach Golthon, einer Gegend Arme-

niens, in die Provinz des Thaddäus, wo er viele bekehrt und einige
der zu seinen Jüngern gewordenen Magier als Presbyter zurücklässt.
Es war im 29. Regierungsjahre Sanatruks, als er, vom heiligen Geiste
getrieben, nach Armenien kam, aber vom Apostel Thomas die Weisung
erhielt, um des Thaddäus willen das Predigen zu unterlassen. Am
Hügel Artaschu trifft er mit einem andern Apostel, dem Judas, zusammen. An der Stelle ihrer Begegnung errichten sie ein Kreuz und
verabschieden sich von einander. Judas begibt sich in seine Provinz,
Bartholomäus aber reist nach den Provinzen Armeniens Her und Zarevant, wo er seine Lehr- und Wunderthätigkeit wieder aufnimmt und
von da nach der Stadt Urbianos. Hier erfährt die Schwester
Sanatruks, die Prinzessin Ogohi von dem Apostel, kommt heimlich mit
ihrer Begleitung zu ihm, hört seine Predigt, wirft allen irdischen
Glanz von sich, zieht das Kleid der Jungfräulichkeit an und folgt ihm
als seine Jüngerin. Zornentbrannt schickt der König den Tribun Teren-
tius an der Spitze einer Schaar Soldaten gegen ihn ab. Der Tribun
aber, der am Aussatze leidet, hört die Predigt des Apostels und
empfängt die Taufe, worauf beim Emporsteigen aus dem Wasser der
Aussatz wie harte Baumrinde und Weinblätter von ihm abfällt. Die
Kunde des Wunders kommt zum Könige. Dieser sendet alsbald einen
andern Vornehmen ab, um ohne Zögern alle drei, den Apostel, die
Prinzessin und den geheilten Tribunen zu tödten. Sechs Männer
schlagen eine Stunde lang mit Knotenstöcken auf Bartholomäus los und
werfen ihn als todt zur Stadt hinaus. Drei Stunden liegt er regungslos,
dann erhebt er die Hand, wird von den Umstehenden aufgerichtet und
betet, dass Gott dieses Land um der Fürbitte des Thaddäus, Thomas
und Judas sowie um seiner eigenen, des Bartholomäus, willen nicht verlassen, sondern dasselbe bekehren und ihm einen rechten Hirten schenken möge. Plötzlich bewegt sich die Erde an der Stelle; eine leuch-
tende Kugel senkt sich auf den Apostel herab, der, die Augen gen
Himmel gerichtet, seinen Geist aufgibt. Wohlgerüche verbreiten sich ;
Thaddäus erscheint in leiblicher Gestalt und führt ihn gen Himmel. An
demselben Tage bekehren sich zweitausend Menschen, welche Augenzeugen des Wunders waren. Ogohi und der Tribun nebst vielen andern
werden mit dem Schwerte getödtet. Die Leiber des Apostels und der
übrigen Märtyrer werden an der Todesstätte begraben. Die Erde erbebt, viele Kranke werden wunderbar geheilt, die Gläubigen erheben
ihre Hände und preisen Gott.

Ursprung der armenischen Tradition.

Das Homiliarium, dem vorstehende Erzählung entnommen ist, stammt nach **Auchers** Nachweisungen (bei Mösinger p. IV) aus dem 11. Jahrhunderte und ist von dem Katholikos Gregorius Magnus Ugajaser (Märtyrerfreund) aus älteren Quellen zusammengestellt. Die vita des Bartholomäus speciell soll nach Aucher (l. c. p. V) entweder von Moses von Khorene selbst, oder doch '*a quedam ex s. Interpretibus, a viro literarum antiquarum perito*' theils aus griechischen, vielleicht auch syrischen Quellen, theils aus armenischen Localtraditionen zusammengestellt sein.

Sicher ist, dass die in der vita erhaltene Tradition im Wesentlichen bis auf die Zeiten des Khorenensers hinaufgeht. Nach dem **Briefe des Moses von Khorene** an Isaak von Erzerûm (Aucher bei Mösinger p. 13) kommt der Apostel nach dem Tode des Thaddäus nach Armenien, um die Schüler seines Mitapostels im Glauben zu stärken, entweicht aber vor der Wuth des Sanatruk zeitweilig ins Land der Magier und Perser. Hier in der Stadt Khorasan soll sich nach Moses das Wunder im Sonnentempel, das Erscheinen der Feuersäule und die sechsstündige Verdunkelung der Sonnenstrahlen, zugetragen haben. Auch dass nur 8 Magier gläubig geworden und dem Apostel nach Armenien gefolgt seien, weiss Moses zu erzählen. Nach der Rückkehr des Apostels nach Armenien begibt er sich auch nach der Erzählung des Moses (Aucher bei Mösinger l. c. p. 15 sq.) nach Hera und Zarevant, von da aber ins Gebiet der Autzevazäer, wo ein von Dämonen bewohnter Felsen um seiner dort bereiteten Zaubertränke willen viel besucht war. Hier vertreibt er die Dämonen, zerstört die Idole der Anahidis und errichtet auf dem Berge ein kleines Kreuz, welches später der h. Bischof Gregor an sich nahm; noch später wurde es auf das Grabmal des Königs Tiridates gesetzt. Die Stelle, an welcher einst die Dämonen gehaust haben sollen, ist dem Moses noch wol bekannt. Sie befindet sich mitten auf einem steilen Berge am Tigris beim Kastell Kanguar; auf der andern Seite ist der Felsen Agravaz (Rabenstein), von wo zur Frühlingszeit gewaltige Wassermassen herabrauschen und bei den Fundamenten der dortigen Marienkirche sich in den Tigris stürzen. Diese Kirche soll, wie Moses weiter berichtet, der Apostel samt dem Nonnenkloster daneben erbaut, das von Johannes gemalte Holzbild der heiligen Jungfrau in der Kirche aufgestellt und den dort angesiedelten Nonnen zum Schutz übergeben haben. Den Namen Hogeazwan (Seelenkloster) soll ebenfalls der Apostel dem Kloster gegeben haben. Von dort kehrt Bartholomäus, wie Moses hinzufügt, nach Ober-Armenien zurück und wird

in der Stadt Urbanos an der zu seinen Ehren Barm genannten Stätte
erschlagen.

Was die Quellen dieser Erzählungen betrifft, so liegen unzweifelhaft für die armenischen Geschichten armenische respective persische Localtraditionen zu Grunde. Die Wirksamkeit des Apostels in Golthon, in Her und Zarevant, seine Zusammenkunft mit Judas
am Hügel Artaschu, wo zum Andenken ein Kreuz errichtet wird, endlich
der Märtyrertod zu Urbanos oder Arenban — dies alles trägt deutlich
den Charakter der volksthümlichen Legende. Dasselbe gilt wol von dem
Wunder im Sonnentempel zn Khorassan; denn dieses hängt durch die
Bekehrung der 8 Magier, welche dem Apostel nach Armenien folgen,
offenbar mit der armenischen Nationalsage zusammen. Ausser der guten
Localkenntnis ist auch die ziemlich genaue Erinnerung an das alte
armenische Heidenthum zu beachten; so (bei Moses von Khorene im
Briefe an Isaak von Erzerûm) die Erwähnung des Cultus der Anahitis,
der armenischen Schutzgöttin, beim Kastell Kanguar am Tigris; desgleichen in der vita die Namen der persisch-armenischen Gottheiten
Heliû, Sephai (des Schlangendämons Aj'dahak), Arosi (wol nicht der
griechische Ares, sondern der Feuergott) und Prenai. Erst die armenische Legende wird auch die Gottheiten Arosi und Ormuzd nach
Bostra in Cölesyrien übertragen haben. Natürlich kann diese Legende
erst entstanden sein, seitdem Armenien christlich geworden war und
seine Geschichtsschreiber ein Interesse daran hatten, die Ursprünge des
heimathlichen Christenthums auf apostolische Gründung zurückzuführen,
d. h. also seit der Zeit des ersten christlichen Königs Trdat (Tiridates)
und Gregors „des Erleuchters" (Anfang des 4. Jahrh.). Es wird sich
aber weiter unten noch zeigen, dass die wirkliche Entstehung der
Legende sogar noch erheblich später fällt. Dass es eine ächt geschichtliche Kunde von einer apostolischen Predigt in Armenien überhaupt
nicht gegeben hat, verräth schon der Umstand, dass die Armenier einfach sämtliche Apostel, welche nach der älteren Legende im „Oriente"
gewirkt haben sollen, Thomas, Thaddäus, Bartholomäus, Simon und
Judas als die Apostel ihres engeren Vaterlandes betrachteten. Nur die
Notiz von den „acht Magiern", welche Bartholomäus nach Armenien
mitgebracht haben soll, scheint insofern einen ächt geschichtlichen Zug
einzuschliessen, als dahinter sich die Erinnerung verbirgt, dass die
ersten Samenkörner des Christenthums von Persien aus nach Armenien
getragen worden seien [1]). Dagegen hängt speciell die armenische Bar-

---

1) Dass es schon in der 2. Hälfte des 2. Jahrh. in „Armenien" Christen

tholomänslegende mit der pontischen Matthäussage zusammen, über
deren Quellen bereits oben gesprochen ist.

Es verdient Beachtung, dass die nationale Legende sofort ins
Schwanken geräth, sobald sie die nähere Reiseroute des Apostels bestimmen will. Während die vita Bartholomaei den Apostel von Persien
aus nach Armenien kommen lässt, lässt Moses von Khorene ihn umgekehrt von Armenien zeitweise nach Persien fliehn. Und während
ferner Moses sich mit seinen Nachrichten auf die specifisch armenische
Nationallegende beschränkt, versucht die vita einen Zusammenhang mit
anderweiten Ueberlieferungen von dem Wirkungskreise des Apostels,
speciell mit seiner indischen und syrischen Missionsthätigkeit herzustellen. Diese anderweiten Nachrichten tragen aber auch sachlich einen
wesentlich andern Charakter. Eine topographisch werthvolle Notiz liegt
natürlich der Geschichte von der Zauberquelle bei oder in Aden zu
Grunde; an derartige heisse Quellen, die von Zeit zu Zeit aufzuwallen
pflegten, hat sich auch sonst die Legende mit Vorliebe angeschlossen.
Aber schwerlich ist diese topographische Kunde unserm Erzähler zu
Gute zu schreiben. Er fand vielmehr die Erzählung schon wesentlich
in dem von ihm wiedergegebenen Zusammenhange vor. So wie wir sie
aber jetzt bei ihm lesen, ist sie kein naives Product volksthümlicher
Sage, sondern absichtliche Dichtung. Der Zug, dass die Einwohner von
Aden durch die Steine, welche sie gegen den Apostel schleudern wollen,
sich vielmehr gegenseitig tödten, worauf dann der Apostel die Ge-
tödteten wieder erweckt, kehrt mutatis mutandis in der ephesinischen
Johanneslegende bei Prochoros wieder (ed. Amphilochins p. 14, auch bei
Zahn acta Joann. p. 34 unter dem Text; s. oben I, 371). Die Geschichte
ferner von der Todtenerweckung zu Bostra erinnert zwar in erster
Linie an den Jüngling von Nain, doch verdient Bemerkung, dass auch
die gnostischen acta Joannis von Johannes Aehnliches erzählen (vgl.
den Abdiastext bei Fabricius II, 567, 15 sqq. und dazu oben I, 424 flg.).
Auch der Name des Vaters jenes Jünglings, Andronikos, erinnert
an die gnostische Johanneslegende, in welcher ebenfalls ein Andronikos
in Begleitung des Apostels erscheint (in der Geschichte der Drusiana
bei Fabricius II, 542, 21 sqq., griechisch aus cod. Venet. Marcian. 363,
bei Zahn acta Joannis p. 225 sqq., vgl. auch das Fragment aus cod.
Paris. gr. 1468 ebendaselbst p. 188, 12). Gnostischen Geschmack

---

gab, zeigt die Nachricht des Eusebios h. c. VI, 46, Dionysios von Korinth habe
τοῖς κατὰ Ἀρμενίαν ὧν ἐπεσκόπευε Μερουζάνης einen Brief περὶ μετανοίας
geschrieben.

verräth auch der weitere Zug, dass bei der Wiederbelebung des Jüngs-
lings ein Feuerstrahl in seinen Mund aus dem Munde des Apostels übergeht. An die gnostische Philippuslegende erinnert ferner die Erzählung
von dem vergeblichen Versuche des Königs der Germanikäer, das Haus,
in welchem der Apostel sich befindet, anzuzünden (vgl. die Erzählung in
dem Menologium des cod. Paris. 1551, in den griechischen Menäen zum
14. November und bei Simeon Metaphrastes). Auch zu dem blendenden
Lichtglanz, der aus dem Kerker des Apostels hervorbricht, kann man
die Philippuslegende vergleichen (acta Philippi ed. Tischendorf p. 82,
15). Zwar nicht an die Philippusacten, aber an die Acten des Andreas
und Matthäus muss man endlich bei dem Zuge denken, dass der König
der Germanikäer und seine Grossen in unvernünftige Thiere verwandelt
werden, durch den Apostel aber ihren Menschenverstand wiederer-
halten, nur dass jene Verwandlung hier ein Strafwunder ist, dort aber
eine Unthat der Menschenfresser (acta Andreae et Matthiae bei Tischend.
p. 150 sqq.).

Das Mitgetheilte reicht wol zur Begründung der Annahme aus,
dass die armenische Legende hier fremdes Gut annectirt hat. Die betreffenden Abschnitte mit ihrer gnostischen Färbung weisen auf eine
ältere Form der Bartholomäuslegende zurück, die mit der Philippussage
in Verbindung stand. Möglicherweise sind der benutzten älteren Legende auch bei der Schilderung des Martyriums des Apostels einige
Züge entlehnt. Wenigstens bilden das Erdbeben, die auf den Apostel
sich herabsenkende Lichtkugel, der bei seinem Scheiden sich ver-
breitende Wohlgeruch und die Erscheinung des Thaddäus eine ganz im
Geschmacke gnostischer Legenden gehaltene Scenerie.

Als Mörder des Bartholomäus erscheint in der armenischen Legende nicht der im griech. μαρτύριον und in der lateinischen passio genannte Astyages oder Astreges (Artashês) [1]), sondern S a n a t r u k, der
Schwestersohn Abgars von Edessa, derselbe, der auch den Thaddäus hin-
gerichtet haben soll. Da die ältere edessenische Legende von dem Märtyrertode des letztgenannten Apostels überhaupt nichts weiss, die armenische Uebersetzung der 'Doctrina Addaei' aber als Stätte des Märtyrertodes ganz im Allgemeinen „den Orient“ nennt (vgl. meine edessenische
Abgarsage S. 35), so kann die Sage von der Hinrichtung des Thaddäus
durch Sanatruk sich erst später gebildet haben. Der erste der ihrer
gedenkt, ist der armenische Historiker F a u s t u s von Byzanz, der nach

---

1) Der syrische Cod. 101 in der Bibl. Barberin. (bei Mösinger p. 63)
nennt den armenischen König, der den Apostel gekreuzigt habe, 'Avaragathi'.

392 geschrieben hat (bei L a n g l o i s, Collection I, 210). Da nun aber
weiter Bartholomäus ins Missionsgebiet des Thaddäus eingetreten und
von demselben Sanatruk ermordet worden sein soll, so ergibt sich, dass
die bei Moses von Khorene und in der armenischen vita Bartholomaei
enthaltene Erzählung bereits die ausgebildete Thaddäussage voraussetzt.
Es drängt sich sonach der Verdacht auf, dass die letztere Angabe
lediglich auf einer Erdichtung des Moses von Khorene beruht. Den mit
der Geschichtsconstruction des Moses auch nur einigermaassen Vertrauten
wird eine derartige Erdichtung ebensowenig Wunder nehmen, wie die
Dreistigkeit, mit welcher Moses auch Edessa und Abgar für Armenien
annectirt hat (vgl. G u t s c h m i d's Aufsatz über die Glaubwürdigkeit
der armenischen Geschichte des Moses von Khorene, Abdruck aus den
Berichten der phil.-histor. Classe der Königl. Sächs. Gesellschaft der
Wissenschaften 1876).

Hat aber erst Moses von Khorene die Hinrichtung des Bartholomäus
durch Sanatruk im patriotischen Interesse erdichtet, so können auch die
Nachrichten der vita über die nähern Umstände, unter denen der
Märtyrertod des Apostels erfolgt sein soll, speciell die Geschichte von
der Prinzessin Ogohi, der Schwester Sanatruks, nicht früher entstanden
sein. Dagegen hat sich der anderweite Verdacht, dass Moses auch
die Marterstätte des Apostels zuerst in Urbanopolis fixirt habe, nicht
bestätigt. Vielmehr ergab sich schon oben, dass diese Localisirung der
Todesstätte älter als Moses sei. Der Name der Stadt ist Urbanos
(Urbanios) oder Arcuban, also nicht Albanopolis (oder gar Korbano-
polis), sondern Urbanopolis oder Arbanopolis, wie schon G u t s c h m i d
(Rhein. Museum a. a. O. S. 174) erkannt hat, die gräcisirte Form für
Urvandashat oder Erowandashat, den bekannten Namen der grossarmenischen Hauptstadt. A n c h e r (bei Mösinger p. 19) bemerkt, dass
die Stadt Arcuban oder Urbanos nach Einigen in der Nähe von
Salamast und Jormi in Grossarmenien liege, in einiger Entfernung von
Gross-Albag in der Provinz Jartaz, wo Thaddäus gestorben sein sollte;
er selbst zieht aber (p. 25) vor, es nach Kleinarmenien in die Gegend
von Nisibis, also nach Klein-Albag zu verlegen. Hierfür macht er
geltend einerseits die Nähe des Klosters Hogvozvant, andrerseits die in
demselben Homiliarium, aus dem die vita Bartholomaei entnommen ist,
(bei A u c h e r, Martyrolog. T. IX, p. 447 und darnach bei M ö s i n g e r
p. 34 sq.) enthaltene Erzählung von der Auffindung der Reliquien des
Bartholomäus durch den h. Maruthas und ihre Translation nach Nephergerd (Martyropolis), da man von Nephergerd leichter nach Klein-Albag
bei Nisibis als nach Gross-Albag habe gelangen können. Indessen hat

es wahrscheinlich mit der Translation der Reliquien durch Maruthas eine andere Bewandtnis. Der heilige Maruthas, welcher unter Jezdegerd I. (400—421) von Persien lebte, soll nach der armenischen Legende die heiligen Reliquien gestohlen haben. Dies sieht doch ganz nach einer tendenziösen Zurechtmachung der Thatsache aus, dass die Syrer sich ebenfalls rühmten, die Gebeine des Apostels zu besitzen. Der armenische Erzähler, welcher diesen Besitzstand selbst nicht zu bezweifeln wagte, suchte ihn mit seiner vaterländischen Tradition in der angegebenen Weise auszugleichen. Die grössere oder geringere Entfernung that dabei gar nichts zur Sache; Maruthas kommt einfach nach „Armenien"; in welchen Theil des Landes, interessirt den Legendenschreiber gar nicht. Aus seiner Erzählung sind also weder topographische noch chronologische Schlüsse zu ziehn, sondern wir lernen aus ihr nur dieses, dass neben der armenischen Tradition von der Grabstätte des Apostels in Urbanopolis sich auch eine anderweite Ueberlieferung erhalten hat, die seine Gebeine in Syrien suchte.

Verschiedene Legenden über die Todesart des Bartholomäus.

Wie über die Todesstätte, so gibt es auch über die Todesart des Apostels verschiedene Traditionen. Die gnostische Philippuslegende lässt ihn gekreuzigt, die koptische Erzählung gesäckt, die armenische Localsage mit Knütteln geschlagen, eine vierte wahrscheinlich in Persien ursprünglich heimische Ueberlieferung enthäutet, eine fünfte endlich enthauptet werden. Die Nachricht von seiner Enthauptung findet sich in der lateinischen passio mit der Nachricht der armenischen Legende, er sei mit Knütteln geschlagen worden, combinirt; aus dieser 'passio' sind dann die betreffenden Angaben vieler späteren Lateiner, der notitia apostolorum, Ado's libellus de festivitatibus apostolorum, der Martyrologien des Ado, Usuard, Florus, der hist. eccl. des Ordericus Vitalis u. A. geflossen. Ausserdem wird die Enthauptung in der einen Recension des Verzeichnisses der zwölf Apostel von Pseudo-Hippolyt und Pseudo-Dorotheos (bei Lagarde Constt. App. p. 283), sowie von Theodoros Studites in seinem ἐγκώμιον auf Bartholomäus erwähnt. Theodoros redet an zwei Stellen von der Todesart des Apostels; an der einen Stelle (a. a. O. p. 151) lässt er ihn enthauptet (ἀντίποινα πάσχων χαρατομεῖται) werden, an der andern (p. 155) berichtet er als „Sage" seine Enthäutung (φασὶν γὰρ αὐτὸν μετὰ τὸ πολλὰς καὶ ἀνηκέστους ὑποίσαι κολάσεις, ἐκδεδάρθαι ὑπὸ τῶν ἀσεβῶν εἰς θύλακος εἶδος). Erst die lateinische

Uebersetzung des Anastasius Bibliothecarius (bei d'Achery Spicileg. II,
123 sqq., Paris 1722) hat an beiden Stellen beide Todesarten combinirt (an der ersten: '*postquam vivus decoriatus est, capite plectitur*';
an der zweiten: '*decoriatus ab impiis in modum follis capite plexus
est*') ¹). Dieselbe Combination begegnet uns nochmals in dem oben angeführten Texte des Pseudo-Hippolyt. Der griechische Text des μαρτύριον Βαρθ. bei Tischendorf (a. a. O. p. 259) verbindet sogar alle drei
Angaben: die Geisselung, Enthäutung und Enthauptung: der König gebietet ῥαβδίζεσθαι τὸν — Βαρθολομαῖον καὶ οὕτως ἐκδαρθέντα ἀποκεφαλισθῆναι αὐτόν ²). Ob Theodoros Studites vielleicht einen ältern
Text des griechischen μαρτύριον vor sich hatte, der nur der Geisselung
und Enthauptung gedachte, muss dahingestellt bleiben. Die Enthauptung
selbst ist wol nur eine Weiterbildung der ältesten, von Moses von Khorene bezeugten, armenischen Tradition, nach welcher der Apostel erschlagen wurde ('*occisus est*'). Aber auch die (auch im armenischen
Kalendarium zum 8. December enthaltene) Angabe der armenischen vita,
der Apostel sei erst mit Knütteln geschlagen worden, aber wunderbar am Leben erhalten geblieben und erst einige Stunden später wirklich gestorben, ist handgreiflich weitere Ausschmückung einer einfacheren
Ueberlieferung. Die Geisselung mit Ruthen oder Knütteln erwähnt
auch Niketas David (Paphlago) in seinem ἐγκώμιον (bei Combefis l. c.),
combinirt sie aber mit der aus der gnostischen Philippuslegende geschöpften Nachricht von der Kreuzigung des Apostels.

Was die von Theodoros Studites als Sage berichtete Enthäutung betrifft, so weist wol der gebrauchte Ausdruck, ἐκδεδάρθαι — εἰς
θύλακος εἶδος, auf die benutzte Quelle hin. Derselbe Ausdruck begegnet
uns nämlich in dem von Lagarde (Constt. App. p. 283) aus dem cod.
Petropol. gr. 254 (vom Jahre 1111) mitgetheilten Texte des „Hippolyt
und Dorotheos": τὴν κεφαλὴν ἀποτμηθεὶς πρὸ τῆς σφαγῆς ἐκδαρθεὶς
ὥσπερ θύλαξ. Die ältere Recension Pseudo-Hippolyts (bei Combefis
auct. nov. T. II p. 831) lässt den Apostel gekreuzigt werden, und hiermit stimmen verschiedene andere Texte wie Pseudo-Logothetes, die
σύναξις τῶν ιβ′ ἀποστόλων in den Codd. Paris. gr. 1587. 1588. 1575

---

1) Der Text der Acta SS. Aug. T. V p. 39 sqq. hat an der zweiten Stelle
'*decoriatus . . . . in modum corticis et postea decollatus*'.

2) So auch Joachim Perionius in seiner wesentlich aus der lateinischen
passio geflossenen vita Bartholomaei (Kölner Ausg. 1576 p. 544). Jacobus a
Voragine in der goldenen Legende lässt den Apostel erst mit Knütteln geschlagen, dann enthäutet werden.

und in den Menäen zum 30. Juni, das Menologium des Basilios zu demselben Tage, sowie die Menäen zum 11. Juni und zum 25. August überein. Dagegen erwähnen Pseudo-Epiphanios und die beiden Recensionen des Dorotheostextes, Sophronios und das Scholion bei Lagarde (l. c. p. 282) die specielle Todesart des Apostels überhaupt nicht. Wieder anders erzählt das armenische Kalendarium zum 18. Februar (in der vita des Judas Thaddäus). Dasselbe verbindet die Enthäutung mit der Kreuzigung und der Erschlagung durch Knüttel: weder die Enthäutung noch die Kreuzigung bringt ihm den Tod: darauf wird er endlich von sechs Männern durch Knüttel vom Leben zum Tode gebracht [1]). Die Angabe desselben Martyrologiums, der Tod des Apostels sei zu Albag erfolgt, scheint sich schwerlich auf Klein-Albag bei Nisibis zu beziehen; doch legt die Vermuthung sich nahe, dass die Erzählung von der Enthäutung des Apostels ursprünglich gar nicht zu Urbanopolis in Grossarmenien, sondern in Persien, genauer in dem unter persischer Hoheit stehenden Theile von Syrien zu Hause war, wo sich ja auch eine selbständige Tradition über das Grabmal des Apostels erhalten hat. Das Enthäuten war eine persische Todesstrafe (Ammian. Marcellin. lib. XXIII, 6, 80 p. 337 ed. Gardthausen).

Diese Tradition von der Enthäutung des Apostels war bei Griechen, Lateinern und Syrern verbreitet. Unter den Griechen gedenken ihrer der Text Pseudo-Hippolyts bei Lagarde, ferner Theodoros Studites und das griechische μαρτύριον, unter den Lateinern die pseudoaugustinischen Soliloquia, das 'Breviarium apostolorum' und Pseudo-Isidor (de vita et obitu sanctorum), Anastasius Bibliothecarius in der Uebersetzung des Theodoros Studites, verschiedene Handschriften der lateinischen 'passiones apostolorum' ('Abdias'); ferner Beda (im Martyrologium) und das Martyrologium Romanum, meist in Verbindung mit der nach der lateinischen passio erzählten Enthauptung durch Astyages[2]), von spätern

---

1) 'Bartholomaeus venit in urbem Albag, ubi post alia tormenta cutis ei detracta est et non est mortuus, et postea S. apostolus Bartholomaeus in crucem actus est, nec in hoc cruciatu obiit; dein sex viri baculis nodosis eum percusserunt, quo in tormento S. apostolus ex vita decessit ad Christum'.

2) Pseudo-Augustinus soliloquia 22: (Opp. VI col. 575 ed. Antwerp. 1700) 'Pro hac [tua dulcedine] emenda Bartholomaeus propriam pellem dedit'. Die Quelle wird das 'Breviarium Apostolorum' sein, dessen Text mit geringen Abweichungen auch bei Pseudo-Isidor (de vita et obitu sanctorum), in dem in cod. Paris. lat. 11753 der passio Bartholomaei vorangeschickten Prolog und in dem bei d'Achery Spicileg. II, 125 abgedruckten Texte

Legendenschreibern Ordericus Vitalis[1]), Jacobus a Voragine u. A.;
unter den Syrern der cod. Syr. 101 der Barberin. Bibliothek (bei
Mösinger p. 63) und der mehr erwähnte Amrus (bei Assemani B. O.
III, 2 p. V). Der barberinische Codex hält beide Traditionen, die von
der Kreuzigung und die von der Enthäutung, aus einander; letztere verlegt er nach der armenischen Stadt Arvoin[2]). Amrus scheint anzunehmen, dass die Enthäutung in Indien respective China stattgefunden
habe; doch ist daran wol nicht zu denken, dass diese Todesart
ursprünglich in der „indischen" Bartholomäuslegende heimisch gewesen sei.

Wenn lateinische Martyrologien, wie das Martyrologium Hieron. zum
24. August, ferner Usuard, Ado, Florus u. A. den Tod des Apostels
nach Indien verlegen, so sind sie hier von der lateinischen 'passio' ab-

der lateinischen Uebersetzung des Theodoros Studites wiederkehrt. S. die
Stellen oben S. 55 flg. Auch in cod. Paris. lat. 9737, welcher f. 32ᵛ ebenfalls die
passio Bartholomaei enthält, findet sich f. 38ᵛ hinter den Worten *'fecit fusti-*
bus caedi sanctum apostolum Bartholomaeum' (= Fabricius 685, 25) von der
Hand eines Correctors eingefügt: *'ad ultimum in Albano maioris Armeniae*
urbe vivens a barbaris decoriatus atque iussu regis Astrigis decollatus est
VIII Kal. Septemb.'.

Aus dem Texte des Breviarium werden auch die Angaben in dem dem
Beda zugeschriebenen Martyrologium und im Martyrologium Romanum geflossen sein.

Martyrol. Bedae (Opp. ed. Colon. 1688 T. III c. 329): *'IX. Kal. Sep-*
temb. Natales S. Bartholomaei apostoli, qui apud Indiam Christi evange-
lium praedicans vivens a barbaris decoriatus est atque iussu regis Astragis
decollatus martyrium complevit'. Fast wörtlich ebenso das Martyrol. Rabani.

Martyrol. Rom. zum 24. August: *'S. Bartholomaeus apostolus qui in*
India evangelium praedicavit, inde in maiorem Armeniam profectus est. Cum
ibi plurimos ad fidem convertisset, vivus a barbaris decoriatus est atque
Astyagis regis iussu capitis decollatione martyrium complevit'.

1) Ordericus Vitalis hist. eccl. I, 1 cap. 15 (Migno 188, 164 sqq.):
'Bartholomaeus Syrum est [nomen] et interpretatur filius suspendentis aquae.
Hic in sorte praedicationis Lycaoniam accepit, deinde in Assyria et tertia
India evangelizavit. Ad ultimum in Albano maioris Armeniae urbe vivens
est a barbaris decoriatus atque iussu regis Astyagis decollatus, sicque
IX. Kal. Septembris est terrae conditus'. (Folgt die Notiz über die beiden
Translationen nach Lipari und Benevent, darnach die *'tota series passionis*
eius', 'Indiae tres esse ab historiographis etc.'.)

2) Bei Mösinger p. 63: *'Bartholomaeus — — praedicavit in Armenia*
interiori, ibique ecclesiam aedificavit et postquam ibi triginta annis praedi-
cavit rex Armeniae Avaragathi eum in crucem egit; et sepultus est in eccle-
sia quam aedificaverat. Alii dicunt in urbe Armeniae Arvoin eum esse ex-
coriatum'.

hängig, die, wie wir gesehen haben, hinsichtlich der Todesart der armenischen Tradition folgt. Dagegen wird die in der äthiopischen Legende berichtete Todesart des Gesäcktwerdens von keinem abendländischen Schriftsteller erwähnt.

Die Kreuzigung ist, wie bereits bemerkt, in der Philippuslegende zu Hause. Von hier aus ist sie auch in das armenische Kalendarium zum 17. November gekommen. Ausserdem gedenkt ihrer der von Combefis veröffentlichte Text des Pseudo-Hippolyt mit der speciellen Angabe, der Apostel sei häuptlings (κατὰ κεφαλῆς) gekreuzigt worden. Dieselbe Angabe wiederholen der Redner Joseph (Acta SS. Aug. T. V, p. 43 sq.) und Nikephoros in der Kirchengeschichte (II, 39). Sämtliche genannte Zeugen, mit denen auch die Menäen zum 11. Juni und zum 25. August, das Menologium des Basilios zum 11. Juni, die σύναξις zum 30. Juni und Niketas Paphlago (l. c.) übereinstimmen, combiniren den Kreuzestod mit der zu Albanopolis oder Urbanopolis localisirten, also mit der armenischen Tradition von der Todesstätte, nur dass Nikephoros die Stadt Urbanopolis nach Kilikien verlegt. Auch der syr. Codex 101 der Barberin. Bibliothek lässt den Apostel in Armenien gekreuzigt werden.

Von den verschiedenen Translationen der Reliquien des Apostels ist die nach Nephergerd im Lande Dsoph, welche durch den heil. Maruthas erfolgt sein soll, bereits erwähnt. Dieselbe ist dadurch wichtig, dass sie das Vorhandensein einer parthischen oder syrischen Legende bezeugt, welche die Grabstätte des Apostels ins parthische Reich, speciell nach Ostsyrien verlegte. Der Tag der angeblichen Translation soll der 12. December gewesen sein; als Jahr wird von Aucher 415 oder 420 angegeben (bei Mösinger p. 36). Die Erzählung von der wunderbaren Auffindung der Reliquien ist schwerlich armenischen, sondern wahrscheinlich syrischen Ursprungs und es beruht lediglich auf späterer Combination mit der armenischen Legende, wenn der h. Maruthas nach Armenien reist, die Reliquien heimlich aus der Kirche, wo sie verwahrt wurden, stiehlt und zum Troste der Bestohlenen wenigstens einen Theil des kostbaren Schatzes an der alten Stätte zurücklässt. Eine Bestätigung aber scheint die syrische oder parthische Tradition noch durch die Angabe des Theodoros Lector (bei Mösinger a. a. O. p. 37) zu erhalten, dass Kaiser Anastasios (491—518), nachdem er die Stadt Dara neu aufgebaut und mit seinem Namen Anastasiopolis genannt hatte, in Folge eines Traumgesichtes den heil. Bartholomäus zum Schutzpatron der neuen Stiftung erwählt und dessen Reliquien dort deponirt habe. Den Bau der Bartholomäuskirche zu Dara führt freilich Prokopios (de aedific. Justiniani II, 2. 4; opp. ed. Dindorf III, 214.

220) erst auf Justinian, den zweiten Nachfolger des Anastasios zurück. Wie dem aber auch sei, jedenfalls ist es wahrscheinlicher, dass die Reliquien, welche damals nach Dara translocirt wurden, sich in Nephergerd, als dass sie sich in dem weitentlegenen Urbanopolis befunden haben.

Die Translationen nach Lipari und Benevent.

Dagegen scheint auf den ersten Blick ein Zusammenhang zu bestehen zwischen der Legende von Urbanopolis und der im Jahre 580 erfolgten Translation der Reliquien nach der Insel Lipari. Nach dem ἐγκώμιον des Theodoros Studites († 826), welches Anastasius Bibliothecarius ins Lateinische übersetzt hat, soll der in Armenien beigesetzte Sarg mit dem Leichnam des Apostels von den Heiden ins Meer geworfen worden und von dort aus nach der Insel Lipari bei Sicilien geschwommen sein, wo seine Ankunft dem Bischofe Agathon durch eine Vision angezeigt worden sei. Anastasius fügte der Uebersetzung die von ihm selbst verfasste Erzählung einer abermaligen Translation von Lipari nach Benevent hinzu, wohin im Jahre 838 die Reliquien des Apostels von den Sarazenen geflüchtet wurden. Beide Erzählungen wurden häufig abgeschrieben und bearbeitet [1]).

Auch die griechischen Menäen zum 25. August, dem Gedächtnistag der κατάθεσις (μηνὸς Αὐγούστ. p. 136) und in kürzerer Fassung zum 11. Juni (Ἰουνίου p. 43) erzählen die Meerfahrt des Leichnams von Armenien bis Lipari, nach jenen in einem steinernen, nach diesen in einem bleiernen Sarge; letztere lassen übereinstimmend mit der laudatio Bartholomaei des Redners Joseph, den Sarg ausdrücklich durch den Hellespont, das ägeische und adriatische Meer nach Lipari schwimmen. Auch die σύναξις zum 30. Juni in dem gedruckten Menäeutexte (p. 125) weiss von der Meerfahrt des Sarges[2]); und ebenso lässt das Menologium

---

1) Vgl. auch ἡ ἐπάνοδος τοῦ λείψανος τοῦ ἁγίου ἀποστόλου Βαρθολ. bei Combefis Auctar. Noviss. I, 399 sq.

2) Das Martyrologium Bedae (Opp. ed. Colon. 1688 Tom. III c. 329) erwähnt sowol die Translation nach Lipari als die nach Benevent, zum deutlichen Beweise, dass es mindestens seine gegenwärtige Gestalt erst ein Jahrhundert nach Beda erhalten hat. Ebenso schon der um 860 verfasste libellus des Ado de festivitatibus apostolorum (p. 34 ed. Rosweyde). Das Martyrologium Romanum weiss noch von einer dritten Translation nach der Tiberinsel in Rom (unter Otto III., wie das Breviarium Romanum hinzufügt). Wenn uns hier gelegentlich der Name 'Lycaonia' für die Tiberinsel begegnet (Acta SS. Aug. T. V. p. 77), so beruht diese Benennung wol auf einem harmonistischen Versuche abenteuerlichster Art.

des Basilios zum 11. Juni (Albani III, 130; Migne ser. gr. XVII, 494) den Leichnam zu Abarnopolis ins Meer geworfen werden und in einem bleiernen Sarge an der Küste von Lipari anlanden.

Ursprünglich hat aber die Geschichte von der Auffindung der Reliquien zu Lipari mit der armenischen Legende in gar keiner Verbindung gestanden. Gregor von Tours lässt den Apostel im Einklange mit der lateinischen passio, auf die er sich ausdrücklich beruft, in „Indien" sterben. Bei einer abermaligen Christenverfolgung wird auch der Leichnam des Apostels nicht verschont: die Heiden legen ihn in einen bleiernen Sarg und werfen ihn ins Meer, worauf er nach Lipari schwimmt [1]). Gregors zeitgenössischer Bericht ist natürlich allen späteren Nachrichten vorzuziehen. Hieraus ergibt sich aber, dass zwischen der Translation nach Lipari und der armenischen Legende ursprünglich gar keine Beziehungen obwalten. Aber auch „Indien" hat erst Gregor aus seiner sonstigen Wissenschaft als Ausgangspunkt der Meerfahrt hinzugefügt. Späterhin konnte man es natürlich nicht unterlassen, beide Angaben wieder zu combiniren, und Armenien zu einer indischen Provinz zu machen. So die Vorrede zu der lateinischen Uebersetzung des Theodor (Acta SS. August. T. V p. 39, vgl. auch den oben angeführten Text bei d'Achery l. c.), ferner cod. Paris. lat. 13090 saec. X f. 9ᵛ. 5273 saec. XIII f. 33ᵛ. Wie wir oben gesehen haben, gehört die Legende, dass der Apostel ins Meer geworfen, der Leichnam aber auf wunderbare Weise wieder an den Strand gespült worden sei, der Ueberlieferung der koptischen Kirche an. Die Localsage von Lipari hat dieselbe natürlich modificiren, und den Sack, in welchen der Apostel lebendig gesteckt wurde, in einen Sarg verwandeln müssen, in welchen sein Leichnam gelegt worden sei. Denn aus so weiter Ferne konnten die Reliquien nur wohlverwahrt und sorgsam vor den Gefahren der Meerfahrt geschützt am Gestade von Lipari glücklich landen. Zugleich hat man ihm vier andre Märtyrer zu Begleitern auf der langen Seereise gegeben: Papinus, Lucianus, Gregorius, Acatius, deren Särge ebenfalls an verschiedenen Punkten Siciliens ans Land gespült werden (Theodorus Studites und Anastasius Bibl. ll. cc.). Als Tag der Landung auf Lipari wird der 13. Juni gefeiert; der Gedächtnistag der späteren Translation nach Benevent ist der 25. October. Dagegen werden die Natalitien des Apostels von den Griechen zum 11. Juni, die Translation dagegen zum

---

1) Nach dem griechischen μαρτύριον bei Tischendorf p. 259 ist es der König Ἀστρήγης, welcher den Leichnam ins Meer wirft.

25. August [1]); von den Lateinern umgekehrt jene zum 25., nach späterm Brauche zum 24. August begangen [2]).

---

1) Die Menäen zum 25. August schreiben S. ρλς' τῷ αὐτῷ μηνὶ κε' ἡ κατάθεσις τοῦ λειψάνου τοῦ ἁγίου ἐνδόξου ἀποστόλου Βαρθολομαίου· worauf die S. 60 Anm. 1 mitgetheilten Verse folgen.

2) Den 25. August (VIII Kal. Sept.) nennen die kürzeren Texte des Breviarium, der indiculus des cod. Lucc. bei Florentini, die notitia apostolorum (in codd. Paris. Epternac.), der cod. Epternac. des Martyr. Hieronym., das Kalendarium des Allatius; den 24. August das Sacramentarium des Gregorius (Liturg. Rom. vetus ed. L. A. Muratori Vened. 1748 T. II col. 331), der längere Texte des Breviarium, der Druck der notitia apostolorum bei Vallarsi, fast sämtliche Texte des Martyrol. Hieronym. (codd. Lucc. Wissemb. Corbej. maj., Gellon., Autissiodor, Turon., Corbej. min., Morbac., Rhinov., Richenov., Augustan., Labbean., Reg.-Succ.), das Martyrol. Roman. parvum und sämtliche jüngere Martyrologien. Ueber den 13. Juni (idib. Jun.) als Gedächtnistag des Bartholomäus „in Persien" s. oben S. 63, und dazu Florentini in den Noten zu den betreffenden Tagen und zum indiculus apostolorum p. 156 sqq.

Die Acten des Matthäus.

Das gnostische Martyrium des Matthäus im Pontos.

Von den Geschicken des Apostels Matthäus ist theilweise bereits
bei A n d r e a s gehandelt worden. In den Acten des Andreas und
Matthäus wird erzählt, wie Andreas seinen Mitapostel aus der Haft befreit, in welcher er von den Menschenfressern, die ihn demnächst auf-
zehren wollten, gehalten wurde, worauf Matthäus auf einer Lichtwolke
zu dem Berge entrückt wird, wo Petrus lehrte. Auf jene Acten des
Andreas und Matthäus unter den Menschenfressern nimmt nun auch
das von T i s c h e n d o r f (acta app. apocr. p. 164 sqq.) aus dem cod.
Paris. 881 und einem Wiener Codex (Lambecius ed. Kollar. VIII
599 sq.) herausgegebene μαρτύριον Ματθαίου (vgl. T i s c h e n d o r f s
prolegomena p. LX sq.) Bezug. Der vorzüglichere Text ist in dem
Pariser Codex aufbewahrt, welchem Tischendorf noch weit consequenter
hätte folgen sollen. Die Wiener Handschrift bietet namentlich von
sect. 18 an eine stark abweichende, offenbar minder ursprüngliche
Recension. Der I n h a l t des Martyrologiums ist folgender.

Dem in einsames Gebet „auf dem Berge" versunkenen Apostel
und Evangelisten Matthäus erscheint Jesus in Knabengestalt. Der Apostel, der ihn für eines der psalmensingenden bethlehemitischen Kinder
hält, welche er jüngst im Paradiese geschaut hat, fragt ihn verwundert,
warum er hierher an diese wüste Stätte herabgekommen sei, wo
er ihm nicht einmal Speise und Trank vorzusetzen vermöge. Jesus erwidert, dass gute Reden besser seien als alle Speisen und gibt dem
Matthäus zu verstehn, wer er sei: „sei einsichtig und du wirst erkennen, dass ich das Paradies bin, ich der Paraklet, ich die Kraft der
oberen Mächte, ich die Stärke der Enthaltsamen, ich der Kranz der
Jungfrauen, ich die Mässigung derer, die in einmaliger Ehe leben, ich
der Ruhm der Verwittweten, ich der Schutz der Unmündigen, ich das
Fundament der Kirche, ich das Reich der Bischöfe, ich die Ehre der

Presbyter, ich der Segen des Diakonen. Sei männlich und stark, Matthäus, bei diesen Worten" (sect. 1—2).

Der Apostel erkennt ihn noch immer nicht, obwol er die Lebensfülle seiner Worte und den Glanz seiner Erscheinung bewundert, sondern meint ihn immer noch deutlich als einen der beim bethlehemitischen Kindermord umgebrachten Kleinen, die jetzt im Paradiese Psalmen singen, zu erkennen, und befragt ihn nach den Schicksalen des Königs Herodes. Jesus gibt ihm auf seine Frage Bescheid, bezeichnet sich jetzt ganz deutlich als den Jesus, den Herodes habe tödten wollen und der doch der Vater der Aeonen sei. Hierauf reicht er ihm einen Zweig, und befiehlt ihm nach Myrne, in die Stadt der Menschenfresser, zu gehn, und den Zweig vor die Thüre der Kirche zu pflanzen, die er mit Andreas gegründet habe. Alsbald werde der Zweig zum mächtigen Baume voll süsser Früchte werden; ein Weinstock werde ihn umranken, von seinem Wipfel werde Honig herabfliessen, von seiner Wurzel eine Quelle hervorgehn, welche die ganze Umgegend tränke. Wenn die Menschenfresser in der Quelle sich baden und von den Früchten des Baumes, von dem Weinstock und von dem Honig geniessen, würden ihre Leiber und ihre Sitten verwandelt werden. Sie würden ihre Blösse erkennen, sich bekleiden, sich des Feuers zu Opfergaben und zum Brotbacken bedienen, wie andere gesittete Menschen werden, Jesum erkennen und seinen himmlischen Vater lobpreisen. Gleichzeitig kündigt er ihm aber an, dass ihm der Tod durchs Feuer und die Ueberwinderkrone nahe bevorstehe (sect. 3. 4).

Nachdem Jesus wieder in den Himmel aufgenommen ist, steigt Matthäus vom Berge herab, um zu thun, wie ihm geheissen. Als er im Begriffe ist die Stadt zu betreten, begegnet ihm die Königin Ziphagia, oder wie sie hier nach dem Namen ihres Mannes genannt wird, Fulbana, mit ihrem Sohne Fulbanus und ihrer Schwiegertochter Erba. Sie sind von einem bösen Dämon besessen, der ihm wehren will, seinen Auftrag zu vollziehn; Matthäus aber treibt durch Handauflegung den oder die Dämonen aus, worauf die Geheilten ihm nachfolgen (sect. 5). Als der Bischof Platon durch die Kunde von dem Wunder die Anwesenheit des Apostels erfährt, zieht er ihm mit dem ganzen Klerus entgegen. Matthäus begibt sich mit dem Wunderstabe zur Kirchthüre, hält eine Anrede an das zahlreich versammelte Volk, welches vorher den Satyr angebetet hat, und pflanzt den Zweig in die Erde. Alsbald erfolgt das von Jesu verkündigte Wunder; das Volk reinigt sich in der Quelle, geniesst von den Früchten des Baumes, dem Weinstock und dem Honig und Alle werden verwandelt. Sie gehen in die Kirche um Gott anzubeten,

erkennen ihre Blösse und eilen darauf in ihre Häuser, um sich zu bekleiden. Matthäus aber und Platon bringen die Nacht im Gebet in der
Kirche zu; die Königin, der Königsohn und dessen Gemahlin, welche
nicht von ihrer Seite gewichen sind, werden auf Befehl des Apostels
durch den Bischof getauft und durchwachen gemeinsam mit beiden
psalmensingend die Nacht (sect. 6—8). Am Morgen laufen alle herbei,
um den nun völlig ausgewachsenen Baum zu sehn und geniessen von
den Früchten und von dem Weinstock nach Herzenslust (sect. 9).
Inzwischen verbreitet sich die Kunde des Geschehenen im Palast.
Der König der Menschenfresser, welcher ebenfalls Fulbanus heisst, ist
anfangs über die Heilung der Seinen erfreut; als sie aber nicht von der
Seite des Apostels weichen, ergrimmt er heftig und beschliesst ihn durch
Feuer zu tödten. In derselben Nacht erscheint Jesus dem Matthäus
und stärkt seinen Muth, worauf dieser am folgenden Morgen dem
Bischofe und dem versammelten Klerus das Bevorstehende ankündigt
(sect. 10. 11). Während der König, über die Menge des gläubig gewordenen Volkes erschreckt, noch unschlüssig ist, wie er sein Vorhaben
ausführen soll, erscheint der von Matthäus ausgetriebene Dämon in der
Gestalt eines Soldaten, zeigt ihm den Aufenthalt des Apostels an und
reizt ihn an, denselben zu tödten. Der König sendet vier Soldaten
gegen ihn aus, die aber nur seine und des Platon Stimme hören, jedoch
Niemand sehen, und bestürzt zurückkehren. Noch heftiger erzürnt
sendet der König zehn Andre aus, aber Jesus erscheint abermals in
Knabengestalt und brennt ihnen die Augen aus; da werfen sie die Waffen
weg, und fliehen sprachlos zum König zurück (sect. 12—13). Von
neuem versucht der Dämon den König zur Rache zu reizen; aber durch
einen Engel gezwungen, die Wahrheit zu reden, muss er ihm die Unüberwindlichkeit des Apostels, der nur freiwillig zu sterben vermöge,
und seine eigne Ohnmacht gestehn. Als ihn der König bei dem Gotte
des Matthäus beschwört, verschwindet er unter Heulen wie Rauch
(sect. 14. 15). Der König erschüttert, verhält sich den Tag über still;
in der Nacht aber beschliesst er den Apostel mit List zu fangen. Als
der Morgen graut, begibt er sich zur Kirche, und lässt den Matthäus
unter dem Vorwande, dass er sich bekehren wolle, zu sich rufen. Dieser
durchschaut seine List, tritt aber in die Thür der Kirche. Als der
König ihm gegenübersteht, verliert er das Augenlicht und wird an allen
Gliedern gelähmt. Er erheuchelt bussfertigen Sinn und erlangt auf seine
Bitte vom Apostel seine Gesundheit zurück; alsbald aber ergreift er
ihn und führt ihn mit List in den Palast (sect. 16—17). Auf seinen
Befehl führen ihn die Soldaten zur Richtstätte am Strande, legen ihn

auf den Rücken, befestigen seine Hände und Füsse mit eisernen Klammern, häufen brennbare Stoffe über seinen Leib und zünden sie an. Aber das Feuer verwandelt sich in Thau, ohne den Apostel zu versehren, und Gott lobsingend umgeben die Christen den Scheiterhaufen. Da lässt der König glühende Kohlen aus dem Palaste kommen und zur Entkräftung der vermeintlichen Zauberei seine 12 Götter rings um den Scheiterhaufen stellen, der zehn Ellen hoch den Leib des Apostels bedeckt. Aber auf das Gebet des Apostels verzehrt das Feuer die Götzenbilder samt vielen Soldaten; eine züngelnde Flamme, wie ein Drache, verfolgt den König bis zum Palast und hindert ihn am Eintritt, bis auf sein Flehen Matthäus der Flamme gebietet zu verlöschen. Darauf blickt der Apostel gen Himmel, betet in hebräischer Sprache und gibt seinen Geist auf (sect. 18—22). Der Leichnam wird auf Befehl des Königs auf eine Bahre gelegt und in den Palast getragen; unterwegs sehen alle, wie Matthäus bald auf der Bahre ruht, bald ihr nachfolgt oder voranschreitet; und als man beim Palaste angelangt ist, erblickt man ihn von der Bahre sich erheben und von einem wohlgestalteten Knaben geleitet gen Himmel fahren (sect. 23). Der König lässt den Leichnam in einen eisernen mit Blei verschlossenen Sarg legen und denselben um Mitternacht im Meere versenken, während der Bischof die ganze Nacht hindurch am Palastthor mit der versammelten Gemeinde Gottesdienst hält (sect. 24. 25). Am Morgen sieht man den Apostel sieben Stadien vom Strand entfernt aufrecht auf dem Meere stehn, ihm zur Seite zwei Männer in leuchtenden Gewändern und vor ihnen das himmlische Kind. Ein Kreuz steigt aus dem Wasser auf, und unter ihm der Sarg mit dem Leichnam, welcher plötzlich ans Land gesetzt wird und vor dem Palastthor steht (sect. 26). Da bekehrt sich der König, empfängt von Platon die Taufe, die Eucharistie und die Priesterweihe; sein Sohn wird Diakon, dessen Gattin Diakonissin. Statt ihrer alten Namen nehmen Vater und Sohn den Namen Matthäus an. Die Königin wird Sophia, ihre Schwiegertochter Synesis genannt (sect. 27—28). Der König zertrümmert die Götzenbilder und gebietet allem Volke bei Todesstrafe sich vom Götzendienste zu bekehren (sect. 29) [1]). Nach drei Jahren folgt er dem Platon im Bisthume nach, ordinirt seinen Sohn zum Presbyter und überlässt sein Königreich einem Fremden (sect. 30. 31) [2]). Als Todestag des Matthäus wird am Schlusse der Acten im

---

1) sect. 29 fehlt ganz in cod. Paris.
2) Cod. Paris. erzählt nur die Erscheinung des Matthäus, welcher dem Platon seinen Tod binnen drei Jahren, und die Nachfolge erst des Königs,

cod. Paris. der 14. Gorpiäos, im cod. Vindob. der 16. November genannt.

Verhältnis des Martyriums zur gnostischen Andreaslegende.

Die Vermuthung liegt nahe, dass diese Acten mit den actis Andreae et Matthaei und den actis Petri et Andreae ursprünglich ein Ganzes bildeten. Das Land oder die Stadt der Menschenfresser erscheint recht eigentlich als des Matthäus Missionsgebiet, während Andreas sich hier nur vorübergehend aufhält, um seinem Collegen zu helfen. In der vorliegenden Gestalt kennzeichnen sich diese Matthäusacten selbst als blosses Fragment. Der Eingang mit den Worten κατ' ἐκεῖνον τὸν καιρὸν ἦν ἐν τῷ ὄρει καταμόνας ἡσυχάζων ὁ ἅγιος ἀπ. κ. εὐαγγ. τ. Χρ. Ματθαῖος weist theils auf den Schluss der acta Andreae et Matthaei, theils auf die Worte derselben Schrift (Tischend. p. 151, 16) zurück: καὶ ἐπέταξεν Ἀνδρέας νεφέλῃ, καὶ ἦρεν ἡ νεφέλη Ματθαῖον καὶ τοὺς μαθητὰς Ἀνδρέου, καὶ ἀπέθετο αὐτοὺς ἡ νεφέλη ἐν τῷ ὄρει ὅπου ἦν ὁ Πέτρος διδάσκων, καὶ ἔμειναν πρὸς αὐτόν. Dass Matthäus sich hier allein auf dem Berge befindet, scheint vorauszusetzen, dass Petrus, Andreas und des letzteren Jünger vom Lande der Menschenfresser bereits ins Land der Barbaren gezogen sind (vgl. acta Andr. et Matth. sect. 33 Tischend. p. 166, 1; acta Petri et Andreae Tischend. apocr. apoc. p. 161 sq.).

Wenn nun das Martyrium des Matthäus mit den Acten des Andreas und Matthäus und des Petrus und Andreas ein ursprünglich zusammengehöriges Ganzes gebildet hätte, so müsste man annehmen, dass es auf die letztgenannten Acten gefolgt wäre. Denn in diesen wird Andreas beim Abschiede von der Menschenfresserstadt, ähnlich wie in den erstgenannten Acten Matthäus, von einer glänzenden Wolke auf den Berg entrückt, wo Petrus und Matthäus und Alexander sassen. Aber im Folgenden gehn nicht blos Andreas und Petrus nebst den beiden Schülern des Andreas, sondern auch Matthäus in die Stadt der Barbaren und letzterer ist nach dem altslavischen Texte auch noch im Folgenden gegenwärtig [1]. Dies ist aber unvereinbar mit unserm Martyrium, nach welchem

---

dann dessen Sohnes im Bisthume vorausverkündigt. Zum Schlusse berichtet derselbe Codex, eine Stimme habe gerufen: „Friede sei euch und Frohlocken, denn nicht wird sein Krieg oder Schwertschlag in dieser Stadt, um des Matthäus, meines Erwählten willen, den ich geliebt habe in Ewigkeit".

1) So heisst es (Bonwetsch 507, 9) „Rufus aber und Alexander und Matthäus waren zur rechten Seite der Stiere" (wobei man bemerke, dass Mat-

dieser letztgenannte Apostel vielmehr vom „Berge" in die Menschenfresserstadt zurückzukehren scheint, um das von Andreas angefangene
Werk zu vollenden. Die Annahme, dass erst ein Bearbeiter der acta
Petri et Andreae den Namen des Matthäus an den späteren Stellen eingefügt habe, würde sich höchstens in dem Falle rechtfertigen lassen,
dass sonst nichts der ursprünglichen Zusammengehörigkeit des Martyriums
mit den Andreasacten im Wege stände. Nun ist es aber schon an sich
selbst sehr unwahrscheinlich, dass die Schicksale der drei Apostel Petrus,
Andreas und Matthäus nicht in besonderen Acten für jeden einzelnen
Apostel, sondern in einem grösseren Erzählungsganzen behandelt gewesen sein sollen. Wenn gelegentlich neben demjenigen Apostel, dem
die Acten gewidmet sind, der eine oder andere seiner Mitapostel auftritt, also z. B. in den Andreasacten Matthäus und Petrus, so rechtfertigt dieser Umstand noch lange nicht die Annahme, dass ein und
dasselbe Werk die Schicksale jedes Einzelnen der drei Genannten bis
zum Martyrium verfolgt habe.

Bei näherer Betrachtung zeigt sich nun aber, dass das Martyrium
Matthaei gar kein Bestandtheil der acta Andreae gebildet haben kann.
Denn die Sendung des Matthäus in die Menschenfresserstadt wird hier
in einer Weise erzählt, dass man annehmen muss, er sei damals zum
ersten Male dahin gekommen; und hiermit stimmt, dass er hier die Aufgabe erhält, nicht etwa das Werk des Andreas zu vollenden, sondern
überhaupt die Menschenfresser zur Gesittung und zum christlichen
Glauben zu führen. Dagegen ist er nach den acta Andreae und Matthaei
schon vorher dort gewesen; während er selbst aber eine lediglich passive
Rolle gespielt hat, ist seinem Mitapostel Andreas bereits das Werk gelungen, zu dessen Ausführung er hier erst abgeschickt wird. Andererseits setzt freilich das Martyrium nicht blos im Widerspruche mit seiner
eigenen Darstellung das Bestehen einer christlichen Kirche und die
Thätigkeit eines christlichen Bischofs Platon in der Menschenfresserstadt voraus, sondern verräth auch unwillkürlich, dass es von einer
früheren Anwesenheit des Matthäus daselbst in Gemeinschaft mit
Andreas weiss (Tischend. p. 169, 6); wenn aber beide Apostel gemeinsam die dortige Kirche gegründet haben sollen, so ist dies nur ein
weiterer Widerspruch mit den Acten des Andreas und Matthäus: denn
dort vollbringt Andreas das Bekehrungswerk allein, während Matthäus

---

thäus hier ebenso wie bei Tischend. 162, 29 an letzter Stelle genannt ist)
und weiter unten ist von fünf Männern die Rede, welche nach der Barbarenstadt kommen (Bonwetsch 508, 27).

auf „dem Berge" sitzt, und er reist von der Menschenfresserstadt ab, ohne mit Matthäus daselbst wieder zusammenzutreffen. Durch diese Abweichungen gewinnt schliesslich auch die verschiedene Bezeichnung der Menschenfresserstadt (Μύρνη statt Μυρμηχιών) einiges Gewicht. Denn es bleibt wenigstens möglich, dass die abweichende Form Μύρνη bereits vom Verfasser des Martyriums, nicht von einem Bearbeiter oder Abschreiber herrührt.

Hiernach muss man annehmen, dass das Martyrium Matthaei kein ursprüngliches Ganzes mit den Acten des Andreas und Matthäus gebildet hat, wohl aber literarisch von denselben abhängig ist. Da jenes aber, wie sich noch herausstellen wird, ebenfalls gnostischen Ursprungs ist, also zu derselben Literaturgruppe wie die Andreasacten gehört, so zeigt sich uns hier wol eine Spur jener erweiterten Sammlung gnostischer Apostelgeschichten, deren Existenz im Unterschiede von den älteren περίοδοι ἀποστόλων, zu welchen neben den Acten des Petrus, Paulus, Johannes und Thomas namentlich die Acten des Andreas gehörten, uns bereits oben I, 81 flg. wahrscheinlich wurde.

Selbstverständlich ist das Martyrium Matthaei in der vorliegenden Gestalt nur ein Fragment. Die Erzählung von der Erscheinung des Kindes Jesus, als Matthäus noch auf dem Berge weilt, weist ausdrücklich zurück auf eine vorhergegangene Geschichte von einer Entrückung des Apostels ins Paradies, bei welcher er die zu Bethlehem ermordeten Kinder sah und ihren Psalmengesang vernahm [1]).

Die koptischen Acten des Matthäus in Kahanat.

Eben diese Geschichte ist uns aber noch anderwärts erhalten, in kürzerer Gestalt in dem von Wüstenfeld herausgegebenen arabischen Synaxarium (p. 65 flg.), in ausführlicherer in dem äthiopischen Certamen apostolorum, welches wie sonst so auch hier die ältere Tradition der koptischen Christen erhalten hat. Das betreffende Stück des Certamen apostolorum (Malan p. 43—56) führt die Ueberschrift: „die Schrift der Thaten des Matthäus, welche er that in der Gegend von Kahanat [im Priesterlande?]". Statt 'Kahanat' nennt das Synaxarium „das Land der Wahrsager".

Der Inhalt der äthiopischen Erzählung ist kurz folgender:

Petrus und Andreas kommen von Syrien und treffen mit Matthäus

---

1) p. 168, 19 Tischendorf: καὶ ἔτι μὲν ἴδον σε ἐν τῷ παραδείσῳ ὡς ἔψαλλες μετὰ τῶν ἄλλων νηπίων τῶν ἀναιρεθέντων ἐν Βηθλεέμ. vgl. p. 167, 5 Jesus kommt zu ihm ἐν σχήματι τῶν ψαλλόντων ἐν τῷ παραδείσῳ νηπίων.

zusammen. Dieser kommt von der Stadt Prokumenos, welche heisst: Erfreuung, wo der Herr wohnt und allezeit mit dem Volke verkehrt. Er erzählt seinen Mitaposteln, wie ihm die Bewohner, als er kam um ihnen zu predigen, erwidert hätten, der Name des Herrn sei ihnen wohlbekannt: Er möge nur warten, so werde er ihn selbst schauen. Am folgenden Tage sei der Herr auf einer glänzenden Wolke erschienen und habe drei Tage lang mit ihnen verkehrt. Als er wieder zum Himmel aufgefahren sei, habe der Apostel sich näher nach der Stadt und ihren Bewohnern erkundigt. Er erfährt, dass Gott neun und eine halbe Engelclasse auf die Erde herabgeschickt hat. Um die Mittagszeit aber ist der Engel Gabriel in die Stadt gekommen und mit ihm 144000 Kinder, welche ermordet worden waren und ihre Kleider in der Welt nicht befleckt haben (Apoc. 6, 9. 7, 4. 13. 14,4), d. h. eben die bethlehemitischen Kinder, deren Zahl auf 144000 bestimmt wurde [1]). In das Hallelujah derselben stimmten die Bewohner der Stadt ein. In ihrem Lande bedarf man weder Gold noch Silber, da isst man kein Fleisch und trinkt keinen Wein, ihre Speise ist Honig und Thau ihr Trank. Auf ihre Frauen blicken sie nicht mit sinnlichem Gelüst, ihre Erstgeborenen werden dem Herrn als Opfergabe dargebracht, um ihm drei Jahre lang alle Tage zu dienen; das Wasser was sie trinken ist kein Quellwasser, sondern von den Blättern der Bäume, die in Gärten wachsen. Sie tragen keine Kleider von Menschenhand, kein unwahres Wort wird in ihrem Lande vernommen. Kein Mann nimmt zwei Weiber, kein Sohn stirbt vor seinem Vater. Die Jungen reden nicht vor den Alten; die Weiber wohnen unter ihnen, ohne die Männer zu verführen oder von ihnen verführt zu werden; wenn der Wind bläst, trägt er ihnen den Duft der Gärten zu. In diesem Lande ist weder Sommer noch Winter, weder Kälte noch Reif, sondern ein Hauch des Lebens.

Als Matthäus seine Erzählung beendet hat, erscheint den Aposteln der Herr, und sendet den Petrus nach Rom, den Andreas nach Asien, den Matthäus aber in die Stadt Kahanat. Eine Wolke hebt die beiden ersteren empor und trägt sie nach ihrem Bestimmungsort. Matthäus wandert allein weiter und bittet den Herrn sein Führer zu sein. Da wird auch er von einer Wolke entführt und zur Stadt Kahanat gebracht. Draussen vor der Stadt begegnet ihm der Herr in der Gestalt eines jungen Schäfers, und fordert ihn auf, die schmutzigen Kleider ab-

---

1) Vgl. das arabische Synaxarium der koptischen Christen (Wüstenfeld S. 211 flg.), welches zum 3. Tubeh (28. December) das Gedächtnis der 144000 als Märtyrer gestorbenen Kinder feiert.

zulegen und die Tracht von Kahanat anzuthun, Haar und Bart zu
scheeren, die Lenden zu gürten, einen Palmenzweig in die Hand, Sandalen von Palmenblättern unter die Füsse zu thun und so in die Stadt
zu gehn. Darauf mahnt er ihn zur Standhaftigkeit, weil grosse Qualen
seiner warten. Der König und die ganze Bürgerschaft werde durch ihn
bekehrt werden; das Feuer, mit dem sie ihn verbrennen wollten, werde
vielmehr ihren Gott Apollo verzehren. Der Herr kehrt zum Himmel zurück,
Matthäus geht in die Stadt, erkundet den Weg zum Tempel, lässt sich
mit dem Priester Armis in ein Gespräch ein, in welchem er ihn über die
Macht seines Gottes und über die Ohnmacht Apollos belehrt, und bekehrt
denselben durch ein Wunder. Auf des Apostels Gebet leuchtet ein
mächtiger Lichtglanz auf, die Erde bebt, Apollo und alle Götter im Tempel
brechen in Stücke. Auf die Aufforderung des Priesters, ihn in sein
Haus zu begleiten und sein Mahl mit ihm zu theilen, thut Matthäus ein
zweites Wunder: es erscheint eine glänzende Tafel mit Brot und Wein.
Armis erhält die Taufe und geniesst die Eucharistie. Darauf verbrennen
beide die Trümmer des Götzenbildes; der Apostel lehrt das Volk und
tauft eine grosse Menge. Am folgenden Morgen kommt der König
zum Tempel, erfährt was sich zugetragen, lässt Matthäus und Armis an
den Füssen binden und unter Schlägen durch die Stadt schleifen, bis
ihr Blut in Strömen auf die Strassen fliesst und ihr Fleisch in Fetzen
herunterfällt. Darauf werden sie in den Kerker geworfen und der
König befiehlt, sie zu verbrennen. Als der Scheiterhaufen aufgerichtet
ist, theilt sich das Volk in zwei Theile; die Gläubigen wollen die Gefangenen befreien, aber Matthäus verweist sie zur Ruhe. Da kommt
die Kunde, dass des Königs einziger Sohn plötzlich gestorben sei. Der
König gelobt, dem Apollo absagen zu wollen, wenn der Gott des Matthäus den Todten wiederbelebe. Matthäus betet und erweckt den Todten,
der ihm alsbald zu Füssen fällt und ihn um die Taufe bittet. Auch der
König wird gläubig, Apollo wird in dem für Matthäus zugerichteten
Feuer verbrannt. Christus erscheint dem Apostel, und befiehlt ihm,
das Volk zu taufen. An der Stelle des Apollotempels wird eine Kirche
gebaut und Armis zum Bischof gemacht. Matthäus aber wandert weiter.

Hieran reiht sich in beiden Texten (Synaxarium ed. Wüstenfeld
l. c. Malan p. 56—60) das **Martyrium des Matthäus.** Dasselbe
steht aber mit der vorhererzählten Legende ursprünglich in gar keinem
Zusammenhang, sondern verlegt den Schauplatz der letzten Thaten und
Schicksale des Apostels nach Parthien.

Verhältnis des griechischen Martyriums
zu den koptischen Acten des Matthäus in Kahanat.

Dagegen besteht zwischen dem griechischen μαρτύριον und den koptischen (äthiopischen) Acten des Matthäus in Kahanat (oder im Wahrsagerlande) eine sehr nahe Beziehung. Wenn das Synaxarium den Apostel erst aus der Wahrsagerstadt zu dem Lande der Glückseligen reisen lässt, wo er den Herrn sieht, der, von 144000 Engeln umgeben, zu ihnen kommt und bei jedem Feste unter ihnen gegenwärtig ist, so zeigt schon eine Vergleichung des griechischen Textes mit dem Aethiopen, dass letzterer hier das Ursprüngliche hat. Das Synaxar beginnt, ohne der andern Apostel zu gedenken, sofort mit der Reise des Matthäus ins Land der Wahrsager. Als er die Stadt betreten will, begegnet ihm ein junger Mann, der ihm die Weisung gibt, Kopf und Bart zu scheeren und einen Palmenzweig in die Hand zu nehmen. Der Apostel that wie ihm geheissen war. Als er aber genauer hinsah, erschien ihm der Herr in der ihm bekannten Gestalt; es war der junge Mann, den er gesehen hatte. Darauf betritt er die Stadt und wird dort für einen Wahrsager gehalten. Das Weitere stimmt durchaus mit dem äthiopischen Texte überein, nur in kürzerer Fassung.

Wenn der Herr in den äthiopischen Acten als junger Schäfer, im griechischen μαρτύριον aber in der Gestalt eines der psalmensingenden bethlehemitischen Kinder im Paradiese erscheint, so ist dies eine unbedeutende Differenz. Entscheidend ist, dass das Martyrium hier auf die Erzählung der äthiopischen Acten von dem Besuche des Apostels im Paradiese zurückblickt. Denn eben dieses ist nach der gegebenen Schilderung deutlich unter der Stadt „der Erfreuung" oder (mit dem Synaxar) dem „Lande der Glückseligen" gemeint. Die Entrückung des Matthäus ins Paradies ist im äthiopischen Texte nur eine Episode; den Anfang bildet sein Zusammentreffen mit Petrus und Andreas, denen er erzählt, was er im Paradiese geschaut hat, und die Entsendung jedes der drei durch den Herrn in ein andres Land. Wie nun in dem griechischen μαρτύριον Matthäus allein auf „dem Berge" sitzt, so heisst es hier, er habe allein seine Wanderung fortgesetzt. Damit wird das oben Gefundene bestätigt, dass das griechische μαρτύριον auf die Erzählung der Acta Petri et Andreae von einem Zusammentreffen des Matthäus mit Petrus und Andreas auf „dem Berge" zurückweist.

Im weiteren Verlaufe ist die koptische und äthiopische Legende stark umgestaltet. Die Bewohner der „Wahrsagerstadt" werden hier nicht als Menschenfresser geschildert. Dennoch erinnert an die acta Andreae et Matthaei der Zug, dass der Apostel gebunden und durch

die Strassen geschleift wird, bis das Blut in Strömen fliesst und die
Fleischfetzen herabfallen. Was dort von Andreas erzählt ist (Tischend.
p. 158, 10 sq.), wird hier auf Matthäus übertragen. Mit dem griechischen μαρτύριον stimmt der Zug überein, dass der Apostel verbrannt
werden soll, das Feuer aber statt seiner die Götzenbilder (oder das
Götzenbild) verzehrt. Im Uebrigen finden sich kaum einige Berührungspunkte. Der Oberpriester Armis erinnert an die Rolle, die im griechischen Martyrium der Bischof Platon spielt, wenigstens wird auch er zuletzt Bischof der Christen; auch der König, der den Apostel verbrennen
will, wird hier wie dort bekehrt. Die Erweckung des Königssohnes
erinnert an die Austreibung des Dämons aus dem Königssohne (freilich
auch aus seiner Mutter und Gattin) im griechischen Texte. Statt des
Weinstocks, den Matthäus vor der Kirchenthür aufpflanzt und der zum
mächtigen Baume wird, hat er hier einen Palmenzweig in der Hand, als
er die Stadt betritt. Der Hauptunterschied bleibt, dass in den äthiopischen Acten Matthäus, nachdem er den König bekehrt, weiter nach
Parthien wandert, während er im griechischen Texte in der Menschenfresserstadt stirbt. Dies hängt damit zusammen, dass die Tradition der
koptischen (beziehungsweise äthiopischen) Kirche, die in dem griechischen μαρτύριον erhaltene Legende mit der noch zu besprechenden parthischen Matthäustradition zu Einem Ganzen verschmolzen hat. Wie
daher schon der Schauplatz der ersten Handlung in das „Land der
Wahrsager", d. h. der Magier, also wol Babylonien, verlegt wird, so
muss der Apostel darnach nach Parthien weiterreisen, und dort den
Märtyrertod sterben.

Abgesehen von dem Anfange der äthiopischen Erzählung bis zum
Eintritte des Apostels in die Stadt haben sich hier von dem Ursprünglichen wenig oder gar keine Reste erhalten, welche sich zur Ergänzung
des griechischen Textes verwerthen liessen.

Wahrscheinlich begann die Erzählung nicht wie die älteren περίοδοι mit der Aposteltheilung, sondern wie im Aethiopischen mit der Zusammenkunft der drei Apostel. Die Entsendung eines jeden in die ihm
zugewiesene Provinz erfolgt daher — wie ebenfalls der Aethiope noch
richtig erhalten zu haben scheint — durch eine Christophanie, ähnlich
wie in den Acten des Andreas und Matthäus die Entsendung des erstern
aus dem Lande wo er lehrte zur Befreiung seines von den Menschenfressern bedrängten Collegen. Die Darstellung des griechischen μαρτύριον ist also am Anfange verkürzt [1]. Im Wiener Codex führt es die

1) Ob etwa die von Leo Allatius de Simeonibus p. 122 angeführte ano-

Ueberschrift πρᾶξις καὶ μαρτύριον τοῦ ἁγίου καὶ ἐνδόξου ἀποστόλου
καὶ εὐαγγελιστοῦ Ματθαίου.

Ursprünglich gnostischer Charakter des Martyriums.

Die ursprüngliche Schrift wollte von einem Augenzeugen, also wol
von einem Apostelschüler verfasst sein, und einmal ist noch in unserem
Texte die erste Person stehen geblieben: καὶ ἐν τῷ εἰσέρχεσθαι τὴν
κλίνην ἐν τῷ παλατίῳ ἐθεασάμεθα πάντες τὸν Ματθαῖον ὡς ἀπὸ
τῆς κλίνης ἀναστάντα ... καὶ ἴδομεν πῶς τὸ παιδίον ἐκεῖνο ἐν ὁμοιώ-
ματι τούτων ἐστεφάνωσεν τὸν Ματθαῖον (Tischend. p. 183, 14 sqq.).
Der ursprünglich gnostische Charakter unserer Erzählung
leuchtet aus der katholischen Bearbeitung noch deutlich hervor.
Gnostisch ist die bereits erwähnte Selbstbezeichnung Jesu (p. 168, 9 sqq.):
ὁ παράδεισος ἐγώ, ὁ παράκλητος ἐγώ, ἡ δύναμις τῶν ἄνω δυνατῶν
ἐγώ, ἡ ἰσχὺς τῶν ἐγκρατευομένων ἐγώ, ὁ στέφανος τῶν παρθένων
ἐγώ κτλ. Auch die weitere Bezeichnung des Kindes Jesus (p. 169, 2 sq.)
als ὁ τῶν αἰώνων πρεσβύτερος hat, wie die gleich folgenden Worte τῶν
αἰώνων τούτων πάντων πατὴρ ἐγώ εἰμι beweisen, gnostischen Klang.
Demselben häretischen Vorstellungskreise gehört die Bemerkung an,
dass die Gläubigen früher ἄμορφοι gewesen seien, jetzt aber seien sie
διὰ Χριστοῦ μεμορφωμένοι, wobei man an die μόρφωσις διὰ τῆς γνώσεως zu denken haben wird (p. 171, 10 sq.). Auf einen gnostischen Brauch
geht es auch zurück, wenn Matthäus, um sich zu dem bevorstehenden
Leiden zu stärken, sich am ganzen Leibe „versiegelt" (κατασφραγίσας
ἑαυτὸν καθ᾽ ὅλου τοῦ σώματος (p. 172, 13 sq.). Die ganze Scenerie
endlich verräth ebenso wie in den actis Andreae et Matthaei gnostischen Geschmack: so die wiederholte Erscheinung Jesu in Knabengestalt
(p. 167--170; 175, 13; 178, 5; 183, 19; 185, 15), die Rolle, welche der
von Matthäus ausgetriebene, als Soldat verkleidete, Dämon spielt (p. 174,
13 sqq.), sein durch einen Engel ihm aufgezwungenes Geständnis der
Wahrheit (p. 175, 24), der Zug, dass der Apostel nur freiwillig zu sterben
vermag (p. 175, 26), ferner der visionäre Charakter der ganzen Erzählung,
die Unsichtbarkeit des Apostels, obwol man seine Stimme vernimmt
(p. 175, 5), die himmlischen Erscheinungen und Stimmen, das gespenstische
Fortleben des getödteten Leibes des Apostels (p. 183 sq., 185, 13 sqq.),

nyme Schrift Ματθαῖος ἀπόστολος καὶ μὴν εὐαγγελιστῆς ἦν μὲν ἐκ πόλεως
Ἱερουσαλήμ mit jenen alten Matthäusacten zusammenhängt, kann ich nicht
sagen. Dieselbe ist ungedruckt und mir nicht zugänglich.

seine Himmelfahrt und seine Bekränzung im Himmel (p. 183, 15), das
wunderbare Kreuz über dem Wasser (p. 185, 19), die dem Platon zu Theil
gewordene Matthäusvision (p. 185, 12 sqq.) u. A. m. Auch die Anrede ὼ
Ἀσμοδαῖε βεελζεβοὺλ σατανᾶ (p. 177, 23) und die „hebräischen" Gebetsworte, mit welchen der Apostel Gottes Beistand anruft Ἀδωναῖ ἐλωῖ
σαβαὼθ μαρμαρῖ μαρμούνθ (p. 181, 7) und mit denen er bald nachher
aus dem Leben scheidet (p. 182, 18) sind ganz im Stile dieser gnostischen
Literatur.

Die Abfassungszeit der ursprünglichen acta Matthaei kann
keinesfalls höher als in den Anfang des 3. Jahrhunderts hinaufgerückt
werden, da der Gnostiker Herakleon noch nichts von dem Märtyrertode
des Matthäus weiss (Herakleon bei Clem. Str. IV, 9). Wahrscheinlich aber
fällt ihre Entstehungszeit noch um einige Zeit später, da sie kein Bestandtheil der ursprünglichen „leucianischen" Sammlung gebildet haben.

In der gegenwärtigen Gestalt sind die Matthäus-Acten noch stärker
als die acta Andreae et Matthaei katholisch überarbeitet, wie das Gewicht-
legen auf die hierarchischen Ordnungen (p. 168, 13; 187, 15 sqq.), auf
das Mönchthum (p. 176, 9), den Reliquiendienst (p. 179, 14), die Seelen-
messen (p. 184, 10), das vierzigtägige Fasten (p. 167, 16) und die ausgebildeten liturgischen Formen zeigen, bei deren Beschreibung der Redactor
mit sichtlicher Vorliebe verweilt (p. 184 sq. vgl. p. 172, 18 sqq.). Der
Bischof nimmt das Evangelienbuch und das Psalterium Davids, lässt
den Sänger auf einen hervorragenden Platz treten und stimmt an
„Geehrt vor dem Herrn ist der Tod seiner Heiligen" und abermals
„Ich schlief und schlummerte; ich erwachte, denn der Herr wird meiner
sich annehmen"; die Gemeinde respondirt den Gesang Davids: „Wird
der Schlafende nicht fortfahren zu auferstehn? Jetzt werde ich auferstehen, spricht der Herr" und Alle rufen Hallelujah [1]. Der Bischof
liest das Evangelium, Alle rufen „Ehre sei dir, Verherrlichter im Himmel
und auf Erden". Darauf folgt die Darbringung des heiligen Opfers für
Matthäus und die Feier der Eucharistie (p. 184, 14—185, 11). Die

---

1) Ψάλλειν ἤρξατο ἐν ὕμνοις ᾠδῆς τῷ θεῷ Τίμιος ἐναντίον κυρίου ὁ
θάνατος τῶν ὁσίων αὐτοῦ (LXX ψ 115, 6)· καὶ πάλιν· Ἐγὼ ἐκοιμήθην καὶ
ὕπνωσα· ἐξηγέρθην, ὅτι κύριος ἀντιλήψεταί μου (LXX ψ 3, 6). καὶ ὑπήκουον
ὕμνον ᾠδῆς τοῦ Δαυίδ· Μὴ ὁ κοιμώμενος οὐχὶ προσθήσει τοῦ ἀναστῆναι (LXX
ψ 40, 9); νῦν ἀναστήσομαι, λέγει κύριος. καὶ πάντες ἐκέκραξαν Ἀλληλούϊα.
Cod. Vindobon. liest statt der letzten Worte (von νῦν ἀναστήσομαι an): καὶ
πάντες ὑπέψαλλον εἶθ' οὕτως τὸ Ἀλληλούϊα. καὶ ἀναστήσομαι, λέγει κύριος,
θήσομαι ἐν σωτηρίᾳ, παρρησιάσομαι ἐν αὐτῷ (LXX ψ 11, 6). καὶ πάντες ἔκρα-
ξαν Ἀλληλούϊα.

Tauflandlung vollzieht sich durch Bekreuzigung, Salbung und Untertauchen; beim Untertauchen erfolgt der Taufact selbst auf Vater, Sohn
und Geist. Dem Wiederemporgestiegenen werden glänzende Kleider angelegt; darauf empfängt er sofort die Eucharistie in Gestalt von Brot und
mit Wasser gemischtem Wein. Die Spendeformel lautet „Dieser Leib
Christi und dieser Kelch, sein für uns vergossenes Blut, gereiche dir zur
Vergebung der Sünden, zum Leben". Eine Stimme aus der Höhe ertönt „Amen, Amen" (p. 186 sq.).

Möglicherweise könnten in den Hymnen noch einige gnostische
Reste enthalten sein. Finden sich auch alle angeführten Psalmworte
wörtlich im A. T., so ist doch durch ihre Zusammenstellung ein neues
und eigenthümliches Ganzes entstanden, welches leicht eine gnostische
Deutung zulässt. In diesem Falle wäre die Stelle nicht ohne Bedeutung
für unsere Kenntnis des gnostischen Cultus. Citate aus den kanonischen
Schriften des N. T. finden sich nirgends; doch nimmt gleich der Eingang auf Matth. 2, 16 ff. Bezug, und das ἐγγραϑά p. 178, 14 ist aus
Mc. 7, 34 entlehnt. Beides kommt übrigens schon auf Rechnung der
ursprünglichen Schrift. Indessen reicht schon das oben Angeführte aus,
um den katholischen Bearbeiter kenntlich zu machen. Die schärfer
zugespitzten dogmatischen Formeln einer späteren Zeit fehlen allerdings,
aber offenbar nur, weil der Bearbeiter, wol ein griechischer Mönch
frühestens aus dem 5. Jahrh., mehr Sinn für erbauliche Legenden, als
für theologische Distinctionen besass.

Jedenfalls hat die Bearbeitung sehr tief in das ursprüngliche Wort-
gefüge eingegriffen. Auch abgesehen von dem bereits oben Bemerkten
steht vieles jetzt zusammenhangslos da; so die Notiz von der früheren
Erbauung einer Kirche in der Menschenfresserstadt durch Matthäus und
Andreas (p. 169, 6), wovon die gegenwärtigen acta Andreae et Matthaei
ebenfalls nichts wissen; ebenso die Einführung des Bischofs Platon, der
nach der Fassung der Sage in dem angelsächsischen Gedicht durch
Andreas geweiht ist, und hier als bekannte Persönlichkeit erscheint,
obwol er in unsern actis Andreae et Matthaei mit Stillschweigen übergangen wird. Auch die Geschichte von der Dämonenaustreibung
p. 170, 2 sqq. setzt wol ein früheres Zusammentreffen des Dämons mit dem
Apostel voraus, doch ist hier die Erzählung nicht ganz klar. Der Bearbeiter hat übrigens aus dem Einen Dämon, welcher drei Personen zugleich besitzt, eine Mehrzahl gemacht, im Widerspruche sowol mit dem
unmittelbar Vorhergehenden als mit der späteren Darstellung.

In lateinischer Sprache hat sich in einem cod. Paris. lat.
12598 (S. Germ. 1045 olim 641) saec. VIII eine leider unvollständige

Bearbeitung des Martyriums des Matthäus unter den Menschenfressern erhalten. Die Eingangsworte lauten f. 46ʳ: '*Incipit passio sancti Matthei apostoli XVIII kl. Decembris. Mattheus discipulus domini et fidelis in Christo apostolus secundum quod eum sors teligerat, ut iret in regionem eorum qui homines comedebant etc.*'. Leider ist der Text nur sehr fragmentarisch erhalten; überdies ist der alte in longobardischer Schrift geschriebene Codex schwer leserlich. f. 46ᵛ bricht die Erzählung mit den Worten ab: '*Mattheus et signavit se signaculum Christi et surgens abiit in ecclesiam domini et erat ieiunans et conflectens genua orabat quamdiu veniret [?] episcopus Platon cum presbyteris*'. Der Rest ist verloren, f. 47ʳ beginnt die vita Servatii ¹). Katholische Excerpte aus dem griechischen Martyrium Matthaei begegnen uns auch in den griechischen Menäen zum 16. November (Venetianer Ausgabe 1684 p. 130 sqq. ²), vgl. auch Acta SS. Septemb. T. VI p. 196 sqq.) und bei Nikephoros Kallistos h. e. II, 41, vgl. auch Tischend. prolegg. p. LXI sqq.). Auch das Menologium des Basilios erwähnt zum 16. November (ed. Albani I, 192; Migne Patr. gr. CXVII, 164), dass Matthäus viele Qualen bei den Anthropophagen erduldet und den Platon als Bischof daselbst eingesetzt habe.

Geschichtlicher Werth.

Von dem ursprünglichen Kern dieser Acten gilt Aehnliches, wie von den actis Andreae et Matthaei. Die Sage von der Missionswirksamkeit und dem Feuertode des Matthäus in Myrmekion auf dem taurischen Chersonnes reicht wol in dieselben Zeiten hinauf wie die Andreassage. Die Erinnerung an wirkliche Zustände blickt sogar hier noch deutlicher

---

1) Ueber eine lateinische Nacherzählung der Acten des Andreas und Matthäus unter den Menschenfressern siehe unten bei den Acten des Matthias.

2) Die Menäen schicken folgende Verse voraus:

Σώζεις Ἰησοῦ καὶ τελώνας σοὶ χάρις·
οὕτω βοᾷ Ματθαῖος ἐκ πυρὸς μέσου.
ἀκάματον Ματθαῖον πῦρ δεκάτῃ κτάνεν ἕκτῃ.

Auf die neutestamentlichen Nachrichten folgt zunächst die Notiz, dass Matthäus das seinen Namen tragende Evangelium verfasst, und den Juden gebracht habe, nachdem er die Parther und Meder gelehrt, eine Kirche gegründet und viele Wunder gethan habe. Darauf folgt die ausführliche Geschichte seines Martyriums, eingeleitet mit ὕστερον ὑπὸ τῶν ἀπίστων διὰ πυρὸς τελεῖται.

hindurch. Wie Gutschmid (a. a. O. S. 394) erinnert, weist in diese Gegend „auch die Verehrung des Satyr, unter welchem Priapos gemeint sein wird, dessen Cultus in den pontischen Niederlassungen der Jonier verbreitet war". „Von den Eigennamen ist wenigstens der der Königin als mäotisch nachweisbar: Ζιφάγια (so hat die Pariser Handschrift des Martyr. Matth. sect. 28 p. 187) ist die weibliche Form des Namens Ζαβάγιος, der auf einer Inschrift von Gorgippeia aus der Zeit des Sauromates II vorkommt (C. I. Gr. 2130 lin. 27). Wenn Nikephoros Kallistos Recht hätte, ihrem Gemahl und ihrem Sohne den römischen Namen Φουλβιανός zu geben, so wäre dies ein weiterer Beweis, dass reale Zustände den Hintergrund der fabelhaften Handlung bilden. Die Könige der pontischen Barbaren führen in der Kaiserzeit als Nebennamen, oft aber auch als Hauptnamen römische, die meistens, jedoch nicht immer, dem des regierenden Kaisers entnommen sind; ein von Trajanus eingesetzter König der Apsilen hiess Ἰουλιανός (Arrian. Peripl. Ponti Eux. 15), wol einem benachbarten römischen Statthalter zu Ehren. Möglich aber, dass Φουλβανός richtig und ein sonst nicht zu belegender mäotischer Name ist".

Die parthische Matthäus-Legende.

Andere Angaben versetzen den Matthäus bald nach Persien oder ins parthische Reich, bald nach Aethiopien [1]). Die eine wie die andere Ueberlieferung lässt sich bis ins 4. Jahrhundert zurückverfolgen. Die parthische oder persische Matthäussage ist namentlich bei lateinischen Schriftstellern verbreitet. Ihrer gedenken schon Ambrosius von Mailand (in Psalm. 45) [2]) und Paulinus von Nola (carmen 26) [3]). Unter den späteren Lateinern ist namentlich das 'Breviarium apostolorum' zu nennen, welches den Apostel zuerst in Judäa und Makedonien (!) das Evangelium predigen, zuletzt in Persien Märtyrer

---

1) Vgl. die Zusammenstellungen bei Tillémont mémoires I, 391 ff. und in den Actis SS. zum 21. September.

2) Ambrosii opp. ed. Colon. 1616 T. I, p. 385: '*Illis quidem etiam interclusa barbaricis montibus regna patuerunt, ut Thomae India, Matthaeo Persia*'.

3) Paulini opp. cum notis Fronton. Ducaei et Herib. Rosweydii Antwerpen 1622, p. 627 (auch bei Gallandi VIII, 212): '*Parthia Matthaeum complectitur India Thomam*'.

werden und in den „parthischen Bergen" bestattet sein lässt [1]). Mit dem Texte des Breviarium stimmt der des angeblichen Isidorus de vita et obitu sanctorum (in den Basler Monum. Patrum Orthodoxographa II, 598) wörtlich überein, und derselbe Text hat auch in einzelne Handschriften der weiter unten zu besprechenden lateinischen passio Matthaei (in der Abdiassammlung) Eingang gefunden [2]). Persien wird als das Land, in welchem der Apostel begraben liege, auch im Martyrologium Hieronymianum erwähnt, welches seiner nach der übereinstimmenden Tradition der lateinischen Kirche zum 21. September, daneben auch zum 1. Mai, 6. Mai, 14. Mai, 21. Mai, 7. October gedenkt [3]). Wo der Ort seines Todes erwähnt wird, wie in den codd. Lucc. Wissemb. bei Florentini, den codd. Corbej. maj. und min. und von Reichenau, desgleichen bei Florus, wird die Stadt Tarsium ('Tarseum, Tarrium) in Persien genannt [4]). Tarsium ist ein Vorgebirge in Karamanien, Tarsyana eine ebendort gelegene Stadt. Die Notiz, dass Matthäus „in der Stadt Tarsium" in Persien begraben liegen soll, scheint also, wie schon Gutschmid (a. a. O. S. 389 flg.) bemerkte, auf eine Localtradition von

---

1) *Matthaeus apostolus et evangelista qui interpretatur donatus. Hic etiam ex tribu sua Levi sumpsit cognomentum, ex publicano a Christo electus. Primum quidem in Judaeam evangelizavit, postmodum in Macedonia [Mesopotamia?] et passus in Persida. requiescit in montibus Parthorum XI. kal. Octobris'.* So in den gedruckten Texten bei d'Achery, Martène und Florentini, ferner in codd. Paris. lat. 2136. 12604. Genovef. Paris. H. 1. 10 und mit einigen indifferenten Zusätzen auch Paris. lat. 2543. Vgl. auch den laterculus apostolorum in cod. Paris. lat. 9562 f. 142ʳ col. 2: *'Matthaeus in montibus Parthorum'.* Ferner Freculph im Chronicon II, 2, 4 *'Matthaeus..... requiescit in montibus Parthorum'.*

2) So der in den Actis SS. zum 21. September erwähnte cod. Vatic. lat. 1188.

3) Kal. Mai. in codd. Lucc. Epternac. bei Florentini, Corbej. major bei d'Achery und in martyr. Gellonense, Augustan. Labbean.; prid. non. Mai. in codd. Lucc. Epternac. Corbej. maj., martyrol. Gellon. Morbac. Rhinov. Richenov. Augustan. Labbean.; id. Mai. martyrol. Corbej. min.; XII. Kal. Jun. in codd. Epternac. Corbej. maj. Morbac. Augustan. Gellon.; non. Octob. in codd. Lucc. Epternac. Wissemb. Corbej. maj. Gellonense Autissiodor. Corbej. min. Richenov. August. Labbean.

4) In dem Texte der notitia apostolorum bei Vallarsi (opp. Hieronymi T. XI col. 545) heisst es, dass Matthäus *'in Aethiopia in civitate Thartium'* gelitten habe: eine offenbare Vermischung der parthischen und der äthiopischen Sage. Cod. Paris. lat. 10837 f. 3ʳ und cod. Epternac. lesen in der notitia apostolorum zu XI. kl. Octobris: *'Natalis S. Matthaei apostoli qui passus est in Persida'.* Der Zusatz *'in Persida'* findet sich auch sonst noch häufig in den Texten des Martyr. Hieronym.

Tarsyana zurückzugehn¹). Bei griechischen Schriftstellern begegnet
uns die parthische Matthäuslegende zuerst um die Mitte des 5. Jahrhunderts in den Apostelverzeichnissen des Pseudo-Epiphanios,
Pseudo-Dorotheos und Pseudo-Hippolyt. Nach dem Texte
des Pseudo-Epiphanios (cod. Paris. gr. 1115) stammt Matthäus von
Jerusalem, schreibt daselbst sein Evangelium in hebräischer Sprache
und übergibt es den heil. Aposteln. Jakobus, der Bruder des Herrn,
übersetzt es ins Griechische (!). Als seine Todesstätte aber wird Hierapolis in Parthien, d. h. Mabug am Eufrat genannt, wo er auch ehrenvoll begraben liege. Aehnlich berichtet der Dorotheostext A (cod.
Vindob. und in der lateinischen Uebersetzung bei Musculus), der jedoch
nur von der Uebergabe des Evangeliums an Jakobus, den Bruder des
Herrn, nicht von der Uebersetzung durch letzteren weiss. Als Todesstätte wird ganz ebenso Ἱεράπολις τῆς Παρθίας genannt. Pseudo-
Hippolyt (bei Combefis) hat dieselbe Tradition vorgefunden, doch
ist hier der Name der Stadt Hierapolis verderbt. Da das Gebiet westlich
vom Eufrat wol zeitweilig von den Parthern occupirt war, aber niemals
zum parthischen Reiche gehörte, so scheint die Bezeichnung „Hierapolis in Parthien" eine Ausgleichung zweier verschiedener Traditionen
zu sein. Der Dorotheostext B (bei Ducange) bezeichnet die Stadt
Hierapolis als Ἱεράπολις τῆς Συρίας, stellt also die genauere geographische Bezeichnung wieder her. Alle genannten Zeugen lassen den Apostel dort in Frieden sterben. Eine eigenthümliche Textgestalt bietet
dagegen die Chronik des angeblichen Symeon Logothetes (cod.
Paris. gr. 1712). Dieselbe nennt nur den Namen des Landes — Parthien —, nicht den Namen der Stadt, und combinirt mit der Angabe,
dass der Apostel im Frieden gestorben sei, harmlos die entgegengesetzte
Tradition seiner Steinigung. Wieder anders der Text „des Hippolyt
von Rom und Dorotheos von Tyros" bei Lagarde Constt. App. 283.
Derselbe lässt das Evangelium vielmehr von Johannes, dem Sohne des
Zebedäos, ins Griechische übersetzt werden und berichtet, offenbar auf
Grund einer Reminiscenz an die gnostischen Acten, den Feuertod des
Matthäus zu Hierapolis „in Syrien". Die σύναξις zum 30. Juni nennt
in dem handschriftlichen Texte (Paris. gr. 1587. 1588. 1575) ebenfalls
Hierapolis in Syrien als Todesstätte, als Todesart aber übereinstimmend

---

1) Vgl. auch Amrus in der vita des Mares bei Assemani (B. O. III, 2,
p. V): 'quodsi aliquando aliquas Orientis partes cum iis, hoc est cum Thoma,
Adaeo et Mari, Matthaeus evangelista obiit, non tamen Nisibis et Assyriae
fines transgressus est, sed iis lustratis mox rediit'.

mit dem Pseudo-Logotheten die Steinigung. Letztere berichtet auch das Menologium des Basilios zum 30. Juni, ohne Angabe der Todesstätte. In dem gedruckten Texte der Menäen zum 30. Juni (S. ρχδ′) wird ebenso wie in dem Texte bei Lagarde statt der Steinigung der Feuertod genannt [1]). Die Menäen zum 16. November erwähnen ebenfalls den Feuertod, und lassen den Apostel vorher ausdrücklich den Parthern und Medern predigen (l. c. S. ρλ′).

Von den späteren griechischen Schriftstellern kommt namentlich Symeon Metaphrastes als Zeuge für die persische Matthäuslegende in Betracht. Seine sonst ziemlich werthlose vita Matthaei mit den Anfangsworten ἤδη μὲν τὴν παρὰ τοῦ πλάσαντος ἡμᾶς δοθεῖσαν φυλάτ-

1) Pseudo-Epiphanios: Ματθαῖος δὲ ὁ εὐαγγελιστὴς ἦν ἀπὸ Ἱερουσαλὴμ καὶ ἐκεῖ συνέγραψε τὸ εὐαγγέλιον τοῦ κυρίου τῇ ἑβραΐδι διαλέκτῳ καὶ ἐξέδωκε αὐτὸ τοῖς ἁγίοις ἀποστόλοις καὶ ἑρμηνεύων αὐτὸ Ἰάκωβος ὁ ἀδελφὸς τοῦ κυρίου. ἐκοιμήθη δὲ ἐν Ἱεραπόλει τῆς Παρθίας καὶ ἐτάφη ἐνδόξεως. ἐν γάρ τῷ κοσμικῷ αὐτοῦ βίῳ ἐγένετο ἀρχιτελώνης, ἐν δὲ τῇ ἐκλογῇ τῶν ἀποστόλων ἐγένετο ἀρχισυγγραφεὺς τῶν ἁγίων μυστηρίων τοῦ κυρίου ἡμῶν Ἰησοῦ Χριστοῦ. Dorotheos A (cod. Vindobon): Ματθαῖος ὁ εὐαγγελιστὴς τὸ εὐαγγέλιον τοῦ κυρίου Ἰησοῦ Χριστοῦ τῇ ἑβραΐδι διαλέκτῳ συνέγραψεν· καὶ ἐκδέδωκεν αὐτὸ ἐν Ἱερουσαλήμ Ἰακώβῳ τῷ ἀδελφῷ τοῦ κυρίου τῷ κατὰ σάρκα, ἐπισκόπῳ ὄντι τῆς Ἱερουσαλήμ· ἐκοιμήθη δὲ ἐν Ἱεραπόλει τῆς Παρθίας καὶ ἐκεῖ θάπτεται ἐνδόξως. Cod. Matrit.: Ματθαῖος ὁ εὐαγγελιστὴς τὸ εὐαγγέλιον συνέγραψε ἑβραΐδι διαλέκτῳ· ἐκοιμήθη δὲ ἐν Ἱεραπόλει τῆς Παρθίας κἀκεῖ τέθαπται. Der vor den Werken des Oikumenios gedruckte Text schreibt τῇ ἑβρ. διαλ. γράψας ἔδωκεν, sonst ebenso. Pseudo-Hippolyt (bei Combefis): Ματθαῖος δὲ τὸ εὐαγγέλιον ἑβραϊστὶ συγγράψας (Combefis γράψας) δέδωκεν ἐν Ἱερουσαλὴμ καὶ ἐκοιμήθη ἐν Ἱερέει [Ἱερέη Coislin. 296 ιερει Paris. gr. 1555 A] τῆς Παρθίας [Παρθενίας Coislin. 296]. Dorotheos B: Ματθαῖος ὁ εὐαγγελιστὴς τῇ ἑβραΐδι διαλέκτῳ τὸ εὐαγγέλιον παραδούς, τῇ ἐν Ἱεροσολύμοις ἐκκλησίᾳ κηρύξας τὸν Χριστὸν τελειοῦται ἐν Ἱεραπόλει τῆς Συρίας. Pseudo-Logothetes: Ματθαῖος ὁ εὐαγγελιστὴς καὶ τελώνης ἐν εἰρήνῃ τῆς Παρθίας τελειοῦται λίθοις. Pseudo-Hippolyt bei Lagarde: Ματθαῖος ὁ τελώνης· οὗτος τῇ ἑβραΐδι γλώσσῃ τὸ εὐαγγέλιον αὐτοῦ συνεγράψατο πρῶτος ἐν Ἱερουσαλήμ· ἡρμηνεύθη δὲ τῇ ἑλληνικῇ γλώσσῃ ὑπὸ Ἰωάννου τοῦ Ζεββεδαίου· οὗτος κηρύξας τὸν Χριστὸν ἐν Ἱεραπόλει τῆς Συρίας πυρὶ τελειοῦται. (Im Scholion bei Lagarde fehlt Matthäus; Pseudo-Sophronios gibt hier nur eine Uebersetzung von Hieron. vir. illustr. cap. 3). Σύναξις zum 30. Juni (codd. Paris. 1587. 1588) Ματθαῖος ὁ καὶ Λευΐς καὶ ἀδελφὸς Ἰακώβου τοῦ Ἀλφαίου, ὁ τελώνης καὶ εὐαγγελιστής, ὁ καὶ ποιήσας δοχὴν μεγάλην τῷ Ἰησοῦ, ἐκοιμήθη ἐν Ἱεραπόλει τῆς Συρίας λίθοις βληθεὶς ὑπὸ τῶν διωκτῶν. Ebenso cod. Paris. 1575, nur kürzer: Ματθαῖος ὁ καὶ Λευΐς ὁ τελώνης καὶ εὐαγγ., ἐκοιμήθη κτλ. Dagegen schreiben die gedruckten Menäen zum 30. Juni nach ἐν Ἱεραπ. τῆς Συρίας vielmehr διὰ πυρὸς τελειωθείς. Menolog. Basilii zum 30. Juni: ἔνατος Ματθαῖος ὁ λιθοβοληθείς.

τοντες ἐντολήν (griechisch bei Migne Patr. gr. CXV c. 813 sqq.) lässt den Apostel, nachdem er sein Evangelium geschrieben hat, zu den „damals der persischen Herrschaft unterworfenen Parthern", dann in „die Gegenden von Palästina" [1]), kommen und zuletzt in dem ihm durchs Loos zugefallenen syrischen Hierapolis am Eufrat (Mabug) friedlich entschlafen [2]).

Das koptische (äthiopische) Martyrium des Matthäus.

Ein directes Zeugnis für diese Tradition legt das äthiopische Martyrium des Matthäus (Malan p. 56—60), welches seiner zum 12. Tekemt (9. October) gedenkt. Das arabische Synaxarium zum 12. Babeh (9. October) nennt das Land nicht, in welchem der Apostel den Märtyrertod starb, erzählt aber dieselbe Legende, nur in kürzerer Fassung.

Matthäus kommt nach Jerusalem, um sein Evangelium in hebräischer Sprache zu schreiben. Dann predigt er den Apayenno (?), bestärkt sie im Glauben und wandert weiter nach Parthien. In einem Gefängnisse, das er besucht um Kranke zu heilen, findet er einen Diener des Richters Augustus (im Synaxar vielmehr Festus), den sein Herr eingekerkert hatte, weil er mit einem ihm anvertrauten Schiffe auf dem Meere von Anagdu Schiffbruch gelitten und so das Gut seines Herrn verloren hatte. Der Apostel sagt dem Manne voraus, am folgenden Tage werde ihn sein Herr holen lassen, um ihn zu geisseln, und weist ihn an, jenen um eine zweitägige Frist zu bitten, damit er das Verlorene wieder herbeischaffe. Dies geschieht, der Gefangene erhält

---

1) καὶ τά κατά τὴν Παλαιστίνην περιελθὼν κλίματα, πλήθεσί τε συμπλακεὶς πολυγλώσσοις — ἐκήρυξε. Aber der Richtung nach (von Parthien nach Ostsyrien) muss Mesopotamien gemeint sein; und wie kämen die „vielsprachigen" Völker nach Palästina?

2) Von den beiden lateinischen Uebersetzungen lässt ihn die eine bei Lipomanus vitae sanctorum T. V f. 137 sq. zu den „Thebanern" kommen: 'apud Thebanos qui imperio Persarum nondum accesserant'. Der griechische Text (cod. Paris. gr. 1430) liest: Παρθυαίοις μήπω τῇ Περσῶν ἀρχῇ προσθεμένοις τὴν σωτηρίαν εὐηγγελίζετο. Der Uebersetzer las statt Παρθυαίοις wol παρὰ Θηβαίοις. Umgekehrt hat die zweite Uebersetzung (von Sirlet) bei Surius zum 21. September und den Bollandisten Acta SS. Sept. VI, 226 sq. (vgl. Lipoman. VII f. 256) aus Hierapolis in Syrien (καὶ τὴν ἀποκληρωθεῖσαν αὐτῷ Ἱεράπολιν τῆς Συρίας τῷ τοῦ Εὐφράτου μέρει διακειμένην καταλαμβάνει) Aethiopien, und aus seinem im Originale berichteten friedlichen Ende (ἐν εἰρήνῃ πρὸς τὸν τῆς εἰρήνης ἀναλύει θεόν) den Martertod gemacht.

auf zwei Tage seine Freiheit, und durch ein Wunder entdeckt er auf dem Meeresgrunde an der Stelle, wo das Schiff gescheitert ist, eine Börse mit Gold. Als er das Gold dem Augustus (Festus) zurückbringt, schilt dieser ihn einen Dieb. Zum Beweise seiner Unschuld beruft sich der Mann auf das Zeugnis des Matthäus. Aber ein böser Mann (Dämon?) verklagt den Apostel, weil er durch die Predigt eines neuen Gottes die Stadt ins Verderben stürze. Augustus meldet dies dem Könige, worauf dieser den Matthäus enthaupten und seinen Körper den Vögeln vorwerfen lässt [1]). Zwei von Gott gesandte Männer heben das Haupt des Heiligen auf und begraben seinen Leichnam im Begräbnisse seiner Väter; sechszehn Tage nachher folgt auch der aus der Schuldhaft befreite Gefangene dem Apostel im Tode nach.

Dass die Legende wirklich persischen Ursprungs ist, zeigt schon die Notiz, dass der Leichnam des Apostels den Vögeln zum Frasse preisgegeben worden sei. Bekanntlich ist dies die persische Sitte der Todtenbestattung. Der Martyrolog hat dies freilich nicht verstanden und als eine besondere, dem Leichnam des Apostels angethane Schmach gedeutet. Wenn er dann den heiligen Leichnam durch gläubige Männer „bei seinen Vätern" bestattet werden lässt, so könnte dies im Sinne einer Translation von Persien nach Palästina gemeint sein, wofür auch wol der Wortlaut im arabischen Synaxarium spricht: „es kamen aber gläubige Leute, holten den heil. Körper fort und setzten ihn an einer geweihten Stelle bei". Uebrigens ist auch sonst der persische Localcharakter der Erzählung nicht festgehalten. Der Name Augustus oder Festus (Act. 24, 27?) weist auf römische Obrigkeit hin, womit auch die Anrede „o ihr Männer von Rom" (Malan p. 59) zusammenstimmt. Diese ganze Confusion wird auf Rechnung des koptischen Bearbeiters kommen. Wo die Apayenno sind, und wo das Meer von Anagdu fliesst, weiss ich nicht zu sagen; das Synaxar lässt alle diese geographischen Namen weg. Die Zeit, in welcher der äthiopische Text verfasst wurde, fällt frühestens in die zweite Hälfte des 5. Jahrhunderts: denn der Erzähler hat sich nicht enthalten können, dem Apostel den Gebrauch der Formeln von Chalkedon zuzuschreiben. Vgl. Malan p. 56: „Gott und Mensch unvermischt und ungetreunt".

---

1) Im Synaxar ist es Festus selbst, der den Apostel enthaupten lässt.

Umbildungen der parthischen Legende. Localsage von Hierapolis.

Als Todesart des Apostels erscheint in dieser parthischen Legende die Enthauptung. In der von der Tradition der koptischen Kirche vollzogenen Combination derselben mit der pontischen wird der Apostel daher wunderbar vom Feuertode errettet und wandert weiter. Auch die jüngere abyssinische Legende (Fabricius II, 664, 8 sqq.) lässt den Matthäus durchs Schwert umkommen. Dagegen scheint die Legende von der Steinigung des Apostels zu Hierapolis in Syrien (Mabug) localisirt¹) zu sein, obwol andere Zeugen für seinen Tod in Hierapolis ihn dort vielmehr ein friedliches Ende finden lassen²).

Dagegen wird die Steinigung auch in der arabischen vita des Matthäus erwähnt, welche sich theils als Prolog, theils als Postscript zu einem arabischen Evangelientext findet (Peter Kirsten, Vitae evangelistarum quatuor. Breslau 1608 p. 20 sqq.) Dieselbe bietet überhaupt manches Bemerkenswerthe. Matthäus oder Levi aus Nazaret im Stamme Sebulon, Sohn des Duqu und der Karuthjas, vom Stamme Isaschar, schreibt sein Evangelium für die Juden in Palästina im 1. Jahre des Claudius, im 9. Jahre nach Christi Himmelfahrt, vollendet es in عِبْرَانِيَا الهند in Indien hebräisch. Das in hebräischer Sprache geschriebene Evangelium übersetzt Johannes, der Sohn des Zebedäus, in der Stadt الاِسْـرِ (sic) al Alseni („Stadt der Zungen"?) und (Johannes oder Matthäus?) predigt es in Jerusalem und Indien. Zuletzt wird Matthäus in der Stadt بشـمري Beschberi (Stadt in Spanien?) gesteinigt am 12. Babeh (9. October) und ارطبجـمـ فيسـارية in Arthakhanah (Karthago oder Karthagena?) Caesarea begraben.

1) So auch die Chronik des angeblichen Logothetes a. a. O. Das Menologium Basilii meldet zum 30. Juni in der σύναξις τῶν ἁγίων ἀποστόλων (Albani III, 146; Migne CXVII, 516) einfach, dass der Apostel gesteinigt worden sei, nennt aber zum 16. November (Albani I, 192; Migne CXVII, 164) als Todesstätte das syrische Hierapolis. Dieselbe Angabe kehrt wieder in der handschriftlichen σύναξις τῶν τιμίων ἀποστόλων zum 30. Juni (codd. Paris. gr. 1587. 1588): ἐκοιμήθη ἐν Ἱεραπόλει τῆς Συρίας λίθοις βληθεὶς ὑπὸ τῶν διωκόντων. Ebenso der Text der σύναξις in cod. Paris. gr. 1575. Dagegen lassen ihn die griechischen Menäen zum 30. Juni (p. 125) und der Text bei Lagarde p. 263 übereinstimmend mit den gnostischen Acten verbrannt werden, obwol sie Hierapolis als Marterstätte nennen.

2) So Pseudo-Epiphanios, Pseudo-Dorotheos, Pseudo-Hippolyt und Symeon Metaphrastes (Migne CXV, 820).

Bemerkung verdient übrigens, dass Eusebios (suppl. quaest. evang. ad Stephanum bei Mai Nova Patr. Bibl. IV, 1, 270) den Matthäus zu einem geboreuen Syrer macht: Ματθαῖος Σύρος ἀνήρ, τελώνης τὸν βίον, τὴν φωνὴν Ἑβραῖος. Die Vermuthung liegt nahe, dass zwischen dieser Angabe und der Tradition von dem Märtyrertode des Apostels im syrischen Ilierapolis ein Zusammenhang stattfinde. Indessen lässt sich diese Spur zur Zeit nicht weiter verfolgen. Nach Spitta (der Brief des Julius Africanus an Aristides S. 111) soll hier Julius Africanus, dessen Brief an Aristides im Folgenden theilweise mitgetheilt wird, dem Eusebios als Quelle dienen.

Indirect weist auch die passio Matthaei in der Sammlung des sogenannten Abdias (Fabricius II, 636—668) auf die persische oder parthische Matthäuslegende zurück. Obwol dieselbe nämlich Aethiopien zum Schauplatze machte, so steht sie doch im engsten Zusammenhange mit der persischen Simon- und Judassage in der lateinischen passio Simonis et Judae. In dem Königsnamen Hyrtacus, der ganz dasselbe sei mit dem persischen Namen Βαρτάκης (Esra graec. 4, 29) und in den Zauberern Zaroës und Arfaxat, die schon durch ihre Namen verrathen, dass sie nicht nach Aethiopien gehören, findet Gutschmid Reste der alten Matthäustradition, welche „Abdias" in seine Erzählung herübergenommen habe.

Die griechischen Menäen zum 16. November, dem Gedächtnistage des Apostels in der griechischen Kirche [1]) (a. a. O. p. 130), combiniren die parthische Legende mit der Erzählung unserer griechischen πράξεις Ματθαίου. Sie lassen den Apostel zuerst den Parthern und Medern predigen, und von da zu den Menschenfressern gehn. Auf einer ähnlichen Contamination zweier verschiedener Legenden beruht es, wenn der jüngere Hippolytostext bei Lagarde und die gedruckten Menäen zum 30. Juni von dem Feuertode des Apostels in dem syrischen Hierapolis zu berichten wissen. Denn Ἱεράπολις τῆς Συρίας ist derselbe Ort wie Ἱεράπολις τῆς Παρθίας, Mabug am Eufrat. Ueberall wo der Tod ius syrische Ilierapolis verlegt wird, liegt also die parthische Legende zu Grunde. So ausser den oben angeführten Texten bei Pseudo-Dorotheos B, der σύναξις zum 30. Juni und Symeon Metaphrastes (Migne CXV, 820), der ihn von Parthien aus nach Ilierapolis gelangen

---

1) An demselben Tage feiern auch die Armenier das Gedächtnis des Mattbäus. Auch im abyssinischen Kalender wird neben dem der ägyptischen Kirche eigenthümlichen Gedächtnistage des Mattbäus, dem 12. Babeh (Tekemt) = 9. October. auch der 20. Hathur = 16. November angemerkt.

9*

lässt, auch Niketas Paphlago, ἐγκώμιον auf Matthäus (bei Combefis Auctar. Noviss. I, 406) und das Menologium Basilii zum 16. November (ed. Albani III, 192; Migne CXVII, 164). Auf eine Wirksamkeit in Syrien weist auch die Notiz in einem syrischen Texte des Transitus Mariae (Syr. A), nach welchem, als die Apostel ihre Missionsgebiete verlassen, um sich am Sterbebette der Maria zu versammeln, Matthäus von Berytos kommt (Wright, Contributions to the apocryphal literature of the New Testament, London 1865 p. 18 sqq.). Aehnlich berichtet Barhebraeus, Matthäus sei zu Gabala (Byblos oder Gabalitis im Edomitergebirge?) gestorben und zu Antiochia begraben worden (Chron. Eccl. ed. Abbeloos et Lamy T. I col. 33).

Die äthiopische Matthäus - Legende.
Verhältnis zur indischen Bartholomäussage.

Die Sage von der äthiopischen Wirksamkeit des Apostels begegnet uns schon bei Rufinus (h. e. III, 1; X, 9) [1] und darnach bei Sokrates (h. e. I, 19) [2] und ziemlich häufig bei lateinischen Schriftstellern wie Eucherius von Lyon (5. Jahrh.) [3], Gregor dem Grossen [4], in dem poëtischen Verzeichnisse der Apostel in cod. Paris. lat. 8069 f. 3ᵛ [5], und öfters in den von der lateinischen passio bei „Abdias" abhängigen lateinischen Martyrologien zum 21. September und bei späteren Legendenschreibern, wie Ordericus

---

1) Rufinus h. e. III, 1: 'Thomas sicut nobis traditum est, sortitus est Parthos, Matthaeus Aethiopiam, Bartholomaeus Indiam citeriorem, Andreas Scythiam, Johannes Asiam'. X, 9: 'In ea divisione orbis terrae quae ad praedicandum verbi dei sor'e per apostolos celebrata est, cum aliae aliis provinciae obvenissent, Thomae Parthia et Matthaeo Aethiopia eique adhaerens citerior India Bartholomaeo dicitur sorte decreta'.

2) Sokrates h. e. I, 19: τηνικαῦτα (zu den Zeiten Constantins) γὰρ Ἰνδῶν τε τῶν ἐνδοτέρω καὶ Ἰβήρων τὰ ἔθνη πρὸς τὸ χριστιανίζειν ἐλάμβανε τὴν ἀρχήν· τίνος δὲ ἕνεκεν τῇ προσθήκῃ τῶν ἐνδοτέρω ἐχρησάμην, ὅ:ὰ βραχέων ἐρῶ. Ἡνίκα οἱ ἀπόστολοι κλήρῳ τὴν εἰς τὰ ἔθνη πορείαν ἐποιοῦντο, Θωμᾶς μὲν τὴν Πάρθων ἀποστολὴν ὑπεδέχετο· Ματθαῖος δὲ τὴν Αἰθιοπίαν, Βαρθολομαῖος δὲ ἐκληροῦτο τὴν συνημμένην ταύτῃ Ἰνδίαν· τὴν μέντοι ἐνδοτέρω Ἰνδίαν, ᾗ προσοικεῖ βαρβάρων ἔθνη πολλὰ διαφόροις χρώμενα γλώσσαις οὐδέπω πρὸ τῶν Κωνσταντίνου χρόνων ὁ τοῦ χριστιανισμοῦ φῶς ἐφώτιζεν.

3) Eucherius de quaest. N. T. (Bibl. Patr. Max. VI, 852): 'Bartholomaeus in Indos, Thomas tetendit in Parthos, Matthaeus Aethiopes, Andreas Scythos praedicatione mollivit'.

4) Gregor. Magn. in I Reg. 4, 4: 'Matthaeus Aethiopiae praedicator'.

5) Versus memoriales l. c.: 'Aethiopes Matthaeus adit'.

Vitalis [1]). Florentini in den Notis ad indiculum apostolorum p. 158 bemerkt, nach der verbreitetsten Meinung habe Matthäus '*in Aethiopia citeriori*' gepredigt, welches näher bei Aegypten gelegen habe, in dem heutigen Sonnar (oder Sennaar), und sei nach äthiopischen Traditionen zu Luch (Luach) gestorben. Rufinus und Sokrates gedenken zuerst der Reise des Thomas nach Parthien, und bringen dann die Missionsgebiete des Matthäus und des Bartholomäus, Aethiopien und das „diesseitige Indien", d. h. Arabia felix, in geographischen Zusammenhang. Das Indien, in welchem Bartholomäus gepredigt habe, soll an Aethiopien angränzen, und von dem „innern" Indien, welches erst unter Constantin bekehrt wurde, noch unterschieden sein. Abweichend hiervon lässt das μαρτύριον Βαρθολομαίου bei Tischendorf (p. 243), beziehungsweise die lateinische passio Bartholomaci in der Abdiassammlung (Fabricius II, 669 sq.), welcher Text ausdrücklich d r e i Indien unterscheidet, den Bartholomäus weder in das an Aethiopien „angränzende" Indien (Südarabien), noch in das nach Medien zu liegende (d. h. wol Arachosien), sondern ausdrücklich in das eigentliche Indien gehn. Aber auch Eusebios scheint (h. e. V, 10) unter dem Indien, wo Bartholomäus gepredigt, das glückliche Arabien zu verstehn, und eben dies erzählt die armenische Legende (vita Bartholomaei ed. Mösinger p. 2). Die Nachbarschaft der beiden Länder, in welchen beide Apostel gewirkt haben sollen, erhält ihr Licht durch den Zusammenhang, den die Tradition auch sonst zwischen beiden statuirt: Bartholomäus bringt nach der von Eusebios bezeugten älteren Legende das Matthäusevangelium in das Land wo er predigt: eine Sage, die wol auf dem Umstande beruht, dass nach der ältesten Ueberlieferung beide Apostel gemeinsam auszogen. Daher wird denn auch, je nachdem das Missionsgebiet des Einen verschieden bestimmt wird, auch der Andere in ein anderes Land versetzt. Der parthischen Matthäussage, welche die Wirksamkeit des Apostels in Karamanien fixirt, entspricht die Bezeichnung des „Indiens", in welchem Bartholomäus predigt, als „an Medien angränzend". Hier-

---

1) So Martyrologium Bedae: '*Post vero apud Aethiopiam praedicavit et multos ad fidem convertit, missusque est speculator ab Hirtaco rege qui eum gladio feriebat, efficiens martyrem Christi*'. Aehnlich Ado's libellus de festivitatibus apostolorum, die Martyrologien des Rabanus, Ado, Usuard u. s. w. Ordericus Vitalis h. e. I, 1 cap. 16 (Migne 188, 168 sqq.) lässt den Matthäus zuerst in Judäa, dann in Makedonien, zuletzt in Aethiopien predigen, wo er den Eglippus bekehrt. zuletzt aber durch Hyrtacus den Märtyrertod leidet, XI kal. October. Darauf folgt der vollständige Text der lateinischen passio.

mit kann man auch die Angaben der armenischen Legende bei Mösinger (a. a. O. p. 12 sqq.) vergleichen, nach welcher Bartholomäus, bevor er nach Grossarmenien kam, in den Missionsgebieten des Thomas und Addäus, bei den Parthern, Medern und Elamitern, Persern und Magiern gewirkt haben soll (vgl. auch die Nachricht des Amrus bei Assemani l. c.). Umgekehrt entspricht die Ueberlieferung von der Predigt des Bartholomäus in Südarabien (Aden) der äthiopischen Matthäussage und auf ähnliche Weise hat vielleicht die Localtradition von dem Märtyrertode des Matthäus in dem syrischen oder parthischen Hierapolis ihren letzten Grund in einer Verwechselung dieses Hierapolis mit Hierapolis in Phrygien, in welcher Stadt die gnostischen Philippusacten den Bartholomäus gemeinsam mit Philippus und Mariamne auftreten lassen. Dagegen weist das griechische und lateinische Martyrium des Bartholomäus im Widerspruch mit seinen eigenen Angaben auf das bosporenische Reich, die armenische Localsage auf das benachbarte Grossarmenien hin, also genau in die Gegenden, in denen Matthäus nach den oben besprochenen gnostischen πράξεις Ματθαίου gewirkt haben soll. Eine Verschmelzung der pontischen Matthäussage mit der äthiopischen begegnet uns in den verschiedenen Nachrichten Späterer, welche das Land der Menschenfresser ohne Weiteres auf Aethiopien deuten. So verschiedene Texte des Apostelverzeichnisses bei Andreas (s. oben I, 568 flg.) und bei Matthias (Pseudo-Epiphanios, Pseudo-Dorotheos A und B, Pseudo-Hippolyt und Pseudo-Sophronios) [1]), welche

---

1) Pseudo - Epiphanios: Ματθίας εἰς τῶν ο᾽ μαθητῶν ᾧ ἀνέδειξεν ὁ κύριος μετὰ τὴν ἀνάδειξιν τὴν ἐκ νεκρῶν, ὃς καὶ συγκατηριθμήθη μετὰ τῶν ἕνδεκα ἀποστόλων ἀντὶ Ἰούδα τοῦ Ἰσκαριώτου, τὸ εὐαγγέλιον τοῦ κυρίου ἡμῶν ἐν τῇ ἔξω Αἰθιοπίᾳ [ἐκήρυξε] καὶ ἐκεῖ ἐμαρτύρησεν ὑπὸ τῶν Αἰθιόπων ἐπὶ [l. ὅπου ἐστὶ] Ὑσσοῦ λιμάνα [l. λιμήν] καὶ Φᾶσις ὁ ποταμός· ἐκεῖ ἀνθρώποις βαρβάροις σαρκοφάγοις ἐκήρυξε τὸ εὐαγγέλιον· ἀπέθανε δὲ ἐν Σεβαστοπόλει καὶ ἐκεῖ ἐτάφη πλησίον τοῦ ἱεροῦ Ἡλίου. Fast wörtlich ebenso Dorotheos A cod. Vind. th. gr. 40 (nach der Nachricht von der nachträglichen Erzählung des Matthias): Ματθίας ὁ ἀπὸ τῶν ο᾽ μὲν ὢν μαθητῶν συγκαταριθμηθεὶς δὲ ὕστερον μετὰ τῶν ιβ᾽ ἀποστόλων δωδέκατος ἀντὶ Ἰούδα τοῦ Ἰσκαριώτου τοῦ προδεδωκότος τὸν κύριον. οὗτος ἐν τῇ ἐσωτέρᾳ [l. ἐξωτέρᾳ] Αἰθιοπίᾳ, ὅπου ἐστὶν Ὑσσοῦ λιμήν κτλ. Cod. Matrit.: Ματθίας εἰς ὢν τῶν ο᾽ μαθητῶν συγκαταριθμεῖται μετὰ τῶν ια᾽ ἀποστόλων ἀντὶ Ἰούδα τοῦ προδότου. θνήσκει δὲ ἐν τῇ ἔξω Αἰθιοπίᾳ, ἐν χώρᾳ ὅπου ἡ παρεμβολή Ἀψάρος, ὅπου ἐκήρυξε τὸ εὐαγγέλιον. Fast wörtlich ebenso der Text vor den Werken des Oikumenios. Nur fügt dieser nach Ἰούδα ein τοῦ Ἰσκαριώτου und schreibt ἐκεῖ κηρύξας. Dorotheos B: Ματθίας δὲ ὁ συγκαταριθμηθεὶς τοῖς ἕνδεκα ἀποστόλοις ἀντὶ Ἰούδα τῇ πρώτῃ Αἰθιοπίᾳ κηρύξας τὸν Χριστὸν τελειοῦται· παρὰ Βουγνάμου

den letzteren in das „äussere" oder „zweite" Aethiopien zu den Menschenfressern schicken, dabei also das Land, wo Andreas und Matthäus wirken, im Sinne haben. Ebenso das angelsächsische Gedicht Andreas, die griechischen Menäen zum 9. August (Monat August S. 44) und Nikephoros (h. e. II, 40). Die Unterscheidung eines „inneren" und eines „äusseren", oder eines „ersten" und eines „zweiten" Aethiopien setzt es völlig ausser Zweifel, dass hier nichts als eine künstliche Ausgleichung zweier ursprünglich ganz verschiedener Traditionen vorliegt. Völlig deutlich wird dies aus dem Dorotheostexte B, welcher den „Matthias" in dem „ersten" Aethiopien wirken, durch Phulbanus, den König der Aethiopen umkommen und dort von dem Bischof Platon begraben werden lässt. Denn diese ganze Nachricht ist lediglich aus dem gnostischen μαρτύριον Ματθαίου geschöpft. Die Localisirung der Todesund Begräbnisstätte des Matthias zu S e b a s t o p o l i s „nahe beim Heliostempel" geht auf dieselbe Legende zurück. Wie eine spätere Tradition die Menschenfresserstadt in Sinope wiederfand, so ist dieselbe hier mit Sebastopolis in Kolchis identificirt.

Matthäus und Matthias.

Es scheint sich nahezulegen, die äthiopische Sage vielmehr für Matthias in Anspruch zu nehmen, und die Verwirrung in den Gegenden,

---

[1. Φουλβανοϑ] βασιλέως Αἰθιόπων καὶ θάπτεται ἐκεῖ παρὰ Πλάτωνος ἐπισκόπου. So die Pariser Codd.; der gedruckte Text bei Ducange lässt den wichtigen Zusatz weg und schreibt nach τελειοῦται einfach καὶ θάπτεται ἐκεῖ. P s e u d o - S o p h r o n i o s: Ματθίας . . . . . . ἐν τῇ ἑαυτέρᾳ Αἰθιοπίᾳ ὅπου ἡ π α ρ ε μ β ο λ ὴ Ἀ φ ά ρ ο υ καὶ Ἴσσου λιμήν, ἐκήρυξε τὸ εὐαγγέλιον ἀγρίοις ἀνθρώποις οὖσι καὶ ἐκοιμήθη καὶ ἐκεῖ ἐτάφη ἕως τῆς σήμερον. PseudoHippolyt bei Lagarde (p. 284): Ματθίας . . . . ἐς καὶ ἐν τῇ πρώτῃ Αἰθιοπίᾳ κηρύξας τὸν Χριστὸν τελειοῦται καὶ τίθαπται ἐκεῖ. P s e u d o - L o g o t h e t e s: Ματθίας ὁ εἰσελθὼν ἀντὶ Ἰούδα τοῦ Ἰσκαριώτου ἐν Αἰθιοπίᾳ τελειοῦται. Σ όν α ξ ι ς zum 30. Juni: Ματθίας ὁ ἀντὶ τοῦ προδότου Ἰούδα συγκαταριθμηθεὶς τοῖς ἀποστόλοις ἐν τῇ Αἰθιοπίᾳ κηρύξας καὶ πολλαῖς τιμωρίαις ὑπ' αὐτῶν αἰκισθεὶς τὸ πνεῦμα τῷ θεῷ παρατίθεται. Ebenso der gedruckte Text der Menäen zum 30. Juni, der nur τὸν Χριστόν nach κηρύξας einschiebt. Die Menäen zum 9. August (p. 44) schreiben ähnlich: ἐκήρυξε τὸ εὐαγγέλιον ἐν τῇ ἔξω Αἰθιοπίᾳ καὶ πολλαῖς τιμωρίαις ὑπ' αὐτῶν αἰκισθεὶς τῷ θεῷ τὸ πνεῦμα παρέθετο. Fast ebenso endlich das Menologium Basilii zum 9. August (Albani III, 198; Migne CXVII, 578 sq.): καὶ μετὰ ταῦτα κηρύξας ἐν τῇ ἔξω Αἰθιοπίᾳ καὶ πολλοὺς φωτίσας, κρατηθεὶς ὑπὸ τῶν ἀπίστων καὶ πλεῖστα τυφθεὶς τῷ θεῷ τὸ πνεῦμα παρέθετο.

in welchen die Menschenfresser gehaust haben sollen, aus der Vermischung zweier ursprünglich ganz verschiedener, über Matthäus und
über Matthias umlaufender Sagen zu erklären. Aber diese Auskunft
wäre nur ein harmonistischer Versuch noch schlimmerer Art. Die Namen
Matthäus und Matthias werden häufig in den Handschriften verwechselt,
wie denn Tischendorf in den Acten des Andreas und Matthäus die Form
πράξεις Ἀνδρέου καὶ Ματθεία auf Grund des alten Codex A (Paris. gr.
1556) ohne Weiteres in den Text genommen hat, während er nachher
im Widerspruche hiermit μαρτύριον Ματθαίου druckt [1]). Von Matthias
hat die älteste Sage offenbar gar nichts gewusst. Der Text des Pseudo-
Hippolyt (bei Combefis) und das Scholion bei Lagarde lassen ihn nicht
aus Jerusalem herauskommen [2]). S. unten bei Matthias. Das „Aethiopien", in welchem Matthäus oder Matthias gewirkt haben sollen, wird
deutlich als das Küstenland im Osten und Nordosten des Pontos Euxeinos beschrieben, und zwar mit denselben Worten, in welchen die
Apostelverzeichnisse bei Dorotheos A und B, Pseudo-Epiphanios,
Pseudo-Sophronios, Pseudo-Hippolyt bei Lagarde auch das Missionsgebiet des Andreas beschreiben. Der Begleiter des Andreas ist aber
zweifellos Matthäus und trotz des Schwankens der Handschriften nicht
Matthias.

Dass in der „äthiopischen" Sage wirklich Matthäus und nicht
Matthias gemeint war, ergibt sich zum Ueberflusse auch noch aus der
engen Beziehung, in welcher jene zu der Ueberlieferung von dem
Aufenthalte des Bartholomäus in Südarabien steht, wie denn Spätere
den letzteren sogar ebenfalls nach Aethiopien kommen lassen (Niketas
Paphlago encom. in Barthol. bei Combefis Auctar. Noviss. I, 325).

Die äthiopische Matthäussage ist also mit der pontischen auf keine
Weise auszugleichen. Ihre Entstehung wird mit der frühzeitigen Verlegung der Missionsthätigkeit des Bartholomäus in das glückliche Arabien zusammenhängen; jedenfalls steht sie der pontischen oder bosporenischen Sage an Alter nach. Letztere scheint auch vor der parthischen
(oder persischen) den Vorzug zu verdienen.

---

1) Seltener aber auch nicht unerhört ist die Verwechslung des Matthäus
und Matthias in der lateinischen Tradition.

2) Pseudo-Hippolyt: Ματθίας δὲ εἷς ὢν τῶν ο´ συγκαταριθμεῖται
τοῖς ια´ ἀποστόλοις καὶ κηρύσσων ἐν Ἱερουσαλήμ ἐκοιμήθη καὶ θάπτεται
ἐκεῖ. Scholion bei Lagarde p. 252: Ματθίας ἐν Ἰουδαίᾳ διδάσκων τὸν
Χριστοῦ λόγον τῶν ἑβδομήκοντα γεγονώς μαθητῶν ὃς μετὰ τὴν Χριστοῦ ἄνοδον
συγκαταριθμήθη τοῖς ιβ´ ἀποστόλοις ἀντὶ Ἰούδα τοῦ γενομένου προδότου κεῖται
ἐν Ἱερουσαλήμ.

Die lateinische passio Matthaei.

Eine ausführliche Darstellung der äthiopischen Matthäussage bietet die ziemlich späte passio Matthaei, gedruckt bei Lazius in der Abdiassammlung (Fabric. II, 636 sqq.), in besserem Texte bei Nausea (fol. LX sqq.) und in etwas überarbeiteter Gestalt aus einem cod. Vatic. in den Actis SS. Septemb. (T. VI p. 220 sqq.). Dieselbe hat auf den ersten Blick mit den gnostischen Acten gar nichts gemein. Ihr Schauplatz ist die sonst nicht nachweisbare Stadt Naddaver oder Natdaber in Aethiopien, d. h. wie Gutschmid (a. a. O. S. 386 ff.) festgestellt hat, im abyssinischen Reich. Der Apostel kommt von Palästina her in die ihm durchs Loos angewiesene Provinz, kehrt bei einem Eunuchen Namens Candacis (misverständliche Reminiscenz aus Act. 8, 27) ein und findet am Hofe des Königs Aeglippns (Egyppus) die Zauberer Zaroës und Arfaxat, welche durch ihre trügerischen Künste den König und das Volk bethört haben; er heilt die durch die Magier zu Schaden Gekommenen, bezähmt die von ihnen ausgesandten Drachen und sammelt eine Schar von Gläubigen um sich. Als er darauf den Königssohn Euphranou von den Todten erweckt hat, bekehrt sich Aeglippus mit seiner Gemahlin Euphenissa und seinem ganzen Hause, ruft sein ganzes Volk zusammen und lässt die Auferstehungskirche bauen, an welcher Matthäus 23 Jahre lang wirkt: die Zauberer entfliehen nach Persien. Nach dem Tode des Aeglippus begehrt sein Bruder und Nachfolger Hyrtacus dessen Tochter Ephigenia (Iphigenia), welche den Schleier genommen hat und mehr als 200 heiligen Jungfrauen vorsteht, zur Ehe. Als der Apostel statt dem Vorhaben des Königs behilflich zu sein, sich demselben als einem todeswürdigen Verbrechen widersetzt, lässt ihn dieser durch einen abgeschickten Speculator am Altare mit dem Schwerte tödten. Iphigenia begibt sich unter den Schutz der Geistlichkeit, der König sucht sie vergeblich erst durch gütliches Zureden dann durch Schreckmittel umzustimmen; zuletzt legt er Feuer an den Hof, in welchem sie mit ihren Nonnen wohnt, aber der Wind treibt die Flammen nach dem Königspalast, welcher verbrennt. Ein Dämon erfasst den Königssohn und zwingt ihn am Grabe des Matthäus die Sünden seines Vaters zu bekennen, dieser selbst erkrankt an der Elephantiasis und stürzt sich, da die Aerzte nicht helfen können, in sein Schwert. Jubelnd erhebt das Volk den 25jährigen Bruder der Iphigenia, Beor, zum König. Derselbe regiert 63 Jahr lang und stirbt im 88. Lebensjahre. Bei seinen Lebzeiten ernannte er den einen seiner Söhne zum König, den anderen zum Feldherrn, sah Kinder und Kindes-

kinder bis ins 4. Glied und lebte in Frieden mit den Römern und
Persern. Iphigenia erfüllt alle Provinzen Aethiopiens mit katholischen
Kirchen bis zum heutigen Tag und grosse Wunder geschehn zum An-
denken des seligen Apostels Matthäus.

Geschichtlicher Werth.

Gutschmid hat (a. a. O.) den historischen Hintergrund dieser
Acten einer eingehenden kritischen Analyse unterzogen. In den Namen
Aeglippus und Beor erkennt er zwei Könige der ältesten abyssinischen
Dynastie, Aglebûl ('Aglibôl) und Bawarîs wieder und findet hier „eine
Zurückdatirung des Christenthums der Abyssinier bis in die apostolische
Zeit", „bei der einzelne Züge aus dem Leben des durch seinen Eifer
für das Christenthum besonders berühmten Elesbaas auf seine angeblich
christlichen Ahnen Aeglippus und Beor übertragen sind". Von Eles-
baas, oder wie sein wahrer Name lautet, Kâlêb, ist, wie schon Fabricius
bemerkte, auch das dem Aeglippus (Fabricius II, 653, 13) beigelegte
Ehrenprädicat *christianissimus rex* entnommen; erst unter diesem
Könige ferner, welcher im Jahre 524 das Sabäerreich eroberte, konnte
von Krieg oder Frieden Aethiopiens mit Persien die Rede sein; endlich
passt auch auf ihn die Notiz, dass Beor seinen erstgeborenen Sohn zum
Feldherrn, den andern zum Könige gemacht habe: denn im äthiopischen
Synaxar zum 20. Ginbot (15. Mai) lesen wir von Kâlêb: „und er
schickte dorthin als König seinen erstgeborenen Sohn Namens Esrâ'êl,
welcher seinem Willen gemäss im Verborgenen auf einem Wagen
regieren sollte, ohne sich sehen zu lassen und schickte ihn ins Feld
gegen die, welche das Gesetz Gottes nicht hatten . . . . . . Und Gabra-
Masgal, den jüngeren, liess er öffentlich regieren, weil er ihn liebte,
und er ward genannt König von Zion und sass auf dem Throne seines
Vaters" (bei Gutschmid a. a. O. 387).

Dennoch ist der Kern der Legende älter als das 6. Jahrhundert.
Der oben besprochene Zusammenhang, in welchen die 'passio Matthaei'
die Matthäussage hier mit der in der 'passio Simonis et Judae' enthaltenen persischen Legende des Simon und Judas setzt, weist darauf
hin, dass auch sie den Abyssiniern von Persien her zugekommen ist.
Da die beiden Zauberer nach der Legende vor Matthäus nach Persien
fliehen, um dort wieder mit Simon und Judas zusammenzutreffen, so kann
der ursprüngliche Schauplatz ihrer Gaukelkünste schwerlich in Abyssinien gesucht werden: wenigstens wäre von da nach Persien ein sehr
weiter Weg. Wir haben also wol anzunehmen, dass die älteste von
den gnostischen Acten repräsentirte Matthäussage später, etwa auf

Grund einer karamanischen Localtradition umgebildet und in dieser Gestalt dann weiter mit den Thaten des Simon und Juda in Verbindung gesetzt worden ist. Diese jüngere Sagengestalt kann nach der in den Acten des Simon und Juda noch offen zu Tage liegenden antimanichäischen Tendenz zu schliessen, nicht vor dem 4. Jahrhundert entstanden sein. Die ungefähr um dieselbo Zeit aufgekommene Meinung von der äthiopischen Wirksamkeit des Matthäus gab dann Anlass zu einer nochmaligen Umbildung der Sage, wobei dieselbe von Persien hinweg nach Aethiopien verlegt, und mit der Erzählung der Apostelgeschichte von der Bekehrung des Eunuchen der Königin Kandake combinirt ward. Unter diesem Aethiopien ist ursprünglich wol Meroë, das Reich der Kandaker gemeint, welches nach einer alten, auf Grund von Act. 8, 27 ff. entstandenen Sage (Iron. haer. IV, 23, 2; Eus. h. e. II, 1, 13; Hieron. in Jesai. 53) von dem durch Philippus getauften Eunuchen bekehrt worden sein soll. Dagegen haben nun die Acten in der Passionensammlung unter Aethiopien nicht Meroë, sondern Abyssinien oder das axumitische Reich verstanden. Der Eunuch, welcher den Apostel in sein Haus aufnimmt, lebt hier am Hofe des abyssinischen Königs Aeglippus. Es ist bereits bemerkt, dass auch die übrigen Königsnamen, Beor und Elesbaas nach Abyssinien weisen. Nur für den Mörder des Matthäus behielt man den ausländischen Namen Hyrtacus bei.

Die Entstehungszeit dieser letzteren, in die Zeit der ältesten abyssinischen Könige zurückdatirten Sagengestalt kann nach dem Obigen nicht früher als nach dem Tode des Königs Elesbaas gesetzt werden, aus dessen Lebensgeschichte Vieles ganz naiv auf die Könige Aeglippus und Beor übertragen ist. Diese spätesten Matthäusacten scheinen entweder ursprünglich griechisch geschrieben zu sein, oder kamen wenigstens dem lateinischen Bearbeiter nur durch das Mittel einer griechischen Uebersetzung zur Kenntnis. Die Königsnamen sind sämtlich gräcisirt; aus Euphenissa, dem Namen der Gemahlin des Aeglippus, und Euphranon oder Euphranor, dem Namen seines wiederbelebten Sohnes, hat G u t s c h m i d Εὐφραίνουσα und Εὐφραίνων (oder wie F a b r i c i u s vorschlug, Εὐφράνωρ) hergestellt. Nausea liest für den letzteren Namen Euphronon, also Εὐφρονῶν. Die Königstochter heisst Iphigenia. Im Uebrigen wird die Bearbeitung an dem ursprünglichen Kern der Erzählung selbst wenig geändert haben; ihr eigentlicher Schwerpunkt liegt in den, dem Apostel in den Mund gelegten Reden, die theils zu förmlichen theologischen Abhandlungen über die Ursprache und das Sprachenwunder am Pfingstfest, den babylonischen Thurmbau und den aus den Tugenden Christi erbauten Thurm

der Kirche, ferner über Paradies, Teufel, Sündenfall und Erlösung aus-
gesponnen sind, theils den Zweck verfolgen, bei aller Anerkennung der
sittlichen Zulässigkeit des Ehestandes doch die Heiligkeit, Unverletz-
lichkeit und Gottwohlgefälligkeit klösterlicher Gelübde, insbesondere des
Gelübdes ewiger Jungfräulichkeit stark hervorzuheben. Einzelne Spuren
scheinen auf monophysitischen Ursprung zu deuten: so die Worte (Fabricius 648, 1 sqq.): '*dei filius qui in praecepto patris sui hominem fecerat,
pro nostra fragilitate dignatus est hominis assumere formam, non
amittens suam deitatem*'. In dem Texte der vaticanischen Handschrift
(acta SS. l. c.) ist diese Stelle geändert. Jedenfalls setzt die Darstellung überall die kirchlichen Einrichtungen und Anschauungen einer
späteren Zeit, neben dem in voller Blüte stehenden Klosterwesen insbesondere auch eine ausgebildete Bussdisciplin (Fabricius 656 sq.), das
Messopfer, die Transsubstantiationslehre u. s. w. voraus. Der Text
der lateinischen passio bezeichnet sich übrigens gelegentlich selbst
(Fabricius 653, 16) als Excerpt aus einer umfassenden Schrift: '*Esset
autem longum recensere, quomodo omnia simulacra omniaque templa
destructa sunt: quae omnia propter copiam rerum praeteriens quo
ordine passionem sanctam celebraverit retexam*'.

Zieht man von dieser Erzählung ab, was unmittelbar aus der
abyssinischen Landesgeschichte in der 1. Hälfte des 6. Jahrhunderts
entlehnt ist, so lassen sich alle übrigen Züge der Legende anderweit
nachweisen. Die Einkehr bei dem Eunuchen Candacis weist auf die
früher besprochene Tradition einer Wirksamkeit des Matthäus in
„Aethiopien", d. h. im Reiche von Meroë zurück. Die Erzählung von
dem Feuer, welches die gottgeweihten Jungfrauen verzehren soll, sich
aber von ihnen abwendet und dafür die Königsburg ergreift, ist eine
handgreifliche Reminiscenz an das gnostische Martyrium des Matthäus
bei den Anthropophagen. An die koptische respective äthiopische
Redaction der Acten des Matthäus in Kahanat (Malan p. 54 f.) erinnert
die Erweckung des Königssohnes Euphranor von den Todten. Mit der
koptischen und äthiopischen Legende vom Martyrium des Apostels
(Wüstenfeld p. 66. Malan p. 59) stimmt der Tod des Matthäus durch
das Schwert. Weitere Berührungen finden sich mit den Passionen des
Simon und Judas und des Bartholomäus in der lateinischen Passionensammlung (bei „Abdias"). Aus der passio Simonis et Judae sind, wie
bereits bemerkt, die Zauberer Zaroës und Arfaxat entlehnt. Mit der
passio Bartholomaei stimmt der Zug überein, dass hier die Zauberer,
dort die Dämonen die Kranken nur scheinbar heilen, indem sie von
den ihnen selbst zugefügten Plagen ablassen, ferner die Bekehrung des

Königs, hier durch Auferweckung des Königssohnes, dort durch Heilung
der Königstochter. Ebenso wird der Tod des Apostels beidemale durch
den Bruder des Königs herbeigeführt, hier durch Hyrtacus, dort durch
Polymius und beidemale nimmt der Mörder ein schreckliches Ende. Die
Acten des Bartholomäus, welche andrerseits selbst wieder zahlreiche
Berührungen mit dem griechischen Martyrium des Matthäus (Tischendorf p. 167 sqq.) zeigen (s. oben S. 73), scheinen also ebenfalls zu
den Quellen zu gehören, aus denen der Verfasser dieser jüngsten in
die Abdiassammlung aufgenommenen Passion geschöpft hat.

Die Tendenz der Acten scheint einfach die herkömmliche zu
sein, die Entstehung der Kirche, in welcher die Handlung spielt,
auf apostolische Stiftung zurückzuführen. Dann aber bleibt wol
nur übrig, Abyssinien auch als Heimath des Schriftstückes anzusehen.
Hiermit stimmt die genaue Bekanntschaft mit der abyssinischen Landesgeschichte, speciell mit den Thaten des Königs Elesbaas, dessen christlicher Eifer im Spiegelbilde des Aeglippus verherrlicht werden soll.
Auch die aufgewiesenen Spuren monophysitischen Ursprungs bestätigen
diese Annahme. Auffällig bleibt nur, dass in dem äthiopischen Certamen
apostolorum von dieser Sagengestalt keine Spur erhalten ist. Indessen enthält letzteres überhaupt nur den von der koptischen Kirche
übernommenen Legendenschatz. Die griechische Originalsprache, in
welcher die Acten geschrieben zu sein scheinen, steht jener Annahme
ebenfalls nicht entgegen; denn ausser den von axumitischen Königen
herrührenden Inschriften von Adule und Axum finden sich auch bis ins
7. Jahrhundert hinein axumitische Münzen in griechischer Sprache (vgl.
Dillmann, über die Anfänge des axumitischen Reichs. Abhandlungen
der Königl. Akademie der Wissenschaften zu Berlin, 1878 S. 195 ff.
205 ff. 226 ff.). Als seitdem die Kenntnis der griechischen Sprache
verloren ging, verscholl auch die Erinnerung an jene Geschichten des
Matthäus, daher nach dem Zeugnisse des Balthasar Tillez, welches Ludolf in seiner historia aethiopica (annotata ad lib. III c. 2 p. 280) und
darnach die Acta SS. zum 21. September mittheilen, die Abyssinier
nichts mehr von einer Predigt des Matthäus in ihrem Lande wissen.

Die Acten des Simon und des Judas.

Kirchliche Traditionen über Simon Kananites und Simon Klopa.

Ueber die Apostel Simon und Judas, deren gemeinsames Gedächtnis die lateinische Kirche am 28. October feiert [1]), gibt die Legende sehr widersprechende Nachrichten. Mit dem Apostel Simon ὁ κανανίτης (καναναῖος) Mtth. 10, 4; Mc. 3, 18 oder ὁ ζηλωτής Luc. 6, 15; Act. 1, 13 wird häufig jener Simon Klopa identificirt, welcher als Bischof von Jerusalem im 120. Lebensjahre unter Trajan und dem Proconsul Atticus (Attius Suburranus, s. o. S. 14) den Märtyrertod gestorben sein soll. Hegesipp, welcher (bei Euseb. h. e. III, 32) das letztere berichtet, bezeichnet den Simon Klopa als einen Bruderssohn des Joseph (bei Eus. h. e. III, 11; IV, 22), also als Vetter Jesu, aber nicht als Apostel. Dagegen findet sich die Identificirung des Apostels mit dem Bischofe im Chron. Paschale p. 471 ed. Bonn., bei Pseudo-Hippolyt und Pseudo-Dorotheos, in dem Breviarium Apostolorum und darnach bei dem angeblichen Isidor (in den Basler Orthodoxogr. II, 598), sowie bei anderen Späteren vollzogen [2]); bei Pseudo-Hippolyt (bei Combefis) und in beiden Recensionen des Pseudo-Dorotheos, desgleichen bei Sophronios, in dem Apostelverzeichnisse des cod. Reg. 1007 bei Cotelier (Patres Apost. T. 1 p. 271 ed. Clericus) und im Chron. Pasch. heisst er Simon Judas. Das Chron. Pasch. nennt den Bischof Simon Klopa „Simon Kananites

---

1) Daneben kommt auch der 29. Juni (Martyrol. Hieron. codd. Lucc. Epternac. Morbac. Corbej. min.), also der Tag Petri und Pauli, und der 1. Juli (codd. Lucc. Epternac. Corbej. maj., Gellon., Corbej. min. August. Labbean.) vor.

2) Eine Ausnahme bildet die σύναξις τῶν τιμίων ἀποστόλων (codd. Paris. 1587 und 1588; Menäen zum 30. Juni p. φκε'), welche den Simon Zelotes oder Nathanael, den Apostel von Mauretanien und Britannien, von Simon Klopa, dem zweiten Bischofe von Jerusalem unterscheidet.

mit dem Beinamen Judas, Sohn des Jakobus". Das Apostelverzeichnis
bei Cotelier sagt von ihm ὁ καὶ Συμεὼν καὶ Κλεώπας καὶ Ἰούδας λεγόμενος. Pseudo-Dorotheos unterscheidet diesen Simon Judas sowol
von Simon Zelotes als von Judas Jacobi [1]), während der Mischtext bei
Lagarde (Const. App. p. 284) nur einen Simon kennt, von diesem aber
zwei Judas, den Judas Jacobi und den Judas Thaddäus unterscheidet.
Ueber die Missionsgebiete des Simon Kananites oder Zelotes begegnet
uns eine dreifache oder gar vierfache Tradition. Nach der einen soll er,
als Begleiter des Andreas, in den Ländern am schwarzen Meere, nach
einer andern in Babylonien und Persien, nach der dritten in Aegypten
und Nordafrika, nach der vierten in Britannien gewirkt haben.

Bosporenische und babylonische Simon-Legende.

Die Ueberlieferungen über seine Wirksamkeit am Bosporos und in
Babylonien sind bereits bei Gelegenheit der acta Andreae zur Sprache gekommen (I, 580). An zwei Orten am schwarzen Meer, in der Stadt Bosporos
auf dem taurischen Chersonnes und zu Nikopsis im Lande der Zekchen
oder Zyger, einer kaukasischen Völkerschaft, zeigte man das Grabmal
des Apostels Simon, d. h. wie die eine Inschrift noch ausdrücklich an-
gab, des Simon Kananites. Der Mönch Epiphanios, welcher von dieser
Localtradition berichtet, erzählt, dass Simon gemeinsam mit Andreas
und Matthäus die Länder am schwarzen Meere bereist und speciell zu
Sebastopolis, woselbst Andreas ihn zurückliess, gewirkt haben soll
(Epiphan. Monach. ed. Dressel p. 67 sq.). Etwas abweichend von der
durch Epiphanios bezeugten Localtradition meldet, wie wir ebenfalls
bereits (I, 585) gesehen haben, das ὑπόμνημα εἰς τὸν ἅγιον ἀπόστολον Ἀνδρέαν in den griechischen Menäen zum 30. November,
dass „bei den Bosporenern" in einer Höhle die Särge zweier Apostel
Namens Simon, des Simon Kananites und des Simon Zelotes gezeigt
wurden[2]). Eben dahin weist die Angabe des angeblichen S y m e o n L o-
g o t h e t e s in dessen Apostelverzeichnisse (cod. Paris. gr. 1712):

---

1) Daneben nennt Dorotheos A unter den 70 Jüngern noch den Κλεόπας
ὁ καὶ Σίμων, ὁ ἀνεψιὸς τοῦ κυρίου (vgl. Act. 24, 18), welcher später zweiter
Bischof von Jerusalem geworden sei. In den übrigen Verzeichnissen der
70 (Dorotheos B, Hippolyt, Pseudo-Logothetes, Chron. Pasch.) heisst derselbe
nur Κλεόπας, wird aber meist ebenfalls als zweiter Bischof von Jerusalem bezeichnet.
2) Diese beiden Namen unterscheidet auch der Enkomiast auf Andreas
(oben I, 580, Note).

Σίμων ὁ ἀπὸ Κανᾶ τῆς Γαλιλαίας ὁ καὶ λεγόμενος ζηλωτὴς ἐν Βοσπόρῳ τῆς Ταυρίας ξίφει τελειοῦται, sowie die Notiz bei Pseudo-Chrysostomos (sermo in XII app. opp. VIII append. p. 11 Montfaucon): Σίμων ἐδίδασκει τὸν θεὸν τοὺς βαρβάρους. Auch mehrere lateinische Texte der öfters dem Martyrol. Hieronym. vorangeschickten notitia apostolorum (cod. Paris. lat. 10837 und cod. Epternac. bei Florentini p. 92, aber nicht der Text bei Vallarsi) lesen 'V kal. Novemb. Natalis apostolorum Simonis Cananaei et Simonis Zelotis'. In die Gegenden des Kaukasus führen uns ferner auch die armenische und die georgische Localtradition (s. oben I, 612). Jene lässt den Simon in Veriosphora, im Lande der Iberer umkommen (Moses von Khorene II, 34 bei le Vaillant I, 232; II, 31, 6 p. 143 ed. Whiston) [1]), diese verlegt seine Wirksamkeit nach Egrissi, d. h. Kolchis (Chronik des Königs Wachtang bei Klaproth, Reise in den Kaukasus II, 113). Hiermit stimmt weiter auch die Erzählung der in der Abdiassammlung erhaltenen 'passio Simonis et Judae' (Fabricius II, 629, 15) und im Martyrologium Hieronymianum (p. 632 sqq. 938 ed. Florentini vgl. auch cod. Richenov. bei Sollier Acta SS. Jun. T. VII p. 14, sowie in der notitia apostolorum), dass die Apostel Simon und Judas in Suanir (Sunir, Suanis, Suanes) den Märtyrertod erlitten haben sollen [2]). Obwol dieses Suanir nach Persien verlegt wird, so ist doch eine persische Stadt dieses Namens nicht bekannt, vielmehr ist wahrscheinlich an das Land der Suanen im nördlichen Kolchis zu denken (Tillémont, Mémoires I, 400. Fabricius cod. ap. II, 629 sq. Gutschmid, Königsnamen S. 383). Ins Bosporenerland verlegt endlich auch Pseudo-Isidor l. c. die Grabstätte des Simon Zelotes: 'Jacet Bosphora'. Doch liest dafür das Breviarium Apostolorum 'in porto Foro'.

In einer gewissen Verbindung mit der bosporenischen Tradition steht die noch weiter zu besprechende Erzählung der lateinischen 'passio Simonis et Judae', nach welcher die beiden Apostel Simon und

---

1) Moses von Khorene drückt sich hierüber jedoch sehr unsicher aus. Nachdem er der Apostel Armeniens, Thaddäus und Bartholomäus gedacht hat, führt er (nach der latein. Uebersetzung bei Whiston) fort: 'De Simone autem, qui Persidem sortitus est, nequeo certum tradere quae fecerit, aut ubi martyrium passus sit. Narrant enim nonnulli Simonem quendam apostolum apud Bosporum Ibericum (nach dem Texte bei le Vaillant zu Vériosphora) periisse. Idne verum sit ignoro, neque cur eo profectus sit scio; haec autem ideo solum notavi, ut cognosceres, me tibi omnia quae oportet in hac historia explicare'.

2) Der Text der Notitia bei Vallarsi XI, 545 liest irrthümlich 'Susia', aber auch codd. Epternac. und Paris. lat. 10837 f. 3ᵛ haben richtig 'Suanis'.

Judas gemeinsam in **Babylonien und Persien** gewirkt haben sollen. Diese Tradition ist in sämtliche lateinische Martyrologien übergegangen. Dieselbe hat, wie ebenfalls schon in dem Abschnitte über Andreas (I, 611 flg.) bemerkt worden ist, ihr Seitenstück an der Datirung des ersten im neutestamentlichen Kanon enthaltenen petrinischen Briefes, welcher eine Wirksamkeit zwar nicht des Simon Kananites, aber des Simon Petrus in Babylon voraussetzt. Ganz ebenso wie nach dem ersten kanonischen Briefe Simon Petrus (5, 13), so hat nach der lateinischen passio Simon Kananites seinen Sitz in Babylon (Fabricius II, 625, 19. 626, 25. 628, 10) und durchzieht von dort aus gemeinsam mit Judas die zwölf Provinzen des Perserreichs (628, 17), worauf beide in Suanir den Märtyrertod finden. Beide gleichnamige Apostel concurriren also sowol in Babylonien als in den Ländern am schwarzen Meer mit einander um die Ehre, das Evangelium dort gepredigt zu haben. Wie Simon Petrus im ersten kanonischen Briefe von Babylon aus den Christen in Pontos, Bithynien u. s. w. schreibt, und nach der Petrus-Andreassage gemeinsam mit seinem Bruder in den Gegenden am Pontos Euxeinos wirkt, so setzt auch die babylonisch-persische Legende von Simon Kananites eine ursprüngliche Verbindung mit der pontischen und bosporenischen Localtradition voraus, indem sie den Tod des Apostels nach „Suanis" verlegt. Dass der Verfasser der lateinischen 'passio' die wirkliche Lage der „Stadt Suanir" nicht mehr kennt, beweist nur, dass er von jenem ursprünglichen Zusammenhange beider Legenden keine Ahnung mehr hat. Es ist bereits (I, 613) bemerkt, dass die Legende von der pontischen Wirksamkeit des Simon Petrus, in Gemeinschaft mit seinem Bruder Andreas, wahrscheinlich die ältere ist. In dem Berichte des Mönchs Epiphanios ist dieselbe mit der römischen Petrussage auf eigenthümliche Weise ausgeglichen. Petrus und Andreas reisen zuerst gemeinsam nach den Ländern des schwarzen Meeres; darnach aber trennen sich beide; während Andreas die Mission des Ostens behält, geht Petrus gen „Westen", d. h. nach Rom, und statt seiner erscheint bald nachher Simon Kananites als Reisegefährte seines Bruders (Epiph. ed. Dressel p. 51 vgl. mit p. 67). Hier wäre also der berühmtere Apostel dem minder berühmten gewichen. Aehnlich verhält es sich wol mit der babylonisch-persischen Legende. Während die syrische Tradition, wie sie noch heute von den Nestorianern bewahrt wird, an dem babylonischen Aufenthalte des Apostelfürsten auf Grund von 1 Petr. 5, 13 einstimmig festhält (vgl. die Belege aus Amrus, Jesujabus Nisibenis u. A. bei Assemani Bibl. Orient. III, 2 p. VI sq.), finden sich bei griechischen und römischen Schriftstellern davon nur ganz vereinzelte

Spuren, vielmehr scheint hier die symbolische Deutung des in jener
Stelle erwähnten Babylon auf Rom im kirchlichen Alterthume die fast
ausnahmslos herrschende [1]) gewesen zu sein. Umgekehrt weiss die
syrische und orientalische Kirche nichts von der babylonischen und
persischen Wirksamkeit des Simon Zelotes. Als Apostel des Orients
oder der Länder östlich vom Eufrat werden Petrus, Bartholomäus und
Thomas, gelegentlich noch Judas Jacobi, ausserdem aber Addäus,
Aggäus und Mares aus der Zahl der siebzig Jünger genannt (vgl. die
Zusammenstellungen bei Assemani B. O. III, 2 p. IV sqq.). Barhebraeus
(Chron. Eccl. ed. Abbeloos et Lamy T. I col. 33) lässt den Simon Ka-
nanaeus in Hamath (Epiphania) am Orontes entschlafen. Nur in dem
gedruckten syrischen Officium Sanctorum (Pars aestiva 1665 vgl. Assemani l. c. p. XIV) ist von dem Martyrium des Simon und Judas in Persien die Rede. Die betreffenden Notizen beruhen aber nach Assemani
nicht auf selbständiger Ueberlieferung, sondern sollen aus der 'passio
Simonis et Judae' bei Abdias geschöpft sein. Diese passio ist jedenfalls die einzige Quelle, aus welcher die späteren Lateiner, namentlich
sämtliche lateinischen Martyrologen ihre Kunde von der persisch-baby-
lonischen Wirksamkeit des Simon Kananites geschöpft haben. Unabhängig von derselben ist dagegen die weit ältere Angabe des Moses von
Khorene (a. a. O.), dass Simon Persien durchs Loos zugetheilt erhalten
habe. Doch scheint Moses, der sich auch sonst noch (in den Nachrichten
über Judas Thaddäus) mit der lateinischen passio berührt (s. u.), mit
dieser gemeinsam aus einer Quelle geschöpft zu haben, und dasselbe
könnte vielleicht auch der Fall sein bei den Angaben des syrischen
Officium. Dagegen verdient es nun so grössere Beachtung, dass die noch
zu erwähnenden Acten des Judas Thaddäus, von denen im arabischen
Synaxarium noch Reste erhalten sind (Assemani l. c. p. XIV), vielmehr
den Petrus gemeinsam mit Judas in Syrien und Mesopotamien wirken
liessen. Wenn jene Acten sich schliesslich als die älteste Grundlage
der in der lateinischen passio bearbeiteten Thaten des Simon und Judas
erweisen sollten, so wäre der Beweis vollendet, dass Simon Kananites
auch in Babylon an die Stelle seines grösseren Namensvetters getreten ist.

---

1) Doch vgl. Kosmas Indikopleustes Topograph. Christ. T. II p. 147 ed.
Montfaucon.

Aegyptische, nordafrikanische und britannische Legende.

Lediglich nichts mit der pontischen und babylonischen Legende hat die namentlich bei späteren griechischen Schriftstellern verbreitete Notiz gemein, dass der Apostel Simon Zelotes in Aegypten, Libyen, Mauretanien und Britannien gepredigt habe.

So Pseudo-Dorotheos in beiden Recensionen [1]), der Text Pseudo-Hippolyts bei Lagarde [2]), die σύναξις τῶν ἀποστόλων zum 30. Juni (codd. Paris. 1587 und 1588 und in den Menäen zum 30. Juni) [3]), Niketas Paphlago (encomium in S. Simonem bei Combefis Auctar. Noviss. T. I p. 411. 413 sq.), Nikephoros (h. e. II, 40), das Menologium des Basilios zum 10. Mai (Albani III, 92; Migne Patr. gr. CXVII p. 448), dem Gedächtnistag des Apostels in der griechischen Kirche, und die griechischen Menäen zu demselben Tage (Venetianer Quartausgabe von 1683 p. 49, vgl. auch das handschriftliche Menaeum Tilianum bei Combefis l. c. p. 501). Nach Aegypten lässt auch das 'Breviarium Apostolorum' [4]) und darnach Pseudo-Isidor den Apostel Simon Zelotes kommen, identificirt denselben aber mit Simon Klopa, dem

----

1) Dorotheos A (cod. Vindobon.): Σίμων δὲ ὁ Ζηλωτὴς πᾶσαν τὴν Μαυριτανίαν καὶ τὴν τῶν Ἀφρῶν χώραν διελθὼν καὶ κηρύξας τὸν Χριστόν, ὕστερον δὲ καὶ ἐν Βριττανίᾳ σταυρωθεὶς ὑπ' αὐτῶν καὶ τελειωθεὶς θάπτεται ἐκεῖ. Wörtlich ebenso Dorotheos B. Dagegen lassen die Texte des cod. Matrit. und vor den Werken des Oikumenios diesen Simon ganz weg, und verzeichnen unter den Aposteln nur den Simon Klopa.

2) Lagarde Constitut. App. p. 284: Σίμων ὁ κανανίτης ὁ ζηλωτής· οὗτος ἐκήρυξε πάσῃ τῇ Βρεττανίᾳ καὶ τῇ τῶν Ἀφρῶν χώρᾳ· μετέπειτα δὲ ἐν τῇ Ἰουδαίᾳ καθίσταται ἐν Σιὼν ἐπίσκοπος μετὰ Ἰάκωβον τὸν δίκαιον τὸν ἀδελφὸν κυρίου· ὅστις ζήσας ἔτη ρκε, ἐμαρτύρησε σταυρωθεὶς ἐπὶ Ἀδριανοῦ βασιλέως Ῥώμης.

3) Σίμων [ὁ ζηλωτής] ἀπὸ Κανᾶ τῆς Γαλιλαίας ὁ καὶ ἐν τῷ κατὰ Ἰωάννην εὐαγγελίῳ Ναθαναὴλ ὀνομαζόμενος, πᾶσαν τὴν Μαυριτανίαν καὶ τὴν τῶν Ἀφρῶν χώραν διελθὼν [ἔπειτα ἐν Βρεττανίᾳ ἀπελθὼν] καὶ κηρύξας τὸν Χριστόν σταυρωθεὶς ὑπ' αὐτῶν τελειοῦται. (Die eingeklammerten Worte fehlen in den gedruckten Menäen).

4) 'Symon Zelotes qui interpretatur zelus. Hic est [oder primus dictus est] Chananaeus zelo dei fervens, par in cognomento Petri et similis in honore. Hic accepit Aegypti principatum et post Jacobum Justum cathedram dicitur tenuisse Hierosolymorum et post CXX annos meruit sub Adriano per crucem sustinere martyrium passionis. qui iacet in porto Foro. eius natalitium cele bratur V kl. Novembris'. Fast wörtlich übereinstimmend Pseudo-Isidor 'Simon Zelotes qui prius [primum Freculph] dictus Chananaeus — — — martyrium passionis. iacet Bosphora [l. in Bosphoro Freculph]. Nur ist irrthümlich 'similis in ore' [in honore Freculph], und weiter unten 'sub Traiano' [so auch Freculph] gedruckt.

zweiten Bischof von Jerusalem, der unter „Hadrian" im 120. Lebensjahre Märtyrer geworden sein soll. Dagegen unterscheidet A d o, welcher im libellus de festivitatibus sanctorum apostolorum (p. 34 ed.
Rosweyde) ebenfalls den Simon, bevor er mit Judas (laut der 'passio') in
Persien gewirkt habe, in Aegypten predigen lässt, unter Berufung auf
B e d a's Retractationes ausdrücklich den Apostel von dem Bischofe von
Jerusalem. Auch die lateinischen versus memoriales des cod. Paris.
lat. 8069 (saec. XI) schicken den Simon zu den Bewohnern des Nil-
landes: 'Nilicolas Symon, Hebraeos Matthias cogit'. Dasselbe ist
der Fall in dem koptischen Martyrium S. Simonis Apostoli,
von welchem ein Fragment in dem von Zoëga beschriebenen borgiani-
schen Codex No. CXXXVII erhalten ist (catal. codd. copt. p. 236). Der
Inhalt ist nach Zoëga folgender: 'Theonoë virgo narrat Simoni apostolo visionem nocturnam, quam ille ei explicat, addens fore ut ipse ab
Hadriano imperatore occideretur, corpus autem suum nube deferretur
in Aegyptum in montem vici Psenbelle nomi Sejmin. Deinceps ab
Hadriano idolis sacrificare iussus renuit atque imperatori mortem a
manu mulieris imminentem praedicit. A militibus ad supplicium rapto
occurrit dominus cum angelis Michael et Gabriel, qui Simonem in
a?rem sublatum transvehunt in montem Oliveti'. Auch hier ist der
Apostel Simon mit dem Bischofe von Jerusalem, Simon Klopa, identificirt.

Bei der Verworrenheit dieser Angaben ist es schwer, ihrer Entstehung auf den Grund zu kommen. Vermuthlich ist die mauretanische
und britannische Simonlegende nur eine weitere Ausbildung der durch
das koptische Martyrium bezeugten ägyptischen Localtradition. Wohl
aber gewinnen diese Angaben durch den Umstand an Wichtigkeit, dass
dieselben Länder, welche Simon Zelotes besucht haben soll, anderwärts
wieder dem Simon Petrus als Missionsgebiet zugewiesen werden. Nach
der dem Simeon Metaphrastes beigelegten griechischen vita Petri et
Pauli (Acta SS. Jun. Tom. V p. 416) soll Petrus von Rom aus über
Spanien nach Karthago, Aegypten und Afrika, und zuletzt nach Britannien gereist sein. Also ein abermaliges Beispiel für die Verwechselung
der beiden Apostel. Der Text Pseudo-Hippolyts bei Combefis erwähnt
von dem Allen nichts. Derselbe identificirt ebenso wie das lateinische
Breviarium den Simon Kananites mit dem Simon Klopa, und lässt ihn
als zweiten Bischof von Jerusalem im 120. Lebensjahre sterben [1]).

---

1) Σίμων ὁ Κανανίτης ὁ τοῦ Κλωπᾶ, ὁ καὶ Ἰούδας, μετὰ Ἰάκωβον τὸν
δίκαιον ἐπίσκοπος γενόμενος Ἱεροσολύμων ἐκοιμήθη καὶ θάπτεται ἐκεῖ ζήσας
ἔτη ρκ'.

Ebenso Pseudo-Sophronios, der nur den Tod des Simon näher als Kreuzestod, und als die Zeit seines Martyriums nach Eusebios die Regierung Trajans bestimmt [1]). Beide geben diesem Simon Kananites oder Kananäos den Beinamen Judas; doch unterscheidet ihn Pseudo-Hippolyt noch ausdrücklich von Judas Lebbäus. Ebenso das oben erwähnte Apostelverzeichnis des cod. Reg. 1007 bei Cotelier Patr. App. I p. 271 ed. Clericus. Der Text bei Lagarde kennt nur einen Simon, den Kananites oder Zelotes, welcher erst in Britannien und Afrika gepredigt haben, dann aber zweiter Bischof von Jerusalem geworden sein soll. Dagegen unterscheidet Pseudo-Dorotheos in beiden Recensionen [2]) den Simon Zelotes, welcher in Mauretanien und Afrika gepredigt und in Britannien den Kreuzestod erlitten habe, von Simon Judas, dem Nachfolger des Jakobus auf dem bischöflichen Stuhle zu Jerusalem [3]). Von dem letzteren berichtet die (bei Ducange mitgetheilte) Recension B, dass er in Eleutheropolis und von Gaza bis Aegypten Christum gepredigt habe, zuletzt aber in der ägyptischen Stadt Ostrakine ebenfalls am Kreuze gestorben sei. Die Recension A (cod. Vindobon. und der lateinische Dorotheos) verlegt den Tod dieses Simon-Judas ebenfalls nach Ostrakine [4]). Die σύναξις τῶν ἀποστόλων (cod. Paris. 1587. 1588 und in den Menäen zum 30. Juni) unterscheidet den Simon Klopas (nicht Simon-Judas ge-

---

1) Σίμων Καναναῖος ὁ ἐπικληθεὶς Ἰούδας, ἀδελφὸς Ἰακώβου τοῦ ἐπισκόπου, ὅστις καὶ τὸν κλῆρον τῆς ἐπισκοπῆς ἐδέξατο μετὰ τὴν Ἰακώβου τοῦ δικαίου κοίμησιν. Ἔζησεν ἑκατὸν εἴκοσιν ἔτη. Σταυρῷ δὲ παραδοθεὶς ἐπὶ Τραϊανοῦ τοῦ βασιλέως διωγμοῦ μεγάλου κινηθέντος ἐκοιμήθη.

2) Dorotheos A: Σίμων ὁ ἐπικληθεὶς Ἰούδας ὁ καὶ ἐπίσκοπος γενόμενος μετὰ τελευτὴν Ἰακώβου, ἐν Ἰερουσαλὴμ ἐπὶ Τραϊανοῦ τοῦ βασιλέως σταυρῷ προσεθεὶς ἐτελειώθη, ἐν Ὀστρακίνῃ πόλει τῆς Αἰγύπτου ζήσας ἔτη ρβ' [l. ρκ']. Dorotheos B: Σίμων δὲ ὁ ἐπικληθεὶς Ἰούδας ἐν Ἐλευθεροπόλει καὶ ἀπὸ Γάζης ἕως Αἰγύπτου κηρύξας τὸν Χριστόν, θάπτεται ἐν τῇ Ὀστρακίνῃ πόλει τῆς Αἰγύπτου σταυρωθεὶς ἐπὶ Τραϊανοῦ τοῦ βασιλέως.

3) Der lateinische laterculus apostolorum des cod. Paris. lat. 9562 unterscheidet den Thaddäus-Judas von Simon-Judas und identificirt letzteren mit dem Bischof von Jerusalem. Es heisst von ihm 'Symon Cleophas qui et Judas post Jacobum episcopus CXX annorum crucifixus est in Hierusalem, Traiano mandante'.

4) Ausserdem erwähnt Dorotheos A noch den Kleopas oder Simon unter den 70 Jüngern: Κλεόπας ὁ καὶ Συμεὼν ὁ ἀνεψιὸς τοῦ κυρίου ὃς καὶ εἶδεν αὐτὸν καὶ ὡμίλησεν ἅμα καὶ τῷ Λουκᾷ συνοδεύσας μετὰ τὸ ἀναστῆναι τοῦτον ἐκ τῶν νεκρῶν, ὡς ἐν τῷ εὐαγγελίῳ γέγραπται· οὗτος ἐπίσκοπος Ἰεροσολύμων ἐγένετο δεύτερος. Aehnlich auch die Verzeichnisse der 70 Jünger bei Dorotheos B, Hippolyt und Pseudo-Logothetes. — Cod. Matrit. hat im Verzeichnisse der 12: Σίμων ὁ Καναναῖος ὁ τοῦ Κλωπᾶ ὁ καὶ Ἰούδας μετὰ Ἰάκωβον

nannt) von Simon Zelotes, weiss aber nichts von dessen ägyptischer Predigt, auch nichts von seinem Martyrium in Ostrakine, sondern lässt ihn zuerst den von Domitian ihm bereiteten Giftbecher ohne Schaden zu leiden austrinken, darnach aber unter Trajan gekreuzigt werden [1]). Was Pseudo-Dorotheos von Simon Judas erzählt, berichtet Nikephoros (h. e. II, 40) von Jakobus Alphäi, den er vom Bruder des Herrn unterscheidet; wogegen hinwiederum der Petersburger Text bei Lagarde den Kreuzestod in Ostrakine von Judas Thaddäus berichtet, welcher vorher den Edessenern gepredigt habe (τέθαπται δὲ ἐν Ὀστρακίνῃ τῇ πόλει τῆς Αἰγύπτου σταυρωθείς). Letztere Angabe beruht handgreiflich auf Verwechselung [2]).

<hr />

τὸν δίκαιον χειροτονηθεὶς ἐπίσκοπος Ἰερουσαλὴμ καὶ ζήσας ρκ' ἔτη σταυρῷ παραδοθεὶς ἐμαρτύρησεν ἐπὶ Τραϊανοῦ βασιλέως. Fast wörtlich ebenso der vor den Werken des Oikumenios gedruckte Text.

1) Σίμων ὁ καὶ Συμεὼν ὁ καὶ Κλεόπας, υἱὸς Ἰωσὴφ ἀδελφὸς ἐκ Ἰακώβου, δεύτερος ἐπίσκοπος Ἰεροσολύμων· οὗτος ἔζησεν ἔτη ρκ' καὶ ὡς συγγενὴς τοῦ κυρίου καὶ τῆς Ἰούδα φυλῆς, κατακριθεὶς ἰοβόλων θηρίων, σκορπίων καὶ [die gesperrten Worte fehlen in den gedruckten Menäen] ὄψεων καὶ ἑτέρων φαλαγγίων ἐκπιεσθάντων τὸ ἐκθλιβὲν [ἐκβληθὲν in den gedruckten Menäen] ἐκεῖθεν ὑγρὸν ὑπὸ Δομετιανοῦ βασιλέως Ῥωμαίων ἀναγκασθεὶς πιεῖν' πέπονθεν οὐδὲν βλαβερόν' ὕστερον δὲ ὑπὸ Τραϊανοῦ βασιλέως σταυρῷ παραδοθεὶς τελειοῦται.

2) Das Menologium des Basilios unterscheidet drei verschiedene Symeon oder Simon: 1) den Bischof Symeon Klopa von Jerusalem, welcher 120 Jahre alt von den Hellenen gekreuzigt wird, unterm 18. September (Albani I, 48; Migne CXVII, 56). 2) Den Simon Judas oder Simon von Kana, der in Edessa, Mesopotamien und zuletzt wieder in Edessa predigt, wo er in Frieden stirbt, unterm 29. April (Albani III. 76; Migne l. c. p. 430). 3) Den Simon Zelotes, welcher nach Mauretanien, das Land der Afrer, Libyen und zuletzt nach Britannien reist, wo er den Kreuzestod stirbt, unterm 10. Mai (Albani III, 92; Migne l. c. p. 448). Die grossen griechischen Menäen erwähnen zum 18. September den Bischof Simon Klopa, zum 10. Mai den Simon Zelotes; dagegen zum 27. — nicht 29. — April nochmals den Bischof Symeon, den Sohn des Joseph und Bruder des Jakobus. Der Text zum 18. September (p. 127) lautet ganz kurz: Οὗτος ὑπῆρχεν ἐπὶ Τραϊανοῦ τοῦ βασιλέως δεύτερος ἐπίσκοπος Ἰεροσολύμων γενόμενος· οὗτος κατηγορηθεὶς ὑπὸ τῶν αἱρετικῶν καὶ ἀπίστων, ὑπάρχων ἐτῶν ἑκατὸν εἴκοσι, καὶ πολλαῖς αἰκίαις ἐξετασθεὶς τὸ τελευταῖον σταυρῷ προσπαγεὶς τὸ πνεῦμα τῷ θεῷ παρατίθησι. Zum 27. April (p. 114) bieten die Menäen unter der Ueberschrift τοῦ ἁγίου ἱερομάρτυρος Συμεὼν ἐπισκόπου Ἰεροσολύμων συγγενοῦς τοῦ κυρίου zunächst die Verse

Ἀδελφὰ πάσχει Συμεὼν τῷ κυρίῳ
ξύλῳ κρεμασθεὶς ὡς ἀδελφὸς κυρίου
ξύλῳ ἑβδομάτῃ Συμεὼν πάγη εἰκάδι μακρῷ.

Dann wird von diesem Simon, dem υἱὸς τοῦ μνήστορος Ἰωσὴφ und ἀδελφὸς Ἰακώβου erzählt, Christus selbst habe ihn Bruder genannt und zum

Sehen wir hiervon ab, so bleiben immer noch zwei widersprechende Angaben über den Märtyrertod des Apostels Simon bestehen: die eine, die ihn zu Ostrakine in Aegypten, die andre, welche ihn in Britannien den Kreuzestod sterben lässt. Die Auskunft des falschen Dorotheos, welcher den Kreuzestod in Aegypten dem Simon Judas, den Kreuzestod in Britannien dem Simon Zelotes zuschreibt, ist wol nur ein künstlicher Ausgleichungsversuch, von welchem der parallele Text des Pseudo-Hippolyt noch nichts weiss. Der von Eusebios nach Hegesipp berichtete Kreuzestod des Bischofs Simon Klopa, als dessen Stätte wahrscheinlich Jerusalem oder irgend eine andre Stadt Palästinas (Cäsarea?) zu denken ist, wurde bald nach Aegypten, bald nach Britannien verlegt, weil der mit Simon Zelotes identificirte Simon Klopa, bevor er das Bisthum von Jerusalem übernahm, in beiden Ländern gepredigt haben soll. Ein harmonistischer Versuch ist es auch, wenn das koptische Martyrium (a. a. O.) zu erzählen weiss, dass Simon, als ihn die Soldaten des Hadrian zur Richtstätte abführten, durch Christus und zwei Engel wunderbar in die Lüfte erhoben und auf den Oelberg getragen, sein Leib aber darnach in einer Wolke nach Aegypten geführt worden sei. Aber auch die Vertheilung des ägyptischen und britannischen Martyriums unter zwei verschiedene Personen gleichen Namens ist nur eine kritisch werthlose harmonistische Lösung. Die Notizen über die Mission des Simon Zelotes einerseits in Aegypten, beziehungsweise Libyen und Mauretanien, andrerseits in Britannien, gehören wol, soweit auch die angegebenen Länder aus einander liegen, ursprünglich zusammen; der aus beiden Ländern gemeldete Kreuzestod scheint aber auf den Apostel Simon Kananites nur durch Verwechselung mit Simon Klopa bezogen worden zu sein [1]).

Priester gesalbt. Nach unendlichen Mühen und Arbeiten sei er Bischof von Jerusalem geworden καὶ πολυδδυνα κολαστήρια ὑπομείνας διὰ τὴν εὐσέβειαν, σταυρῷ προσεπάγη, ἤδη γεγονὼς ἔτη ἑκατὸν εἴκοσι. Zum 10. Mai, dem Gedächtnistage des Apostels lesen wir zuerst (p. μθ') die Verse:

Ἔοικε Χριστὲ τοῦτό σοι Σίμων λέγειν
ζηλῶν πάθος σὺν κάρτερον σταυροῦ πάθος.
τῇ δεκάτῃ Σίμωνα σταύρωσαν ἀπόστολον ἐχθροί.

Nachdem zuerst erwähnt ist, dass Simon auch Nathanael geheissen habe und der Bräutigam zu Kana gewesen sei, bei dessen Hochzeit Jesus das Wasser in Wein verwandelte, wird erzählt, er habe Μαυρεταν{αν πᾶσαν καὶ τὴν τῶν Ἀφρῶν χώραν durchwandert, und sei zuletzt ἐν Βρεταν{ᾳ gekreuzigt und begraben worden.

1) Die σύναξις τῶν ἀποστόλων (a. a. O.) identificirt ebenso wie die vorher citirten griechischen Monaten zum 10. Mai den Apostel Simon, der in Mauretanien und ganz Afrika gepredigt haben und zuletzt in Britannien ge-

Die koptischen Acten.

Die Apostellegende der koptischen und äthiopischen Kirche identificirt den Apostel Simon Kananites ebenfalls mit Simon Klopa, dem zweiten Bischofe von Jerusalem und legt ihm ausserdem auch die Namen Judas und Nathanael bei. Die Identificirung mit Nathanael, welche (s. vorige Seite) sich auch sporadisch bei Griechen findet, scheint in der Ueberlieferung der ägyptischen und abyssinischen Kirchen herkömmlich gewesen zu sein (vgl. auch Zoëga Codd. Sahid. p. 229. Malan p. 30 Note). Als Gedächtnistag des Simon erscheint der 10. Epiphi (Hamleh, Abib), d. h. der 3. oder 4. Juli; daneben wird zuweilen auch der 15. Pachom (Ginbot, Baschmasch), d. h. der 10. Mai, der Festtag des Apostels Simon Zelotes bei den Griechen, genannt. In dem äthiopischen Certamen apostolorum lautet die Ueberschrift des 4. Kapitels (p. 24 Malan) „Simon Sohn des Kleopas, genannt Judas und verdolmetschet (!) Nathaniel, welcher den Beinamen Kananites führte, war Bischof von Jerusalem nach Jakobus, dem Bruder des Herrn im Frieden des Vaters. Amen".

Simon erhält bei der Apostheilung Samarien zum Missionsgebiet und wird durch Petrus dorthin geleitet. Er predigt in der Synagoge von Samaria, wird von den Juden geschlagen und hinausgeworfen, kehrt aber in die Stadt zurück, predigt drei Tage lang und erweckt am Abende des dritten Tages den Sohn des Synagogonvorstehers Namens Jakobus von den Todten. Der Vater des Erweckten und die ganze Einwohnerschaft bekehrt sich, Simon lässt eine Kirche bauen und weiht den Cornelius zum Bischof. Darnach kehrt er nach Jerusalem zurück und wird nach der Kreuzigung Jakobus des Gerechten dessen Nachfolger. Hieran reiht sich (p. 27 Malan) das Martyrium Simons. Sieben und dreissig Jahre lebt er (als Bischof von Jerusalem), bekämpft den Glauben der Juden und ihre bösen Götter (!), setzt Presbyter und Diakonen ein und baut vier Kirchen (genannt werden eine Marienkirche, eine Michaeliskirche und eine Apostelkirche). Zuletzt werfen ihn die ungläubigen Juden ins Gefängnis, führen ihn vor den König Drianus (Trajanus) und verklagen ihn bei demselben als Zauberer. Auf Befehl des Königs wird er am 10. Hamleh (4. Juli) gekreuzigt [1]).

Auch in den koptischen Acten des Simon, aus denen Zoëga

———

kreuzigt worden sein soll, mit Nathanael, und betrachtet ihn (wegen des Beinamens Κανανατος) als den Bräutigam zu Kana.

1) In der Ueberschrift ist der 10. Miyazia (5. April) als Todestag angegeben.

(a. a. O. p. 236) ein Fragment mitgetheilt hat (s. o. S. 148), ist der
Apostel Simon, dessen wunderbares Lebensende dort erzäblt wird, mit dem
Bischof Simon von Jerusalem identificirt [1]). Eine Jungfrau Theonoë hat
eine nächtliche Vision, die sie dem Simon erzählt. Der Apostel deutet
dieselbe auf seinen bevorstehenden Tod auf Befehl Hadrians und auf die
wunderbare Translation seines Leichnams nach Aegypten. Die genaue
Bezeichnung des Orts '*in montem vici Psenbelle nomi Sejmin*' deutet
doch wol auf eine alte Localtradition. Als Todesstätte ist Jerusalem
vorausgesetzt. Simon weissagt dem Kaiser — der also ebenso wie in
den äthiopischen Acten in Jerusalem anwesend ist — seinen gewaltsamen
Tod durch die Hand eines Weibes. Als er sich weigert, den Götzen
zu opfern, wird er zum Tode verurtheilt und abgeführt. Auf dem
Todeswege begegnet ihm der Herr mit den Engeln Michael und Gabriel,
'*qui Simonem in aërem sublatum transvehunt in montem Oliveti*'.
Die Begegnung erinnert an die Legende von der Flucht des Petrus aus
dem mamertinischen Kerker in Rom; die folgende Erzählung aber ist
in ihrer Abgerissenheit mehrdeutig. Man weiss nicht, ob die Erhebung
in die Luft von dem todten oder von dem noch lebenden Simon berichtet
wird, ob er also die Todesstrafe wirklich erlitten haben oder derselben
auf wunderbare Weise entrissen worden sein soll. Das Erstere ist nach
dem Obigen wahrscheinlicher; doch könnte hier eine ähnliche Vorstellung
zu Grunde liegen wie in dem Martyrium des Matthäus (Tischendorf
p. 183), nach welchem der getödtete Apostel auf wunderbare Weise
wiederbelebt und zum Himmel erhoben wird. Die Erzählung, dass sein
Leib in einer Wolke nach Aegypten entrückt worden sei, hat wol lediglich
den Zweck, die ägyptische Localtradition, welcher jene Acten ihre Entstehung verdanken, mit dem jerusalemischen Martyrium des Simon Klopa
auszugleichen. — Das arabische Synaxarium der koptischen
Kirche erwähnt zum 1. Hatur (= 28. October), dem gemeinsamen Gedächtnistage des Simon und Judas bei den Lateinern, das Martyrium
des Apostels Simon Kleophas und einer Jungfrau Namens Theona. Doch
kommt die betreffende kurze Notiz nur in dem einen der von Wüstenfeld benutzten Codd. (B) am Rande vor (Synaxarium S. 95). Wie Prof.
Wüstenfeld mir freundlichst mittheilt, ist in dem ungedruckten Theil
des Synaxariums Simon zweimal aufgeführt, am 15. Baschmasch und

---

1) Von dem in cod. sahid. 127 enthaltenen Fragmente theilt Zoëga
(a. a. O.) nur die Ueberschrift mit: '*praedicatio S. apostoli Simonis filii Cleo-
pae, qui a Johanne dicitur Nathanael, qui episcopus fuit Hierosolymis post
Jacobum in pace dei amen*'.

am 9. Abib. Hiernach berichtigt sich die von mir I, 222 ausgesprochene Vermuthung. Bei den Aethiopiern ist der erstere Tag dem Judas geweiht.

Judas Thaddäus und Addäus.
Edessenische und armenische Legende.

Der Apostel Judas (Jacobi) soll in Edessa gepredigt haben, wo man sicher schon im dritten Jahrhunderte, wahrscheinlich aber noch früher, seine Grabstätte zeigte. In der älteren edessenischen Sage wird er mit Thomas identificirt. So schon in der Abgarlegende (doctrina Addaei ed. Phillips p. 5 der engl. Uebers.; Eus. h. e. I, 13) und in der syrischen doctrina apostolorum (bei Cureton, Ancient Syriac Documents, p. 30 sqq. der englischen Uebersetzung). Auch die in den acta Thomae aufbehaltene indische Legende, welche den Judas Thomas, den „Bruder des Herrn", von Judas Jacobi unterscheidet, lässt seine Gebeine nach Edessa transferirt werden, setzt also die ältere edessenische Sage voraus (vgl. die oben I, 225 angeführten Stellen). Dagegen identificirt die jüngere Tradition den Apostel Judas vielmehr mit Thaddäus (Lebbäus).

In der edessenischen Legende ist Thaddäus, oder wie er bei den Syrern constant heisst, Addäus (ܐܕܝ, Addai), vielmehr einer der 70 oder 72 Jünger. Derselbe soll aus Paneas (Cäsarea Philippi) stammen (Doctrina Addaei ed. Phillips p. 21 der engl. Uebers. und das Fragment aus dem cod. Add. 14601 fol. 164 bei Cureton Ancient Syriac Documents p. 109). Nach Christi Himmelfahrt sei er von Thomas, der als der Hauptapostel des osrhoënischen Reiches erscheint, nach Edessa zu König Abgar Ukhāmā gesendet worden, habe diesen von schwerer Krankheit geheilt und bekehrt und sei nach mehrjähriger segensreicher Wirksamkeit zu Edessa eines natürlichen Todes gestorben (vgl. auch Assemani Bibl. Or. I, 317 sq. III, 1, 302. 611). Nach der 'Doctrina Addaei' scheint er diese Stadt überhaupt nicht mehr verlassen zu haben; die Mission in Assyrien wird vielmehr ausdrücklich als eine nur mittelbar von Addäus ausgegangene geschildert (ed. Phillips p. 38 sq. der engl. Uebersetzung). Dagegen erzählt die armenische Uebersetzung der Doctrina Addaei (bei Langlois Collection des historiens anciens et modernes de l'Arménie T. I. p. 324 sq.) von weiteren Missionsreisen des Addäus nach ganz Mesopotamien und dem „ganzen Orient" und lässt ihn im Oriente von der Hand der Ungläubigen den Märtyrertod sterben. Ebenso lässt Barhebraeus (Chron. Eccl. ed. Abbeloos et Lamy Tom. III

col. 11) den Addäus mit seinen Schülern Aggäus und Mares von Edessa
aus in den „Orient" reisen, um dort das Evangelium zu predigen, später
aber nach Edessa zurückkehren. Die jüngeren syrischen Quellen
wissen noch zahlreiche andere Länder, die Addäus bereist habe, zu
nennen. Hiernach wäre er nach Nisibis, Mosul (Assyrien), Haza (Adiabene) und Bagerma gekommen, später aber nach Edessa zurückgekehrt
und dort nach zwölf Jahren gestorben (Mares filius Salomonis — um
1235 — bei Assemani Bibl. Orient. III, 2 p. XI sq.; vgl. Elias episcop.
Damasc. bei Assemani I. c. p. IV; Ebed Jesu in libr. Margaritae P. 4
c. 6 bei Assemani I. c.; Amrus bei Assemani I. c. p. XIII; vgl. auch
Assemani III, 1, 611). Andre Nachrichten nennen ausser der Umgebung von Edessa noch Soba, ganz Arabien und die angrenzenden
Länder, den „Orient" und ganz Mesopotamien (Ebed Jesu Sobensis in
epit. canon. bei Assemani I. c. p. X). Nach Amrus, dem Excerptor des
Mares, wäre der Apostel Thomas vor seiner indischen Reise mit Addäus
in Edessa zusammengetroffen, und beide Apostel hätten den Mares
(einen der 70 Jünger) zum Patriarchen von Babylon, in Arach (Assyrien
und Chaldäa) und „im Oriente" ordinirt (Assemani I. c. p. XIII). Als
Todestag des Addäus wird von der syrischen Kirche der 14. Mai begangen [1]).

Von diesem Addäus oder Thaddäus unterscheiden nun aber die
späteren Syrer (Assemani I. c. p. XIII sqq.) noch den Judas Thaddäus,
dessen Fest am 18. October gefeiert wird [2]). Jener, der Apostel Edessas,
soll, wie bereits bemerkt wurde, einer der Siebzig, dieser dagegen einer
der zwölf Jünger gewesen sein, aber ebenfalls in Syrien und Mesopotamien gepredigt haben. Im Unterschiede von jenem soll dieser Märtyrer
geworden und nach den einen Nachrichten in Berytos, nach den andern
in Arados gesteinigt worden sein. Ersteres berichtet z. B. Amrus
(Assemani I. c. p. XIV): „Judas, der Bruder des Jakobus mit dem Beinamen Lebbäus und Thaddäus, predigte das Evangelium zu Antartosa
(Antarados) und Laodikeia [3]), ging dann nach Thodmora (Palmyra) und

1) Wenn Barhebraeus im Chron. Eccl. ed. Abbeloos et Lamy T. III
col. 11 den Addäus am 30. Juni von dem heidnischen Sohne Abgars erschlagen
werden lässt, so ist dies eine Verwechselung mit seinem Schüler Aggäus.

2) Abweichend von der syrischen Tradition feiern die Armenier das Fest
des Thaddäus (aus den 70) am 23. December, die Auffindung seiner Reliquien am
30. Mai; dagegen das Gedächtnis des Judas Thaddäus oder Judas Jacobi zum
18. Februar und (gemeinsam mit Bartholomäus) zum 8. December.

3) Die Wirksamkeit des Thaddäus zu Laodikeia wird auch in einer syrischen Recension des Transitus Mariae (Syr. A) vorausgesetzt (bei Wright,

Raka (Kallinikos), Kirkesiou (Karkemisch), Theman und in Begleitung
des Thomas nach Indien. Nachdem er einige Zeit bei demselben geblieben war, kehrte er in sein Missionsgebiet zurück, taufte daselbst
eine grosse Zahl Menschen und starb, mit Steinen überschüttet zu Berytos, wo er auch bestattet liegt. Letzteres erzählt Barhebraeus im
Horreum Mysteriorum (Assemani p. XIV sq.): Lebbäus mit dem Beinamen Thaddäus oder Judas Sohn des Jakobus predigte zu Laodikeia
und ward zu Arados gesteinigt und ebendort begraben. Auch im
Chron. Eccl. erwähnt Barhebraeus, dass der Zwölfer Thaddäus, der
wegen seiner Weisheit auch Lebbäus genannt worden, zu Berytos gestorben und begraben sei (ed. Abbeloos et Lamy T. I col. 33), ohne
jedoch der Todesart näher zu gedenken. Dagegen lassen wieder die
Acten des Judas Thaddäus in dem arabischen Synaxar ihn, nachdem er
in Syrien gemeinsam mit Petrus gewirkt, zu Arados gesteinigt und
mit Pfeilen überschüttet werden (bei Assemani l. c. p. XIV sq.). Letztere
Notiz kehrt wieder in der sofort zu besprechenden armenischen Localtradition, die aber statt Arados vielmehr „die Stadt Ararat" nennt. Die
angebliche indische Wirksamkeit des Judas, des Sohnes des Jakobus,
im Geleite des Thomas wird dagegen auch von Elias Damascenus in
der arabischen collectio canonum (Assemani p. XIII sq.) berichtet.
Unter dem Einflusse der syrischen Legende steht auch Kosmas Indikopleustes, welcher (bei Montfaucon, Collectio Nova Patrum II, 146)
die Missionirung Persiens durch Thaddäus zu berichten weiss.

Mit der syrischen Addäus- oder Thaddäuslegende steht die armenische in engster Verbindung. Die Armenier rechneten Edessa, welches
eine Zeitlang wirklich unter der Herrschaft armenischer Fürsten stand
(Moses von Khorene II, 32, 4 Whiston; II, 35 le Vaillant; Suidas s. v.
ὤνητή) gern zu ihrem Reich, und bezeichneten die osrhoënischen Dynasten
als armenische Könige. Die Eroberung Edessas durch den Schwestersohn
Abgars V, den armenischen König Sanatruk, wird daher von Moses von
Khorene als eine Wiedervereinigung von ganz Armenien dargestellt. Kein
Wunder daher, dass die Armenier auch den Apostel der Edessener für
sich in Anspruch nehmen. So weiss denn schon Moses von Khorene
zu erzählen, dass der Apostel Thaddäus, nachdem er seinen Schüler
Addäus (vielmehr Aggäus) als seinen Stellvertreter in Edessa zurückgelassen, mit Briefen Abgars sich zu Sanatruk begeben habe, um ihm
und seinem Volke das Evangelium zu predigen (II, 30, 6 Whiston;

Contributions to the apocryphal literature of the New Testament, London 1865
p 18 sqq.).

II, 33 le Vaillant). Unter ausdrücklicher Bezugnahme auf seine Vorgänger in der Geschichtsschreibung berichtet er sodann weiter (II, 31
Whiston; II, 34 le Vaillant), dass Thaddäus den Sanatruk wirklich bekehrt habe. Derselbe sei jedoch aus Furcht vor den armenischen Grossen
wieder abtrünnig geworden, und der Apostel habe samt seinen Begleitern
„in der Provinz Savarsana (Schavarschan), welche jetzt Artaza (Ardaz)
heisst", den Märtyrertod erlitten. Ein Stein habe sich von selbst
geöffnet, um den Leichnam des Apostels aufzunehmen, und habe sich
darauf wieder geschlossen. Die Jünger hätten den Leib zuerst in der
Ebene bestattet, späterhin sei derselbe aber zugleich mit den Reliquien
der zweiten Tochter des Sanatruk, Namens Santoukhd, die ebenfalls
Märtyrerin geworden, *in regionem saxosam* translocirt worden. Als
Marterstätte nennt Moses in dem Briefe an Isaak von Erzerûm (bei
Mösinger vita et martyrium Bartholomaei p. 13) die armenische Provinz
Jartaz (Jardaz). Den Märtyrertod des Thaddäus durch den armenischen
König Sanatruk kennt schon F a u s t u s von B y z a n z im dritten Buche
seiner bis 392 fortgeführten armenischen Geschichte (bei L a n g l o i s,
Collection I p. 210). Dieselbe Legende wird auch von Neueren erwähnt
(Galanus, conciliat. eccl. Armen. cum Romana bei Assemani l. c. p. XV;
Combefis Auctar. Noviss. I, 500 und T i l l é m o n t I, 403 sq.). Auch die
armenische vita Bartholomaei (bei Mösinger a. a. O. p. 16 sqq.) setzt
die Legende von Thaddäus als erstem Apostel Armeniens voraus. Dieselbe vita unterscheidet von diesem Thaddäus noch den Apostel Judas
Jacobi, einen der Zwölf, welcher mit Bartholomäus am Hügel Artaschu
zusammengekommen sei (a. a. O. p. 15). Dieser Judas, von welchem
auch die kurze vita im armenischen Kalendarium zum 18. Februar
handelt, wird ebenso wie Thaddäus, Thomas und Bartholomäus als
Apostel Armeniens bezeichnet (a. a. O. p. 18). Von den Armeniern ist
die Tradition von der armenischen Predigt des Judas Jacobi oder Thaddäus auch zu den späteren G r i e c h e n gekommen, welche die Todesstätte ἐν Ἀράτῃ πόλει (oder wie das von Combefis l. c. p. 502 angeführte
handschriftliche Menaeum Tilianum schreibt, ἐν Ἀράτ τῇ πόλει), als
Todesart aber angeben, dass er mit Pfeilen durchbohrt worden sei.
Diese Angabe beruht aber wol auf Vermischung des Judas Thaddäus
aus den Zwölfen mit Thaddäus oder Addäus, der, wie Moses von Khorene
und die armenische Uebersetzung der syrischen Doctrina Addaei ausdrücklich hervorheben, einer der Siebzig war. Da beide jedoch den Schüler und
Nachfolger dieses Thaddäus, Namens Aggäus, dem ein abtrünniger Sohn
Abgars V die Beine gebrochen oder abgehauen haben soll (Doctrina
Addaei ed. Phillips p. 49, im armenischen Texte bei Langlois I p. 325,

Moses von Khorene II, 31, 3—5 Whiston; II, 34 le Vaillant) beharrlich mit demselben Namen Addaeus bezeichnen, so lag auch bei den Armeniern die Gefahr einer Verwirrung nahe genug.

Judas Thaddäus in der griechischen und lateinischen Tradition.
Thaddäus der Zwölfer und Thaddäus der Siebziger.

Die späteren griechischen und lateinischen Berichterstatter wissen meist nur von Einem Thaddäus oder Lebbäus, der einer der Zwölf, und mit Judas Jacobi identisch sein soll. Nur ausnahmsweise, wie in dem Verzeichnisse der 70 Jünger bei Pseudo-Dorotheos B und Pseudo-Hippolyt, wird Θαδδαῖος ὁ τὴν ἐπιστολὴν Αὐγάρῳ κομίσας noch von Judas Jacobi unterschieden. Ebenso die Liste des Pseudo-Logothetes. Was über Judas Jacobi erzählt wird, geht aber wesentlich auf die edessenische Thaddäuslegende zurück. Nun hatte aber die Harmonistik griechischer Väter schon seit Origenes (praef. in comm. ad Rom.) den Judas Jacobi mit Thaddäus oder Lebbäus identificirt. Daher lässt schon Hieronymus (in Matth. 10, 4) denselben Apostel Thaddäus aus der Zahl der Zwölf, welcher auch Judas Jacobi und Lebbäus heisse, nach Edessa zu König Abgar geschickt werden [1]). Ebenso bezeichnet der von Tischendorf herausgegebene Pariser Codex der griechischen acta Thaddaei den Apostel Edessas Lebbäus mit dem Beinamen Thaddäus als einen der Zwölf, und macht ihn zu einem aus Edessa gebürtigen Hebräer, welcher in den Tagen Johannes des Täufers nach Jerusalem gekommen, die Taufe und den Namen Thaddäus empfangen, später aber den Jüngern Christi sich angeschlossen habe und unter die zwölf Apostel aufgenommen worden sei (Tischendorf acta app. apocr. p. 261) [2]).

Nach diesen πράξεις Θαδδαίου (Tischendorf p. 261—265) geht Thaddäus nach Christi Himmelfahrt erst zu Abgar nach Edessa, woselbst er viele „Hebräer und Hellenen, Syrer und Armenier" bekehrt. Nachdem er darauf einen seiner Schüler (offenbar den Aggäus, dessen Name aber nicht genannt ist) zum Bischof eingesetzt hat, reist er

---

1) Opp. VII, 57 Vallarsi: *'Thaddaeum apostolum ecclesiastica tradit historia missum Edessam ad Abgarum regem Osroënae, qui ab evangelista Luca Judas Jacobi dicitur; et alibi appellatur Lebaeus, quod interpretatur corculum'*.

2) Dagegen wahrt der cod. Vindob. gr. 45 die ältere edessenische Tradition, indem er den Thaddäus in der Ueberschrift ausdrücklich als einen der Siebzig bezeichnet, behält aber cap. 1 ruhig die Worte bei ἐξελέξατο αὐτὸν εἰς τοὺς δώδεκα (vgl. meine edessenische Abgarsage S. 3 Anm. 1).

weiter nach Amida am Tigris, wo er den Juden predigt und fünf Jahre lang verweilt. Dann durchzieht er die Städte Syriens lehrend und heilend und stirbt zuletzt in Berytos in Phönikien einen friedlichen Tod. Als Todestag wird der 20. (21.) August bezeichnet.

Aus dieser Darstellung wird vollkommen klar, dass der Thaddäus (oder Lebbäus), von dem die Legende handelt, obwol er als einer der Zwölf betrachtet wird, doch ursprünglich kein Anderer ist, als der Addäus von Edessa [1]).

Als Wirkungskreis desselben werden auch von anderen späteren Griechen und Lateinern verschiedene Landschaften östlich vom Eufrat genannt. Er soll in Edessa und in ganz Mesopotamien, beziehungsweise in Assyrien, nach einigen Angaben aber auch in Phönikien gepredigt haben [2]). Als Stätte seines Todes wird in diesen Berichten bald Edessa, bald Berytos in Phönikien genannt; ersteres in der Recension B des Dorotheos und in dem Mischtexte bei Lagarde constt. app. p. 283, desgl. bei Nikephoros h. e. II, 40 und Niketas Paphlago encom. in S. Judam bei Combefis l. c. p. 420; letzteres in dem Texte des Pseudo-Hippolyt (bei Combefis auctar. nov. II, 831), Pseudo-Epiphanios (cod. Paris. gr. 1115), der Recension A des Dorotheos (cod. Vindob. und Bibl. Patr. Max. Lugd. T. III p. 427), dem Scholion bei Lagarde l. c. p. 282, den griechischen Acta Thaddaei bei Tischendorf (acta app. apocr. p. 265) und den griechischen Menäen zum 21. August, p. 117 der Venet. Quartausgabe von 1684 [3]).

---

1) Ganz eigenthümlich unterscheidet der Text des Apostelverzeichnisses bei Pseudo-Epiphanios (cod. Paris. gr. 1115) von Judas Thaddäus noch Judas den Bruder des Herrn, den Verfasser des kanonischen Judasbriefes, der seinem Neffen Symeon den Bischofsstuhl von Jerusalem überlassen haben und Vater zweier Söhne, Jakobus und Zoker, gewesen sein soll. Leider ist der Text nicht heil; wahrscheinlich liegt hier irgendwelche Confusion vor. Die Worte lauten: Ἰούδας ὁ ἀδελφὸς τοῦ κυρίου μετὰ Ἰάκωβον τὸν ἑαυτοῦ ἀδελφὸν καὶ Συμεὼν ἐξάδελφον τοῦ κυρίου· λιπὼν δὲ καὶ αὐτὸν ἐπίσκοπον ἐν Ἱεροσολύμοις ἔτη ζ', ἐκήρυξε δὲ τὸ εὐαγγέλιον τοῦ Χριστοῦ ἐν πάσῃ Ἰουδαίᾳ καὶ Σαμαρείᾳ. ἐποίησε δὲ καὶ καθολικὴν ἐπιστολήν, καὶ πρώτην ἔσχε δύο υἱοὺς Ἰάκωβον καὶ Ζωκήρ. ἀπέθανε δὲ ἐν Ἱερουσαλὴμ ἐνδόξως. Die Söhne des Judas, Jakobus und Zoker werden auch bei Epiphanios Monachos (vita Mariae bei Dressel p. 28) erwähnt. Offenbar sind die beiden δεσπόσουνοι gemeint, welche schon Hegesippos bei Eusebios (h. e. III, 20, 1) erwähnt, aber nicht als Söhne, sondern als Enkel des Judas.

2) Nikephoros (h. e. II, 40) lässt ihn in Judäa, Galiläa, Samaria, Idumäa, darnach in den Städten Arabiens und in ganz Syrien und Mesopotamien predigen, zuletzt aber nach Edessa gelangen. Die versus memoriales des lat. Cod. Paris. 8069 (saec. XI) weisen ihm ebenfalls Mesopotamien zu 'Iuda [sc. habet] Mesopotamos'.

3) Pseudo-Dorotheos A cod. Vindobon th. gr. 40: Ἰούδας Ἰακώβου

Eine dritte Angabe, welche in der Chronik des angeblichen Symeon Logothetes vorliegt, verlegt seinen Tod nach Rebek (Raphaka auf der Sinaihalbinsel Num. 33, 13) und lässt ihn von den Blemmyern mit Pfeilen durchbohrt werden[1]). Eine vierte, bereits erwähnte, lässt ihn in Ararat in Armenien sterben, woselbst er ebenfalls „von den Ungläubigen" mit Pfeilen durchbohrt worden sein soll. So die griechischen Menäen zum 19. Juni p. 74 der Venetianer Quartausgabe von 1683, das Menologium Basilii unter demselben Tage, welches ihn gekreuzigt und mit Pfeilen durchbohrt werden lässt[2]), vgl. auch die gedruckten Menäen zum 30. Juni und die σύναξις τῶν ἀποστόλων der Pariser codd. 1587. 1588[3]) und das abyssinische Hagiologium, welches

ὁ καὶ Θαδδαῖος ὁ καὶ Λεβαῖος Ἐδεσσηνοῖς καὶ πάσῃ τῇ Μεσοποταμίᾳ ἐκήρυξε τὸ εὐαγγέλιον τοῦ κυρίου, ἐπὶ δὲ Αὐγάρου βασιλέως Ἐδεσσηνῶν ἐτελεύτησεν ἐν Βηρύτῳ καὶ ἐκεῖ θάπτεται ἐνδόξως. Cod. Matrit.: Θαδδαῖος ὁ καὶ Λεββαῖος ὁ καὶ Ἰούδας Ἰακώβου Ἐδεσσηνοῖς καὶ πάσῃ τῇ Μεσοποταμίᾳ ἐκήρυξε τὸ εὐαγγέλιον ἐπὶ Αὐγάρου τοπάρχου Ἐδεσσηνῶν, ἐτελεύτησεν ἐν Βηρύτῳ κἀκεῖ τίθαπται. Fast wörtlich ebenso der Text vor den Ausgaben des Oikumenios. Pseudo-Epiphanios: Θαδδαῖος δὲ ὁ καὶ Λεββαῖος ὁ ἀδελφὸς αὐτοῦ [Ἰακώβου] ὁ ἐπικληθεὶς Ἰούδας Ἰακώβου Ἐδεσσηνοῖς καὶ ἐπὶ πάσῃ τῇ Μεσοποταμίᾳ ἐκήρυξε τὸ εὐαγγέλιον τοῦ κυρίου ἐπὶ Αὐγάρου τοῦ βασιλέως Ἐδεσσηνῶν ἐτελεύτησε δὲ ἐν Βηρύτῳ καὶ ἐκεῖ ἐτάφη, ἐνδόξως. Pseudo-Hippolyt (bei Combefis Auctar. Nov. II, 831): Ἰούδας ὁ καὶ Λεββαῖος Ἐδεσσηνοῖς καὶ πάσῃ Μεσοποταμίᾳ κηρύξας, ἐκοιμήθη ἐν Βηρύτῳ καὶ θάπτεται ἐκεῖ. Scholion bei Lagarde l. c. p. 282: Θαδδαῖος ὁ καὶ Λεββαῖος ἐπικαλούμενος δὲ καὶ Ἰούδας ζηλωτής, Ἐδεσσηνοῖς κηρύξας τὸν λόγον καὶ τοῖς ἐν τῇ μέσῃ τῶν ποταμῶν Ἀργάρου Ἐδέσσης τοπαρχοῦντος τίθαπται ἐν Βηρυτῷ τῆς Φοινίκης. Vgl. auch den latein. laterculus apostolorum des cod. Paris. lat. 9562 ‘Thaddaeus et Judas in Beryto Edessenorum’. Pseudo-Dorotheos B bei Ducange (Append. ad Chron. Pasch. II, 138 Bonn.): Ἰούδας δὲ ὁ Ἰακώβου ἐν πάσῃ τῇ Μεσοποταμίᾳ κηρύξας τὸν Χριστόν, τελειοῦται· ἐν Ἐδέσσῃ [Coislin 224 τῇ πόλει] καὶ ἐκεῖ θάπτεται. Pseudo-Hippolyt bei Lagarde l. c. 283: Ἰούδας Ἰακώβου. οὗτος ἐν πάσῃ τῇ Μεσοποταμίᾳ κηρύξας τὸν Χριστόν, ὑπὸ Ἰουδαίων ἀναιρεῖται λίθοις· κεῖται δὲ ἐν Ἐδέσσῃ τῇ πόλει.

1) Ἰούδας ὁ καὶ Θαδδαῖος καὶ Λεβαῖος καλούμενος υἱὸς μὲν Ἰωσὴφ ἀδελφὸς δὲ Ἰακώβου· ἐν Ῥεβακτῇ [l. Ρεβέκ oder Ραφέκ] τῇ πόλει παρὰ τῶν Βλεμμύων ἀναρτηθεὶς καὶ τοξευθεὶς τελειοῦται.

2) Albani III, 137 sq.; Migne Patr. gr. CXVII p. 504: ἀπελθὼν οὖν καὶ εἰς Μεσοποταμίαν καὶ κηρύξας τὸ εὐαγγέλιον καὶ πολλοὺς τῶν ἀπίστων ἐπιστρέψας πρὸς τὸν κύριον ἀπεδήμησε καὶ τοῖς ἐν Ἐδέσσῃ πόλει· καὶ πρὸς Αὔγαρον τοπάρχην πορευθεὶς ἐθεράπευσεν αὐτὸν ἀπὸ τῆς νόσου. εἶτα καταλαβὼν Ἀράτ τὴν πόλιν καὶ σταυρωθεὶς καὶ τοξευθεὶς ἐτελειώθη. Dieselbe doppelte Todesart ist auch in der σύναξις τῶν ἁγίων ιθ´ ἀποστόλων in demselben Menol. Bas. (l. c. p. 516) erwähnt.

3) Ἰούδας Ἰακώβου ὁ παρὰ μὲν τοῦ Λουκᾶ ἔν τε τῷ εὐαγγελίῳ καὶ τοῖς πράξεσιν Ἰούδας ἐπονομαζόμενος, παρὰ δὲ Ματθαίου καὶ Μάρκου Θαδδαῖος [καὶ

ihn jedoch durch glühende Nägel getödtet werden lässt (Acta SS. Jun. T. III p. 804). Verwandt hiermit ist die Notiz in dem lateinischen 'Breviarium Apostolorum' und darnach bei Pseudo-Isidor, mit welcher Ado de festivitatibus apostolorum zu vergleichen ist, wonach Judas zuerst in Mesopotamien und darnach [1]) in den inneren Gegenden des Pontos gepredigt haben, und in der armenischen Stadt 'Veritus' oder Ethnericus [verderbt aus Berytus] begraben liegen soll. Die meisten griechischen Schriftsteller lassen ihn eines natürlichen Todes sterben; doch berichtet auch der Text des Pseudo-Hippolyt bei Lagarde, dass Judas Jacobi, nachdem er in ganz Mesopotamien gepredigt, von den Juden gesteinigt worden sei. Wenn dieser letztere Text den Judas Jacobi von Thaddäus-Judas noch unterscheidet, so zeigt schon der Umstand, dass jener in Edessa begraben liegen, dieser in Edessa gepredigt haben soll, dass in Wahrheit nur eine und dieselbe Tradition zu Grunde liegt. Die hier begangene Verwechselung ergibt sich deutlich auch aus der weiteren Angabe desselben Textes, dass Judas Thaddäus zu Ostrakine in Aegypten begraben liegen soll, eine handgreifliche Verwechselung mit Simon Zelotes [2]). Indessen findet sich die den Syrern geläufige Unterscheidung eines doppelten Thaddäus auch bei späteren Griechen. Ausdrücklich hat Nikephoros (h. e. II, 40) die beiden Thaddäus unterschieden [3]).

Λεββαῖος om. cod. 1588] καλούμενος· ἀδελφὸς κατὰ σάρκα χρηματίζων τοῦ κυρίου ἡμῶν Ἰησοῦ Χριστοῦ· ἐν Μεσοποταμίᾳ κηρύξας τὸ εὐαγγέλιον, ὕστερον ἐκοιμήθη ἐν Ἀράτω [Ἀραρὰτ gedruckte Menäen] τῇ πόλει, ὑπὸ ἀπίστων ἀναρτηθεὶς καὶ τοξευθείς.

1) Breviarium apostolorum: *'Iudas qui interpretatur confessor Jacobi frater in Mesopotamia atque interioribus Ponti praedicavit sepultus in Verito Armeniae urbe [in monte Armeniae urbis cod. Paris. lat. 2543]. cuius festivitas celebratur V kl. Novembr.*'. Pseudo-Isidor: *'Judas Jacobi frater in Mesopotamia atque in interioribus Ponti evangelizans, feras et indomitas gentes quasi belluarum naturas suo [+ sancto Freculph] dogmate mitigat et fidei dominicae subiugat. Sepultus est Ethnerico [Nerico Freculph] Armeniae urbe*'. Laterculus in cod. Paris. lat. 9562: *'Thaddaeus et Judas in Beruto Edessenorum*'. Gemeint ist in allen Texten Berytus.

Ado (libellus de festivitatibus sanctorum apostolorum p. 34 ed. Rosweyde) lässt den Thaddäus oder Judas zuerst in Mesopotamien predigen, darnach aber (auf Grund der passio Simonis et Judae) gemeinsam mit Simon, welcher vorher in Aegypten gewirkt hat, nach Persien gehn. Ebenso Usuard im Martyrologium, und von späteren Legendenschreibern z. B. Ordericus Vitalis hist. eccl. I, 1 cap. 17 (Migne 188, 172 sqq.).

2) Constit. App. p. 283: ιδʹ Θαδδαῖος ὁ Λεββαῖος καὶ Ἰούδας. οὗτος Ἐδεσσηνοῖς ἐκήρυξε· τέθαπται δὲ ἐν Ὀστρακίνῃ τῇ πόλει τῆς Αἰγύπτου σταυρωθείς. Die auf Judas Jacobi bezüglichen Worte s. vorigo S. Anm.

3) Derselbe schreibt vom Zwölf-Apostel Judas Thaddäus: Ἐδέσσῃ, ἢ Αὐ-

Ebenso zählen schon Pseudo-Hippolyt in der Recension bei Combefis,
Pseudo-Dorotheos in der Recension B und Pseudo-Logothetes den
Thaddäus, der in Edessa den Abgar geheilt habe, unter den 70 Jüngern
auf (in den Listen der 70 im Chron. Pasch. und bei Dorotheos A fehlt
Thaddäus). In den griechischen Menäen (Monat Juni p. οδ′) wird
übereinstimmend mit dem Menolog. Basilii (Albani III, 137 sq.;
Migne 117, 504) als Gedächtnistag des Judas, welcher bei Matthäus und Marcus
Thaddäus und Lebbäus heisse, nach allgemeiner Tradition der griechischen Kirche der 19. Juni angesetzt; am 21. August aber begegnet uns
noch einmal ein Apostel Thaddäus (Monat August S. ριζ′). Judas
Thaddäus, ein Bruder des Herrn, wie man annahm, dem Fleische nach,
und ein leiblicher Bruder des ἀδελφέθεος Jakobus, wird übereinstimmend
mit der gewöhnlichen Tradition der Griechen als Apostel von Edessa
und als derjenige bezeichnet, welcher den Toparchen Angaros (Abgar)
geheilt habe. Aber ganz dieselbe Wirksamkeit wird auch dem Thaddäus des 21. August beigelegt. Der Letztere wird in den Menäen
ebenso wie in den griechischen Acta Thaddaei (p. 261 sq. bei
Tischendorf), aber nirgends bei syrischen Schriftstellern (Assemani
l. c. p. XIII), als ein Hebräer aus Edessa bezeichnet, welcher bei
einer Reise nach Jerusalem von Johannes getauft, und darnach an
Christus gläubig wurde, nach der Himmelfahrt des Herrn aber in
seine Vaterstadt zurückkehrte. Dieser Thaddäus, welcher also nicht
zu den Zwölfen, sondern in Uebereinstimmung mit der syrischen Legende, zu den 70 (oder 72) Jüngern gerechnet wird, soll später
die Städte Syriens durchwandert und zu Berytos den Märtyrertod erlitten haben, wogegen der Zwölf-Apostel Judas Thaddäus, der Heilige
des 19. Juni, vielmehr ἐν Ἀραράτῃ πόλει von Pfeilen durchbohrt wurde[1]).

γάρου πόλις ἦν, ὕστερον ἐπιστάς, ὅπου δὴ πρότερον καὶ ὁ ἕτερος Θαδδαῖος, ὃς
τῶν ἑβδομήκοντα ἦν εἷς, τὰ κατὰ Χριστὸν προσεσάλπισε.

1) In den Menäen zum 19. Juni geben folgende Verse voran:
    καὶ συγγενείᾳ καὶ χορῷ αὐχείμῳ ἔχεις
    Χριστοῦ μαθητῶν ὦ Ἰούδα καὶ πάθει.
    ἐννέα καὶ δεκάτῃ βαλέεσσιν Ἰούδας θνῄσκει
οὗτος ἐν μὲν τῷ κατ' αὐτὸν [l. κατὰ Λουκᾶν] εὐαγγελίῳ καὶ ταῖς πράξεσιν
Ἰούδας ἐπονομάζεται, παρὰ δὲ Ματθαίῳ καὶ Μάρκῳ Θαδδαῖος καὶ Λευαῖος,
ἀδελφὸς κατὰ σάρκα χρηματίζων τοῦ κυρίου ἡμῶν Ἰησοῦ Χριστοῦ καὶ υἱὸς
Ἰωσὴφ τοῦ μνήστορος, ἀδελφὸς δὲ γνήσιος Ἰακώβου τοῦ ἀδελφοθέου κτλ. Er
ist Verfasser des kanonischen Briefes. τῇ τε Μέσῃ τῶν ποταμῶν καὶ τὰ ὅμορα
ἔθνη καταφωτίσας τῷ λόγῳ καὶ κηρύξας τὸ εὐαγγέλιον τῇ Ἐδεσσηνῶν πόλει
ἐνδημήσας καὶ πρὸς Αὔγαρον τὸν τοπάρχην πορευθεὶς τοῦ θεραπεῦσαι αὐτόν,
ὕστερον κατέλαβεν ἐν Ἀραράτῃ πόλει καὶ ὑπὸ τῶν ἀπίστων ἀναρτηθεὶς καὶ τοξευθεὶς τὸ πνεῦμα αὐτοῦ τῷ θεῷ παρέθετο.

Es leuchtet ein, dass diese ganze Unterscheidung eines doppelten Thaddäus auf künstlicher Reflexion beruht. Bemerkung verdient dagegen, dass die armenische Legende, welche den Judas Thaddäus in Ararat mit Pfeilen erschossen werden lässt, demselben ebenso wie dem Simon Kananites die Länder am Kaukasos und am schwarzen Meere zugewiesen zu haben scheint. Man könnte geneigt sein, hier einen Zusammenhang mit der persischen Legende zu vermuthen, in welcher ebenfalls beide Apostel gemeinsam auftreten [1]. Nach der letzteren soll ja nicht blos Simon, sondern auch Judas in Suanir den Märtyrertod gestorben sein: Suanir scheint aber nur eine andre Localisation derselben Sage zu sein, welche auch in Ararat oder 'Veritus' „in Armenien" fixirt war. Indessen finden wir statt Ararat in dem arabischen Synaxarium vielmehr Arados in Syrien genannt, woselbst Judas Thaddäus mit Steinen und Pfeilen überschüttet worden sein soll (Assemani B. O. III, 2 p. XIV sq.); Veritus aber ist Berytos in Syrien.

Schliesslich ist noch zu erwähnen, dass Judas Thaddäus häufig den Beinamen Ζηλωτής erhält, welcher nicht ihm, sondern dem Simon Kananites gebührt. So in dem Scholion bei Lagarde l. c. p. 282, namentlich aber bei lateinischen Schriftstellern, in der lateinischen passio bei 'Abdias', beim Chronisten des Jahres 354, in dem Texte der notitia apostolorum bei Vallarsi XI, 545 und in mehreren Texten des martyr. Hieronym: codd. Lucc. Corbej. maj. und minor u. A. [2]).

Zum 21. August (μνήμη τοῦ ἁγίου ἀποστόλου Θαββαίου τοῦ καὶ Λεββαίου) leisten die Menäen folgende nichtssagende Poësie:

Θαββαῖε ποῖον ἄλλο σοι πλέξω στέφος
ἢ αὐτόπτην λέγειν σε καὶ μύστην λόγου
εἰκάδι πρώτῃ Θαββαῖος βιότοιο ἀπέπτη.

Hierauf folgt die Erzählung, welche sich als ein Excerpt aus dem von Tischendorf herausgegebenen Texte der πράξεις Θαββαίου kennzeichnet. οὗτος ὑπῆρχεν ἐξ Ἐδέσσης πόλεως, Ἑβραῖος τὸ γένος κτλ. Er kommt nach Jerusalem, wird von Johannes getauft, wird eine Augenzeuge der Wunder Christi und ein Schüler seiner Worte καὶ μετὰ τὴν ἀνάληψιν αὐτοῦ πρὸς τὴν ἰδίαν πόλιν ὑπέστρεψε καὶ τόπαρχον τὸν Αὔγαρον βαπτίσας καὶ τὸ περιλειφθὲν μέρος τῆς λέπρας αὐτοῦ ἰασάμενος καὶ πολλοὺς ἄλλους διδάξας καὶ φωτίσας καὶ ἐκκλησίας ἐπιμάμενος διήρχετο τὰς πόλεις τῆς Συρίας. καὶ ἐλθὼν εἰς Βηρυτὸν πόλιν τῆς Φοινίκης κἀκεῖσε διδάξας καὶ βαπτίσας πολλοὺς ἐν κυρίῳ ἀνεπαύσατο.

1) Ganz vereinzelt steht die Notiz bei Paulinus von Nola (carm. 26), nach welcher auch 'Lebbäus' in Libyen gepredigt haben soll: 'Lebbaeum Libyes' (opp. Anwerp. 1622 p. 627).

2) Vgl. Florentini in den Noten zum indiculus apostolorum p. 160.

Die lateinische passio Simonis et Judae.

Acten, welche die Thaten der beiden Apostel behandeln, sind uns jetzt nur noch in lateinischer Sprache in der 'passio Simonis et Judae' bei dem sogenannten Abdias (bei Fabricius II, 608 sqq. und bei Nausea fol. LXVI^r sq.) erhalten. Diese passio bezeichnet sich ausdrücklich als Excerpt aus einer alten Schrift, welche dem angeblichen Apostelschüler Craton zugeschrieben wird. Dort heisst es von den beiden Aposteln: '*Circumierunt autem duodecim provincias Persidis, et civitates earum, in quibus quae egerint, et quae passi sint per annos tredecim, longa narratione scripsit G r a t h o n ipsorum apostolorum discipulus, in decem librorum voluminibus universa comprehendens. Quae omnia Africanus historiographus in Latinam transtulit linguam. nam volenti scire quae fuerint apostolorum principia praedicationis vel quo fine mundum reliquerint, et ad coelestia regna migraverint, ista sufficiant*' [1])

Der Inhalt der. Acten ist folgender: Simon Kananäus und Judas, auch Thaddäus und Zelotes genannt, treffen in Persien, wohin sie sich auf Weisung des heiligen Geistes begeben haben [2]) beim Anfange ihre Predigt die beiden Magier Zaroës und Arfaxat, welche vor dem Apostel Matthäus aus Aethiopien entflohen waren. Dieselben lästerten den Gott des alten Testaments, indem sie ihn für den Gott der Finsternis, den Moses für einen Uebelthäter, sämtliche Propheten für Gesandte des Gottes der Finsternis erklärten. Die menschliche Seele bezeichneten sie als einen Theil von Gott, den Leib dagegen für ein Gebilde des Gottes der Finsternis, daher der Mensch aus zwei entgegengesetzten, einander widerstreitenden Substanzen bestehe. Sonne und Mond rechneten sie unter die Zahl der Götter, ebenso betrachteten sie das Wasser als göttlichen Wesens. Christum erklärten sie für ein Phantasma: nur scheinbar sei er aus der Jungfrau geboren, nur scheinbar sei er versucht, gekreuzigt, begraben worden und auferstanden (c. 7). Beim Eintritte in Persien begegneten die Apostel dem Varardach (Varadach), dem Feldherrn des Königs Xerxes von Babylonien, der auf einem Kriegszuge gegen die Inder begriffen war. In seinem Gefolge

---

Die Codd. Paris. et Epternac. der notitia apostolorum lesen '*Simonis Cananaei et Simonis Zelotis*'.

1) Ueber den Epilog '*Scripsit autem gesta sanctorum apostolorum Abdias episcopus Babyloniae etc.*' siehe oben I, 117 ff.

2) *Cum per revelationem Spiritus Sancti Persidem* (der gedruckte Text bei Fabricius liest abgeschmackter Weise *per fidem*) *fuissent regionem ingressi*.

befanden sich Magier und Beschwörer, welche die Dämonen um Orakel
befragten. An dem Tage aber, wo die Apostel sich beim Heere befanden, konnten sie, obwol sie sich ins Fleisch schnitten und ihr eigenes
Blut vergossen, durchaus kein Orakel ertheilen. Als sie über diesen
befremdenden Umstand die Dämonen eines benachbarten Heiligthumes
um Rath fragten, erhielten sie den Bescheid, dass die das Heer begleitenden Götter durch die Anwesenheit des Simon und Judas am
Orakelsprechen gehindert würden. Als Varardach dies erfuhr, liess er
die Apostel aufsuchen und vorführen. Verhört, bekannten sie sich als
Diener des wahren Gottes, die gekommen seien, ihn zum Heile zu führen.
Der Feldherr hat jetzt keine Zeit sie zu hören, fordert sie aber schliesslich
auf, ihre Götter über den Ausgang des Krieges zu befragen (c. 8). Um
die heidnischen Magier ihres Irrthumes zu überführen, geben die Apostel
denselben die Fähigkeit, Orakel zu ertheilen, zurück. Dieselben verkündigen einen grossen Krieg, in welchem auf beiden Seiten viel Blut
vergossen werden würde. Die Apostel brechen in Lachen aus, und von
dem geängstigten Feldherrn um die Ursache befragt, rathen sie ihm,
den Kriegszug als unnöthig aufzugeben: denn am nächsten Tage, um
die dritte Stunde, würden die vorausgeschickten Boten mit Gesandten
der Inder kommen, welche sich erbieten würden, die entrissenen Provinzen zurückzuerstatten, Tribut zu zahlen und jeder Friedensbedingung
sich zu unterwerfen. Die Priester verdächtigen die Apostel als feindliche Kundschafter, welche den Varardach nur in trügerische Sicherheit
wiegen wollten; Simon aber ersucht den Feldherrn bis zum folgenden
Morgen zu warten (c. 9). Dies geschieht, obwol die Priester die Apostel
als ärmliche Fremdlinge verächtlich zu machen suchen. Varardach befiehlt nicht blos sie selbst, sondern auch die Priester in Gewahrsam zu
halten und den Erfolg abzuwarten (c. 10). Am folgenden Tage zur
vorherverkündigten Stunde kommen Boten auf Dromedaren, und melden
alles genau wie es die Apostel geweissagt. Varardach befiehlt darauf
einen Scheiterhaufen anzuzünden und die Priester zu verbrennen; die
Apostel aber bitten den verwunderten Feldherrn, das Leben derselben
zu schonen, da ihr Meister ihnen gebiete, Böses mit Gutem zu vergelten.
Varardach gibt nach, lässt aber den Gehalt der Priester, je ein Pfund
Gold monatlich für jeden, zusammen 120 Talente Gold, ungerechnet
den das vierfache betragenden Gehalt des Oberpriesters, sowie ihre
ganze übrige Habe confisciren (c. 11). Darauf empfiehlt er die Apostel
dem Könige Xerxes, erzählt demselben den ganzen Hergang und fügt
hinzu, dieselben hätten sich standhaft geweigert, die ihnen angebotenen
Schätze der Priester anzunehmen, und hätten ihn vielmehr aufgefordert,

dieselben zu Gunsten von Armen, Witwen und Waisen, und bedrängten Schuldnern zu verwenden (c. 12). Beim Könige befinden sich die Magier Zaroës und Arfaxat. Dieselben verlangen, dass die Apostel den Göttern opfern sollen, und erbieten sich, dieselben in einem Wettkampfe zu besiegen. Auf ihr Verlangen werden zunächst die redefertigsten und scharfsinnigsten Sachwalter des Reichs herbeigebracht, um mit den Magiern zu disputiren. Zaroës und Arfaxat berauben dieselben zuerst der Sprache, geben ihnen dann die Sprache zurück, lähmen sie aber und machen sie schliesslich mit offenen Augen blind. Der König fürchtet die Macht der Zauberer, die Sachwalter aber kehren traurig in ihre Häuser zurück (c. 13). Varardach sendet darauf auf den Rath der Apostel die Sachwalter zu ihnen. Als diese in Simon und Judas unscheinbare Leute in geringer Tracht erblicken, verachten sie dieselben; Simon aber berichtet ihnen, dass der Sündenfall die Menschen in die Gewalt eines bösen Engels gebracht habe, der auch jetzt durch seine Magier ihnen Sprache, Bewegung und Sehkraft geraubt habe, und verheisst ihnen den Beistand des wahren Gottes, wenn sie sich zu ihm bekehren wollten (c. 14). Die Sachwalter fallen den Aposteln gläubig zu Füssen; diese beten über sie und versigeln dann ihre Stirn mit dem Kreuzeszeichen. Als darauf die Magier abermals ihre Künste wider jene versuchen, vermögen sie durchaus nichts mehr auszurichten. Einer der Sachwalter, Zebeus, verkündet vor dem Könige freimüthig, was er von den Aposteln gehört hat, bezeichnet die Magier als Diener des bösen Engels und berichtet, dass das Sigel des wahren Gottes auf ihren Stirnen alle trügerischen Künste zu Schanden gemacht habe (c. 15). Um sich zu rächen, lassen die Magier eine Menge Schlangen kommen. Erschreckt lässt der König die Apostel herbeirufen. Diese erscheinen, sammeln die Schlangen in ihren Pallien, senden dieselben gegen die Magier aus, befehlen aber, dass dieselben nicht getödtet, sondern nur jämmerlich gebissen werden sollen. Die Magier heulen vor Schmerzen wie die Wölfe, sterben aber nicht. Neue Qualen dulden sie, als die Schlangen auf Befehl der Apostel ihr Gift wieder einsaugen und sie zu dem Ende abermals beissen. Aber um sie zur Busse zu leiten, erbitten die Apostel von Gott, dass sie nach dreitägigen Leiden ihre Gesundheit wiedererlangen sollen (c. 16). Die Magier werden in ihre Herberge geschafft und können 3 Tage lang vor Schmerzen weder essen noch trinken. Darauf werden sie durch die Apostel geheilt, bekehren sich aber trotzdem nicht, sondern durchreisen ganz Persien, um die Bevölkerung gegen die Apostel aufzuhetzen (c. 17). Diese aber verweilen in Babylon, heilen Blinde, Taube, Lahme und Aussätzige und

treiben böse Geister aus. Ihre Schüler setzen sie zu Priestern und
Diakonen ein. Einer dieser Diakonen, Euphrosinus, wird von der
Tochter eines Satrapen, die ausserehelich geboren hatte, beschuldigt,
ihr Verführer zu sein. Als die Apostel ins Haus kommen und die Anklage vernehmen, wird das in der ersten Stunde desselben Tages geborene
Kind herbeigebracht, und erklärt mit deutlicher Stimme den Diakonus
für unschuldig. Dagegen lehnen die Apostel es ab, den wirklichen Verführer zu entlarven (c. 18). Darnach wird bei einer Kriegsübung ein
Freund des Königs, Namens Nikanor, durch einen Pfeil am Knie verwundet. Als Niemand den Pfeil aus der Wunde herausziehen kann,
ruft Simon den Namen Christi an, zieht, sobald er die Wunde nur mit
der Hand berührt hat, den Pfeil heraus und alsbald ist jede Spur der
Verwundung verschwunden [1]). Während dies in Babylon geschah, entkamen zwei wilde Tiger aus ihren Käfigen und zerrissen Alles, was ihnen
in den Weg kam. Das Volk nahm seine Zuflucht zu den Aposteln. Diese
beschworen die Bestien und diese folgten ihnen gehorsam in ihre Wohnung.
Nach drei Tagen versammeln die Apostel die Menge, und verkündigen
ihr, dass diese Raubthiere zum Zeugnisse für den wahren Gott wie
Lämmer unter den Menschen wandeln, und allabendlich in ihren Käfig
zurückkehren würden. Sie selbst aber schicken sich an, Babylon zu
verlassen. Auf Bitten des Volks verweilen sie noch ein Jahr und drei
Monate, während welcher Zeit sie mehr als 60000 Männer, ungerechnet
die Frauen und Kinder, taufen und viele Wunderwerke verrichten
(c. 19). Die Apostel ordiniren den Abdias, der mit ihnen von Judäa
gekommen war, einen persönlichen Schüler des Herrn, zum Bischof von
Babylon. Nachdem die Stadt mit Kirchen erfüllt ist, verlassen sie
dieselbe mit einer grossen Jüngerschar und durchziehen 13 Jahre lang
die 12 Provinzen des persischen Reichs. Ueberall in jeder .Stadt
kommen ihnen die Magier Zaroës und Arfaxat zuvor; die Apostel aber
decken ihre Schandthaten auf und zeigen, dass ihre Lehre von dem
Feinde des menschlichen Geschlechtes erfunden sei. In der Stadt
Suanir befanden sich 70 Tempelpriester, welche je 1 Pfund Gold vom
Könige zu empfangen pflegten, so oft das Festmahl des Sonnengottes
gefeiert wurde. Dies pflegte sich viermal im Jahre, beim Beginne des
Frühlings, Sommers, Herbstes und Winters zuzutragen. Die beiden Magier
regen die Priester durch die Botschaft auf, dass zwei Hebräer durch die
Predigt eines anderen Gottes sie um ihre Einkünfte und um ihr Ansehen

---

1) Diese Geschichte fehlt in dem Abdiastexte des Lazius, steht aber in
den Handschriften und bei Nausea.

beim Volke bringen würden, und rathen ihnen daher, die Fremdlinge zum Opfern zu nöthigen (c. 20). Als die Apostel nach Suanir kommen, und dort bei einem ihrer Schüler Namens Sennes (Semnes) einkehren, fordern die Priester, von einer grossen Volksmenge umgeben, dass die Fremdlinge opfern sollen, widrigenfalls sie das Haus des Sennes samt ihm selbst und den Aposteln verbrennen würden. Simon und Judas werden zum Sonnentempel geführt. Bei ihrem Eintritte stossen die Dämonen ein Geheul aus. Es befand sich aber in dem einen Gemache des Tempels ein aus Gold gegossenes Viergespann von Pferden, auf welchem ein Bild der Sonne stand, in dem andern ein Bild des Mondes aus Silber gegossen mit einem silbernen Viergespann von Ochsen (c. 21). Die Priester begannen in die Apostel zu dringen, dass sie opfern sollten. Da spricht Judas zu Simon: Ich sehe meinen Herrn Jesum Christum uns rufen. Aehnlich sprach Simon: Schon längst erblicke ich den Herrn inmitten der Engel. Während sie noch in hebräischer Sprache sich unterreden, erscheint ihnen ein Engel und lässt ihnen die Wahl zwischen dem plötzlichen Untergange aller ihrer Feinde oder ihrem eigenen Märtyrertod. Sie wählen das Letztere. Als man weiter in sie dringt, der Sonne und dem Mond zu opfern, erklären sie dieselben für Geschöpfe Gottes; aus den Bildern derselben aber lassen sie die Dämonen, welche darin hausten und das Volk bethörten, hervorgehn. Alsbald werden zwei schwarze, scheusslich anzusehende Aethiopier sichtbar, welche unter Geheul und schrecklichen Reden entfliehen. Da stürzen die Priester und das Volk über die Apostel her und tödten sie; diese aber sterben mit Dankesworten gegen Gott auf den Lippen (c. 22). Gleichzeitig mit den Aposteln — am 1. Juli — kommt auch ihr Gast-freund Sennes um. In ihrer Todesstunde aber blitzt es bei heiterm Himmel; der Tempel bricht vom Giebelfirst bis zum Grunde in Stücke, die beiden Magier Zaroës und Arfaxat verbrennen, vom Blitz getroffen, zu Kohle. Nach drei Monaten lässt König Xerxes die Güter der Priester confisciren und die Leiber der heiligen Apostel nach seiner Residenzstadt bringen [1]), wo er eine prachtvolle Kirche in Form eines Octogons aus Marmor erbauen und die Leiber in einer mit Goldblech überzogenen Kammer in einem silbernen Sarkophage beisetzen lässt.

---

1) Der Text bei Nausea f. LXXIIIᵣ und in einigen Handschriften wie Paris. lat. 9739. Casin. 148 schliesst hier mit den Worten 'ad suam transtulit civitatem'. Dagegen fügt der Text bei Lazius in Uebereinstimmung mit den meisten Codd. noch die ausführlichere Schilderung der Kirche hinzu, in welcher die Apostel beigesetzt wurden.

Der Bau ward nach drei Jahren am Todestage der Apostel, am 1. Juli, vollendet und geweiht (c. 23) [1]).

Verhältnis zur passio Matthaei.

Die passio Simonis et Judae steht in den auf uns gekommenen Texten in engem Zusammenhange mit der lateinischen passio Matthaei (s. oben S. 131. 138). Die Zauberer Zaroës und Arfaxat, welche als die Hauptgegner der beiden Apostel auftreten, sind dieselben, mit welchen schon vorher der Apostel Matthäus zu kämpfen hatte. '*Invenerunt*' heisst es hier von Simon und Judas nach Erwähnung ihrer Ankunft in Persien '*ibi duos magos, Zaroën et Arfaxat, qui a facie Sancti Matthaei Apostoli de Aethiopia fugerunt*'. In den Handschriften der Passionensammlung und in dem gedruckten Texte bei Nausea folgt die passio Simonis et Judae unmittelbar auf die passio Matthaei. Ausserdem sind der letzteren meist folgende (bei Lazius fehlende) Schlussworte hinzugefügt: '*Zaroës autem et Arfaxat, illi duo magi, ab ea hora, qua suscitavit apostolus Matthaeus in nomine domini nostri Jesu Christi filium regis mortuum, fugientes ab Aethiopia in Persidem devoluti sunt regionem, nihilominus illic peiora facientes. Sed (sicut praefati sumus) quia deo cura est de hominibus, et homo illi est carum animal si scipsum non vilem facit negligendo, missi sunt ad Persidem sancti apostoli Judas Zelotes et Simon Cananaeus, qui qualiter cum eis conflixerint et superaverint in dei nomine, sequens libellus ostendit*'. Uebrigens enthält auch der gedruckte Abdiastext (Fabricius II, 653, 9) gegen Ende der 'passio Matthaei' übereinstimmend mit den Handschriften die Worte: '*interea magi timentes fugerunt ad Persas*'.

Es ist indessen mehr als zweifelhaft, ob die acta Simonis et Judae schon ursprünglich mit den abyssinischen Matthäusacten in Zusammenhang standen. Die Ersteren sind sicher in Persien zu Hause, wie sich im Folgenden ergeben wird. Eben dahin gehören aber ursprünglich die Magier Zaroës und Arfaxat, wie ebensowol ihre Namen, als die ihnen beigelegten Lehren evident machen.

---

1) Das hier angegebene Datum für den Todestag der beiden Apostel, der 1. Juli, hat sich auch noch in verschiedenen Texten des Martyrolog. Hieronym., codd. Lucc. Epternac. Corbei. maj. et min. Gellon. Augustan. Labbean. erhalten: '*in Persida passio sanctorum apostolorum Simonis Cananaei et Zelotis* (oder *fratris Jacobi*)'. Dagegen ist bei Nausea und in manchen Handschriften, welche das Martyrium der Apostel zum 28. October aufführen, auch der Satz '*passi sunt autem die kal. Juliarum*' (Fabricius 634, 18) gestrichen.

Ursprung und geschichtlicher Werth der passio Simonis et Judae.

Sollte also wirklich schon die ältere Quelle der abyssinischen Matthäuslegende der beiden Zauberer gedacht haben, so kann wenigstens „Aethiopien" unmöglich der Schauplatz ihrer Künste gewesen sein. Es ist bereits oben S. 138 bemerkt, dass die in der Passionensammlung enthaltenen Matthäusacten nicht älter sein können als das 6. Jahrhundert. Dagegen erachtet Gutschmid (a. a. O. S. 381 f.) hinsichtlich der Thaten des Simon und Judas soviel für sicher, dass der armenische Chronist Moses von Khorene „sie zwar nicht selbst gekannt, aber eine Quelle benutzt hat, in der sie bereits vorausgesetzt sind (II, 30, 16—21 p. 140 sq.)". „Er theilt nämlich zwei Empfehlungsbriefe mit, die Abgar für Simon an den Knaben Nerseh, König von Assyrien zu Babylon, und an dessen Vater Artashês, den König der Könige, geschrieben haben soll". Um die Tradition, die von einem Verkehre Abgar's mit Artashês I von Persien wusste, mit der Simonslegende in Zusammenhang zu setzen, wird, wie Gutschmid weiter ausführt, Nerseh, der in unserm lateinischen Abdiastexte mit der geläufigeren Namensform Xersos oder Xerxes bezeichnet wird, zum Unterkönige von Assyrien bei Lebzeiten des Vaters gemacht [1]). Gutschmid hat (a. a. O.) weiter gezeigt, dass die Einkleidung auch dieser Acten auf die wahre Geschichte Rücksicht nimmt. „In den letzten Jahren des Abgar regirten zwei Söhne des Artabanos in Persien, Vardanes und Gotarzes. Ersterer, der seinen Sitz in Babylon hatte, führte den Beinamen Nerseh. Sein Bruder Gotarzes machte ihm den Thron streitig und behauptete sich neben ihm in den oberen Satrapien. Die in den Thaten des Simon und Judas ausgesprochene Befürchtung, die Meder möchten den rebellischen Indern gegen das Heer des Nerseh zu Hilfe kommen, entspricht also genau den (in späterer Zeit nicht wiederkehrenden) geschichtlichen Verhältnissen. Auch die Tributleistung der Inder, ihr Aufstand und Einfall in Persien ist keineswegs so apokryph, als es auf den ersten Blick scheinen könnte: man erinnere sich, dass in Weiss-Indien eine parthische Nebenlinie regierte und dass grade Vardanes nach Tacitus grosse Eroberungen im Osten machte. Ja es findet sogar der überraschende Zusammenhang statt, dass der indische Geschichtsschreiber

---

1) Nach der doctrina Addaei ed. Phillips p. 35 sq. der englischen Uebersetzung bittet Nersai, der König von Assyrien, vielmehr den Abgar, ihm den Addäus zu senden, eine Bitte, welche Abgar jedoch nicht erfüllen zu können erklärt.

Ferishtah von einer Tributleistung redet, die der Inderkönig den
Ashkaniern Gôderz und Nersch geschuldet habe (bei Dow I, 27 der
deutschen Uebersetzung), die Nachrichten der Thaten des Simon und
Judas also direct zu bestätigen scheint". In dem Namen des Feldherrn
Varardach erkennt Gutschmid eine der zahlreichen Abwandlungen
wieder, die der zendische Name Verethraghna in den iranischen
Dialekten erfahren habe; am nächsten komme die Form ΟΡΔΑΓΝΟ
auf den Münzen des Kanerki, welche Gutschmid dann weiter auch in
dem Namen des Königs Hyrtakus wiederfinden will, unter welchem
der Apostel Matthäus nach den lateinischen Acten bei Abdias Märtyrer
geworden sein soll.

In den beiden Zauberern Zaroës (Zarvan, Zrvâna) und Arfaxat erkennt
Gutschmid die Repräsentanten der persischen und der chaldäischen Weisheit und vermuthet, dass dieses Figurenpaar aus der einheimischen Sage
hinübergenommen sei. Auch in dem, was vom Cultus der Perser vorkommt, erweist sich der Verfasser der Acten als gut unterrichtet. Das
Pferd war dem Sonnengott (Mithras), die Kuh der Mondgöttin Anahita
geweiht; auch mit der festlichen Begehung der vier Jahrpunkte (Nova
wörtliche Uebersetzung des persischen Naurûz, neuer Tag) hat es, wie
Gutschmid (S. 384 f.) zeigt, seine Richtigkeit. Ebenso weist derselbe
nach, dass der den falschen Propheten angedrohte Feuertod keineswegs mit den persischen Sitten, wie dieselben wenigstens in der
Sassanidenzeit herrschten, in Widerspruch stehe. Als die Zeit, in
welche die Ankunft des Simon und Judas in Persien verlegt wird, glaubt
Gutschmid die Jahre 44—46 bestimmen zu können. Damals grade besuchte Apollonios von Tyana mit seinem Schüler Damis den Parther-
könig Vardaues und gewann sich in ihm einen eifrigen Anhänger. Jener
Episode aus dem Leben des Apollonios wäre hiernach in den Thaten
des Simon und Judas am Hofe des Nersch ein christliches Seitenstück
gegenübergestellt worden (Gutschmid S. 385).

Jedenfalls weist die Entstehung der Legende in eine Zeit zurück, in
welcher man mit der Geschichte des Partherreiches im 1. christlichen
Jahrhunderte noch hinlänglich vertraut war. Als terminus ad quem für
die Abfassungszeit wenn auch nicht der gegenwärtigen Acten, so doch
ihrer Quelle, ergibt sich, wenn deren Benutzung durch Moses von Khorene sicher steht, etwa die Mitte des 5. Jahrhunderts. Für Bestimmung
des terminus a quo kommen zunächst die Beziehungen auf den Manichäismus in Betracht, welche schon Fabricius (cod. ap. II p. 608 sqq.)
in der von den Lehren der beiden Magier Zaroës und Arfaxat gegebenen
Charakteristik constatirt hat. Die Magier, heisst es, lästern den Gott

des Alten Testaments, erklären ihn für einen Gott der Finsternis, den Moses für einen 'maleficus', sämtliche Propheten des A. T. für inspirirt vom Gotte der Finsternis. Ist diese Lehre nach den von Fabricius gegebenen Nachweisen unzweifelhaft manichäisch, so gilt dasselbe nicht blos von dem den Magiern zugeschriebenen Doketismus, sondern auch von ihrer Anthropologie. Nach dieser ist die menschliche Seele ein Bestandtheil der Gottheit, oder unmittelbar göttlicher Substanz, der Leib dagegen ein Gebilde des bösen Gottes. Allerdings finden sich ähnliche Lehren auch bei älteren gnostischen Secten, z. B. die Identificirung des Gesetzgebers mit dem deus malus bei den sogenannten Kainiten. Hier aber, wo jene Magier zugleich als Vertreter des persischen Sonnen- und Mondcultus bezeichnet werden, liegt jedenfalls die Bezugnahme auf den Manichäismus am nächsten, auch abgesehen davon, dass wie Fabricius erinnert, Sonne und Mond ja auch in der Manichäerlehre bekanntlich eine bedeutsame Rolle spielen. Hiernach wird man als terminus a quo für die Abfassung der Acten oder doch der von ihnen benutzten Quelle etwa den Anfang des 4. Jahrhunderts zu fixiren haben. Da abweichend von den Matthäusacten die lehrhaften Bestandtheile stark zurücktreten, weitere Zeitspuren dogmengeschichtlicher Art sich aber nicht finden, so wird man bei dieser ungefähren Zeitbestimmung sich beruhigen müssen.

Quelle der passio. Die zehn Bücher des Krato.

Dass der Verfasser der passio aus einer älteren Quelle schöpfte, beweist namentlich auch die ausführliche Beschreibung der Kirche, in welcher die Apostel beigesetzt worden seien [1]. Denn diese Beschreibung

---

1) Fabricius II, 635, 13 sqq. '*In qua* [der Stadt des Königs Xerxes, d. h. Babylon] *exstruere coepit* [*rex*] *basilicam octogenos cyclos octo angelorum et octies octogenos pedes per gyrum comprehendentem, cum alia esset pedum centum et viginti, fueruntque omnia ex quadratis marmoribus signaticis exstructa, camera ipsa laminis aureis suffixa. In medio autem octogoni sarcophagum corpora beatorum apostolorum portantem ex argento puro instituit; factaque est huius fabricae aedificatio per annos tres continuos et consummata die natalis apostolorum et die coronationis kalendas Julii dedicata. In quo loco beneficia consequuntur qui credentes in dominum Jesum Christum illuc meruerint pervenire*'. Die Streichung des ganzen Abschnittes bei Nausea und in verschiedenen Handschriften erklärt sich wol aus Rücksicht auf die in der lateinischen Kirche üblich gewordene Feier des Gedächtnisses der Apostel am 28. November.

geht doch wol auf eine locale Erinnerung von Babylon zurück, rührt also
nicht von dem Verfasser des gegenwärtigen Textes her.

Besonders beachtenswerth ist noch eine Berührung der 'passio Simonis et Judae' mit der 'passio Thomae', auf welche zuerst M a x
B o n n e t (Supplementum codicis apocryphi I. Leipzig 1883 p. XVII)
hingewiesen hat. Die Erzählung von dem Sonnentempel zu Suanir
(II, 631 sqq. Fabricius) kehrt mit einigen Modificationen auch in der
passio Thomae (p. 156, 11—159, 6 Bonnet) wieder. Wie dort die
Apostel Simon und Judas von den Götzenpriestern gezwungen werden
sollen zu opfern, so wird hier dasselbe von Thomas erzählt, welchen
der König Misdeus auf Anstiften des Caritius zum Opfern nöthigen will.
Wie ferner dort Simon und Judas die in den Bildern der Sonne und des
Mondes hausenden Dämonen nöthigen auszufahren und sich dem versammelten Volke zu zeigen, so befiehlt auch hier Thomas dem Dämon
auszufahren. Wie ferner dort die Dämonen auf Befehl der Apostel die
Bilder zertrümmern müssen, so muss auch hier der von Thomas ausgetriebene Dämon auf des Apostels Geheiss das Gleiche thun. Endlich
wie dort alsbald die Götzenpriester über die beiden Apostel herfallen,
und sie umbringen, so zieht auch hier alsbald der Priester sein Schwert
und durchbohrt den Thomas. Die Erzählung der passio Thomae ist nun offenbar eine jüngere
Bildung. Sie steht im Widerspruche mit der Darstellung der alten
περίοδοι, welche auch in die 'miracula' des Gregor von Tours Eingang
gefunden hat; insbesondere bringt sie einen ganz anderen Bericht über
den Tod des Apostels als die περίοδοι. Dagegen ist die parallele Erzählung von dem Tode des Simon und Judas ursprünglich in der
Legende dieser beiden Apostel heimisch und von dem Verfasser der
passio gemeinsam mit dem übrigen Erzählungsstoffe aus seiner Quelle
— der Schrift des angeblichen Krato — herübergenommen. Mit der
Thomaslegende dagegen hat sie ursprünglich nichts zu thun. Der Verfasser der passio Thomae hat also hier noch nachweislich fremdes Gut für
seine Zwecke angeeignet. Dabei ist er übrigens mit grosser Freiheit ver-
fahren, hat den älteren Erzählungsstoff selbständig umgebildet und mit
grossem Geschick in den Zusammenhang seiner Erzählung verwoben.
Wörtliche Berührungen beider Stücke finden sich nur in der ziemlich
gleichlautenden Schilderung des Sonnenbildes, wie folgende Gegenüber-
stellung zeigen wird:

passio Simonis et Judae	passio Thomae

passio Simonis et Judae

stabat autem in una aede templi ab oriente quadriga equorum, fusilis ex auro in qua radius solis fusilis consistebat: in alia autem aede stabat luna fusilis ex argento, habens quadrigam similiter boum fusilem ex argento.

passio Thomae

erat autem statua Solis facta ex auro habens quadrigam equorum et currum et habenis effusis quasi cursu rapido agebatur ad coelos.

Dass die passio Thomae hier direct aus der passio Simonis et Judae geschöpft habe, ist ebensowenig anzunehmen als das Gegentheil. Der Sonnencultus könnte an sich ebensogut in einer ursprünglich indischen, wie in einer ursprünglich persischen Legende Erwähnung gefunden haben. Doch bleibt es nach allem Bisherigen das einzig Wahrscheinliche, dass die Erzählung ein ursprüngliches Bestandtheil der Simon-Judas-Legende gebildet hat. In die Thomassage wurde sie vielleicht durch eine naheliegende Verwechselung des in der passio Simonis et Judae erwähnten Apostels Judas Thaddäus mit Judas Thomas verschlagen.

Als Quelle der **passio Simonis et Judae** nennt der Verfasser selbst, wie bereits oben S. 164 erinnert wurde, die zehn Bücher des Kraton oder Grathon, eines Schülers der beiden Apostel, welche die Reisen der beiden Apostel in den 12 Provinzen Persien behandelt haben sollen. Aus dieser Schrift, welche der Geschichtsschreiber Africanus aus dem Griechischen ins Lateinische übersetzt haben soll, will die passio nur ein Excerpt sei. An der Existenz einer solchen Quellenschrift — περίοδοι Σίμωνος καὶ Ἰούδα — ist kein berechtigter Zweifel erlaubt, um so weniger, da schon Moses von Khorene mit der Legende der Acten Bekanntschaft verräth.

Der Verfasser der 'passio' hat, wie seine Berufung auf Africanus als Uebersetzer zeigt, jedenfalls keine griechische Originalschrift, sondern eine lateinische Bearbeitung benutzt. Wie tief dieselbe in das ursprüngliche Gefüge eingegriffen habe, lässt sich nicht mehr ermitteln. Nach dem was oben S. 171 über die Abfassungszeit der Quelle ermittelt wurde, hat die Schrift des angeblichen Kraton schwerlich der Gattung gnostischer περίοδοι τῶν ἀποστόλων angehört. Vielmehr verräth schon ihre antimanichäische Tendenz einen katholischen Verfasser. Wären also die zehn Bücher des Kraton selbst schon eine katholische Bearbeitung einer noch älteren gnostischen Vorlage, so würde der Charakter der letzteren

jedenfalls eine sehr gründliche Veränderung erfahren haben. Immerhin
scheinen einzelne Züge der Erzählung von abenteuerlicher Art, wie das
Wunder mit dem redenden Neugeborenen, die bezähmten Tiger, die
gegen ihre eigenen Gebieter sich kehrenden Schlangen u. a. m. gnostischen Geschmack zu verrathen. Doch lassen sich diese Spuren nicht mehr
weiter verfolgen. Möglich bleibt, dass dieselbe ursprünglich gnostische
Legende, welche den Apostel Simon späterhin in die Gegenden des
schwarzen Meeres reisen und im Bosporenerreiche sein Grab finden
liess, ihn anfangs in Babylonien und den parthischen Gebieten bis zum
armenischen Hochlande hin predigen liess. Ob die Verbindung von
Simon und Judas in unsern Acten eine ursprüngliche sei, kann bezweifelt
werden, da die ältesten Legenden über beide Apostel, die bosporenische
Simonlegende und die armenische (beziehungsweise edessenische) Judaslegende von einer solchen Gemeinschaft nichts wissen. Auch spielt
Judas noch in unsern Acten eine im Vergleiche zu seinem Mitapostel
ziemlich untergeordnete Rolle. Wenn das 'Breviarium Apostolorum' und
der angebliche Isidor den Judas auch in die „inneren Gegenden des
Pontus" schicken, so weiss die ältere Tradition hiervon nichts. Dagegen verdient allerdings die armenische Localtradition einige Beachtung, die seinen Tod nach Ararat in Armenien verlegt, immerhin nahe
genug den traditionellen Missionsprovinzen des Simon, um ein gemeinsames
Wirken beider Apostel verständlich zu machen. Andrerseits bleibt die
Thatsache auffällig, dass die eigene Tradition der morgenländischen
Kirche nur von einer Wirksamkeit des Judas Thaddäus in den Ländern
östlich vom Eufrat weiss, den Simon Kananites aber einfach mit Stillschweigen übergeht und an seiner Stelle vielmehr den Simon Petrus
nach 1. Petr. 5, 13 in Babylon predigen lässt. Das Befremden über
jenes Stillschweigen wächst, wenn wir daneben die genaue geschichtliche Kenntnis erwägen, welche die Thaten des Simon und Judas von
den Verhältnissen des Partherreiches um die Mitte des 1. Jahrhunderts
nach Christo verrathen. Denn diese Kenntnis schliesst die Annahme
aus, dass die Legende unserer Acten von einem fern von dem Schauplatze derselben und mehrere Jahrhunderte später lebenden griechischen
oder lateinischen Fabelschmied erdichtet worden sei.

Koptische (äthiopische) Acten des Judas Thaddäus.

Eine Lösung der Schwierigkeiten scheinen jene im arabischen
Synaxarium benutzten acta Thaddaei zu bieten. Dieselben führen die
Ueberschrift *'Praedicatio Judae ex duodecim qui et Lebbaeus appellatus*

est, nunciavitque evangelium in Syria et Mesopotamia'. Assemani, dem wir diesen Nachweis verdanken (B. O. III. 2 p. XIV sq.) erklärt jene Acten für ein häretisches Werk, von der Art der übrigen apokryphen περίοδοι, zu dem Zwecke verfasst, um die Autorität des apokryphen Evangelium Judae zu bekräftigen. Ueber den Inhalt dieser Acten erfahren wir, dass sie von den Wundern handelten, welche Petrus und Judas in Syrien vollbracht haben, und zuletzt von dem Märtyrertode des Judas in der Stadt Arados, wo derselbe gesteinigt und mit Pfeilen überschüttet worden sei, erzählten.

Dieselben acta Thaddaei begegnen uns wieder in einem sahidischen Fragmente (cod. 627) bei Zoëga catal. codd. copt. 228, und in dem äthiopischen Certamen apostolorum, welches im 15. Kapitel (p. 221 sqq. Malan) die Predigt des Judas Thaddäus bespricht. Die Ueberschrift des sahidischen Fragmentes ist nach Zoëga folgende: *'Haec est praedicatio apostoli Judae fratris domini quem, Thaddaeum vocare solent, quam praedicavit in Syris et in Mesopotamia, in pace dei amen'*. Den Inhalt giebt Zoëga kurz dahin an: *'Thaddaeo in monte Oliveto sors exit Syria, quo pergit comite Petro'*. Aus den koptischen Acten ist wahrscheinlich der abyssinische Text geflossen. Die Ueberschrift lautet „Die Predigt des gesegneten Judas, des Bruders des Herrn, mit dem Beinamen des Thaddäus, welche er hielt in Syrien und Dacia [sic] und dessen Martyrium endete am 2. Hamleh (26. Juni)[1]) im Frieden des Herrn. Amen". Thaddäus erhält auch hier Syrien zur Provinz, und wird auch hier wie dies in diesen äthiopischen Geschichten regelmässig geschieht, von Petrus nach seinem Missionsgebiete geleitet. Aber im Folgenden treten beide Apostel, Petrus und Thaddäus, durchweg gemeinsam auf. Ganz zum Schlusse, nachdem die Abreise der Apostel von dem Schauplatze ihrer bisherigen Wunderwirksamkeit erwähnt ist, wird die flüchtige Notiz hinzugefügt, dass Thaddäus am 2. Hamleh zu seiner Ruhe eingegangen sei. Dass die äthiopischen Acten mit jenen in arabischer Sprache erhaltenen identisch sind, geht deutlich aus den von Assemani aus dem arabischen Synaxar mitgetheilten Worten hervor, mit welchen dort der Bericht über die Wunderwirksamkeit der beiden Apostel schliesst: *'aedificaverunt eis ecclesiam et episcopum sacerdotes-*

---

1) Als Gedächtnistag des Thaddäus wird im zweiten Theile des arabischen Synaxars nicht wie ich oben I, 222 Anmerkung 1 vermuthete, ebenso wie in dem äthiopischen Cortamen der 2. Abib, sondern nach einer freundlichen Mittheilung Wüstenfelds der 29. Abib (Epiphi, Hamleh), d. h. der 23. Juli genannt. Neben dem 2. Hamleh (26. Juni) begegnet uns im äthiopischen Kalender bei Ludolf noch der 1. Yacacit (Amschir, Mechir) = 26. Januar.

que ipsis ordinaverunt, scripseruntque iisdem evangelium omniaque sancta praecepta'. Denn diese Stelle kehrt wörtlich in dem äthiopischen Texte wieder. Nur die Schlussnotiz von dem Märtyrertode des Judas in Arados fehlt beim Aethiopier [1]).

Der Inhalt der äthiopischen Legende ist aber leider für die Zwecke der gegenwärtigen Untersuchung völlig unbrauchbar. Denn wie wir schon bei Besprechung der Andreasacten (I, 553) gesehen haben, enthält sie genau dieselben Geschichten wie die von Tischendorf (apocal. apocr. p. 161 sqq.) bruchstückweise aus einem cod. Barocciamus, von Tichonrawow vollständig edirten acta Petri et Andreae. Was dort von Andreas erzählt ist, wird hier einfach auf Thaddäus übertragen, und demgemäss wird die Scene vom „Barbarenlande" nach Syrien verlegt. Immerhin muss man fragen, ob diese Uebertragung überhaupt möglich war, wenn nicht schon eine ältere Legende von der gemeinsamen Wirksamkeit des Simon Petrus und des Judas Thaddäus in (Ost-)Syrien zu erzählen wusste.

Die Vermuthung liegt nahe, dass auch die persisch - babylonischen Geschichten sich ursprünglich auf Simon Petrus und nicht auf den Kananites bezogen haben. Eine spätere Ueberarbeitung hätte dann dem für Rom in Beschlag genommenen Apostelfürsten seinen minder berühmten Namensvetter substituirt. So würde es sich erklären, dass die Thaten des Simon und Judas, obwol der christliche Orient von einer Missionsthätigkeit des Ersteren nichts weiss, dennoch eine Anzahl ächter historischer Reminiscenzen, die für einen griechischen Schriftsteller des 4. oder 5. Jahrhunderts sonst völlig unzugänglich waren, bewahrt hat.

Noch weit weniger sind wir mit unseren dermaligen Mitteln im Stande, die Frage zu lösen, ob die durch die gemeinsame Gegnerschaft der beiden Magier Zaroës und Arfaxat in der lateinischen Passionensammlung hergestellte Verbindung der Thaten des Simon und Judas

---

1) Assemani scheint auf die betreffenden Worte die Vermuthung zu gründen, jene Acten hätten den Zweck gehabt, das apokrypho Evangelium des Judas zu empfehlen. Aber der beim Aethiopier vorliegende Text begünstigt diese Vermuthung nicht. Unter dem Evangelium, welches die Apostel den Syrern „schreiben", ist sicher keine gnostische Schrift gemeint. Auf das 'Evangelium Judae' könnte Jemand übrigens auch die Stelle in den griechischen Menäen zum 19. Juni beziehen wollen, wo es von Judas heisst: οὗτος ἐν μὲν τῷ κατ' αὐτὸν εὐαγγελίῳ . . . Ἰούδας ὀνομάζεται:. Vgl. auch Acta SS. Jun. T. III p. 804. Aber natürlich ist das Evangelium des Lukas gemeint; die Worte sind also verderbt (s. oben S. 161 Anm. 1).

mit den Thaten des Matthäus eine ursprüngliche war oder nicht. Da uns nur für die Passion des Simon und Judas, nicht aber für die des Matthäus eine ältere Quellenschrift ausdrücklich genannt ist, die von einem Schüler und Begleiter der beiden Apostel herrühren soll (doch s. oben S. 140), so spricht die Wahrscheinlichkeit gegen die Ursprünglichkeit jener Verbindung. Möglich wäre eine solche Beziehung der beiden Legenden überhaupt nur unter der Voraussetzung, dass auch den äthiopischen Matthäusacten eine ältere Erzählung, die irgendwo im persischen Reiche spielte, zu Grunde lag. Nach Persien oder Parthien lassen den Matthäus ja nicht bloss lateinische und jüngere griechische Schriftsteller, sondern auch die zu Tarsyana in Karamanien fixirte persische Localsage und von orientalischen Schriftstellern wenigstens der freilich sehr späte Amrus kommen (Assemani l. c. p. V). Derselbe bemerkt ausdrücklich, Matthäus sei gemeinsam mit Thomas, Addäus und Mares in den Orient gereist, sei jedoch selbst nicht weiter östlich gekommen als bis Nisibis und Assyrien, daher er die von ihm selbst anderwärts mitgetheilte Meinung, der Apostel sei auch in Indien gewesen, bestreitet.

Die Acten des Thaddäus (Addäus) und die edessenische Abgarsage.

Ausser den Acten des Simon und Judas sind noch die in syrischer, armenischer und griechischer Sprache in sehr verschiedenen Recensionen erhaltenen Thaddäusacten zu erwähnen [1]. Dieselben behandeln die Bekehrung Königs Abgar V von Edessa und die Begründung des edessenischen Kirchenwesens durch Thaddäus oder Addäus, einen der siebzig Jünger, der nach Christi Himmelfahrt von dem Apostel Thomas zu König Abgar geschickt worden sein soll. Ueber diese Schriftstücke und über die ganze edessenische Addäus- oder Thaddäuslegende vgl. meine Schrift „Die edessenische Abgar-Sage" (Braunschweig 1880).

---

[1] Acta Edessena in griechischer Uebersetzung bei Eusebios h. e. I, 13. Doctrina Addaei (syrisch und englisch) ed. Phillips, London 1876. Die armenische Uebersetzung französisch von Joh. Raph. Emin unter dem Titel 'Léroubna d'Edesse. Histoire d'Abgar' bei Langlois (Collection des Historiens Armeniens Paris 1867 p. 314 sqq.) und ebenfalls französisch von Dr. Alishan unter dem Titel 'Laboubnia Lettre d'Abgar' (Venedig 1868). Moses von Khorene (Arm. Gesch. II, 29—32 Whiston; II, 30—35 le Vaillant). Griechische πράξις Θαδδαίου bei Tischendorf (acta app. apocr. p. 261 sqq.) und Ἐπιστολὴ Αὐγάρου κτλ. in cod. Vindob. theol. gr. 315 früher 207) fol. 59ʳ—61ᵛ (s. meine Abgarsage S. 4 ff.).

Es ist nicht die Absicht, auf das dort Gesagte ausführlich zurückzukommen. Auch nach der feindseligen Kritik, welche meine Schrift durch Zahn (Forschungen zur Geschichte des neutestamentl. Kanons. I. Tatians Diatessaron. S. 350 ff.) erfahren hat, muss ich die dort gefundenen Resultate aufrecht erhalten. Vgl. übrigens meine beiden Nachträge zur edessenischen Abgarsage Jahrbb. f. protest. Theologie 1881 S. 187—192 und 1882 S. 190—192, sowie die Schrift von Matthes, die edessenische Abgarsage auf ihre Fortbildung untersucht (Leipzig 1882).

Der Hauptstreitpunkt betrifft die von mir, Hilgenfeld und Matthes, unter Zustimmung von Nöldeke, von Gutschmid und Holtzmann behauptete, von Zahn bestrittene Priorität der acta Edessena bei Eusebios h. e. I, 13 vor der Doctrina Addaei (ed. Phillips). Eusebios beruft sich für die Geschichte von dem Briefwechsel des Königs Abgar mit Christo und von der Sendung des Thaddäus (Addäus), eines der 70 Jünger, nach Edessa auf eine in dem edessenischen Archiv aufbewahrte schriftliche Quelle: ἔχεις καὶ τούτων ἀνάγραπτον τὴν μαρτυρίαν ἐκ τῶν κατὰ Ἔδεσσαν τοτηνικάδε βασιλευομένην πόλιν γραμματοφυλακείων ληφθεῖσαν. ἐν γοῦν τοῖς αὐτόθι δημοσίοις χάρταις τοῖς τὰ παλαιὰ καὶ τὰ ἀμφὶ τὸν Ἄβγαρον πραχθέντα περιέχουσι, καὶ ταῦτα εἰσέτι καὶ νῦν ἐξ ἐκείνου πεφυλαγμένα εὕρηται. οὐδὲν δὲ οἷον καὶ αὐτῶν ἐπακοῦσαι τῶν ἐπιστολῶν, ἀπὸ τῶν ἀρχείων ἡμῖν ἀναληφθεισῶν καὶ τόνδε αὐτοῖς ῥήμασιν ἐκ τῆς Σύρων φωνῆς μεταβληθεισῶν τὸν τρόπον. Hierauf folgen die beiden Briefe, Abgars an Jesum und Jesu an Abgar und sodann mit den einleitenden Worten ταύταις δὲ ταῖς ἐπιστολαῖς ἔτι καὶ ταῦτα συνῆπτο τῇ Σύρων φωνῇ die Erzählung von der Sendung des Thaddäus nach Edessa, der Heilung Abgars von seiner Krankheit und der Predigt des Thaddäus. Die Schlussworte lauten: ἐπράχθη δὲ ταῦτα τεσσαρακοστῷ καὶ τριακοστῷ ἔτει, ἃ καὶ οὐκ εἰς ἄχρηστον πρὸς λέξιν ἐκ τῆς Σύρων μεταβληθέντα φωνῆς ἐνταῦθά μοι κατὰ καιρὸν κείσθω. Mit Hilfe einer Interpretation, die an Gewaltsamkeit ihres Gleichen sucht, bringt Zahn es fertig, die ersten Worte des Eusebios dahin zu deuten, dass „damals", „als man die schriftliche Urkunde aus dem Archive entnahm", die edessenischen Könige noch regiert hätten; eine Angabe, welche sich auf die Schlussnotiz der Doctrina Addaei über die Niederlegung der betreffenden Urkunden im fürstlichen Archive beziehn soll. Dagegen soll Eusebios von sich selbst ausdrücklich behaupten, dass er aus der betreffenden Urkunde (soll ἀπὸ τῶν ἀρχείων heissen) die beiden Briefe herausgenommen und wörtlich übersetzt habe. „Zuge-

standenermaassen" habe Eusebios also „nur Einzelnes excerpirt", „nur
ausgewählte Stücke übersetzt". Aber wer sieht nicht, dass das τοτηνιχάδε sich nicht auf die Zeit bezieht, als man die schriftliche Urkunde
aus dem Archive entnahm, sondern auf die Zeit, als die erzählte Geschichte sich zutrug. Weil Edessa zur Zeit des Eusebios keine eigenen
Fürsten mehr hatte, fügt er zur Orientirung seiner Leser das τοτηνιχάδε
βασιλευομένην ausdrücklich hinzu. Das „Entnehmen" aber, von welchem
Eusebios hier redet und aus welchem Zahn im Handumdrehen ein
„Niederlegen" in dem Archive macht, erläutert er im Folgenden noch
näher durch die Bemerkung, dass das von ihm im Vorstehenden Berichtete in den öffentlichen Urkunden zu Edessa, welche die alten Geschichten und die Thaten Abgars enthalten, zu finden sei und fügt dann
beinahe mit denselben Worten wie vorher hinzu, dass er selbst die
Briefe ἀπὸ τῶν ἀρχείων entnommen habe und in nachfolgender Uebersetzung aus dem syrischen Originale mittheile, ähnlich wie er weiter
unten (II, 1, 6) sagt, er habe die Sendung des Thaddäus nach Edessa ἀπὸ
τῆς εὑρεθείσης αὐτόθι γραφῆς kurz vorher berichtet (vgl. II, 1, 8 καὶ
ταῦτα μὲν ὡς ἐξ ἀρχαίων ἱστορίας εἰρήσθω). Mag man nun ἀρχεῖα
mit „Archiv" oder wie Zahn will mit „alte Bücher" übersetzen, so sagt
doch Eusebios keineswegs, dass er „aus der Urkunde" (im Singular!)
Einiges Weniges excerpirt, sondern dass er aus den im Archiv zu
findenden Documenten die Briefe in wörtlicher Uebersetzung aus dem
Syrischen mittheile. Und zwar nicht blos die Briefe, sondern auch die
ihnen „angefügte" Erzählung von der Sendung des Thaddäus hat er,
wie er am Schlusse ausdrücklich bezeugt, in wortgetreuer Uebersetzung
mitgetheilt.

Hiernach besteht die Voraussetzung zu Recht, dass Eusebios, wenn
er nicht absichtlich gelogen hat, wirklich die Briefe und die ihnen
„angefügte" Erzählung Wort für Wort in getreuer Uebersetzung aus
dem Syrischen mittheilt. Die entgegengesetzte Annahme von Zahn,
dass er sowol in den Briefen als in der folgenden Erzählung allerlei
gestrichen habe, beschuldigt also, wie ich gesagt habe, den Eusebios
„einer tendenziösen Verstümmelung von Documenten", und es ist unge-
hörig, statt den Beweis für diese angebliche Verstümmelung zu liefern,
umgekehrt mir den Beweis dafür zuzuschieben, dass das Schweigen
des Eusebios über solches, was in der Doctrina Addaei fehlt, „seinem
ausgesprochenen Zwecke und Charakter widerspreche". Dass ich selbst
dem Eusebios jene Verstümmelung Schuld gebe, weil er auch nach meiner
Meinung wenigstens die den Briefen vorangeschickte Einleitung nur im
Excerpte gebe, ist eine Entstellung des Sachverhaltes. Denn Eusebios

behauptet nur von den Briefen und der angehängten Erzählung (ταῦτα συνῆπτε), dass er sie wörtlich nach dem Syrischen wiedergebe, nicht aber von der fraglichen Einleitung. Es ist aber doch wol zweierlei, ob Jemand eine vorgefundene Erzählung kurz excerpirt, oder ob er trotz der ausdrücklichen Versicherung wortgetreuer Wiedergabe eines älteren Textes aus demselben nur dasjenige herausschneidet, was ihm behagt. Aber selbst das steht nicht fest, dass dem Briefe Abgars „eine historische Einleitung", der Antwort Jesu „eine überleitende Bemerkung" vorangeschickt war. Denn wie cod. Vindob. theol. gr. 315 zeigt, gab es in der That Darstellungen der Abgarlegende, welche ohne jede Einleitung einfach mit den Briefen begonnen haben.

Es ist auch leicht zu sehn, wie schwach die Gründe sind, mit denen die grössere Ursprünglichkeit der Doctrina Addaei bewiesen werden soll. Der Name Hanans in den Ueberschriften der Briefe setze voraus, dass Eusebios denselben im Eingange der Legende und in der Umgebung des Briefwechsels gelesen habe. Aber ebenso gut kann Eusebios in seiner Vorlage die Ueberschriften schon vorgefunden haben. Ein Beweis für das Gegentheil ist nicht erbracht. Die zwei- (oder drei-)malige Erwähnung des Mannes setze voraus, dass er in der Vorlage eine bedeutende Rolle gespielt habe, kein blosser Briefträger, sondern ein hoher Beamter gewesen sei. Aber der Name Hanans kommt bei Eusebios nur in den Ueberschriften vor, in denen er als Ueberbringer der Briefe genannt wird. Die Bezeichnung des Hanan als ταχυδρόμος bei Eusebios soll erst aus dem tabularius der Doctrina Addaei entstanden sein. Aber sprachlich kann ܛܒ݂ܠܪܐ (tabularius) ebensogut aus ܛܒ݂ܠܪܐ (tabellarius) entstanden sei, wie dieses aus jenem; zur Sache aber wäre zu bemerken, dass Eusebios auch im Vorberichte, den er nach Zahn aus der Doctrina Addaei geschöpft haben soll, den einzigen Boten, den er hier erwähnt, einfach als ἐπιστοληφόρος bezeichnet. Dagegen nach Doctrina Addaei vereinigt Hanan alle möglichen Functionen: er ist Archivar, Commissär (Sharir) und Maler obendrein. Dass dies ursprünglicher sei, als die einfache Erzählung bei Eusebios, wird dadurch, dass man die letztere „geschmacklos" schilt, noch nicht wahrscheinlicher gemacht. Weiter soll Eusebios in der Ueberschrift des Briefes Jesu an Abgar durch die von der Ueberschrift des ersten Briefes abweichenden Worte die Erzählung der Doctrina Addaei voraussetzen, dass die mündliche Antwort Jesu von Hanan zu Papier gebracht worden sei. „Es gehört viel dazu", herrscht Zahn mich an, „nachdem man an diesen handgreiflichen Unterschied erinnert worden ist, ihn zu ignoriren". So sei denn ausdrücklich gesagt, was ich früher als selbstver-

ständlich überging, dass die zweite Ueberschrift nur durch ihre grössere
Kürze von der ersteren abweicht. Abgars Brief an Jesum überschreibt
Eusebios ἀντίγραφον ἐπιστολῆς γραφείσης ὑπὸ Ἀβγάρου τοπάρχου
τῷ Ἰησοῦ καὶ πεμφθείσης αὐτῷ δι' Ἀνανία ταχυδρόμου εἰς Ἱεροσόλυμα. Wenn nun die Ueberschrift über das Autwortschreiben Jesu
einfach lautet τὰ ἀντιγραφέντα ὑπ' Ἰησοῦ διὰ Ἀνανία ταχυδρόμου,
so versteht sich doch wol von selbst, dass das διὰ Ἀνανία hier wie
dort in demselben Sinne genommen sein will, dass also nicht von einer
mündlichen, durch den Courier Ananias niedergeschriebenen, sondern von
einer schriftlichen, durch Ananias nur überbrachten Antwort die Rede sein
soll. Wie auch Matthes ganz richtig erkennt, sind es dogmatische
Gründe gewesen, welche schon den Redactor der Doctrina Addaei veranlasst haben, die schriftliche Antwort Jesu in eine mündliche zu verwandeln [1]).

Aber auch der Text der Briefe soll in der Doctrina Addaei in ur-
sprünglicherer Gestalt vorliegen als bei Eusebios. Dieser Behauptung
gegenüber verweise ich auf die sorgfältigen Erörterungen von Matthes (S. 12 ff.), welche die Priorität des Textes bei Eusebios noch
weiter als es von mir geschehen ist, im Einzelnen nachweisen. Sehr
richtig macht Matthes auf Grund einer eingehenden Vergleichung sämt-
licher von den Briefen überlieferten Fassungen darauf aufmerksam,
dass fast jeder Spätere, der die Briefe, speciell den Brief Jesu mittheilt, Erläuterungen und Erweiterungen bringt, während Kürzungen
nur selten (bei Georgios Hamartolos und Barhebräus) sich finden. Abgesehen von einigen Varianten, bei denen an sich auch ein jüngerer
Text recht wohl das Ursprüngliche bewahrt haben könnte [2]), bringt die

---

1) Zahn fordert mich auf, ihm das „Dogma" nachzuweisen, vermöge
dessen Christus nichts Schriftliches von sich gegeben haben dürfe. Die Sache
ist doch sehr einfach. Augustin behauptet in der von mir (Abgarsage S. 9) mitgetheilten Stelle adv. Faustum XXVIII, 4, dass Briefe (oder Schriften) Jesu
wenn ächt, nicht blos hätten gelesen und kirchlich recepirt werden, sondern
auch den höchsten Grad von Autorität in der Kirche hätten geniessen müssen.
Also weil Briefe Christi, wenn ächt, im Kanon hätten obenan stehen müssen,
lehnt Augustin die Annahme ab, dass ächte Briefe Christi, wie die Manichäer
wirklich dergleichen zu besitzen vorgaben, vorhanden sein könnten. Genau
dasselbe Motiv kann auch dazu geführt haben, aus dem nicht im Kanon befindlichen Antwortschreiben Jesu an Abgar lediglich einen mündlichen Bescheid
zu machen, den erst ein Anderer niedergeschrieben.

2) So fehlt z. B. im Briefe Abgars bei Doctrina Addaei die Selbstbezeichnung als τοπάρχης. Zahn fragt mich: „Sollte die Tilgung dieses Titels
tendenziöse Aenderung eines Interpolators sein?" Auf diese Frage gebührt sich

Doctrina Addaei eine ganze Reihe von Zusätzen, theils solchen, deren
absichtliche Weglassung durch Eusebios unbegreiflich wäre, theils
solchen, die handgreiflich eine Weiterbildung der Legende verrathen.
Der wichtigste Zusatz ist im Briefe Jesu die der Stadt Edessa gegebene Verheissung der Unüberwindlichkeit: „Und deine Stadt wird gesegnet sein und ein Feind wird ferner nicht mehr über sie Gewalt bekommen in Ewigkeit". Diese Worte soll Eusebios gestrichen haben,
weil Edessa zu seiner Zeit schon unter römischer Herrschaft stand;
dagegen soll Ephrem grade auch diese Segnung Edessas durch Christus
gekannt haben. Allerdings kennt Ephrem, was Keinen Wunder nehmen
wird, die Sendung des Addai zu Abgar und die Heilung des Königs
(Evangelii concordantis expositio ed. Mösinger 287). Aber die angebliche
Bezugnahme auf jene Verheissung ist zu bestreiten. Die erste in Betracht kommende Stelle (Opp. syr. T. II p. LVII) lautet nach Zahns
Uebersetzung: „Edessa ist voll Segnungen . . . . . Christus wird segnen
ihre Bewohner. Edessa, mit Herrlichkeit geziert, durch den Namen
Jesu verherrlicht, und wiederum durch seinen Boten verherrlicht, durch
Addai, den seligen Apostel, eine Stadt, die an Berühmtheit gleicht dem
himmlischen Jerusalem, o Edessa, wie soll ich sagen und predigen von
deinen erhabenen Schönheiten u. s. w.". Diese Stelle redet von einer
Verherrlichung Edessas, einmal durch den Namen Jesu, zum andern

---

dio Gegenfrage: Sollte die Zufügung tendenziöse Absichtlichkeit des Eusebios
sein? Dass schon Ephrem den Titel kennt, gibt Zahn selbst zu; er wird also
wol auch im Briefe ursprünglich sein. Natürlich lässt sich aus dergleichen
Varianten im Einzelnen gar nichts schliessen. Denn es ist doch klar, dass
auch ein überarbeiteter, mit Zusätzen versehener Text daneben hie und da
recht wohl eine ursprüngliche Lesart bewahrt haben kann. So habe ich selbst
die Lesart von Doctrina Addaei „dem guten Arzt" für ursprünglicher gehalten
als die Lesart des Eusebios „dem guten Heiland" (σωτῆρι ἀγαθῷ). Sofort
fragt mich Zahn: „Warum soll aber die Schrift, welche das Ursprüngliche bewahrt hat, die jüngere sein?" Die Antwort habe ich eben gegeben. Aber
Matthes hat wol Recht, wenn er auch hier die Lesart des Eusebios vorzieht.
Dass σωτήρ, wie Zahn behauptet, „triviale Uebersetzung" von ιατρός sein soll,
trifft innerhalb des Bereiches christlicher Literatur, welcher doch der Brief angehört, nicht zu. Umgekehrt zeigt aber der verbreitete Gebrauch von σωτήρ
bei heidnischen Schriftstellern im Sinne von Retter aus leiblicher Noth (Heini-
chen Meletemata XIII in Eus. Opp. III, 707), dass auch ein christlicher
Schriftsteller dieses Wort recht wol in demselben Sinne einem Heiden in den
Mund legen konnte. Warum soll also erst Eusebios und nicht schon der
Verfasser der Briefe selbst dieses Wort im Munde des heidnischen Königs gebraucht haben?

durch seinen Boten Addai. Nach Zahn soll nun jene erste, der Sendung
Addai's „vorhergehende" Verherrlichung Edessas „eine Segnung und
Verheissung" sein, „auf deren fernere Erfüllung noch immer zu rechnen
ist", d. h. eben die Verheissung der Unüberwindlichkeit. Aber grade
von dem was Zahn einträgt, steht kein Wort da. Mit der Verherrlichung
Edessas „durch den Namen Jesu" ist einfach der Brief selbst gemeint,
den Jesus an Edessas Fürsten gerichtet hat. Dass die fragliche Stelle
sich darin vorfand, kann aus Ephrems Worten nicht erwiesen werden.
Die zweite Stelle Opp. gr. 11, 399 im syrischen Texte lautet nach
Assemanis Uebersetzung *Benedicta civitas in qua habitatis, Edessa
sapientum mater, quae ex vivo filii ore benedictionem per eius discipulum accepit. Illa igitur benedictio in ea maneat donec sanctus
apparuerit*. Zahn übersetzt ebenso: „Gesegnet ist die Stadt, in der
ihr wohnet, Edessa die Mutter der Weisen, die von dem lebendigen
Munde des Sohnes gesegnet ward durch seinen Jünger. Dieser Segen
wohne in ihr bis der Heilige offenbar werden wird". Hier hatte ich es
für zweifelhaft erklärt, ob diese Worte bereits auf den fraglichen
Schlusspassus im Briefe Jesu Bezug nehmen (S. 18). Zahn gibt dies
zu: Ephrem rede hier nicht unmittelbar von dem Schlusssatze des
Briefes, sondern von einer durch Addai vermittelten Segnung Edessas,
von dem lebendigen Munde des noch auf Erden lebenden Jesus. Dies
sei aber eine wörtlich genaue Bezugnahme auf die Worte des Addai in
der Doctrina Addaei p. 28, 5 sqq. (der englischen Uebersetzung), in
welcher die betreffende Schlussstelle des Briefes schon citirt werde.
Dass die Doctrina Addaei hier wirklich Anfang und Schluss des Briefes
in etwas andrer Fassung wiederholt, unterliegt keinem Zweifel [1].
Aber auch so wird es nicht gelingen, ein Zeugnis Ephrems für die angebliche Verheissung Jesu zu erpressen. Die Segnung, welche Ephrem
meint, ist einfach die „von dem lebendigen Munde des Sohnes" verheissene Sendung des Addai. Hätte er jene Schlussstelle des Briefes
im Sinne gehabt, so hätte er sich sehr verkehrt ausgedrückt: denn die
Verheissung der Uneinnehmbarkeit Edessas würde zwar, wenn sie ursprünglich dem Briefe angehörte, „von dem lebendigen Munde des

---

1) Die betreffenden Worte lauten in Zahns Uebersetzung: „Es soll keiner
von euch zweifeln in seinem Sinn, wie die Verheissung seines Segens, die er
euch schickte, an euch in Erfüllung gehn werde: Selig seid ihr, die ihr an
mich glaubt, während ihr mich nicht gesehn habt; und weil ihr so an mich
geglaubt habt, so wird die Stadt, darin ihr wohnt, gesegnet sein und ein Feind
soll nicht über sie Gewalt bekommen in Ewigkeit".

Sohnes" stammen, aber darum wäre sie doch noch keine „durch
seinen Jünger" vermittelte Segnung, gesetzt selbst, der Jünger hätte in
einer Rede an die Edessener an jene Verheissungsworte wieder erinnert. Sonach bleibt es bei meiner Bemerkung, die Zahn freilich
„erheiternd" findet, dass die Stelle in Ephrems Testament uns einen
Einblick in die allmähliche Weiterbildung der Sage eröffnet. Aus der
Seligpreisung Abgars ist zuerst eine Seligpreisung Edessas und der
Edessener geworden und diese Seligpreisung hat man später zu der
ausdrücklichen Verheissung der Uneinnehmbarkeit der Stadt präcisirt [1]).
Dass die ausgebildete Legendengestalt, wie sie Doctr. Add. p. 28 und
cod. Vindobon. theol. gr. 315 vorliegt, beides festhielt, die Seligpreisung der Stadt im Allgemeinen und die specielle Verheissung der Uneinnehmbarkeit derselben, versteht sich von selbst: darum kann aber
doch die erstere Weiterbildung älter als die letztere sein. Eine völlige
Sicherheit über diesen Punkt wird natürlich erst zu erreichen sein,
wenn die zahlreichen syrischen und armenischen Documente, in denen
jener Weissagung ausdrücklich gedacht wird, sämtlich ans Licht gezogen und gesichtet sein werden. Einstweilen genügt es constatirt zu
haben, dass die bisher beigebrachten Stellen aus Ephrem, welche ein
Zeugnis für den Schlusspassus des Briefes enthalten sollen, dasselbe
nicht enthalten, und dass vor circa 360 u. Z. überhaupt noch keine
Belegstellen für das Vorhandensein der betreffenden Weissagung aufgefunden sind.

Auf alle Fälle will aber die Entstehung der angeblichen Weissagung erklärt werden und dies ist unmöglich ohne besonderen Anlass in
den geschichtlichen Verhältnissen Edessas. Bald nach der Einziehung
Edessas durch die Römer kann nun die Sage jedenfalls nicht entstanden sein. Edessa ist im Jahre 216 durch Caracalla zwar nicht
erobert, aber seiner Selbständigkeit beraubt worden; der letzte Fürst
Manu IX lebte noch bis unter Gordianus III, ist also nur etwa ein
Menschenalter vor der von Zahn statuirten Entstehungszeit der Doctrina
Addaei als Verbannter gestorben. Ist es nun irgend wahrscheinlich,

---

1) Vgl. auch Matthes a. a. O. S. 19 flg.: „Schon in zwiefacher Gestalt
findet sich dieser Schluss in der Doctr. Add. Im eigentlichen Briefe wird allein
Abgar wegen seines Glaubens gelobt und ihm nachher Uneinnehmbarkeit seiner
Stadt zugesichert; in der von Thaddäus in seiner Rede vor den Bürgern
Edessas angeführten Stelle dieses Briefes dagegen tritt bereits eine Erweiterung insofern ein, als das Lob über den Glauben ohne Schauen hier auf sämtliche Bürger ausgedehnt und nun auch die Stadt nicht mehr bezeichnet wird
als „deine Stadt", sondern als „die Stadt in der ihr wohnt".

dass zu einer Zeit, in welcher der Verlust der nationalen Selbständigkeit und die Schicksale des letzten einheimischen Herrschers noch im frischesten Gedächtnisse waren, eine solche Verheissung wie in dem verdächtigen Schlusspassus des Briefes in Edessa erdichtet worden sei? Wenn Eusebios der Grieche länger als ein Jahrhundert nach Einziehung des Fürstenthums, wie Zahn behauptet, durch den Hinblick auf die verlorene politische Unabhängigkeit Edessas vermocht worden sein soll, diese Worte als unzutreffend zu streichen, so begreift man doch erst recht nicht, wie ein Edessener sie dreissig Jahre nach dem Tode des letzten Fürsten habe erdichten können. Geschichtlich begreiflich ist die Entstehung der angeblichen Weissagung erst in erheblich späterer Zeit [1]. Praktisch wurde der Glaube an die Uneinnehmbarkeit Edessas wie Nöldeke bemerkt (Jahrb. f. protest. Theol. 1881 S. 188), sogar „erst 503, als Kavâdh vor Edessa erschien". „Aber nach dem grossen Kriege, der 363 endigte und jeden Augenblick wieder anfangen konnte, ja auch wirklich im letzten Viertel des vierten Jahrhunderts wieder gelegentlich ausbrach, konnte man leicht daran denken, dass Edessa in Gefahr kommen könne und daher eine solche Verheissung ausprägen". Ganz ähnlich glaubte man ja um dieselbe Zeit, dass die Belagerung von Nisibis durch den Christenfeind Sapores von Persien zweimal durch das Gebet des Mar Ephrem und des Mar Jakob vereitelt worden sei (Barhebraeus Chron. syriac. ed. Bruns et Kirsch p. 62).

In der Erzählung der Doctr. Add., welche sich an den Briefwechsel anschliesst, kommt namentlich die auch von Moses von Khorene in etwas kürzerer Form wiedergegebene Stelle von dem Bilde Christi in Betracht, welches Hanan als des Königs Maler mit auserlesenen Farben gemalt, und seinem König überbracht haben soll, der dasselbe mit grosser Freude empfangen und mit hohen Ehren in einem seiner Paläste aufgestellt habe. Diese Stelle fehlt bekanntlich bei Eusebios. Meine von Matthes wiederholte Bemerkung, dass Eusebios von dem Bilde noch nichts wisse, erklärt nun Zahn „wieder" für „eine jener Behauptungen, wodurch man sich den Beweis erspart". Indem er seiner-

---

1) Weniger Gewicht wird auf die von mir S. 17 und auch von Matthes S. 20 hervorgehobene Stelle des Prokopios (de bello Persico II, 12) zu legen sein, welcher bemerkt, dass „die welche die Geschichte jener Zeit schrieben", den fraglichen Schlusspassus des Briefes noch nicht gekannt hätten. Denn es bleibt wenigstens möglich, dass Prokopios sich nur ungenau ausgedrückt und unter den „Geschichtsschreibern jener Zeit" nur den Eusebios verstanden hätte. Euagrios, welcher seinerseits wieder dem Prokopios folgt, beruft sich ausdrücklich auf Eusebios (h. e. IV, 27).

seits es für „bewiesen" erklärt, dass Eusebios aus Doctr. Add. „nur ausgewählte Stücke übersetzt", „nur Weniges excerpirt habe", fragt er
weiter „Warum sollte Eusebios unter das Wenige, was er excerpirt hat,
grade diese Zeilen aufnehmen, zumal grade ihr Inhalt ihm widerwärtig
sein musste"? Mit ein paar Stellen, welche die Bilderfeindschaft des
Eusebios beweisen sollen, hält Zahn seinerseits den Beweis für erbracht,
dass der Kirchenhistoriker die Stelle von dem Bilde Christi unterdrückt
habe. Aber zum Ersten ist es eben n i c h t „bewiesen", dass Eusebios
„nur Weniges excerpirt". Zum Andern brauchte ihn sein dogmatischer
Standpunkt ebenso wenig an der Wiedergabe der betreffenden Stelle,
wenn er sie vorfand, zu hindern, als es ihn abhielt, die Geschichte von
der Statue zu Paneas wiederzugeben, obwol dort nichts ihn zwang
davon zu reden, während ihn hier schon die Gewissenhaftigkeit nöthigen
musste, einen Text, den er „Wort für Wort" wiederzugeben versichert,
nicht durch eine tendenziöse Auslassung zu verstümmeln. Da Abgar
damals noch Heide war, so war die Porträtirung Jesu auf den Wunsch
des heidnischen Königs durch einen heidnischen Maler auf des Eusebios
dogmatischem Standpunkte ganz unverfänglich. Es war dies nur ein Beispiel mehr für jenen h. e. VII, 18 bezeugten heidnischen Brauch, Wohl-
thäter durch Bilder zu ehren. Vollends dass Eusebios an Stelle der
unterdrückten Erzählung vom Abgarbilde die Geschichte von der Statue
zu Paneas substituirt, darnach aber bei der allgemeinen Bemerkung über
die von Jesu geheilten Heiden, die ihn durch Bilder geehrt, speciell an Abgar gedacht haben soll, ist ein Einfall, der keine Widerlegung verdient[1]).
Dagegen ist der von Zahn vermisste Beweis in der That noch zu

---

1) Weil nach Doctr. Add. (p. 21) Addäus aus Paneas stammt, so sollen
die christlichen Bewohner von Paneas an diesem Bache ein besonderes Interesse genommen und durch die Erzählung vom Abgarbilde mit Verlangen nach
dem Besitze eines ähnlichen Bildes erfüllt worden sein, ein Verlangen, welches
durch die christliche Umdeutung jenes Erzbildes seine Befriedigung gefunden
habe. Aber dass das auf dem Erzbilde angeblich dargestellte blutflüssige Weib
zur Heidin gemacht wurde, erklärt sich sicher nicht wie Zahn behauptet aus
der (auch mir unzweifelhaften) Thatsache, dass die Stifterin der Bildsäule
wirklich eine Heidin war; denn dieser Ursprung sank bei der christlichen Umdeutung ebenso in Vergessenheit, wie die ursprüngliche Beziehung des Bildes
auf einen heidnischen Gott, d. h. wahrscheinlich auf Aesculap. Die Identificirung der heidnischen Kananäerin mit dem blutflüssigen Weibe liegt in den
Pilatusacten c. 7 (bei Tischend. evang. apocr. p. 239 ed. II) urkundlich vor,
wo ja, wie Zahn selbst ganz richtig erinnert, das ἀπὸ μαϰϱόθεν ϰϱάζουσα nur
zum kananäischen Weibe passt (Matth. 15, 22 flg.). Schon zur Zeit des Eusebios kann die Legende beide Frauengestalten vermischt haben.

führen, dass die Legende von dem Bilde ursprünglich gar nichts mit
der Abgarsage zu thun hat, letztere also ursprünglich ganz wie Eusebios
sie bietet, ohne die Episode von dem Bilde erzählt worden sein muss.
Ich selbst habe schon darauf hingewiesen, dass die Episode in Doctr.
Add. ebenso wie bei Moses von Khorene noch ganz abgerissen dasteht
und wahrscheinlich erst nachträglich mit der Abgarsage combinirt worden ist (S. 52 flg.). Jetzt hat nun Matthes in dankenswerther Weise
diese Spuren weiter verfolgt.

Während in der Darstellung des Eusebios der Brief Abgars durch
die Krankheit des Königs motivirt wird, wird in der jüngeren Legende
die Uebersendung des Bildes vielmehr durch die Sehnsucht des Königs
motivirt: Krankheit und Brief, Sehnsucht und Bild gehören zusammen
(S. 35). Auch noch nach der Doctr. Add. und Moses von Khorene erfolgt die Heilung des Königs nicht durch das Bild, von dessen Wunderkraft noch gar nichts berichtet wird, sondern erst später durch Addai,
den nach Edessa gesandten Boten Christi. Nur insofern besteht eine
Art von Zusammenhang, als der Empfang des Bildes gewissermaassen
als ein Ersatz der ungestillten Sehnsucht des Königs nach der Person
Christi erscheint. Doch ist auch diese Beziehung nur angedeutet, nicht
ausgesprochen. Erst die Umbildung der Legende in den griechischen
acta Thaddaei lässt die Heilung durch das Bild erfolgen; cod. Vind.
315 combinirt beides: das Bild leitet die Heilung ein, der Bote vollendet
sie; nach Constantin Porphyrogennetos bringt Thaddäus selbst das heil-
kräftige Bild und vollendet dann die Heilung durch die Taufe. Mit
Recht findet Matthes die ältere Fassung der Legende, nach welcher die
Heilung nicht durch das Bild, sondern durch den Boten erfolgt, nur
daraus erklärlich, dass die Legende von dem Briefwechsel ursprünglich
gar nichts mit dem Bilde zu thun hatte. Er constatirt weiter die bemerkenswerthe Thatsache, dass die gesamte syrische Literatur über die
Abgarsage bis auf Barhebräus, welcher die Sagengestalt der Doctr.
Add. wiederhole, nichts von dem Bilde weiss; vielmehr sei es lediglich
die griechische Sagengestalt, welche von Euagrios und den acta Thaddaei bei Tischendorf an das Bild in den Mittelpunkt stelle. Auf Grund
dieses Ergebnisses bestreitet er sogar das Recht, die jüngere Legende
von der εἰκὼν θεότευκτος oder ἀχειροποίητος als jüngere edessenische Sagengestalt zu bezeichnen. Aber wenn Euagrios abweichend
von seinem Vorgänger Prokopios die Rettung der von Chosru I be-
lagerten Stadt Edessa nicht dem Briefe, sondern dem Bilde, der εἰκὼν
θεότευκτος zuschreibt, so bleibt es doch sehr wahrscheinlich, dass diese
Weiterbildung der Legende edessenischen und nicht griechischen Ur-

sprungs ist. Es wird von den Ergebnissen weiterer Durchforschung der
syrischen Literatur abhängen, zu ermitteln, ob wirklich kein syrischer
Schriftsteller ausser der Doctr. Add. und dem weit spätern Barhebräus
des Abgarbildes gedenkt. Bemerkenswerth bleibt es jedenfalls, dass in
keiner der zahlreichen bisher bekannt gewordenen Stellen über die Abgarsage bei Ephrem, Josua Stylites, Mar Jakob, Dionysius von Telmahar
u. A. des Bildes Erwähnung geschieht.

Andrerseits steht es durch die Angaben in der Geographie des
Moses von Khorene (Mémoires historiques et géographiques sur l'Arménie par M. J. Saint-Martin Paris 1818 T. II p. 369), ferner bei
Euagrios und vielen Späteren fest, dass das bis 944 in Edessa aufbewahrte Christusbild jedenfalls vom 5. Jahrhunderte ab, wo nicht schon
früher als ein heiliges, nicht von Menschenhänden gemachtes Bild bei
den Edessenern in hoher Verehrung stand. Hätte also auch die spätere
Weiterbildung der Legende von dem „Abgarbilde" sich lediglich auf
griechischem Boden vollzogen, so bliebe darum doch die Nothwendigkeit
bestehn, den Glauben an den wunderbaren Ursprung des Bildes auf die
jüngere edessenische Localtradition zurückzuführen. Zur Zeit der Doctr.
Add. wurde das Bild schon in Edessa gezeigt, freilich noch nicht als
eine εἰκὼν θεότευκτος, sondern als ein von einem menschlichen Maler
gemaltes (ebenso wie die seit dem 6. Jahrhunderte bezeugten Lukas-
bilder). Dieselbe Doctr. Add. bezeugt ferner, dass die edessenische
Legende jedenfalls von der Zeit ab, in welcher die Doctrina geschrieben
ist, ebenso wie die spätern byzantinischen Schriftsteller und des Arabers
Elmakin historia Saracenica (vgl. die von Nöldeke mitgetheilte Stelle
Jahrbb. f. protest. Theol. 1882 S. 191) jenes Bild mit der Abgarlegende
in Verbindung gesetzt hat. Die ungeschickte Art, wie dies in der
Doctr. Add. geschieht, beweist, dass diese Combination hier noch in
den ersten Anfängen ist. Ich habe nun aber schon früher gezeigt, dass
die syrische Sage vom Bilde Christi keineswegs ausschliesslich an der
Person Abgars des Schwarzen haftet. Beweis dafür ist einerseits die
Geschichte von dem Tuche der Hypatia (Land, Anecdota Syriaca III,
324; in der Uebersetzung von Nöldeke Jahrbb. für protest. Theol. 1881
S. 189 ff.), andrerseits die doch wol auf eine syrische Quelle zurück-
weisende Notiz des Makarios Magnes aus dem Anfange des 5. Jahrhunderts
(I, 6 p. 1 ed. Blondel; Pitra Spicileg. Solesm. I, 332 sq., vgl. Jahrbb. f.
protest. Theol. 1882 S. 192), das blutflüssige Weib, welches das Erzbild
in Paneas aufstellte, sei die Fürstin Berenike von Edessa gewesen [1]).

---

1) τότε δὲ Βερενίκην δέσποιναν ἐπισήμου χωρίου καὶ ἐντίμου, ἄρχουσαν

Nach der freilich erst aus dem 13. Jahrhundert stammenden Notiz aus der Géographie du vartabied Vartan (bei Saint Martin l. c. II, 131) wird das nicht von Menschenhänden gemachte Bild in Edessa oder Urrha gradezu mit dem Veronikabilde identificirt [1]). Man kann vorläufig die Möglichkeit nicht abweisen, dass der Name Berenike, der uns bereits in den clementinischen Homilien (III, 73. IV, 1. 4. 6) für die Tochter des kananäischen Weibes begegnet, dem Weibe von Paneas schon beigelegt war, bevor man sie zu einer Fürstin von Edessa promovirte. Es bleibt aber auch umgekehrt möglich, dass die syrische Legende schon früher von einer Fürstin Berenike von Edessa als Empfängerin des Christusbildes wusste und dass dieselbe erst später mit dem blutflüssigen Weibe von Paneas identificirt worden ist. In diesem Falle wäre die Veronikasage nicht nur wirklich edessenischen Ursprungs, sondern da uns der Name Berenike für das blutflüssige Weib schon in den Pilatusacten, also um die Mitte des 4. Jahrhunderts (vgl. meine Pilatusacten Kiel 1871 S. 28 ff.) begegnet, mindestens ebenso alt wie die Combination des edessenischen Bildes mit der Abgarsage [2]). Nach Zahn freilich hätte erst die Bekanntschaft mit der Abgarsago die Fortbildung der Legende von Paneas veranlasst, vermöge deren die Stifterin des dortigen Bildes zur Fürstin von Edessa erhoben wurde. Nun ist es gewiss sehr unwahrscheinlich, dass man in Edessa selbst, wenn das Bild Christi bereits mit Abgar in fester Verbindung stand, eine ganz andre Person als ursprüngliche Empfängerin des Bildes bezeichnet hätte. Aber es ist eben zu bestreiten, dass die Legende von dem Bilde ursprünglich an der Person Abgars des Schwarzen gehaftet, also von vornherein ein integrirendes Bestandtheil der Abgarsage gebildet hat. Wohl aber liegt die umgekehrte Annahme sehr nahe, dass das als

---

τῆς μεγάλης Ἐδεσσηνῶν πόλεως ἐκπάλαι τυγχάνουσαν λιθάδων ἀπαλλαγεῖσαν ἀκαθάρτων αἵματος καὶ πάθους εὐσυνηροῦ τάχος ἐξιαθεῖσαν ... θίξει σωθεῖσαν σωτηρίου κρασπέδου μέχρι τοῦ νῦν ἀοίδιμον ἐν τῇ Μέσῃ τῶν ποταμῶν ἄδεσθαι ἐποίησε, μᾶλλον δὲ ἐν πάσῃ τῇ γῇ τὸ μέγα κατόρθωμα. αὐτοῦ γὰρ τοῦ πραχθέντος ἡ γυνὴ τὴν ἱστορίαν σεμνῶς ἀποχαλκεύσασα τῷ βίῳ παρέδωκεν ὡς ἄρτι τοὔργον γενόμενον οὐ πάλαι.

1) 'Edesse est Ourrha où l'on apporte l'image de Jesus-Christ qui n'a pas été fait par une main humaine et qui est la Sainte Veronique'.

2) Das neue von Gildemeister mitgetheilte Datum (Theodosius de situ terrae sanctae p. 16) für die Sage von Paneas bringt leider keine neuen Aufschlüsse. Hinter dem der Frau hier beigelegten Namen Marosa (Mariosa, Mariossa) liegt wahrscheinlich das griechische Wort αἱμοῤῥοοῦσα verborgen.

edessenisches Nationalheiligthum bereits vorhandene und in hohem Ansehn stehende Bild von der älteren Legende mit einer sonst unbekannten edessenischen Fürstin in Beziehung gesetzt war, dass diese
aber späterhin der berühmteren Person Abgars V weichen musste, und
zum geringen Ersatze dafür nur in dem blutflüssigen Weibe von Paneas
noch fortlebte.

Ist hiermit der Beweis geführt, dass nicht Eusebios die Stelle von
dem Bilde in den acta Edessena gestrichen, sondern dass umgekehrt
die Doctrina Addaei sie hinzugefügt hat, so bleibt schliesslich nur
übrig, in aller Kürze noch einmal an einige andre Indicien zu erinnern,
welche ebenfalls die Ueberarbeitung des von Eusebios übersetzten
älteren Textes in der Doctrina über jeden Zweifel stellen.

Dahin gehört schon die Beschaffenheit der Einleitung zu dem
Briefwechsel, welche die Motive der Sendung Abgars ganz über-
flüssiger Weise häuft, aber dadurch undurchsichtig macht. Aus einer
einmaligen Sendung des Hanan wird hier eine doppelte: auf den Bericht von dem, was dieser in Jerusalem von den Wunderwerken
Jesu geschaut, schreibt der König den Brief an Jesus, den Hanan
auf seiner zweiten Reise nach Jerusalem überbringen muss. Es
liegt doch nahe, den Anlass dieser Umbildung zu durchschauen: dieselbe soll erklären, wie Abgar überhaupt von den Thaten Jesu Kunde
erhalten hat. Hiermit hängt eine weitere Umbildung zusammen. Das
Motiv, warum Abgar nicht persönlich nach Jerusalem reist, wird schon
in der Erzählung bei Eusebios darin gefunden, dass Abgar die Römer
durch die unerlaubte Grenzüberschreitung zu erzürnen fürchtet. Was hiermit gemeint ist, wird aus der Rede des Königs (Eus. h. e. I, 13, 15) klar,
worin er sagt, er habe die Juden für Christi Kreuzigung strafen wollen.
Abgar wollte also mit Heeresmacht (δύναμιν παραλαβών) gegen die
Juden ziehen, wagte dies aber nicht, aus der sehr begreiflichen Furcht,
die Römer würden diese Grenzverletzung nicht dulden. Hier ist noch
gar nicht davon die Rede, dass Abgar nach Jerusalem reisen wollte,
um Jesum zu sehn, sondern dass er nach Jesu Kreuzigung einen Kriegszug nach Jerusalem zu unternehmen wünschte. Dagegen berichtet die
Doctr. Add. schon im Eingange: Abgar habe Sehnsucht empfunden,
Jesum zu sehn: dies sei aber unmöglich gewesen ohne Grenzüberschreitung. Aber warum hätte er nicht als einfacher Reisender ebenso
gut wie seine Gesandten nach Jerusalem kommen dürfen? Nur dort,
nicht hier ist die Furcht vor den Römern motivirt. An der zweiten
Stelle der Doctr. Add., welche dieselbe mit Eusebios gemein hat, erzählt sie
dann ebenso wie dieser, doch mit dem Zusatze, Abgar habe gefürchtet,

den Friedensvertrag mit den Römern zu verletzen [1]). Noch klarer liegt
die Ueberarbeitung des älteren Textes bei Doctr. Add. in dem von ihr,
darnach auch von Moses von Khorene und im Transitus Mariae mitgetheilten Briefwechsel Abgars mit Tiberius zu Tage. Dieser Briefwechsel,
von dem Eusebios noch nichts weiss, hat doch mit dem Briefwechsel
Abgars mit Jesu gar nichts zu thun und wenn irgend etwas unwider-
sprechlich sein sollte, so ist es dieses, dass ersterer ursprünglich,
letzterer aber spätere Zuthat ist. Mit Recht betrachtet es auch Matthes
(S. 76) als ein Merkmal der Fortbildung der Legende im Orient, dass
man zu dem älteren Briefwechsel noch neue Briefe hinzuerfindet. Dies
gilt nicht blos von den Briefen, welche dem Moses von Khorene eigenthümlich sind, sondern namentlich auch von dem in Doctr. Add. enthaltenen Briefwechsel Abgars mit Tiberius.

Für unvoreingenommene Leser wird es nicht nöthig sein, die Be-
weisgründe für die höhere Ursprünglichkeit des Textes bei Eusebios
im Vergleiche mit der Doctr. Add. noch zu vermehren. Die handgreiflich jüngere Protonikesage könnte man durch Annahme einer Interpolation für Doctr. Add. unschädlich machen wollen. Steht aber einmal die
Priorität des kürzeren eusebianischen Textes aus anderweiten Gründen
fest, so liegt gar kein Grund vor, die Episode auszuscheiden. Trotz
der Einreden Zahns betrachte ich es als selbstverständlich, dass das
Kreuz Christi erst seit Wiederauffindung des Grabes im Jahre 326 gezeigt wurde: denn wo die Legende von der Kreuzesauffindung uns begegnet, knüpft dieselbe sich immer an die Aufgrabung des Grabes, in
welchem das Kreuz wieder entdeckt worden sein soll. Die Protonikesage
setzt aber nicht blos die Wiederauffindung des Grabes, sondern auch
das Vorhandensein der Grabkirche voraus. Dass die Existenz der
letzteren vor Constantins Zeiten erdichtet worden sein soll, wird schwerlich Jemand glaubhaft finden, auch wenn die Sage den Kirchenbau auf
Golgatha und über dem heil. Grabe anachronistisch auf die fabelhafte
Kaiserin Protonike oder Patronike zurückführt. Die Reden Kyrills von
Jerusalem, in welchen derselbe das Vorhandensein des Kreuzes und die
Verbreitung der Kreuzessplitter „in der ganzen Welt" erwähnt (catech.
IV, 10. X, 19), scheinen zwischen 347 und 351 gehalten zu sein; aber
damals waren schon 20—25 Jahre seit der Wiederauffindung des
Grabes verflossen. Dagegen erzählt der Gallier, welcher 333 Jerusalem

---

1) Das Ursprüngliche findet sich auch in dem Texte des Briefes. Abgars
an Tiberius in der syrischen Recension B des Transitus Mariae (Meine Abgarsage S. 36).

bereiste, vom heil. Kreuze noch nichts und ebenso wenig weiss Eusebios davon in der vita Constantini oder de laudibus Constantini zu berichten. Mag also die Protonike- oder Patronikesage sich zur Helenasage verhalten wie sie will, jedenfalls kann erstere erst einige Zeit nach 326 entstanden sein.

Einen weiteren Grund für das höhere Alter der Doctrina Addaei hat Zahn der Beschaffenheit des in derselben vorausgesetzten neutestamentlichen Kanons entlehnt (S. 91 ff. 376). Derselbe soll vorephremisch sein und den Kanon der syrischen Kirche des 3. Jahrhunderts repräsentiren.

Im Unterschiede von dem Kanon der Peschita, welcher ausser den paulinischen Briefen auch noch Jacobi, 1. Petri und 1. Johannis enthält, soll der Kanon der Doctrina Addaei alle nichtpaulinischen Briefe ausschliessen. In der That scheint die Stelle Doctr. Add. 44, 4 sq. (der engl. Uebers.) ed. Phillips ausser dem Gesetz und den Propheten, dem Evangelium, den Briefen des Paulus, „welche uns Simon Kepha von der Stadt Rom schickte“ und den Thaten der 12 Apostel, „welche uns Johannes, der Sohn des Zebedäus von Ephesos schickte“, alle übrigen Schriften, also nicht blos die auch bei Peschita fehlende Apokalypse, sondern auch sämtliche katholische Briefe ausdrücklich von der kirchlichen Vorlesung auszuschliessen. Aber anderwärts nennt die Doctr. Add. ausser dem Alten Testamente nur „das Diatessaron“, welches in ungenauer Redeweise schlechtweg das „Neue Testament“ heisst (p. 34, 26 sq.) oder das „Neue Testament“ und die Apostelgeschichte (p. 33, 13 sqq.). Wir haben also jedenfalls mit dem Umstande zu rechnen, dass die Aufzählung der kanonischen Schriften keine genaue ist. Nun finden sich aber ganz ähnliche Aeusserungen über den Kanon wie in der Doctr. Add. auch in der syrischen Doctrina Apostolorum (bei Cureton Ancient Syriac Documents p. 24—35 der engl. Uebers.), welche nach Zahn weit jünger sein soll als die Doctr. Add. Diesen Umstand aus literarischer Abhängigkeit der Doctrina Apostolorum von der Doctr. Add. zu erklären, wozu Zahn geneigt scheint (S. 92 Anm. 3), geht keinesfalls an; denn in solchen Dingen würde doch ein späterer Schriftsteller die in der Kirche seiner Zeit geltenden Ordnungen substituirt haben, zumal wenn er ausdrücklich die kirchliche Gesetzgebung codificirt. Wahrscheinlich findet aber das umgekehrte Verhältnis statt: denn wie ich a. a. O. S. 51 bemerkt habe, unter der zu Jerusalem festgestellten Kirchenordnung, auf welche die Doctr. Add. p. 39 sich beruft, ist wol eben jene Doctrina Apostolorum gemeint. Auch in der Doctr. App. lesen wir nun im 10. Kanon (p. 27, 15 sqq. Cureton), dass ausser dem Alten

Testament, den Propheten, dem Evangelium und der Apostelgeschichte kein andres Buch kirchlich verlesen werden dürfe; und doch heisst es anderwärts (p. 32, 6 ff.) wieder, dass die Nachfolger der Apostel ihren Schülern alles überliefert hätten, was sie von den Aposteln empfangen haben, was Jakobus von Jerusalem, Simon (Kepha) von Rom, Johannes von Ephesos, Markus von Alexandrien, Andreas von Phrygien, Lukas von Makedonien, Judas Thomas von Indien geschrieben haben; und hieran reiht sich die Forderung, dass die Briefe der Apostel und die Siege ihrer Thaten, welche Lukas geschrieben hat, in allen Kirchen angenommen und verlesen werden sollten, „dass dadurch erkannt werden die Apostel und die Propheten und das Alte Testament und das Neue, dass Eine Wahrheit gepredigt ist durch Alle, dass Ein Geist geredet hat durch sie Alle von dem Einen Gott, den sie alle angebetet und den sie Alle gepredigt haben". Hier ist nun zuvörderst klar, dass die Worte ܡ̈ܠܐ, ܐ̈ܓܪܬ, welche Cureton mit *the epistles of an apostle* übersetzt, jedenfalls nicht mit Zahn zu übersetzen sind die „Briefe des Apostels", nämlich des Paulus. Denn erstens kann in diesem Zusammenhange, wo Paulus vorher gar nicht genannt ist, wohl aber eine ganze Reihe andrer Apostel aufgeführt sind, „der Apostel" nicht schlechthin wie etwa bei Markion den Paulus bezeichnen. Sodann zeigen die folgenden Plurale „die Siege ihrer Thaten" „die Apostel" deutlich genug, dass hier nicht von einem einzigen Apostel die Rede sein kann; wenn man also bei Curetons Uebersetzung sich nicht beruhigen kann, so bleibt nur die Annahme übrig, dass bei ܐ̈ܓܪܬ einfach das Pluralzeichen ausgefallen ist. Endlich aber, und dies ist das Wichtigste, zeigt der ganze Context der Stelle, dass die Doctr. App. keine apostolische Schrift vom Kanon ausschliessen will, sondern dass sie vielmehr die ächt apostolischen Schriften als Zeugnis der Einen Lehre und der Einen Wahrheit den Häretikern gegenüberhält. Nun wissen wir freilich nichts von Schriften des Andreas und Thomas[1]). Aber unter dem was Jakobus von Jerusalem, Simon Petrus von Rom, Johannes von Ephesos geschrieben haben, sind nach der nächstliegenden Auslegung eben die in den Kanon der Peschita aufgenommenen Briefe, Jak. 1 Petr. 1 Joh., zu verstehn, unter dem was Markus und Lukas geschrieben haben, die be-

---

1) Cureton in den Noten zur Doctrina App. a. a. O. S. 172 will an die epistola presbyterorum et diaconorum Achaiae und an die Acten des Thomas denken. Aber die eine Annahme ist so unmöglich wie die andre; die erstere verbietet sich schon aus chronologischen Gründen, die letztere durch den häretischen Charakter der Thomasacten.

treffenden Evangelien, welche ja im 4. Jahrhunderte in der syrischen Kirche neben dem Diatessaron im Gebrauche waren.

Die antihäretische Tendenz dieser und ähnlicher Aufzählungen geht auch aus einer verwandten Stelle der Doctrina Simonis Cephae (p. 40 bei Cureton) hervor. Hier gebietet Petrus seinem Nachfolger Ausus (Linus), das Volk zu lehren, dass ausser dem Neuen Testament und dem Alten Testament keine andre Schrift vor dem Volke verlesen werden soll. Diese und ähnliche Vorschriften wollen also nicht den Umfang des Kanons begränzen, sondern die kanonischen Schriften anderweiten, d. h. eben häretischen, Erzeugnissen gegenüberstellen. Hieraus und hieraus allein erklärt sich die Ungenauigkeit in der Aufführung der einzelnen Schriften sowol in Doctr. Add. wie in Doctr. App., eine Ungenauigkeit die ganz unbegreiflich wäre, wenn die Absicht stattfände, eine vollständige Liste der kanonischen Schriften zu geben.

Aus dem Gesagten ergibt sich, dass die Nichterwähnung der drei in der Peschita enthaltenen katholischen Briefe in Doctr. Add. keinen Beweis für ihr Nichtvorhandensein im damaligen Kanon abgeben kann. Noch weniger ist die angebliche Verschiedenheit des Kanons der Doctr. Add. von dem zu Ephrems Zeit in der syrischen Kirche geltenden Kanon erweislich. Dass das in Doctr. Add. aufgeführte Diatessaron noch zu Ephrems Zeit im Gemeindegottesdienst als scriptura gebraucht wurde, ergibt sich, wie auch Zahn anerkennt (S. 59), schon aus der Thatsache, dass Ephrem es commentirte. Ob Ephrem ferner die Antilegomena als kanonisch betrachtete, erklärt Zahn selbst für zweifelhaft; die Sache wird sich hier wol ebensowenig wie in Doctr. Add. mit Sicherheit ausmitteln lassen. Wenn derselbe Ephrem aber einmal die Apokalypse citirt, welche damals noch von der ganzen syrischen Kirche soviel wir wissen verworfen wurde, so kann doch deren Erwähnung als kirchliche Vorleseschrift in der Doctr. Add., auch wenn letztere um 360 entstanden ist, gar nicht erwartet werden. Schliesslich sei noch bemerkt, dass nach Zahns eigener Angabe die syrischen Christen des Perserreiches um die Mitte des 4. Jahrhunderts (Aphraates) weder die katholischen Briefe noch die Apokalypse anerkannt haben (S. 92). Keinesfalls bietet also der Kanon der Doctr. Add. eine Erscheinung dar, welche um die Mitte des 4. Jahrhunderts unerklärlich oder auch nur auffällig wäre.

Aber auch der dogmatische Charakter der Doctrina Addaei soll vorephremisch sein: die Formeln von Nicäa, behauptet Zahn, fehlten ganz, was bei dem Eifer Ephrems für das Nicänum unbegreiflich sein würde. Zahn erblickt in diesem Umstande eine wesentliche Verschiedenheit der Doctrina Addaei von den Acten des Scharbil und des Barsamja (bei Cureton a. a. O. S. 41 ff. und 63 ff.), von welchen ich die Vermuthung geäussert, sie stammten aus derselben Schmiede wie die Doctr. Add. Es ist dies der einzige ernsthafte Grund, welchen Zahn gegen die von Nestle und mir angenommene Zusammengehörigkeit der genannten Acten mit Doctr. Add. vorgebracht hat. Aber auch dieser Grund schlägt nicht durch. Ich constatire, dass in den Acten des Barsamja überhaupt gar keine Beziehung auf die nicänischen Formeln sich findet: vielmehr wird der Glaube der Christen hier ganz einfach als Glaube an den Einen Gott und an seinen Sohn Jesus Christus zusammengefasst (p. 63 Cureton). In den Acten des Scharbil aber findet sich eine einzige von mir bereits in der Abgarsage S. 46 vollständig mitgetheilte Stelle, welche auf das ὁμοούσιος des nicänischen Bekenntnisses Bezug nimmt (p. 43) [1]). Das letztere ist nun allerdings in Doctr. Add. nicht auf so handgreifliche Weise der Fall; aber auch hier lesen wir p. 26, 31 sq. von Christus: „er ist von seiner eigenen Natur Gott immerdar und von Ewigkeit" und wenn auch ähnliche Formeln uns theilweise schon früher begegnen, so erhält doch die so nachdrückliche und wiederholte Betonung der Einheit seiner Gottheit mit der Gottheit des Vaters und der gleichen Ewigkeit des Sohnes und des Vaters [2]) erst dann ihr richtiges Licht, wenn man sie im bewussten Gegensatze zu der arianischen Lehre, speciell zu dem ἑτεροούσιος und dem ἦν ὅτε οὐκ ἦν versteht. Ja nach Zahns eigener Annahme soll diese Hervorhebung der Ewigkeit des Sohnes, d. h. der ewigen Zeugung, dem Halbarianer Eusebios zu solchem Anstosse gereicht haben, dass er die betreffenden Stellen beseitigt haben soll. Die richtige Auffassung des Sachverhaltes ist auch hier die umgekehrte: der ältere Text der edessenischen Acten enthielt die betreffenden Formeln noch nicht; der Ueberarbeiter aus der

---

1) „Der ins Fleisch kam ist Gott, Gottes Sohn aus dem Wesen seines Vaters und Sohn der Natur dessen, der ihn zeugte; denn er ist der anbetungswürdige Abglanz seiner Gottheit und die herrliche Offenbarung seiner Majestät; und er hat existirt mit seinem Vater von Ewigkeit her, sein Arm, seine rechte Hand, seine Macht, seine Weisheit, seine Stärke".

2) p. 7, 17: „er ward aufgenommen zu seinem Vater [und sitzt mit ihm in Herrlichkeit, mit welchem er war von Ewigkeit]". p. 9, 6: „er ward erhöht zu seinem [herrlichen] Vater [mit welchem er war von Ewigkeit in Einer erhabenen Gottheit]. Die eingeklammerten Worte fehlen bei Eusebios (vgl. h. e. I, 13, 15 und 19). Ferner p. 19, 7 sq. „er erniedrigte die Majestät seiner erhabenen Gottheit, welcher war mit seinem Vater von Ewigkeit" p. 25, 32 „er ist Herr und Gott von Ewigkeit".

zweiten Hälfte des 4. Jahrhunderts fühlte sich zu ihrer Hinzufügung verpflichtet. Wie unzuverlässig Zahns chronologische Schlüsse sind, zeigt auch der Umstand, dass die Doctrina Apostolorum, welche nach Zahn „jedenfalls bedeutend später geschrieben" sein soll als die Doctrina Addaei, keine Stelle enthält, welche der oben aus den Acten des Scharbil herausgehobenen ganz analog wäre. Auch diese Schrift begnügt sich mit dem Bekenntnis, dass Christus „der Sohn Gottes von Ewigkeit" (p. 31, 16 Cureton) sei, könnte also, wenn die Doctr. Add. aus diesem Grunde vornicänisch und voreusebianisch wäre (nach Zahns Rechnung soll sie 270—290 geschrieben sein), „jedenfalls" nicht „bedeutend später" als diese geschrieben sein. Auch die christologischen Stellen in der wol ebenfalls in die 2. Hälfte des 4. oder in den Anfang des 5. Jahrh. gehörigen Predigt des Simon Kepha in der Stadt Rom gehen nicht über die in der Doctr. Add. enthaltenen Aussagen hinaus (p. 36, 12 sq. 37, 17 sq. 25 Cureton).

Ueber Zweck und Tendenz der Erweiterung, welche die schlichte Erzählung der Acta Edessena in der Doctr. Add. erfahren hat, habe ich bereits früher (Abgarsage S. 30 flg.) das Erforderliche bemerkt und dabei zugleich auf die von Zahn freilich bestrittene Buntscheckigkeit des in den erweiterten Text hineingetragenen Stoffes hingewiesen. Ich füge hinzu, dass die Absicht, die spätere Succession der geschichtlich beglaubigten Bischöfe von Edessa bis auf die Apostelzeit zurückzuführen, in der Doctr. Add. ebenso unverkennbar obwaltet, wie in den Acten des Scharbil und des Barsamja. Natürlich ist die ursprüngliche Legende nicht durch Zurückversetzung der Regierungszeit Abgars VIII. in die Zeit Jesu entstanden (Zahn S. 378 Anm. 2), in welchem Falle freilich die von Gutschmid und mir vermuthete Entstehungszeit derselben „unter dem ersten christlichen Könige" [1]) so unsinnig wie möglich wäre; vielmehr hat man alsbald nach der Bekehrung Abgars VIII. das Bedürfnis gefühlt, die ersten Anfänge des edessenischen Christenthums bis auf Christi und der Apostel Tage, also in die Regierungszeit Abgars V. zurückzudatiren, somit dem wirklich ersten christlichen Könige einen mehr als 100 Jahre früheren christlichen Vorfahren zu geben. Wenn aber die Doctr. Add. zur Zeit Abgars V. auch schon die nachmaligen Bischöfe Palut, Abschelana, Barsamja nicht blos bekehrt, sondern bereits durch Addai, den Apostel Edessas selbst in den christlichen Klerus aufgenommen werden lässt, so ist ein derartiger Ana-

---

1) Auch **Matthes** lässt wenigstens die Briefe unter Abgar VIII. entstanden sein (S. 3).

chronismus natürlich erst lange Zeit nach Palut, dem Zeitgenossen Abgars VIII., möglich gewesen. Wenn aber Palut nach derselben Doctr. Add. die Bischofsweihe nicht durch seinen angeblichen Vorgänger Aggai, den Schüler Addais, sondern durch Serapion von Antiochia erhalten hat, so habe ich hierin ein Merkzeichen dafür geselm, dass es vor Palut, also vor der Zeit Abgars VIII. überhaupt noch keine Bischöfe in Edessa gegeben hat. Denn im Gegenfalle würden die Edessener schwerlich die Bischofsweihe in Antiochien nachgesucht haben[1]). Die entgegengesetzte Annahme Zahns (S. 381 flg.), dass die Bischofsreihe Addai, Aggai, Palut geschichtlich, letzterer also erst der dritte edessenische Bischof sei, geht von der völlig willkürlichen Voraussetzung aus, dass Addai fälschlich in die Apostelzeit zurückdatirt worden sei, in Wahrheit aber erst um die Mitte des 2. Jahrhunderts gelebt habe. Es bedarf wol dem gegenüber nicht erst eines Beweises, dass die Legende von dem Briefwechsel Christi mit Abgar V. ihre eigentliche Pointe in der Sendung Addais nach Edessa findet, in welcher die dem Abgar vom Herrn gegebene Verheissung sich erfüllt. Nicht eine völlig zwecklose Zurückverlegung Abgars VIII. und eines ein Menschenalter vor ihm lebenden Bischofs in die Zeit Jesu, sondern das Interesse, die Anfänge des edessenischen Christenthums an die Erfüllung eines von Christus selbst gegebenen Versprechens und an die Sendung eines der 70 oder 72 Jünger zu knüpfen, hat der Legende ihren Ursprung gegeben. Die Abgar dem Schwarzen von ihr zugewiesene Rolle ergab sich dann einfach aus der richtigen Erinnerung, dass dieser Fürst ein Zeitgenosse Jesu und der Apostel gewesen war. In der von Zahn für die Abfassung der Doctr. Add. angenommenen Zeit (270—290) ist aber die Entstehung der Legende unmöglich. Denn seit Alexander Severus rühmten sich die Edessener, die Gebeine des Apostels Thomas zu besitzen, der als der Hauptapostel des Orients galt. Damals muss also die Sage von der Bekehrung Edessas durch einen der 72 Jünger schon existirt haben; denn im Gegenfalle hätte man sicher nicht unterlassen, statt jenes minder berühmten Addäus vielmehr den grossen Apostel Judas Thomas selbst als den Apostel Edessas zu feiern. Da aber die Addäuslegende einmal feststand, begnügte man sich, den Thomas wenigstens mittelbar

---

1) Dieses Urtheil steht fest, unabhängig von der Erklärung jener durch Jakob von Edessa aufbehaltenen und zuerst von Bickell mitgetheilten Stelle aus Ephrem, nach welcher „der Lehrer" sagte, dass die „Häretiker" die kathol. Christen Edessas nach dem Namen Paluts, also Palutianer nennen. Ueber die Bedeutung dieser Notiz lässt sich ja verschieden urtheilen.

mit Edessa in Verbindung zu bringen, indem man die Sendung des Addai nach Edessa auf ihn zurückführte. Ob der Name Addäus oder Addai in der edessenischen Legende aus Thaddäus (Thaddai) entstanden, oder ob umgekehrt Thaddäus nachträglich mit Addäus identificirt worden ist, kann hier dahingestellt bleiben; genug dass jener Addai der Legende schon ursprünglich als einer der 70 oder 72 Jünger galt, und dass man schlechterdings kein Recht hat, an die Stelle des Schülers des Herrn einen angeblichen Bischof von Edessa gleichen Namens zu setzen, der über 100 Jahre nach Christi Kreuzigung gelebt und erst nachträglich zu einem Schüler Jesu gemacht worden sein soll.

Ist dieser Anachronismus dem Verfasser der Doctr. Add. ganz ohne sein Verschulden aufgebürdet worden, so bleibt derselbe doch dafür verantwortlich, dass Palut, Abschelama und Barsamja, die drei ersten geschichtlich beglaubigten Bischöfe von Edessa, aus der Zeit von circa 190—260, in welche sie gehören, noch in die Lebenszeit des Herrnschülers Addai, also ins erste christliche Jahrhundert hinaufgerückt worden sind. Derselbe Anachronismus wird, wie ich a. a. O. S. 41 ff. gezeigt habe, auch von den Acten des Scharbil und Barsamja getheilt, welche, wie bemerkt, hierbei von der gleichen Tendenz geleitet werden als die Doctr. Add. Wie Palut nach der Doctr. Add. der Nachfolger Aggais, des Schülers des Addai auf dem Bischofsstuhle zu Edessa gewesen sein soll, so wird in den genannten Acten wieder Barsamja, als zweiter Nachfolger Paluts, in die Zeit Abgars VII. (108—115) und des Kaisers Trajan verlegt. Wie dort aber Palut daneben wieder ganz richtig als Zeitgenosse Serapions von Antiochien und Zephyrins von Rom, so wird hier Barsamja ebenso richtig wieder als Zeitgenosse des römischen Bischof Fabianus bezeichnet [1]).

---

1) Abgesehen von dem weiteren den Acten des Scharbil und Barsamja mit der Doctr. Add. gemeinsamen Anachronismus, dass im Widerspruche mit den Zeitverhältnissen, in denen die erzählten Ereignisse spielen sollen (der Regierung des einheimischen Fürsten Abgars V., beziehungsweise Abgars VII.), doch wieder ganz naiv die Zeiten der Römerherrschaft vorausgesetzt werden (Doctr. Add. p. 35, 10 Phillips; vgl. die Acten Scharbils p. 41, 12 sqq., Acten Barsamjas p. 63, 7 sqq. und die zahlreichen Stellen, in welchen die Giltigkeit der Christenedicte der römischen Kaiser in Edessa vorausgesetzt wird, s. m. Abgarsage S. 10. 43), ist in den Acten der beiden Heiligen nur das Eine bemerkenswerth, dass sowol die Verfolgungsedicte als das Toleranzedict „der Kaiser" deutlich die Zeiten der diocletianischen Christenverfolgung verrathen. Der Sachverhalt wird also nicht genau dargestellt, wenn man sagt: „In Doctr. Add. findet sich kein einziger Anachronismus in dem Sinne, dass man daraus auf eine Abfassung nach dem Jahre 300 schliessen könnte, während jene Acten

Endlich ist, wie ich früher gezeigt habe (Abgarsage S. 46 f. 91 f.
Jahrbb. für protest. Theol. 1881 S. 188 flg.) als der Doct. Add. mit
den Acten des Scharbil und Barsamja und der Predigt des Simon Kepha
in Rom gemeinsam noch die Anknüpfung an Römisches in Erinnerung
zu bringen, welche eine Zeit des lebhaftesten Verkehrs der edessenischen
Kirche mit Rom und das (speciell in der Doctr. Add. hervortretende)
schon von Nöldeke erkannte Streben verrathen, das antiochenische
Patriarchat hinter das römische zurückzusetzen. Nöldeke bemerkt mit
Recht, dass dieser Gegensatz der Edessener gegen den von Constantinopel
eingesetzten Patriarchen von Antiochia nicht erst in den monophysitischen Streitigkeiten begonnen haben werde (Jahrbb. für. protest. Theol.
a. a. O.). Aber welche andre Zeitlage wird man für jene nahen Beziehungen zu Rom und für diese Zurückstellung Antiochias ausfindig
machen können, als wieder die Mitte des 4. Jahrhunderts, oder die Zeit,
wo die gut nicänisch gesinnten Edessener gegenüber den arianischen oder
halbarianischen Antiochenern ihren Halt an Rom suchten?

------

davon wimmeln" (Zahn S. 375). In der Doctr. Add. war gar keine Gelegenheit,
der römischen Christenverfolgungen zu erwähnen.

Die Acten des Jakobus Zebedäi.

Die altkirchliche Jakobus-Legende und die lateinische passio.

Jakobus, der Bruder des Johannes und Sohn des Zebedäus, ist nach
der Apostelgeschichte (12, 2) der erste Märtyrer unter den Aposteln
geworden. Seine Enthauptung durch Herodes Agrippa I fällt in die
Osterzeit des Jahres 44 u. Z., kurze Zeit vor dem plötzlichen Tode des
Königs, in welchem die Christengemeinde ein göttliches Strafgericht für
don Apostelmord erblickt hat (Act. 12, 1 ff. 19 ff. vgl. Joseph. Antt.
XIX, 8, 2). So hatte sich frühe an Jakobus die Weissagung Jesu erfüllt, von welcher die evangelische Ueberlieferung (Marc. 10, 39. Matth.
20, 23) berichtet. Während erst die spätere Legende auch von dem
Bruder des Jakobus, dem Apostel Johannes, eine Erfüllung des zu beiden
Zebedaiden gesprochenen Worts von der Taufe und von dem Kelche zu
berichten wusste, haben sicher schon unsere Evangelisten, als sie jenes
Weissagungswort niederschrieben, dabei an das Martyrium des Jakobus
gedacht.

So konnte auch, als die Sage von der Aposteltheilung aufkam, dem
„älteren" Jakobus kein Heidenland als Missionsprovinz zugewiesen
werden. Soweit sich die Legende mit seinen Schicksalen beschäftigt
hat, musste sie sich darauf beschränken, seine Thaten in Jerusalem und
Umgebung und die Geschichte seines Märtyrertodes weiter auszumalen.
Die gnostischen περίοδοι τῶν ἀποστόλων haben ihm keine Stelle eingeräumt. Dagegen weiss schon Clemens von Alexandrien im
siebenten Buche der Hypotyposen aus älterer Ueberlieferung von den
Umständen seines Todes Näheres zu berichten. Der Mann, der ihn vor
Gericht führte, ward durch sein Bekenntnis bewogen, sich selbst als
Christen zu bekennen. Beide wurden daher zugleich zum Tode geführt.
Auf dem Wege dahin bat er den Jakobus um Vergebung und erhielt von
diesem den Friedensgruss und den Bruderkuss. So wurden denn beide

zusammen enthauptet [1]). Genau dieselbe Erzählung kehrt auch bei
Suidas wieder, nur dass derselbe aus dem Diener, welcher den Apostel
ins Richthaus führt, seinen Ankläger gemacht hat [2]).

Der Ursprung dieser Legende gehört sicher noch ins 2. Jahrhundert,
und zwar werden wir damit bis in die Mitte des Jahrhunderts hinauf-
gehen dürfen, da Clemens in den Hypotyposen sie ὡς ἐκ παραδόσεως
τῶν πρὸ αὐτοῦ berichtet. Andererseits kann sie auch nicht wol älter
sein, da sie die Formen des trajanischen Christenprocesses als in voller
Uebung stehend voraussetzt. Darauf, dass sie in judenchristlichen
Kreisen entstanden sei (wie oben I, S. 3 irrthümlich angenommen
wurde), deutet nichts; im Gegentheile spiegeln sich in der Darstellung
des Martyriums die Erfahrungen der Heidenchristen unter der römischen
Gesetzgebung.

Eine weitere Ausbildung der älteren Legende begegnet uns in
der 'passio Jacobi Majoris' in der lateinischen Passionensammlung. Dieselbe beginnt mit den Worten '*Apostolus domini nostri
Jesu Christi Jacobus frater Joannis apostoli et evangelistae* [3]) *omnem
Judaeam et Samariam visitabat. Egrediens autem per Synagogas
secundum scripturas ostendebat etc.*' (= Fabricius II, 516, 16). Die
Schlussworte lauten '*Martyr effectus perrexit ad dominum cui est
gloria in saecula saeculorum. amen*'. Der Text ist zuerst bei Mombritius (Mailand 1476) II f. 18 sqq., darnach bei Nausea f. XXVI' sqq.
und in der Abdiassammlung bei Lazius gedruckt. Der Text bei Lazius
(= Fabricius II, 516, 1 sqq.) ist im Eingange erweitert.

---

1) Eus. h. e. 1, 9, 2. 3: περὶ τούτου δ᾽ ὁ Κλήμης τοῦ Ἰακώβου καὶ ἱστορίαν μνήμης ἀξίαν ἐν τῇ τῶν ὑποτυπώσεων ἑβδόμῃ παρατίθεται, ὡσὰν ἐκ παραδόσεως τῶν πρὸ αὐτοῦ φάσκων, ὅτι δὴ ὁ εἰσαγαγὼν αὐτὸν εἰς δικαστήριον,
μαρτυρήσαντα ἰδὼν αὐτὸν κινηθεὶς ὡμολόγησεν εἶναι καὶ αὐτὸς ἑαυτὸν Χριστια-
νόν. Συναπήχθησαν οὖν ἄμφω, φησί, καὶ κατὰ τὴν ὁδὸν ἠξίωσεν ἀφεθῆναι
αὐτῷ ὑπὸ τοῦ Ἰακώβου. Ὁ δὲ ὀλίγον σκεψάμενος "Εἰρήνη σοι" εἶπε καὶ κατα-
εφίλησεν αὐτόν. Καὶ οὕτως ἀμφότεροι ὁμοῦ ἐκαρατομήθησαν.

2) Suidas s. v. Ἡρώδης (p. 483 Bekker): τὸν δὲ Ἰάκωβον ἰδὼν ἀπαγό-
μενον τὴν ἐπὶ θάνατον [ὁδὸν] ὁ κατήγορος αὐτοῦ καὶ μεταμεληθεὶς προσέπεσε
τοῖς ποσὶ τοῦ ἀποστόλου λέγων "Συγχώρησόν μοι, ἄνθρωπε τοῦ θεοῦ, ὅτι μεταμε-
μέλημαι ἐφ᾽ οἷς ἐλάλησα κατὰ σοῦ". Ὁ δὲ μακάριος παραυτίκα τοῦτον κατα-
φιλήσας εἶπεν αὐτῷ "Εἰρήνη σοι, τέκνον, εἰρήνη σοι καὶ συγχώρησις τοῦ πταίσ-
ματος". Ὁ δὲ μετὰ φωνῆς μεγάλης εὐθέως Χριστιανὸν ἑαυτὸν ἐπὶ πάντων
ἀνηγόρευσεν ὡς καὶ τὸ τοῦ μαρτυρίου βραβεῖον ἀπενέγκασθαι.

3) In cod. Guelferbyt. 48 (Wissenburg.) lauten die Anfangsworte '*Jacobus
frater Joannis apostoli et evangelistae etc.*' in Guelferb. 497 (Holmst.) noch
kürzer '*Jacobus apostolus etc.*'. Dies zur Ergänzung des I, 131 Anm. 1
Gesagten.

Jakobus besucht ganz Judäa und Samaria, predigt in den Synagogen und zeigt, dass die Weissagungen der Propheten in Jesu Christo erfüllt sind. Da geschieht, dass ein gewisser Magier Hermogenes seinen Schüler Philetus zu Jakobus sendet. Derselbe kommt mit einigen Pharisäern zu ihm und bestreitet, dass Jesus Christus Gottes Sohn sei [1]). Der Apostel aber widerlegt den Philetus so gründlich, dass dieser voll Bewunderung zu Hermogenes zurückkehrt, von den Wunderthaten und der Schriftweisheit des Jakobus erzählt und seinen Meister auffordert, mit ihm Vergebung von dem Apostel zu erbitten. Zornig bindet Hermogenes den Philetus mit magischen Fesseln und fügt hinzu: „Wir wollen sehen, ob dein Jakobus dich löst". Der Gefesselte meldet das Geschehene durch seinen Knaben dem Apostel; dieser sendet ihm sein Schweisstuch und sobald er dasselbe berührt, sind die Bande gelöst. Da sendet Hermogenes Dämonen ab, die den Jakobus und Philetus zu ihm bringen sollen. Heulend bitten diese den Apostel, ihrer zu schonen, da sie sonst verbrennen müssen, bekennen ihm den Zweck ihrer Sendung, und berichten, dass ein Engel des Herrn sie mit feurigen Ketten gebunden habe. Jakobus befreit sie und gebietet ihnen, den Hermogenes unverletzt aber gebunden herzubringen. Dies geschieht. Jakobus verweist dem Magier seine Thorheit, dass er mit bösen Geistern sich eingelassen, wehrt den Dämonen jedoch, ihre Wuth an ihm auszulassen. Auf seine Frage, warum sie den Philetus nicht festhalten, erwidern sie, dass sie über denselben keine Gewalt haben. Eingedenk des Gebotes Christi, Böses mit Gutem zu vergelten, muss darauf Philetus den Hermogenes lösen, worauf Jakobus den letzteren auffordert, frei zu gehn wohin er wolle, da die christliche Lehre nicht gestatte, jemand wider Willen zu bekehren. Auf Bitten des Hermogenes gibt er demselben zum Schutze wider die Dämonen seinen Reisestab. Alsbald packt Hermogenes mit seinen Schülern all seine Zauberbücher auf, bringt sie vor den Apostel und will sie verbrennen; aber auf dessen Geheiss wirft er sie mit Blei und Steinen beschwert ins Meer. Darauf wirft er sich dem Jakobus zu Füssen, bekennt seine Reue und erhält von diesem den Auftrag, in die Häuser der von ihm Verführten zu gehn, um sie zu Gott zurückzubringen, das Gegentheil von dem zu lehren, was er bisher ge-

---

1) '*Accidit autem ut quidam Hermogenes magus discipulum suum Philetum nomine mitteret ad eum. Qui cum venisset cum aliquibus Pharisaeis ad Jacobum, conatur asserere, quod non verus dei filius esset Jesus Christus etc.*'. So Nausea und die Handschriften. Der von Fabricius 517, 3 sqq. wiedergegebene Text des Lazius ist verderbt.

lehrt [1]), das bisher angebetete Idol und seine Orakel zu zerstören, das auf üble Weise erworbene Geld zu guten Zwecken zu verwenden, kurz in allen Stücken sich, wie vorher als einen Sohn des Teufels, so jetzt als ein Kind Gottes zu erweisen. Hermogenes leistet in allem, was der Apostel ihm geboten, Gehorsam und macht solche Fortschritte in der Gottesfurcht, dass durch ihn viele Wunder geschehn.

Als die Juden sehn, dass selbst der für unüberwindlich gehaltene Magier samt allen seinen Schülern und Freunden sich bekehrt hat, bestechen sie zwei Hauptleute in Jerusalem, Lysias und Theokrit (bei Nausea Theocristus), den Jakobus zu greifen. Als er ins Gefängnis geführt wird, entsteht ein Volksauflauf; die Pharisäer aber stellen ihn zur Rede, wie er Jesum den zwischen Räubern Gekreuzigten predigen könne? Da zeigt ihnen Jakobus in längerer Rede aus dem Alten Testament, dass Jesus der verheissene Abrahamssame ist, in welchem alle Völker des Erbes theilhaftig werden sollen, dass die Propheten seine Geburt, sein Leiden, Sterben und Auferstehen vorherverkündigt, und mahnt sie zur Busse, damit sie nicht dem ebenfalls geweissagten ewigen Feuer zur Beute fallen.

Eine grosse Menge Volks bekehrt sich auf diese Predigt und empfängt die Taufe. Da stiftet Abiathar, der Hohepriester jenes Jahres, durch Bestechung einen Aufruhr an. Einer der Schriftgelehrten der Pharisäer, Namens Josia, wirft dem Apostel einen Strick um den Hals und führt ihn zum Prätorium des Königs Herodes, des Sohnes des Archelaus und Enkels des Herodes, unter welchem Jesus geboren wurde, und jener befiehlt, nachdem er von der Sache Kenntnis genommen, ihn zu enthaupten. Auf dem Wege zur Richtstätte heilt Jakobus einen Paralytischen, der ihn um Hilfe fleht. Als dies Josias sieht, fällt er ihm zu Füssen, bittet ihn um Vergebung und bekennt auf Befragen seinen Glauben an den von den Juden gekreuzigten Jesus als den Sohn des lebendigen Gottes. Abiathar lässt den Schriftgelehrten greifen und droht ihm, wenn er den Jakobus nicht verlasse und den Namen Jesu nicht verfluche, ihn ebenfalls zu enthaupten. Zur Antwort flucht Josia dem Hohenpriester und segnet den Namen Jesu Christi. Von Zorn entbrannt, befiehlt Abiathar ihn mit Fäusten zu schlagen und erlangt von Herodes den Befehl, ihn zusammen mit Jakobus enthaupten zu lassen. Auf dem Wege zur Richtstätte bittet der Apostel den mit der Execution betrauten Speculator um Wasser. Man bringt ihm eine Flasche voll.

---

1) *'Doce hoc esse verum quod antea docebas esse falsum et hoc esse falsum quod modo docebas verum'.*

Da fragt er den Josias, ob er an den Namen Jesu Christi glaube, tauft ihn auf sein Bekenntnis hin, gibt ihm den Friedenskuss, legt ihm die Hand auf zum Segen und macht das Kreuzeszeichen über seine Stirn. Darauf bietet er dem Henker den Nacken zum Streiche dar. Nach ihm empfängt Josias die Palme des Martyriums.

Die Quelle, aus welcher die lateinische passio Jacobi geflossen ist, ist bisher noch nicht wieder aufgefunden. An ihrem katholischen Ursprung kann kein Zweifel bestehn, ebenso wenig daran, dass die vorliegende Geschichte keineswegs das Original der von Clemens berichteten ἱστορία, sondern eine jüngere Weiterbildung derselben ist. Herodes Agrippa heisst hier Sohn des Archelaos, während er bekanntlich ein Sohn des Aristobulos und der Berenike war; als Hohepriester „jenes Jahres" (vgl. Joh. 11, 49. 51. 18, 13) wird Abiathar genannt; dieser Name ist wohl aus Marc. 2, 26 entlehnt; zur Zeit des Herodes Agrippa begegnet uns kein Abiathar unter den Hohenpriestern. Eigne Erfindung des Legendenschreibers werden auch die Namen Lysias und Theokrit für die beiden Centurionen '*qui praeerant Hierosolymis*' und der Name Josias für den Mann sein, der den Apostel gebunden zur Richtstätte führt. Die Tradition bei Clemens kennt diesen Namen noch ebenso wenig wie der weit spätere Suidas. Die Legende bezeichnet denselben näher als '*unus ex scribis Pharisaeorum*', d. h. als γραμματεὺς τῶν φαρισαίων (vgl. Marc. 2, 16), während die ältere Tradition einfach einen Gerichtsdiener im Sinne hat. Weiterbildung ist auch die Motivirung seiner Bekehrung durch die Heilung eines Paralytischen durch den Apostel, während sich die ältere Tradition begnügt, jene Bekehrung einfach durch den Bekennermuth des Jakobus zu erklären.

Vorangeschickt wird der Geschichte des Martyriums des Apostels zunächst die Notiz, dass derselbe in ganz Judäa und Samarien Christum gepredigt habe, d. h. doch wol, wie Lazius den von ihm bearbeiteten Text richtig verstand, dass er bei der Aposteltheilung Judäa und Samaria als Missionsgebiet zugewiesen erhalten habe. Auch hierin zeigt sich nach dem oben S. 201 Bemerkten eine Weiterbildung der älteren Legende. Hieran reiht sich alsbald die Geschichte von der Bekehrung des Hermogenes und Philetos und von der Ueberwindung ihrer magischen Künste durch die Wundermacht des Apostels. Die Namen Hermogenes und Philetos sind aus 2 Tim. 1, 15. 2, 17 entlehnt; die Erzählung selbst ist eine gewöhnliche Zauberer- und Dämonengeschichte ohne jede Eigenthümlichkeit.

Ein besonderes Interesse beansprucht dagegen die längere Rede des Jakobus (= Fabricius 522, 1—527, 10), in welcher derselbe den Juden die Messianität Jesu aus dem Alten Testamente zu beweisen unternimmt. Dieselbe enthält eine Reihe von Citaten, welche nur zum Theil mit dem Texte der Vulgata übereinstimmen, zum Theil mehr oder minder stark von ihr abweichen. Wörtlich nach Vulgata sind citirt Gen. 21, 12 (= Fabricius 522, 8); ψ 2, 7 (= Fabricius 523, 13); ψ 22, 17 (= Fabricius 524, 2); ψ 69, 22 (= Fabricius 524, 5); ψ 16, 9 (= Fabricius 524, 8); ψ 12, 6 (= Fabricius 524, 12); ψ 110, 1 (= Fabricius 525, 7); Matth. 26, 66 (= Fabricius 526, 20). Jes. 7, 4 ist wörtlich nach Matth. 1, 23 Vulg. citirt (= Fabricius 523, 2). Kleinere Abweichungen von Vulg., die zum Theil wol erst von späterer Hand herrühren, finden sich ψ 89, 27 sq. (= Fabricius 523, 14): '*Ipse invocabit me, Pater meus es tu, et ego primogenitum ponam illum excelsum apud reges terrae*' [*prae regibus terrae* Vulg., aber wie Vulg. auch Nausea]; ψ 132, 11 (= Fabricius 523, 16) '*de fructu ventris tui ponam supra sedem meam*' [*super sedem tuam* Nausea mit Vulg.]; Jes. 53, 7 (= Fabricius 523, 19) nach Act. 8, 32 '*sicut* [*tanquam* Vulg.] *ovis ad occisionem ductus est*'; ψ 47, 6 (= Fabricius 525, 1) '*adscendit deus in iubilatione*' [*in iubilo* Vulg.]; ψ 50, 3 (= Fabricius 525, 10) '*Dominus* [*Deus* Nausea] *manifeste veniet, deus noster et non silebit. Ignis in conspectu eius ardescit* [*exardescet* Vulg. *ardebit* Nausea] *et in circuitu eius tempestas valida*'; ψ 62, 11 sq. (= Fabricius 525, 21) '*Semel loquutus est deus, duo haec audivi: quia potestas dei est et tibi domine misericordia, qui* [*quia tu* Nausea] *reddes unicuique secundum* [*iuxta* Vulg.] *opera sua* [*eorum* Nausea]'; ψ 106, 17 sq. (= Fabricius 527, 8) '*Aperta est* [Nausea addit *enim*] *terra et* [Nausea om. *et*] *deglutivit Dathan* [Nausea addit *et*], *operuit super synagogam* [*congregationem* Vulg.] *Abirom. Exarsit ignis in synagoga eorum et flamma consumpsit* [*combussit* Nausea mit Vulg.] *peccatores*'. Ferner aus dem N. T.: Eph. 4, 5 (= Fabricius 524, 14) '*Adscendit* [*adscendens* Nausea mit Vulg.] *in altum captivam duxit captivitatem*'. Joh. 9, 4 (= Fabricius 526, 8) '*neque hic peccavit neque parentes eius, sed ut manifestentur opera domini in eo*' [*dei in illo* Nausea cum Vulg.]. Der vorangehende Vers ist wörtlich, nur in indirecter Rede, wiedergegeben (= Fabricius 526, 6); dagegen wird der Inhalt von Vers 6 folgendermaassen referirt '*Lutum fecit de saliva sua et imposuit oculis*' [*sub loca oculorum* Nausea; *fecit lutum ex sputo et linivit lutum super oculos eius* Vulg.]. — Noch stärker weichen von Vulg. ab Gen. 22, 18 (= Fabricius 522, 3) '*quod in semine eius haereditarentur omnes gentes*' [*omnes gentes hae-*

r e d i t a r e n t Nausea]. Deut. 18, 15 (= Fabricius 522, 24) '*Suscitabit vobis dominus prophetam magnum, ipsum audictis tamquam me per omnia quae praeceperit vobis*' (auch Act. 3, 22; Vulg. weicht ab). Dan. 7, 13 (= Fabricius 523, 10) '*sicut filius hominis [s i c u t f l u v i u s* Nausea] *ita adveniet et ipse oblinebit principatus et potestates*' [*p r i n - c i p a t u m et p o t e s t a t e m* Nausea]. ψ 139, 18 (:= Fabricius 524, 11) '*Exsurgam adhuc, et tecum sum*'. 1. Sam. 2, 10 (= Fabricius 525, 4) '*Dominus adscendit in coelos et tonat*' [*a d s c e n d i t d o m i n u s s u - p e r c o e l o s et t o n a b i t* Nausea]. Jes. 26, 19 (= Fabricius 525, 17) '*Surgent mortui et resurgent qui in monumentis sunt*'. ψ 35, 12 (= Fabricius 526, 15) wo zu '*retribuebant [r e t r i b u e r u n t* Nausea] *mihi mala pro bonis*' die Worte '*et odium pro dilectione mea*' hinzugefügt sind. ψ 41, 10 (= Fabricius 526, 22) '*qui edebat panem meum* [Nausea add. *m e c u m*] *ampliavit adversus me supplantationem*' (auch von Joh. 13, 18 Vulg. abweichend). Die Stelle Sach. 9, 9 ist (= Fabricius 523, 9) stark abweichend citirt, überdies unter Ezechiels Namen: '*Veniet rex tuus Sion veniet humilis et restaurat*' [*u t r e s t a u r e t* Nausea]. Sehr frei nach Jes. 35, 5. 10. Sach. 9, 9 ist das angebliche Citat aus Jeremia (= Fabricius 523, 5): '*Ecce veniet redemptor tuus Hierusalem et hoc eius signum erit: Caecorum oculos aperiet, surdis reddit auditum* [*a u d i t u m r e d d e t* Nausea] *et voce sua excitabit mortuos*' [*m o r t u o s s u s c i t a b i t* Nausea] (vgl. Jes. 29, 18).

Die Textgestalt der Citate macht es nahezu gewis, dass die Rede des Jakobus aus einer früheren Zeit stammt als die hieronymianische Bibelübersetzung. Der Verfasser unsrer lateinischen passio hat den Text der Vulgata gekannt und benutzt; aber die Gestalt, in welcher die Citate ihm vorlagen, machte es ihm unmöglich, überall an die Vulgata sich anzuschliessen. Ob diese Abweichungen vom Vulgatentext auf eine vorhieronymianische Uebersetzung zurückgehn, oder wie wenigstens an einigen Stellen (vgl. 1 Sam. 2, 10. ψ 41, 10. 139, 18. Jes. 26, 19. Dan. 7, 13) sich nahelegt, durch directe Uebersetzung der Rede aus dem Griechischen sich erklären, muss bei den geringen Ueberresten der vorhieronymianischen Uebersetzungen des A. T. dahingestellt bleiben. Eine freie Wiedergabe des Bibeltextes lässt sich nur bei Sach. 9, 9, welche Stelle aber dem Ezechiel zugeschrieben wird, allenfalls noch bei ψ 35, 12 und bei der dem Jeremia zugeschriebenen Paraphrase von Jes. 35, 5 annehmen.

Ein vergleichungsweise hohes Alterthum unsrer Erzählung scheint sich schliesslich auch aus dem I n h a l t e der Rede des Jakobus zu ergeben. Denn derselbe weist uns in eine Zeit, in welcher theologische

Disputationen mit den Juden noch nichts Ungewöhnliches waren, und in welcher man noch über das dabei zur Verwendung kommende biblische Beweismaterial mit Geläufigkeit verfügte. Eine nähere Zeitbestimmung ist unmöglich. Wenn auch die jetzt vorliegende passio selbst nicht viel früher entstanden sein wird als die übrigen Stücke der Passionensammlung, so müssen wir doch für die Abfassung der bearbeiteten Quellenschrift den ganzen Zeitraum von Ende des 2. oder Anfang des 3. bis zu Ende des 4. Jahrhunderts offenlassen.

Die jüngere Tradition über Jakobus in der griechischen Kirche.

Grosse Verbreitung kann die in der passio Jacobi erzählte Legende im kirchlichen Alterthum nicht gefunden haben. Denn weder die verschiedenen Texte des Pseudo-Dorotheos, Pseudo-Hippolyt, Pseud-Epiphanios und Pseudo-Sophronios, noch die griechischen Menäen und Menologien, noch die lateinischen Apostelverzeichnisse, noch endlich die orientalischen (syrischen, koptischen, abyssinischen) Quellen verrathen irgend welche Kenntnis derselben. Nur die Nachricht, dass Jakobus auch ausserhalb Jerusalems gepredigt habe, findet sich auch anderwärts. So lässt Niketas David in seinem Enkomion auf den Apostel (bei Combefis Auctar. Noviss. I, 352) denselben ganz Judäa und Galiläa durchwandern und zuletzt nach Jerusalem zurückkehren. Die Recension A des Dorotheos, Pseudo-Epiphanios und Pseudo-Sophronios lassen den Zebedaiden Jakobus den „zwölf Stämmen in der Zerstreuung" das Evangelium verkündigen, und darnach von dem „Tetrarchen Herodes" in Judäa enthauptet, beziehungsweise daselbst begraben werden[1]). Die angebliche Predigt unter den 12 Stämmen der Diaspora,

---

1) **Dorotheos A** (cod. Vindob.): Ἰάκωβος υἱὸς Ζεβεδαίου ἁλιεὺς τὴν τέχνην ταῖς δώδεκα φυλαῖς ταῖς ἐν τῇ διασπορᾷ ἐκήρυξε τὸ εὐαγγέλιον τοῦ κυρίου Ἰησοῦ Χριστοῦ. ὑπὸ δὲ Ἡρώδου τοῦ τετράρχου τῶν Ἰουδαίων ἐν τῇ Ἰουδαίᾳ ἀνῃρέθη μαχαίρᾳ καὶ ἐκεῖ ἐτάφη. **Pseud-Epiphanios** (cod. Paris. 1115): Ἰάκωβος δὲ ὁ τοῦ Ζεβεδαίου, ἀδελφὸς δὲ Ἰωάννου τοῦ εὐαγγελιστοῦ ταῖς δώδεκα φυλαῖς τῆς διασπορᾶς ἐκήρυξε τὸ εὐαγγέλιον τοῦ Χριστοῦ. ὑπὸ δὲ Ἡρώδου τοῦ τετράρχου τῶν Ἰουδαίων ἀνῃρέθη μαχαίρᾳ καὶ ἐκεῖ ἐτάφη ἐν τῇ Ἰουδαίᾳ. **Sophronios**: Ἰάκωβος ὁ τοῦ Ζεβεδαίου ταῖς δώδεκα φυλαῖς ταῖς ἐν τῇ διασπορᾷ πᾶσιν ἐκήρυξε τὸ εὐαγγέλιον τοῦ κυρίου ἡμῶν Ἰησοῦ Χριστοῦ, ἀνῃρέθη δὲ μαχαίρᾳ ὑπὸ Ἡρώδου τετράρχου τῶν Ἰουδαίων. **Dorotheos-Hippolyt** bei Lagarde (hinter den Constt. App. p. 283): Ἰάκωβος ὁ τοῦ Ζεβεδαίου· οὗτος ταῖς ιβ´ φυλαῖς τοῦ Ἰσραὴλ ταῖς ἐν τῇ διασπορᾷ εὐαγγελιζόμενος τὸν Χριστόν, ἀναιρεῖται μαχαίρᾳ ὑπὸ Ἡρώδου τοῦ τετράρχου.

die auch anderwärts wiederkehrt [1]), beruht natürlich auf einer Verwechselung des Zebedaiden Jakobus mit dem wirklichen oder angeblichen Verfasser des kanonischen Briefes (Jac. 1, 1); das Prädicat „Tetrarch", welches dem Herodes (d. h: Herodes Agrippa) irrthümlich beigelegt wird, auf Verwechselung mit Herodes Antipas.

Die Todesstätte ist nicht genauer bezeichnet; das θάπτεται ἐκεῖ geht überhaupt auf Judäa zurück, wohin auch Pseudo-Hippolyt und die grossen griechischen Menäen die Grabstätte verlegen. Dagegen nennen die Recension B des Dorotheos, das Scholion bei Lagarde und das Menologium des Basilios Cäsarea in Palästina [2]), die beiden Dorotheostexte des cod. Matrit. 105 und vor den Drucken des Oikumenios dagegen eine Stadt der Marmarica als Todes- beziehungsweise Begräbnisstätte [3]). Der Text Pseudo-Hippolyts erwähnt ebenso wenig wie das Scholion bei Lagarde und die grossen griechischen Menäen zum 30. April die zwölf Stämme in der Zerstreuung; diese Zeugen halten also die älteste Ueberlieferung aufrecht, dass Jakobus die Gränzen Indiens nicht verlassen habe [4]). Cäsarea als Todes- oder Grabstätte

1) So bei Dorotheos B, den Texten des Cod. Matrit. und der anonymen Quelle vor den Werken des Oikumenios, in dem Dorotheostexte bei Lagarde und in dem Menologium Basilii.

2) Dorotheos B (bei Ducange): Ἰάκωβος δὲ ὁ τοῦ Ζεβεδαίου τὰς δώδεκα φυλὰς τοῦ Ἰσραὴλ μεθ᾽ ὧν [l. διελθὼν] εὐαγγελιζόμενος τὸν Χριστὸν ἀναιρεῖται μαχαίρᾳ ὑπὸ Ἡρώδου τοῦ τετράρχου ἐν Καισαρείᾳ τῆς Παλαιστίνης. Scholion bei Lagarde (hinter den Constt. App. p. 281): Ἰάκωβος ὁ τοῦ Ζεβεδαίου, ἀδελφὸς Ἰωάννου, ἐκήρυξεν ἐν Ἰουδαίᾳ τὸ εὐαγγέλιον, ἀνῃρέθη δὲ μαχαίρᾳ ὑπὸ Ἡρώδου τοῦ τετράρχου καὶ κεῖται ἐν Καισαρείᾳ. Menologium Basilii zum 15. November (I, 191 Albani; CXVII, 164 Migne): ὁ δὲ Ἰάκωβος ὑπολειφθεὶς εἰς τὰ Ἱεροσόλυμα καὶ τὰς δώδεκα φυλὰς τοῦ Ἰσραὴλ διελθὼν εὐαγγελιζόμενος τὸν κύριον ἡμῶν Ἰησοῦν Χριστόν, ἐκρατήθη παρὰ Ἡρώδου τοῦ τετράρχου ἐν Καισαρείᾳ τῆς Παλαιστίνης καὶ ὑπ᾽ αὐτοῦ σφαγεὶς ἐν μαχαίρᾳ ἀνέδραμε πρὸς οὐρανόν.

3) Cod. Matrit.: Ἰάκωβος ὁ τοῦ Ζεβεδαίου ταῖς δώδεκα φυλαῖς ταῖς ἐν τῇ διασπορᾷ ἐκήρυξε τὸ εὐαγγέλιον, ὑπὸ δὲ Ἡρώδου τοῦ τετράρχου ἀνῃρέθη μαχαίρᾳ. ἐκοιμήθη δὲ ἐν πόλει τῆς Μαρμαρικῆς. Wörtlich ebenso der Druck vor den Werken des Oikumenios, nur dass derselbe nach τετράρχου noch einschiebt τοῦ καὶ Ἀγρίππα.

4) Pseudo-Hippolyt: Ἰάκωβος ἀδελφὸς αὐτοῦ ἐν τῇ Ἰουδαίᾳ κηρύσσων ὑπὸ Ἡρώδου τοῦ τετράρχου ἀναιρεῖται μαχαίρᾳ καὶ θάπτεται ἐκεῖ. Die gedruckten Menäen zum 30. April (p. 125) schicken zuerst folgende Verse voraus:

ὡς ἀμνὸς Ἰάκωβος ἀχθεὶς ἐσφάγη
τῆς εὐσεβίας μυρηκίζων [μηρυκίζων] τοὺς λόγους.
κτείνε μάχαιρα φόνου Ἰάκωβον ἐν τριακοστῇ.

wird einfach aus Act. 12, 19 abstrahirt sein; dagegen ist der Ursprung der Nachricht ἐν πόλει τῇς Μαρμαρικῇς nicht so leicht ersichtlich. Die Nachricht, welche uns auch in lateinischen Quellen begegnet und in der spanischen Nationalsage eine eigenthümliche Verwendung gefunden hat, steht bei den Griechen vereinzelt und scheint auch der ägyptischen und abyssinischen Apostellegende unbekannt zu sein. Doch s. unten S. 214. Dagegen verdient es Beachtung, dass das Apostelverzeichnis des Logotheten den Jakobus Alphäi in Afrika predigen lässt [1]) und dass ebenso auch Niketas David (bei Combefis Auctar. Noviss. I, 377) denselben Jakobus Alphäi, den er noch von dem Bruder des Herrn unterscheidet, nach einer vorhergegangenen Missionswirksamkeit in Eleutheropolis, Gaza und Tyrus zuletzt nach Aegypten reisen und dort zu Ostrakine den Kreuzestod sterben lässt. Dasselbe berichtet der Dorotheostext B (bei Ducange) von Simon Judas: derselbe habe in Eleutheropolis, darnach von Gaza bis Aegypten gepredigt, und sei unter Trajan zu Ostrakine gekreuzigt worden. Ebenso lässt auch der Dorotheostext A (cod. Vindobon. und in der latein. Uebers. des Musculus) den Simon Judas, der hier noch bestimmter mit Simon Klopa dem zweiten Bischofe von Jerusalem nach Jakobus dem Adelphotheos identificirt wird, zu Ostrakine in Aegypten im 120. Lebensjahre unter Trajan den Kreuzestod leiden. Aehnliches erzählt endlich der Dorotheos-Hippolytostext bei Lagarde (hinter den Constt. App. p. 283) von Thaddäus-Lebbäus oder Judas, der nachdem er den Edessenern gepredigt, zu Ostrakine in Aegypten gekreuzigt und begraben worden sein soll. Nach Nordafrika schickt Dorotheos A auch den von Simon Judas noch unterschiedenen Simon Zelotes, welcher „ganz Mauretanien und das Land der Afrer" durchwandert und zuletzt in Britannien den Kreuzestod erlitten habe. S. oben S 147 flg. Die Marmarika, das Küstenland zwischen Aegypten und Kyrenaika, liegt

---

Es folgen die biblischen Nachrichten über Jakobus Zebedaei. Am Schlusse heisst es: τοῦτον τὸν μακάριον Ἰάκωβον μετὰ τὸ πάθος καὶ τὴν ἀνάληψιν τοῦ κυρίου ἡμῶν Ἰησοῦ Χριστοῦ μὴ φέρων ὁ Ἡρώδης παρρησιαζόμενον καὶ τὸ σωτήριον κήρυγμα καταγγέλλοντα, τὰς χεῖρας ἐπιβαλὼν ἀνεῖλε μαχαίρᾳ δεύτερον μετὰ Στέφανον μάρτυρα τῷ δεσπότῃ παραπέμψας Χριστῷ. Σύναξις zum 30. Juni: [codd. Paris. 1587. 1588]: Ἰάκωβος ἀπόστολος ὁ τοῦ Ζεβεδαίου ἐν πάσῃ τῇ Ἰουδαίᾳ τὸν Χριστὸν κηρύξας ὑπὸ Ἡρώδου τοῦ Ἀγρίππα διὰ τὸ εὐπαρρησίαστον αὐτὸς μαχαίρᾳ ἀναιρεῖται.

1) An achter Stelle heisst es hier: Ἰάκωβος Ἀλφαίου ἐν Ἰνδίᾳ τῆς Ἀφρικῆς λίθοις παρὰ Ἰουδαίων ἀνῃρέθη. Das hier unsinnige ἐν Ἰνδίᾳ ist offenbar durch Abschreiberversehn aus der vorangegangenen Notiz über Thomas wiederholt. Vielleicht hat bei Jakobus Alphäus ursprünglich gestanden ἐν πόλει τῆς Ἀφρικῆς.

allerdings von der im äussersten Nordosten Aegyptens gelegenen Stadt Ostrakine ziemlich weit entfernt; dennoch scheint sich die Vermuthung zu empfehlen, dass wir bei jener Angabe über die Todesstätte des Zebedaiden Jakobus eine einfache Verwechselung mit dem Alphaiden vor uns haben, wie der letztere ja andrerseits mit Simon Judas und dieser wieder mit Lebbäus oder Thaddäus verwechselt worden ist. Eine Verwechselung der beiden Apostel Jakobus scheint auch das Apostelverzeichnis des angeblichen Logotheten begangen zu haben, wenn nicht hier einfach eine Textverderbnis anzuerkennen ist [1]); und sicher beruht es auf einer Verwechselung ähnlicher Art, wenn gelegentlich der 30. April, der herkömmliche Gedächtnistag des Zebedaiden in der griechischen Kirche, vielmehr dem ἀδελφὸς τοῦ κυρίου zugewiesen, und dafür der 15. November dem Zebedaiden geweiht wird (so z. B. im Menologium Basilii I, 191 sq.; III, 77 sq. Albani; CXVII, 164; 419 sq. Migne). Der auf den 15. November folgende Tag (16. Nov.) ist aber bei den Griechen der Gedächtnistag des Matthäus, welcher in der Tradition der griechischen Kirche häufig als Bruder des Jakobus Alphäi bezeichnet wird (vgl. z. B. Menolog. Basil. I, 192 Albani).

Die koptischen und äthiopischen Acten des Jakobus.

Von den orientalischen Quellen der Jakobuslegende kommen die syrischen und armenischen nicht weiter in Betracht. Barhebräus hat in seinem dem Chronicon ecclesiasticum eingefügten Apostelverzeichnisse nur die Notiz, dass Jakobus der Sohn des Zebedäus in Jerusalem getödtet worden ist [2]). Im armenischen Kalendarium ist sein Gedächtnistag gemeinsam mit seinem Bruder Johannes der 28. December.

Dagegen findet sich bei den Kopten und Aethiopiern eine eigenthümliche Legende über Jakobus. Sein Gedächtnistag ist hier der 17. Pharmuthi (Bermuda) oder (äthiop.) Miyazia, d. h. der 12. April [3]).

---

1) Der Logothet nennt an vierter Stelle: Ἰάκωβος ὁ τοῦ Ἀλφαίου θεόλογος ξίφει ὑπὸ Ἡρώδου ἀνῃρέθη. Da Ἰωάννης ὁ θεόλογος unmittelbar vorhergeht, Jakobus Alphäi aber weiter unten noch einmal aufgeführt wird, so ist wol zu lesen Ἰάκωβος ὁ ἀδελφὸς τοῦ θεολόγου.

2) Chron. Eccl. ed. Abbeloos et Lamy I col. 33: 'Jacobus filius Zebedaei *occisus est in Jerusalem*'.

3) So auch, wie Wüstenfeld mir mittheilt, im arabischen Synaxarium. Daneben findet sich im äthiopischen Kalendarium der 5. Ginbot (30. April), der Gedächtnistag des Apostels in der griechischen Kirche.

14*

Die Bruchstücke der koptischen Codd., von denen Zoëga (catal. codd. copt.) uns Mittheilungen macht, zeigen jedenfalls, dass auch hier die koptische Legende wesentlich identisch mit der äthiopischen ist. Cod. 126 enthält f. IV den Schluss der Acten und der Predigt des Jakobus. Derselbe soll in verschiedenen Städten gepredigt und das Kirchenwesen geordnet haben. Cod. 127 enthält fol. VIII eine Geschichte, welche nach der Ueberschrift in Jerusalem spielt: Petrus und Jakobus heilen den Sohn des Präfecten Theophilus und bekehren ihn samt seinem ganzen Hause und einer grossen Volksmenge zum Glauben: darnach begründen sie das Kirchenwesen.

Hieran reiht sich sofort das Martyrium des Jakobus des Sohnes des Zebedäus: Jakobus predigt den 12 Stämmen, welche dem Herodes tributpflichtig waren, und von denen jeder seine eignen Idole verehrte. Er begründet ihnen eine Kirche, an welche sie den bisher an Herodes gezahlten Tribut abführen. Aus Zorn hierüber lässt Herodes den Jakobus mit dem Schwerte umbringen [1]).

Die äthiopischen Acten des Jakobus (bei Malan p. 172—181) erzählen dieselben Geschichten ausführlicher. Bei der Aposteltheilung erhält Jakobus das Loos, nach Lydia zu gehn. Petrus geleitet ihn, gemäss seinem Auftrage, alle seine Mitapostel nach ihrem Bestimmungsorte zu bringen. Auf dem Wege erscheint ihnen der Herr in Knabengestalt und spricht ihnen Muth ein. Als Christus wieder in den Himmel aufgenommen ist, setzen die Apostel getrost ihre Wanderung fort. Sie kommen zu einer Stadt und finden daselbst einen Blinden, dem Jakobus auf den Rath des Petrus sein Augenlicht zurückgibt. Ein Theil des Volkes wird durch das Wunder zum Glauben geführt; die Uebrigen halten die Apostel für Zauberer und führen sie vor die Richter (Präfecten) der Stadt. Als die Apostel sich als Diener des guten Gottes Jesus bekennen, befehlen die Richter, ihnen Stricke um den Hals zu

---

1) Cod. 126 f. IV: 'de actis et praedicatione S. Jacobi apostoli, qui in variis oppidis evangelium praedicasse proditur, ecclesiam aedificasse, episcopos presbyteros et diaconos constituisse'.

Cod. 127 f. VIII: 'De praedicatione et miraculis SS. apostolorum Hierosolymis. Petrus et Jacobus sanant filium Theophili praefecti et ad fidem convertunt Theophilum cum tota domo et magna hominum multitudine. Inde ecclesiam condunt. — Sequitur "Martyrium Jacobi filii Zebedaei die VII [l. XVII] Pharmuti". Jacobus evangelium praedicat XII tribubus dispersis quae tributum pendebant Herodi et quarum quaevis sua coluit idola. Condit iis ecclesiam in quam conferant tributa Herodi pendi solita et quod iratus Herodes Jacobum gladio percuti iubet'.

werfen und sie durch die Stadt zu schleifen. Aber den zur Ausführung
des Urtheils befohlenen Soldaten erstarren die Hände, sodass sie die-
selben nicht gebrauchen können. Die Apostel aber geben ihnen ihre
Gesundheit zurück. Die Soldaten bekehren sich, ebenso alle Bewohner
der Stadt, nur die Richter nicht. Einer der Richter aber, Namens
Theophilos, hatte einen Sohn, dessen Füsse durch Zauberkünste gelähmt
waren. Er lässt die Apostel vor sich führen und Jakobus heilt den
Knaben im Namen Jesu Christi. Der Richter läd sie darauf in sein
Haus zur Mahlzeit. Bei ihrem Eintritte fallen alle Götzenbilder zu
Boden und brechen in Stücke. Da bringen der Richter und sein Weib
den Aposteln viele Schätze, erhalten die Weisung, dieselben unter die
Armen und Waisen zu vertheilen und werden darauf mit ihrer ganzen
Hausgenossenschaft getauft. Die Apostel gehen darauf zur Stadt hinaus
und kommen an einen Ort, wo die Richter sich zu versammeln pflegen,
und predigen daselbst. Das Volk ist entzückt über die Süssigkeit ihrer
Rede, die Richter aber, als sie wahrnehmen, dass ihr Amtsgenosse
gläubig geworden ist, bekehren sich ebenfalls. Aehnliche Bekehrungen
gelingen den Aposteln in andern Städten. Ueberall setzen sie Priester
ein und überliefern die heiligen Mysterien. Jakobus wiederholt ihnen
Gesetz und Propheten, Petrus dolmetscht die Predigt seines Genossen
in der Landessprache.

Hieran reiht sich (p. 178 Malan) das Martyrium des Jakobus.
Der Apostel kommt zu den 12 Stämmen in der Zerstreuung und predigt
ihnen. Sie waren nicht alle Verehrer des Einen Gottes, sondern Viele
waren Götzendiener. Das Volk war dem König Herodes unterworfen,
dem es Tribut zahlen musste. Jakobus predigt ihnen allen in der
Landessprache, denn Gott hatte ihm die Gabe verliehn, nicht blos die
Sprache der Menschen, sondern auch der Hausthiere, der Vögel und des
Wildes zu verstehn. Seine Predigt hat grossen Erfolg. Ueberall baut
er Kirchen und gebietet den Getauften, von all ihren Früchten, Wein-
bergen und Vieh der Kirche die Erstlinge darzubringen. Herodes aber
ergrimmt darüber, dass der bisher an den Kaiser Nero und an ihn
selbst entrichtete Tribut fortan dem himmlischen Könige Jesus Christus
dargebracht werden soll, und lässt den Jakobus vorfordern. Dieser
kommt, und bekennt freudig seine Zuversicht auf den Herrn Christus, den
Gott der Christen und Herrn Himmels und der Erden, in dessen Hand
die Geister von Allen sind. Als Nero und Herodes dies hören, erheben sie sich zugleich und schlagen ihm das Haupt ab. Begraben aber
wird Jakobus „in Bagte und Marke".

Die beiden Stücke hängen unter einander nicht zusammen. Das

erste, die Predigt des Petrus und Jakobus in „Lydia", erinnert theilweise an gnostische Seeuerie, erklärt sich aber einfach aus Nachbildung ähnlicher Motive der älteren Apostellegenden. Unter „Lydia" kann Ludd, Diospolis in Palästina, gemeint sein; man hat dann nicht nöthig, gegen alle sonstige Tradition dem Apostel ein auswärtiges Missionsgebiet anweisen zu lassen. Das Fragment bei Zoëga betrachtet als Schauplatz der Thaten des Jakobus Jerusalem.

Das Martyrium zeigt seine Abhängigkeit von der sonstigen seit Anfang des 5. Jahrh. bezeugten Legende schon darin, dass es den Jakobus zu den 12 Stämmen in der Zerstreuung reisen lässt. Freilich hat der Kopte von diesen nichtpalästinischen Juden eine sonderbare Vorstellung, wenn er sie auch nur theilweise zu Götzendienern macht. Die Motivirung des Märtyrertodes durch den dem König Herodes entzogenen Tribut ist vielleicht aus Act. 12, 20 abstrahirt; doch lag der Gedanke, dass die Uebertragung des den weltlichen Herrschern entrichteten Zinses auf die Kirche den Zorn derselben erweckt habe, einem Legendenschreiber des 5. oder 6. Jahrh. auch sonst nahe genug. Die ungeschickte Einflechtung des Nero, welcher gemeinsam mit Herodes auf den Apostel einhaut, kommt, wie wol eine Vergleichung mit dem Fragmente bei Zoëga zeigt, erst auf Rechnung des Aethiopiers. Was mit „Bagte' und Marke" gemeint ist, woselbst Jakobus begraben liegen soll, kann ich nicht sagen. Sollte hinter Marke vielleicht die Marmarika stecken?

Die Tradition der lateinischen Kirche.
Jakobus in Spanien.

Unter den lateinischen Quellen [1]) steht obenan das Breviarium Apostolorum. Dasselbe lässt Jakobus den Zebedaiden und

---

1) Breviarium apostolorum (codd. Paris. lat. 2136. 12604. S. Genovef. Paris. II. 1. 10): 'Jacobus qui interpretatur supplantatus filius Zebedaei frater Johannis. Hic Spaniae et occidentalia loca praedicat et sub Herode gladio caesus occubuit sepultusque est in Achaiam marmarica VIII. kal. Augusti'. Fast ebenso der dem Martyrologium Hieronymianum vorangeschickte Text des codex Autissiodorensis bei Martène und Durand Thesaurus Nov. anecdot. T. III p. 1549 sq. Derselbe liest jedoch 'Jacob' — 'supp'antator' und 'Acaia'. Der Text des Martyrol. Gellonense (bei d'Achery Spicileg. T. II p. 25 ed. Paris. 1723) ebenso, aber 'hic Spaniae et occidentalia loca praedicator' und 'in Achaia Marmarica'. Fast ebenso der cod. Wissemburg. (Blumianus) bei Florentini hinter dem Martyr. Hieronym. p. 1057 (doch 'Spaniam — praedicatur — Achaiam marmaricam'). Der erweiterte Text des Breviarium (cod.

Bruder des Johannes in Spanien und in den abendländischen Gegenden predigen, unter Herodes enthauptet und '*in Acaia* (oder *Achaia) marmarica*' VIII kal. Augusti begraben werden. Wesentlich derselbe Text begegnet uns in der dem I s i d o r v o n S e v i l l a zugeschriebenen Schrift 'de vita et obitu sanctorum' und bei F r e c u l f i m C h r o n i k o n ¹). Die dem Breviarium eigenthümliche Deutung des Namens Jakobus '*supplantatus*' oder '*supplantator*' fehlt; dagegen bezeichnen beide den Herodes mit den griechischen Dorotheostexten als '*tetrarcha*' und Freculf fügt mit denselben Texten noch weiter hinzu, dass Jakobus den 12 Stämmen in der Zerstreuung geschrieben habe. Die Bezeichnung der Grabstätte ist vielfach verderbt. In dem gedruckten Texte Isidors bei Grynäus lautet sie '*in Azimarmaria*', handschriftlich ist '*Carmarica*', '*Marmarica*', '*arce marmaria*' überliefert (letzteres liest der Codex 117 des Antwerpener Jesuitenmuseums, vgl. Acta SS. Julii T. VI p. 83). Freculf hat '*inter marmaricam*'. Der l a t e r c u l u s in cod. Paris. lat. 9562 schreibt '*Jacobus Zebedaei in arce marematica*'. Die ursprüngliche Lesart wird '*in arce Marmarica*' sein (s. oben I, 211 Anm. 1). Der laterculus ist sicher aus einer griechischen Quelle geflossen (s. oben I, 215); aber auch das Breviarium wird, obwol es in der gegenwärtigen Gestalt abendländischen Ursprungs ist, eine griechische Quelle benutzt haben. Der lateinische Ausdruck für die Todesstätte des Jakobus '*in arce Marmarica*' ist aus ἐν πόλει τῆς Μαρμαρικῆς hervorgegangen.

Eigenthümlich dagegen ist den angeführten lateinischen Texten die Notiz, dass Jakobus der Zebedaide i n S p a n i e n und in den abendländischen Gegenden gepredigt haben soll. Dieselbe findet sich ausser im Breviarium und bei dem angeblichen Isidor auch noch in den versus memoriales des cod. Paris. lat. 8069, wo es von Jakobus heisst '*Jaco-*

Paris. lat. 2543) schreibt '*supplantator — praedicator Hispaniae et occidentalibus locis, sub Nerone gladio caesus est et occubuit sepultusque in Achaiam maritimam*' etc.

I s i d o r u s de vita et obitu sanctorum (in den Basler Orthodoxographa II, 597): '*Jacobus filius Zebedaei frater Joannis quartus in ordine. Hispaniae et occidentalibus locis evangelium praedicavit et in occasum mundi lucem praedicationis infudit. Hic ab Herode tetrarcha gladio caesus occubuit sepultus in Azimarmaria [arce marmaria]*'.

F r e c u l f u s chronic. II, 2, 4 fast wörtlich ebenso, nur schiebt er hinter *ordine* ein '*XII tribubus quae sunt in dispersione gentium scripsit idque*' und liest dann '*occidentalium locorum — occisus — intra marmaricam*'.

1) Der Gedächtnistag des Zebedaiden Jakobus in der lateinischen Kirche ist ganz allgemein der 25. Juli (VIII kal. August.). So schon das Sacramentarium Gregorii (Muratorii Liturg. Rom. vet. II, 327).

bus ispaniis', sowie in der den vitis apostolorum bei Pseudo-Isidor angehängten Recapitulation (*'Jacobus Hispaniam'* s. oben I, 214), welche wörtlich wiederkehrt in der Schrift des spanischen Presbyter Beatus (8. Jahrh.) in exposit. apocalyps. lib. II (citirt in den Actis SS. Julii Tom. VI p. 89). Ferner bei Braulio, einem Schüler Isidors von Sevilla, in einem (allerdings angezweifelten) Sermo de laudibus S. Isidori, in welchem er seinen Lehrer als einen Nachfolger des Jakobus im Lehramte bezeichnet [1]) und in einem anderweiten Verzeichnisse der Missionsgebiete der Apostel bei Julian Bischof von Toledo (Ende des 7. Jahrh.), in dessen Commentarius ad prophetam Nahum (Bibl. Patr. Max. XII, 643 sq.)[2]).

Die ältere spanische Legende. Paulus und Jakobus.

Die Tradition von der spanischen Predigt des Jakobus geht hiernach sicher bis ins 7. Jahrhundert zurück (so auch Hausrath, in Schenkels Bibellexikon III, 177). Man wird nicht fehlgreifen, wenn man den Ursprung derselben nirgends anderswo sucht als in Spanien selbst und ihren Entstehungsgrund in dem Bestreben der altspanischen Kirche findet, an der Stelle des Apostels Paulus, in Betreff dessen ihr von Rom aus Concurrenz bereitet worden war, auf einen anderweiten apostolischen Stifter zurückzugreifen (Hausrath a. a. O.). Es ist auffällig, dass trotz der auf Grund von Röm. 15, 24 seit Clemens Romanus und dem muratorischen Fragmente bei Griechen und Lateinern allgemein verbreiteten Annahme von der spanischen Predigt des Paulus doch die eigne Tradition der spanischen Kirche sogut wie völlig davon schweigt. Selbst die mozarabische Liturgie erwähnt im Officium der beiden Apostel Petrus und Paulus die Reise des letzteren nach Spanien mit keiner Silbe [3]). Nur sehr späte Localtraditionen der Kirchen von Astigi (Ecija),

---

1) Acta SS. l. c. p. 85 sq.: *'Nam sicut Gregorius doctor Romae successit Petro, ita beatus Isidorus in Hispaniarum partibus doctrina Jacobo successit apostolo'*.

2) *'Isti ergo pedes domini fuerunt, qui eum praedicando per universum mundum detulerunt: Petrus enim eum Romae, Andreas Achaiam, Joannes Asiam, Philippus Galliam, Bartholomaeus Parthiam, Simon Aegyptum, Jacobus Hispaniam, Thomas Indiam, Matthaeus Aethiopiam, Judas Thaddaeus eum rettulit Mesopotamiam, Jacobus Alphaei eum retinuit Hierosolymam.*
Quisque sua sorte Christum sparsit sine sorde;
per Paulum vero toto dispergitur orbe'.

3) Nur in dem (jüngeren) Breviarium von Toledo lesen wir zum 30. Juni, dass Paulus anfangend von Jerusalem bis nach Illyricum, Italien und Spanien vorgedrungen sei. Vgl. Gams, Kirchengeschichte von Spanien I, 47.

Laminium, beziehungsweise Libisosa (Lezuza), und Dertosa (Tortosa) wissen von einer Missionswirksamkeit des Paulus daselbst zu erzählen[1]). Sieht man ab von handgreiflichen Fälschungen, wie dem Chronicon des Pseudo-Dexter und dem phantasievollen Martyrologium des Tamayo de Salazar (zum 30. Juni), welche diese Traditionen wiederholen und weiter ausschmücken[2]), so bietet nur die Localsage von Laminium und Libisosa einen gewissen chronologischen Anhalt. Die dort localisirte Legende von der Bekehrung der vornehmen Matrone Xanthippe und ihres Gatten Probus begegnet uns zuerst bei späteren griechischen Schriftstellern, in der dem Symeon Metaphrastes zugeschriebenen vita Petri et Pauli (Acta SS. Jun. Tom. V p. 416 sqq.), im Menologium des Basilios zum 23. September (I, 69 Albani) und bei Michael Glykas (p. 441 ed. Bonn.)[3]). Mögen die Angaben dieser späteren Byzantiner auch auf eine ältere griechische Quelle zurückgehn, so wird die Bekanntschaft der spanischen Christen mit jenen Legenden sicher erst durch den einen oder andern der genannten Schriftsteller, sei es nun direct oder indirect vermittelt sein, also keinesfalls höher als bis ins 10. Jahrh. hinaufreichen, wenn sie nicht gar noch um Jahrhunderte jünger ist. Die römische Kirche scheint ein Interesse daran gehabt zu haben, selbst die spanische Mission des Paulus zu bestreiten. Wenigstens stellt schon Innocentius I. in dem Briefe an Decentius (ep. 25 bei Constant I col. 856) es ausdrücklich in Abrede, dass in Italien, Gallien, Spanien, Africa und Sicilien, sowie auf den dazwischenliegenden Inseln irgend ein Andrer ausser den von dem Apostel Petrus und seinen Nachfolgern abgesendeten Priestern Kirchen gegründet habe[4]) und ein von Gratian angeführtes Bruchstück aus den Acten des zweiten unter Gelasius I. abgehaltenen römischen Conciles erklärt bestimmt, dass der Apostel Paulus die von ihm beabsichtigte spanische Reise nicht habe ausführen können[5]). Zwar Gregor der Grosse lässt in seinen Moralien diese Reise

---

1) Gams, a. a. O. I, 65 ff.
2) Gams, a. a. O. 68 ff. 73.
3) S. m. Petrussage S. 162.
4) *'Cum sit manifestum in omnem Italiam, Gallias, Hispanias, Africam atque Siciliam et insulas interiacentes, nullum instituisse ecclesias nisi eos quos venerabilis apostolus Petrus aut eius successores cons'ituerunt sacerdotes'*.
5) Gratian. Decret. Causa 22 quaest. 2 cap. 5 (auch bei Migne Patr. lat. LIX, 154): *'B. Paulus non ideo quod absit fefellisse credendus est aut sibi extitisse contrarius, quoniam cum ad Hispanos se promisisset iturum, dispositione divina maioribus occupatus ex causis implere non potuit quod promisit'*.

als geschichtliche Thatsache gelten[1]), und ebenso wird ihrer von dem angeblichen Isidor in der Schrift 'de vita et obitu sanctorum' gedacht[2]). Aber in dem Breviarium apostolorum, in dem laterculus apostolorum, im Martyrologium Hieronymianum und in den späteren lateinischen Martyrologien fehlt jede Spur davon; nur Ado, der in seinem Martyrologium ebenfalls darüber schweigt, erwähnt die spanische Reise des Paulus in seiner Weltchronik mit einem schüchternen 'creditur'[3]).

Es ist schwerlich ein Zufall, dass uns die ersten sichern Spuren der spanischen Jakobuslegende um dieselbe Zeit begegnen, wo die Ueberlieferung von der spanischen Predigt des Paulus zurückgedrängt wird. Dieselben Quellen, welche uns die Kunde der ersteren vermitteln, gehen über die letztere mit bedeutungsvollem Stillschweigen hinweg: der angebliche Isidor ist der Einzige, bei welchem beide Nachrichten sich finden. Die mozarabische Liturgie, die für das Gedächtnis der spanischen Reise des Paulus kein Wort findet, enthält im Officium zum Feste des h. Jakobus folgende Verse:

Magni deinde filii tonitrui
Adepti fulgent prece matris inclytae
Utrique vitae culminis insignia
Regens Joannes dextra solus Asiam
Et laeva frater positus Hispaniam.

Ebendaselbst heisst es im Responsorium: '*Adest nobis valde lactabunda dies praecellentissimi Jacobi apostoli, per cuius saluberrimam praedicationem totius plebs Hispaniae suum coepit cognoscere redemptorem*' (Acta SS. l. c. p. 81). Bei den vielen Umgestaltungen, welche diese in ihrem Kerne uralte Liturgie im Laufe der Jahrhunderte erfahren hat, ist das Alter dieser Stücke nicht mehr mit Sicherheit zu bestimmen. Doch werden wir nach dem Obigen annehmen dürfen, dass sie jedenfalls nicht vor den Zeiten Isidors von Sevilla († 636), auf den man, wenn auch nicht die Abfassung der Liturgie, so doch deren

---

1) Lib. XXXI am Schlusse: '*ecce enim quem ad testimonium iam saepe adduximus, Paulus cum nunc Judaeam, nunc Corinthum, nunc Ephesum, nunc Romam, nunc Hispanias peteret . . . quid se aliud quam esse aquilum demonstrabat*'.

2) In den Basler Orthodoxographis I 597: '*Incipiens — ab Hierosolymis usque ad Illyricum et Italiam Hispaniasque processit*'.

3) Chronicon aet. 6—59: '*Quo tempore creditur Paulus ad Hispanias pervenisse, et Arelatae Trophymum, Viennae Crescentem discipulos suos ad praedicandum reliquisse*'.

durchgreifende Umgestaltung zurückzuführen hat, in dieselbe Aufnahme gefunden haben.

Dass die Spanier, nachdem Paulus für Rom ausschliesslich in Anspruch genommen war, sich grade den Zebedaiden Jakobus zum Apostel erwählt haben, liegt wol einfach in dem Umstande, dass dieser Jünger Jesu der einzige war, den noch keine andre Landeskirche für sich in Beschlag genommen hatte.

Dennoch hat auch die spanische Jakobuslegende ihre Wechselfälle erlebt. Im Laufe der Jahrhunderte wird auch sie wieder zurückgedrängt, um dann von Neuem wiederaufzuleben, freilich in einer Gestalt, welche den Ansprüchen Roms, die Mutterkirche der Spanier zu sein, nicht mehr störend im Wege stand.

Die Legende von den sieben Apostelschülern.

Etwa ein Jahrhundert nach der Zeit, da die Legende von dem spanischen Apostolate des Jakobus sich verbreitet hatte, taucht eine dritte Tradition über die Christianisirung von Spanien auf, die nicht mehr von unmittelbarer, sondern nur noch von mittelbarer apostolischer Stiftung weiss. Das etwa um die Mitte des 8. Jahrh. entstandene kleine römische Martyrologium, welches dem Ado zur Hauptquelle diente (vor der Ausgabe des Ado von Rosweyde, Antwerpen 1613), führt zum 15. Mai die Namen von sieben Männern Torquatus, Ctesiphon, Secundus, Indalecius, Caecilius, Esicius, Euphrasius auf, welche zu Rom von den Aposteln ordinirt worden seien [1]. Die jüngeren Martyrologien wissen weiter zu berichten, dass jene Siebenmänner von den Aposteln nach Spanien geschickt worden seien, um dort das Evangelium zu verkündigen und zählen zugleich die sieben spanischen Städte auf, in denen die Leiber dieser „heiligen Confessoren" bestattet liegen [2]. Das Officium

---

1) Martyrol. Rom. parvum zum 15. Mai: *'Torquati Ctesiphontis Secundi Indalecii Caecilii Esicii Euphrasii qui Romae ab apostolis ordinati sunt'*.

2) Ado zum 15. Mai: *'Natale Sanctorum confessorum Torquati Ctesiphontis Secundi Indaletii Caecilii Esitii Euphrasii. Qui Romae a sanctis apostolis episcopi ordinati et ad praedicandum verbum dei ad Hispanos tunc adhuc gentili errore implicatos directi sunt. — Post hoc diversis urbibus evangelizantes et innumeras multitudines Christi fidei subiugantes, ... Torquatus Acci, Ctesiphon Vergii, Secundus Abulae, Indalecius Urci, Caecilius Eliberri, Esitius Cartesae [Carcerae], Euphrasius Eliturgi quieverunt'*. Fast wörtlich ebenso das Martyrologium des Usuard und das Martyrol. Romanum des Baronius.

der sieben heiligen Apostelschüler in der mozarabischen (gothischen) Liturgie zum 15. Mai nennt dieselben an erster Stelle unter den Lehrern des Glaubens in Spanien und berichtet zugleich in Kürze die Legende der Heiligen. Von den Aposteln nach Spanien geschickt, um hier den katholischen Glauben zu pflanzen, kommen sie nach Acci (Cadix). Als hier die Heiden sie verfolgen, stürzt die Brücke ein und rettet die Gläubigen, während die Verfolger in den Wellen versinken. Der Festhymnus '*Urbis Romuleae*', der zur Vesper gesungen wird, erzählt dieselbe Legende noch in weiterer Ausführung und beruft sich dafür auf eine '*prisca relatio*'[1]. Auf Grund dieser Legende gilt Acci als ältester Bischofssitz in Spanien, und die Kirche von Cadix führt den Ehrennamen „die heilige und apostolische"[2].

Die Tendenz, welcher die Tradition von den Siebenmännern als ersten Missionaren Spaniens ihren Ursprung verdankt, ist durchsichtig genug. Da die spanische Kirche wie alle übrigen Kirchen des Abendlandes von der Mutterkirche zu Rom aus gestiftet worden sein soll, so darf kein Apostel dem Petrus und Paulus in Spanien Concurrenz bereiten, sondern die beiden Apostelfürsten müssen selbst, und müssen in Rom die ersten Bischöfe für Spanien ordinirt und nach ihren Bestimmungsorten abgesandt haben.

Die Legende von Compostella.

Es ist eine merkwürdige Thatsache, dass die Localtradition, welche die Legende der sieben Männer so ausgiebig verwerthet hat, sich über die spanische Predigt des Jakobus so schweigsam verhält[3]. Die Sage von einer Wirksamkeit des Apostels zu Saragossa steht ganz vereinzelt da, und ist überdies so spät bezeugt, dass sie für die Geschichte der spanischen Nationalsage zunächst völlig ausser Betracht bleiben muss[4].

---

1) G a m s a. a. O. S. 103 ff. 114 ff.

2) G a m s a. a. O. S. 142.

3) Wenn nach einer gelegentlichen Notiz Tarraco, Valencia, aber auch Baetica, Lusitanien, Galicien den Ort der Landung des Apostels bei seiner Reise nach Spanien für sich beanspruchen sollen, so wird doch nichts Näheres über seine Predigt in jenen Gegenden erzählt, und auch zur Bestimmung des Alters jener „Traditionen" fehlt jede Handhabe. Vgl. Acta SS. l. c. p. 93.

4) Vgl. Acta SS. l. c. p. 114 sqq. Die Sage knüpft sich an die Kirche Sancta Maria de Columna (del Pilar) in Saragossa. Maria erscheint dem Jakobus des Nachts auf einer Säule sitzend: da baut ihr der Apostel daselbst eine Kapelle und setzt ihr Bild auf die Säule. Die Sage ist sicher für das Jahr 1299 bezeugt, kann aber immerhin bis ins 12. Jahrh. zurückgehn.

Auch die wenigen Spuren von Kirchengründungen zu Ehren des h. Jakobus aus der Zeit des Bischofs Odoarius von Lugo († 786) beweisen im besten Falle nur, dass das Andenken an den Apostel Spaniens auch damals noch nicht völlig erloschen war [1]). Da taucht plötzlich unter der Regierung Alfons des Keuschen von Asturien und Leon die Kunde auf, dass der Leichnam des seligen Apostels Jakobus unweit von Iria in Galicien durch den Bischof Theodemir wieder-aufgefunden sei. Der Stiftungsbrief des Königs, welcher von dem wunder-baren Ereignisse Kunde gibt und dem h. Jakobus sowie dem Bischof Theo-demir ein Landgebiet von 3 Miglien im Umkreise der Tumba des seligen Apostel widmet, ist vom 4. September des Jahres 867 der spanischen Aera, 829 u. Z. datirt. Der König meldet darin ferner, dass er auf die Kunde von der Auffindung des h. Leibes mit seinen Grossen herbeigeeilt sei, um den kostbaren Schatz zu begrüssen und den Apostel als **Patron und Herrn von ganz Spanien** zu verehren. Auch habe er zu seiner Ehre eine Kirche gebaut und den Bischofsitz von Iria nach der heiligen Stätte übertragen [2]). Der Ort erhielt nachmals den Namen Compostella, d. h. nach der immerhin wahrscheinlichsten Deutung eine Verkürzung aus Giacomo Postolo, noch volltönender San Jago di Compostella. Eine angeb-liche Bulle Papst Leo's III. († 816), welche bereits die Legende von der Translation des Leichnams von Joppe nach Galicien und die wunder-baren Umstände der Auffindung erzählt, ist zuverlässig unächt [3]). Den-noch begegnet uns sehr bald nach der Auffindung bei Walafried Strabo († 849), wenn anders das ihm zugeschriebene Gedicht wirklich von ihm herrührt [4]), sowie bei Ado im libellus de festivitatibus aposto-

---

1) Gams a. a. O. II, 2, S. 365 flg.
2) España sagrada T. XIX, Appendice 1, darnach in den Actis SS. l. c. p. 17 und Gams II, 2, S. 365 f.
3) Acta SS. p. 13 sq. Gams a. a. O. S. 366 f.
4) Das auch dem Alkuin zugeschriebene Gedicht, welches bereits der Wunder an des Apostels Grabe gedenkt, ist zuerst von Canisius Antiq. Lect. T. VI p. 661, darnach in den Actis SS. l. c. p. 33 sq. mitgetheilt:

Hic quoque Jacobus, cretus genitore vetusto
Delubrum sancto defendit tegmine celsum,
Qui clamante pio ponti de margine Christo,
Linquebat proprium panda cum puppe parentem;
Primitus Hispanas convertit dogmate gentes,
Barbara divinis convertens agmina dictis,
Qui priscos dudum ritus et lurida fana
Daemonis horrendi decepta fraude colebant.

lorum [1]), welchen Usuard und Notker in den Martyrologien wörtlich
folgen, die Sage von der Translation des Leibes des Apostels von
Palästina nach Spanien. Dieselbe Legende wird in dem angeblichen
Briefe Alfons III. an den Klerus von Tours (906) erwähnt: wie viele
wahrhafte Geschichten ('*multae veridicae historiae*') berichten, sei der
Leib des zu Jerusalem von Herodes enthaupteten Apostels zu Schiff
('*per ratem*') nach der Küste von Galicien geführt, und unweit Iria bestattet worden [2]). In ihrer ausgebildetsten Gestalt lesen wir die Legende
in der 'historia Compostellana', welche in der ersten Hälfte des 12. Jahrhunderts auf Veranlassung des Erzbischofs Didacus von Compostella
abgefasst ist (bei Migne Patr. lat. CLXX vgl. Acta SS. l. c. p. 16). Geheimnisvolle Lichter, die Nachts in einem Gehölz bei Iria wahrge-
nommen werden, zeigen den Weg zum Grabe des Apostels. Bischof
Theodemir geht ihnen nach und entdeckt in einem marmornen „Gewölbe"
('*sub marmoreis arcubus*') den heiligen Leichnam. Das „marmorne Gewölbe" erklärt sich einfach aus Misverständnis der Notiz des Breviarium
apostolorum und Pseudo-Isidors, der Leichnam des Apostels sei '*in arce
Marmarica*' bestattet worden. Daraus hat man '*in arca marmarica*',
wie das Breviarium Toletanum in der sechsten Lection zum Jakobusfeste
liest (Acta SS. l. c. p. 14) '*in archis marmaricis*', wie der angebliche
Brief Alfons III. an den Klerus von Tours berichtet (Acta SS. l. c. p. 18),
oder '*in (sub) arcubus marmoricis (marmorcis)*' gemacht. Nach einer
anderweiten Deutung wäre der Leichnam in einem marmornen Schiffe (!)
nach Spanien gefahren worden.

Ueber diese Translation berichtet die Geschichte von Compostella unter Berufung auf die angebliche Bulle Leo's III. Nach der
Hinrichtung des Jakobus durch Herodes hätten die Juden Kopf und

Plurima hic patravit signa stupenda,
Quae nunc in chartis scribuntur rite quadratis.
Hunc trux Herodes regni tetrarcha tyrannus
. *Percussum machera crudeli morte necavit;*
Quem pater excelsus qui sanctos iure triumphat
Vexit ad aethereas meritis fulgentibus arces.

1) p. 38 ed. Rosweyd. (Antwerp. 1613): '*VIII kalendas Augusti natalis
beati Jacobi apostoli fratris Joannis evangelistae, qui decollatus est ab Herode rege Jerosolymis, ut liber actuum apostolorum docet. Huius beatissimi
apostoli sacra ossa ad Hispanias translata, et in ultimis earum finibus, videlicet contra mare Britannicum condita, celeberrima illarum gentium veneratione excoluntur*'.

2) Acta SS. l. c. p. 18. Gams II, 2, 378 ff.

Rumpf zur Stadt hinausgeworfen, zum Raube der Hunde, Vögel und Raubthiere. Aber die Schüler des Apostels, getreu der Weisung, die er ihnen noch bei Lebzeiten gegeben, heben bei nächtlicher Weile die heiligen Ueberreste auf und bringen sie zum Meeresstrand. Ein von Gott gesandtes Schiff nimmt sie auf, und führt sie nach glücklicher Fahrt zum Hafen von Iria [1]). Dort bringen sie den heil. Leichnam ans Land und tragen ihn zu einem Orte Namens *Liberum Donum* (angeblich der frühere Name von Compostella), wo sie denselben *sub marmoreis arcubus* bestatten. An derselben Stelle habe Bischof Theodemir den Leib des Apostels nach längerer Verborgenheit wieder entdeckt.

In der mehrgedachten Bulle ist die der Abdiassammlung einverleibte passio Jacobi benutzt. Diese Bulle erzählt, dass Jakobus unter dem Hohenpriester Abiathar zu Jerusalem gefangen gesetzt und auf Befehl des Herodes zugleich mit seinem Schüler Josias enthauptet worden sei. Als Ort der Einschiffung des heil. Leichnams wird Joppe bezeichnet; von den Schülern des Apostels sollen zwei, Theodor und Athanasius, an der Stätte des Grabes verblieben, die übrigen wieder zurückgekehrt sein (Acta SS. l. c. p. 14).

Wieder anders lautet die Erzählung, welche der Cölestinermönch Johannes a Bosco aus einer Handschrift der Bibliothek von Fleury veröffentlicht, und Surius in den Acten zum 25. Juli wiederabgedruckt hat. Dieselbe berichtet zunächst die in der passio Jacobi enthaltene Geschichte von der Bekehrung des Hermogenes und Philetus, von der Gefangennahme des Apostels, seiner Verurtheilung durch Herodes, der richtig ein Sohn des Aristobulus heisst, der Heilung des Paralytischen, der Bekehrung des 'scriba', welcher ihn zur Hinrichtung abführt und der Enthauptung des Jakobus. Der Leichnam wird von Hermogenes, Philetus und andern Schülern aufgehoben und auf ein Schiff gebracht. Dort schlafen die Schüler des Apostels ein und erwachen am folgenden Morgen an der Küste von Spanien. Der Leichnam wird gelandet, auf einen Stein gelegt, der alsbald sich biegt und denselben völlig umschliesst. Hieran reiht sich eine weitere Legende von der Lupa, einer vornehmen und gewaltthätigen Frau, welche zuerst die Bestattung der Reliquien hindern will und die Jünger des Apostels aufs Grausamste verfolgt, zuletzt aber durch allerlei Wunder zum Glauben geführt wird, ihr Schloss in eine Kirche verwandelt und den Leichnam daselbst be-

---

1) Nach einem andern Berichte wäre der Kahn (*ratis*) mit dem heiligen Leichnam ohne Segel und Ruder durch Gottes Hand in einer halben Stunde von Joppe nach der spanischen Küste geführt worden. Gams II, 2, 267.

gräbt. Augenscheinlich ist diese Form der Legende noch jünger als die in der historia Compostellana berichtete.

Alle Modificationen der Legende stimmen darin überein, dass der Leichnam des Apostels nach seiner Hinrichtung durch Herodes auf wunderbare Weise von Palästina nach Spanien geführt worden sei [1]). Die Herstellung eines Zusammenhanges mit der älteren Tradition von der Predigt des Jakobus in Spanien wird von der jüngeren Sagengestalt nicht einmal versucht. Das Spanien des 9. Jahrhunderts begibt sich freiwillig seines Anspruchs auf den lebenden Jakobus und nimmt mit dessen Leichnam vorlieb, der durch göttliche Fügung zu Compostella seine Ruhestätte findet, obwol der Apostel im fernen Palästina gelebt, gewirkt und geendet hat.

Seit jener Zeit galt der heilige Jakobus allgemein als der Schutzpatron von Spanien, wie ihn schon König Ordoño I., der zweite Nachfolger Alfons des Keuschen, in einem Briefe vom Jahre 854 bezeichnet[2]). In den Kriegen mit den Mauren riefen die Christen seinen Beistand an. Eine spätere Sage berichtet, dass er in der Nacht vor der Schlacht von Clavigo (843) dem Könige Ramiro I. im Traume erschienen sei und am folgenden Tage auf hohem weissem Ross, ein flatterndes Banner in der Hand, die Heere der Mauren vor sich her getrieben habe [3]). Die Schlacht von Clavigo ist niemals geschlagen worden; aber die spanische Liturgie feiert noch heute das Fest der Erscheinung des h. Jakobus zu Clavigo am 23. Mai, und der Festhymnus verherrlicht die Grossthaten des Apostels im Kampfe wider die Mauren. Ebenso der Festhymnus und die Ovation zur Festmesse am 30. December, dem Tage der „Translation" des heil. Leichnams von Jerusalem nach Compostella [5]). Im 12. Jahrhunderte ward zu Ehren des Schutzpatrons von Spanien der Ritterorden de la espada oder San Jago di Compostella begründet; und das ganze Mittelalter hindurch blieb das Grab des Apostels und die schon 899 von Alfons III. [6]) glänzend erneuerte Kirche zu Compostella

---

1) Was Pius Gams II, 2, 363 flg. von der Translation der Gebeine des Jakobus nach Kloster Raithu am Sinai, und von da um 700 durch die Mönche Athanasius und Petrus Rathensis, d. h. Raithuensis, nach Saragossa in die Krypta der Kirche Unsrer lieben Frauen del Pilar, desgleichen von der Flüchtung der Reliquien vor den Arabern von Saragossa nach Galicien (vor 757) berichtet, ist durch und durch des Verfassers eigne Phantasie.

2) Gams II, 2, 374.

3) Acta SS. l. c. p. 37 sq. Gams II, 2. 369 ff.

4) Gams II, 2, 392 flg.

5) Gams II, 2, 390 flg.

6) Gams II, 2, 376 ff.

nächst den Apostelgräbern zu Rom der besuchteste Wallfahrtsort der abendländischen Christen.

Seit dem 10. Jahrhunderte wird von Neuem die Frage erörtert, ob der Apostel Jakobus schon bei seinen Lebzeiten in Spanien gewesen sei. Dieselbe wird jetzt in den Streit über die Metropolitanrechte der Kirche von Compostella verwickelt. Ein Abt Cäsarius von Montserrat war nach Spanien gewandert und von einem „unwiderstehlichen Drange" ergriffen, die Metropole der Provinz Tarragona wiederherzustellen, liess er sich am Grabe des heil. Jakobus von einer Anzahl Bischöfe zum Metropoliten weihen. Als die übrigen spanischen Bischöfe widersprachen, wandte er sich in einem Briefe an Papst Johann XII. (955—964) um Hilfe. Aus diesem Briefe, dessen Aechtheit ohne genügende Gründe angezweifelt worden ist, erfahren wir, dass die gegnerischen Bischöfe den Apostolat, welcher „Spanien und das Abendland" genannt wird, nicht anerkannten, weil Jakobus nur todt, nicht lebendig nach Spanien gekommen sei [1]). Demgegenüber beruft sich Cäsarius für die spanische Predigt des Jakobus auf das bei Pseudo-Isidor hinter den vitae apostolorum enthaltene Verzeichnis der apostolischen Missionsprovinzen (die recapitulatio), welches er seinem Briefe vollständig einverleibt, nur mit einem Zusatze über Jakobus den Zebedaiden, der aber ebenfalls dem Texte des falschen Isidorus entlehnt ist [2]). Im Jahre 1120 wurde die Kirche von San Jago di Compostella durch Calixtus II. zum Erzbisthum erhoben [3]). Die hierdurch gesteigerten Ansprüche führten auf dem 4. Lateranconcil unter Innocenz III. oder doch sehr bald nachher zu einem Streite über den Primat zwischen Toledo und Compostella. Als Erzbischof Rodrigo Ximenez von Toledo den Primat über ganz Spanien beanspruchte, erhoben die Erzbischöfe von Compostella, Braga, Tarraco und Narbonne Widerspruch. Der Erzbischof von Compostella erklärte es für lächerlich, dass die Kirche des Apostels Jakobus, der zuerst in Spanien das Wort Gottes ausgestreut und dessen Leib in Compostella ruhe, dem Stuhle von Toledo gehorchen solle. Dem gegenüber be-

---

1) 'quia istum apostolatum quod est nominatum Spania et Occidentalia dixerunt: non erat apostolatum S. Jacobi, quia ille apostolus interfectus hic venit, nullo modo autem vivus'.

2) Acta SS. l. c. p. 110 sqq. Gams II, 2, 382 ff. Die Jahreszahl des Briefes Aera 938 d. h. 900 u. Z. ist natürlich verderbt; wahrscheinlich ist 998 = 960 zu lesen. — Die Worte des Apostelverzeichnisses über Jakobus lauten hier: 'Spaniam et occidentalia loca praedicavit et sub Herode gladio caesus occubuit'.

3) Gams III, 1, 89.

hauptete Rodrigo, der Apostel habe wol die Vollmacht zur Predigt in Spanien erhalten, sei aber, bevor er seinen Auftrag ausrichten konnte, von Herodes in Jerusalem enthauptet worden [1]). Bis ins 16. Jahrhundert hinein wurde die Ankunft des Apostels in Spanien von den Toletanern geleugnet [2]); doch wird sie jetzt auch in dem (von Gregor XIII. approbirten) Officium dieser Kirche ausdrücklich behauptet [3]).

Seit der Mitte des 16. Jahrhunderts sind die Spanier einmüthig zu dem Glauben zurückgekehrt, dass der Apostel Jakobus schon bei Lebzeiten in Spanien gepredigt habe.

Dagegen haben bis auf die neuesten Zeiten herab streng römisch gesinnte Schriftsteller mit besonderem Eifer den spanischen Apostolat des Jakobus bestritten. Was Pius Gams in seiner Kirchengeschichte Spaniens mit anerkennenswerther Offenheit ausspricht, die Durchführung dieser Anschauung hätte „die Einheit und Unzertrennlichkeit der römisch-katholischen Kirche aufgelöst“, hätte „die eine, um den Mittelpunkt der Einheit gesammelte Kirche in eine Anzahl von sogenannten apostolischen Kirchen aufgelöst [4])“ — dieses Motiv ist schon von den Zeiten des Natalis Alexander, ja schon des Thomas von Aquino an be-

---

1) Acta SS. l. c. p. 102 sqq. Gams III, 1, 130 ff. Die neueren Spanier Ferreras, Florez, Vicente de la Fuente u. A., denen auch Wilhelm Cuperus in den Actis SS. beipflichtet, haben mit erklärlichem Eifer die Aechtheit dieses Berichtes bestritten. Bedenken erweckt im Grunde nur das Datum der Verhandlung im Lateran, 8. October 1215, also noch vor Eröffnung des Concils. Aber im Jahre 1216 war Rodrigo Ximenez wirklich in Rom und zwar noch unter Innocenz III. Die Verhandlungen über seine Primatansprüche zogen sich bis unter Honorius III. hin, der gegen Ende 1217 gegen Toledo entschied. Selbst wenn das betreffende Actenstück gefälscht wäre, würde es nur um so mehr den Beweis liefern, dass die Kirche von Toledo auch noch in späterer Zeit die Reise des Jakobus nach Spanien bestritt.

2) Gams III, 1, 133.

3) Vgl. Acta SS. l. c. p. 82. Nocturn. II Lectio IV: 'Cuius corpus ne a Judaeis acerbissimis fidei Christianae hostibus ignominia aliqua afficeretur, eius discipuli in navim divinitus admoniti imposuerunt, deum precati eorum ut cursum dirigeret et in eas terras navigium perferret, ubi sanctissimi apostoli corpus humari vellet. Deo igitur duce per vastum mare delata navis brevi pervenit in Hispaniam, quam Jacobus vivens lustraverat, et in qua dei verbum aliquando magnis laboribus disseminaverat'.

4) Gams II, 2, 382; vgl. auch S. 386: „der Papst sollte eine Theorie anerkennen und durchführen helfen, welche die Eine Kirche in zwölf Kirchen auflösen, welche die römische Kirche auf Rom und Italien beschränken, 'Spanien aber und das Abendland', also auch Britannien und Gallien, an Compostella binden wollte“.

stimmend gewesen. So hat auch Cäsar Baronius den in seinem römischen Martyrologium noch festgehaltenen spanischen Apostolat des Jakobus in seinen Annalen zum Jahre 816 n. 69 sqq. bezweifelt, und auf seine Veranlassung wurde unter Clemens VIII. jene Aenderung im römischen Breviarium Pius' V. eingeführt, welche die Spanier dermaassen in Aufregung versetzte, dass Urban VIII. sich genöthigt sah, zwar nicht den früheren Text einfach wiederherzustellen, aber die römischen Ansprüche mit der Nationalsage der Spanier durch die kluge Auskunft zu versöhnen, dass Jakobus zwar in Spanien gepredigt habe, seine sieben Schüler aber — d. h. die oben erwähnten, später zu Jakobusschülern gestempelten Siebenmänner — von Petrus zu Bischöfen ordinirt und in ihre Sprengel abgesandt worden seien[1]). So in seinem Gewissen beruhigt, hat der Bearbeiter der Acten des Jakobus in den Actis Sanctorum, der belgische Jesuit Wilhelm Cuperus, die spanische Tradition mit demselben Eifer vertheidigt, als der Jansenist Tillémont sie — gewis nicht aus römischem Interesse — bestritten hat.

Andere abendländische Traditionen.

Anderweite Localtraditionen, welche der Anwesenheit des Jakobus in „abendländischen Gegenden" ('occidentalibus locis') sich rühmen, stehen in nachweisbarer Abhängigkeit von der spanischen Legende. So weiss eine sardinische Tradition zu erzählen, dass der Apostel auf der Reise von Joppe nach Spanien zuerst auf Sardinien, dann in Karthagena gelandet, darnach nach Galicien gereist und zuletzt nach Palästina zurückgekehrt sei (Acta SS. l. c. p. 69). Andrerseits berichtet die in Spanien entstandene Chronik des Pseudo-Dexter zum Jahre 41: *'Rediens Jacobus Gallias invisit ac Britannias ac Venetiarum oppida, ubi praedicat'*. Zu Venedig soll dem Apostel, als durch seine Hilfe eine Feuersbrunst durch herabströmenden Regen gelöscht worden war, im Jahre 421 auf dem heutigen Rialto eine Kirche gewidmet worden sein (Acta SS. l. c. p. 70 sq.). Sogar nach Armenien

---

1) Breviarium Romanum von Pius V.: *'Mox peragrata Hispania ibique praedicato evangelio, rediit Hierosolymam'*. Text Clemens' VIII.: *'Mox Hispaniam adiisse et aliquos discipulos ad fidem convertisse, ecclesiarum illius provinciae traditio est'*. Text Urbans VIII.: *'Mox in Hispaniam profectus ibi aliquos ad Christum convertit; ex quorum numero septem postea episcopi a beato Petro ordinati in Hispaniam primi directi sunt'*. Vgl. Acta SS. l. c. p. 72 sq.

soll er auf der Rückreise von Spanien gekommen sein (Acta SS. l. c.
p. 71). In Gallien rühmte sich namentlich die Kirche von Toulouse
seine Gebeine zu besitzen (Acta SS. l. c. p. 19), und ebenso zeigen zahlreiche Kirchen in Italien Reliquien des Apostels; ja über den Besitz
seines Hauptes wurde ein lebhafter Streit geführt (l. c. p. 22 sq.).
Alle diese Traditionen sind für die Geschichte der Jakobuslegende ohne
Interesse.

Acten des Jakobus Alphäi und Jakobus des Bruders des Herrn.

Jakobus der Alphaide und der Bruder des Herrn.

Ob **Jakobus Alphäi** mit dem gleichnamigen **Bruder des Herrn** eine und dieselbe Person war oder nicht, ist schon in der Kirche des 2. Jahrhunderts streitig gewesen (s. oben I, 18 ff.). Dagegen steht die Thatsache fest, dass die ältere Ueberlieferung nur über Jakobus den Bruder des Herrn, das angesehene Gemeindehaupt von Jerusalem, Näheres zu berichten wusste, dagegen über Jakobus Alphäi schweigt. Im Neuen Testamente erscheint Jakobus der Alphaide nur in den Apostelverzeichnissen (Marc. 3, 18. Matth. 10, 3. Luk. 6, 15. Act. 1, 13), in diesen aber einstimmig, ausserdem nur Marc. 15, 40. 16, 2. Matth. 27, 56. Luc. 24, 10, wenn anders jener Jakobus, der hier überall als Sohn einer Maria und an der ersten Stelle als Ἰάκωβος ὁ μικρός bezeichnet wird, wirklich der Sohn des Alphäus und nicht etwa ein vierter, unbekannter Mann dieses Namens war [1].

Die späteren Griechen machen den Jakobus Alphäi zum Bruder des Matthäus, d. h. des mit letzterem identificirten Levi, der Marc. 2, 14 ebenfalls ein Sohn des Alphäus heisst. Daher weist Theodoret (in ψ 67 opp. I, 1070 Schulze) beiden Kapharnaum als Heimathsort an, und Chrysostomos hom. 32 [33] in Matth. (opp. VII, 369 Montfaucon)

---

1) Für letzteres tritt Holtzmann ein (Zeitschr. f. wiss. Theol. 1880 S. 218 ff.), weil die in den angeführten Stellen genannte Maria nicht mit der Μαρία ἡ τοῦ Κλωπᾶ Joh. 19, 25 und Κλωπᾶς nicht mit Ἀλφαῖος identisch zu sein braucho. Wirklich muss man, wenn Maria, die Gattin des Alphäus-Klopas, die Mutter Jakobus des Kleinen und des Joses gewesen ist, fragen, warum sie nicht auch Mutter des Symeon (Hegesipp. bei Eus. III, 11, 2. 32, 1) und des Levi (Marc. 2, 14) heisst.

schreibt beiden den Zöllnerberuf zu. Uebereinstimmend damit bezeichnet auch das Apostelverzeichnis bei Cotelier (Patr. ap. I p. 271 ed. Clericus) beide, und ausserdem noch den Judas Jakobi als Zöllner (s. o. I, 24 flg.). Eusebios (h. e. I, 12, 3. 4) und die apostolischen Constitutionen (II, 55) rechnen den Bruder des Herrn zu den 70 oder 72 Jüngern. Gregor von Nyssa orat. 2 in Christi resurrect. (Opp. II, 845 ed. Paris. 1615) identificirt den Bruder des Herrn mit Jakobus „dem Kleinen" (Mc. 15, 40) und unterscheidet denselben ausdrücklich von Jakobus Alphäi [1]). Ausser den oben (a. a. O.) für die Unterscheidung beider angeführten Schriftstellern ist noch Kyrill von Jerusalem zu nennen [2]). Auch in den Apostelverzeichnissen in den apostolischen Constitutionen (VI, 14) und bei Epiphanios (haer. 79, 3) wird Jakobus Alphäi ausdrücklich von Jakobus dem Bruder des Herrn unterschieden. Dasselbe ist der Fall in dem Dorotheostext A des cod. Vindobon. hist. gr. 40, welcher an neunter Stelle, hinter Matthäus, aufführt Ἰάκωβος ὁ τοῦ Ἀλφαίου, ἀδελφὸς Ματθαίου τοῦ εὐαγγελιστοῦ und an der Spitze der 70 Jakobus den Bruder des Herrn nennt. Auch die Texte des Pseudo-Hippolyt (bei Combefis) und des angeblichen Logotheten zählen den Alphaiden unter den Aposteln, den Bruder des Herrn unter den 70 auf[3]) und ähnlich verfährt der Text des Scholion bei Lagarde (Constit. App. 282), welcher den Jakobus Alphäi an neunter, den Bruder des Herrn an vierzehnter Stelle hat [4]). Dagegen ist in dem lateinischen Dorotheostexte

---

1) ὁ δὲ Μάρκος Ἰακώβου τοῦ μικροῦ καὶ Ἰωσῆ μητέρα αὐτὴν (die θεοτόκος) λέγει, ἐπείπερ ἦν ἄλλος Ἰάκωβος ὁ τοῦ Ἀλφαίου, διὰ τοῦτο μέγας, ὅτι τοῖς ἀποστόλοις τοῖς δώδεκα συνηρίθμητο· ὁ γὰρ μικρὸς οὐκ ἦν αὐτοῖς ἐναρίθμιος.

2) Catech. illum. IV, 17 p. 61 Opp. ed. Oxon. 1703: περὶ γὰρ τούτων οὐκ ἐμοὶ μόνον, ἀλλ' ἤδη καὶ τοῖς ἀποστόλοις καὶ Ἰακώβῳ τῷ ταύτης τῆς ἐκκλησίας ἐπισκόπῳ σπουδὴ γέγονεν. Vgl. Cat. XIV, 11 p. 199.

3) Pseudo-Hippolyt (unter den 12, nach Matthäus): Ἰάκωβος δὲ Ἀλφαίου κηρύσσων ἐν Ἰερουσαλὴμ ὑπὸ Ἰουδαίων καταλιθασθεὶς ἀναιρεῖται καὶ θάπτεται· ἐκεῖ παρὰ τῷ ναῷ. Unter den 70: Ἰάκωβος ὁ ἀδελφόθεος ἐπίσκοπος Ἰεροσολύμων.

Pseudo-Logothetes (unter den 12, nach Thomas): Ἰάκωβος Ἀλφαίου ἐν Ἰνδίᾳ τῆς Ἀφρικῆς λίθοις παρὰ Ἰουδαίων ἀνῃρέθη. Unter den 70: Ἰάκωβος ὁ δίκαιος, ὃς καὶ πρῶτος ἐν Ἰεροσολύμοις ἐπίσκοπος γέγονε.

4) Cod. Vind. hist. gr. 47 (y bei Lagarde): θ΄ Ἰάκωβος Ἀλφαίου ταῖς ιθ΄ φυλαῖς ταῖς ἐν τῇ διασπορᾷ κηρύττει τὸ εὐαγγέλιον, ὃς καὶ αὐτὸς κεῖται ἐν Ἰουδαίᾳ. Dagegen beide Codd. x y hinter Paulus: Ἰάκωβος ὁ τοῦ κυρίου ἀδελφὸς λίθοις [ξύλοις y] ὑπὸ Ἰουδαίων ἐν Ἰεροσολύμοις διὰ τὸν Χριστοῦ λόγον ἀνῄρηται [ἀναιρεῖται y].

des Musculus (Bibl. Patr. Max. T. III p. 427) und in Dorotheos B (bei
Ducange) Jakobus Alphäi unter den Zwölfen gestrichen und nur der
Bruder des Herrn unter den 70 aufgezählt, während das Chron. Paschale
(p. 399 Bonn.), die Dorotheostexte des Cod. Matrit. und vor den
Werken des Oikumenios, sowie der Text des Pseudo-Epiphanios zwar
den Alphaiden unter den Zwölfen aufführen, aber ausdrücklich mit Ja-
kobus dem Gerechten, dem Bischofe von Jerusalem, identificiren [1]). Der
Dorotheos - Hippolytostext bei Lagarde endlich (a.. a. O. 283) zählt
einfach an der Stelle des Alphaiden den Bruder des Herrn als zwölften
Apostel auf.

Griechische Tradition über den Alphaiden.

Die Unterscheidung der beiden Jakobus ist in der griechischen
Kirche der Folgezeit allgemein recipirt. So namentlich in der σύναξις
τῶν ἀγίων ἀποστόλων zum 30. Juni. Dieselbe zählt ebenso wie Dorotheos A und Pseudo - Hippolyt den Jakobus Alphäi hinter „seinem
Bruder" Matthäus, darnach aber hinter Matthias den ἀδελφὸς τοῦ κυρίου
auf [2]). Demgemäss weisen auch die Griechen jedem der beiden Jakobus
einen eignen Gedächtnisstag zu: dem Alphaiden den 9. October, dem
Bruder des Herrn den 23. October; nur das Menologium Basilii nennt den
Bruder des Herrn zum 30. April, dem sonst gewöhnlichen Gedächtnistage des Zebedaiden, dessen Fest es vielmehr auf den 15. November
verlegt.

Die gedruckten griechischen Menäen zum 9. October (p. νβ´)
schicken zuerst folgende Verse voraus:

---

1) Chron. Pasch.: η´ Ἰάκωβος ὁ τοῦ Ἀλφαίου ὁ ἀδελφὸς τοῦ κυρίου κατὰ
σάρκα, ὁ ἐπικληθεὶς δίκαιος. Cod. Matrit.: Ἰάκωβος ὁ τοῦ Ἀλφαίου ὁ ἐπικληθεὶς δίκαιος, ὃς καὶ πρῶτος ἐν Ἱεροσολύμοις ἐπεσκόπησε, λίθοις ὑπὸ Ἰουδαίων βληθεὶς ἀνῃρέθη, ἐν Ἱερουσαλήμ καὶ ἐν τῷ ναῷ θάπτεται. Wörtlich
ebenso der Text vor Oikumenios, nur am Schlusse καὶ ἐκεῖ θάπτεται.
Pseud-Epiphanios: Ἰάκωβος ὁ ἐπικληθεὶς Θαδδαῖος [l. Ἀλφαίου],
ἀδελφὸς τοῦ κυρίου γενόμενος τὸ κατὰ σάρκα, ὃς καὶ πρῶτος ἐν Ἱεροσολύμοις
κατεστάθη ἐπίσκοπος ὑπὸ τῶν ἀποστόλων, προφασέως δὲ γενομένου ζητήματος
τοῖς Ἰουδαίοις, λίθοις ὑπ᾽ αὐτῶν βληθεὶς ἐκοιμήθη ἐν Ἱερουσαλήμ καὶ ἐκεῖ
ἐτάφη πλησίον τοῦ τάφου τῶν ἱερέων ἐνδόξως.
2) Cod. Paris. 1587. 1588: Ἰάκωβος Ἀλφαίου ὁ καὶ ἀδελφὸς Ματθαίου·
ἀμφότεροι γὰρ τὸν Ἀλφαῖον ἔσχον πατέρα. Der gedruckte Text in den Menäen
zum 30. Juni (p. ρκε´) fügt noch hinzu: ὑπὸ τῶν ἀπίστων σταυρῷ ἀναρτηθεὶς
τελειοῦται.

τὸν σταυρὸν Ἰάκωβος φέρων ἡξέως·
ὡς ἔστι σῶτερ ἄξιός σου ζειχνύει.
ἀμφ᾽ ἐνάτῃ Ἰακὼβ ἐνὶ σταυρῷ τετάνυστο.

Darauf folgt die Notiz, dass Jakobus der Bruder des Evaugelisten und Zöllners Matthäus, Götzenhaine zerstörte, Kranke heilte und Dämonen austrieb und daher von der Menge der Heiden den Beinamen σπέρμα θεῖον erhielt. Zuletzt ward er gekreuzigt.

Anders wieder berichtet das Menologium Basilii zum 9. October (I, 106 Albani; 117, 100 Migne). Darnach hätte Jakobus, der auch hier ein Bruder des Evangelisten und Zöllners Matthäus heisst, Juden und Hellenen gepredigt, und wäre zuletzt von den Juden ergriffen und mit Ruthen (ῥάβδοις) todtgeprügelt worden [1]).

Es bedarf kaum erst der Erinnerung, dass in allen diesen Nachrichten über Jakobus Alphäi doch von einer eigenthümlichen Tradition über diesen Apostel keine Rede sein kann. Sieht man ab von der Verwerthung neutestamentlicher Nachrichten, welcher die ständige Angabe, jener Jakobus sei ein Bruder des Matthäus gewesen, ihren Ursprung verdankt, so erfahren wir im Grunde über den Alphaiden gar nichts Neues. Ein besonderes Missionsgebiet wird ihm nirgends zugewiesen, ausser in der verderbten Stelle des Logotheten, der ihn ἐν Ἰνδίᾳ τῆς Ἀφρικῆς umkommen lässt, und in dem Texte des Cod. Vind. hist. gr. 47 (y bei Lagarde), der ihn den zwölf Stämmen in der Zerstreuung predigen lässt, d. h. mit dem Verfasser des kanonischen Briefes identificirt. Allgemeine Voraussetzung ist, dass er den Juden gepredigt habe und von den Juden getödtet worden sei; fast alle Berichte nennen als Todesstätte — wenn diese überhaupt erwähnt wird — Jerusalem. Schon diese Angaben verrathen die Thatsache, dass die Nachrichten über den Alphaiden ursprünglich nur eine Doublette sind zu den Nachrichten über den Bruder des Herrn. Nehmen wir hierzu, dass Pseudo-Hippolyt und der Logothet als Todesart die Steinigung nennen, so braucht man nicht erst auf die gleiche Notiz des Pseud-Epiphanios, des Cod. Matrit. und des Textes vor Oikumenios, sowie des cod. Vind. hist. gr. 46 (x bei Lagarde) über die Todesart des Bruders des Herrn zu verweisen, um zu erkennen, dass hier lediglich die von Eusebios (h. e. II, 23, 21) excerpirte Nach-

---

1) Wesentlich dasselbe berichtet das handschriftliche Synaxarion der Kirche von Constantinopel, dessen G. Henschen in den Actis SS. Mai. T. I p. 19 (ex codice collegii Claromont. Soc. Jesu Paris.) Erwähnung thut und verschiedene andre ebendaselbst aufgeführte handschriftliche Menologien.

richt bei Josephus (Antt. XX, 9, 1) über den Tod Jakobus des Gerechten zu Grunde liegt. Nicht minder geht die andre Notiz über die Todesart des Alphaiden, er sei ξύλοις (cod. Vindob. hist. gr. 47) oder ῥάβδοις (Menolog. Basil.) umgebracht worden, auf den Bruder des Herrn zurück, nämlich auf den bekannten Bericht Hegesipps über dessen Martyrium (h. e. II, 23).

So bleibt ausser der vereinzelten Nachricht des Logotheten, Jakobus Alphäi sei ἐν Ἰνδίᾳ τῆς Ἀφρικῆς getödtet worden, nur der in den grossen griechischen Menäen zum 30. April und zum 9. October gemeldete Kreuzestod übrig, der nicht aus den Nachrichten über Jakobus den Gerechten abstrahirt sein kann.

Weiteres Material scheinen nun aber **Niketas David** und **Nikephoros Kallistos** zu bieten.

Niketas David (Paphlago) berichtet in seinem ἐγκώμιον auf Jakobus Alphäi (χθὲς καὶ πρώην ὁ μακαριώτατος bei Combefis Auctar. Noviss. I, 372 sqq.) von weiten Reisen, die der Apostel unternommen, darnach von seiner Predigt in Eleutheropolis, Gaza, Tyrus, in den benachbarten Heidenstädten (ταῖς ἐχομέναις τῶν ἀλλοφύλων κωμοπόλεσιν) und in Aegypten, wo er längere Zeit in den Zelten von Kedar gewohnt habe; zuletzt sei er zu Ostrakine in Aegypten gekreuzigt worden. Wesentlich dasselbe erzählt Nikephoros (h. e. II, 40), der vielleicht direct aus Niketas David geschöpft hat (Henschen in Actis SS. Mai. T. I p. 19): Jakobus predigt in Eleutheropolis, Gaza, Aegypten, und wird zuletzt in Ostrakine gekreuzigt. Vor Niketas — also vor der 2. Hälfte des 9. Jahrhunderts — begegnen uns diese Angaben nirgends. Dagegen erzählt ganz dasselbe schon in dem ersten Drittel des 6. Jahrhunderts der Dorotheostext B (bei Ducange) von Simon Judas: derselbe habe in Eleutheropolis, von Gaza bis Aegypten gepredigt und sei in Ostrakino unter Trajan gekreuzigt worden. Die Kreuzigung des Simon Judas zu Ostrakine in Aegypten berichtet auch der ältere Dorotheostext A (cod. Vindob. hist. gr. 40 und die lateinische Uebersetzung des Musculus); die Zeit wird ebenfalls auf die Kaiserregierung Trajans gesetzt, zugleich aber hinzugefügt, dass jener Simon Judas bei seiner Kreuzigung 120 Jahre alt gewesen sei. Hierdurch wird deutlich, dass Simon Judas mit dem zweiten Bischofe von Jerusalem, Simon dem Sohne des Klopas, identificirt ist (vgl. Hegesipp. bei Eus. h. e. II, 32). Der Kreuzestod zu Ostrakine wird uns aber zum dritten Male von dem mit Thaddäus Lebbäus identificirten Judas berichtet in dem Dorotheos-Hippolytostext bei Lagarde (l. c. p. 283). Es ist also klar, dass die von Niketas Paphlago und Nikephoros über Jakobus Alphäi gebotenen Nachrichten auf diesen erst von dem bald mit Simon Klopa, bald mit Thaddäus oder Lebbäus identificirten Apostel Judas übertragen sind. Auf der gleichen Verwechselung werden also alle Angaben beruhen, welche überhaupt den Kreuzestod des Alphaiden melden. Aber auch jenes verderbte ἐν Ἰνδίᾳ τῆς Ἀφρικῆς des sogenannten Logotheten erklärt sich so. Statt des aus dem Vorhergehenden fälschlich wiederholten ἐν Ἰνδίᾳ wird ἐν πόλει oder etwas Aehnliches zu lesen sein; die afrikanische Predigt aber wird ja ebenfalls von Simon Judas, beziehungsweise von Simon Kananites gemeldet.

Syrische und koptische Traditionen.

Eine eigenthümliche Tradition über Jakobus Alphäi scheint nur bei den Syrern, welche ihn ausdrücklich von dem Bruder des Herrn unterscheiden, erhalten zu sein. Wenigstens berichtet Barhebräus im Chronicon ecclesiasticum (ed. Abbeloos et Lamy I, col. 33): '*Jacobus Alphaei obiit in Sarug*'. Hiernach hätte die ostsyrische Kirche den Alphaiden als ihren Apostel in Anspruch genommen. Doch steht die Nachricht so vereinzelt da, dass sie sich nicht weiter controliren lässt. Nur das Eine ist vielleicht nicht ohne Bedeutung, dass wie der Alphaide Jakobus in Sarug, so nach dem Dorotheos-Hippolytostexte bei Lagarde (l. c. p. 283) Matthäus in Mabug (Hierapolis in Syrien) Märtyrer geworden sein soll. Wenigstens stimmt hiermit zusammen, dass eine noch zu besprechende Ueberlieferung beide Apostel nach „Persien" sendet [1]).

Dagegen hat die koptische Kirche von Jakobus Alphäi nicht mehr als die griechische gewusst, was namentlich gegenüber der vermeintlichen Tradition von seinem Martyrium in Ostrakine schwer ins Gewicht fällt. Der Gedächtnistag des von Jakobus dem Bruder des Herrn unterschiedenen Alphaiden fällt in Aegypten auf den 10. Mechir (Amschir), d. h. auf den 4. Februar, nach äthiopischer Benennung der Monate auf den 10. Yacacit (doch wird in äthiopischen Kalendarien daneben auch der 5. Tekemt oder Babeh (2. October) oder der 17. oder 18. Amschir (oder Yacacit, = 11. oder 12. Februar) genannt) [2]). Aber was die koptisch-abyssinische Legende über ihn zu berichten weiss, ist lediglich

---

1) Die Armenier, welche ebenfalls den Alphaiden von Jakobus dem Gerechten unterscheiden, feiern den Gedächtnistag des ersteren am 23. Jan. sein Martyrium gemeinsam mit dem des Simon Zelotes am 25. November.

2) Vgl. Acta SS. Maii Tom. I p. 20.

den bekannten Nachrichten über Jakobus den Bruder des Herrn entlehnt. Das koptische Martyrium Jacobi Minoris bei Zoëga (catal. codd. copt. p. 228) stimmt wörtlich mit dem noch zu besprechenden Martyrium Jacobi fratris domini überein; ja selbst der Gedächtnistag ist hier derselbe (18. Epiphi = 12. Februar, der Gedächtnistag des Bruders des Herrn). Das abyssinische Certamen apostolorum hat über den Alphaiden zum 10. Yacacit nur einen ganz dürftigen Artikel (p. 145—146 Malan): Jakobus predigt in Jerusalem im Tempel vor versammeltem Volk. Die Juden darüber erzürnt, verschwören sich gegen sein Leben und bringen ihn vor — den König Claudius, welcher ihn zu steinigen befiehlt. Begraben wurde er in der Kirche [dem Tempel?] zu Jerusalem. Woher das Quidproquo mit König Claudius sich erkläre, ob aus Verwechselung mit Ananus oder sonst wie, kann völlig auf sich beruhn, da die Erzählung sich im Uebrigen handgreiflich als blosse Doublette zu dem Martyrium des ἀδελφὸς τοῦ κυρίου erweist. Ganz dieselbe Erzählung bietet auch das arabische Synaxarium zum 10. Amschir (Wüstenfeld 292), nur dass hier „der Kaiser Claudius" „der Stellvertreter des römischen Kaisers" heisst.

Jakobus Alphäi bei den Lateinern.

In der lateinischen Kirche ist Jakobus Alphäi ziemlich frühe mit dem Bruder des Herrn in eine Person verschmolzen. Maassgebend blieb hier die Autorität des Hieronymus, welcher im Streite wider Vigilantius den Bruder des Herrn mit dem Jakobus 'minor', dem Sohne der Mc. 15, 40 und Parallelen genannten Maria, und diesen wieder mit dem Apostel Jakobus Alphäi identificirt hatte, um die nach seiner Meinung lästerliche Annahme abzuschneiden, dass die Jungfrau Maria die leibliche Mutter der sogenannten „Brüder des Herrn" sei. Obwol Hieronymus späterhin Jakobus den Bruder des Herrn gelegentlich wieder vom Alphaiden unterscheidet und als dreizehnten Apostel zählt, so blieb er doch dabei, ihn für einen Sohn der Joh. 19, 23 aufgeführten Mutterschwester Jesu zu erklären, welche er nach seiner Auslegung der Johannesstelle für eine Person hält mit Maria Klopa [1]).

---

1) Die bei Neueren beliebte Identificirung der Namen Klopa und Alphäus sowie der Μαρία Κλωπᾶ mit der Μαρία Ἰακώβου lässt die Ansicht des Hieronymus leicht im falschen Lichte erscheinen. Contra Helvidium 13 (Opp. II, 219 Vallarsi) schreibt er Folgendes: 'Nulli dubium est duos fuisse apostolos Jacobi vocabulo nuncupatos, Jacobum Zebedaei et Jacobum Alphaei.

Das Martyrologium Hieronymianum unterscheidet noch beide und weist dem Alphaiden als Gedächtnistag den 22. Juni zu. Die Texte von

Istum nescio quem minorem Jacobum, quem Mariae filium nec tamen matris domini scriptura commemorat, apostolum vis esse an non? Si apostolus est, Alphaei filius erit, et credet in Jesum, et non erit de illis fratribus, de quibus scriptum est (Joh. 7, 3), *"neque enim tunc fratres eius credebant in eum".* *Si non est apostolus, sed tertius nescio quis Jacobus, quomodo est frater domini putandus, et quomodo tertius ad distinctionem maioris appellabitur minor, cum maior et minor non inter tres sed inter duos soleant praebere distantiam; et frater domini apostolus sit, Paulo dicente* (Gal. 1, 19). *Ne autem hunc putes Jacobum filium Zebedaei, lege actus apostolorum. Iam ab Herode fuerat interemtus. Restat conclusio, ut Maria ista, quae Jacobi minoris scribitur mater, fuerit uxor Alphaei et soror Mariae matris domini, quam Mariam Cleophae Johannes evangelista cognominat* (Joh. 19, 25), *sive a patre sive a gentilitate familiae aut quacunque alia causa ei nomen imponens'.* Diese ganze Argumentation dient lediglich dem Interesse, die „Brüder des Herrn" nicht als Söhne der Mutter, sondern der Mutterschwester Jesu erscheinen zu lassen. Ob diese Mutterschwester aber, d. h. nach seiner Deutung von Joh. 19,25 die Maria Klopa, mit der Mc. 15,40 u. Par. erwähnten Mutter des Jakobus und des Joses identisch sei oder nicht, ist dem Hieronymus schon damals eine untergeordnete Frage. *'Nunc illud est quod conamur ostendere, quemadmodum fratres domini appellantur filii materterae eius Mariae ...... et hanc fuisse matrem Jacobi et Josetis, id est Mariam Cleophae uxorem Alphaei et hanc dictam Mariam Jacobi minoris. Quae si esset mater domini, magis eam ut in omnibus locis matrem illius appellasset et non aliorum dicendo matrem alterius voluisset intellegere. Verum in hac parte contentiosum funem non traho. Alia fuerit Maria Cleophae, alia Maria Jacobi et Josetis, dummodo constat, non eandem Mariam Jacobi et Josetis esse quam matrem domini'.* Späterhin im Commentar zum Galaterbrief (zu Gal. 1, 19 Opp. VII, 395 sq. Vallarsi) zieht er die Identität des *frater domini* mit dem Alphaiden stillschweigend zurück, indem er auch für ersteren den Apostelnamen zu rechtfertigen sucht, obwol derselbe nicht zu den Zwölfen gehört habe. *'Memini me dum Romae essem impulsu fratrum librum de sanctae Mariae virginitate edidisse perpetua, in quo mihi necesse fuit, de his qui fratres domini dicti sunt diutius disputare: unde qualiacunque sunt illa quae scripsimus, his contenti esse debemus. Nunc hoc sufficiat, ut propter egregios mores et incomparabilem fidem sapientiamque non mediam, frater dictus est domini et quod primus ei ecclesiae praefuerit, quae prima in Christum credens ex Judaeis fuerat congregata .... Quod autem exceptis duodecim quidam vocentur apostoli, illud in causa est, omnes qui dominum viderant et eum postea praedicabant, fuisse apostolos appellatos'.* Im Commentar zu Jesaia führt er alsdann (Opp. IV, 194) bei dem Beispiele der Jes. 17, 5 erwähnten 14 Oliven offenbar zustimmend die Meinung Aelterer an, dass es 14 Apostel gegeben habe, nämlich ausser den erwählten Zwölfen noch zwei andre, Jakobus den Bruder des Herrn und Paulus: *'duas olivas et tres et quatuor et quinque*

Auxerre (bei Martène et Durand III, 1550 sq.), Tours (ibid. p. 1587 sq.), Augsburg (S. Udalrici) und das martyrol. Labbeanum, mit denen das martyrol. Rabani übereinstimmt, schreiben noch einfach X kal. Jul. Jacobi apostoli Alphaei [Alph. apost. Turon.]. Die meisten Texte, wie die Codd. Epternac. Luce. Corbej. maj. martyr. Gellonense u. A. geben zum 22. Juni die ausführlichere Notiz: In Persida natalis S. Jacobi Alphaei apostoli [1]). Dieselbe Ortsbezeichnung ('in Persida') kehrt noch bei Matthäus und Bartholomäus wieder, wo sie schon in cod. Antissiodor. sich findet.

Dagegen folgen die lateinischen Apostelverzeichnisse, die Notitia de locis sanctorum apostolorum (XI, 545 Vallarsi), das Breviarium apostolorum, das Apostelverzeichnis bei dem angeblichen Isidor de vita et obitu sanctorum, der 'laterculus apostolorum' und die 'versus memoriales' der Autorität des Hieronymus in der Identificirung des Bruders des Herrn mit dem Alphäussohne, oder nennen lediglich jenen unter den Zwölfen, ohne Angabe des Namens seines Vaters. So hat auch die

quatuordecim apostoli interpretantur, id est duodecim qui electi sunt et tertiumdecimum Jacobum qui appellatur frater domini, Paulum quoque apostolum vas electionis'. Aber auch die Identificirung der Mutterschwester Jesu, der Maria Klopa, mit Maria Jacobi et Josetis nimmt er später zurück. Epist. 120 (150) ad Hedibiam (Opp. I, 826) schreibt er: 'Quatuor autem fuisse Marias in evangeliis legimus: unam matrem domini salvatoris, alteram materteram eius quae appellata est Maria Cleophae, tertiam Mariam matrem Jacobi et Jose, quartam Mariam Magdalenam, licet alii matrem Jacobi et Jose materteram eius fuisse contendant'. Auch im catal. vir. illustr. c. 2 (p. 7 Herding) bleibt er dabei stehn, dass die Mutter Jakobus des Gerechten Maria, die Mutterschwester Jesu, gewesen sei: 'Jacobus qui appellatur frater domini, cognomento Justus, ut nonnulli existimant filius Joseph, ut autem mihi videtur Mariae sororis matris domini, cuius Johannes in libro suo (19, 25) meminit filius, post passionem domini statim ab apostolis Hierosolymorum episcopus ordinatus'. Ueber den Alphaiden und dessen Verhältnis zum Bruder des Herrn schweigt Hieronymus hier ebenso wie über die Apostelwürde des letzteren. — Augustinus lässt es (in Gal. 1, 19 Opp. III, 2, 688 ed. Antwerp.) dahingestellt, ob Jakobus „der Bruder des Herrn" ein Sohn Josephs von einer andern Gattin oder ein Verwandter der Maria gewesen sei: 'Jacobus domini fra'er vel ex filiis Joseph de alia uxore, vel ex cognatione Mariae matris eius debet intelligi'. Doch bevorzugt er anderwärts die letztere Ansicht: tract. 28 in Joann. zu Joh. 7, 3 (III, 2, 369): 'Consanguinei virginis Mariae fratres domini dicebantur. Erat enim consuetudinis scripturarum, appellare fratres quoslibet consanguineos et cognationis propinquos'. Ebenso heissen die Brüder Jesu in Psalm. 127 c. 12 (Opp. IV, 1080): 'Cognati eius ex virginis consanguinitate'.

1) Vgl. auch Acta SS. Mai. l. c. p. 19 sq.

lateinische Passionensammlung nur eine 'passio Jacobi fratris domini', und dasselbe gilt von den späteren Martyrologien und Legendenschreibern, welche ebenfalls nur des Bruders des Herrn, meist zum 1. Mai, gedenken.

Die angebliche persische Missionswirksamkeit des Jakobus Alphäi in einigen Texten des Hieronymianum beruht ebenfalls auf keiner selbständigen Ueberlieferung über jenen Apostel. Vielmehr ist die betreffende Nachricht einfach aus Verwechselung mit Judas Jacobi hervorgegangen. Es bleibt also dabei, dass weder die griechische noch die syrische, noch die koptische, noch endlich die lateinische Kirche über den Alphaiden irgend etwas zu berichten weiss, was nicht auf Verwechselung entweder mit dem Bruder des Herrn oder mit Judas Jacobi beruhte.

Altkirchliche Ueberlieferungen über Jakobus den Bruder des Herrn.

So schweigsam die ältere Tradition über Jakobus Alphäi ist, desto mehr weiss sie von J a k o b u s d e m B r u d e r d e s H e r r n mit dem Beinamen d e r G e r e c h t e zu berichten.

Es darf dermalen als ausgemacht gelten, dass Jakobus der Bruder des Herrn, der Sohn des Joseph und der Maria (Marc. 6, 3. Matth. 13, 55. Gal. 1, 19), jener Jakobus ist, welcher, auch wenn er nach dem Tode des Zebedaiden nicht förmlich ins Apostelcollegium aufgenommen worden sein sollte, doch als das anerkannte Haupt der Muttergemeinde zu Jerusalem eine apostelgleiche Stellung behauptet [1]). Eben dieser Jakobus und kein andrer ist unter dem Jakobus gemeint, den Paulus Gal. 2, 9. 12 unter den „Säulen" der Gemeinde zu Jerusalem aufzählt und von dessen Christophanie er 1. Kor. 15, 7 berichtet; und auf denselben Jakobus bezieht sich, was die Apostelgeschichte 12, 17. 15, 13. 21, 18 von dem Haupte der jerusalemischen Gemeinde erzählt.

Es kann nicht die Aufgabe dieser Darstellung sein, die geschichtliche Stellung dieses Jakobus von Neuem zu erörtern. Genug dass er als das anerkannte Oberhaupt der jüdischen Christen Jerusalems zugleich der Führer jener gesetzesstrengen Partei war, welche in den seit den Vorfällen zu Antiochia (Gal. 2, 11 ff.) ausgebrochenen Kämpfen den durch die gesetzesfreie Heidenmission gelockerten Zusammenhang der Messiasgemeinde mit der Volksgemeinde von Israel festzuhalten suchte, die volle Gesetzesbeachtung der jüdischen Christen als religiöse

---

1) Vgl. Hilgenfeld, Einleitung ins N. T. S. 520 ff. Holtzmann a. a. O. S. 198—221.

Pflicht verlangte, die neugewonnenen Heidenchristen aber lediglich als Proselyten des Thores betrachtete.

Die judenchristliche Tradition hat diesen Jakobus als das Musterbild gesetzlicher Frömmigkeit gefeiert, ihm den Ehrennamen des Gerechten (ὁ δίκαιος) beigelegt und ihm eine Stellung eingeräumt, welche noch über das apostolische Ansehn hinausragt. Die schon bei Paulus uns begegnende Notiz, dass der ἀδελφὸς τοῦ κυρίου einer Erscheinung des Auferstandenen gewürdigt worden sei (1. Kor. 15, 7), kehrt weiter ausgeschmückt im Hebräerevangelium wieder. Hieronymus berichtet aus dem von ihm selbst kürzlich ins Griechische und Lateinische übersetzten evangelium Hebraeorum (vir. illustr. c. 2 p. 8 sq. Herding), Jakobus habe geschworen, von der Stunde an, da er den Kelch des Herrn getrunken, kein Brot zu essen, bis er Jesum von den Todten habe auferstehn sehen. Alsbald nach der Auferstehung gibt der Herr daher dem Knechte des Hohenpriesters sein Grabgewand, erscheint dem Jakobus, bringt Brot, segnet es, bricht es und gibt es ihm mit den Worten „Mein Bruder iss dein Brot, denn der Menschensohn ist auferstanden von den Schläfern". In den clementinischen Recognitionen und Homilien erscheint er als Bischof von Jerusalem und Oberhaupt der Kirche der Hebräer daselbst (Recogn. I, 43 vgl. Hom. XI, 35), ja als Oberbischof (*episcoporum princeps* Recogn. I, 68) und Erzbischof (*archiepiscopus* Recogn. I, 73), der über den Aposteln steht (Recogn. I, 44) und alle Lehrer unter den Heiden zu prüfen und zu beglaubigen hat (Recogn. IV, 35. Hom. XI, 35). Ebenso ist der zur clementinischen Literatur gehörige Brief des Petrus an Jakobus überschrieben Ἰακώβῳ τῷ κυρίῳ καὶ ἐπισκόπῳ τῆς ἁγίας ἐκκλησίας und in dem Briefe des Clemens an Jakobus, in welchem jener diesem von dem Tode des Petrus Bericht erstattet, heisst er gar ἐπίσκοπος ἐπισκόπων und Oberhaupt nicht blos der heiligen Hebräerkirche zu Jerusalem, sondern aller Gemeinden überhaupt, die aller Orten durch die göttliche Vorsehung gegründet sind.

Auch Clemens von Alexandrien hebt es im sechsten Buche der Hypotyposen (bei Eus. h. e. II, 1, 3) als eine besondere Auszeichnung Jakobus des Gerechten hervor, dass keiner der drei vom Herrn bevorzugten Apostel Petrus, Jakobus (Zebedäi) und Johannes, sondern jener zum Bischofe von Jerusalem eingesetzt worden sei. Derselbe Clemens weiss im siebenten Buche der Hypotyposen zu erzählen, dass der Herr nach seiner Auferstehung Jakobus dem Gerechten, dem Johannes und dem Petrus die „Gnosis" übergeben habe; diese hätten sie den übrigen Aposteln, diese wieder den Siebzig weiter überliefert (bei Eus. h. e. II,

1, 4). Auch hierin nimmt also jener Jakobus eine hervorragende Stellung ein, dass er, noch dazu an erster Stelle, als der Inhaber und Träger der rechten christlichen Erkenntnis erscheint. Auf welchem Wege auch immer Clemens zu diesen Angaben gekommen sein mag, der Ursprung derselben ist sicher in judenchristlichen Kreisen zu suchen. Doch leitete auch die gnostische Partei der Naassener ihre Geheimlehre von Jakobus dem Bruder des Herrn ab, welcher sie der Mariamne überliefert habe (Pseudorig. Refut. V, 7 p. 95; X, 9 p. 315 Miller).

Judenchristlichen, genauer essäisch - ebionitischen Ursprungs ist auch die bekannte Schilderung der L e b e n s w e i s e des Jakobus, welche Hegesippos im fünften Buche seiner ὑπομνήματα aufbewahrt hat (bei Eus. h. e. II, 23, 4—6): „Die Leitung der Kirche übernahm mit den Aposteln Jakobus der Bruder des Herrn, welcher von allen seit den Zeiten des Herrn bis auf unsere Tage der Gerechte genannt wird: denn Viele führten den Namen Jakobus. Dieser war von Mutterleib an heilig. Wein und Sikera trank er nicht, noch ass er irgend etwas Lebendiges. Auf sein Haupt kam kein Scheermesser, er salbte sich nicht mit Oel und brauchte kein Badehaus. Ihm allein war gestattet ins Heiligthum einzugehen. Er trug auch kein wollenes Zeug, sondern linnene Gewänder. Allein betrat er den Tempel, da fand man ihn auf den Knieen liegen und Vergebung für das Volk erflehen, bis seine Kniee von dem steten Beugen, Beten und Bitten schwielig geworden waren, wie die eines Kamels. Um dieser Ueberfülle seiner Gerechtigkeit willen hiess er der Gerechte und 'Oblias', auf Griechisch περιοχὴ τοῦ λαοῦ καὶ δικαιοσύνη, Umzäumung des Volkes und Gerechtigkeit, wie die Propheten von ihm andeuten" [1]). Die richtige Auslegung des Namens Oblias lässt ihn als Nasiräer erscheinen, worauf auch in der Schilderung seiner Lebensweise die Enthaltung von berauschendem Getränk und das Wachsenlassen des Haupthaares führen; auch die Parteinahme der Rechabiten für ihn, die Hegesipp weiter unten bei der Erzählung seines Martyriums berichtet, deutet eben dahin. Auch in der Apostelgeschichte erscheint Jakobus als ein Förderer des Nasiräatsgelübdes (Act. 21, 23 ff.). Daneben aber weist wieder die Enthaltung von Fleisch und Wein, sowie von Salböl, wol auch das Baden im Freien statt im Badehause, auf den

---

1) Ueber den Namen Oblias, d. h. הביליה (vgl. Sach. 11, 7. 10. 14) „mein Band" oder „meine Fessel Jhvh" und den Zusammenhang desselben mit dem Nasiräatsgelübde des Jakobus s. Hausrath neutest. Zeitgeschichte 2. Aufl. II S. 357 flg. Ebendaselbst ist auch περιοχή als falsche Uebersetzung von הביליח gedeutet.

essäischen Ebioniten, wozu freilich der tägliche Tempelbesuch nicht stimmen will. Sicher liegt in der Schilderung bei Hegesipp eine Umbildung einer älteren Ueberlieferung vor, aus welcher sich die widersprechenden Züge des Bildes erklären mögen. Hegesippos selbst hat schwerlich viel von dem Seinen hinzugethan; aber dasselbe essäische Judenchristenthum, welches auch die Lebensweise des Petrus (Clem. Hom. XII, 6) und des Matthäus (Clem. Alex. Paedag. II, 1 p. 175 Potter) nach seinen Idealen geschildert hat, wird auch die „Gerechtigkeit" des Jakobus als streng ebionitische Askese verstanden und in seiner Weise weiter ausgemalt haben. Hegesippos hat um 170 diese Schilderung getreulich wiedergegeben, wie nach ihm wieder Eusebios (l. c.), Hieronymus (cat. vir. illustr. 2), Epiphanios (haer. 78, 14) und Andere.

Ueber das Martyrium des Jakobus liegen verschiedene Berichte vor. Derselbe Hegesipp, welcher uns die Schilderung der asketischen Lebensweise des „Gerechten" hinterlassen hat, erzählt Folgendes. Einige von den sieben Secten (vgl. Hegesipp. bei Eus. IV, 22) befragen ihn, τίς ἡ θύρα τοῦ Ἰησοῦ. Jakobus erklärt ihn für den Erlöser und führt Einige zum Glauben. Als auch von den ἄρχοντες (den Mitgliedern des Synedrium) Einige gläubig wurden, geriethen die Schriftgelehrten und Pharisäer in Aufregung und befürchteten, dass das ganze Volk sich zum Glauben an Jesus als den Christus bekehren werde. Heuchlerisch wenden sie sich an Jakobus und fordern ihn auf, das Volk am Passahfest zu belehren, dass es sich nicht bethören lasse, an Jesum zu glauben. Unter schmeichlerischen Lobreden auf seine vom ganzen Volke anerkannte Gerechtigkeit veranlassen sie ihn, die Zinne des Tempels zu besteigen, damit er von dort aus verkünde τίς ἡ θύρα τοῦ Ἰησοῦ τοῦ σταυρωθέντος. Da verkündet er mit lauter Stimme Jesum den Menschensohn im Himmel sitzend zur Rechten der Kraft und kommend auf den Wolken des Himmels. Sein Zeugnis findet Glauben bei Vielen; die Schriftgelehrten und Pharisäer aber brechen in den Ruf aus: „Wehe, auch der Gerechte ist verführt", ersteigen das Tempeldach und stürzen ihn herab. Da er noch nicht todt ist, beginnen sie ihn zu steinigen. Er aber kniet nieder und bittet Gott ihnen ihre Sünde zu verzeihn, da sie nicht wissen, was sie thun. Vergeblich ruft ein Priester aus den Rechabiten ihnen zu: „Lasst ab, was beginnt ihr? Der Gerechte betet für euch!" Ein Walker ergreift sein Walkholz und zertrümmert dem Gerechten den Schädel. Sein Leichnam wird an dem Platze neben dem Tempel bestattet, wo noch zur Zeit Hegesipps „seine Säule" errichtet war. Alsbald aber erobert Vespasian die Stadt Jerusalem.

Bedenken gegen diese Darstellung erregt, auch abgesehen von der argen Thorheit, welche die Schriftgelehrten und Pharisäer hiernach begangen haben würden, das anerkannte Haupt der Christengemeinde zum öffentlichen Zeugnisse wider Jesu Messianität aufzufordern, namentlich der dreifache Versuch, den Jakobus zu tödten: der Sturz von der Tempelzinne, die Steinigung, das Schädeleinschlagen mit dem Walkerholze. Die drei nach einander ihm zugedachten Todesarten, von denen jede einzelne für sich völlig ausreichend war, scheinen bereits auf eine Weiterbildung, beziehungsweise auf Combination verschiedener älterer Sagen zu deuten. Die Steinigung allein begegnet uns in einem zweiten Berichte, den wir in den Werken des jüdischen Geschichtsschreibers J o s e p h u s (Antt. XX, 9, 1) lesen. Derselbe würde, auch wenn er interpolirt wäre, in der vorliegenden Fassung sicher schon aus dem 2. Jahrhunderte stammen, also der Erzählung bei Hegesippos mindestens an Alter nicht nachstehn. Hiernach hätte in der Zwischenzeit zwischen der Procuratur des Festus und des Albinus (62 u. Z.) der sadducäische Hohepriester Ananus (der jüngere Hannas) die Gelegenheit benutzt, den Bruder Jesu des sogenannten Christus, Jakobus, und einige Andre als Gesetzesübertreter vor Gericht zu stellen, verurtheilen und steinigen zu lassen. Aber grade die milde denkenden und gesetzesstrengen Bewohner der Stadt hätten über diese Frevelthat sowol beim Könige als bei dem neuen Procurator Albinus Beschwerde geführt. Albinus habe darauf den Hohenpriester mit Strafe bedroht, König Agrippa aber habe ihn abgesetzt [1]).

---

1) Die Hauptworte: ὁ Ἄνανος.... καθίζει συνέδριον κριτῶν· καὶ παραγαγὼν εἰς αὐτὸ τὸν ἀδελφὸν Ἰησοῦ τοῦ λεγομένου Χριστοῦ, Ἰάκωβος ὄνομα αὐτῷ, καί τινας ἑτέρους ὡς παρανομησάντων κατηγορίαν ποιησάμενος παρέδωκε λευσθησομένους. Da Josephus, wie schon Origenes sah (c. Cels. I, 47), mit der Bezeichnung des Jakobus als Bruders Jesu des sogenannten Christus keinen eigenen Glauben ausspricht, sondern nur die von den Gesetzesgerechten in Jerusalem, d. h. von den Pharisäern bethätigte Misbilligung des begangenen Frevels bescheinigt, so liegt in der Stelle selbst kein entscheidender Verdachtsgrund gegen ihre Aechtheit; die Ausscheidung der auf Jakobus bezüglichen Worte aber wäre kaum möglich, ohne der ganzen Erzählung die Pointe zu rauben. Auch K e i m (Jesus von Nazara 1, 11 fig.), H a u s r a t h (a. a. O. III, 373), H i l g e n f e l d (a. a. O. 526) und H o l t z m a n n (a. a. O. 203 f.) stimmen für die Aechtheit. Eine handgreifliche christliche Fälschung dagegen sind die angeblichen Worte, welche Origenes (a. a. O. I, 47. II, 13), Eusebios (h. e. II, 23, 20) und S u i d a s s. v. Ἰώσηπος bei Josephus lasen: ταῦτα δὲ (die Zerstörung von Jerusalem) συμβέβηκεν Ἰουδαίοις κατ᾽ ἐκδίκησιν Ἰακώβου τοῦ δικαίου, ὅς ἦν ἀδελφὸς Ἰησοῦ τοῦ λεγομένου Χριστοῦ, ἐπειδήπερ δικαιότατον αὐτὸν ὄντα οἱ Ἰουδαῖοι ἀπέκτειναν. Die Interpolation ist sichtlich erst auf Grund

Hat man, wie die neuere Kritik immer allgemeiner sich überzeugt, keinen Grund, die Geschichtlichkeit dieser Erzählung zu ver-
werfen, so stellt sich die Ueberlieferung bei Hegesipp erst recht als
sagenhafte Ausschmückung dar. Zwar der Sturz von der Höhe wäre
durch die Steinigung nicht ausgeschlossen; denn wie Hausrath nachgewiesen hat, war es später jüdischer Brauch, dass der zur Steinigung
Verurtheilte durch die Zeugen von einer Höhe herabgestürzt, und erst,
wenn er dann noch lebte, gesteinigt wurde[1]). Aber „der Tempel war
sicher nicht der Platz, solche Executionen vorzunehmen", und wenn
auch der Sturz, so reimt sich doch das Walkerholz nicht zu der Steinigung. Clemens von Alexandrien (bei Eus. II, 1, 4 vgl. II, 23, 19)[2])
stimmt mit dem Berichte des Hegesipp überein, und hat wahrscheinlich
direct aus demselben geschöpft. Die Erzählung, mit welcher Eusebios
selbst (II, 23, 1. 2) die Mittheilung aus Hegesipp und Josephus einleitet,
stammt sicher nicht aus anderen Quellen, sondern beruht lediglich auf
eigener Combination des in den genannten beiden Quellen Berichteten[3]).

Dagegen bieten die clementinischen Recognitionen einen
aus uralter Quelle geflossenen Bericht, der sich merkwürdig mit dem
Hegesipps berührt, obwol er sicher nicht aus demselben entlehnt ist.
Sieben Jahre nach dem Tode Christi fordern die Priester die Apostel
zu Disputationen über die Messianität Jesu im Tempel auf. Die Apostel
disputiren der Reihe nach mit den verschiedenen jüdischen Secten, den
Sadducäern, Samaritanern, Schriftgelehrten, Pharisäern, Johannesjüngern,
zuletzt mit dem Hohenpriester Kaiaphas selbst. Am folgenden Tage
nimmt auch der Bischof Jakobus an der Disputation Theil und nach
sieben Tagen hat er das Volk und die Priester beinahe schon von der
Messianität Jesu überzeugt. Aber als er eben im Begriffe steht, eine
Anzahl neubekehrter Gläubiger zu taufen, dringt „der verhasste Mensch"
(d. h. Paulus) in den Tempel ein, ergreift einen Feuerbrand vom Altar

---

der ersten Stelle in den Text des Josephus eingedrungen. So richtig Keim
(a. a. O.) und Holtzmann (a. a. O.).

1) Neutest. Zeitgesch. III, 371 flg. und dazu die dort angeführten Stellen
Sanhedrin cap. 16 u. 15.

2) δύο δὲ γίγοναϑιν Ἰάκωβοι, εἷς ὁ δίκαιος ὁ κατὰ τοῦ πτηρυγίου βλη-
ϑεὶς καὶ ὑπὸ γναφέως ξύλῳ πληγεὶς εἰς ϑάνατον, ἕτερος δὲ ὁ καρατομηϑείς.
Die Worte dem Clemens abzusprechen und auf Rechnung des Eusebios selbst
zu setzen, liegt kein genügender Grund vor.

3) In der Chronik schreibt Eusebios zum Jahre 2077 Abrah. (= Neronis VII):
'*Jacobum fratrem domini quem omnes Justum appellabant, lapidibus inter-
fecerunt Judaei*' (Schöne II, 154).

und gibt das Zeichen zum Blutvergiessen. Als die Gläubigen in wilder
Flucht auseinanderstieben, stürzt der verhasste Mensch den Jakobus von
den obersten Stufen des Tempels herab und lässt ihn für todt liegen.
Die Gläubigen heben ihn auf, tragen ihn nach Hause, bringen dort die
Nacht unter Gebet zu und brechen dann, noch ehe der Morgen graut,
5000 Köpfe stark von Jerusalem nach Jericho auf. Drei Tage nachher
erfahren die Jünger durch Gamaliel, dass der verhasste Mensch von
Kaiaphas Vollmacht erhalten hat, alle Gläubigen zu verfolgen und sich
mit Briefen des Hohenpriesters nach Damaskos begeben will. Dreissig
Tage darauf macht er sich wirklich auf den Weg über Jericho nach
Damaskos, weil er glaubt, dass Petrus dorthin geflohen sei. Hier
bricht das Fragment der alten Quellenschrift ab (Recogn. I. 43. 44;
53—71).

Der Sturz des Jakobus von den Stufen des Tempels herab weist
unzweifelhaft auf dieselbe Sagengestalt zurück, welche auch Hegesippos
kennt. Bemerkung verdient jedoch, dass hier Jakobus nur halbtodt
aufgehoben wird, nicht wirklich den Märtyrertod stirbt, was mit der
andern Abweichung zusammenhängt, dass es hier der verhasste Mensch
ist, den die Erzählung für den Mordanschlag verantwortlich macht. Der
Anlass des Sturzes ist beidemale derselbe: das Zeugnis des Jakobus
für die Messianität Jesu [1]). Beachtung verdient aber, dass der Sturz
hier nicht von der Zinne (dem πτηρύγιον) des Tempels, sondern von den
Tempelstufen herab erfolgt. Ist ersteres offenbar eine Reminiscenz an
die Versuchungsgeschichte (Matth. 4, 5), so könnte man andererseits
vermuthen, dass die Tempelstufen in der zweiten Erzählung an die Stelle
der Zinne getreten sind, weil Jakobus ja nicht todt bleibt, der Sturz also
passenderweise aus geringerer Höhe erfolgt. Aber auch bei Hegesipp
bleibt er ja nicht todt, sondern wird erst mit dem Walkerholze erschlagen.
Ueberdies eignen sich die Tempelstufen jedenfalls besser dazu, von dort
aus das Volk zu belehren, als die Zinne oder „der First“ des Tempels.
So bleibt die Möglichkeit stehn, dass die älteste judenchristliche Legende
nur von dem Sturze des Jakobus von den Tempelstufen herab gewusst
hat, und dass erst die jüngere Erzählung bei Hegesipp diesen Tempelsturz mit der geschichtlichen Steinigung des Jakobus combinirt, und
zur weiteren Ausschmückung noch den Walker mit seinem Holze hinzugefügt hat.

Köstlin (Hallesche Literaturztg 1849 N. 76 S. 603 flg.), dessen

---

1) Recogn. I, 71: .... *'ille inimicus homo Jacobum aggressus de summis
gradibus praecipitem dedit; quem cum mortuum credidisset, ultra mulctare
neglexit'*.

Vermuthung auch Uhlhorn (die Homilien und Recognitionen des Clemens Romanus S. 367) sich angeeignet hat, glaubt die Quelle jener alten Erzählung der Recognitionen in den Ἀναβαθμοὶ Ἰακώβου wiederaufgefunden zu haben, deren Epiphanios (haer. 30, 16) unter den bei den Ebioniten im Gebrauch befindlichen apokryphen Apostelgeschichten gedenkt. Dafür scheint zu sprechen, dass auch jene Ἀναβαθμοὶ Ἰακώβου von ähnlichen Reden wider den Tempel, die Opfer und das Opferfeuer berichten, wie sie in den Disputationen der Recognitionen berichtet werden. Aber hier ist es grade nicht Jakobus, der wider Tempel und Opfer redet. Zwar der Ausdruck ἀναβαθμοί mag wirklich auf die Tempelstufen oder auf das (wiederholte?) Emporsteigen des Jakobus zum Tempel deuten [1]); dies beweist aber noch nicht die Entlehnung der obigen Erzählung aus dem von Epiphanios erwähnten Apokryphum. Vielmehr scheint die Erzählung der Recognitionen Bruchstück eines grösseren Ganzen zu sein, welches sich vorzugsweise mit den Kämpfen des Petrus und des ἐχθρὸς ἄνθρωπος, d. h. des Paulus beschäftigte. Immerhin mögen die ἀναβαθμοί Ἰακώβου theilweise einen verwandten Stoff behandelt haben. Es steht namentlich nichts der Annahme entgegen, dass sie die Reden des Jakobus auf den Stufen oder auf der Zinne des Tempels und seinen darauf folgenden Märtyrertod, also wesentlich dieselbe Legende, die Hegesipp auf Grund der ebionitisch-essäischen Ueberlieferung mittheilt, berichteten. Ob die von Epiphanios weiter erwähnten ebionitischen Lästerreden wider Paulus wirklich derselben Quelle entnommen waren, muss dahingestellt bleiben [2]). Der Wortlaut scheint allerdings diese Annahme zu begünstigen.

Die Ueberlieferungen
in der späteren griechischen (und syrischen) Kirche.

Wie dem auch sei, die Ueberlieferung der späteren Jahrhunderte weiss von dem Inhalte dieser ἀναβαθμοί Ἰακώβου nichts Näheres zu

---

1) Möglich wäre aber auch noch eine andre Deutung, die sich aus den weiter unten folgenden Worten ergibt, wo es von Paulus heisst ἀναβεβηκέναι δὲ εἰς Ἱεροσόλυμα.

2) Πράξεις δὲ ἄλλας καλοῦσιν ἀποστόλων εἶναι, ἐν αἷς πολλὰ τῆς ἀσεβείας ἔμπλεα, ἔνθεν οὐ παρέργως κατὰ τῆς ἀληθείας ἑαυτοὺς ὥπλισαν. ἀναβαθμοὺς δέ τινας καὶ ὑφηγήσεις δῆθεν ἐν τοῖς ἀναβαθμοῖς Ἰακώβου ὑποτίθενται, ὡς ἐξηγουμένου κατά τε τοῦ ναοῦ καὶ τῶν θυσιῶν κατά τε τοῦ πυρὸς τοῦ ἐν τῷ θυσιαστηρίῳ, καὶ ἄλλα πολλὰ κενοφωνίας ἔμπλεα, ὡς καὶ τοῦ Παύλου ἐνταῦθα κατηγοροῦντες οὐκ αἰσχύνονται ἐπιπλάστοις τισὶ τῆς τῶν ψευδαποστόλων αὐτῶν κακουργίας καὶ πλάνης λόγοις πεποιημένοις, Ταρσέα μὲν αὐτὸν κτλ.

berichten. Wenn man von jener einen Stelle des Epiphanios absieht, so bieten die griechischen Kirchenschriftsteller seit dem Ende des 2. Jahrhunderts über Person und Schicksale des Jakobus keine anderen Notizen, als die im Neuen Testamente sowie bei Eusebios enthaltenen. Auch die häufig wiederholten Angaben des Josephus, Hegesippos und Clemens Alexandrinus sind lediglich aus Eusebios geschöpft. Epiphanios schmückt (haer. 29, 4. 78, 7. 13 und 18) lediglich die Angaben Hegesipps weiter aus. Wie Johannes nach Polykrates von Ephesos (Eus. h. e. V, 23, 4), so soll nach Epiphanios auch Jakobus der Gerechte das hohepriesterliche Stirnblech (πέταλον) getragen und kraft seiner hohepriesterlichen Qualität einmal im Jahre das Allerheiligste [1]) betreten haben. Einst bei grosser Dürre soll er durch sein Gebet Regen herabgerufen haben. Seine Lebensweise wird als die eines Nasiräers beschrieben und zur Schilderung Hegesipps noch hinzugefügt, dass er keine Sandalen getragen und dass er lebenslängliche Jungfräulichkeit bewahrt habe. Sein Märtyrertod soll 24 Jahre nach Christi Himmelfahrt (= 57 u. Z.), in seinem 96. Lebensjahre erfolgt sein. Der Hergang des Martyriums — von der Tempelzinne herabgestürzt und vom Walker erschlagen — wird nach Hegesipp berichtet, ebenso die Fürbitte für seine Mörder; nur wird jenes Wort des rechabitischen Priesters „Lasst ab, was steinigt ihr den Gerechten und siehe, er betet für euch aufs Beste" vielmehr seinem Vetter Simon Klopa, welcher dabei gestanden, in den Mund gelegt. Von allen diesen Angaben mögen höchstens die chronologischen Data auf irgend eine nicht näher zu ermittelnde schriftliche Quelle zurückgehn; alle übrigen Abweichungen von Hegesipp kommen wahrscheinlich auf des Epiphanios eigene Rechnung. Nach dem Vorgange des Hegesippos, Clemens Alexandrinus, Eusebios (h. e. II, 1. 2. 23, 1. III, 5, 2. 7, 9. III, 22. IV, 5, 3. 22, 4. VII, 19. Chron. ad ann. 2077 Abrah.), der apostolischen Constitutionen (VII, 46), des Epiphanios (ll. cc.), Chrysostomos (hom. 5, 3 in Matth. Opp. T. VII, 77 sq. Montfaucon) u. A. gilt Jakobus der Bruder des Herrn in der späteren Tradition der griechischen, lateinischen, syrischen und ägyptischen Kirche ganz allgemein als der erste Bischof von Jerusalem. Eusebios erzählt noch, dass man zu seiner Zeit den bischöflichen Stuhl des Jakobus (τὸν Ἰακώβου θρόνον) gezeigt habe (h. e. VII, 19. 32, 29). Vgl. auch Nikephoros Antirrhet. c. Euseb. bei Pitra Spicil. Solesm. I, 494. 498.

---

1) So auch Rufinus in der Uebersetzung von Eus. II, 23, 6, Hieron. cat. vir. illust. 2 (p. 8 Herding) und von den Späteren Symeon Metaphrastes und Nikephoros Kallistos.

Die griechische Kirche feiert das Gedächtnis des Bruders des Herrn, oder wie er bei den späteren Griechen herkömmlich heisst, des Ἀδελφόθεος, am 23. October. Die Tradition schwankt darüber, ob er ein Sohn Josephs aus erster Ehe (so z. B. Epiphanios II. ce.), oder ein Sohn des Klopas [und der Mutterschwester Jesu vgl. Joh. 19, 25] gewesen sei (so z. B. Chrysostomos in Gal. 1, 19 Opp. X, 678 sq. Montfauc., Theodoret in ep. ad Gal. cap. 1 Opp. III, 366 ed. Schulze). Auch in letzterem Falle wird er von Jakobus Alphäi unterschieden. Die erste Ansicht hat Eingang in die grossen griechischen Menäen gefunden (Men. zum 23. Oct. p. ρλθ′). Hier gehn zunächst folgende Verse voraus:

κληθείς ἀδελφὸς τοῦ καταρρίτου ξύλῳ
θνήσκεις δι' αὐτὸν παμμάκαρ κρουσθείς ξύλῳ.
ἐσθλὸν ἀδελφόθεον τριτάτῃ [l. τρίτῃ] ξύλῳ εἰκάδι πλῆξαν.

Dann wird erzählt, Jakobus Adelphotheos, vom Herrn selbst zum ersten Bischof von Jerusalem eingesetzt, sei der Urheber der nachmals von Basilios und Chrysostomos bearbeiteten Liturgie. Seine Predigt erregt den Zorn der Juden, sie ergreifen ihn, stürzen ihn von der Tempelzinne herab und tödten ihn. Die Namen ἀδελφόθεος und δίκαιος habe er nach der Tradition darum empfangen, weil er als Sohn Josephs erster Ehe Jesum an dem väterlichen Erbe theilnehmen liess, was die übrigen Brüder verweigerten.

Das Menologium Basilii feiert den Gedächtnistag des ἀδελφὸς τοῦ κυρίου an zwei verschiedenen Tagen, einmal wie herkömmlich am 23. October (I, 135 Albani; 117, 121 Migne), zum Andern aus Verwechselung mit dem (hier auf den 15. November verlegten) Zebedaiden am 30. April (III, 77 sq. Albani; 117, 429 sq. Mign.) An der ersten Stelle gibt das Menologium wesentlich denselben Text wie die gedruckten Menäen; an der zweiten eine Combination der Nachrichten bei Josephus und bei Hegesipp ohne bemerkenswerthe Eigenthümlichkeit [1]).

Die Dorotheostexte A und B führen, wie bereits erwähnt, den ἀδελφὸς τοῦ κυρίου auf Grund von Eus. h. e. I, 12, 4 an der Spitze der siebzig Jünger auf [2]); und eben hiermit stimmen die Listen der 70

---

1) Ueber handschriftliche Menologien s. Henschen in den Actis SS. Mai. T. I p. 24. Dieselben enthalten denselben Text wie die gedruckten Menäen mit Ausnahme des Synaxarium im Coll. Claromontanum Soc. Jesu Paris., welches einen weit ausführlicheren Text des Martyriums gibt, der aus Hegesipp geschöpft ist.

2) Cod. Vindob. hist. gr. 40: Ἰάκωβος ὁ ἀδελφὸς τοῦ κυρίου τὸ κατὰ

bei Pseudo-Hippolyt und dem angeblichen Logotheten überein [1]). Auch
der Text des Scholion bei Lagarde (Constt. app. 282) nennt ihn ausserhalb der Liste der Zwölf, an vierzehnter Stelle [2]). Dagegen ist er in
dem Dorotheos-Hippolytostexte bei Lagarde (Constt. app. 283) einfach
an die Stelle des Alphaiden getreten [3]), in den oben angeführten Verzeichnissen des angeblichen Epiphanios, im cod. Matrit. und vor den
Werken des Oikumenios ist er mit jenem identificirt; doch führt ihn
cod. Matrit. daneben noch einmal an der Spitze der 70 auf [4]). Die
σύναξις der Apostel zum 30. Juni unterscheidet ihn ebenfalls vom
Alphaiden, und zählt ihn hinter Matthias und vor Symeon Klopa,
Barnabas u. A. auf [5]). Die Angaben dieser Texte bieten nichts Bemerkenswerthes mit Ausnahme der Notiz von Dorotheos A, dass
Jakobus im Tempel πλησίον τῶν ἱερέων oder wie Pseud-Epiphanios
vollständiger sagt, πλησίον τοῦ τάφου τῶν ἱερέων bestattet worden
sei. Dorotheos lat. hat dafür 'in templo prope altare', der Text des
cod. Matrit. einfach ἐν τῷ ναῷ ohne nähere Bestimmung. Der Metaphrast (s. u.) versetzt das Grab des Apostels nur überhaupt in die
Nähe des Tempels. Alle diese Angaben gehn auf Hegesippos (bei Eus.
h. e. II, 23, 18) zurück [6]). Eine etwas abweichende Nachricht, die mir

σάρκα, ὁ καὶ ἐπικληθεὶς δίκαιος καὶ πρῶτος ἐπίσκοπος Ἱεροσολύμων χειροτο-
νηθείς, λίθοις βληθεὶς ὑπὸ τῶν Ἰουδαίων ἐν αὐτῇ τῇ Ἱερουσαλὴμ ἐκοιμήθη·
καὶ ἐκεῖ ἐτάφη ἐν τῷ ναῷ πλησίον τῶν ἱερέων.

Doroth. latin.: 'Jacobus frater domini secundum carnem qui et Justus
vocatur et primus Hierosolymorum episcopus constitutus est, lapidibus ibi a
Judaeis adobrutus occubuit atque in templo prope altare sepultus est'.

Dorotheos B (bei Ducange): α' Ἰάκωβος ὁ ἀδελφὸς τοῦ κυρίου καὶ
πρῶτος ἐπίσκοπος Ἱεροσολύμων ὑπ' αὐτοῦ τοῦ κυρίου γενόμενος.

1) Pseudo-Hippolyt (bei Combefis) und Logothetos s. o. S. 230 Anm 3.

2) S. o. S. 230 Anm. 4.

3) ιβ' Ἰάκωβος οὗτος ἦν ἀδελφὸς τοῦ κυρίου κατὰ σάρκα, καθίσταται δὲ
πρῶτος ἐπίσκοπος ἐν Ἱερουσαλήμ· οὗτος ἐμαρτύρησα καταβληθεὶς ὑπὸ ἀνόμων
ἀνδρῶν ἐκ τοῦ πτερυγίου τοῦ ναοῦ τοῦ ἐν Ἱερουσαλήμ· κειμένου αὐτοῦ κάτω
καὶ ἔτι ζῶντος, κναφεὺς ἀνεῖλεν αὐτὸν πατάξας τῷ ξύλῳ, μεθ' οὗ ἐβάσταζε τὰ
ἱμάτια καὶ ἐπορεύετο ἀποπλύναι αὐτά.

4) Vgl. die oben S. 231 Anm. 1 angeführten Stellen. Daneben liest cod.
Matrit. hinter den 7 Diakonen an der Spitze der 70: Ἰάκωβος ὁ ἀδελφὸς τοῦ
κυρίου ὁ καὶ πρῶτος ἐπίσκοπος ὑπ' αὐτοῦ γενόμενος ἐν Ἱεροσολύμοις.

5) Cod. Paris. 1587. 1588: Ἰάκωβος ὁ ἀδελφὸς τοῦ κυρίου καὶ υἱὸς
Ἰωσὴφ τοῦ μνηστῆρος πρῶτος ἐπίσκοπος Ἱεροσολύμων γενόμενος ὑπὸ τῶν Ἰουδαίων ἀπὸ τοῦ ἱεροῦ κρημνισθεὶς καὶ ξύλῳ τῶν κναφέων τὴν κάραν κρουσθεὶς
τελειοῦται. Wörtlich ebenso der gedruckte Text (Men. Jun. ρκδ').

6) Καὶ ἔθαψαν αὐτὸν ἐπὶ τῷ τόπῳ παρὰ τῷ ναῷ, καὶ ἔτι αὐτοῦ ἡ στήλη
μένει παρὰ τῷ ναῷ.

bisher in griechischen Quellen nicht aufgestossen ist, bietet Gregor von Tours (de gloria martyrum I, 27 p. 749 Ruinart). Hiernach ist er bestattet worden auf dem Oelberge, in einem selbsterbauten Grabe, in welchem er den Zacharias und Simeon beigesetzt hatte [1]). Die Zusammenstellung des Jakobus mit Zacharias dem Vater des Täufers und Symeon dem θεοδόχος gehört aber der griechischen Legende an. Denn als Kaiser Justinus II (565—578) und seine Gemahlin Sophia die Gebeine des ἀδελφόθεος in die neuerbaute Jakobuskirche in Constantinopel übertragen liessen, fanden neben andern Heiligen auch Symeon und Zacharias daselbst ihre Ruhestatt [2]). Die Angabe, dass Jakobus auf dem Oelberge bestattet liege, ist schon dem Hieronymus bekannt, wird aber von diesem bestritten [3]). Als Ortskundiger ist Hieronymus ein vollgiltiger Zeuge dafür, dass zu seiner Zeit das Grab des Jakobus nicht am Oelberge gezeigt wurde. Der syrische Text A des Transitus Mariae lässt Jakobus von der „Grube zu Zion" kommen. Die spätere Localtradition von Jerusalem zeigte das Grab des Apostels nicht weit vom Thale Josaphat, nahe am Wege vom Berge Zion dahin: der Wanderer kommt von Zion die via sacra entlang zuerst zur Kirche St. Petri de galli cantu, dann zum Grabe des Jakobus, darnach hinunter ins Thal [4]).

Von griechischen Enkomiasten, welche das Leben des ἀδελφόθεος beschrieben, ist ausser Hesychios von Jerusalem, dessen Tractat εἰς Ἰάκωβον τὸν ἀδελφὸν τοῦ κυρίου καὶ Δαβὶδ τὸν θεοπάτορα noch ungedruckt ist [5]), zunächst Symeon Metaphrastes zu nennen. Sein Enkomium auf den Jakobus Adelphotheos (οὐχ οὕτως ἡδύ τι τῷ φιλαρέτῳ, griechisch in Actis SS. Maii T. I p. 735 sqq., auch bei Combefis Auctar. Noviss. I, 519 sqq. und bei Migne 115, 199, lateinisch in Actis SS. l. c. p. 31 sqq.) enthält gar nichts Eigenthümliches, sondern ausser

---

1) *sepultusque est in monte Oliveti in memoria quam sibi ipse prius fabricaverat et in qua Zachariam ac Simeonem sepelierat*.
2) Georg Codinus Origines Constantinopolit. p. 56 citirt von Henschen in Actis SS. Maii T. I p. 24.
3) cat. vir. illustr. 2 p. 9 Herding: *'Quidam e nostris in monte Oliveti eum conditum putant, sed falsa eorum opinio est'*.
4) Acta SS. l. c. p 27. Aus einer weiter unten noch zu erwähnenden Stelle des Hieronymus (l. c.) scheint übrigens hervorzugehn, dass zu seiner Zeit die Grabstätte nicht mehr sicher bestimmt werden konnte. Nur soviel weiss Hieronymus gewis, dass sie *'iuxta templum'*, also nicht am Oelberg sich befunden habe.
5) Photios Bibl. cod. 275. S. o. I, 190.

biblischen Nachrichten nur die bekannten Zusammenstellungen aus
Hegesipp und Josephus.

Ferner enthält der wichtige cod. Paris. gr. 881 saec. XI
f. 300ᵛ Μαρτύριον τοῦ ἁγίου Ἰακώβου τοῦ ἀποστόλου καὶ ἐπισκόπου
Ἱεροσολύμων. Die Anfangsworte διαδέχεται τὴν ἐκκλησίαν Ἱεροσολύμων ἀπὸ τῶν ἁγίων ἀποστόλων ὀνομασθεὶς ἀδελφὸς τοῦ κυρίου
Ἰάκωβος beweisen, dass wir hier nichts als die aus Hegesipp bekannte
Erzählung vor uns haben. Es ist dies derselbe Text, den auch die
lateinische passio von den Worten an 'Suscepit ecclesiam cum apostolis frater domini Jacobus' (= Fabricius 598, 3) bietet. Ausserdem
enthält cod. Paris. gr. 1485 f. 58ʳ eine vita Jacobi acephalos, welche
ausser neutestamentlichen Nachrichten ebenfalls die bekannte Erzählung
Hegesipps wiedergibt. Was endlich Nikephoros Kallistos (h. e.
II, 38) über Jakobus den Bruder des Herrn berichtet, beruht ebenfalls
lediglich auf den Excerpten des Eusebios aus Hegesipp und Josephus.

Die Syrer unterscheiden den Bruder des Herrn vom Alphaiden, und
bewahren über ihn die gewöhnliche Tradition. So schon die Doctrina
Apostolorum (bei Cureton Ancient Syriac Documents p. 33, 7 der engl.
Uebers.): „Jerusalem und alle Gegenden von Palästina und die Gebiete
der Samaritaner und Philistäer und die Gegend von Arabien und Phönikien und das Volk von Cäsarea erhielt die Handauflegung zur Priesterweihe von Jakobus, welcher war Gesetzgeber und Leiter (Bischof)
in der Kirche der Apostel, welche gebaut worden war auf Sion". Auch
in der Legende von der Kreuzesauffindung durch Patronike oder Protonike, welche als Episode auch der Doctrina Addaei (p. 10, 18—16, 27
der engl. Uebers. ed. Phillips) eingefügt ist, erscheint Jakobus als das
Haupt der Kirche von Jerusalem. Barhebraeus im chron. eccl.
I, 35 (ed. Abbeloos et Lamy) zählt ihn ausser der Zahl der 12 unter den
'praedicatores' auf und schreibt von ihm 'Jacobus frater domini ab
apostolis ordinatus et primus Hierosolymorum episcopus' [1]).

Das koptische Martyrium des Jakobus.

Auch die Tradition der koptisch-abyssinischen Kirche
bietet wenig Eigenthümliches. Dieselbe feiert das Andenken des Jakobus

---

[1]) Die Armenier feiern das Gedächtnis des (von dem Alphaiden unterschiedenen) Bruders des Herrn mit den Griechen am 23. October, und nochmals am 25. December. Zum 23. October steht sein Name auch im syro-
chaldäischen Kalendarium (Rom 1624) und in einem arabisch-ägyptischen
Martyrologium, dessen die Acta SS. l. c. p. 24 gedenken.

am 18. Epiphi (Abîb) oder Hamleh (12. Juli) [1]. Von den koptischen Codd. bei Zoëga enthält das zweite Fragment von Nr. 127 (l. c. p. 228) zuerst das Ende des 'martyrium S. Jacobi minoris die XIIX Epip' darnach vollständig 'martyrium Jacobi fratris domini die XIIX Epép'. Aber wie Zoëga bemerkt '*ex narratione autem quae quidem integra est, apparet librarium unam eandemque historiam bis descripsisse*'. Den Inhalt fasst Zoëga kurz dahin zusammen: '*Jacobus episcopus Hierosolymorum constitutus, occiditur a fullone in templo*'. Muss man nach dieser Uebersicht annehmen, dass der koptische Codex in der That nur die bekannten Geschichten Hegesipps wiederholt, so steht es mit dem äthiopischen certamen apostolorum nur wenig anders. Dasselbe enthält zunächst (Malan p. 15—18) die **Predigt des Jakobus Justus, des Bruders des Herrn**.

Jakobus erhält bei der Aposteltheilung Jerusalem, möchte lieber zu den Heiden gehn (!), doch der Herr bleibt bei seiner Anordnung. Wohl aber ertheilt er dem Petrus den Auftrag, seinem Mitapostel beizustehn. Jakobus wird von Petrus und den übrigen Aposteln zum Bischofe von Jerusalem geweiht. Als die Juden ihm nachstellen, begibt er sich in die Umgegend der Stadt, bittet einen alten Mann, ihn in sein Haus aufzunehmen, treibt daselbst einen Teufel aus und bekehrt die ganze Hausgenossenschaft. Auf die Kunde davon bringt man von allen Seiten Kranke zu ihm. Er heilt sie, ordnet das Kirchenwesen, setzt den Alten zum Bischofe ein und kehrt darauf wieder nach Jerusalem zurück.

Hieran reiht sich das **Martyrium** am 18. Hamleh (Malan p. 18—24). Die Bekehrungen und Wunderthaten des Jakobus in Jerusalem erwecken die Aufmerksamkeit des Richters der Stadt, Aumanius [d. h. Ananus], welchen der Satan zeitweilig rasend macht. Sein unfruchtbares Weib Piobsata bittet Gott um ein Kind und bringt ohne Vorwissen ihres Gatten, dessen Geiz sie fürchtet, der Kirche Opfergaben dar. Auf die Kunde von der Predigt des Apostels wendet sie sich mit ihrem Anliegen an ihn, erhält die Verheissung der Erfüllung ihres Wunsches, wenn sie glaube und kehrt heim mit dem Segen des Apostels. Wirklich genest sie eines Knaben, den sie Jakobus nennt und bringt denselben zu dem Apostel, dass der ihn segne. Als Aumanius dies erfährt, ergrimmt er sehr, ruft die Grossen der Stadt zusammen,

---

[1] So auch, wie Wüstenfeld mir freundlichst mittheilt, im arabischen Synaxar. Daneben findet sich in äthiopischen Kalendarien auch der 26. Tekemt, d. h. der 23. October, der Festtag der Griechen.

und fordert sie auf, den Jakobus zu greifen, wenn er zum Tempel
komme; er selbst werde ihm im Tempel auflauern. Denn viele heissen
Jakobus ausser diesem Einen; ihn aber hatte Gott erwählt und geheiligt
vom Mutterleibe an, wie den Propheten Jeremia, sein Lebenlang: er ass
nichts wovon Blut floss, liess kein Scheermesser über sein Haupt
kommen, badete in keinem öffentlichen Bade und trug sein Lebenlang
nur Einen Mantel. Im Gefängnisse fuhr er Tag für Tag fort, im Gebete
für uns zu wachen, damit Gott seinem Volke dessen Sünden vergeben
möge, bis zuletzt seine Füsse wund wurden von seinem langen Stehen
und Knieen. Deswegen wurde er Jakob der Gerechte genannt.

Aber alle Juden wussten, dass er gerecht und rein war nach dem
Vorbilde der Propheten. Dieser Jakob war der Jüngste unter den Söhnen
des Joseph, welcher vier Söhne und zwei Töchter hatte. Alle diese
Kinder heiratheten mit Ausnahme von Jakob. Als Maria mit Joseph
verlobt wurde, fand sie ihn im Hause und erzog ihn in Gottesfurcht,
daher man Maria seine Mutter nannte.

Als er zum Bischof geweiht war, glaubten Viele durch seine Lehre
und seine Sittenreinheit bewogen an den Herrn. Unter den Schriftgelehrten und Pharisäern aber entstand eine grosse Bewegung, weil das
Volk dem Glauben an Jesus sich zuzuwenden begann. Daher kamen sie
zu Jakobus und forderten ihn auf, am Passah das Volk zu belehren, dass
Jesus nicht der sei, welcher kommen soll. Jakob ersteigt die Tempelstufen, aber statt das Volk zu lehren, wie man von ihm verlangt, verkündet er Jesum als den zur Rechten des Vaters in den Himmel
Erhöhten, welcher wiederkommen werde zum Weltgericht. Das Volk
wird gläubig; die Priester und Pharisäer gerathen in heftigen Zorn,
stürzen ihn vom Tempel herab und steinigen ihn. Er fällt auf die Kniee
und betet für sein Volk. Ein Priester aus den Kindern Ahab [Rechab]
bittet für sein Leben, aber ein Walker erschlägt ihn mit dem Walkholz.
Zur Strafe wird Jerusalem von Asbianos [Vespasianus] belagert, die
Juden werden in die Gefangenschaft geführt.

Eigenthümlich ist hier nur die Geschichte von der Dämonenaustreibung im Hause des Greises und von Piobsata der unfruchtbaren
Frau des Richters Annanius, welcher des Apostels Gebet zu einem
Knaben verhilft. Beide Erzählungen behandeln Motive, welche öfters
in der älteren Apostellegende wiederkehren, und für welche eine selbst-
ständige, den Aethiopiern noch zugänglich gewesene Ueberlieferung
anzunehmen, kein Grund vorliegt. Dass Jakobus der Jüngste unter seinen
Brüdern gewesen, ist ebenso wie die Notiz, dass Maria ihn erzogen
habe, wol eigenthümliche Weiterbildung; die Behauptung seiner Jung-

fräulichkeit kommt auch bei Griechen vor. Alles Uebrige, also vor Allem das eigentliche Martyrium, ist aus Hegesipps Erzählung mit unbedeutenden Modificationen herübergenommen.

Die abendländische Tradition über Jakobus den Bruder des Herrn.

Die lateinische Kirche feiert die Bischofsweihe des Jakobus am 27. December, demselben Tage, an welchem sie auch das Gedächtnis der assumptio Joannis begeht [1]). Auffällig dagegen ist, dass sie im 7., 8. und 9. Jahrhunderte für das Martyrium des Jakobus zwei oder drei Festtage angesetzt hat, den 25. (15.) März und den 1. Mai, letzteren Tag, welcher späterhin allein gefeiert wird, gemeinsam mit Philippus. Der 25. März ist als Passionstag Christi auch dem Bruder des Herrn geweiht, weil dieser nach Hegesippos am Passahtage das Martyrium erlitten haben soll[2]). Von einer Verwechselung mit Jakobus Alphäi kann hier keine Rede sein, denn dessen Tag ist der 22. Juni.

---

1) So schon die notitia de locis sanctorum apostolorum in cod. Epternac. cod. Paris. lat. 10837 saec. VIII (vgl. auch opp. Hieronym. XI, 545 Vallarsi): '*VI kal. Jan. natalis apostoli sancti Jacobi fratris domini*'. Ferner der codex Autissiodor. des martyrol. Hieronym. (bei Martène et Durand Thesaur. nov. anecdot. III, 1550 sq.): '*VI kal. Jan. in Epheso adsumtio S. Johannis apostoli et evangelistae. Hierosolymis ordinatio episcopatus S. Jacobi apostoli fratris domini*'. cod. Epternac.: '*ordinatio episcopatus S. Jacobi fratris domini, qui ab apostolis primus ex Judaeis Hierosolymis est episcopus ordinatus et in medio paschae martyrio coronatus Hierosolymis. cuius passio est VIII kal. April*'. Der cod. Lucc. bei Florentini bietet '*VI kal. Jan. ordinatio S. Jacobi apostoli fratris domini qui ab apostolis primus ex Judaeis Hierosolymis est episcopus ordinatus et medio paschae martyrio coronatur*'. Die gesperrt gedruckten Worte fehlen in vier codd. des Hieronymianum, deren die Acta SS. l. c. p. 23 gedenken. Genau wie cod. Lucc. liest der cod. Wissemburg. Fast ebenso oder mit geringen Kürzungen codd. Corbej. maj. Gellon. Corbej. min. Turon. Rhinov. Richonov. Labbean. Vgl. auch Acta SS. l. c. p. 23.

2) Der 25. März findet sich in zahlreichen codd. des Hieronymianum. Cod. Epternacensis hat: '*VIII kal. April. Hierosolymis dominus crucifixus est. passio Jacobi Justi fratris domini*'. Cod. Lucc. und codd. Corbej. maj. und min.: '*VIII kal. April. In Hierosolyma dominus noster Jesus Christus crucifixus est et passio S. Jacobi apostoli qui et frater domini sicut in actis apostolorum continetur*'. Aehnlich noch zahlreiche andre codd. des Hieronym., welche meist einen kürzeren Text bieten (martyr. Gellon. Autissiodor. Morbac. Richenov. August. Labbean.: '*VIII kal. April. passio Jacobi apostoli*'), Rabanus und Notker. Neben dem 25. März findet sich in den meisten codd. des Hieronymianum der 14. (cod. Morbac.) oder richtiger 15. März, so codd. Lucc.

Es wurde schon bemerkt, dass in der abendländischen Tradition nach dem Vorgange des Hieronymus der Alphaide allmählich mit dem Bruder des Herrn verschmilzt, beziehungsweise hinter ihm verschwindet. Hieronymus gibt in seinem catal. vir. illust. c. 2 (p. 7—9 Herding) einen ziemlich ausführlichen Artikel über Jakobus den Bruder des Herrn mit dem Beinamen der Gerechte. Alsbald nach der Passion des Herrn sei er von den Aposteln zum Bischofe von Jerusalem ordinirt worden und habe den unter dem Namen des Jakobus unter den sieben katholischen Briefen enthaltenen Brief verfasst; doch fügt Hieronymus hinzu, man versichere, dieser Brief sei vielmehr von einem andern unter dem Namen des Jakobus geschrieben worden, und habe erst mit der Zeit allmählich kirchliches Ansehn erlangt. Dann folgt ein Stück aus dem von Eusebios in der Kirchengeschichte mitgetheilten Auszuge aus Hegesipp (= Eus. h. e. II, 23, 4—6). Mit Uebergehung des Weiteren folgt alsbald die ebenfalls aus Eusebios geschöpfte Notiz des Josephus, welche Hieronymus in ziemlich confuser Weise mit den Nachrichten des Clemens Alexandrinus und des Hegesipp über den Märtyrertod des Jakobus zu einem Ganzen verschmilzt. Nach Bezugnahme auf Gal. 1, 19 folgt dann die bereits erwähnte Stelle aus dem Hebräerevangelium und zuletzt die Notiz, Jakobus habe 30 Jahre lang bis zum 7. Jahre des Nero die Kirche von Jerusalem regiert und sei neben dem Tempel begraben worden. Die Stelle sei bis zu den Belagerungen Jerusalems unter Titus und Hadrian allgemein bekannt gewesen, dagegen sei die Ansicht Einiger, welche seine Grabstätte am Oelberge suchen, eine irrige [1]). Im Commentar zum Galaterbrief (zu

---

Epternac. Corbej. maj. und min. Gellon. Autissiodor. Richenov. August. Labbean. Reg.-Suec. u. ö. (vgl. auch Acta SS. l. c.).

Den 1. Mai nennt als Gedächtnistag schon das Sacramentarium Gregorii (Muratori, Liturg. Rom. vet. II, 82). Ausserdem das Breviarium apostolorum, das von Fronto herausgegebene Kalendarium Romanum und sämtliche Codd. des martyrol. Hieronym. So hat der cod. Autissiod. (bei Martène et Durand l. c.) neben den Angaben zum 27. Dec., zum 15. und 25. März auch noch *'kal. Maias in Asia Philippi et Jacobi apostoli'*. Der Text der codd. Lucc. (bei Florentini) und Corbeiens. min. (bei Martène) *'kal. Maias in Africa* [l. *Asia*] *Hierapoli natalis sanctorum Philippi et Jacobi'*. Cod. Epternac. lässt *Hierapoli* weg, Corbej. maj. ebenso wie Lucc., nur richtig *'in Asia'*. Dasselbe Datum findet sich dann mit manchen Abweichungen im Texte in den jüngeren Martyrologien bei Ado, Notker, Beda, Rabanus, Usuard, Florus und im Martyrol. Roman. Vgl. Acta SS. l. c. Die meisten Jüngeren haben nur noch den 1. Mai.

1) *'Triginta itaque annis Hierosolymae rexit ecclesiam id est usque ad septimum Neronis annum et iuxta templum ubi et praecipitatus fuerat se-*

Gal. 1, 19 Opp. VII, 396 sq.) erzählt er von Jakobus dem Gerechten, er habe beim Volke in dem Rufe so grosser Heiligkeit gestanden, dass man sich um die Wette bemüht habe, wenigstens den Saum seines Gewandes zu berühren. Später sei er durch die Juden den Tempel herabgestürzt worden [1]).

Auch der pseudaugustinische Sermo 273 (de tempore 61 Opp. V, 2, 320 ed. Antwerp.) nimmt auf die Erzählung Hegesipps Bezug, indem er berichtet, Jakobus habe, als er von den Juden gesteinigt wurde, kniefällig für seine Verfolger gebetet [2]).

Die notitia de locis sanctorum apostolorum (codd. Paris. Epternac. und bei Vallarsi vor dem Martyrol. Hieron.) gedenkt nur des Bruders des Herrn und zwar zum 27. December, dem gemeinsamen Gedächtnistage des Jakobus und Johannes. Der laterculus apostolorum in cod. Paris. lat. 9562 schreibt in seinem Verzeichnisse der Grabstätten der Apostel 'Jacobus Alphaei iuxta templum', identificirt also den Bruder des Herrn mit dem Alphaiden. Die versus memoriales des cod. Paris. lat. 8069, welchen die Missionsgebiete der Apostel verzeichnen, unterscheiden ebenfalls nur zwei Jakobus, den Zebedaiden und den „andern Jakobus". Von letzterem heisst es 'Alter habet Solimam Jacobus'.

Das Breviarium apostolorum (codd. Paris. 2136. 12604. Genovef. Paris. II. l. 10; Paris. lat. 2543; desgl. der gedruckte Text der codd. Autissiodor. bei Martène, Wissemb. bei Florentini und Gellonensis bei d'Achery) zählt Jakobus den Bruder des Herrn unter den Zwölfen zwischen Philippus und Bartholomäus auf, und berichtet von ihm, dass er als der erste Bischof von Jerusalem daselbst Christum ge-

---

pultus titulum usque ad obsidionem Titi et ultimam Adriani notissimum habuit. Quidam e nostris etc.' (s. oben S. 249 Anm. 3).

1) '*Hic autem Jacobus episcopus Jerosolymorum primus fuit cognomento Justus: vir tantae sanctitatis et rumoris in populo, ut fimbriam vestimenti eius certatim cuperent attingere. Qui et ipse postea de templo a Judaeis praecipitatus, successorem habuit Simonem quem et ipsum tradunt pro domino crucifixum'.*

2) '*Imitemur etiam beatum Jacobum qui et ipse cum a Judaeis lapidaretur flexis genibus pro suis persecutoribus supplicarit'.* Ferner sollen nach Baur über Zweck und Veranlassung des Römerbriefs Tübinger Theol. Zeitschrift 1836 S. 129 bei Augustin '*ad Faustum XX*' oder wie es im Paulus 1. Aufl. S. 385. 2. Aufl. I, 382 heisst, '*c. Faustum XXII, 3*' folgende Worte über das asketische Leben des Jakobus enthalten sein: '*Jacobus frater domini seminibus et oleribus usus est, non carne nec vino*'. Das von Hilgenfeld Einleitung S. 528 und Holtzmann Zeitschr. f. wiss. Theol. 1880 S. 201 herübergenommene Citat ist aber falsch und es ist mir nicht gelungen, dasselbe zu verificiren.

predigt habe, von den Juden aber den Tempel hinabgestürzt und gesteinigt, und neben dem Tempel begraben worden sei. Sein Gedächtnistag ist auch hier der 1. Mai [1]).

Der Text bei Pseud-Isidor de vita et obitu utriusque testa-
menti sanctorum (in den Basler Orthodoxographa II, 597 sq.) ist nur
theilweise abhängig vom Breviarium und geht theilweise auf Hieronymus
zurück, an dessen Artikel über Jakobus sich Freculphus im Chronicon
vollständig anschliesst. Insbesondere stammt aus Hieronymus die Angabe Isidors, dass das Volk um der Heiligkeit des Jakobus willen sich um
die Wette gedrängt habe, seine Kleider zu berühren [2]). Gregor von
Tours (de gloria martyrum l. c.), der ebensowenig wie das Breviarium von
dem Alphaiden etwas weiss, wiederholt die Geschichten von des Jakobus
jerusalemischem Bisthum, seinem Tempelsturz und der Tödtung durch
das Walkerholz; der Notiz über seine selbsterbaute Grabstätte am Oelberge wurde bereits gedacht [3]).

Die lateinische Passionensammlung hat ebenfalls nur die
'passio Jacobi fratris domini' aufgenommen; des Alphäus und des Alphaiden wird nicht gedacht. Ueber die verschiedenen, theils längeren,
theils kürzeren Redactionen, in denen diese passio umläuft, ist bereits
oben I, 145 flg. genauer Bericht erstattet. Der dort als dritte Recension

---

1) *'Jacobus frater domini Hierosolymorum primus episcopus. Hic dum
Hierosolyma Christum dei filium praedicaret, de templo a Judaeis praecipitatus[r] lapidibusque opprimitur, ibique iuxta templum humatus. eius natalicium kl. Maii celebratur* [Paris. 2543 zum Schlusse einfach: *'ibi iuxta templum humatus kl. Maii'*]. Paris. 2136 fügt hinzu *'eius natalicium et ordinatio
VI kal. Januar. creditur'.*

Aehnlich die gedruckten Texte, während cod. Paris. 12604 zum Schlusse
liest: *'kl. Maii et VI kl. Januar.'*, ohne der Ordination zu gedenken.

2) *'Jacobus Alphaei episcopus Hierosolymorum primus, cognomento Justus, sororis matris domini filius et frater domini
vocatus. Homo virtutis operarius tantae, et tantae sanctitatis, ut fimbriam vestimenti eius certatim cuperent attingere
populi. Hic dum in Jerusalem Christum dei filium praedicaret de templo
a Judaeis praecipitatus lapidibus opprimitur ibique iuxta templum humatur,
quem Josephus tantae sanctitatis in Judaea perhibet exsti-
tisse, ut propter eius interfectionem Hierosolyma credatur
esse diruta'.* Das gesperrt Gedruckte ist nicht aus dem Breviarium.

3) *'Jacobus apostolus qui et frater domini vocatus est, ab ipso domino
nostro Jesu Christo episcopus dicitur ordinatus Post eius gloriosam ascensionem, dum viam iustitiae Judaeis errantibus aperire conatur, de pinna
templi praecipitatus adliditur, effusoque fullonis fuste cerebro spiritum reddit
sepultusque est in monte Oliveti in memoria, quam sibi ipse prius fabricaverat etc.'.*

bezeichnete Text, welcher mit den Worten beginnt '*Tempore illo suscepit ecclesiam Hierosolymorum frater domini Jacobus*' (= Fabricius 598,3) ist derselbe, welcher auch griechisch in dem oben S. 250 erwähnten cod. Paris. gr. 881 enthalten ist. Derselbe beschränkt sich auf die Wiedergabe der von Eusebios mitgetheilten Erzählung Hegesipps. Jener griechische Text ist streng genommen nicht als Original dieser lateinischen Redaction der passio zu bezeichnen (wie oben I, 178 geschehen), da der Lateiner nicht direct aus dem Griechischen geschöpft, sondern die betreffenden Abschnitte des Eusebios ziemlich genau in der Uebersetzung Rufins wiedergegeben hat. Die Wiedergabo ist eine so mechanische, dass bei der Bezugnahmo auf die sieben Secten in Israel selbst die rückverweisenden Worte '*de quibus superius diximus*' (= Fabricius 602, 2) stehen geblieben sind. Aus Rufinus erklärt sich auch die Abweichung von Eusebios, dass Jakobus nicht in das Heiligthum, sondern ins Allerheiligsto eingegangen sei (= Fabricius 599, 4).

Eine Vermehrung der Geschichten aus Hegesipp durch vorangeschickte Auszüge aus den clementinischen Recognitionen (Recogn. I, 44. 53. 63. 70) und durch das dem Fragmente aus Hegesipp vorangehende Stück des Eusebios (h. e. II, 23, 1—3), beides wieder in der Uebersetzung Rufins, stellt der Text bei Nausea, in den Wolfenbüttler codd. und Paris. lat. 18298 u. 12604 dar: '*Tempore illo quo una annorum septimana . . . . . convenientibus autem duodecim apostolis*' (s. oben I, 178). Eine andre Textgestalt (oben als die fünfte verzeichnet) '*Jacobum qui et dicebatur frater domini . . . . apostolorum episcopum statuunt*' schiebt dafür die Erzählung des Eusebios h. e. II, 1, 2 u. 3 mit dem Fragmente aus den Hypotyposen des Clemens in der Uebersetzung Rufins voran (oben I, 146). Die oben als zweite '*Jacobo apostolo praesidente*' (= Fabricius 603, 1) und vierte '*In illo tempore Judaei*' (= Fabricius 596, 22) bezeichneten Recensionen sind aus der Textgestalt Nauseas abgekürzt [1]).

---

1) Ueber den Text des Lazius, den Fabricius wiederabgedruckt hat, s. oben I, 132. In keiner einzigen Handschrift ist die Geschichte des Jakobus mit der des Simon und Judas zu einem Buche verbunden.

Die Acten des Matthias.

Die Nachrichten über Matthias bei den Griechen.

Auf Anlass der Matthäusacten wurde bereits gezeigt, dass die zahlreichen Nachrichten griechischer Schriftsteller über eine Wirksamkeit des Matthias im Lande der „Menschenfresser" oder in dem „zweiten" oder „äussern" Aethiopien, d. h. im bosporenischen Reiche, seinen Märtyrertod in Sebastopolis und seine Bestattung nahe beim Sonnentempel lediglich auf einer Verwechselung mit Matthäus beruhn. Nicht Matthias, sondern Matthäus ist der Begleiter des Andreas in den Ländern am schwarzen Meer, von welchem die πράξεις 'Ανδρέου καὶ Ματθαίου [nicht Ματθεία], die πράξεις Πέτρου καὶ 'Ανδρέου, das μαρτύριον Ματθαίου und „das Buch der Predigten des Matthias" in der Menschenfresserstadt, in der äthiopischen Sammlung (p. 147—163 Malan) zu erzählen wissen.

Die griechische Kirche feiert das Gedächtnis des Matthias am 9. August. In den Kreisen der Gnostiker, speciell der Basilidianer, war ein Apokryphum im Umlaufe, welches unter dem Namen παραδόσεις Ματθίου angeführt wird und eine vom Herrn selbst dem Matthias überlieferte Geheimlehre enthalten haben soll (vgl. die gesammelten Fragmente bei Hilgenfeld, N. T. extr. can. IV, 50 sq.). Nach dem Vorgange des Eusebios (h. e. I, 12, 3) wird Matthias vom Chron. Paschale und in den übrigen Verzeichnissen der 70 Jünger der Zahl der letzteren zugerechnet, aus welcher er dann, wie die Verzeichnisse der 12 ausdrücklich bemerken, durchs Loos in den engeren Apostelkreis erwählt worden sei (Act. 1, 23 ff.). Aber alles was Pseudo-Dorotheos, Pseudo-Epiphanios, Pseudo-Logothetes und Pseudo-Sophronios sonst noch von ihm berichten, geht ebenso wie die Angaben der griechischen Menologien, soweit es nicht dem Neuen Testamente entlehnt ist, auf die äthiopische Matthäuslegende zurück (s. o. S. 134 ff.). Die grossen griechischen

Menäen zum 9. August (Venetianer Quartausgabe 1684 S. νδ') widmen
ihm zunächst folgende Verse:

ἐξῆλθεν ἀρθεὶς Ἰούδας ἐπὶ βρόχου·
εἰσῆλθεν ἀρθεὶς Ματθίας ἐπὶ ξύλου.
ἤρθη ἀμφ' ἐνάτῃ ξύλῳ ἠΰθεος Ματθίας.

Dann folgt die Notiz, er sei einer der 70 Jünger gewesen, aber
anstatt des Judas Ischarioth den Elfen zugezählt worden. Hieran reiht
sich sofort die bereits oben mitgetheilte Angabe über seine Wirksamkeit
ἐν τῇ ἔξω Αἰθιοπίᾳ und über seinen Tod daselbst, nachdem er viele
Martern erduldet. Dieselbe Angabe kehrt in dem Menologium des Basilios fast wörtlich wieder. Das Synaxarion zum 30. Juni nennt nur
überhaupt „Aethiopien", im Uebrigen stimmt auch dieser Text fast
wörtlich mit dem der Menäen zum 9. August überein (s. o. S. 135 Anm.).
Der Kreuzestod des Matthias, welchen die Verse der Menäen und einige
lateinische Breviarien sehr späten Ursprungs (Acta SS. Febr. T. III
p. 433) erwähnen, ist die einzige nicht auf die Matthäuslegende zurück-
gehende Nachricht, deren Ursprung sich nicht weiter controliren lässt;
die oben angeführten Apostelverzeichnisse erwähnen denselben ebensowenig wie der kurze Text über die Thaten und Schicksale des Apostels
in den Menologien.

Bemerkung verdient, dass in einige Texte des Apostelverzeichnisses
die auf Verwechselung mit Matthäus beruhende Angabe über die „äthiopische" Reise des Matthias nicht eingedrungen ist. Der Text des
Pseudo-Hippolyt bei Combefis und das Scholion bei Lagarde (Constt.
app. p. 282) lassen ihn, wie bereits bemerkt wurde (S. 136), nicht aus
Jerusalem herauskommen. Der Mischtext bei Lagarde (l. c. 284) endlich
gleicht die Nachricht von der Predigt in Judäa mit der Predigt im
äusseren Aethiopien dadurch aus, dass er den Apostel zuerst in Judäa
predigen, nach seiner Cooptation durch die Elf aber nach dem „ersten"
Aethiopien reisen lässt [1].

So muss es bei dem schon oben S. 136 ausgesprochenen Satze sein
Bewenden behalten, dass in der griechischen Kirche eine besondere
Tradition über Matthias überhaupt nicht existirt hat. Eine Bestätigung
findet dieses Urtheil durch das Enkomion des Niketas David (des

---

1) ιδ' Ματθίας δέ· οὗτος ἐν τῇ Ἰουδαίᾳ ἐκήρυξε τὸν λόγον εἰς ὧν ἐκ τῶν
ἑβδομήκοντα μαθητῶν· μετὰ τὴν τοῦ κυρίου ἀνάστασιν συγκαταριθμηθεὶς τοῖς
ια ἀποστόλοις ἀντὶ Ἰούδα· ὃς καὶ ἐν τῇ πρώτῃ Αἰθιοπίᾳ κηρύξας τὸν Χριστὸν
τελειοῦται καὶ τέθαπται ἐκεῖ.

Paphlagoniers) auf diesen Apostel mit den Anfangsworten Πῶς ἔαι ἄρα τὸν ἅγιον Ματθίαν ὑπερίδωμεν (bei Combefis Auctar. Noviss. I, 422 sq.). Dasselbe enthält in einen endlosen Redeschwall eingehüllt wieder nur die aus den Apostelverzeichnissen und den Menologien bekannten Notizen: Matthias, einer der 70, wird durchs Loos den Elfen hinzugefügt, verlässt dann Jerusalem und geht zu den Bewohnern „des ersten Aethiopien“, woselbst er auch (auf nicht näher bezeichnete Weise) den Märtyrertod stirbt. Dieselben Angaben wiederholt Nikephoros Kallistos (h. c. II, 40)[1].

Die koptischen Acten des Matthias.

Eine eigenthümliche Tradition über Matthias scheint dagegen auf den ersten Blick die koptische und abyssinische Kirche erhalten zu haben. In dem äthiopischen Certamen apostolorum schliesst sich an die bereits erwähnte Erzählung von Andreas und Matthias in der Menschenfresserstadt zunächst (p. 163—167 Malan) die Geschichte seines „Martyriums“ am 8. Magabit (3. März)[2] und darnach (p. 167—172 Malan) eine weitere Darstellung von seiner Wirksamkeit in der Gegend von Kandake, d. h. dem Gebiete von Meroë an, welche unterm 15. Magabit (11. März) eingetragen ist.

Das erstere Stück berichtet folgendes. Nachdem Matthias an Stelle des Judas Ischarioth zum Apostel erwählt ist, erhält er als Missionsgebiet die Stadt Damaskos und predigt daselbst. Aber die Ungläubigen binden ihn auf ein eisernes Bett und zünden ein Feuer unter ihm an, welches sie 25 Tage lang unterhalten. Als der Apostel unversehrt bleibt, bekehren sie sich, werfen ihre Götter ins Meer (!) und empfangen die Taufe auf die heilige Dreieinigkeit. Matthias weiht ihnen eine Kirche, übergibt ihnen „das Gesetz des Evangeliums“ und stirbt darauf im Frieden zu Phaläon in Judäa.

Es bedarf aber nur des Hinweises darauf, dass das einzige in dieser Erzählung enthaltene legendarische Motiv wieder nur den Acten des Matthäus entnommen ist. Auf eben diesen Apostel geht es zurück,

---

1) Ganz vereinzelt steht die Angabe der clementinischen Recognitionen (I, 60), welche den Matthias mit Barnabas identificirt.

2) Der 8. Phamenot oder Bermahat (= Magabit) ist auch der Gedächtnistag des Matthias in der koptischen Kirche. Unter diesem Datum steht er, wie Wüstenfeld mir freundlichst mittheilt, in dem ungedruckten Theile des arabischen Synaxariums. Die Armenier feiern den 4. August.

wenn Matthias nach der Erzählung zum 15. Magabit in die Gegend
von Kandake kommt. Denn in derselben Gegend, dem Gebiete von
Meroë, spielte ursprünglich die Legende der lateinischen passio Matthaei
(S. o. S. 139). Die betreffende Geschichte dagegen, welche hier von
Matthias erzählt wird, ist einfach aus den Thomasacten (p. 223 sqq.
Tischend.; p. 31 sqq. Bonnet; p. 182 sqq. Wright) entlehnt und auf
Matthias übertragen. Mithin bestätigt auch eine Analyse der äthiopischen
Matthiaslegende das Resultat, dass die alte Kirche von den Schicksalen
dieses Apostels nichts zu erzählen wusste.

Die ältere lateinische Tradition.

Auch im lateinischen Abendlande weiss die ältere Tradition
über Matthias nur das aus der Apostelgeschichte Bekannte mit dem Zusatze, dass er einer der 70 gewesen sei und nach seiner Aufnahme unter
die Zwölf in Judäa gepredigt habe, zu berichten. So das Breviarium
apostolorum und Pseudo-Isidor de vita et obitu sanctorum[1]), Ado
im libellus de festivitatibus apostolorum[2]), und darnach die Martyrologien
des Usuard, Rabanus, Notker u. a., ferner Ordericus Vitalis (hist.
eccl. I, 2 cap. 18 (Migne 188 col. 177) u. A. m. [3]). Als Gedächtnistag

---

1) Breviarium apostolorum (codd. Paris. lat. 2136. 12604. Genovef. Paris.
H. l. 10 wörtlich übereinstimmend mit den gedruckten Texten): '*Matthias de
septuaginta discipulis unus pro Juda Scarioth duodecimus inter apostolos
subrogatus electus sorte et solus sine cognomento. cui datur evangelii praedicatio in Judaea. VI kalendas Martii*'. Wörtlich ebenso der indiculus apostolorum bei Florentini p. 92.

Isidorus (Monum. Patr. Orthodoxographa II, 598 sq.): '*Matthias de
septuaginta discipulis unus et pro Juda Jscariote duodecimus inter apostolos
subrogatus, electus [in] sorte et solus sine cognomine. Cui datur evangelii
praedicatio in Judaea*'. Ebenso Froculphi Chron. II, 2, 4.

2) Ado (ed. Rosweyde Antw. 1613 p. 31 sq.): '*VI kal. Martii natalis
sancti Matthiae apostoli, qui post ascensionem domini a beatis apostolis sorte
electus atque in locum Judae proditoris domini subrogatus apud Judaeam
Christi evangelium praedicavit*'.

3) Nach Henschen Acta SS. Februar. T. III p. 434 findet sich bei
Brower Annal. Trever. II, 658 eine '*Notitia regionum et locorum quibus
sanctorum apostolorum et evangelistarum venerabilia corpora requiescunt*'
abgedruckt '*ex vetustissimo libro, quem tempore martyrii S. Bonifatii archiepiscopi Moguntini anno 754 occisi asserit gladiorum ictibus male exceptum
fuisse*'. Darin heisst es '*Matthias apostolus requiescit Hierosolyma in provincia Syria*'. Die Richtigkeit des Citats habe ich leider nicht verificiren
können, vermag also auch über die Beschaffenheit dieser 'notitia' keine Auskunft
zu geben.

des Apostels wird ganz allgemein in der lateinischen Kirche der
24. Februar (in Schaltjahren der 25. Febr.) == VI kal. Mart. gefeiert. So
schon das Sacramentarium Gregorii, das Breviarium apostolorum in
sämtlichen Drucken und den oben angeführten drei Pariser Handschriften ¹), zahlreiche Texte des Martyrol. Hieronym. (codd. Corbej.
maj. Gellon. Morbac. Richenov. Augustan.-S. Udalr., die von Henschen in
den Actis SS. l. c. p. 432 angeführten Mss. Lactineuse und Tornacense)²),
das martyrol. Rom. parv., Beda, Ado und alle Späteren.

Die 'notitia apostolorum' und einige kürzere Texte des Hieronymianum, wie die codd. Autissiodor. Corbej. min. Turon. Labbean. Reg.-
Suec. lassen den Gedächtnistag des Matthias ganz aus; ebensowenig
gedenkt seiner der laterculus des cod. Paris. lat. 9562 ; dagegen lesen
wir in den versus memoriales des cod. Paris. lat. 8069: *Hebraeos
Matthias cogit*.

Wie wenig auch die lateinische Kirche bis ins 11. Jahrhundert
hinein von Matthias zu berichten wusste, geht am deutlichsten aus den
uns erhaltenen F e s t r e d e n auf den Apostel hervor. Wir besitzen
deren zwei, von denen die eine von dem Abte A u t h p e r t u s von
Monte-Cassino (834—837), nach andern Angaben von dem Abte B e r -
t h a r i u s von Monte-Cassino (856—884) herrühren soll, die andre bald
dem A u g u s t i n u s, bald dem B e d a zugeschrieben wird. Der 'sermo de
S. Matthia' des Authpertus oder Bertharius ist wiederholt gedruckt, zuerst
bei Mombritius II f. 146 sq. und bei G. Henschen 'ex Ms. Antuerpiensi
et Mombritio' Acta SS. Febr. III, 437 sqq., zuletzt von M i g n e Patr.
lat. 129, 1023 sqq. Handschriftlich findet er sich unter dem Namen
des Abtes Bertharius z. B. codd. Casin. 110. 145. 146 (vgl. Bibl. Casin.
III p. 2 sq. 287 sq. 295 sq.), hier ohne den in den Drucken enthaltenen
Prolog. Mit demselben findet sich der Sermo z. B. in cod. bibl. Laurent.
Plut. XX cod. 2 f. 146 (Bandini I, 604) und in cod. Montepess. 1 saec. XII
tom. V f. 36ʳ.

Die Anfangsworte des Prologs lauten *Matthias hebraice, latine
dicitur donatus*. Derselbe ist eine schlechte Compilation aus dem Bre-

1) Eine Ausnahme macht nur der längere Text des cod. Paris. lat. 2543,
welcher zum Schlusse anmerkt *Natal. eius V kl. Octbr*.
2) Der cod. Lucc., welcher (ebensowenig wie codd. Epternac. Wissemb.)
den 24. Februar als Gedächtnistag des Matthias kennt, liest allein zu XII kal.
Jun. (21. Mai) *et alibi natalis sancti Matthiae apostoli*. Hiernach will F l o-
r e n t i n i in seiner Ausgabe des Martyr. Hieronym. p. 543 eben diesen Tag als
ursprünglichen Gedächtnistag des Matthias festhalten, der erst späterhin
geändert worden sei. Es unterliegt aber keinem Zweifel, dass *Matthiae* nur
aus *Matthaei* verschrieben ist.

viarium apostolorum, mit dessen ruhig abgeschriebener Notiz *'hic sine cognomine solus habetur'* die Anfangsworte in komischem Widerspruche stehn [1]). Der Sermo selbst beginnt mit den Worten *,Inclitam et gloriosam festivitatem b. Matthiae apostoli'* und endet *'migravit ad dominum nostrum Jesum Christum sexto kalendas Martias, qui cum patre etc.'* [2]). Die Länge der Rede steht im umgekehrten Verhältnisse zu ihrem Inhalte. Abgesehen von dem, was die Apostelgeschichte erzählt, erfahren wir daraus nur, dass Matthias Judäa zur Provinz erhalten und Christo das Kreuz zwar nicht äusserlich, aber innerlich nachgetragen habe. Wunder von ihm, heisst es ausdrücklich, seien nicht berichtet.

Der andre *'Sermo in natale S. Matthiae apostoli'*, welcher unter dem Namen des Augustinus oder des Beda handschriftlich vorkommt, z. B. Cod. Paris. lat. 12604 saec. XII fol. 74ᵛ. Paris. lat. 12602 saec. XII fol. 58ʳ. Paris. lat. 9737 saec. XII fol. 68ʳ beginnt mit den Worten *'Cum praeclara beati Matthiae apostoli festivitas per anni cursus revolutionem'* und findet sich öfters den kirchlichen Lectionarien und Breviarien, z. B. dem Strassburger von 1478, dem Speierer von 1507 u. a. mehr oder minder vollständig einverleibt. Vgl. Henschen Acta SS. l. c. p. 432 n. 5. Eine Bereicherung der kirchlichen Tradition über Matthias enthält auch dieser zweite Sermon nicht.

Dagegen finden sich einige Spuren, dass die in der griechischen Kirche allgemeine Uebertragung der Matthäuslegende auf Matthias auch im Abendlande Nachfolge gefunden habe. Dahin gehört namentlich die von Henschen (l. c. p. 433) mitgetheilte Notiz des Equilinus lib. 3 cap. 149, dass Matthias, bevor er nach Judäa, der ihm zu Theil gewordenen Provinz zurückkehrte, zuerst in Makedonien gepredigt habe. Dorthin wird nun die bekannte Geschichte von dem wilden Volksstamme versetzt, welcher dem Apostel einen Zaubertrank vorgesetzt habe, der alle die davon genossen des Gesichtes beraubte. Matthias trinkt davon ohne Schaden. Der Teufel erscheint den Wilden in Gestalt eines jungen Hundes und räth ihnen den Apostel zu tödten. Drei Tage suchen sie ihn vergebens, denn er verweilt ihnen unsichtbar in ihrer

---

1) Der vollständige Text des Prologes lautet: *'Matthias hebraice, latine dicitur donatus, ut subaudiatur pro Juda Scarioth. Iste enim in loco eius duodecimus ab apostolis electus est, cum pro duobus sors mitteretur. Hic sine cognomine solus habetur, cui datur evangelii praedicatio in Judaea, cuius festum celebratur VI kal. Martias. Fuit enim de septuaginta discipulis unus'.*

2) In Cod. Montepess. 1 beginnt der Text unter Weglassung der beiden ersten Sätze mit *'Salvator etenim noster dominus Jesus Christus'.*

Mitte; am vierten gibt er sich zu erkennen; sie ergreifen ihn und werfen ihn ins Gefängnis, wo die Dämonen ihm nicht zu nahen wagen. Im lichten Glanze erscheint ihm der Herr und befreit ihn aus dem Kerker. Abermals predigt Matthias und als noch jetzt Viele hartnäckig in ihrem Unglauben verharren, öffnet sich die Erde und verschlingt sie; die Uebrigen bekehren sich. Hierauf kehrt der Apostel nach Judäa zurück[1]). Es ist klar, dass die ganze Erzählung nichts als eine Reproduction der Acten des Andreas und Matthäus unter den Menschenfressern ist, die auch in einer lateinischen Bearbeitung existirten (s. oben I, 548. II, 2, 122 flg.). Die Verlegung jener Wilden nach „Makedonien" ist einfach der Notiz des Breviarium apostolorum über Matthäus entlehnt, wonach dieser Apostel zuerst in Judäa, darnach in Makedonien gepredigt haben soll. Also ein abermaliger Beweis für die Verwechselung beider Apostel.

Die Matthiaslegende von Trier.

Die Unbekanntschaft der Lateiner mit den Geschicken dieses letzten und am wenigsten berühmten Apostels hat aber schliesslich eine Sagenbildung ermöglicht, welche wol fraglos die jüngste aller Apostellegenden ist: die Matthiaslegende von Trier aus dem 11. beziehungsweise 12. Jahrhunderte. Dieselbe findet sich in den angeblich aus dem Hebräischen übersetzten lateinischen Gesta Matthiae, welche zuerst Wolfgang Lazius in seiner Ausgabe des Abdias aus vier Handschriften veröffentlicht hat[2]). Wiederholt ist der Text des Lazius von Johann Faber (Paris 1560) und in den Kölner Drucken, aber nicht bei Fabricius. Eine neue Ausgabe auf Grund von vier neuverglichenen Handschriften, des Textes von Lazius und verschiedener Breviere veröffentlichte G. Henschen in den Actis SS. l. c. p. 441 sqq. (vgl. die Bemerkungen p. 433 n. 12).

Voran geht ein Prolog des angeblichen Uebersetzers mit den Anfangsworten 'Cum multo studio ac sollicitudine flagrarem'. Der Verfasser, ein Mönch des Euchariusklosters zu Trier, ist von lebhaftem Verlangen erfüllt, die gesta beati Matthiae, die er bei keinem Kirchenschriftsteller finden konnte, zu erlangen. Von einem Priester Theodorich

---

1) Dieselbe Erzählung findet sich nach Henschen auch im Breviarium Romanum des Cardinals Quignoni (1535).
2) Hiernach ist die Angabe I, 133 zu berichtigen, nach welcher es scheinen könnte, als ob erst Faber die gesta Matthiae dem Abdiastexte des Lazius beigegeben habe.

an einen Juden verwiesen, welcher ein Buch unter dem Titel 'Liber
damnatorum' mit der Geschichte der Verurtheilung des Matthias, der
beiden Jakobus und des Stephanus besitze, erhält er von diesem zuerst
statt des Gesuchten das Hohelied; da er aber genug Hebräisch versteht,
entdeckt er den Betrug und zwingt den Juden, ihm das Gewünschte
herbeizuschaffen. Das Buch trägt den Titel Haymatay (חיי מתיה), d. h.
vita Matthiae. In der Meinung, dass der Mönch alles versteht, erklärt
ihm der Jude wider Willen den ganzen Inhalt der gesta und erhält dafür als Lohn 23 Solidi. Das Jahr darauf bezeugt ein andrer Jude dem
Erzbischof von Trier die Wahrheit des Geschriebenen und zuletzt wird
dasselbe einer Nonne ('cuidam inclusae') nach dreitägigem Fasten vom
Herrn offenbart. Zum Schlusse verspricht der Mönch auf Grund der
historia Treverica und der 'monumenta Silvestri papae Romani' noch
die Translation des Matthias nach Trier und seine dort vollbrachten
Wunder zu berichten. An den Prolog, der übrigens in einigen Handschriften fehlt (Henschen l. c. p. 442 Note), reiht sich die Dedication
an den damaligen Abt des Euchariusklosters. Auf Veranlassung des
Abtes hat der Verfasser das Leben des Matthias, dessen Asche das
Kloster hütete, aus dem hebräischen Buche „der Verurtheilten" wortge-
treu ins Lateinische übersetzt.

Der Inhalt der Acten selbst ('Igitur gloriosissimus apostolus
domini nostri Jesu Christi Matthias') ist folgender.

Matthias, d. h. auf lateinisch parvus oder donatus, der Sohn vor-
nehmer Aeltern aus dem Stamme Juda und der Stadt Benjamin, wird
von dem berühmten Simon im Gesetze unterwiesen, darnach von
Christus berufen und in die Zahl der 70 Jünger aufgenommen, nach der
Auferstehung des Herrn aber durchs Loos den 11 Jüngern zugesellt.
Er erhält als Missionsgebiet Judäa. Als Ananus der Jüngere, welcher
auch Akawa heisst, nach dem Tode des Festus mehrere Jünger, darunter
auch Jakobus den Bruder des Herrn umbringen lässt, predigt Matthias
den Juden ringsumher und bekehrt viele durch seine Wunder und
Zeichen. Einst als er in der Synagoge der galiläischen Stadt Galim [1]),
„lateinisch" Giscala (!), Christum predigt, wird er ergriffen und vor
den Hohenpriester und die Aeltesten geführt. Ananus hält eine lange
Rede wider die Christen, wogegen Matthias seinen Glauben aus dem
Alten Testamente begründet. Darauf wird er nach dem Gesetze als
Gotteslästerer zum Tode verurtheilt und zu dem Orte Bethlaskila, d. h.
domus lapidatorum, hinausgeführt. Hier angelangt ruft er aus: „Warum

---

1) d. h. בְּלִים im Stamme Benjamin, also nicht in Galiläa.

Brüder tödtet ihr Adamhay (חי אדם), d. h. den lebendigen Menschen? Denn es steht geschrieben (ψ 41, 3): Wenn ich schauen werde das Angesicht des Herrn Zebaoth, wird dann meine Seele nicht leben?" oder wie ein kundigerer Jude es richtiger aus dem Hebräischen übersetzt hat: „Wann werde ich kommen und vor dem Angesichte Gottes erscheinen?" Dies sagte er aber, weil darin der erste und der letzte Buchstabe seines Namens, Mem und Jod, zusammen vorkommen, um durch den Psalmvers auf seinen Namen hinzudeuten ¹). Darauf fügte er die Worte hinzu: „Heuchler, wohl hat David von euch prophezeit, indem er sprach (ψ 93, 21): Sie werden nachstellen der Seele des Gerechten und unschuldiges Blut werden sie verurtheilen. Und Ezechiel spricht (13, 19): sie tödteten die Seelen, welche nicht sterben". Darauf werfen die vom Gesetze verordneten beiden Zeugen die zwei ersten Steine auf ihn, welche Matthias bittet ihm zum Zeugnisse wider sie mit ins Grab zu legen. Nachdem er gesteinigt ist, wird er nach römischer Sitte enthauptet und gibt mit ausgebreiteten Händen seinen Geist auf VI kal. Mart. Seine Schüler Namens Lachis, Kaph, Herda [nach Lazius Himna, Heimhda], Samuel, Simon, Naaman, Joseph, Ismael, Simeon, Johannes²) bestatten ihn. Von diesen fiel Johannes später ab, die Andern beharrten im Glauben.

An die 'passio Matthiae' reiht sich als zweiter Theil der Schrift des Trierer Mönchs die bei Lazius weggelassene, von Henschen aus drei Handschriften mitgetheilte Erzählung 'de corpore S. Matthiae apud Trevirenses et variis miraculis' mit den Anfangsworten 'His de passione beati apostoli praelibatis' (Acta SS. l. c. p. 445 sqq.). Auf Bitten der Helena, der Mutter Constantins, einer geborenen Triererin, welche von Jerusalem, wo sie das heilige Kreuz gefunden hat, nach Rom zurückgekehrt ist, sendet Papst Silvester den heiligen Agricius als Erzbischof nach Trier. Helena lässt ihm den ungenähten Rock Christi, einen

---

1) Die hebräischen Worte von ψ 42 [41], 3: מָתַי אָבוֹא וְאֵרָאֶה פְּנֵי אֱלֹהִים sind in der Vulgata mit 'Quando veniam et apparebo ante faciem dei' wiedergegeben. Der angebliche Uebersetzer hatte also nicht erst nöthig, die von ihm als „richtiger" bezeichnete Wiedergabe der hebräischen Worte von einem gelehrten Juden zu lernen. Auch die folgenden Psalmworte ψ 94 [93], 21 sind genau, die Ezechielstelle mit Ausnahme eines Wortes (mortificabant für interficerent) nach Vulg. angeführt. Die Anspielung auf den Namen des Matthias findet der Trierer Mönch in dem ersten und letzten Buchstaben des Wortes מָתַי.

2) Die Namen fehlen in verschiedenen Handschriften, s. Henschen l. c. p. 445 Anm. g.

Kreuzesnagel und ein Messer Jesu, sowie die Reliquien des heiligen
Matthias übergeben, worauf er all diese Schätze mit nach Trier nimmt und
dort an verschiedenen Orten aufbewahrt. Die Stätte wo der Leichnam
des Apostels Matthias bestattet liegt, geräth später in Vergessenheit. Erst
als Kaiser Heinrich II. (als deutscher König Heinrich III. 1039—1056)
von dem damaligen Erzbischofe Eberhard von Trier (1047—1066) die
Reliquien des Matthias samt denen des heiligen Valerius begehrt, sucht
und entdeckt der Erzbischof gemeinsam mit seinen Suffraganbischöfen
die Stätte wo der Apostel begraben lag. Der Versuch, den heiligen Leib
ganz oder doch theilweise zu entführen, wird durch ein Wunder vereitelt; ein Priester von Trier aber zerlegt auf Anordnung der Bischöfe
den Apostel in drei Stücke und setzt jedes Stück unter einem andern Altar
bei, um der Stadt Trier auf diese Weise ihren Patron zu erhalten. Obwol die Stätten nur sehr wenigen Gläubigen bekannt sind, bekundet
doch der Apostel durch verschiedene Erscheinungen und Mirakel seine
Gegenwart.

Nachmals werden die Reliquien von Abt Eberhard bei Gelegenheit
eines Umbaus der Eucchariuskirche wiederaufgefunden. Nachdem zwei
Theile, der eine im Januar, der andere im März wieder aufgegraben
sind, wird endlich am ersten September auch der dritte und grösste
Theil in einem bleiernen Sarge gefunden, den eine Marmortafel mit der
lateinischen aber in griechischen Buchstaben geschriebenen Inschrift
'S. Matthias apostolus' kenntlich macht. An die Geschichte der Auffindung reiht sich schliesslich noch die Erzählung einer Anzahl von
Wundern, die an dem Grabe des Apostels geschehn sein sollen; da-
zwischen p. 447 sq. auch die Geschichte von einer Feuersbrunst, die
die Klosterkirche zerstörte und von dem vereitelten Versuche, die Reliquien des h. Matthias zu entwenden.

Das Jahr dieser zweiten Auffindung der Reliquien ist nicht angegeben, dagegen wird in unsern Texten fälschlich die erste Auffindung
ins Jahr 1127 verlegt. Wie aber die Vergleichung einer andern Erzählung der 'zweiten' Auffindung, als deren Verfasser ein Trierer Mönch
Lambert sich nennt (abgedruckt aus einer Handschrift des Matthias-
Klosters zu Trier, Acta SS. l. c. p. 448 sqq.) beweist, ist der 1. September des Jahres 1127 vielmehr das Datum der zweiten Auffindung
unter dem Abte (nicht dem Erzbischofe) Eberhard [1]). Nach Angabe

---

1) p. 450: 'Contigit autem haec inventio anno dominicae incarnationis
millesimo centesimo ricesimo septimo, indictione quinta, regnante serenissimo
et dei cultore Lothario Saxone sub pontificatu martyris Christi Meginheri

Lamberts, dessen Erzählung übrigens mit der obigen in allem Wesentlichen übereinstimmt und nur noch mehr ins Einzelne geht, hatten zwischen der ersten und der zweiten Auffindung etwa 80 Jahre in der Mitte gelegen. Da die erste, wenn sie überhaupt stattgefunden hat, zwischen die Jahre 1047 und 1056 fallen muss, so ist diese Berechnung richtig. Wie die Schrift desselben Lambert noch weiter berichtet, so wurde etwa 20 Jahre nach der zweiten Auffindung, idibus Jannuarii 1148 unter Erzbischof Adalbero, das Kloster und die Kirche des heil. Matthias, welche im Jahre 1131 durch eine Feuersbrunst zerstört, aber von dem Abte Bertold wieder aufgebaut waren, von dem damals gerade in Trier anwesenden Papste Eugen III (1145—1154) feierlich geweiht.

Hiernach lässt sich die Abfassungszeit der gesta Matthiae mit ziemlicher Sicherheit feststellen. Sie können nicht vor 1127 geschrieben sein, wahrscheinlich aber auch nicht viel später, da sie ihre Entstehung offenbar der 'zweiten' Auffindung der Reliquien in dem genannten Jahre verdanken. Da sie jedoch schon der Feuersbrunst gedenken, welche nach Lambert 1131 stattfand, so ist dieses Jahr für die Abfassung der früheste Termin. Terminus ad quem scheint das Jahr 1148 zu sein, da der Erzähler den Neubau von Kloster und Kirche noch nicht erwähnt.

Die angebliche Uebersetzung der gesta Matthiae aus dem Hebräischen ist natürlich ebenso wie die Existenz des 'Buches der Verurtheilten' Schwindel. Die hebräische Sprachkunde des guten Mönchs beschränkt sich auf einige aufgelesene Brocken. Er weiss, dass שִׁיר הַשִּׁירִים der Name des Hohenliedes ist, dass אָדָם Mensch, חַי Leben und lebendig bedeutet; auch den Ausdruck בֵּית לַסְקִילָה „Haus der Steinigung" hat er von irgend einem Juden vernommen; das ist aber auch Alles. Die Art wie er in מַתִּי den Namen des Matthias wiederfindet, beweist grade keine ausgezeichnete Sachkenntniss, die angebliche directe Uebersetzung von ψ 41 [42], 3 aus dem Hebräischen hat sich schon als Flunkerei erwiesen, und unter den angeblichen jüdischen Namen am Schlusse finden sich neben einigen, die sehr wohlfeil zu haben sind, auch einige andre ganz ungeheuerliche.

Neben der vermeintlichen hebräischen Urschrift über die gesta Matthiae nennt er noch als Quellen, offenbar für die im zweiten Theile erzählte Translation, die historia Treverica und die monumenta Silvestri papae Romani. Unter letzteren sind theils die acta Silvestri zu verstehn, die für die Geschichte von der Helena benutzt sind, theils das ausdrücklich p. 445 erwähnte Privilegium, welches angeblich von Silvester dem Erzbischof Agricius ertheilt worden sein soll (Acta SS. l. c. p. 450 Anm. 6); unter der 'historia Treverica' vermuthlich allerlei damals schon umlaufende Localtraditionen von Helena als geborener Triererin[1]) und von dem heiligen Agricius[2]). Für die Umstände bei der ersten Auffindung des heil. Leichnams beruft er sich auf die Erzählung eines alten Mönches seines Klosters, der den Priester, welcher die Reliquien wieder vergrub, noch gekannt habe. Indessen ist diese ganze Geschichte der ersten Auffindung von sehr fraglicher Glaubwürdigkeit. Dass Lamberts Bericht dieselbe zu bestätigen scheint, fällt nicht ins Gewicht: denn dieser setzt offenbar die Erzählung des Mönches von St. Eucharii in allen ihren Bestandtheilen schon voraus.

Schliesslich sei noch bemerkt, dass mit Trier auch Rom um die Ehre concurrirt, die Gebeine des Matthias zu bewahren. Jakobus a Voragine, Petrus de Natalibus (III, 149) u. a. Legendenschreiber erwähnen neben der Legende von Trier auch die römische Tradition, nach welcher die heiligen Reliquien (oder wenigstens wie Einige wollen das Haupt) in der Kirche S. Maria Maggiore, wie ersterer hinzufügt unter einem Grabstein von Porphyr bestattet seien. Die erste Spur dieser Localtradition scheint sich in einer Indulgenz Papst Nikolaus' IV. vom Jahre 1290 für die genannte Kirche zu finden. Hier werden 'in festo b. *Matthiae apostoli anni decem et sex quadragenae et in octava eiusdem sex anni et sex quadragenae; ast in festo reliquorum apostolorum et evangelistarum, S. Laurentii et S. Hieronymi duo anni et duae quadragenae*' notirt. Der Trierer Annalist B r o w e r gleicht beide Traditionen durch die Annahme aus, dass die durch Helena von Judäa nach dem Abendlande transferirten Gebeine zuerst nach Rom, von da aber nach Trier gebracht worden seien (Annal. Trevir. II, 659, citirt bei Henschen Acta SS. l. c. p. 435)[3]).

1) Dieselbe Tradition erwähnt auch die Schrift des Lambert Acta SS. l. c. p. 449.

2) Vgl. über ihn Acta SS. Januar. I, 772 sqq. Die vita Agricii (ex manuscr. monasterii S. Maximini) erwähnt l. c. p. 774 auch die Translation des Matthias nach Trier durch Agricius. Eine vita des h. Agricius wird bereits im zweiten Theile der Schrift unsres ungenannten Mönches erwähnt (Acta SS. p. 447).

3) In der mir allein zugänglichen Ausgabe der Brower'schen Annalen (Leodii 1670) ist lib. IV p. 4 sq. 22. 215 sq. 222 von der Matthiaslegende die Rede Die Geschichte von der Helena findet sich hier p. 216.

Die Acten des Barnabas.

Ueber den „Apostel" Barnabas ist uns eine doppelte Legende
überliefert: die eine, welche den Barnabas nach seiner Trennung von
Paulus auf Grund von Act. 15, 39 auf seiner Heimathinsel Cypern gemeinschaftlich mit Markus predigen und durch die dortigen Juden
den Märtyrertod leiden lässt, die andere, welche von seiner Wirksamkeit in Oberitalien, insbesondere in Mailand zu erzählen weiss. Beide
Kirchen, die cyprische und die mailänder, rühmten sich Reliquien
des h. Barnabas zu besitzen, jene zuerst die Asche, dann den vollständig erhaltenen Leichnam, diese zuerst ebenfalls die Asche, später
das Haupt. Beide Kirchen beriefen sich auf die von ihnen bewahrten
Gebeine des Barnabas, um ihre kirchliche Selbstständigkeit gegenüber
den benachbarten Patriarchalkirchen von Antiochien und Rom zu behaupten. Die Legenden über Barnabas sind gesammelt von Papebrock
in den Actis Sanctorum zum 11. Juni, dem kirchlichen Gedächtnistage
des Apostels (Acta SS. Junii Tom. II p. 421—460) und mit noch
grösserer Vollständigkeit von Braunsberger (Der Apostel Barnabas.
Sein Leben und der ihm beigelegte Brief. Mainz 1876). Die kirchen-
geschichtliche Bedeutung sowol der mailänder als der cyprischen Legende
ist kurz und bündig von Harnack auseinandergesetzt (Theologische
Literaturzeitung 1876 Nr. 19 S. 487 flg.).

Die ältere kirchliche Ueberlieferung verhält sich über Barnabas
ziemlich schweigsam. Clemens von Alexandrien (Strom. II, 20, 112
und Hypotypos. VII bei Eus. h. e. II, 2) und Eusebios (h. e. I, 12),
denen unter den Späteren insbesondere Pseudo-Dorotheos in beiden
Texten, Pseudo-Hippolyt (bei Combefis), Pseudo-Logothetes,
das Chron. Paschale (p. 420 ed. Bonn), die σύναξις τῶν ἀποστόλων in den gedruckten griechischen Menäen zum 30. Juni und in den
Pariser codd. 1587 und 1588, das noch zu besprechende ἐγκώμιον

des Mönchs Alexander auf Barnabas, sowie der Verfasser der Legende bei Boninus Mombritius (Acta SS. l. c. p. 423) nachfolgen, machen ihn zu einem der siebzig Jünger. Als Apostel im eigentlichen Sinne wird er erst im 4. Jahrhunderte bezeichnet (vgl. Ambrosius de Spir. Sancto II, 12 opp. ed. Paris. 1569 col. 393 und der sogenannte Ambrosiaster zu 1 Kor. 9, 12 ibid. col. 1907).

Für die cyprische und die mailänder Kirche bildete in der Folgezeit die Anerkennung des Barnabas als eigentlichen Apostels die selbstverständliche Voraussetzung für ihre Ansprüche auf kirchliche Unabhängigkeit.

Barnabas in Rom.

Die relativ älteste Tradition weiss (abgesehen von den Nachrichten der Apostelgeschichte) nur von einer Wirksamkeit des Barnabas in Rom, wohin er noch vor dem Apostel Petrus, ja noch bei Lebzeiten Jesu gekommen sein soll. Die clementinischen Recognitionen erzählen (I, 6 flg.), das Gerücht von den Lehren und Wundern Jesu sei durch Fremde, die aus dem Morgenlande kamen, auch in Rom verbreitet worden. Da sei ein Mann aus dem Osten, ein Hebräer, Namens Barnabas, an einem belebten Platze der Stadt aufgetreten und habe vor allem Volke die Erscheinung des Sohnes Gottes in Judäa verkündigt. Durch seine Predigt wird Clemens, ein Anverwandter des Kaisers Tiberius, zum Glauben geführt. Er nimmt den Barnabas in sein Haus auf und geniesst seinen Unterricht. Aber schon nach wenigen Tagen schifft dieser sich wieder nach seiner Heimath ein. Clemens, durch Geschäfte verhindert ihn sofort zu begleiten, folgt ihm einige Tage später nach, fährt dann straks nach Judäa und kommt nach 15 Tagen in Cäsarea Stratonis an, wo Barnabas ihn bei Petrus einführt.

Zweifelhaft ist bei dieser Erzählung nur, ob dieselbe in der vorliegenden Gestalt schon in der Grundschrift der Recognitionen, den ἀναγνωρισμοί Κλήμεντος, gestanden habe oder erst in den Recognitionen hinzugesetzt ist. Die clementinischen Homilien lassen statt des Barnabas einen ungenannten christlichen Lehrer in Rom auftreten, auf dessen Worte hin Clemens sich zur Reise nach Judäa entschliesst. Durch Sturm verschlagen, kommt er nach Alexandrien, und hier — nicht in Rom — lernt er den Barnabas kennen, und reist demselben bald darauf von Alexandrien aus nach Judäa nach. Gewöhnlich entscheidet man sich für die Priorität der Homilien, indessen hat Hilgenfeld beachtenswerthe Gründe für die entgegengesetzte Annahme beigebracht ¹). Wenn die Erzählung von dem römischen Wirken des Barnabas schon in der Grundschrift stand, so geht sie bis auf die Mitte des 2. Jahrhunderts zurück. Aber auch wenn sie erst in den Recognitionen hinzugekommen ist, bleibt ihr Alter immer noch ein sehr beträchtliches: denn die Recognitionen gehören wahrscheinlich der ersten Hälfte des dritten Jahrhunderts an. Auch die gnostischen Petrusacten (Actus Petri Vercellenses) wissen von Barnabas in Rom: sie machen ihn zu einem Begleiter des Paulus und lassen ihn gemeinsam mit Timotheus von Rom nach Makedonien gesendet werden ²). Beachtung verdient überdies, dass die Angabe der Homilien von einer alexandrinischen Wirksamkeit des Barnabas fast völlig vereinzelt dasteht, wogegen seine Predigt in Rom auch von anderen Schriftstellern überliefert wird. Nur der Mönch Alexander, der zweite Hauptzeuge für die cyprische Tradition, hat in seinem ἐγκώμιον εἰς Βαρνάβαν τὸν Ἀπόστολον beide Angaben combinirt: er lässt den Barnabas von Antiochien aus „alle Städte und Gegenden" predigend durchwandern, bis er nach Rom kommt, wo er als der Erste unter Christi Jüngern das Evangelium verkündigt und Viele bekehrt. Von Rom reist er nach Alexandrien, durchwandert die Städte Aegyptens und kehrt dann über Jerusalem nach Antiochia zurück (Acta SS. l. c. p. 442 sq.). Ihm folgen die griechischen Menäen zum 11. Juni (Venetianer Ausgabe von 1683 S. μγ′) : οὗτος πρῶτος ἐν Ἱερουσαλήμ καὶ ἐν Ῥώμῃ καὶ Ἀλεξανδρείᾳ ἐκήρυξε τὸ εὐαγγέλιον τοῦ Χριστοῦ. Wörtlich ebenso das Menologium des Basilios (Albani III, 130; Migne CXVII, 496). Dagegen wissen die Zeugen für die mailänder Legende, Pseudo-Dorotheos in beiden Texten³), Pseudo-Logothetes ⁴), Pseudo-Hieronymus in dem angeblichen Briefe an Chromatius und Heliodor ⁵), der Verfasser der Schrift 'de situ civitatis

---

1) Theol. Jahrbücher 1854 S. 500 ff. Die οἰκία des Clemens und die Geldgeschäfte, deren die Homilien erwähnen, passen sicher besser nach seiner Vaterstadt Rom als nach Alexandrien, wohin er auf der Reise nach Judäa nur durch widrige Winde verschlagen wird.

2) Nachdem vorher der Abreise des Paulus nach Spanien gedacht ist heisst es dann weiter: 'et non minime fratres scandalizabantur ad invicem, praeterea quod non esset Romae Paulus neque Timotheus neque Barnabas, quoniam in Macedoniam missi erant a Paulo'.

3) Βαρνάβας ὁ μετὰ Παύλου τῷ λόγῳ διακονήσας πρῶτος ἐν Ῥώμῃ τὸν Χριστὸν ἐκήρυξεν, μετέπειτα Μεδιολάνων ἐπίσκοπος ἐγένετο.

4) Βαρνάβας ὁ μετὰ Παύλου ἐν Ῥώμῃ κηρύξας ἐπίσκοπος Μεδιολάνων γέγονεν.

5) Vgl. das Verzeichnis der Mailänder Bischöfe aus dem Jahre 1251 bei Muratori, Rerum Italic. Scriptt. T. 1 P. II p. 228 sqq. Hier heisst es:

Mediolani' oder 'Datiana historia ecclesiae Mediolanensis' (bei Muratori, Rerum Italicarum Scriptores T. I P. II p. 206; auch ed. Aloys. Biragus Mediol. 1848 p. 11) und der 'Sermo in Natali S. Barnabae apostoli' bei Boninus Mombritius (Acta SS. l. c. p. 429; Biraghi p. 104) nichts von der alexandrinischen, sondern nur von der römischen Wirksamkeit des Barnabas, und lassen ihn von Rom nach Mailand reisen und die dortige Kirche gründen.

Wie es scheint, gehen alle diese Nachrichten, soweit sie sich auf Rom beziehen, auf die eine oder andre Fassung der clementinischen Legende zurück: speciell die Schrift de situ civitat. Mediol. verräth schon durch die Erwähnung des Clemens, den Barnabas bekehrt habe, den Ursprung ihrer Nachricht. Auch die übereinstimmende Angabe der Späteren, dass Barnabas als der Erste unter den Jüngern Christi das Evangelium in Rom gepredigt habe, weist deutlich auf den clementinischen Roman zurück, nach welchem Barnabas noch bei Lebzeiten Jesu in Rom aufgetreten sein soll (Recogn. I, 6 u. 7; Hom. I, 6 u. 7). Es hängt dies dort mit der Tendenz der Anagnorismen zusammen, den Clemens gleich in der ersten Zeit, als das Gerücht von der „guten Botschaft" vom Morgenlande her durch die Welt lief, die Kunde von Christus vernehmen zu lassen [1]. Die ursprüngliche Zeitbestimmung wird freilich von den Späteren häufig verlassen. Der Mönch Alexander setzt die Romreise des Barnabas zwischen Act. 11, 22 und Act. 11, 25: von Antiochien aus, wohin er durch die älteren Apostel gesendet worden ist, unternimmt er die weiten Reisen, auf denen er nach Rom und

---

'*Primus Pontifex Mediolanensis ecclesiae exstitit beatus Barnabas Apostolus Jesu Christi, sicut beatus Hieronymus inter alia, quae scribit Cromatio et Heliodoro, obtestatur dicens: Barnabas qui cum Paulo verbum ministrarit, primum in Roma Christum praedicavit et post Mediolani episcopus factus est*'. Das angebliche Citat aus Hieronymus stimmt genau mit dem Texte des Dorotheos überein, obwol letzterer gleich nachher noch besonders als Zeuge angerufen wird. In den ächten Briefen findet sich das Citat nirgends. Ebenso wenig lesen wir dasselbe in dem angeblichen Briefe des Hieronymus an Cromatius und Heliodorus, welcher in verschiedener Fassung als Prolog des Pseudo-Matthäus de nativitate Mariae et de infantia Salvatoris umläuft (bei Tischendorf, evangelia apocrypha ed. II p. 52 sq. Opp. Hieron. ed. Vallarsi XI p. 382) und in dem ebenfalls an Cromatius und Heliodor gerichteten angeblichen Briefe des Hieronymus vor dem Martyrologium Hieronymianum ed. Vallarsi XI, 2 p. 542.

1) Die Widersprüche in der Chronologie der Recognitionen können hier auf sich beruhn. Sie hangen einfach damit zusammen, dass der clementinische Familienroman auf eine von ganz andern chronologischen Voraussetzungen ausgehende ältere Darstellung aufgepfropft ist. Vgl. meine Petrussage S. 18 ff.

Alexandrien kommt, und erst nach der Rückkehr nach Antiochien holt er den Paulus von Tarsos ab. Auch nach dieser Chronologie ist die Reise nach Rom so früh gesetzt, dass dem Barnabas das Privilegium bleibt, das Evangelium unter allen Jüngern zuerst den Römern gepredigt zu haben [1]. Noch später setzen die mombritianische Legende [2] und die Schrift de situ civitatis Mediolani die Ankunft des Apostels in Rom. Nach beiden hätte Barnabas erst längere Zeit nach der Trennung von Paulus (Act. 15, 39), also erst nach seiner zweiten cyprischen Wirksamkeit die Welthauptstadt betreten, aber immer noch als der erste unter allen Aposteln. Die Schrift de situ civitatis Mediolani verlegt seine Ankunft in Rom ins Jahr 795 der Stadt, ins erste Jahr des Claudius, 8 Jahre nach Christi Himmelfahrt, d. h. ins Jahr 41 u. Z. [3]. Da diese Zeitbestimmung mit der eigenen Angabe jener Schrift, Barnabas sei erst 14 Jahre nach Christi Tode Heidenapostel geworden, in Widerspruch steht, so hat man die Ziffern ändern und das Jahr 805 der Stadt, das 11. Jahr des Claudius und das achtzehnte Jahr nach der Himmelfahrt herstellen wollen (Acta SS. l. c. p. 429; Biraghi l. c. dissertatio II p. XXVII sqq. und unten im Text p. 11; darnach auch Braunsberger a. a. O. S. 92 f.). Zu solcher Aenderung haben wir natürlich nicht das mindeste Recht [4]. Vielmehr bestätigt der Verfasser durch die von ihm angerichtete chronologische Verwirrung nur unwillkürlich die Richtigkeit seiner eigenen Angabe, dass er aus älteren Schriften ('diversis utriusque linguae paginis') geschöpft habe. Die nicht mehr auszumittelnde Quelle, welcher er obige Daten entnommen hat, setzte die Ankunft des Barnabas in Rom ein Jahr vor der Ankunft des Petrus welche nach Eusebios im 2. Jahre des Claudius — 42 u. Z.

1) Αὐτὸς γάρ πρὸ παντὸς ἑτέρου τῶν τοῦ κυρίου μαθητῶν ἐκήρυξεν ἐν Ῥώμῃ τὸ εὐαγγέλιον τοῦ Χριστοῦ.

2) Acta SS. l. c. p. 429: 'In diebus apostolatus sui, B. Barnabas apostolus comitantibus secum fratribus Romam venit', cum nondum Petrus et Paulus Romae fuissent, et ibidem Christi evangelium praedicarit'.

3) 'Barnabas adiit Romam ..... cum esset annus a constitutione eius DCCXCV, hoc est annus Claudii I, post vero Domini ascensionem VIII. Stansque in loco Urbis celeberrimo ..... primus ex apostolis libere protestans inopinatum Filii dei vivi ac veri adventum Romano coetui proclamarit'. In dem Drucke bei Muratori (Rer. italic. scriptt. T. 1 P. II p. 206) fehlen übrigens die Worte 'a constitutione eius DCCXCV hoc est annus'.

4) Ueberdies steht dieser Aenderung entgegen, dass ja nach demselben Verfasser der von Barnabas eingesetzte Anatalon vom 7. Jahre des Claudius an Bischof von Mailand gewesen sein soll. Biraghi und Braunsberger wollen daher auch hier die Ziffer corrigiren, und aus dem siebenten Jahre des Claudius das zwölfte machen.

= 796 u. c. erfolgt sein sollte. Dass die Quelle nacheusebianisch ist, beweist übrigens schon die Gleichsetzung des Jahres 795 u. c. mit dem 8. Jahre nach der Himmelfahrt Jesu: denn hiernach fällt die Himmelfahrt nicht mehr wie nach der älteren Chronologie ins Jahr 29, sondern nach Eusebios und den Späteren ins Jahr 33 u. Z. [1]).

So wenig die angeführten Zeugnisse die römische Wirksamkeit des Barnabas als geschichtliche Thatsache zu erhärten vermögen, so gross ist doch in anderer Beziehung das an sie sich knüpfende kirchenhistorische Interesse. Denn sie beurkunden das Vorhandensein einer sowol in der morgenländischen als in der abendländischen Kirche verbreiteten, bis ins dritte, ja vielleicht bis ins zweite Jahrhundert hinauf zu verfolgenden Tradition, welche dem Petrus die Ehre, der Gründer der römischen Gemeinde gewesen zu sein, bestritt, dieselbe aber ebensowenig dem Paulus, sondern dem an Autorität hinter beiden weit zurückstehenden Barnabas zuerkannte. Dagegen ist in der römischen Kirche selbst jede Erinnerung an die Anwesenheit des Barnabas in der Welthauptstadt erloschen. Sowol das römische Martyrologium als das römische Brevier schweigt von ihr und unter den Kirchen Roms, deren Zahl sich ungefähr auf vierhundert beläuft, ist keine einzige dem Barnabas geweiht (B r a u n s b e r g e r S. 112). Die richtige Erklärung dieser auffälligen Erscheinung hat schon H a r n a c k (a. a. O. S. 488) gegeben. Die Tradition von der römischen Wirksamkeit des Barnabas „musste dem römischen Bischofe höchst unbequem werden: denn sie drohte die einzigartige Bedeutung des Petrus für das Abendland und die einzigartige Stellung Roms im Abendlande zu gefährden. Wirklich erreicht es Rom, dass eine Wirksamkeit des Barnabas in Rom vor der des Petrus und in späterer Zeit mehr und mehr in Vergessenheit geräth. Barnabas Roma expellitur. Aber die abendländische Wirksamkeit dieses Apostels lässt sich nicht mehr austilgen, und so wandert der römische Barnabas, wie oftmals ein unbequemer vertriebener Heiliger aus und gelangt nach Mailand".

---

1) Wenn die Chronik des angeblichen L o g o t h e t e n den Barnabas gemeinsam mit Paulus nach Rom reisen lässt, so ist dies einfach ein Missverständnis der von ihm benutzten Quelle. Wie der Text des Dorotheos zeigt, erzählte dieselbe nur, dass Barnabas, welcher gemeinsam mit Paulus das Wort verkündigt hatte (τῷ λόγῳ διακονήσας), zuerst in Rom das Evangelium gepredigt habe. Von einer gemeinsamen Romreise beider Apostel ist hier nichts gesagt, vielmehr ist dieselbe durch den Wortlaut ausgeschlossen.

Die cyprische Barnabassage.

Von den beiden später ausgebildeten Localtraditionen, der cyprischen und der mailänder, ist jene zuerst zu besprechen. Dieselbe ist nicht nur völlig unabhängig von der römischen und von der mailänder Tradition entstanden, sondern schliesst die letztere aus; denn sie weiss nur von einer zweimaligen Predigt des Barnabas in seinem Vaterlande Cypern, während eine Combination beider Traditionen die Annahme erfordert, dass Barnabas nach seiner zweiten cyprischen Wirksamkeit nach Oberitalien gekommen und später zum dritten Male nach Cypern zurückgekehrt wäre, um dort den Märtyrertod zu sterben. So in der That die mombritianische Legende (s. o.) und darnach Braunsberger (a. a. O. S. 113 flg.), welcher sich bemüht, die Geschichtlichkeit beider Traditionen zu retten.

Für die cyprische Localsage sind uns zwei Hauptquellen erhalten: die περίοδοι καὶ μαρτύριον τοῦ ἁγίου Βαρνάβα τοῦ ᾿Αποστόλου, angeblich von Johannes Markus, dem ἀνεψιὸς Βαρνάβα (Kol. 4, 10) verfasst, und das bereits erwähnte ἐγκώμιον εἰς Βαρνάβαν τὸν ᾿Απόστολον, als dessen Verfasser der cyprische Mönch Alexander sich nennt.

Die περίοδοι Βαρνάβα.

Die περίοδοι sind in griechischer Sprache zuerst von Papebroek in den Actis Sanctorum (a. a. O. p. 431—435) nach einem cod. Vatican. 1667, mit der wol aus derselben Quelle geflossenen lateinischen Uebersetzung des Cardinal Sirlet (cod. Vat. 1687) abgedruckt worden. Darnach hat Tischendorf dieselben in einem vollständigeren und vielfach correcteren Texte aus dem im Jahre 890 geschriebenen cod. Paris. gr. 1470 veröffentlicht (acta app. apocr. p. 64—74). Derselbe füllt c. 6 und 7 von ἐπὶ τῆς κλίνης bis προσδέχεσθαι αὐτὸν τοὺς ἀδελφοὺς ἐκεῖ eine grössere, nur aus absichtlicher Streichung zu erklärende Lücke des vaticanischen Textes aus. Wie Braunsberger (a. a. O. S. 2 ff.) im Einzelnen nachgewiesen hat, so beruhen die Aenderungen im cod. Vatic. überwiegend auf dem Streben, Anstösse des ursprünglichen Textes, namentlich auch Widersprüche mit den Angaben der Apostelgeschichte zu beseitigen [1]).

---

1) So wird c. 2 die Notiz, Markus sei vor seiner Taufe ein Diener des Oberpriesters des Zeus, Kyrillos, gewesen, durch Auslassung des τοῦ Διὸς nach

Eine ältere lateinische Version der περίοδοι hat der neapolitanische Canonicus Mazocchi aus zwei neapolitanischen Codd. und dem alten Brevier von Capua veröffentlicht (Commentarius in vetus marmoreum S. Neapolitanae ecclesiae Kalendarium T. II p. 540—544). Papebroek erwähnt (Acta SS. l. c. p. 422) noch eine im Besitze der Jesuiten befindliche Utrechter Handschrift und eine römische, von Baronius benutzte. Derselbe Text findet sich in dem zweiten Theile der von Mombritius unter dem Titel Passio S. Barnabae [1]) 1479 herausgegebenen Legende. Nachdem vorher die Reise des Barnabas nach Rom und Mailand erzählt ist, geht die Darstellung zu dem Martyrium des Barnabas über, für welches schon vorher die Schrift des Johannes Markus, des Schülers und Bruderssohnes (exadelphi) des Barnabas als Quelle genannt ist. Die Erzählung beginnt mit den Worten 'quo autem ordine ad martyrii coronam pervenerit, ex graeco eloquio Joannis, exadelphi eius, transferentes, sensum magis quam verba sequentes, fideliter declaramus. Johannes igitur qui et Marcus etc.'. Der Text ist wörtlich derselbe wie in den oben angeführten Handschriften.

Es ist sowol dem gelehrten Bollandisten Papebroek als Brauns-

---

τοῦ ἀρχιερέως dahin verändert, dass man unter Kyrill nun einen jüdischen Hohenpriester verstehen kann. Ebendaselbst wird die Angabe gestrichen, dass Markus ἐν Εἰκονίῳ getauft worden sei, und als Täufer erscheinen Petrus, Barnabas und Paulus statt Paulus, Barnabas und Silas. Cap. 5 bleibt Barnabas mit Markus nach der Taufe des Letzteren längere Zeit in Ikonion, und von hier aus treten sie mit Paulus gemeinsam die erste Missionsreise an. Vatic. schreibt statt in Ikonion ἐν Ἱερουσαλήμ, lässt die Apostel von Jerusalem nach Antiochia gehn und von dort ihre Missionsreise antreten, womit die Uebereinstimmung mit Act. 12, 25. 13, 1 ff. hergestellt ist. Die grosse Lücke in c. 6 und 7 erklärt sich daraus, dass Vatic. an der Unerbittlichkeit des Paulus gegenüber dem drei Sabbate hintereinander ihn kniefällig um Verzeihung bittenden Markus Anstoss nimmt. Auch die Angabe, der Unwille des Paulus gegenüber dem Zurückbleiben des Markus in Pamphylien habe darin seinen Grund gehabt, dass letzterer die vom Apostel gebrauchten Pergamente bei sich behalten habe, ist als anstössig beseitigt, desgleichen die darauf folgende Berathung der Apostel über die weiteren Reisepläne, bei welcher Paulus (im Widerspruche mit Act. 15, 36) ein Gesicht erzählt, das ihn auffordert nach Jerusalem zu gehn. — Andrerseits fügt Vatic. c. 24 zu der Notiz über die Bestattung der Asche des Barnabas ἦν δὲ ὥρα τετάρτη, τῆς νυκτὸς δευτέρας σαββάτων die nähere Angabe des Depositionstags hinzu μηνὶ Παῦνὶ κατ' Αἰγυπτίους ἑπτακαιδεκάτη, τῆς δὲ γενεᾶς ἔτους ιβ', κατὰ δὲ Ῥωμαίους μηνὶ Ἰουνίῳ ια'.

1) Papebroek benutzte einen anscheinend in Frankreich saec. X geschriebenen Codex (l. c. p. 425), auf welchem die Ueberschrift richtiger lautet 'Sermo legendus in Natali S. Barnabae apostoli'.

berger entgangen, dass derselbe Text auch bei **Friedrich Nausea**
in seiner Ausgabe der gewöhnlich nach Abdias benannten 'vitae apostolorum' gedruckt ist und zwar am Schlusse des Ganzen, hinter der
Passio Symeonis et Judae, fol. LXXIII sqq. [1]). Die Eingangsworte
lauten hier: '*Gloriosum agonem beatissimi apostoli Barnabae sanctus
Lucas evangelista inter Actus apostolorum commemorans, asserit
eum ut notum est omnibus socium et participem tam praedicationis
quam et passionis beati Pauli apostoli. Sed quia idem Lucas, se-
quendo beatum Paulum apostolum, sancti Barnabae finem cernere
non valuit, caetera quae sequuntur et quo ordine ad coronam martyrii
pervenerit, ex Graeco eloquio Johannis cognomento Marci exadelphi
eius transferentes, sensum magis quam verba sequentes fideliter de-
claremus etc.*'. Wirklich ist der Text mehr ein Auszug als eine wörtliche Uebersetzung der περίοδοι. Der lateinische Bearbeiter hat
Manches, wie den Streit des Paulus und Barnabas, abgeschwächt,
Vieles gekürzt, auch die Orte, welche Barnabas auf seiner letzten
Missionsreise berührte, nur unvollständig aufgezählt. Am Schlusse (c. 23)
ist aus dem εὐσεβής Ἰεβουσαῖος, dem συγγενής Νέρωνος ein '*vir
magnus et praepotens nomine Eusebius de progenie Neronis imperatoris*' geworden [2]). Bar-Jesus heisst hier *Buriaeus*. Der ganze Schluss
von den Worten sect. 23 εὐθέως δὲ αὐτῇ τῇ νυκτί an fehlt. Der Text
bei Mombritius weicht hier wie auch sonst zuweilen ab; die Verbrennung
und Einäscherung des Barnabas ist gestrichen, dafür folgen hier die
Worte '*Impii Judaei non satiati de nece illius zelo odii concitati tule-
runt sacratissimum corpus eius et in locello plumbeo concludentes in
mare praecipitare disponebant*'. Dieselben Worte lesen wir in einer
dritten Recension der lateinischen Uebersetzung, welche in den codd.
Casin. 80. 145. 146; cod. 14 bibl. Mugellanae de nemore (Bandini
suppl. bibl. Laur. T. I col. 584) u. ö. enthalten ist, abgedruckt in
Bibl. Casin. T. III Florileg. p. 354 sqq. Dieselbe beginnt mit den
Worten '*Joannes qui et Marcus famulus domini Jhesu Christi,
discipulus vero sanctorum apostolorum Pauli et Barnabae*'.

---

1) **Baronius** ann. ad ann. 51 n. 51 bezeichnet die angebliche Schrift
des Johannes Markus als Bestandtheil des „Abdias", was sich jedenfalls daraus
erklärt, dass er den Druck des Nausea oder eine der von diesem benutzte
ähnliche Handschrift vor sich hatte, in welcher die passio Barnabae der Abdiassammlung angehängt war.

2) Vgl. dazu die Notiz Papebrock's a. a. O. p. 436, dass auch Mombritius
und der Utrechter Codex '*Eusebius*' lesen. Papebrock ist geneigt, diese Lesart
für ursprünglich zu halten.

Die Notiz im Eingange, durch welche der lateinische Text sich als Excerpt aus der griechischen Schrift des Johannes Markus zu erkennen gibt, fehlt hier; vielmehr ist das Ganze ebenso wie im Griechischen dem Johannes Markus selbst in den Mund gelegt. Im Wesentlichen ist der Text aber mit dem eben besprochenen identisch. Der Stelle 'impii Judaci — praecipitare disponebant' geht die Notiz von der Verbrennung des Apostels durch die cyprischen Juden vorher, woraus sich der sonderbare Widerspruch ergibt, dass der Leichnam obwol verbrannt, dennoch wie unversehrt in den Sarg gelegt wird. Johannes mit Timon und Rhodon begraben ihn des Nachts in der Höhle der Jebusäer 'tertio idus Junias hoc est undecima die ipsius mensis' (der oben als fehlend bezeichnete Schluss von den Worten εὐθέως δὲ αὐτῇ τῇ νυκτί an [sect. 23] ist also hier erhalten). Hieran reihen sich folgende Worte: 'Propter hanc itaque occultam collocationem plurimis anno-rum curriculis venerabile corpus illius latuit, nec inveniri a christi-colis valuit. Sed deus omnipotens qui [l. quia] non patitur gloriam occul-tare sanctorum suorum, tempore Zenonis imperatoris et sancti Gelasii papae eodem sancto apostolo revelante inventum est, atque cum hymnis et laudibus mirifice collocatum est. ad honorem et gloriam domini nostri Jhesu Christi qui cum patre et spiritu sancto vivit et regnat deus per infinita saecula saeculorum. amen'. Die Schluss-worte setzen bereits die noch zu besprechende Schrift des Mönchs Alexander über die Auffindung der Reliquien des Apostels zur Zeit des Kaisers Zeno († 491) voraus. Den Papst Gelasius, der erst ein Jahr nach Zenos Tode den römischen Stuhl bestieg, hat der Bearbeiter auf eigene Verantwortung hinzugethan.

Was das Textverhältnis der verschiedenen lateinischen Recen-sionen der vita Barnabae betrifft, so muss die in der Bibl. Casinensis die relativ ursprüngliche sein, da sie am Eingange wie am Schlusse das griechische Original noch treuer erhalten hat. Wegen ihrer Ab-hängigkeit von der Schrift des Mönchs Alexander kann sie nicht wol vor dem Ende des 6. Jahrhunderts, vielleicht aber erst ein bis zwei Jahrhunderte später entstanden sein.

Die Bekanntschaft mit der cyprischen Legende begegnet uns im latei-nischen Abendlande zuerst in dem dem Beda zugeschriebenen Martyrolo-gium, dann bei Ado (in libellus de festivitatibus apostolorum und im Mar-tyrologium), Usuard, Notker u. s. w. Das Martyrologium Hieronymianum kennt sie noch nicht, ebensowenig wie das Breviarium und die notitia apostolorum. Dagegen gibt Ordericus Vitalis hist. eccl. I, 1, c. 19 (Migne Patr. lat. 188 col. 178 sqq.) bereits einen Auszug aus der passio.

Jacobus a Voragine, welcher in der „Goldenen Legende" die lateinische Bearbeitung der passio Barnabae ebenfalls kennt und benutzt, fügt hinzu, dass Beda Venerabilis für den Uebersetzer gehalten werde (*'quam passionem Beda de Graeco in Latinum creditur transtulisse'*). Papebrock (a. a. O. S. 422), dem Tischendorf (prolegomena p. XXX) beistimmt, bestreitet diese Annahme, da das „ächte" Martyrologium Bedae der Legende keine Erwähnung thue [1]). Dagegen hat neuerdings wieder Biraghi (Datiana Historia Eccl. Mediol. p. 101 sqq.) dieselbe vertheidigt und damit die Zustimmung Braunsbergers (a. a. O. S. 2. 95) gefunden. Der zuerst bei Mombritius, dann wieder bei Biraghi (p. 102 sqq.) gedruckte Sermo in Natali S. Barnabae apostoli (*'Redemptor et Salvator noster Dominus Jesus Christus etc.'*), welchem die lateinische Uebersetzung der passio einverleibt ist, soll ebenfalls von Beda, zum Zwecke der zuerst von ihm eingeführten kirchlichen Gedächtnisfeier des Barnabas verfasst sein. Jedenfalls ist die weiter unten noch näher zu besprechende Legende bei Mombritius eine ziemlich späte Compilation. Die Vermuthung Papebroeks, dass der Verfasser nirgends anders als in Mailand zu suchen sei, hat vieles für sich.

Der Inhalt der περίοδοι ist folgender.

Johannes, der Begleiter der Apostel Barnabas und Paulus war früher ein Diener des Kyrillos, des Oberpriesters des Zeus gewesen, aber durch die beiden Apostel und Silas bekehrt und zu Ikonion getauft worden (c. 1). Nach seiner Taufe hatte er eine Vision: ein Mann im weissen Gewande erschien ihm und sprach zu ihm: „Sei getrost, Johannes, denn dein Name soll künftig Markus heissen und dein Ruhm in der ganzen Welt verkündigt werden. Die Finsternis in dir ist von dir gewichen und es ist dir Einsicht verliehen, die Geheimnisse Gottes zu erkennen" (c. 2). Erschreckt meldet er dem Barnabas das gehabte Gesicht. Dieser befiehlt ihm, Niemandem etwas davon zu sagen und erzählt, auch ihm sei vergangene Nacht der Herr erschienen, habe ihm seine nahe Vollendung angekündigt und ihm geheissen, den Markus bei sich zu behalten: „denn er habe einige Mysterien". Darauf mahnt er ihn, das Geschaute und Vernommene wohl zu bewahren, denn die Zeit seiner Offenbarung stehe bevor (c. 3). Sie blieben längere Zeit in

---

1) Papebrock meint offenbar das kürzere unter dem Namen Bedas erhaltene Martyrologium, welches aber ebenso unächt ist wie das ausführlichere. Letzteres erwähnt beim 11. Juni die Auffindung des Leichnams des Barnabas unter Kaiser Zeno.

Ikonion bei einem frommen Gastfreunde, dessen Haus Paulus geheiligt
hatte. Von dort reisen sie nach Seleukia und schiffen sich nach dreitägigem Aufenthalte daselbst nach Cypern ein. Während die Apostel
die Insel durchzogen, stand Markus beständig in ihrem Dienste. Als sie
aber Cypern verlassen und nach Perge in Pamphylien gekommen
waren, blieb er daselbst zwei Monate zurück, in der Absicht nach dem·
Abendlande sich einzuschiffen. Vom heil. Geiste daran verhindert,
suchte er die Apostel wieder auf und traf sie in Antiochia (c. 5). Er
fand den Paulus, ermüdet von den Anstrengungen des Weges, auf
sein Lager hingestreckt, und sehr traurig über sein langes Verweilen
in Pamphylien. Barnabas redete seinem Gefährten zu, etwas Brot zu
sich zu nehmen, worauf beide das Wort des Herrn verkündigten und
viele Juden und Hellenen bekehrten. Markus aber wagte sich zuerst aus
Furcht dem Paulus nicht zu nähern, darnach bat er ihn drei Sabbate
hinter einander kniefällig um Verzeihung, aber vergebens; denn der
Apostel zürnte ihm vornehmlich, weil er die meisten Pergamentrollen
in Pamphylien zurückbehalten hatte (c. 6). Nach beendigter Lehrthätigkeit in Antiochia berathschlagten die Apostel am folgenden Sonn-
tage den Plan, nach den Gegenden des Orients zu reisen und darnach
die auf Cypern gestifteten Gemeinden wieder zu besuchen. Barnabas
schlug vor, zuerst nach Cypern zu gehn; Lucius rieth, seine Vaterstadt Kyrene aufzusuchen; Paulus berief sich auf ein Gesicht, welches
ihm befahl, nach Jerusalem zu gehn, wo ihn die Brüder erwarteten,
wogegen wieder Barnabas rieth, den Winter über auf Cypern zu
bleiben und erst zu Ostern nach Jerusalem zu gehn (c. 7). Da entstand
zwischen beiden ein grosser Streit. Dazu kam, dass Barnabas auch
den Markus mitnehmen wollte, Paulus aber sich heftig dagegen erklärte.
Als die Uebrigen sich für Markus verwandten, entschied Paulus, Barnabas möge jenen mit sich nehmen, aber einen andern Weg ziehn. Barnabas
willigte ein; Paulus wünscht ihm Christi Gnade an und erklärt seinerseits in der Kraft des Geistes zu reisen (c. 8). Zum Abschied beten sie
gemeinsam und vergiessen Thränen über die bevorstehende Trennung.
Barnabas bittet den Paulus für ihn zu beten, da sein Ende bevorstehe
und er ihn nicht wiedersehe (c. 9). Paulus erwidert, auch ihm sei diese
Nacht der Herr erschienen und habe ihm geboten, den Barnabas an der
Reise nach Cypern nicht zu hindern, woselbst er Viele bekehren
werde; er selbst aber solle nach Jerusalem gehn und daselbst anbeten:
dort werde ihm gezeigt werden, wo sein Martyrium bereitet sei. Darauf
nehmen sie Abschied von einander, Barnabas aber nimmt den Markus
mit sich (c. 10).

Nachdem sie nach Laodikeia gekommen waren, bestiegen sie ein
Schiff, um nach Cypern zu fahren, aber ein widriger Wind verschlug
sie zuerst nach Korasion, wo sie landeten, sich an einer Quelle erquickten, aber Niemandem sich zeigten, damit man nicht erführe, dass
Barnabas sich von Paulus getrennt habe. Dann fuhren sie weiter nach
·der Küste von Isaurien [1]), dann nach der Insel Pityusa, wo sie Sturmes
halber drei Tage blieben und bei einem frommen Manne Euphemios
quartierten, welchen Barnabas mit seinem ganze Hause im Glauben unterrichtete (c. 11). Von hier schifften sie bei den Akonesischen Inseln
vorbei und kamen nach Anamurion. Hier fragten zwei Hellenen, woher
sie kämen und wer sie wären. Barnabas fordert sie, wenn sie hierüber
Bescheid begehrten auf, ihro Kleider abzulegen, er wolle sie dafür mit
einem Gewande bekleiden, welches niemals schmutze. Befremdet fragen
sie, was dies für ein Gewand sei und erhalten den Bescheid, wenn
sie ihre Sünden bekennen und an Christum glauben wollten, so würden
sie das in Ewigkeit unvergängliche Gewand empfangen (c. 12). Vom
heiligen Geiste ergriffen, fallen sie dem Apostel zu Füssen, bekennen
ihren Glauben, empfangen die Taufe und erkennen, dass sie mit Kraft
und einem heiligen Gewande bekleidet worden sind. Barnabas zieht
dem Einen das Gewand des Markus, dem Andern das eigene an. Als
sie aber viele Schätze darbringen, vertheilt er Alles an die Armen und
an die Schiffsmannschaft (c. 13). Am Strande predigt er ihnen und
segnet sie, worauf er mit seinem Gefährten sich einschifft. Der Eine
der Bekehrten, Namens Stephanos, will sie begleiten; Barnabas gestattet es aber nicht. Sie fahren nach Cypern über, landen des Nachts,
und kommen nach Krommyakites, wo sie bei den „Heiligthumsdienern"
Timon und Ariston Quartier nehmen (c. 14). Timon, der fieberkrank
darniederlag, wurde von ihnen unter Anrufung des Namens Jesu geheilt;
andre Kranke machte Barnabas durch Auflegung des von Matthäus ihm
übergebenen Evangelienbuches gesund (c. 15). Darauf zogen sie von
Timon begleitet nach Lapithos, wo man im Theater ein Götzenfest
feierte und sie nicht in die Stadt einliess. Sie erquickten sich ein wenig
vor dem Thor, und wanderten dann weiter durchs Gebirge nach Lampadistos, wo Timon zu Hause war: bei ihm fanden sie den Herakleios, und
herbergten bei diesem (c. 16). Herakleios stammte aus der Stadt der
Tamasier, und war gekommen, die Seinigen zu besuchen. Wie Barnabas
ihn ansah, erkannte er ihn wieder: er war nämlich bei seiner jüngsten
Anwesenheit auf Cypern in Begleitung des Paulus in der Stadt der

1) Statt εἰς παλαιᾶς τῆς Ἰσαυρίας wie beide Codd. haben, lese ich εἰς
παραλίας τῆς Ἰσαυρίας.

Kittäer mit ihm zusammengetroffen. Barnabas verlieh ihm bei der Taufe den heiligen Geist, veränderte seinen Namen in Herakleides, setzte ihn zum Bischof von Cypern ein und liess ihn in Tamasos zurück, nachdem er die dortige Gemeinde im Glauben gestärkt hatte (c. 17).

Sie überstiegen darauf das Gebirge Chionodes und kamen nach Alt-Paphos, wo der Heiligthumsdiener Rhodon gläubig wurde und sich ihnen anschloss. Sie trafen aber auch einen von Paphos kommenden Juden Bar-Jesus. Dieser erkannte den Barnabas, welcher kürzlich mit Paulus zusammengewesen war und liess sie nicht nach Paphos herein, worauf sie umkehrten und sich nach Kurion begaben (c. 18). In der Nähe der Stadt wurde grade ein unreines Wettrennen gefeiert, an welchem sich eine grosse Anzahl nackter Weiber und Männer betheiligte: es war eine Stätte des Trugs und der Verführung. Da wendete Barnabas sich um, bedrohte den Ort und sofort stürzte der westliche Theil zusammen, sodass Viele verwundet, Viele getödtet wurden; die Uebrigen flohen nach dem nahen Apollotempel. Als Barnabas und Markus dem Tempel sich näherten, wurden sie von einem von Bar-Jesus aufgestachelten Haufen Juden erwartet, die ihren Eintritt in die Stadt hinderten. Sie übernachteten darauf unter einem Baume vor der Stadt (c. 19). Am folgenden Tage kamen sie in ein Dorf, wo sie den Aristoklianos fanden. Derselbe war in Antiochia vom Aussatz gereinigt, durch Paulus und Barnabas zum Bischofe geweiht und nach seinem Heimathsdorfe, woselbst viele Hellenen wohnten, gesendet worden. Sie herbergten bei ihm in seiner Höhle im Berge, und brachten daselbst einen Tag zu. Von da kamen sie nach Amathus, wo ein grosser Haufe von Hellenen, unzüchtige Weiber und Männer, im Berge mit einer Opferspende beschäftigt waren. Auch hier kam Bar-Jesus ihnen zuvor, hetzte die Juden auf und liess die Sendboten Christi nicht in die Stadt ein. Eine achtzigjährige Witwe, welche sich vom Götzendienst fernhielt, gewährte ihnen Quartier für einen Tag. Dann schüttelten sie Angesichts des Tempels, wo das unreine Fest gefeiert worden war, den Staub von den Füssen und wanderten weiter (c. 20). In Begleitung Timons zogen sie durch die Einöden und kamen nach Kition. Auch dort war grosser Lärm im Circus. Als sie dies erfuhren, schüttelten sie abermals den Staub von den Füssen und verliessen die Stadt, denn Niemand nahm sie auf. Nur im Thore rasteten sie eine Stunde beim Brunnen (c. 21). Von Kition fuhren sie zu Schiff nach Salamis und landeten bei den sogenannten Inseln. Auch diese Stätte war voll von Götzendienst: es fanden Festversammlungen und Opferspenden statt. Sie trafen dort abermals mit Herakleides zusammen, und ertheilten ihm

Anweisung das Evangelium zu predigen, Kirchen zu gründen und Priester einzusetzen. Dann gingen sie in die Stadt Salamis hinein, und betraten die Synagoge bei der sogenannten Biblia: hier schlug Barnabas das Evangelienbuch auf, das er von seinem Genossen Matthäus erhalten hatte und begann die Juden zu belehren (c. 22). Zwei Tage darauf, als schon viele Juden Unterricht empfangen hatten, kam Bar-Jesus an, gerieth in Zorn und regte die ganze Judenschaft auf. Man ergriff den Barnabas und wollte ihn dem Statthalter von Salamis ausliefern[1]). Schon hatte man ihn gebunden und war im Begriff, ihn zum Statthalter zu führen. Als aber ein frommer Jebusäer, ein Anverwandter des Nero auf Cypern eintraf, ergriffen die Juden den Barnabas bei Nacht, banden ihm einen Strick um den Hals, schleiften ihn von der Synagoge zum Circus und von da zum Thore hinaus. Dort stellten sie sich um ihn herum und verbrannten ihn mit Feuer, sodass selbst die Knochen zu Asche wurden. Noch in derselben Nacht banden sie die Asche in ein Linnentuch, versiegelten dasselbe mit Blei und wollten es ins Meer werfen (c. 23). Markus aber benutzte in der Nacht einen günstigen Zeitpunkt, und trug mit Hilfe des Timon und Rhodon die Ueberreste des Barnabas nach einer Höhle, welche einst die Jebusäer bewohnt hatten. Hier fanden sie einen verborgenen Ort und setzten ihn dort mit dem Lehrbuche, welches er von Matthäus empfangen hatte, bei. Es war aber die vierte Nachtstunde des Montags (c. 24)[2]). Die Juden spürten den Begleitern des Barnabas eifrig nach und verfolgten sie bis zu dem Dorfe Ledra, in dessen Nähe eine Höhle den Flüchtigen eine Zufluchtsstätte gewährte. Drei Tage blieben sie hier versteckt, bis die Juden abgezogen waren. Dann verliessen sie die Stätte des Nachts und kamen mit Ariston und Rhodon nach dem Dorfe Limnes (c. 25)[3]). Am Strande fanden

---

1) Cod. Paris. liest ὑπάτῳ τῷ ἡγεμόνι τῆς Σαλαμίντης. Statt ὑπάτῳ liest cod. Vat. Ὑπατίῳ als Eigennamen. Vielleicht hat ursprünglich blos τῷ ὑπάτῳ im Sinne von τῷ ἀνθυπάτῳ gestanden, und τῷ ἡγεμόνι ist Glosse.

2) Der Pariser Text weiss noch nichts von dem 11. Juni als Depositionstag. Letztere Angabe findet sich in cod. Vatic. und der neapolitanischen Uebersetzung. Letztere liest: 'collocavi in cripta, quae olim fuerat habitatio Jebuseorum, tertio idus Junii, hoc est undecima die ipsius mensis'. Ueber die ausserdem im cod. Vatic. enthaltene Jahresangabe τῆς δὲ γενεᾶς ἔτους ιβ', wofür die lateinische Uebersetzung Sirlet's 'anno autem centesimo secundo post natalem diem domini' substituirt, ist viel gestritten worden (Acta SS. l. c. p. 421 sq. Braunsberger S. 131 ff.). Eine sichere Erklärung des wahrscheinlich verderbten Textes ist jedoch nicht gefunden.

3) Die Worte προσλαβόμενοι τὸν Ἀρίστωνα καὶ Ῥόδωνα ἤλθομεν ἐν κώμῃ Λιμνῆτι fehlen im Pariser Texte.

sie ein ägyptisches Schiff, das sie nach Alexandrien führte. Hier blieb
Markus und predigte den Brüdern das Evangelium, das er von den
Aposteln empfangen hatte (c. 26).

Geschichtlicher Werth der περίοδοι.

Als Verfasser der Acten nennt sich Johannes Markus, welcher
in der ganzen Schrift redend eingeführt wird. Dies ist natürlich, wie
man längst erkannt hat, eine Fiction, um der Erzählung grössere Glaubwürdigkeit zu verleihen. Den geschichtlichen Hintergrund der Darstellung bildet der Bericht der Apostelgeschichte über die gemeinsame
Missionsreise des Paulus und Barnabas, den Streit in Antiochien, der
durch die Person des Markus veranlasst ist, die Trennung der alten
Reisegefährten und die Rückkehr des Barnabas nach Cypern, woselbst
er das Evangelium nunmehr ohne Paulus, aber gemeinsam mit Markus
verkündigt. Aber im Einzelnen fehlt es in dem mit der Apostelgeschichte
sich direct berührenden Abschnitte der περίοδοι nicht an willkürlichen
Aenderungen des zu Grunde liegenden Berichts und an zahlreichen anderweiten ungeschichtlichen Zuthaten. Markus soll vor seiner Bekehrung
ein Diener eines heidnischen Oberpriesters — vermuthlich auf Cypern
— gewesen sein. Aber nach der Apostelgeschichte ist er ein Juden-
christ aus Jerusalem, dessen Mutter Maria ihr Haus den Zusammen-
künften der ersten Gläubigen geöffnet hatte (Act. 12, 12. 25, womit
die Angabe Kol. 4, 10 zu vergleichen ist). Schon hieraus ergibt sich
die Ungeschichtlichkeit der weitern Nachricht der περίοδοι, dass er zu
Ikonion von Barnabas, Paulus und Silas getauft worden sei. Ueberdies
als Paulus und Barnabas nach Ikonion kamen, war Markus nicht mehr
bei ihnen, sondern in Perge zurückgeblieben (Act. 13, 13 vgl. 51);
Silas aber wird als Begleiter des Paulus erst von dessen zweiter
Missionsreise an (Act. 16, 40) genannt, nachdem die Trennung von
Barnabas erfolgt war. Auch die Nachricht, dass Johannes den Beinamen
Markus erst in Folge einer Vision erhalten habe, nachdem er sich bereits in der Begleitung der beiden Apostel befand, stimmt mit der Angabe der Apostelgeschichte nicht, nach welcher er diesen Beinamen
schon früher führt, und ist auch an sich sehr unwahrscheinlich. Ebenso
irrthümlich sind die Angaben, dass Paulus und Barnabas ihre Missionsreise von Ikonion angetreten haben sollen, und dass Ersterer bei dem
Streite in Antiochien die Absicht kundgegeben hätte, in Folge eines
ihm gewordenen Gesichtes nach Jerusalem zu ziehn. Von den Aenderungen lässt sich aber wenigstens ein Theil noch erklären. Cap. 5

lesen wir von dem längeren Aufenthalte der Apostel und des Markus in Ikonion. Derselbe wird mit den Worten motivirt: ἦν γὰρ ἐκεῖ ὅσιος; ἀνὴρ καὶ εὐλαβής, ὅστις ἡμᾶς καὶ ὑπεδέξατο, οὐ καὶ τὸν οἶκον ἡγίασε Παῦλος. Unter diesem gottesfürchtigen Manne in Ikonion, dessen Haus Paulus geheiligt hatte, ist Onesiphorus gemeint, welcher nach den Acten des Paulus und der Thekla (bei Tischendorf a. a. O. S. 41 sq.) den Apostel in sein Haus aufgenommen hatte. Wie nun dort Ikonion als Ausgangspunkt weiterer Reisen des Paulus erscheint (Tischendorf p. 50 sq.). so ist ganz dasselbe auch hier der Fall, nur dass hier neben Paulus auch Barnabas und Markus auftreten. Die betreffenden Abweichungen von der Apostelgeschichte erklären sich also aus der Benutzung der acta Pauli et Theclae.

Was die speciellen Nachrichten über den Streit des Paulus und Barnabas in Antiochien anlangt, so erklärt sich die weitere Ausschmückung des Berichts der Apostelgeschichte einfach aus dem Interesse, welches der Vorgang grade für unsern Legendenschreiber haben musste. Sonst hat die alte Kirche sich weit mehr mit dem Streite des Paulus und Petrus (Gal. 2, 11 ff.), als mit dem des Paulus und Barnabas beschäftigt.

Der Erzählung von der cyprischen Wirksamkeit des Barnabas und Markus liegt ausser Act. 15, 39 namentlich die Geschichte Act. 13, 6 ff. zu Grunde. Wie dort, so erscheint auch hier der Magier Bar Jesus als Widersacher der Glaubensboten. Derselbe wird in der Apostelgeschichte als Ἰουδαῖος bezeichnet, und demgemäss wissen die περίοδοι zu berichten, dass er überall in den cyprischen Städten die Judenschaft wider Barnabas aufhetzt. Was sonst von den Thaten und Schicksalen des Apostels berichtet wird, ist ausserordentlich dürftig. Ein bis zwei Bekehrungsgeschichten, die eine überdies ohne jede speciellere Ausführung, die Heilung eines Fieberkranken durch Handanlegung, die Heilung Andrer durch Auflegung des Matthäusevangeliums, der Einsturz des Circus zu Kurion in Folge des Drohwortes des Apostels, endlich die Einsetzung zweier Bischöfe, von denen Einer bereits früher durch Paulus und Barnabas die Weihe empfangen haben soll — dies ist, wenn wir die ebenfalls äusserst kurze Erzählung von dem Martyrium des Apostels und der Beisetzung seiner Asche hinzurechnen, ungefähr Alles, was wir erfahren. Herakleios, alias Herakleides und der angeblich einst zu Antiochia vom Aussatze geheilte Aristoklianos gelten in der cyprischen Localtradition als die ältesten Bischöfe der Insel; ihre Einsetzung wurde begreiflicherweise auf den oder die Apostel zurückgeführt. Möglicherweise könnten auch die Namen des Timon, Ariston und Rhodon, welche als ἱερόδουλοι, d. h. wol als frühere Götzenpriester bezeichnet werden, einer Localtradition entlehnt sein.

Dass Barnabas nach seiner Trennung von Paulus wieder auf Cypern gewirkt hatte, stand aus der Apostelgeschichte fest. Die Tradition von seinem dortigen Martyrium schloss sich hieran leicht an. Aber über diese allgemeine Ueberlieferung hinaus scheint die cyprische Kirche nicht viel von der späteren Wirksamkeit ihres Apostels gewusst zu haben. Wir erfahren von derselben nichts Eigenthümliches, ausser der Benutzung des Matthäusevangeliums zu Heil- und Lehrzwecken, der Verbrennung des Apostels durch cyprische Juden zu Salamis und der Beisetzung seiner Asche samt dem gewissermassen als sein Emblem dienenden Matthäusevangelium in einer Höhle unweit der Stadt. Diese beiden Punkte, die merkwürdige Verbindung, in welche Barnabas mit dem Matthäusevangelium gebracht wird, und die nähere Angabe seiner Todesart und Todesstätte bilden den wirklich charakteristischen Gehalt unserer Erzählung und werden demgemäss noch besonders zu untersuchen sein.

Was den sonstigen Inhalt der περίοδοι betrifft, so verdient zunächst Beachtung die wiederholte Notiz von gewissen heidnischen Cultusbräuchen auf Cypern. Nachdem schon c. 16 kurz berichtet ist, bei der Ankunft des Barnabas und Markus in Lapithos sei daselbst ein rasendes Götzenfest im Theater gefeiert worden (εἰδωλομανίας ἐπιτελουμένης ἐν τῷ θεάτρῳ), wird c. 18 weiter von einem δρόμος μιερός erzählt, welcher zu Kurion von nackten Frauen und Männern veranstaltet worden sei. Aehnlich hören wir dann c. 20 von einem Opferfest unehrbarer Weiber und Männer im (Aphroditen-) Tempel zu Amathus, c. 21 von einem grossen Lärm in dem Circus (dem ἱπποδρομεῖον) zu Kition und c. 22 von den πανηγύρεις und σπονδαί in der götzendienerischen Stadt Salamis. Hier lassen sich unschwer Reminiscenzen an die einstigen der Aphrodite geweihten unzüchtigen Gottesdienste auf Cypern erkennen. Doch sind diese Erinnerungen schon sehr abgeblasst; wenigstens ist von derartigen Wettrennen, wie sie hier beschrieben werden, sonst nichts überliefert. Der vermuthlich durch ein Erdbeben erfolgte Einsturz des Circus zu Kurion wurde von den cyprischen Christen nach herkömmlichem Pragmatismus als ein göttliches Strafgericht über die dort verübten Greuel betrachtet; es lag in einer von den cyprischen περίοδοι des Barnabas handelnden Schrift sehr nahe, dieses Strafgericht mit dem Apostel in Verbindung zu bringen. Eine ältere auf Barnabas persönlich bezügliche Tradition liegt hier sicher nicht zu Grunde. Wichtig ist dagegen c. 18 die Erwähnung eines Apollotempels zu Kurion. Die bisher schon aufgefundenen Spuren des Apollodienstes iu und bei Kurion (Engel, Kypros I, 119. II, 666 flg.) finden hierdurch ihre Bestätigung.

Besonders vortheilhaft zeichnen sich die περίοδοι vor anderen Apokryphen durch die reiche Fülle geographischer und topographischer Nachrichten aus. Mit sichtlicher Vorliebe zeichnet der Verfasser die Reiseroute des Barnabas, zunächst zu Schiff von Laodikeia nach Cypern, dann zu Fuss von einem Ende der Insel bis zum andern. Die Genauigkeit, die seine Angaben überall, wo wir sie noch controliren können, auszeichnet, verbürgt uns die Richtigkeit auch der übrigen Notizen, mit denen er unsere topographischen Kenntnisse bereichert [1]).

In Laodikeia in Syrien besteigen Barnabas und Markus ein Schiff, um nach Cypern überzufahren. Ein widriger Wind treibt sie an der ganzen Ost- und Nordküste Cyperns vorbei und verschlägt sie bis Korasion, d. i. Korakesion, jetzt Alaja, einer festen Stadt an der Küste von Pamphylien. Von hier geht die Fahrt wieder in entgegengesetzter Richtung von NW nach SO. Sie kommen zur isaurischen Küste, bringen drei Tage auf einer Insel Pithyusa zu, fahren dann bei den akonesischen Inseln vorbei nach Anemurion, Stadt und Vorgebirge von Kilikien, nachmals Stalemura oder Skalemura, jetzt wieder Anemur. Von hier erfolgt die Ueberfahrt nach „einem Orte Krommyakites", d. h. nach dem grade gegenüberliegenden Vorgebirge Krommyon (Κρομμύου ἄκρα, Kp. ἄκρις, jetzt Cormachiti) auf Cypern. Nun beginnt die Fussreise auf der Insel. Zunächst südöstlich an der vorspringenden Küste hin bis Lapithos, auch Lapathos oder Lapethos, jetzt Lapitho, einer der bedeutendsten Städte an der Nordküste von Cypern, in der Römerzeit Hauptstadt des nördlichen Theils der Insel, später Bischofssitz. Dann quer durchs Land über die Berge nach Lampadistos [2]), wo Quartier bei einem Manne Namens Herakleios oder Herakleides genommen wird. Von demselben heisst es, er sei aus der Stadt der „Tamasier", d. h. aus Tamasos (Tamassos, Temesa) in der Mitte der Insel am nördlichen

---

1) Vgl. zu dem Folgenden die Nachweise bei Papebrock Acta SS. l. c. p. 435 sq. Tischendorf prolegg. p. XXIX sq. Braunsberger S. 114 ff. Engel Kypros I, 71—160. Besonders aber die auf Grund der neuesten Ausgrabungen gezeichnete Kiepert'sche Karte von Cypern (Berlin 1878).

2) εἰς πόλιν (cod. Vat. κώμην) Λαμπαδίστου. Gemeint ist doch wol ein Ort Lampadistos, der aber nirgends erwähnt wird und auch auf der Kiepert-schen Karte nicht gefunden wird. Auffällig bleibt freilich, dass die Reise von da nach Tamasos nicht ausdrücklich erwähnt wird.

Abhange der in der Richtung von NO nach SO die Insel durchziehenden Bergkette, dem heutigen Pera am oberen Laufe des zuerst von S nach N, dann von O nach Westen strömenden Pedios (jetzt Pidias). In der Ueberlieferung der cyprischen Kirche gilt Herakleides nämlich als erster Bischof von Tamasos, daher hier seine Bischofsweihe auf Barnabas zurückgeführt wird.

Es heisst nun weiter, Barnabas und Markus hätten, nachdem sie den Herakleides zum Bischofe „für Kypros" geweiht, die Gemeinde zu Tamasos im Glauben gestärkt und den Herakleides daselbst zurückgelassen. Die Wanderung ging also von Lapithos über Lampadistos in südlicher Richtung nach Tamasos, dann über das Schneegebirge (ὄρος Χιονῶδες), d. h. über den westlichen Gebirgsrücken, den Troodes, zur südwestlichen Küste herab nach Paläpaphos (später Σεβάστη, Augusta, jetzt Kukla, 10 Stadien von der Westküste an der Mündung des Bokaros). Von hier wollen sie wieder landeinwärts nach dem 60 Stadien entfernten Paphos ziehn (Πάφος νέα, gewöhnlich Paphos schlechtweg, jetzt Basa, in der Römerzeit Sitz des Proconsuls). Der Eintritt in die Stadt wird aber durch Bar-Jesus gehindert; daher kehren die Glaubensboten um, und wenden sich nun südwärts nach Kurion unweit des heutigen Piscopia (auf Kieperts Karte Episcopi) an der NW-Seite der Halbinsel Kurias, deren südöstliche Spitze durch das gleichnamige Vorgebirge (jetzt Capo delle Gate oder Capo Gavato) gebildet wird. Da den Reisenden hier ebenfalls der Zutritt verwehrt wird, bringen sie einen Tag in einer Höhle auf dem Berge unweit eines ungenannten Dorfes zu, wo der zum Bischof geweihte Aristoklianos sie herbergt; dann geht die Reise weiter nach Amathus (unweit des heutigen Alt-Limisso), einer alten phönikischen Stadt an der Südküste der Insel und nachdem sie vor dem Thore der ihnen wieder verschlossenen Stadt genächtigt, weiter in nordöstlicher Richtung durch die Einöde (διὰ τῶν ἐρήμων τόπων) zu „den Kitiern" (εἰς Κιτιεῖς), d. h. nach Kition (von Neueren bald unweit des heutigen Larnaka gesucht, bald mit Kiti oder Chiti, einem Flecken am gleichnamigen Vorgebirge, identificirt). Hier schiffen sie sich ein und legen den Weg nach Salamina oder Salamis (nordöstlich von Kition) zur See zurück. Sie landen aber nicht bei Salamis selbst, sondern eine Strecke südlich von der Stadt bei den sogenannten „Inseln", welche um das heutige Famagusta, das alte Ammochostos herumliegen und den Hafen dieser Stadt von der Seeseite her begränzen; von hier gehen sie nach Salamis, der grössten Stadt der Insel, nachmals Constantia, dem spätern Metropolitensitz. Als die Glaubensboten die Stadt betreten, lehren sie in der jüdischen Synagoge bei der sogenannten Biblia. Hier leidet

Barnabas den Märtyrertod. Die Asche wird in einer „früher von den Jebusäern bewohnten" Höhle beigesetzt. Die Begleiter des Barnabas aber werden von den Juden bis zu dem Dorfe Ledra ¹) verfolgt, verbergen sich hier in einer Höhle und gelangen nach 3 Tagen glücklich nach Limnes ²), wo sie sich nach Alexandrien einschiffen.

Die Reiseroute ist in der Absicht entworfen, den Barnabas alle Theile der Insel, an der Küste wie im Innern, bereisen zu lassen. So beginnt denn die Wanderung an der Nordküste, geht dann von da ins Innere der Insel zum Olympos, dann nach Westen, dann an der Südküste hin und zuletzt wieder in östlicher Richtung, bis sie zu Salamis endet. Dabei werden namentlich die Orte berührt, welche nachmals Bischofssitze waren: Lapithos, Tamasos, Kurion, Kition, Salamis.

Ursprung und Abfassungszeit.

Die genaue Bekanntschaft des Verfassers mit der Topographie von Cypern und der gegenüberliegenden Küste erweist ihn deutlich als einen Cyprier von Geburt. Der Zweck der περίοδοι ist im Allgemeinen kein andrer, als der, den Barnabas als den Apostel Cyperns darzustellen, die Einrichtung des dortigen Kirchenwesens und die Weihe der ersten Bischöfe auf ihn zurückzuführen, vor Allem aber sein Grab für Cypern in Anspruch zu nehmen. An häretischen Ursprung zu denken, oder die περίοδοι zu Grunsten einer (gnostischen) Geheimlehre geschrieben sein zu lassen (Braunsberger S. 6 flg.), liegt auch nicht die allermindeste Veranlassung vor ³). Dagegen wird eine genauere

---

1) ἕως τῆς κώμης Λέδρων (Vatic. Λεδρῶν). Der Ort wird gewöhnlich in dem nachmaligen Bischofssitze Λήδρον oder Λευτεῶν wiedergefunden, den man wieder mit der nachmaligen Hauptstadt Nikosia (Leukosia) identificirt (Engel I, 150 ff. Acta SS. l. c.). Aber diese liegt viel zu weit von Salamis ab, in der Mitte der Insel. Da die Flüchtigen mit einem ägyptischen Schiffe, also doch am wahrscheinlichsten von einem Hafen der Südostküste entkamen, so hat man Λέδρα (Λεδρῶν?) südlich von Salamis zu suchen.

2) ἐν κώμῃ Λιμνῆτι (nach dem cod. Vat.; cod. Paris lässt den Satz weg), ebenfalls nicht bekannt, sicher nicht Strabo's Limenia (im NW der Insel, aber im Binnenlande), vermuthlich das auf Kieperts Karte verzeichnete Paralimni, zwischen Famagusta und Capo Greco.

3) Die μυστήρια τοῦ θεοῦ, in welche Markus nach c. 3 Einsicht erhält, sind zwar nicht die christlichen Heilswahrheiten überhaupt (dagegen c. 4: ἔχει γάρ τινα μυστήρια), aber speciellе Anweisungen in Betreff seines künftigen Lehrberufs.

Zweckbestimmung, und hiermit zugleich die Bestimmung der Abfassungszeit der περίοδοι durch die eigenthümliche Verbindung ermöglicht, in welche die cyprische Wirksamkeit des Barnabas mit dem Evangelium des Matthäus gebracht wird. So lesen wir cap. 15: ἦν δὲ ὁ Βαρνάβας μαθήματα παρὰ Ματθαίου εἰληφώς, βιβλίον τῆς τοῦ θεοῦ φωνῆς καὶ θαυμάτων καὶ διδαγμάτων συγγράμματα. Diese Schrift, heisst es ebendaselbst, legt Barnabas den Kranken auf und macht sie dadurch gesund. Der Begriff der Evangelienschrift, welcher hier künstlich umschrieben wird, findet sich ausdrücklich c. 22: ἀναπτύξας ὁ Βαρνάβας τὸ εὐαγγέλιον, ὅπερ ἦν λαβὼν παρὰ Ματθαίου τοῦ συνέργου, ἤρξατο διδάσκειν τοὺς Ἰουδαίους. Von demselben Evangelium lesen wir nun c. 24 weiter, dass dasselbe mit der Asche des Barnabas zusammen in das Höhlengrab bei Salamis gelegt worden sei: ἀποκεκρυμμένον δὲ τόπον εὑρόντες ἐν αὐτῷ ἀπεθέμεθα σὺν τοῖς μαθήμασιν οἷς παρέλαβεν παρὰ Ματθαίου. Es ist klar, dass Pseudo-Markus auf diese Notiz ein besonderes Gewicht legt. Au drei verschiedenen Stellen seiner Erzählung erwähnt er dieses von Barnabas mit sich geführte Evangelienbuch. Da nun von einer ächt geschichtlichen Erinnerung keine Rede sein kann, so bleibt nur übrig, diesen Zug aus der späteren Legende von der Auffindung der Reliquien des Barnabas zu erklären. Wir wissen aus dem ἐγκώμιον des Mönches Alexander, dass vor der Auffindung unter dem Bischof Anthemios die Grabstätte des Apostels den Cypriern unbekannt war (Acta SS. I. c. p. 447 A), eine Unbekanntschaft, welche (p. 445 C) ausdrücklich mit einer nach dem Tode des Barnabas ausgebrochenen Verfolgung motivirt wird, durch welche die ganze Christengemeinde von Salamis zerstreut worden sei [1]). Dagegen weiss Pseudo-Markus von der Grabstätte mit dem Evangelienbuche ganz genauen Bescheid. Derselbe Mönch Alexander berichtet nun weiter (Acta SS. l. c. p. 447 sq.), dass Bischof Authemios von Salamis unter dem Kaiser Zeno dem Isaurier (474—491) an dem fünf Stadien weit von der Stadt gelegenen Orte, welcher, durch Heilungswunder berühmt, den Namen „Gesundheitsstätte" (τόπος τῆς ὑγιείας) führte, in einer Höhle den Sarg mit dem vollständigen Leibe des Barnabas und auf der Brust des Heiligen das „eigenhändig geschriebene" (ἰδιόχειρον) Evangelium des Matthäus aufgefunden habe. Auf die Erzählung Alexanders kommen wir weiter unten noch ausführlicher zurück. Die Auffindung

---

1) ἐγένετο δὲ ἐν ἐκείνῳ τῷ καιρῷ διωγμὸς μέγας ἐπὶ τὴν ἐκκλησίαν τὴν ἐν Σαλαμίνῃ καὶ πάντες διεσπάρησαν ἀλλαχοῦ, καὶ λοιπὸν ἄγνωστον ἐγένετο τὸ μνῆμα τοῦ ἁγίου ἀποστόλου Βαρνάβα.

19*

der Reliquien mit dem Evangelienbuche unter Kaiser Zeno wird nun aber auch durch mehrere andere Schriftsteller aus der ersten Hälfte des 6. Jahrhunderts bezeugt. So berichtet der Kirchenhistoriker Theodoros Lector, welcher eine Fortsetzung des Sokrates bis auf Kaiser Justin I. († 527) schrieb, dass die Reliquien des Barnabas auf Kypros unter einem Johannisbrotbaum aufgefunden worden seien, auf der Brust des Leichnams das von Barnabas eigenhändig geschriebene Matthäusevangelium. Dieses letztere habe Kaiser Zeno im Kaiserpalaste in der Kirche oder Kapelle des h. Stephanos niederlegen lassen [1]).

Uebereinstimmend hiermit erzählt der bekannte syrische Schriftsteller Severus von Gaza, ehemaliger Patriarch von Antiochien († um 539), in einem Briefe, den er nach seiner Verbannung (nach 517 oder 518) an Bischof Thomas von Germanikia schrieb, dass man das im Kaiserpalaste aufbewahrte prächtig geschriebene Matthäusevangelium, welches unter Zeno zugleich mit dem Leichnam des Barnabas auf Cypern aufgefunden worden sein solle, zur Feststellung einer streitigen Lesart zu Rathe gezogen [2]). Die Späteren wiederholen einfach dieselbe Nach-

---

1) Fragmenta historiae Eccles. l. II n. 2 bei Vallarsius, Theodoreti et Evagrii hist. etc. (Mainz 1679 p. 557; Turin 1748 p. 516): Βαρνάβα τοῦ ἀποστόλου τὸ λείψανον εὑρέθη ἐν Κύπρῳ ὑπὸ δένδρον κερατέαν ἔχον ἐπὶ στήθους τὸ κατὰ Ματθαῖον εὐαγγέλιον, ἰδιόγραφον τοῦ Βαρνάβα. ἐξ ἧς προφάσεως καὶ περιγεγόνασι Κύπριοι τὸ αὐτοκέφαλον εἶναι τὴν κατὰ αὐτοὺς μητρόπολιν καὶ μὴ τελεῖν ὑπὸ Ἀντιόχειαν. Τὸ δὲ τοιοῦτον εὐαγγέλιον Ζήνων ἀπέθετο ἐν τῷ παλατίῳ ἐν τῷ ἄλλῳ [l. ναῷ] Στεφάνου. Vgl. dazu auch Braunsberger S. 124 f.

2) Assemani B. O. II p. 81 sq. Die syrisch überlieferten Worte lauten in Assemani's Uebersetzung: 'Quod autem latus domini ac dei nostri Jesu Christi, postquam spiritum tradidit, a milite lancea percussum sit, et ex eo sanguis et aqua mirabiliter effluxerint, divinus evangelista Joannes scribit, cuius quidem facti nemo alius meminit. nonnulli vero Matthaei evangelio vim palam inferentes, id ibi obtrusere, quod contra evangelistae mentem est, ut scilicet ostenderet, Christi adhuc viventis latus a milite lancea prius percussum esse quam is spiritum tradidisset. haec res summo studio discussa est, cum mea tenuitas in urbe regia esset Macedonii eiusdem urbis quondam archiepiscopi causa. producto igitur in medium Matthaei evangelio, quod magnifice descriptum erat et in regia aede summa cum veneratione servabatur quodque imperante clarae memoriae Zenone in urbe Cypri insulae una cum sancto Barnaba, Pauli in lustrandis regionibus et in divinae praedicationis muniis obeundis socio, repertum fuisse ferebant, eoque aperto deprehensum est, huiusmodi historiae militis et lanceae additamentum in ipso haudquaquam exstare'.

richt von der Auffindung des Leichnams mit dem Matthäusevangelium
auf der Brust [1]). Die Handschrift war auf Holztäfelchen geschrie-

1) Suidas ad v. θύϊνα: ἐπὶ Ζήνωνος βασιλέως εὑρέθη ἐν Κύπρῳ τὸ
λείψανον Βαρνάβα τοῦ ἀποστόλου τοῦ συνεκδήμου Παύλῳ· ἔκειτο δὲ ἐπὶ τὸ
στῆθος Βαρνάβα τὸ κατὰ Ματθαῖον εὐαγγέλιον ἔχον πτύχια θύϊνα. Menaea
Graecorum zum 11. Juni (Venedig 1683 p. μγ'): ἀπελθὼν ἐν Κύπρῳ ὑπό τε
Ἰουδαίων καὶ Ἑλλήνων λίθοις κτείνεται καὶ πυρὶ παραδίδοται. ἐν Μάρκος ὁ
ἀπόστολος καὶ εὐαγγελιστὴς συγκομίσας ἔθετο ἐν σπηλαίῳ καὶ ἐκπλεύσας εἰς
Ἔφεσον πρὸς Παῦλον ἀπήγγειλεν αὐτῷ τὴν τελείωσιν Βαρνάβα. ἔκλαυσε δὲ
αὐτὸν ὁ Μάρκος ἐπὶ πολύ. οὗτος λέγεται τεθάφθαι ἅμα τῷ ὑπ' αὐτοῦ γραφέντι
κατὰ Μάρκον εὐαγγελίῳ, τῷ δὲ ἐς ὕστερον εὑρεθέντι μετὰ τοῦ ἀποστολικοῦ
σώματος· ὅθεν προνόμιον ἔλαβον οἱ πιστοί, μὴ ὑποκεῖσθαι ὑπό τινος τῶν ἄλλων
ἐπισκόπων ταύτην τὴν νῆσον, ἀλλ' ὑπὸ τοῦ ἰδίου ἐπισκόπου χειροτονεῖσθαι.
Dass hier statt des Matthäusevangeliums das Markusevangelium genannt wird,
ist ein leicht erklärbares Versehn; das handschriftliche Synaxarium der Kirche
von Constantinopel, dessen Papebrock gedenkt (Acta SS. l. c. p. 453) und das
Menologium des Basilios (Albani III, 130 sq.; Migne CXVII, 496), welche sonst
wörtlich mit den gedruckten Menäen übereinstimmen, haben statt κατὰ Μάρκον
richtig κατὰ Ματθαῖον. Die Quelle der Erzählung in den Menäen ist sicher
das ἐγκώμιον des Mönchs Alexander. Ausser den Menäen vgl. noch Kedrenos
annal. I. p. 618 ed. Bonn. Nikephoros Kallistos h. e. XVI, 37. Nilus notit.
patriarch. bei le Moyne Varia Sacra I p. 236.

Das abyssinische Hagiologium, dessen Papebrock gedenkt (l. c. p. 421),
erwähnt zwar nichts von dem Matthäusevangelium, aber von der Bestattung
des Leichnams durch Markus, nachdem das Feuer des Scheiterhaufens erloschen
sei. Die Quelle desselben wird das Synaxarium der koptischen Christen sein,
welches zum 21. Kihak (17. December) des Barnabas gedenkt. Die betreffenden
Worte desselben (ed. Wüstenfeld p. 191) lauten: „Die beiden (Barnabas und
Markus) gingen nach Kypros, predigten dort das Evangelium, brachten viele
der Einwohner zum Glauben an Christus und tauften sie. Da wurden die Juden
von Kypros auf sie neidisch und brachten das Herz des dortigen Statthalters
und der Aeltesten gegen Barnabas auf; sie ergriffen ihn, peitschten ihn mit
schmerzhaften Schlägen und warfen ihn mit Steinen; dann zogen sie ihn unter
den Steinen hervor nnd verbrannten ihn mit Feuer: da vollendete er seinen
Kampf. Den Apostel Markus, der bei ihm war, hatte der Herr behütet und
liess ihn am Leben bis er in Alexandria und dessen Gebiet das Evangelium
predigte. Er hatte indessen den Heiligen aus dem Feuer genommen, er war
unversehrt, das Feuer hatte ihn durchaus nicht berührt; er trug ihn fort,
wickelte ihn in Todtengewänder und setzte ihn in einer Höhle von Kypros
bei". Auch im Abendlande begegnet uns die Notiz von der Auffindung
des Leichnams des Barnabas mit dem Matthäusevangelium unter Kaiser Zeno.
So Ado (um 860) im libellus de festivitatibus sanctorum apostolorum (p. 34 ed.
Roswey de): 'Cuius corpus tempore Zenonis imperatoris ipso revelante repertum est'. Und zu den Natalitien des Matthäus (XI kal. Octobr.) bemerkt
Ado: 'Evangelium eius stilo scriptum ipso revelante tempore Zenonis imperatoris repertum est'. Dass Matthäus und nicht Barnabas den aufgefundenen

ben[1]); die Legende, dass Barnabas sie eigenhändig verfertigt, d. h. von dem Originale des Matthäus eine Abschrift genommen haben soll[2]), diente dem Zweck, das Anselm dieser seltenen Reliquie zu erhöhen, und dadurch zugleich indirect die Angabe zu bestätigen, dass der Leichnam, auf dessen Brust man sie gefunden haben wollte, wirklich der des Barnabas war.

Wenn also Pseudo-Markus erzählt, dass das Evangelium des Matthäus mit den Ueberresten des Barnabas zusammen begraben worden sei, so verräth er dadurch unwillkürlich die eigentliche Tendenz, die ihn bei Abfassung der περίοδοι leitete. Die Erzählung von dem Gebrauche, welchen Barnabas auf Cypern von dem Evangelium des Matthäus zu Heil- und Lehrzwecken machte, und speciell von der Beisetzung seiner Asche mit jenem Evangelienbuche in der Höhle bei Salamis dient offenbar dem Zwecke, ein in einem mit Asche gefüllten Bleigefässe dort aufgefundenes Exemplar des Matthäusevangeliums als vormaliges Eigenthum des Barnabas darzustellen, eben damit aber zugleich die Aechtheit des aufgefundenen Apostelgrabes zu legitimiren. Hieraus ergibt sich aber unausweichlich auch die späte Abfassungszeit jener Schrift.

Die Auffindung der Reliquien und des Evangelienbuchs fällt nach dem Mönch Alexander in die Zeit, in welcher Zeno auf dem Kaiserthrone, der Monophysit Petrus Fullo aber auf dem Patriarchenstuhle von Antiochien sass. Diese Daten ergeben die Jahre 482(genauer 485)—488 (vgl. Braunsberger S. 126 flg.). Früher können also auch unsere περίοδοι Βαρνάβα nicht geschrieben sein. Gewöhnlich setzt man sie allerdings in eine erheblich frühere Zeit. Dass für Salamis niemals der neuere Name Constantia gebraucht ist, den die Stadt durch Constantin den Grossen empfing, ist kein Grund, mit der Abfassung auf die vorconstantinische Zeit zurückzugehn. Denn bei späteren Schriftstellern begegnet uns wieder der alte Name. So z. B. bei dem Mönch Alexander, welcher nicht vor dem 6. Jahrhunderte geschrieben haben kann (s. u.).

Evangelientext eigenhändig geschrieben habe, ist ebenso wie die Beziehung des 'ipso revelante' an der zweiten Stelle auf Matthäus ein Misverständnis.

1) Suidas a. a. O. schöpft offenbar aus dem ἐγκώμιον des Mönchs Alexander, in welchem es (a. a. O. p. 451) ausdrücklich heisst: λαβόντες τὸ εὐαγγέλιον ἀνήγαγον ἐν Κωνσταντινοπόλει, ἔχον ἐκ ξύλων ξύλων τὰ πτύχια.

2) Alexander Monach. l. c. p. 450: εὐαγγέλιον ἰδιόχειρον. Theodor. Lector a. a. O.: ἰδιόγραφον τοῦ Βαρνάβα. Ebenso die griechischen Menäen zum 11. Juni (s. o.). An eine griechische Uebersetzung aus dem Hebräischen ist nicht gedacht.

Wichtiger ist ein andrer Umstand, aus welchem Braunsberger (S. 6) gefolgert hat, dass die περίοδοι jedenfalls vor Ende des 5. Jahrhunderts geschrieben seien [1]). Während nämlich letztere den Leichnam verbrannt und nur die Asche samt dem Evangelienbuche in einem bleiernen Sarge beigesetzt werden lassen, wissen Alexander, Theodoros Lector, Severus und alle Späteren von einer Auffindung des vollständigen Leichnams, mit dem Evangelienbuche auf der Brust. Nun ist ja freilich klar, dass nach diesem Funde kein Cyprier schreiben konnte, des Apostels Leib sei zu Asche verbrannt. Aber eine andre Frage ist, ob nicht aus den περίοδοι ein andrer Hergang der Auffindungsgeschichte sich ergibt, als die oben genannten Gewährsmänner berichten. Die Erzählung von der Beisetzung der Asche mit dem Evangelienbuch setzt doch wol voraus, dass der ursprüngliche Fund kein so vollständiger war, wie die Schriftsteller des 6. Jahrh. und alle Späteren berichten. Eben diesen Thatbestand verräth auch noch die Erzählung des Mönchs Alexander, grade durch das Gewicht, welches sie offenbar im bewussten Gegensatze zu einer anderweiten Ueberlieferung auf die Auffindung des vollständigen Leichnams legt [2]). Der ursprüngliche Fund beschränkte sich auf einen bleiernen Sarg mit Asche, in welchem eine wohlerhaltene Handschrift des Matthäusevangeliums lag. Man glaubte in der Asche die Ueberreste des Apostels Barnabas wiederzuerkennen, der nach einer wahrscheinlich schon weit älteren Tradition auf Cypern den Märtyrertod gestorben sein sollte. Die Asche liess auf Feuertod schliessen; die beiliegende Evangelienschrift, die man als ein αὐτόγραφον, zwar nicht des Matthäus selbst, wohl aber seines apostolischen Genossen betrachtete, diente zur Legitimation der aufgefundenen Ueberreste. Einige Zeit nachher kam unter einem Johannisbrotbaum ein vollständiger Leichnam, den man dem Barnabas vindicirte, zum Vorschein. Die Legende wurde nun dahin modificirt, dass die Juden den Apostel gesteinigt und darnach den vergeblichen Versuch gemacht hätten, seinen Leib zu verbrennen. Die Asche, in deren Besitze später auch die Mailänder sein wollten, wurde nun zur Asche des Scheiterhaufens; dann aber verstand sich auch eine

---

1) Mit Braunsberger scheint hier auch Harnack (in Herzogs Real.-Encyklopädie 2. Aufl., Artikel Barnabas) übereinzustimmen, der die Acten dem 4. oder dem Anfange des 5. Jahrhunderts zuweisen will.

2) Acta SS. l. c. p. 450. Der dem Anthemios im Traume erschienene Barnabas spricht zu ihm: ὤρυξον ὑπὸ τὴν κερατείαν καὶ εὑρήσεις σπήλαιον καὶ λάρνακα ἐν αὐτῷ· ἐκεῖ μου τὸ πᾶν σῶμα ἀπόκειται, καὶ εὐαγγέλιον ἰδιόχειρον ὃ ἐξέλαβον ἀπὸ Ματθαίου κτλ.

weitere Umbildung der Sage von selbst: das Evangelienbuch konnte nicht mehr bei der Asche, sondern nur noch beim vollständigen Leichnam — geziemender Weise auf der Brust — gefunden worden sein. In der Geschichte der Anerkennung der kirchlichen Unabhängigkeit des Bischofs von Salamis durch Kaiser Zeno, welche der Mönch Alexander und ihm nach die Späteren erzählen, erscheint die Auffindung des ganzen Leichnams trotz der Bedeutung, welche sie für den Erzähler selbst hat, weiter nicht betont; alles Gewicht fällt auf die Auffindung des Evangelienbuches in dem angeblichen Grabe des Apostels. Die Auslieferung des gefundenen Schatzes an den Kaiser Zeno erscheint gewissermassen als der Kaufpreis, den Anthemios von Salamis für die kaiserliche Anerkennung seiner kirchlichen Selbständigkeit zahlt. Nun steht aber die Auffindung des Grabes mit dem Evangelienbuche in engstem Zusammenhange mit dem kirchlichen Competenzstreite zwischen Antiochien und Salamis, der durch Kaiser Zeno zu Gunsten der cyprischen Metropole entschieden wurde. Davon, dass das Grab schon früher bekannt war, ist keine Spur, vielmehr versichert der Mönch Alexander ausdrücklich das Gegentheil. Man wird also auch mit der Entstehung unserer περίοδοι nicht über den bezeichneten Zeitpunkt hinaufgehn dürfen. Allerdings reicht der Streit um die kirchliche Unabhängigkeit Cyperns bis in die erste Hälfte des 5. Jahrhunderts zurück. Schon die Metropoliten Troilos und Theodoros von Constantia (Salamis) hatten unter den Herrschaftsgelüsten Antiochias zu leiden gehabt. Nach dem Tode Theodors (431) erwirkte der Patriarch von Antiochien bei dem kaiserlichen Dux Dionysios ein Decret, welches den Cypriern die Wahl und Ordination eines neuen Metropoliten verbot, bis die damals grade zu Ephesos versammelte ökumenische Synode hierüber entschieden haben würde. Trotzdem wählte die cyprische Provinzialsynode den Rheginos zum Metropoliten, und dieser verfocht mit seinen beiden Suffraganen Zeno von Kurion und Euagrios von Soloi zu Ephesos siegreich seine Sache [1]. In der siebenten Action wurde nach Anhörung der cyprischen Gesandten von der Synode beschlossen, dass nach dem Kanon von Nicäa (can. 6), welcher jeder Kirche ihre alten Rechte garantirte, auch die cyprische Kirche nach wie vor selbst ihren Metropoliten wählen

_____

1) Auf die Frage der Synode, was der Antiochener begehre, antwortet der cyprische Bischof Euagrios: '*Subiicere insulam nostram et ordinandi ius ad se rapere attentat praeter canones et consuetudinem quae iam olim invaluit*'.

sollte, ohne dass dieser der Ordination des Patriarchen von Antiochia bedürfe (Mansi IV, 1466—1470) [1]).

Hiernach könnte man zu der Annahme geneigt sein, dass unsere περίοδοι bereits in die Zeit des früheren, 431 zu Ephesos entschiedenen Streites gehören. Allein das Charakteristische der damaligen Verhandlungen ist grade dieses, dass die Cyprier sich für ihre kirchliche Selbständigkeit lediglich auf die 'consuetudo quae iam olim invaluit' und auf die das kirchliche Herkommen schützenden Kanones berufen, dagegen den Apostel Barnabas und sein Martyrium bei Salamis noch mit keiner Silbe zu ihren Gunsten geltend machen. Letzteres war vielmehr erst nach dem Wiederaufleben des Streites unter Kaiser Zeno der Fall. Erst damals hatten sich die Cyprier stärkere Beweismittel zu verschaffen gewusst, um ihr Recht als selbständige Apostelkirche gegen den Patriarchen von Antiochia zu vertheidigen. Zu der Berufung auf das kirchliche Gewohnheitsrecht tritt jetzt auch die theologische Beweisführung, dass Cypern ebensogut Apostelkirche ist wie Antiochien, und die thatsächliche Legitimation dieser These durch den wunderbaren Fund bei Salamis. Eben diesen Fund setzen aber, wie wir gesehn haben, die περίοδοι unzweifelhaft schon voraus; ihre Abfassung kann also nicht schon um 431 fallen, sondern frühestens in die Zeit des zweiten, in die Jahre 485—488 fallenden Streites, in welchem die Unabhängigkeit Cyperns endgiltig entschieden wurde. Andrerseits können sie auch nicht viel später als 485—488 geschrieben sein, da zwanzig bis dreissig Jahre nachher schon der vollständige Leichnam des Barnabas zum Vorschein gekommen war. Denn schon Theodoros Lector bezeugt die später so oft wiederholte Nachricht, dass das Evangelienbuch auf der Brust des Heiligen gefunden worden sei. Hiernach sind die περίοδοι wahrscheinlich unter Bischof Anthemios von Salamis, unmittelbar oder doch sehr bald nach Auffindung des Grabes, zur Unterstützung der cyprischen Ansprüche untergeschoben worden. Wir haben in denselben keine harmlose Legende, sondern eine planmässige, übrigens mit grossem Geschick ins Werk gesetzte Fälschung.

---

1) Man bemerke beiläufig, dass in den Acten der ephesinischen Synode ebenso wie zur Zeit des Epiphanios lediglich der Name Κωνσταντία für Salamis gebraucht wird.

Das Enkomium des Mönches Alexander.

Noch weit deutlicher als die περίοδοι erweist sich das ἐγκώμιον
des Mönches Alexander als eine im Interesse der kirchlichen
Selbständigkeit von Cypern verfasste Tendenzschrift. Den griechischen
Text hat Papebroek (Acta SS. l. c. p. 436—452) aus einem vaticanischen Codex herausgegeben, zugleich mit der lateinischen Uebersetzung des Franciscus Zenus. Letztere findet sich auch bei Surius
(Acta SS. zum 11. Juni) und bei Sormani (l'Origine apostolica della
chiesa Milanese p. 335—360) abgedruckt. Eine andere lateinische Uebersetzung gibt Combefis am Anfange des 7. Bandes seiner Bibliotheca
concionatoria. Die vollständige Ueberschrift lautet im Griechischen Ἀλε-
ξάνδρου μοναχοῦ ἐγκώμιον εἰς Βαρνάβαν τὸν ἀπόστολον, προτραπέν-
τος ὑπὸ τοῦ πρεσβυτέρου καὶ κλειδούχου τοῦ σεβασμίου αὐτοῦ ναοῦ,
ἐν ᾧ ἱστορεῖται καὶ ὁ τόπος τῆς ἀποκαλύψεως τῶν αὐτοῦ λειψάνων.
Jener Alexander war also Mönch in dem Kloster, welches an der Grabkirche des Barnabas zu Salamis lag, und schrieb im Auftrage des
Presbyters und Custos seines Klosters. Nach einem Proömium, in welchem
er des ihm gewordenen Auftrags und der Grösse der Aufgabe, den
Barnabas zu verherrlichen gedenkt, zerfällt das Ganze in vier Capitel:
die frühere Geschichte des Barnabas bis zur Bekehrung des Paulus,
die Missionsreisen des Barnabas und sein Martyrium zu Salamis, die
Geschichte des Petrus Fullo und seine Versuche, die cyprische Kirche
dem Stuhle von Antiochien zu unterwerfen, endlich die Auffindung der
Reliquien des Apostels, die Anerkennung der Selbständigkeit der cyprischen Kirche, und die Erbauung einer Kirche und eines Klosters an
dem aufgefundenen Grabe. Als Quellen für die Geschichte des Barnabas
nennt Alexander (p. 438) den Στρωματεύς (Clemens von Alexandrien)
und „andre alte Schriften" (ἕτερα ἀρχαῖα συγγράμματα). Das erste
Capitel stellt die biblischen Nachrichten mit allerlei traditionellen Zuthaten zusammen. Barnabas, ein Levit aus Cypern, von den Aeltern
Joseph genannt, wird in Jerusalem durch Gamaliel erzogen, durch die
Heilung des Paralytischen ἐν τῇ προβατικῇ κολυμβήθρᾳ (Joh. 5, 2 ff.)
zum Jünger Jesu bekehrt, und führt seinerseits wieder seine Tante
Maria, die Mutter des Johannes Markus, zu Christus. In ihrem Hause
soll der Herr, so oft er nach Jerusalem kam, eingekehrt sein und daselbst auch nach der Ueberlieferung „der Väter" das letzte Abendmahl
gehalten haben: ebenso soll Markus nach einer Ueberlieferung der
Alten (λόγος γὰρ ἦλθεν εἰς ἡμᾶς ἀπὸ γερόντων) der Marc. 14, 13 erwähnte Wasserträger gewesen sein. Joseph begleitet nach seiner Be-

kehrung Jesum nach Galiläa, wird dort als der Erste (ὁ πρῶτος καὶ
ἔξαρχος· καὶ κορυφαῖος) der 70 Jünger erwählt, und empfängt von
Petrus kraft göttlicher Offenbarung den Beinamen Barnabas, d. h. υἱὸς
παρακλήσεως. Nach der Lehre des Herrn verkauft er all seine Habe
bis auf einen einzigen Acker, von dem er sein Leben fristet; aber auch
diesen verkauft er nach Christi Passion und bringt den Erlös den Aposteln. Vergeblich sucht er den Saulus zu bekehren; nachdem dieser
aber auf seinem Verfolgungszuge nach Damaskos durch Christus selbst
bekehrt worden ist, führt Barnabas ihn bei den Aposteln ein. Das
zweite Capitel beginnt mit der Sendung des Barnabas nach Antiochien
(Act. 11, 22) und berichtet dann von seinen weiteren Missionsreisen
nach Rom und Alexandrien, von wo er wieder nach Antiochien zurückkehrt, in Tarsos den Paulus abholt, und mit ihm gemeinsam nach Jerusalem reist, Cypern von Salamis bis Paphos durchwandert, dann nach
Pamphylien übersetzt, wo Markus, ihr bisheriger Begleiter, sie verlässt,
um nach Jerusalem zurückzukehren, und hierauf abermals mit Paulus
nach Jerusalem zieht (Act. 15). Hier gesellt Marcus sich reumüthig
wieder zu ihm. Nach Antiochien zurückgekehrt, wollen sie neue
Missionsreisen antreten, wobei die Bitte des Barnabas, den Markus
wieder mitzunehmen, Anlass zur Trennung beider Apostel wird. Dabei
betont aber Alexander, dass diese Trennung göttlich gewollt gewesen,
der παροξυσμός (Act. 15, 39) aber vom Wetteifer in der Liebe und in
guten Werken zu verstehn sei. Barnabas reist mit Markus nach Cypern,
durchwandert die ganze Insel und kommt endlich nach Salamis[1]), wo er
längere Zeit predigend und wunderthuend verweilt und allsabbatlich
mit den Juden in der Synagoge disputirt[2]). Da kommen einige syrische
Juden an und trachten ihm nach dem Leben. Barnabas erfährt durch
eine Offenbarung, dass sein Ende nahe ist, hält den Brüdern eine Ab-
schiedsrede, feiert mit ihnen noch einmal die Eucharistie und trägt
darnach dem Markus auf, seinen Leichnam zu bestatten und sich selbst
darauf zu Paulus zu begeben. Sodann geht er in die Synagoge und

---

1) p. 444 F Σαλαμινέων πόλις. p. 445 C ἐν Σαλαμίνῃ. p. 449 C ἐπίσκοπος τῶν Σαλαμινέων. Dagegen p. 451 C κατὰ Κυπρίους Κωνσταντεὶς.

2) Bei dieser Gelegenheit findet sich folgende Beschreibung des Barnabas:
ἦν γὰρ τὸ εἶδος αὐτοῦ ἀγγελικὸν καὶ τὸ σχῆμα ἀσκητικόν· σύνοφρυς δὲ
ὑπῆρχε, ὀφθαλμοὺς ἔχων χαροποιοὺς οὐ βλοσυρὸν βλέποντας, ἀλλ᾽ εὐλαβῶς
κατανεύοντας· στόμα σεμνὸν καὶ χείλη εὐπρεπῆ, γλυκασμὸν μέλιτος ἀποστά-
ζοντα· οὐ γὰρ ἐφθέγγετο πώποτε περιττὸν τοῦ δέοντος· βάδισμα κατεσταλμένον
καὶ ἀκενόδοξον, καὶ ἀπαξαπλῶς ὅλος δι᾽ ὅλου στήλη ἦν καθαρὰ τοῦ Χριστοῦ ὁ
ἀπόστολος Βαρνάβας, πᾶσαν ἀρετὴν ἀποστίλβουσα.

predigt Christum. Wuthentbrannt ergreifen ihn die syrischen Juden, schleppen ihn in ein finsteres Gemach und bewachen ihn daselbst bis tief in die Nacht hinein. Dann zerren sie ihn heraus, mishandeln und steinigen ihn und zünden zuletzt einen grossen Scheiterhaufen an, auf welchem sie seinen Leichnam verbrennen wollen. Aber durch göttliche Fügung bleibt sein Leib ganz unverletzt [1]). Markus geht mit einigen Brüdern hinaus vor die Stadt und bestattet den Leichnam in einer fünf Stadien weit abgelegenen Höhle. Eine grosse Verfolgung zerstreut die Christengemeinde in Salamis, sodass die Grabstätte des Apostels in Vergessenheit geräth. Markus begibt sich zu Paulus nach Ephesos, reist dann mit Petrus nach Rom, wo er mit des Apostels Billigung sein Evangelium schreibt, empfängt von jenem die Ordination und wird nach Alexandrien geschickt, wo er neun Jahre später den Märtyrertod stirbt. Das d r i t t e Capitel erzählt, dass lange Zeit nachher die Grabstätte des Apostels Barnabas durch Wunder, die daselbst geschahen, berühmt wurde. Das Volk, welches die Ursache der Wunder nicht kannte, nennt den Ort Gesundheitsstätte. Damals tritt unter Kaiser Leo Petrus Fullo, ein wegen seines Widerspruchs gegen die Schlüsse von Chalkedon aus dem Akoimetenkloster vertriebener Mönch, in Constantinopel auf, gewinnt die Gunst des damaligen Patricius und Comes Zeno, des Schwiegersohnes des Kaisers, und besteigt, als Zeno Kaiser geworden ist, den Patriarchenstuhl von Antiochien. Zur kirchlichen Gewalt gelangt, verdammt er die Synode von Chalkedon und führt den Zusatz der Theopaschiten zum Trishagion ein ὁ σταυρωθεὶς δι' ἡμᾶς. Auf einer ökumenischen Bischofsversammlung wird er entsetzt, und muss, als sein Beschützer Zeno von Basiliskos vertrieben wird, ebenfalls aus Antiochien fliehen. Nach Zenos Rückkehr auf den Kaiserthron kehrt aber auch Petrus Fullo, ohne vom Banne gelöst zu sein, zurück, und der an seiner Stelle erwählte Kalendion wird in die Oasis verbannt. Nicht zufrieden mit der wiedererlangten tyrannischen Gewalt, streckt Petrus seine Hand nach den ihm nicht gehörigen Kirchenprovinzen aus und sucht namentlich das seit den Apostelzeiten von Antiochien unabhängige Cypern seiner Botmässigkeit zu unterwerfen, unter dem Vorgeben, das Wort Gottes sei von der Apostelkirche Antiochiens aus nach Cypern gelangt. Das v i e r t e Capitel berichtet nun, wie Cypern seine kirchliche Unabhängigkeit durch die Auffindung der Gebeine des h. Barnabas behauptete. Damals war Anthemios Bischof von Salamis, ein

---

1) προνοίᾳ καὶ θεοῦ ἀκέραιον ἔμεινε τὸ σῶμα τοῦ ἀποστόλου καὶ οὐδὲν αὐτὸ ἔβλαψεν ἡ πυρά.

frommer und sittenreiner, aber wenig zum Disputiren mit den Gegnern geeigneter Mann. Diesem erscheint wiederholt der h. Barnabas im Traume, mahnt ihn die Rechte der cyprischen Kirche in Constantinopel zu vertheidigen und offenbart ihm endlich seine Grabstätte. An der bezeichneten Stelle, fünf Stadien von der Stadt — dem τόπος τῆς ὑγιείας — wird nachgegraben: und wie der Apostel es angegeben hat, findet man unter einem Johannisbrotbaum eine Höhle, darin einen Sarg mit dem vollständig erhaltenen Leichnam des Apostels, das eigenhändig von ihm geschriebene Matthäusevangelium auf der Brust. In Begleitung der angeseheneren Bischöfe seiner Insel begibt sich nun Anthemios nach Constantinopel und vertritt dort gegen die Ansprüche des Antiocheners siegreich die Rechte seiner Kirche, indem er ihre apostolische Stiftung durch das auf Cypern befindliche Grab des Barnabas begründet. Der Kaiser lässt sich die Geschichte der Auffindung des Grabes erzählen, erkennt die Unabhängigkeit Cyperns an und erbittet sich dafür die aufgefundene Evangelienschrift. Diese wird nach Constantinopel gebracht, mit Gold verziert und im Kaiserpalast niedergelegt; alljährlich am Chardonnerstag wird daraus das Evangelium in der Palastkapelle verlesen. Anthemios kehrt reichbeschenkt nach Cypern zurück, erbaut über dem Grabe des Apostels eine prächtige Kirche, an deren Südseite einen Hof mit vier Säulenhallen und einem prächtigen Brunnen in der Mitte, auf beiden Seiten der Halle aber Zellen für die mit den kirchlichen Verrichtungen betrauten Mönche, sowie Herbergen für Pilger. Rechts vom Altar wird darauf unter silbergeschmückten Marmorsäulen der Sarg des Barnabas beigesetzt. Als kirchlicher Gedächtnistag wird der 11. Juni bestimmt [1]). Am Grabe des Apostel geschehen zahlreiche Wunder.

Wie bereits bemerkt wurde, trägt die Schrift Alexanders die Tendenz ihrer Abfassung völlig deutlich zur Schau. Die Auffindung des Grabes mit dem vollständigen Leichnam und dem Evangelienbuche dient zum Beweismittel, dass auch die cyprische Kirche eine Apostelkirche ist, also durch ihren Ursprung und den Besitz des Apostelgrabes ihren Anspruch auf Unabhängigkeit von dem antiochenischen Patriarchate zu legitimiren vermag. Der Apostel Barnabas selbst muss dem Bischofe Anthemios erscheinen und zu ihm sprechen: ἐπειδὴ οἱ ἀντίδικοί σου

---

1) p. 451 C: τὴν δὲ ἡμέραν τῆς ἐνδόξου μνήμης τοῦ τρισμακαρίου ἀποστόλου καὶ γενναίου μάρτυρος Βαρνάβα ἐδικαίωσαν γίνεσθαι καθ' ἕκαστον ἐνιαυτὸν κατὰ μὲν Ῥωμαίους τῇ πρὸ τριῶν εἰδῶν Ἰουνιῶν, κατὰ δὲ Κυπρίους Κωνσταντινεῖς μηνὶ Μεσωρεὶ τῷ καὶ δεκάτῳ ια', κατὰ δὲ Ἀσιανοὺς ἤτοι κατὰ Παφίους μηνὶ Ἡλιθυπάτῳ τῷ καὶ ἐννάτῳ ιθ'.

δικαιολογοῦσιν ἄνω καὶ κάτω, λέγοντες, ὅτι ἀποστολικός ἐστιν ὁ
θρόνος Ἀντιοχείας, ἀντιδικαιολόγησον καὶ σὺ πρὸς αὐτοὺς λέγων·
ὅτι καὶ ὁ ἐμὸς θρόνος ἀποστολικός ἐστι, καὶ ἀπόστολον ἔχω ἐν τῇ
πατρίδι μου (p. 450 E). Die beiden ersten Capitel des ἐγκώμιον
müssen daher die Geschichte des Apostels bis zu seinem Martyrium auf
Cypern erzählen, die beiden letzteren aber zeigen, wie in dem Streite
der beiden Kirchen Salamis über Antiochien den Sieg behauptet, indem
seine Unabhängigkeit auf einer Synode zu Constantinopel feierlich anerkannt und vom Kaiser Zeno bestätigt wird. Man könnte hiernach auf
die Vermuthung gerathen, dass auch das ἐγκώμιον Alexanders nicht
lange nach der Auffindung der Reliquien des Apostels geschrieben ist.

Indessen hat nach dem Vorgange Aelterer schon Braunsberger
(S. 9 ff.) gezeigt, dass Alexander in der Geschichte Peters des Gerbers
vielfach falsch unterrichtet ist, also kaum ein Zeitgenosse desselben gewesen sein kann. Es ist unrichtig, dass Petrus zuerst unter Zeno sich
des Patriarchates von Antiochien bemächtigt, unter Basiliskos aber dasselbe wieder verloren habe; vielmehr hat er schon unter Leo I. den
Patriarchen Martyrios verdrängt, wurde aber unter demselben Kaiser
abgesetzt und verbannt (471). Basiliskos, der ihn nach Alexander vertrieben haben soll, erhob ihn (475 oder 476) vielmehr zum zweiten
Male auf den Patriarchenstuhl, und umgekehrt hat Zeno ihn wieder
entsetzt, als er nach dem Sturze des Usurpators auf den Kaiserthron
zurückgelangte (478). Erst nachdem Zeno das Henotikon erlassen (482),
änderte sich die Gesinnung des Kaisers gegen den monophysitischen
Führer. Der damalige chalkedonensisch gesinnte Patriarch von Antiochien, Kalendion, kümmerte sich nicht um die kaiserliche Unionsformel;
der Widerstand der Bevölkerung gegen dieselbe musste 485 mit den
Waffen bewältigt werden, und nun zog, nach der Absetzung Kalendions,
Petrus Fullo zum dritten Male in Antiochien ein (vgl. Schröckh KG
XVIII, 506 ff. Hefele Conciliengeschichte II, 547 ff. 575. 582. 588).
Beweisen schon die ungenauen Angaben Alexanders über die Geschichte
des Gerbers, dass jener erst einige Zeit nach dem Tode des letzteren
geschrieben haben kann, so wird ferner von Anthemios offenbar schon als
von einem Verstorbenen geredet[1]) und auch von Kaiser Zeno († 491)
würde der Verfasser schwerlich sich so ausgedrückt haben, wie er thut,
wenn derselbe damals noch regiert hätte[2]).

1) p. 449 C: Ἀνθέμιος δὲ ἦν ὁ θαυμάσιος ἀνὴρ καὶ μάλιστα ὀρθοδοξιώ-
τατος καὶ βίῳ ἀκηλιδώτῳ λελαμπρυσμένος, ὀλιγοστὸς δὲ πρὸς διάλεξιν τῶν
ἀντιδιατιθεμένων.

2) p. 447 B: τούτου (Leo's II.) ὑπῆρχε γαμβρὸς Ζήνων τις ὀνόματι,

Noch weiter hinab führt uns eine andere Zeitspur. p. 449 C lesen wir, der Bischof Anthemios sei nach Constantinopel beschieden worden, damit sein Streit mit dem Antiochener ἐπὶ τοῦ οἰκουμενικοῦ πατριάρχου entschieden werde. Die erste Spur davon, dass dem Bischofe von Constantinopel der Titel „ökumenischer Patriarch" beigelegt wird, findet sich auf einer Synode zu Constantinopel vom Jahre 518 (Mansi VIII, 1038. 1042). In den Verhandlungen der Synode vom Jahre 536 erscheint dieser Titel bereits wiederholt (Mansi VIII, 926. 935. 947. 965), wenn auch seltener als das einfache ἀρχιεπίσκοπος, und um dieselbe Zeit (seit 533) findet derselbe sich auch öfters in Justinians Gesetzen (Schröckh KG XVII, 54 f. Gieseler I, 2, 413). Es kann hier dahingestellt bleiben, ob Johannes der Faster der Erste gewesen ist, der (seit 587) diesen Titel selbst für sich in Anspruch nahm. Wichtiger ist ein andrer Punkt. Zuerst begegnet uns der Titel in der schmeichelhaften Anrede [1]) auch im Munde Fremder, häufiger noch als Ehrenprädicat, welches die σύνοδος ἐνδημοῦσα von Constantinopel ihrem Oberhaupte gibt; und zwar erhält neben dem Bischof von Constantinopel gelegentlich auch der von Rom die gleiche Benennung (Mansi VIII, 895). Der Gebrauch dieser Titulatur im officiellen Curialstile der kaiserlichen Kanzlei und der Kirche von Constantinopel, oder doch solcher, welche an diese Kirche bittweise sich wenden, beweist jedoch noch keineswegs, dass derselbe Ausdruck und zwar ohne jeden weiteren Zusatz, ὁ οἰκουμενικὸς πατριάρχης schlechthin, auch schon in andern Kirchen, die nicht unter Constantinopel standen, eine herkömmliche Benennung für den Patriarchen der Hauptstadt war. Eben dies setzt aber die angeführte Stelle des ἐγκώμιον Alexanders voraus. Hier redet ein Cyprier und zwar im schlichten Stil des Erzählers. Ganz unbefangen berichtet derselbe von einer Citation seines auf seine Unabhängigkeit so eifrig bedachten Metropoliten, um bei dem „ökumenischen Patriarchen" in seiner Streitsache mit dem Antiochener Recht zu nehmen. Es leuchtet ein, dass dies etwas Anderes ist, als der in officiellen Schriftstücken bis

---

Ἴσαυρος τῷ γένει, ὅστις καὶ ἐβασίλευσε μετ᾽ αὐτόν. Weiter unten p. 447 C wird dem Kaiser Zeno und seinem Hofe nachgesagt, sie hätten sich durch Gold bestechen lassen, was der Verfasser bei Lebzeiten jenes Herrschers schwerlich gewagt hätte.

1) So in der δέησις der Kleriker und Mönche von Antiochien an Patriarch Johannes von Constantinopel und an die in der Sache des Severus versammelte Synode (Mansi VIII, 1038). Sicher ist aber mit dieser Benennung keine Anerkennung eines auch über den Stuhl von Antiochien sich erstreckenden Universal-Episkopates beabsichtigt.

zum Jahre 518 hinauf belegte, vielleicht also noch etwas ältere Sprach-
gebrauch.

Hiernach werden wir die Abfassungszeit des ἐγχώμιον kaum vor
die Mitte des 6. Jahrhunderts setzen dürfen, eher noch etwas später [1]).
Ob die περίοδοι des Pseudo-Markus von Alexander benutzt sind, muss
zweifelhaft bleiben; doch sind die Abweichungen beider Erzählungen
nicht von der Art, dass jene Annahme ausgeschlossen wäre [2]). Eine
ausführliche Darstellung der cyprischen Wirksamkeit des Barnabas, wie
Pseudo-Markus sie gibt, war für die Zwecke Alexanders überflüssig geworden. Für ihn steht ja die Auffindung seines Leichnams bei Salamis
schon fest; über dem Grabe wölbt sich eine prächtige Kirche, die
Wunder, welche an der alten „Gesundheitsstätte" geschahen, dauern
fort und erklären sich jetzt durch die Heilkraft der in der Grabkirche
aufbewahrten Reliquien. Für ihn gilt es nur, das siegreich behauptete
Recht der cyprischen Kirche und ihrer Metropolis dem Gedächtnis der
Nachwelt zu überliefern, und das Andenken des Apostels, dessen Natalitien alljährlich am 11. Juni festlich begangen werden, gebührend zu
feiern. Den einen wie den andern Zweck hat er erreicht. Die cyprische
Kirche blieb unabhängig von Antiochia, und wie schon Theodoros
Lector, wol noch vor Abfassung unseres ἐγχώμιον, es bezeugen musste,
dass die Auffindung des h. Leichnams den Anlass zu dem αὐτοχέφαλον
εἶναι der cyprischen Metropolis bot, so wissen dasselbe auch die späteren
Byzantiner und die griechischen Menäen zu erzählen.

1) Aeltere Schriftsteller glaubten noch viel weiter hinuntergehn zu müssen.
Pagi sagt nur. dass Alexander vor dem 11. Jahrhundert gelebt, Fabricius
und Gallandi versetzen ihn ins 9. Jahrh.; noch Hefele (das Sendschreiben
des Apostels Barnabas S. 2) lässt diese Zeitbestimmung wenigstens als Möglichkeit gelten. Indessen sind die Gründe für eine so späte Abfassung leicht
widerlegbar. Vgl. Braunsberger S. 8 und 11. Nach dem Jahre 648 kann
das ἐγχώμιον keinesfalls geschrieben sein. Denn damals wurde bei der vorübergehenden Eroberung Cyperns durch die Araber die Hauptstadt Salamis völlig
zerstört und der erzbischöfliche Sitz nach dem nahen Ammochostos oder Famagusta verlegt (Engel a. a. O. I, 722).

2) Alexander erzählt die Missionsreisen des Paulus und Barnabas genauer
nach der Apostelgeschichte als die περίοδοι, schiebt zwischen Act. 11, 22 und
25 die Reisen des Barnabas nach Rom und Alexandrien ein, behandelt dagegen
seine letzte cyprische Wirksamkeit in Begleitung des Markus äusserst kurz.
Als Urheber des Martyriums nennt er nicht cyprische, sondern syrische Juden,
was in dem Localpatriotismus des salaminischen Mönchs seinen Grund haben mag.
Der abweichende Bericht vom Martyrium des Apostels erklärt sich aus der inzwischen weitergebildeten Legende.

Die Mailänder Barnabas-Legende.

Ueber den Anspruch der **Mailänder Kirche**, vom Apostel Barnabas gestiftet zu sein, ist im vorigen Jahrhunderte unter den katholischen Theologen ein lebhafter Streit entbrannt. Während die Einen, wie
Papebroek, Mabillon, Tillémont u. A., unter Neueren wieder
Hefele und **Pius Gams** im römischen Interesse an der Mailänder
Tradition eine mehr oder minder schneidige Kritik übten, fiel natürlich
den Mailänder Theologen, wie **Sassi, Sormani, Biraghi** u. A. die
Aufgabe zu, die apostolische Stiftung ihrer heimischen Kirche zu vertheidigen. Zur Anerkennung derselben zeigte sich auch Cäsar **Baronius** geneigt, während der gelehrte **Muratori** sehr zurückhaltend sich
äusserte, und wol nur durch Rücksicht auf seine zweite Vaterstadt Mailand abgehalten wurde, die Legende offen zu bestreiten. Unter den
Deutschen hat neuerdings **Braunsberger** (a. a. O. S. 83—113) den
Nachweis unternommen, dass die Predigt des Barnabas in Norditalien
„zwar nicht sicher, aber sehr wahrscheinlich" sei. In der Braunsberger-
schen Schrift findet sich auch (S. 84) ein reichhaltiges Verzeichnis der
einschlagenden, zum Theil schwer zugänglichen Literatur.

Als ältestes Zeugnis pflegt man eine jetzt verlorene Inschrift anzu-
führen, als deren Verfasser der Bischof Mirokles (Merokles) von Mailand bezeichnet wird. Mirokles nahm an den gegen die Donatisten gehaltenen Synoden zu Rom (313) und zu Arles (314) Theil; die Aechtheit
der Inschrift vorausgesetzt, würde also die Mailänder Barnabastradition
schon zu Anfang des 4. Jahrhunderts beurkundet sein. Die betreffenden
in Stein gegrabenen Worte (Biraghi p. XLI) lauten:

D. Anatholoni Attico secundo Episcopo.
Petri hospes sancteq Anatholon, Domne probate,
Atque idem socius Barnabae Apostolici,
Qui Mediolani verbi mysteria tradens
Te iubet agnatos viscere Cenomanos!
Dum tua membra metu rigidis subducta tyrannis
Brixia vicino detinet in loculo,
Hic titulum et picto venerandos pariete vultus
Mirocles reddit, praestitit alma fides.
Mirocles Episcopus.

Anatholon oder Anatalon war nach der Mailänder Legende der
erste, oder wenn Barnabas mitgezählt wird, der zweite Bischof von Mailand.

Die Inschrift bezieht sich speciell auf das Bildnis des Anatalon, neben welchem sie gefunden wurde: dasselbe sollte den Mailändern statt der in Brescia aufbewahrten Gebeine des Heiligen zu einem Gegenstande der Verehrung dienen. Der Ausdruck *'titulum — reddit'* scheint auf eine angeblich von Mirokles dem h. Anathalon geweihte Kirche zu deuten, an deren Wand das Bild mit der Inschrift ursprünglich angebracht gewesen sein wird. Die Inschrift ist zweimal abgeschrieben: das einemal von dem Mailänder Rechtsgelehrten Andreas Alciati, mit dessen handschriftlichem Nachlasse sie an Baronius kam (vgl. seine Anmerkung zum Martyrolog. Rom. unterm 25. September), das andremal von Scaliger. Der nur in Kleinigkeiten abweichende Scaliger'sche Text steht bei Gruter inscriptt. 1161 n. 6. Dass der Stein mit der Inschrift im 16. und 17. Jahrh. noch existirte, kann nicht bezweifelt werden. Aber damit ist die Aechtheit noch nicht sichergestellt. Die angebliche Aehnlichkeit mit den Damasianischen Inschriften, auf welche Biraghi und Braunsberger sich berufen, ist illusorisch: Ueberschriften und Unterschriften wie hier pflegte Damasus sonst seinen Inschriften nicht beizusetzen; und grade die Geflissentlichkeit, mit welcher der schon im letzten Hexameter als Verfasser bezeichnete Mirokles sich gleich nachher nochmals mit Beifügung seines Bischoftitels nennt, erregt starken Verdacht.

Nicht viel jünger würde, wenn ächt, eine andere Mailänder Inschrift sein, welche bis zum Jahre 1162 an dem Brunnen San Barnabe al Fonte sich befunden haben soll (vgl. die Nachweise aus Sormani und Biraghi bei Braunsberger S. 87). Dieselbe lautete (Biraghi p. 20 not. 2):

> *Hunc fontem tibi dedicat atque Deo super undis*
> *Consecrat impositam famulus Protasius aram,*
> *Qua Ticina silex et Martia Porta, beate*
> *Barnaba, te Ligures advectum nuper in oras*
> *Audiit hortantem coetus et rite lavantem.*

Der Prothasius oder Protasius, welcher als Errichter des Taufbrunnens und Verfasser der Dedication an den seligen Barnabas sich nennt, soll unzweifelhaft der Mailänder Bischof dieses Namens sein, welcher um die Mitte des 4. Jahrhunderts gelebt hat (Datiana historia p. 20 sq. Biraghi). Die Inschrift ist also ein völliges Seitenstück zu den Hexametern des Mirokles. Aber grade dieser Umstand erweckt den Verdacht, dass beide Proben kirchlicher Dichtkunst aus derselben Schmiede stammen. Vollends wenn unter jenem Protasius gar nicht der Bischof, sondern der unter Ambrosius aufgefundene angebliche Märtyrer

aus Nero's Zeit gemeint sein sollte, wofür das sonderbare 'nuper' zu
sprechen scheint, wäre die Unächtheit der Brunneninschrift unleugbar.
Ist aber, wie dies allerdings das Wahrscheinlichste bleibt, wirklich der
Bischof gemeint, so fragt sich wieder sehr, ob ein Schriftsteller des
4. Jahrhunderts die Ankunft des Barnabas in Norditalien als „neulich"
geschehen bezeichnen konnte.

Die angeblichen Zeugnisse aus dem 4. Jahrhunderte sind also sehr
problematisch. Hierzu kommt, dass weder Ambrosius von Mailand
(† 397) noch Philaster († nach 381) und Gaudentius († Anfang des
5. Jahrh.) von Brescia der angeblichen Gründung ihrer beiderseitigen
Kirchen durch Barnabas erwähnen. Wenn in den von den beiden
letzteren erhaltenen Schriften dazu kein Anlass vorzuliegen scheint, so
ist doch das Schweigen des Ambrosius um so auffälliger, da derselbe
nicht nur von Barnabas redet, ohne ihn als Vater der Mailänder Kirche
zu bezeichnen (de Spir. Sancto II, 12 Opp. ed. Paris. 1569 p. 392 sq.),
sondern auch in seiner Rede wider den Auxentius den Apostel grade da
nicht nennt, wo er des „Erbes der Väter", d. h. der ächten Ueberlieferung aller früheren Bischöfe, seiner Vorgänger, gedenkt.

Nun hängt aber, wie bereits gezeigt wurde, die ganze Mailänder
Barnabaslegende aufs Engste mit der Erzählung der clementinischen
Recognitionen von dem römischen Aufenthalte des Barnabas zu-
sammen.

Die Recognitionen wurden aber bekanntlich erst von Rufinus ins
Lateinische übersetzt, können also auf die Tradition der norditalienischen
Kirchen schwerlich vor dem 5. Jahrhunderte Einfluss geübt haben.
Noch Innocenz I. von Rom (402—417) behauptet ausdrücklich in
dem Briefe an Decentius (ep. 25, 2 bei Coustant epp. pontif. I, 856),
dass in ganz Italien, den beiden Gallien, Spanien, Afrika und Sicilien
kein andrer Apostel ausser Petrus Kirchen gegründet habe [1]). So deutlich auch die kirchenpolitische Tendenz dieser Worte — die Unterord-
nung aller genannten Kirchen unter Rom — sich ausspricht, so hätte
Innocenz doch schwerlich so zuversichtlich das Vorhandensein jeder

---

1) 'praesertim cum sit manifestum, in omnem Italiam, Gallias, Hispanias, Africam atque Siciliam insulasque interiacentes nullum instituisse ecclesias nisi eos, quos venerabilis apostolus Petrus aut eius successores constitue-
rint sacerdotes. Aut legant, si in his provinciis a'ius apostolorum invenitur
aut legitur docuisse. Qui si non legunt, quia nusquam inveniunt, oportet
eos hoc sequi, quod ecclesia Romana custodit, a qua eos principium accepisse
non dubium est; ne dum peregrinis assertionibus student caput institutionis
videantur omittere'.

Ueberlieferung von der Wirksamkeit eines andern Apostels in jenen Gegenden bestreiten können, wenn damals schon die Legende von der Gründung der Mailänder Kirche durch Barnabas verbreitet gewesen wäre.

Abgesehen von den oben besprochenen Inschriften existiren allerdings noch zahlreiche undatirbare Zeugnisse für das Vorhandensein einer Localtradition von der Predigt des Barnabas nicht blos in Mailand, sondern auch an anderen Orten Oberitaliens. Dahin gehört die Ueberlieferung, dass der Apostel an der Stätte, wo heute die Kirche S. Dionisio steht, zuerst das Kreuz in Mailand aufgepflanzt habe, und die an diese Ueberlieferung sich schliessende kirchliche Feier seines Einzugs am 13. Mai. Dahin gehört ferner die alte Kirche in Brescia, in welcher Barnabas das Messopfer gefeiert haben soll, mit ihren auf das angebliche Ereignis bezüglichen alten Marmorinschriften [1]), dahin endlich die toskanische Ueberlieferung, dass der Apostel auf seiner Reise nach Norditalien in einer Höhle der Valle Saute (zwischen dem Monte Alvernio und dem Monte Fattuccio) Rast gehalten (vgl. Braunsberger S. 86 f. 88). Alle jene Spuren mögen immerhin auf ein verhältnismässig frühes Vorhandensein einer auf Barnabas bezüglichen Localtradition in jenen Gegenden hindeuten; dass sie älter als das 5. Jahrhundert sind, lässt sich nicht erweisen.

Sicher bezeugt ist die Mailänder Tradition erst durch Pseudo-Dorotheos in der zweiten Hälfte des 5. Jahrhunderts. Der griechische Text A im cod. Vindob. th. gr. 40 zählt unter den 70 Jüngern auf: Βαρνάβας ὁ μετὰ Παύλου τῷ λόγῳ διακονήσας πρῶτος ἐν Ῥώμῃ τὸν Χριστὸν ἐκήρυξεν, μετέπειτα δὲ Μεδιολάνων ἐπίσκοπος ἐγένετο. Ganz übereinstimmend hiermit lesen die lateinische Uebersetzung (Bibl. Patr. Maxima III, 427), der griechische Text B (bei Ducange; nur zum Schlusse ἐπίσκοπος Μεδιολάνου μετέπειτα γεγονώς), Pseudo-Logothetes (Βαρνάβας ὁ μετὰ Παύλου ἐν Ῥώμῃ κηρύξας ἐπίσκοπος Μεδιολάνων γέγονεν), sowie der angebliche Hieronymus im Verzeichnisse der Mailänder Bischöfe vom Jahre 1251 bei Muratori Rer. Ital. Scriptt. T. I P. II p. 228. Auch der unter dem Namen Hippolyts erhaltene Text bei Combefis Auctar. nov. II p. 831 sq. nennt den Barnabas ἐπίσκοπος Μεδιολάνου, übrigens ohne seiner römischen Wirksamkeit zu gedenken.

---

1) Die eine (unter einem alten Gemälde) soll gelautet haben: '*Hic discipulus Christi Barnabas ab idolorum cultura, Roma a Petro missus, cum Anatalone Brixiam ad Christum convertit*', die andere: '*Sacellum hoc . . . . . . inter Brixianas ecclesias primum fuisse eoque in loco Barnabas Christi apostolus divina celebrasse mysteria perhibetur*'.

Der angebliche Dorotheostext stammt in der älteren Fassung aus der Mitte des 5. Jahrh.; ob das demselben wahrscheinlich zu Grunde liegende ältere Verzeichnis der 70 Jünger bereits den Barnabas als Bischof von Mailand bezeichnet habe, können wir nicht mehr wissen. Gewis verfehlt ist aber die von Papebroek wenigstens vermuthungsweise ausgesprochene Ansicht (Acta SS. l. c. p. 430), dass die ganze Mailänder Tradition lediglich auf Dorotheos zurückgehe. Vielmehr hat der letztere sicher aus ersterer geschöpft; man wird also mit der Annahme nicht irregehn, dass dieselbe, wenn auch nicht bis ins 4., so doch bis ins 5. Jahrhundert hinaufreicht.

In der Folgezeit häufen sich die Zeugnisse für die oberitalienische Wirksamkeit des Barnabas. Marc. Aur. Cusani theilt in seiner Geschichte des heil. Eusebius (nach Sormani l. c. p. 86; Braunsberger S. 95) eine in der zweiten Hälfte des 8. Jahrhunderts in Vercelli von Bischof Beringus gehaltene Ansprache mit. „Der Bischof führt darin seinen Gläubigen zu Gemüth, dass sie in ihrer Vaterstadt die reinste Milch des Evangeliums getrunken hätten zu der Zeit, da der Apostel Barnabas fast jeden Flecken von Ligurien und Insubrien besuchte, um für Christus Eroberungen zu machen".

Während die älteren Martyrologien bis zum 9. und 10. Jahrh. der Mailänder Tradition noch keine Erwähnung thun, bemerkt das Martyrologium Romanum zum 25. September: 'Sancti Anathalonis episcopi, qui beati Barnabae apostoli discipulus, in eius locum ecclesiae Mediolanensis episcopus successit'. Noch schwerer datirbar als die Quelle der letzteren Notiz sind eine Reihe von weiteren Documenten: so die jedenfalls längere Zeit nach Ambrosius entstandene Messe des h. Barnabas (Acta SS. l. c. p. 430 sq.), welche schon in dem ältesten, nach Sormani im 9. Jahrh. entstandenen Mailänder Messbuche enthalten ist (Braunsberger S. 88), zwei Orationes über den heil. Barnabas in einem angeblich aus dem 11. Jahrh. stammenden Codex der Ambrosiana in Mailand (Sormani p. 293; Braunsberger S. 89), verschiedene Hymnen auf den Apostel in alten Codd. (Acta SS. l. c. p. 431; Braunsberger S. 88), die Annalen von Brescia, deren Papebroek (Acta SS. l. c. p. 431) gedenkt u. a. m. Im 13. Jahrhundert waren in der Stadt Mailand nicht weniger als 6 Kirchen und ausserdem noch 4 Altäre dem Barnabas geweiht (Braunsberger a. a. O.).

Die Datiana historia.

Das Hauptdocument für die Mailänder Tradition bleibt die Schrift
de situ civitatis Mediolani, auch de adventu Barnabae
Apostoli oder Datiana historia Ecclesiae Mediolanensis
genannt. Unter dem ersteren, allerdings wenig passenden Namen ist
die Schrift aus einem cod. Ambros. 133 bei Muratori Rer. Italic.
Scriptt. T. I P. II p. 203—227 gedruckt. Eine neue Ausgabe hat
Aloys Biraghi (Datiana Historia Ecclesiae Mediolanensis. Mailand 1848)
auf Grund mehrerer Handschriften der ambrosianischen Bibliothek veranstaltet. Die Schrift, deren Verfasser seinen Namen absichtlich ver-
schweigt, beginnt nach einer an einen ungenannten Mailänder Bischof
gerichteten Vorrede zunächst mit einer Beschreibung der Stadt Mailand
('de urbis situ, qualitate loci etc.', daher der Name de situ civ. Med.).
Daran reiht sich (p. 205 Muratori; p. 11 sqq. Biraghi) der Abschnitt 'de
adventu Barnabae apostoli' und hierauf (p. 207 ff. Muratori; p. 15 sqq.
Biraghi) die Biographien respective „Depositionen" der älteren Bischöfe
von Anatalon bis Dionysius, dem im Jahre 355 nach „Armenien" oder
Kappadokien verbannten Vorgänger des Ambrosius. Weggelassen sind
die vitae des Mirokles, Eustorgius und Protasius (vgl. darüber den
Appendix bei Biraghi p. 89 sqq.). Seine Nachrichten über Barnabas
will der Verfasser 'diversis utriusque linguae paginis' (p. 206 Muratori; p. 14 sq. Biraghi), d. h. aus Schriften in griechischer und lateinischer Sprache entnommen haben. Unter denselben befanden sich jedenfalls die Clementinischen Recognitionen.

Der Inhalt der Erzählung, soweit sie den Barnabas betrifft, ist
folgender:

Barnabas, von einer cyprischen, aber längst schon judaisirten
Familie, ursprünglich Joseph genannt, gehörte zu den beiden, welche
(nach Act. 1, 23) zur Ergänzung des Apostelcollegiums erwählt wurden [1].
Im vierzehnten Jahre nach Christi Passion (Gal. 2, 1) wird er mit Paulus
zum Apostel geweiht und zum Lehramte unter den Heiden ausgesondert.
Sie beginnen ihre Wirksamkeit in Antiochia, von wo sie die benachbarten
Provinzen und Inseln bereisen. Nach längerer gemeinsamer Arbeit
trennen sie sich ('corpore, non animo') um des Markus willen. In

---

[1] Die Verwechselung des Barnabas, welcher nach Act. 4, 36 Ἰωσήφ
Βαρνάβας hiess und dem Ἰωσὴφ Βαρσαββᾶς Act. 1, 23 ist eine ziemlich
häufige.

Begleitung des letzteren sucht Barnabas seine Heimathinsel Cypern wieder auf und wirkt dort lange Zeit als Heidenapostel. Darauf — im ersten Jahre des Claudius, 8 Jahre nach Christi Himmelfahrt — schifft er sich mit einigen seiner Schüler nach Rom ein '*velut totius orbis dominam visere cupiens*', wo er als der erste Apostel das Wort Gottes verkündet und unter Andern den Clemens, den nachmaligen dritten Nachfolger des Petrus im römischen Bisthume bekehrt [1]). Von Rom aus besucht er die umliegenden Provinzen, vor allen Mailand, die zweite Stadt nächst Rom. Dorthin begleitet ihn von seinen Schülern namentlich Anatalon, ein geborener Grieche. Nachdem er in Mailand Viele zum Christenglauben bekehrt hat, sendet er den Anatalon nach Brescia [2]), um dort das Evangelium zu predigen. Derselbe richtet seinen Auftrag aus und kehrt nach erfolgreicher Predigt nach Mailand zu Barnabas zurück. Dieser weiht ihn zum Bischof von Mailand und Brescia, und erhebt zugleich die Kirche von Mailand zur Hauptkirche und Metropolis der ganzen Provinz. Hierauf kündigt er den Gläubigen seinen Entschluss an, Mailand zu verlassen, um gemeinsam mit den übrigen Aposteln [3]) Ostern zu feiern, nimmt feierlich Abschied und schifft sich zu Portus Romanus nach Palästina ein.

Die Abfassungszeit der Datiana Historia zu bestimmen, ist nicht leicht. Muratori (a. a. O. S. 200) und Sassi (Vindiciae de adventu Mediolanum S. Barnabae apostoli. Mailand 1748) setzen sie ins 9. oder 10., Papebroek (Acta SS. l. c. p. 429) und Sormani (Apologismorum Mediolanensium Vol. I. Mail. 1740 und l'Origine apostolico della chiesa milanese. Mail. 1754) ins 6. Jahrh.; der neueste Herausgeber Biraghi (l. c. p. IX sqq. vgl. Braunsberger S. 92) sucht nachzuweisen, dass sie im Jahre 536 auf den Wunsch des damaligen Erzbischofs Datius von Mailand geschrieben sei. Aber schon Muratori weist darauf hin, dass der Verfasser bereits die (nach 787 geschriebene)

<hr />

1) '*Inter quos Clemens, qui postea Romanam sedem tertius a B. Petro naviter gubernavit quique eius rei quam narro in sua de semet ipso epistola meminit*'. Der Verfasser denkt hier an die den Recognitionen vorangeschickte epistola Clementis ad Jacobum.

2) '*Perge ab urbe hac ad orientalem versus plagam lapide sexagesimo Brixiam, quae est Alpibus contigua et una ex Venetiarum urbibus haud ignobilis, civibusque eius salutaria verbi pabula impertire*'. Der Beschreibung nach hat der Verfasser hier Brescia (*Brixia*) mit Brixen (*Brixina*) verwechselt.

3) '*una cum confratribus et coapostolis*'. Aber statt '*coapostolis*' liest der von Papebroek (Acta SS. l. c. p. 430) mitgetheilte Text '*compatriotis*', daher Papebroek als Reiseziel nicht Jerusalem, sondern Cypern betrachtet.

Historia Langobardorum des Paulus Diaconus benutzt habe, und begründet dies durch eine Reihe sachlicher Berührungen: die Ableitung des Namens Ligurien a legendis leguminibus, die Erwähnung des neueren, im 6. Jahrh. wol noch nicht gebräuchlichen Namens Papia (Pavia) für das alte Ticinum, endlich die Verbindung, in welche hier der Name Gallia Cisalpina mit dem Einfalle des Brennus gebracht wird. Die angeführten Berührungen finden sich sämtlich in dem vorangeschickten geographisch-topographischen Abschnitte über die Lage der Stadt Mailand. Der Name Papia für Ticinum kommt zuerst in dem catalogus provinciarum Italiae vor, welcher nach Gründung des Klosters Bobbio (613) verfasst ist [1]). Derselbe hat für Paulus Diakonus als Quelle gedient. Eine Nebeneinanderstellung der betreffenden Sätze des Paulus Diaconus (Histor. Langob. II, 15 und 23) und der Datiana historia (p. 204 Muratori; p. 5 sq. Biraghi) macht die Abhängigkeit der letzteren zweifellos.

Historia Langobardorum.

Secunda provincia Liguria a legendis, id est colligendis leguminibus, quorum satis ferax est, nominatur. In qua Mediolanum est et Ticinus, quae alio nomine Papia appellatur . . . . Certum est tamen Liguriam et partem Venetiae, Emiliam quoque Flaminiamque veteres historiographos Galliam Cisalpinam appellasse . . . . Siquidem antiquissimo tempore Brennus rex Gallorum qui aput Senonas urbem regnabat, cum trecentis milibus Gallorum Senonum ad Italiam venit eamque usque ad Senogalliam quae a Gallis Senonibus vocitata est occupavit. Causa autem cur

Datiana Historia.

Dicta autem Liguria a legendis, id est colligendis leguminibus, quorum satis est fertilis. Haec et altero nomine sed non absque re, Cisalpina Gallia dicta est, quod quare acciderit, licet extrinsecus a proposito sit, dicam breviter. Anno siquidem secundum peritissimos calculatores ante Incarnationem domini quadringentesimo quadragesimo quarto Brenno Dux Gallorum inlectus deliciarum aviditate quae sibi ab Italiae ubere fuerant delatae, ex Senonis regni sui urbe progressus, cum plurimis Senonum Gallorum agminibus cunctas captivae Italiae oras occupavit . . . . ea tempestate Galli Senones pros-

---

1) Abgedruckt hinter der Ausgabe der Historia Langobardorum in den Monum. Germaniae historica, Separatausgabe (Hannover 1878) p. 243 sqq.

Historia Langobardorum.

Galli in Italiam venerint, haec fuisse describitur. Dum enim vinum degustassent ab Italia delatum, aviditate vini inlecti ad Italiam transierunt .... *Centum milia quoque Gallorum, quae in Italia remanserunt, Ticinum Mediolanumque, Bergamum Brexiamque construentes, Cisalpinae Galliae regioni nomen dederunt. Istique sunt Galli Senones, qui olim urbem Romuleam invaserunt.*

Datiana Historia.

peris adiuti successibus, urbes etiam ad inhabitandum sibi condere coeperunt, ut est hodie quae Pergamum, Brixia et Ticinum, quae altero vocabulo Papia dicitur, nec non et eam quae ex nomine gentis Senogalliam appellarunt. Quibus ingenti structura firmissime fabricatis, Mediolanum postremo exquisito in loco velut in quadam umbilici terrae planitie mirificentissimo ac decentissimo construxerunt opere.

Dass von einer so frühen Abfassung der Datiana historia, wie Biraghi will, keine Rede sein kann, ergibt sich, auch abgesehen von der Benutzung des Paulus Diaconus, aus einer Reihe anderweiter Zeitspuren. Dahin gehört die Anführung des liber Pontificalis und des demselben vorangeschickten pseudonymen Briefwechsels des Damasus und Hieronymus (p. 203 Muratori; p. 2 Biraghi), ferner die später, erst seit Gregor dem Grossen herkömmliche Terminologie für das Messopfer *'sacrificii hostias domino immolavit'* p. 223 Muratori. Die Stelle fehlt in cod. Ambros. 133 und bei Biraghi; vgl. jedoch die verwandte Stelle p. 212 Muratori; p. 38 Biraghi: *'ut ibi quotidie precum victimas iugesque Christi sacramentorum fidelibus coram hostias immolaret'*. Damit stimmt, dass Hieronymus für den Verfasser bereits zu den *'veteres scriptores'* gehört. Denn wenn er (p. 217 Muratori; p. 64 Biraghi) *'veterum scriptorum annales'* erwähnt *'qui Olympiades priscorum temporum actusque Beatorum sollicite descripserunt'*, so kann unter den nach Olympiaden angeordneten Annalen nur die Chronik des Hieronymus gemeint sein. Die *'actus beatorum'* aber oder (p. 219 Muratori; p. 74 Biraghi) die *'in christianis bibliothecis'* aufbewahrten *'agones martyrum'* scheinen schon umfassende Martyrologien zu sein, die sich im kirchlichen Gebrauche befanden. Wer die *'peritissimi calculatores'* sind, welche den Einfall der Gallier unter Brennus auf das Jahr 444 ante Christum berechnen (p. 204 Muratori; p. 5 Biraghi), weiss ich nicht. Da dieselben aber die erst nach Mitte des 6. Jahrh. allmählich aufgekommene, in den Chroniken von Prosper, Isidor und Beda noch nicht angewendete aera Dionysiaca voraussetzen, so ergibt sich wieder, dass die Mailänder Schrift erheblich jünger sein muss [1]). Eine directe Abhängigkeit von dem ἐγκώμιον des Mönches Alexander lässt sich nicht nachweisen; im Gegentheile wird die Reise des Barnabas nach Rom und Oberitalien in einen beträchtlich spätern Zeitpunkt seines Lebens gesetzt; auch der Gedächtnistag des Apostels am 11. Juni wird in der Datiana historia nicht erwähnt. Umgekehrt glaubt Biraghi nachweisen zu können, dass schon Beda Venerabilis die Datiana historia benutzt habe. Aber die von ihm zusammengestellten Parallelstellen des 2. Kapitels dieser Schrift mit Bedas expositio in Acta Apostolorum (Biraghi p. 108 sq.) ermangeln jeder Beweiskraft.

Nach dem Allen wird man mit der Entstehung der Mailänder Bischofsgeschichte nicht über das 9. Jahrhundert hinaufgehn dürfen. Dagegen wird dieselbe in der um 1070 verfassten, früher unter dem Namen des Datius bekannten Mailänder Geschichte des Erzbischofs Landulf des Aelteren (bei Muratori IV p. 69. 76 sq.) citirt und benutzt, und auch das Bischofsverzeichnis aus dem Jahre 1251 (bei Muratori T. II P. I p. 228) hat aus derselben geschöpft.

Mit völliger Sicherheit lässt sich noch die Tendenz unserer Schrift bestimmen. Vor der Erzählung von der Abreise des Barnabas nach Palästina lesen wir (p. 207 Muratori; p. 14 Biraghi): '*Praeter quod sanxit, ut Mediolanensis quam ipse fundaverat, principalis ecclesiastici culminis sedes, aliarumque in ea provincia ecclesiarum metropolis perpetualiter habeatur*'. Selbst Braunsberger (S. 92) sieht sich angesichts dieser Nachricht zu dem Verdachte veranlasst, „die stolzen Mailänder möchten sich unsern Barnabas nur zu dem Zwecke als Gründer ihrer Kirche verschrieben haben, um mit seinem Namen ihre kirchliche Oberhoheit zu verschanzen und etwa auch Rom gegenüber auf apostolischen Ursprung pochen zu können". Wenn Braunsberger noch fürchtet, dieser Verdacht möchte nicht mehr sein als „eine Versuchung", so hat schon Harnack (Theol. Literaturzeitung 1876 c. 489) mit Recht dagegen erinnert, dass er allerdings „etwas Besseres" ist: „deutlicher als es hier ausgesprochen ist, braucht sich die Tendenz dieser Mailänder Legende nicht zu enthüllen". Wiederholt weist daher der Verfasser auch auf die alte Herrlichkeit seiner Stadt als der „zweiten nach Rom" an Ansehen, sowie auf die Thatsache zurück, dass Mailand

---

1) Die Chronik des Hieronymus schreibt zum Jahre 1626 Abrahams: '*Galli Senones Romam invaserunt excepto Capitolio*'. Aber das Jahr Abrahams 1626 entspricht dem Jahre 390 vor Christi Geburt.

ehedem selbst Residenz der römischen Kaiser gewesen sei, und fügt hinzu, dass die Mailänder Erzbischöfe nicht blos über Ligurien, sondern auch über Venetien, die Aemilia und Rhätien, über das Gebiet der Cottischen Alpen, ja sogar über einige tuscische Bischöfe freilich 'post Romanum pontificem' Metropolitanrechte ausgeübt hätten [1]). Zur Zeit, als unser Verfasser schrieb, war freilich das Ansehen der römischen Kirche schon so fest begründet, dass Mailand, die alte Hauptstadt der Langobardenkönige, nicht mehr hoffen durfte, der Oberherrschaft Roms sich zu entziehen. Dennoch citirt er den Apostel Barnabas und das seiner Kirche ertheilte Privilegium, um die Metropolitanrechte derselben über ganz Oberitalien und einen guten Theil von Mittelitalien, und die Rangstellung Mailands als der „zweiten Stadt nach Rom" so nachdrücklich als möglich zu vindiciren.

1) p. 204 Muratori; p. 4 sq. Biraghi: '*florentissimam affinium urbium Mediolanum, quae ex priscis temporibus, ut in veracissimis reperitur annalibus, altera post inclytam Romam magni imperii dignitate ac ditione potita est. Et ex eo ecclesiae ipsius antistites super ceteros non solum Liguriae, sed Venetiae, Aemiliae ac Rhetiae, nec non et eius partis quae Alpis Cottia nuncupatur, quin etiam super nonnullos Tusciae praesules, post Romanum pontificem, decentissimam metropolitani apicis adepti sunt cathedram*'. — p. 206 Muratori; p. 12 Biraghi: '*post Romanam arcem famosissima iam tunc* (zur Zeit des Barnabas) *habebatur civitas saepe dicta Mediolanium, quippe quae pari ditione sublimis secunda post ipsam, ut praefatus sum, Augustales Occidui Imperii infulas retentabat*'. p. 207 Muratori; p. 16 Biraghi heisst es vom heil. Anatalon, er habe vor seinem Tode zwei Nachfolger, den einen als Bischof von Mailand, den andern als Bischof von Brescia ernannt. Den Cajus setzt er zum antistes metropolitanus der Stadt Mailand ein: '*cui profecto urbi tantum privilegii a suo noverat magistro concessum, ut sicut inter reliquas Italicarum provinciarum urbes, earum dumtaxat quae occidentalem versus marginem ab Italiae sinu protenduntur, post Romanam arcem nitentis structurae eminentia, atque aulicorum conventu frequentissimo principare videbatur, ita ecclesiasticae ditionis praerogativa post Romuleam sedem cunctas excelleret. In hunc modum et ipse praefatus antistes nil a suo institutore discrepans, metropolitani ibidem cathedram pro futuris temporibus Christi statuit esse fidelibus, quatenus affinium populorum antistites, hoc est Venetiae, Liguriae, Aemiliae, Rhetiae, Alpis Cottiae, quotquot fuerint in sancta matre ecclesia futuri per has saepe dictas provincias, caput quoddam et decus insigne post Romanum pontificem habere debeant Mediolanensis sedis praesulem*'. Vgl. auch was p. 221 Muratori; p. 82 Biraghi von der Erhebung Mailands zur Residenz der abendländischen Reichshälfte durch Maximianus erzählt wird, und ebendaselbst (p. 83 Biraghi) die Bemerkung, dass die Zahl der damals aus den höchsten Kreisen zum christlichen Glauben Uebergetretenen '*tam Romanae quam Mediolanensis ecclesiae aliisque nonnullis metropolitanae sedis praesulibus*' zugetheilt worden sei.

Wo möglich noch bestimmter erkennbar ist die Tendenz der Mailänder Legende in der Beschwerde gegen Papst Constantin (708) über die dem Mailänder Metropolitanstuhl entzogene Consecration des Bischofs von Pavia, welche Erzbischof Landulf der Aeltere c. 1070 in seiner Mailänder Geschichte (Muratori l. c. T. IV p. 76 sqq.) dem Erzbischofe Benedict in den Mund legt. Dem Papste wird hier zu Gemüthe geführt, dass das allgemeine Oberhaupt die Rechte Aller zu schützen habe, am allerwenigsten also die Prärogative einer andern Kirche usurpiren dürfe; und unter ausdrücklicher Berufung auf die Schrift de situ civitatis Mediolani werden die dort enthaltenen Anordnungen des Apostels Barnabas und seines Schülers Anatalon über die Metropolitanrechte der Mailänder Kirche,, und über die ihr zugestandene Ehrenstellung als der zweiten Kirche post Romuleam sedem wiederholt. Dass die dem Erzbischofe Benedict zugeschriebenen Worte nicht von ihm herrühren können, ist längst von Muratori gezeigt worden, und geht namentlich aus der wiederholten Anführung pseudisidorischer Decretalen unzweifelhaft hervor. Darum kann jedoch der Streit zwischen Benedict und dem Papste Constantin immerhin geschichtlich sein. Aehnliche Streitigkeiten haben offenbar auch in der Folgezeit fortgedauert. Während Rom die von dem Mailänder Bischof beanspruchten Metropolitanrechte über „Ligurien, Venetien, Aemilia, Rhätien und die Cottischen Alpen" immer mehr zu beschränken suchte, benutzten die Mailänder umgekehrt die ältere Legende von der oberitalienischen Wirksamkeit des Barnabas, um auch ihrer Kirche den Rang einer Apostelkirche zu vindiciren und die weite Ausdehnung ihres Sprengels auf ausdrückliche apostolische Anordnung zurückzuführen. Eben dieser Tendenz verdankt im 9. Jahrhunderte die Datiana historia ecclesiae Mediolanensis ihre Entstehung.

Die Legende bei Mombritius.

Nächst der Schrift de situ civitatis Mediolani kommt noch die Mombritianische Legende in Betracht (Sermo in Natali S. Barnabae Apostoli, vollständig abgedruckt bei Biraghi l. c. p. 102 sqq.). Papebroek, der einen angeblich aus dem 10. Jahrh. stammenden Codex mit der Ueberschrift 'Sermo legendus in natali S. Barnabae apostoli' besass (Acta SS. l. c. p. 425), theilt nur den ersten Theil, der bis zur Trennung des Paulus und Barnabas reicht, mit (l. c. p. 423 sqq.). Derselbe enthält nichts Eigenthümliches, sondern ist einfach aus der Apostelgeschichte geschöpft; nur der Schluss stammt aus Pseudo-

Markus ¹). Den letzten Theil bildet die bereits besprochene lateinische
Bearbeitung der περίοδοι des Pseudo-Markus. Zwischen beiden Theilen
mitten inne steht die Notiz über die Reise des Barnabas nach Rom und
Mailand. Nachdem er als der Erste unter den Aposteln, noch vor Paulus
und Petrus, in Rom gepredigt, entschliesst er sich, auch noch andere Städte
zu besuchen. So kommt er in Begleitung des heiligen Gottesmannes
Anathalon und noch andrer Schüler nach Mailand, predigt daselbst und
bekehrt binnen kurzer Zeit eine grosse Menge ²).

Bemerkenswerth ist hier die Combination der Mailänder und der
cyprischen Wirksamkeit des Apostels. Die erstere ist nur eine Episode,
die letztere wird auf Grund des auch sonst öfters als Quelle benutzten
Pseudo-Markus eingehend berichtet. Von Rom kehrt Barnabas nach
Cypern zurück, wohin er also zum dritten Male kommt, und erleidet
daselbst den Märtyrertod. Die Nachricht von der Verbrennung des Apostels ist, wie bereits oben bemerkt wurde, gestrichen; statt der Asche
wird der ganze Leichnam in einen bleiernen Sarg gethan.

Die Abfassungszeit der Legende ist schwer zu bestimmen. Weil nach
der von Jacobus a Voragine mitgetheilten Meinung Beda Venerabilis
die von Johannes Markus compilirte passio Barnabae ins Lateinische
übertragen haben soll, so nimmt Biraghi (a. a. O. p. 101 sq.), dem
Braunsberger (S. 2. 95) beistimmt, ohne Weiteres an, dass Beda
der Verfasser des ganzen Sermo legendus sei und gewinnt dadurch ein
erwünschtes Zeugnis des Beda für Barnabas als Apostel der Mailänder.
Indessen ist der Uebersetzer der griechischen περίοδοι sicher nicht mit
dem Verfasser der mombritianischen Legende identisch. Letzterer,
welcher für das N. T. einfach an den Text der Vulgata sich hält, hat
schwerlich griechisch verstanden; vielmehr sind die actus authentici,
auf welche er sich für den zweiten Theil seines Werkes beruft, aller
Wahrscheinlichkeit nach eben jene auch als selbständiges Ganze um-

---

1) 'postmodum vero ait evangelista: Visum est eis, ut b. Paulus rever-
teretur Hierosolymis, Barnabas autem repeteret Cyprum insulam, de qua
assumptus erat, assumpto praedicto Johanne, cognomento Marco'. Vgl. acta
Barnabae ed. Tischend. p. 66. 68.

2) 'cumque ipso (dem Barnabas in Rom) de plerisque locis et civitatibus
mentio haberetur, audivit inter alias nominari . . . . . . civitatem Mediolani;
atque illuc proficiscens festinare disposuit, assumpto secum sancto dei viro
Anatalone, comite fidelissimo, cum aliis quibusdam aeque sociis in ministerium
evangelii. Cum igitur Mediolani b. Barnabas evangelium praedicaret et
insistens praedicationi operam daret, cooperante domino magnam eorum mul-
titudinem in brevi convertit et ad fidem veritatis adduxit'.

laufende lateinische Version der περίοδοι, von welcher oben S. 277 flg. gesprochen worden ist[1]). Aus dieser lateinischen Version sind, wie oben gezeigt, die Worte 'quo autem ordine ad martyrii coronam pervenerit, ex graeco eloquio Johannis exadelphi eius transferentes . . . fideliter declaramus' einfach hinübergenommen. Wenn Beda also wirklich die περίοδοι aus dem Griechischen übersetzt haben sollte, so würde sich hieraus nur mit völliger Bestimmtheit ergeben, dass der Sermo legendus längere Zeit nach Beda, also frühestens Ende des 8. oder Anfang des 9. Jahrhunderts verfasst ist. Mit der Datiana historia steht der Sermo in keiner näheren Beziehung; gemeinsam ist beiden nur die Notiz über die römische und mailänder Wirksamkeit des Barnabas und die Erwähnung des Anatalon.

Abhängigkeit der mailänder von der cyprischen Legende.

Während die mombritianische Legende bereits die Mailänder Tradition mit der cyprischen combinirt, gedenkt der Verfasser der Datiana historia der letzteren nicht ausdrücklich. Da derselbe jedoch ebenfalls den Barnabas, nachdem er schon vor seiner Reise nach Rom und Oberitalien längere Zeit in Cypern gewirkt hat, wieder nach Palästina zurückkehren lässt, so erscheint doch auch nach ihm die Mailänder Wirksamkeit als eine Episode. Dass er sich von Palästina wieder (zum dritten Male) nach Cypern begeben, sagt der Verfasser allerdings nicht, sondern begnügt sich hier die Worte zu copiren, welche die clementinischen Recognitionen dem Barnabas bei seiner Abreise nach Palästina leihen.

Dagegen liegt überall, wo im Abendlande der 11. Juni als Gedächtnistag des Apostels gefeiert wird[2]), die cyprische Tradition und zwar in ihrer jüngeren, durch den Mönch Alexander bezeugten Gestalt,

---

1) Braunsberger folgert aus dem Umstande, dass der Legendenschreiber bald nach der Bernfung auf die 'actus authentici' die Mailänder Reise des Barnabas erwähnt, dass auch letztere in jenen erwähnt war. Aber es unterliegt keinem Zweifel, dass vielmehr der lateinische Text der περίοδοι gemeint ist, welche der Verfasser für ein authentisches Werk des Evangelisten Johannes Markus hält. Vgl. die Worte der Vorrede (Acta SS. a. a. O. p. 423; Biraghi p. 102), in denen er die Thaten und das Martyrium des Barnabas nach der 'authentica series' und 'auctoritas' des Evangelisten Lukas und des Johannes Markus darzustellen verheisst.

2) Auch die armenische Kirche feiert den 11. Juni als Gedächtnistag des Barnabas. Die koptische Kirche dagegen feiert den 21. Kihak (17. December).

zu Grunde. Dieses Datum findet sich bereits in dem zu Anfange des 9. Jahrhunderts geschriebenen Kalender der Kirche von Verona verzeichnet, wurde also zu der Zeit, in welcher die Datiana historia entstanden ist, sicher schon zu Mailand gefeiert (Biraghi l. c. p. XLV; Braunsberger S. 88). Auch die späteren lateinischen Martyrologien, das kleine römische, das des Beda, Ado, Usuard u. s. w., sowie das Martyrologium Romanum erwähnen zum 11. Juni die Natalitien des Barnabas und der Auffindung seines Leichnams unter Kaiser Zeno [1]).

Auf mehr als einen vorübergehenden Aufenthalt des Barnabas hat die Mailänder Kirche keinen Anspruch erhoben. Sein Martyrium auf Cypern war in der kirchlichen Tradition zu fest gegründet, als dass es durch ein angebliches mailändisches Martyrium hätte verdrängt werden können. Dagegen rühmen sich die Mailänder wenigstens Reliquien des Apostels zu besitzen.

Merkwürdig, wie die Entwickelung der cyprischen Legende sich in Mailand wiederholt. Zuerst kommt die Asche, später das Haupt des Apostels zum Vorschein, worauf dann die Asche zur Holzasche des Scheiterhaufens wird. Die Asche soll bereits im 5. Jahrhunderte unter dem Bischofe Benignus (nach dem Einen 465—472, nach dem Andern 485—493) nach Mailand gekommen sein, das Haupt nicht viel später, im 6. oder 7. Jahrhunderte. Indessen ist auf diese Zeitangaben nicht der geringste Verlass. Die Angabe, dass Bischof Benignus in den Besitz der Asche, oder gar schon des vollständigen Hauptes des Apostels gekommen sein soll, findet sich zuerst bei mailändischen Schriftstellern

---

1) **Martyrol. Rom. parvum** bemerkt einfach zum 11. Juni: '*Barnabae apostoli*'.

Ado: '*Natale S. Barnabae apostoli cuius corpus tempore Zenonis imperatoris ipso revelante repertum est*'.

Usuard: '*Natalis Sancti Barnabae apostoli qui cum esset Cyprius cum Paulo gentium apostolo ordinatus est. Huius corpus tempore Zenonis imperatoris ipso revelante repertum est*'.

Beda: '*Natale Sancti Barnabae apostoli qui cum esset Cyprius cum Paulo gentium apostolus ordinatus est. Hic postea propter Joannem discipulum qui et Marcus vocabatur separatus a Paulo nihilo minus evangelicae praedicationis iniunctum sibi opus exercuit. Cuius corpus tempore Zenonis imperatoris ipso revelante repertum est*'.

Martyrol. Rom.: '*Natalis S. Barnabae apostoli qui natione Cyprius a discipulis cum Paulo gentium apostolus ordinatus multas regiones cum eo peragravit, evangelicae praedicationis iniunctum sibi opus exercens: postremo Cyprum profectus ibi apostolatum suum glorioso martyrio decoravit. Cuius corpus tempore Zenonis imperatoris ipso revelante repertum est, una cum codice evangelii Sancti Matthaei sua manu descripto*'.

des 17. Jahrhunderts (vgl. Acta SS. l. c. p. 453); dass die Translation des Hauptes nicht später als im 7. Jahrh. erfolgt sein könne, wird aus der Zerstörung von Salamis durch die Araber (648) und der (nur sehr vorübergehenden) Uebersiedelung des Metropoliten von Cypern nach Neu-Justinianopolis in der Provinz Hellespont (690) gefolgert, weil man damals gewis auch die wichtigsten Reliquien mitgenommen habe! (Acta SS. l. c.). Die „Auffindung" des Hauptes fällt erst in die zweite Hälfte des 13. Jahrhunderts (Acta SS. l. c. p. 454). Als die Minoriten die ihnen eingeräumte Kirche der Heiligen Nabor und Celsus restaurirten, entdeckten sie daselbst das Haupt des Apostels, nachdem schon einige Zeit vorher unter den Ordensbrüdern das Gerücht von den dort verborgenen kostbaren Reliquien verbreitet worden war. Nach der Beschreibung war das Haupt roth und sah ziemlich neu aus (*rubeum et quasi recens erat*). Uebrigens streiten noch verschiedene andre Kirchen Oberitaliens mit Mailand um die Ehre, das vollständige Haupt des Apostels oder doch beträchtliche Stücke desselben zu besitzen; die Bergamasken verehren es in dem benachbarten Edenna, wo es ebenso wie in Mailand vollständig gezeigt wird; Pavia, Genua, Cremona rühmen sich im Besitze grösserer oder geringerer Bestandtheile desselben zu sein; so ist z. B. in der Kathedrale zu Cremona der ganze Kinnbacken samt den Zähnen zu sehn. Aber auch Camerino, Neapel, Prag bewahren Theile des kostbaren Schatzes; Kloster Andechs in Bayern den Schädel nebst einer Rippe, Toulouse noch einmal das vollständige Haupt und in einem abgesonderten Behälter den Rumpf. Weitere Reliquien zeigt man in Bologna, Tournay, Köln und vor allem in Florenz, wo man das rechte Bein des Apostels, die Knochen noch von Fleisch umgeben, bewundern kann.

Die Acten des Markus.

Die altkirchliche Tradition beschäftigt sich mit der Person des
Markus namentlich nach zwei verschiedenen Seiten hin: sie lässt ihn
einerseits als Begleiter und Dolmetscher des Petrus nach Rom reisen
und dort sein Evangelium niederschreiben und sie berichtet von ihm
andrerseits, dass er nach Alexandrien sich begeben, dort das Evangelium
gepredigt und das Kirchenwesen begründet habe.

Markus als Begleiter des Petrus in Rom.

Die Traditionen der ersteren Gruppe sind in der Einleitung ins
N. T. und in der Geschichte des Kanons zu besprechen, und können
daher hier nur im Vorbeigehn berührt werden [1]). Die betreffende
Ueberlieferung hat ihre Wurzel in der Stelle 1 Petr. 5, 13. Indem man
hier Babylon auf Rom deutete, fand man die Nachricht, dass Markus
als geistlicher „Sohn" des Petrus den Apostel nach der Welthauptstadt
begleitet habe. Damit combinirte man die nicht sowol aus einer kritischen Analyse unseres kanonischen Markusevangeliums, als vielmehr
aus einer richtigen geschichtlichen Erinnerung stammende Angabe, dass
dieses Evangelium für römische Heidenchristen bestimmt gewesen, und
die vielleicht richtige Ueberlieferung, dass es in Rom entstanden
sei. Jedenfalls schien die frühe Verbreitung des κατὰ Μάρκον benannten
Evangeliums in Rom die persönliche Anwesenheit des Markus daselbst,
welche man in der Petrusstelle bezeugt fand, zu bestätigen. So erzählt
bereits Papias in der vielgequälten Stelle bei Eusebios (h. e. III, 39,
15) auf Grund der Autorität seines πρεσβύτερος (das heisst nach dem

---

1) Vgl. die Zusammenstellungen bei Hilgenfeld, Einleitung ins N. T.
S. 498 ff.

Zengnisse des Eusebios: des Presbyters Johannes), Markus habe als
Hermeneut des Petrus dessen Mittheilungen über die Reden und Thaten
des Herrn, wie er sie aus des Apostels Munde vernommen, niedergeschrieben. Irenäus (haer. III, 1, 1) fügt hinzu, er habe dies erst
nach dem Tode der Apostel Petrus und Paulus gethan, wogegen Clemens von Alexandrien (Hypotypos. lib. VI bei Eus. h. e. VI, 14,
5 - 7; vgl. h. e. II, 15, 1. 2; adumbrat. in 1 Petri p. 1007 Potter)
aus der παράδοσις τῶν ἀνέκαθεν πρεσβυτέρων erfahren haben will,
Markus habe das Evangelium noch bei Lebzeiten des Petrus auf Bitten
der römischen Hörer geschrieben. Origenes (in Matth. tom. 1 bei
Euseb. h. e. VI, 25, 5; opp. III, 1 Lommatzsch) scheint von der gleichen
Voraussetzung auszugehn. Dieselbe ist in der Folgezeit die herrschende
geblieben, mit dem weiteren Zusatze, den Eusebios schon auf die
Autorität des Papias und Clemens zurückführt, dass Petrus das so ent-
standene Evangelium ausdrücklich bestätigt habe (Eus. h. e. II, 15, 2).
Hieronymus hat die so festgestellte Tradition der abendländischen
Kirche vermittelt (catal. vir. illustr. e. 8; praefatio in Matthaeum Opp.
IV, 4 sq.; epist. 120 ad Hedibiam c. 11 Opp. I, 844 Vallars.), Epiphanios dagegen (haer. 51, 6) sie mit der alexandrinischen Tradition
durch die Annahme ausgeglichen, dass Petrus selbst den Markus nach
Abfassung des mit seiner Erlaubnis in Rom niedergeschriebenen Evangeliums nach Aegypten geschickt habe. Vereinzelt steht die Nachricht
des Chrysostomos (Hom. 1 in Matth. Opp. VII, 6 Montfaucon), Markus habe nicht in Rom, sondern in Aegypten das Evangelium abgefasst.
Auf die neutestamentlichen Nachrichten von dem römischen Aufenthalte
des Markus (Kol. 4, 10. 1 Petr. 4, 13), sowie auf die Tradition von
der Abfassung des Evangeliums in Rom ist auch die allgemeine Angabe
bei Gregor von Nazianz zurückzuführen, dass Markus „in Italien"
gepredigt habe (orat. 33 [25] ad Arian. Opp. ed. Paris. 1840 I,
610 sq.).

Alexandrinische Markussage.

Fast ebenso hoch hinauf wie die Tradition von dem römischen
Aufenthalte des Markus im Geleite des Petrus lässt sich die Ueber-
lieferung von seinem Aufenthalte in Alexandrien und Aegypten
verfolgen. In der Chronik des Eusebios wird zum Jahre 2057
Abrahams, dem ersten Kaiserjahre des Claudius (Schöne II, 152), die
Ankunft des Markus in Alexandrien, zum Jahre 2077 Abrahams ==
Neronis VIII (Schöne II, 154) der Amtsantritt des Anianos, des ersten

Bischofs von Alexandrien nach dem Evangelisten Markus angemerkt, dem letzteren also eine Amtszeit von 20 Jahren gegeben. Die Reihenfolge der alexandrinischen Bischöfe wird hier ebenso durch Markus, wie die der römischen durch Petrus eröffnet. Die Quelle dieser Liste ist eine alte Chronik aus dem Ende des 2. Jahrhunderts (c. 190), aus welcher der Chronist Julius Africanus, und durch Vermittelung des letztern Eusebios geschöpft hat. Daneben benutzte Eusebios ein altes alexandrinisches Bischofsverzeichnis, welches, wie es scheint, schon jener Chronik zu Grunde lag[1].

Eusebios erzählt demgemäss in der Kirchengeschichte (II, 16, 1), nachdem er vorher den römischen Aufenthalt des Markus und die Abfassung des Evangeliums berichtet hat, dass der Evangelist zuerst das Christenthum nach Aegypten gebracht und dort die alexandrinische Kirche gegründet habe. Als Beleg für die grosse Menge der von ihm bekehrten Männer und Frauen betrachtet der Kirchenhistoriker die philonische Schrift de vita contemplativa, welche nach ihm τὸν βίον τῶν παρ᾽ ἡμῖν ἀσκητῶν schildern soll (h. e. II, 17)[2]. Als ersten Bischof von Alexandrien nach dem Evangelisten Markus nennt er auch in der Kirchengeschichte (II, 24) den Anianos, lässt denselben hier aber nicht im siebenten, sondern im achten Jahre des Nero sein Amt antreten. Dasselbe Kaiserjahr (= 2078 Abrah.) verzeichnet Hieronymus in seiner Bearbeitung der eusebianischen Chronik (Schöne II, 155) für den Amtsantritt des Anianos; die Ankunft des Markus selbst in Aegypten verlegt er vom ersten Jahre des Claudius ins dritte = 2059 Abrah. Das Chronicon Paschale lässt die alexandrinische Bischofsweihe des Markus gleichzeitig mit der römischen Stuhlbesteigung des Petrus erfolgen, datirt aber die ihm zugeschriebenen 22 Bischofsjahre vom Consulate des Claudius und Cerianus (39 u. Z.)[3], dem antiochenischen Antrittsjahre des Petrus.

Seit Eusebios begegnet uns die Tradition von der ägyptischen Predigt des Markus übereinstimmend bei griechischen, lateinischen und

---

1) Vgl. meine neuen Studien zur Papstchronologie, Jahrb. f. prot. Theol. 1880, S. 245 ff. 254 ff. 261 flg.

2) Mit welchem Rechte, zeigt Lucius, die Therapeuten S. 126 ff.

3) Chron. Pasch. p. 421 ed. Bonn.: εἶτα ἐχειροτονήθησαν ἐπίσκοποι πρῶτος ἐν Ῥώμῃ Πέτρος, ἐν Ἀλεξανδρείᾳ Μάρκος ὁ εὐαγγελιστής κτλ. p. 432 (zum Consulatsjahre Claudii et Ceriani 39 u. Z.): τῷ αὐτῷ ἔτει Μάρκος ὁ εὐαγγελιστής Αἰγυπτίοις καὶ Ἀλεξανδρεῦσιν ἐπιδημήσας· εὐηγγελίζετο· τὸν Χριστοῦ λόγον, ἐκκλησίας τε πρῶτος ἐπ᾽ αὐτῆς Ἀλεξανδρείας συνεστήσατο καὶ προέστη, αὐτῶν ἔτη κβʹ.

orientalischen Schriftstellern. Um von den Schriftstellern, welche bereits die noch zu besprechenden Acten kennen und benutzen, hier abzuschen, so sind unter den Griechen namentlich Epiphanios (haer. 51, 6) ¹), Chrysostomos (Hom. I, 3 in Matth. Opp. VII, 7 Montfauc.) ²), die apostolischen Constitutionen ³), die Acten des Barnabas ⁴) und der bald dem Kyrillos von Alexandrien, bald einem antiochenischen Presbyter Victor zugeschriebene Prolog ⁵); unter

---

1) II, 457 Dindorf: εὐθὺς δὲ μετὰ τὸν Ματθαῖον ἀκόλουθος γενόμενος ὁ Μάρκος τῷ ἁγίῳ Πέτρῳ ἐν Ῥώμῃ ἐπιτρέπεται τὸ εὐαγγέλιον ἐκθέσθαι, καὶ γράψας ἀποστέλλεται ὑπὸ τοῦ ἁγίου Πέτρου εἰς τὴν τῶν Αἰγυπτίων χώραν.

2) λέγεται δὲ καὶ Ματθαῖος . . . συνθεῖναι τὸ εὐαγγέλιον· καὶ Μάρκος δὲ ἐν Αἰγύπτῳ, τῶν μαθητῶν παρακαλεσάντων αὐτόν, αὐτὸ τοῦτο ποιῆσαι.

3) Constt. App. VII. 46: τῆς δὲ Ἀλεξανδρείας Ἀννιανὸς πρῶτος ὑπὸ Μάρκου τοῦ εὐαγγελιστοῦ κεχειροτόνηται.

4) Acta Barnabae c. 26 (p. 73 sq. Tischend.), wo Markus der Erzählende ist: ἐλθόντες δὲ ἐπὶ τὸν αἰγιαλὸν εὕρομεν πλοῖον Αἰγύπτιον καὶ ἀνελθόντες εἰς αὐτὸ κατήχθημεν ἐν Ἀλεξανδρείᾳ. κἀκεῖ ἔμεινα ἐγὼ διδάσκων τοὺς ἐχομένους ἀδελφοὺς κτλ.

5) Derselbe ist unter dem Namen des Kyrillos aus einer Pariser Handschrift abgedruckt bei Combefis Auctar. noviss. I, 435 sq. Die Anfangsworte lauten πολλῶν εἰς τὸ κατὰ Ματθαῖον καὶ εἰς τὸ κατὰ Ἰωάννην, die Schlussworte προφητικῆς γάρ ὁ χαρακτὴρ οὗτος. Der Verfasser des Prologs, welcher in den Eingangsworten bemerkt, dass über das Matthäus- und Johannesevangelium viele, über das Lukasevangelium wenige, über das Markusevangelium gar keine ὑπομνήματα geschrieben seien, stellt zunächst die biblischen Nachrichten über Markus zusammen, wobei das Babylon 1 Pet. 5, 13 in herkömmlicher Weise auf Rom gedeutet wird. Dann folgt die Erzählung über die Entstehung des Markusevangeliums in Rom nach Eusebios, aber unter Berufung auf Clemens und Papias (Eus. h. e. II, 15). Nun heisst es weiter: ἀπὸ δὲ τῆς Ῥώμης ἐπίσκοπον αὐτὸν ὁ Πέτρος χειροτονήσας, εἰς τὴν Αἴγυπτον ἐκπέμπει, ἔνθα τὸ εὐαγγέλιον ὃ δὴ συνεγράψατο κηρύξας ἐκκλησίαν τὸ πρῶτον ἐπ' αὐτῆς Ἀλεξανδρείας ἱδρυσάμενος καὶ τὰς ἱερὰς λειτουργίας ποιούμενος, τοὺς πρὸς τῷ μεσημβρινῷ κλίματι τὸν εὐσεβῆ τῆς εἰς Χριστὸν πίστεως λόγον κατηχήσας ἐφώτισεν. Hierfür nennt der Verf. den Eusebios als Gewährsmann: καὶ ταῦτα εὑρήσεις Εὐσέβιον τὸν Καισαρείας ἐν τῷ δευτέρῳ τῆς ἐκκλησιαστικῆς ἱστορίας λόγῳ ἐν κεφαλαίῳ πεντεκαιδεκάτῳ ποσῶς ἐκτιθέμενον. Den Schluss bilden folgende Worte, welche eine Lücke in dem griechischen Texte des Irenäus ausfüllen: καὶ Εἰρηναῖος δὲ ὁ Λουγδούνων ἐπίσκοπος μαθητὴς τῶν ἀποστόλων γενόμενος ἐν τῷ τρίτῳ κατὰ τῶν αἱρέσεων λόγῳ φησίν, ἑκάστου εὐαγγελίου τὸν χαρακτῆρα ἐκθέμενος· Μάρκος δὲ ἀπὸ τοῦ προφητικοῦ πνεύματος τοῦ ἐξ ὕψους ἐπιόντος τοῖς ἀνθρώποις τὴν ἀρχὴν ἐποιήσατο. ἀρχὴν λέγει τοῦ εὐαγγελίου καθὼς γέγραπται ἐν Ἡσαΐᾳ τῷ προφήτῃ, τὴν πτερωτικὴν εἰκόνα τοῦ εὐαγγελίου δεικνύων· διὰ τοῦτο δὲ καὶ σύντομον καὶ παρατρέχουσαν τὴν καταγγελίαν πεποίηται· προφητικὸς γάρ ὁ χαρακτὴρ οὗτος. Die Worte

den L a t e i n e r n der alte P r o l o g zum Markusevangelium, der wol schon im 4. Jahrhunderte vorhanden war [1]), ferner H i e r o n y m u s zu nennen. Die Nachrichten des letzteren gehen lediglich auf Eusebios zurück [2]).

stehn Iren. haer. III, 11, 8, wo schon G r a b e den lückenhaften griechischen Text des Anastasios Sinaites und des Germanos aus dem von Combefis mitgetheilten Prologe ergänzt hat. — Am Schlusse findet sich die Notiz des Abschreibers ἐν τισιν εὖρον ἐκ φωνῆς Κυρίλλου Ἀλεξανδρέως· ἐν ἄλλοις δὲ Βίκτωρος πρεσβυτέρου Ἀντιοχείας. Unter dem letzteren Namen steht der Prolog in der lateinischen Uebersetzung des Theodor Peltanus. Combefis bezweifelt übrigens die Abkunft von Kyrill.

Nicht angeführt ist unter den obigen Zeugnissen aus der griechischen Kirche die Stelle aus dem 5. Buche der Schrift des B a s i l i o s gegen Eunomios (Opp. T. II p. 140 ed. Paris. 1618): καὶ Παῦλος ἐν Ῥώμῃ εὐαγγελιζόμενος καὶ Ἰάκωβος ἐν Ἱεροσολήμ καὶ Μάρκος ἐν Ἀλεξανδρείᾳ καὶ ἄλλος ἐν ἄλλῃ πόλει. Die beiden letzten Bücher gegen Eunomios sind nämlich unächt und daher nach T h i l o's Willen auch in der von ihm begonnenen Bibliotheca Patrum dogmatica (Vol. II ed. Goldhorn Leipzig 1854) weggelassen. — Dass T h e o p h y l a k t, welcher (prooem. in Marc. Opp. ed. Venet. 1754 T. I p. ρογ') des alexandrinischen Bisthums des Markus und seiner Missionswirksamkeit in den Südländern (πρὸς τῷ μεσημβρίνῳ κλίματι) gedenkt, die Acten nicht erwähnt, ist bei dem späten Zeitalter dieses Schriftstellers gleichgiltig.

1) Vgl. Cod. aureus ed. Belsheim p. 119: ·*Marcus evangelista dei electus et Petri in baptismate filius atque in divino sermone discipulus sacerdotium in Israel agens secundum carnem Levita conversus ad fidem Christi evangelium in Italia scripsit, ostendens in eo quod generi suo deberet et Christo*... *denique amputasse sibi post fidem pollicem dicitur ut sacerdotio reprobus haberetur, sed tantum consentiens fidei praedestinata potuit electio, ut nec sic in opere verbi perderet quod prius meruerat in genere. Nam Alexandriae episcopus fuit etc.*'. Die Schlussworte lauten: '*qui plantat et qui rigat, unum sunt, qui autem incrementum praestat, deus est*'. Derselbe Text auch im cod. Amiatin. N. T., sowie in Handschriften der lateinischen Markus-Acten, wie in Cod. Amiatin. 2 (Bandini suppl. I, 627).

2) catalog. vir. illustr. 8 [p. 14 Herding]: '*Assumpto itaque evangelio quod ipse confecerat perrexit Aegyptum et primum Alexandriae Christum adnuncians constituit ecclesiam tanta doctrinae et vitae continentia, ut omnes sectatores Christi ad exemplum sui cogeret. Denique Philo disertissimus Judaeorum, videns Alexandriae primam ecclesiam adhuc judaizantem, quasi in laudem gentis suae et super eorum conversatione scripsit et quomodo Lucas narrat Hierosolymae credentes omnia habuisse communia, sic ille Alexandriae sub Marco doctore fieri cernebat memoriaeque tradidit. Mortuus est autem octavo Neronis anno et sepultus Alexandriae*'. praef. in Matth. (Opp.VII, 3 sq. Vallars.): '*Secundus Marcus interpres apostoli Petri et Alexandrinae ecclesiae primus episcopus qui dominum quidem salvatorem ipse non vidit, sed ea quae magistrum audierat praedicantem iuxta fidem magis gestorum narravit quam ordinem*'.

Unter den späteren Lateinern ist namentlich der angebliche I s i - d o r (de vita et obitu sanctorum) zu erwähnen. Derselbe erzählt theils dem alten Prologe, theils dem Hieronymus nach, zeigt aber durch die aus Hieronymus nur erschlossene Notiz von dem friedlichen Tode des Markus, dass er von der Legende der Acten noch keine Kunde hat [1]). Derselbe Text wie bei Isidor findet sich auch in cod. Casinensis 145 saec. X oder XI f. 381 (Bibl. Casin. III, 287 sqq.), wo er als 'prologus Sancti Marci evangelistae' bezeichnet wird, ist aber gegen Ende erweitert. Am Schluss steht der Vers 'Marcus ut alla fremit vox per deserta leonis'. — Die verschiedenen Texte des M a r t y r o l o g i u m H i e r o - n y m i a n u m erwähnen den Gedächtnistag des Markus bald zum 18. Mai, bald zum 23. September, bald zum 3. oder 7. October. Die codd. Antissiodor. Morbac. Labbean. haben zu XV. kal. Jun.: 'In Alexandria . . . Marci evangelistae'. Ferner zu IX. kal. Oct.: 'Marci evangelistae' (cod. Autissiod.). 'Natalis S. Marci evangelistae' (cod. Corbeiens. min.). 'Alexandriae Marci evangelistae' (cod. Morbac.). 'Marci evangelistae' (cod. Epternac. und mehrere andere Codd.). Dasselbe Datum auch in Corbej. maj. Gellon. Rhinov. Richenov. Augustan. Labbean. u. a. Zu V non Oct.: 'Egypto Marci evangelistae' (cod. Morbac.). Zu non. Oct.: 'sancti Marci evangelistae' (Richen. vgl. Augustan. Labbean.). Nur einige Texte des Hieronymianum, wie die codd. Richenov. August. Reg.- Succ., ferner das kleine römische Martyrologium (8. Jahrh.) [2]) und nach demselben auch die jüngeren Martyrologien nennen mit den Griechen und Aegyptern als Gedächtnistag den 25. April. Wo dieses Datum uns begegnet, liegt aber überall schon eine Bekanntschaft mit den weiter unten zu besprechenden Acten des Markus vor.

Von den S y r e r n gedenkt die doctrina apostolorum (bei Cureton Ancient Syriac Documents p. 33, 13 sqq. der engl. Uebers.) [3]) und von

---

1) Monumenta Patrum orthodoxographa II, 599: 'Marcus evangelista se- cundus, Petri discipulus eiusque in baptismate filius, cuius quidem evange- lium nonnulli a Petro Romae dictatum ferunt. Hic ne ad sacerdotium pro- moveretur, abscidisse sibi pollicem dicitur. Primus tamen Alexandriae cathe- dram tenuit primusque ecclesiam Aegyptiarum fundavit. Tantae doctrinae et continentiae virtutibus florens, ut omnes disci, uli Christi eius in imitatio- nem sequerentur. Mortuus est octavo Neronis anno placida quiete se- pultus'.

2) 'VII kal. Maii Alexandriae Marci evangelistae'.

3) „Das grosse Alexandrien und die Thebais, und das ganze Inner- Aegypten und die ganze Gegend von Pelusium und bis zu den Gränzen von Indien empfing die apostolische Handauflegung zur Priesterweihe von dem

Späteren Barhebräus der Predigt des Markus in Aegypten ebenfalls ohne seines alexandrinischen Martyriums Erwähnung zu thun[1]). Die Armenier feiern das Gedächtnis des Evangelisten Markus zum 24. März, im Unterschiede von Johannes Markus, dessen Name beim 9. April steht. Mit der Legende von der Stiftung der ägyptischen Kirche durch Markus hängt die Zurückführung der alexandrinischen Liturgie auf den Evangelisten aufs Engste zusammen. Diese „Liturgie des heiligen Markus", welche in ganz Aegypten in Gebrauch war und im vierten Jahrhunderte auch zu den Abyssiniern kam, gehört ohne Zweifel zu den ältesten orientalischen Liturgien, die auf uns gekommen sind (vgl. Bunsen, Hippolyt, deutsche Ausgabe II, 382 ff., v. Zezschwitz Artikel Liturgie in Herzogs R. E. 2. Aufl.). Wann sie zuerst dem Markus beigelegt wurde, wird sich nicht mehr sicher ermitteln lassen: aller Wahrscheinlichkeit nach ist die Ueberlieferung nicht jünger, als die von der ägyptischen Mission des Markus überhaupt. Eine ausdrückliche Bezugnahme auf die Liturgie des h. Markus findet sich in dem oben mitgetheilten, dem Kyrill von Alexandrien zugeschriebenen griechischen Prologe zum Markusevangelium.

Anderweite Legenden.

Von anderweiten Legenden ist namentlich die Ueberlieferung hervorzuheben, Markus sei aus priesterlichem Geschlechte gewesen, habe aber nach seiner Bekehrung zum Christenthum sich den Daumen verstümmelt, um dem priesterlichen Berufe zu entgehn. Dennoch sei er Bischof von Alexandrien geworden. Die Sage liegt wol schon dem Beinamen ὁ κολοβοδάκτυλος zu Grunde, welcher ihm in den Philosophumena beigelegt wird (VII, 30 p. 252 Miller), und findet sich in ihrer ausgebildeten Gestalt in dem vorher erwähnten alten Prologe zum Markusevangelium [2]), und darnach bei Pseudo-Isidor[2]), Ordericus Vitalis (hist. eccl. II, 2, 20)[3]), sowie in einer von Fleischer (ZDMG VIII, 586) beschriebenen arabischen Handschrift.

Evangelisten Markus, welcher Gesetzgeber und Leiter (Bischof) in der von ihm daselbst erbauten Kirche war und dort ministrirte".

1) Chron. eccl. I, 34 sq. ed. Abbeloos et Lamy: ʻMarcus Petri discipulus et filius qui ab apostolis in Aegyptum ablegatus universae illi regioni evangelicam doctrinam tradidit fuitque per annos duodecim Alexandriae episcopusʼ.

2) Die Stellen s. oben S. 325 Anm. 1 und 326 Anm. 1.

3) Migne T. 188 col. 181: ʻqui sicut fertur pollicem sibi abscidi fecit, ut sacerdotio reprobus haberetur, nec tamen ab apostolis repudiatus, quin eorum electione episcopus Alexandriae praeficereturʼ. Auch Beda (prolog. in

Nicht ohne Schwanken tritt die anderweite Ueberlieferung auf, dass Markus zu den 70 oder 72 Jüngern gehört habe. Da er nach der ausdrücklichen, von Eusebios und Hieronymus wiederholten Angabe des Papias nicht zu den Jüngern und Begleitern Jesu gehört hat [1]), so war folgerichtig unter den 70 Jüngern für ihn kein Raum. Noch der Dorotheostext A (cod. Vindobon. hist. gr. 40) führt ihn daher nach Paulus hinter den 12, aber vor der Liste der 70 Apostel auf, und dieselbe Stelle ist ihm bei Pseud-Epiphanios (cod. Paris. gr. 1115) und in dem vor den Werken des Oikumenios abgedruckten Apostelverzeichnisse zugewiesen. Vom Evangelisten aber werden bei Dorotheos A Μάρχος ὁ ἀνεψιὸς Βαρνάβα, welcher Bischof von Apollonias geworden sein soll und Μάρχος ὁ χαὶ Ἰωάννης χαλούμενος, der nachmalige Bischof von Biblos [Byblos], unterschieden. Letztere beiden erhalten unter den 70 ihren Platz. Dagegen zählen Dorotheos B (bei Ducange), Pseudo-Hippolyt, sowie der angebliche Logothetes den Evangelisten an 14. Stelle unter den 70 auf, obwol alle drei Texte die angeblich von ihm verschiedenen Personen, Markus den Neffen des Barnabas und Johannes Markus, ebenfalls in der Liste der 70 verzeichnen. Unter den 70 oder 72 Jüngern verzeichnen den Markus auch Adamantios in dem Dialogus de recta fide in den Werken des Origenes Sect. I (I, 804 de la Rue; XVI 259 Lommatzsch [2]), Epiphanios (haer. 51, 6), das Chronicon Paschale (p. 420 ed. Bonn.), Nikephoros Kallistos (h. e. II, 43), Prokopios Chartophylax (s. u.), die arabische vita (s. u.) und Barhebräus (l. c), welcher den Markus und Jakobus den Bruder des Herrn als „Prediger" von den zwölf Aposteln unterscheidet und an der Spitze der 70 aufführt. In eigenthümlicher Weise gleicht Epiphanios (haer. 51, 6) die Petrus-

Marcum Opp. ed. Colon. 1688 T. V col. 92 erwähnt die Tradition, dass Markus priesterlichen Geschlechtes gewesen, doch ohne der Verstümmelung des Daumens zu gedenken. '*Traditur autem hunc natione Israelitica et sacerdotali ortum prosapia ac post passionem et resurrectionem domini salvatoris ad praedicationem apostolorum evangelica fide ac sacramentis imbutum atque ex eorum fuisse numero, de quibus scribit Lucas, quia multa etiam turba sacerdotum obediebat fidei. Quapropter utpote legalibus institutus edictis optimum per omnia vivendi ordinem genti quam ad fidem vocabat* (d. h. den Aegyptern, speciell den Alexandrinern, wie es vorher hiess) *praemonstravit'.*

1) Bei Eusebios h. e. III, 39, 15: οὔτε γὰρ ἥχουσα τοῦ χυρίου οὔτε παρηχολούθησεν αὐτῷ. Hieron. praef. in Matth. l. c. (die Stelle ist oben S. 325 Anm. 2 angeführt). Vgl. noch Megethios im dial. de recta fide (I, 804 de la Rue: XVI, 259 Lommatzsch); Μάρχον χαὶ Λουχᾶν οὐδὲ ἔσχε μαθητὰς ὁ Χριστός.

2) Μάρχος οὖν χαὶ Λουχᾶς ἐχ τῶν ἑβδομήχοντα χαὶ δυοῖν ὄντες, Παύλῳ τῷ ἀποστόλῳ εὐηγγελίσαντο.

schülerschaft des Markus mit seiner unmittelbaren Jüngerschaft Jesu aus. Markus soll einer jener Zweiundsiebzig gewesen sein, welche sich nach Joh. 6, 66 in Folge der harten Rede Jesu vom Essen seines Fleisches zerstreuten, später aber durch Petrus bekehrt und gewürdigt worden das Evangelium zu schreiben [1]). Dieselbe Angabe kehrt fast wörtlich wieder bei Pseudo-Hippolyt im Verzeichnisse der 70 Jünger hinter Lukas. Bei den späteren Griechen wird Markus allgemein zu den Siebzig gezählt. Doch weisen ihm die Apostelverzeichnisse des Pseudo-Chrysostomos (hom. in XII app. Opp. VIII append. p. 11) und des Michael Psellos (bei Pitra Spicil. Solesm. IV, 496) seinen Platz unter den Zwölfen an.

Die Acten des Markus. Textgestalt.

Die Acten des Markus sind uns in griechischer, lateinischer, arabischer und äthiopischer Sprache erhalten.

Vom griechischen Texte besitzen wir zwei verschiedene Redactionen, die eine mit den Anfangsworten κατ' ἐκεῖνον τὸν καιρὸν τῶν ἀποστόλων διαμερισθέντων unter dem Namen des Symeon Metaphrastes aus cod. Paris. gr. 881 saec. XI bei Migne Patrol. gr. 115, 164 sqq., die andre mit den Anfangsworten ὁ κύριος ἡμῶν Ἰησοῦς Χριστὸς ὁ προαιώνιος aus einem cod. Vatic. 866 in den Actis SS. April. T. III p. XLVI sq. gedruckt [2]).

Der Text κατ' ἐκεῖνον τὸν καιρόν ist oben I, 186 unter denjenigen Stücken aufgeführt, welche dem Metaphrasten, aber nicht von Allatius zugeschrieben werden. Mit Recht hat Henschen (Acta SS. l. c. p. 344) die Abkunft von Symeon bestritten. Wenn er diesen Text aber für eine Rückübersetzung aus dem Lateinischen erklärt, im Unterschiede von dem Texte des vaticanischen Codex, welcher original griechisch sein soll, so kann er beide Texte überhaupt nicht näher verglichen haben. Denn wenn man von dem Eingange des vaticanischen Textes absieht, der im Pariser Texte fehlt, und wahrscheinlich eine jüngere Zuthat ist, so erweisen sich beide von den Worten des Vatic. διαμερισαμένων κατ'

1) οὗτος δὲ εἷς ἐτύγχανεν ἐκ τῶν ἑβδομήκοντα δύο τῶν διασκορπισθέντων ἐπὶ τῷ ῥήματι ᾧ εἶπεν ὁ κύριος· ἐὰν μή τις φάγῃ μου τὴν σάρκα καὶ πίῃ τὸ αἷμα, οὐκ ἔστι μου ἄξιος, ὡς τοῖς τὰ εὐαγγέλια ἀναγνοῦσι σαφῆς ἡ παράστασις. ὅμως διὰ Πέτρου ἐπαναχάμψας εὐαγγελίζεσθαι καταξιοῦται, πνεύματι ἁγίῳ ἐμπεφορτημένος.

2) Ein griechischer Text mit der Ueberschrift μαρτύριον τοῦ ἁγίου Μάρκου τοῦ ἀποστόλου καὶ εὐαγγελιστοῦ findet sich auch in einem codex Leidensis olim Perizonii fol. n. 10 f. 43ʳ—46ᵛ.

ἐκεῖνο καιροῦ τῶν ἀγίων ἀποστόλων an durchweg als zwei nur redactionell verschiedene Gestalten desselben griechischen Textes, welche einander wechselsweise zur Ergänzung und Berichtigung dienen können. Vom lateinischen Texte haben wir ebenfalls mehrere Redactionen. Die verbreitetste, welche zuerst bei Lazius in der Ausgabe des Abdias, dann in den Pariser und Kölner Ausgaben als Anhang der 'historiae apostolorum' und auf Grund eines reichen Apparates in den Actis SS. zum 25. April l. c. p. 347 sqq. gedruckt ist, beginnt mit den Worten *'per idem tempus quo dispersi erant apostoli'* und schliesst mit *'iuxta Hebraeos autem octavodecimo, imperante Gaio regnante Domino nostro Jesu Christo cui est honor etc.'.* Dieselbe findet sich öfters in Handschriften, z. B. in acht Codd. auf der laurentianischen Bibliothek in Florenz [1]). Heuschen zählt l. c. p. 344 sq. zwölf verschiedene von ihm benutzte Codd. auf. Aus welcher Quelle der Druck bei Lazius geflossen ist, kann ich nicht sagen; derselbe ist sehr vorzüglich überliefert, nur hat sich Lazius leider erlaubt, denselben in der bekannten Art der Literatoren des 16. Jahrhunderts im Geschmacke seiner Zeit umzustilisiren. Eine zweite, noch ungedruckte Textredaction beginnt mit den Worten *'Tempore quo dispersi sunt apostoli'.* und schliesst mit den letzten Worten der Personalbeschreibung des Markus *'affectione benignus gratia dei plenus'.* Dieselbe findet sich in drei Codd. von Monte Cassino (codd. Casin. 110. 145. 146 vgl. Bibl. Casin. III, 2 sqq. 287 sqq. 295 sqq.) und anderwärts, z. B. in Mailänder Codd. in der ambrosianischen Bibliothek (Montfaucon Bibl. Bibl. p. 503 E). Eine dritte Redaction lässt die Anfangsworte *'Per idem tempus — disperdidit atque destruxit'* weg und beginnt sofort mit den Worten *'Cum venerabilis Marcus Cyrenem'.* Der Schluss wie in der ersten Redaction *'dormivit autem hic idem beatissimus evangelista primus martyr — amen'.* So in cod. Paris. lat. 11750 f. 113ᵣ. Eine vierte Redaction ist diejenige, welche die noch zu besprechende Erzählung von der Wirksamkeit des Markus in Aquileja voranschickt. Sie beginnt mit den Worten *'Post gloriosam domini nostri Jesu Christi in coelum ascensionem'.* Der Schluss lautet wie in der ersten Redaction. Dieselbe ist

---

1) Bibl. Laur. Plut. XX cod. 1 (Bandini cat. codd. 1, 586). cod. 2 (Bandini 598). Bibl. Aedil. Flor. cod. 135 (Bandini suppl. I, 302). 136 (Bandini l. c. 331), 139 (Bandini 367). Bibl. Mugell. de Nemore cod. 13 (Bandini 569). 14 (Bandini 583). Bibl. Amiatin. cod. 2 (Bandini 627, am Schlusse der alte Prolog *'Marcus itaque evangelista dei et Petri in baptismate filius'*). Derselbe Text auch in cod. Genovef. Paris. H. l. 3 f. 50ᵛ.

gedruckt bei Mombritius II f. 94ᵇ, der Anfang, der von der aquilejenser Mission handelt, auch bei Henschen Acta SS. l. c. p. 346 ¹).

Von diesen Texten wohl zu unterscheiden ist die von S i r l e t veranstaltete Uebersetzung aus dem Griechischen. Dieselbe ist abgedruckt bei L i p o m a n n s und bei S u r i u s zum 25. April, und neben dem griechischen Texte des cod. Paris. 881 bei M i g n e 115, 163 sqq. und beginnt '*Tempore illo cum apostoli per omnem orbem terrarum dispersi essent*'. Die Grundlage bildet die Recension κατ' ἐκεῖνον τὸν καιρόν, doch ist daneben auch die alte lateinische Uebersetzung benutzt, aus welcher z. B. die Personalbeschreibung des Markus ergänzt ist.

Der altlateinische Text wird von H e n s c h e n (l. c. p. 344) irrthümlich für älter und vorzüglicher als der griechische des cod. Vatic. gehalten. In Wahrheit steht derselbe zwischen den beiden griechischen Texten etwa in der Mitte, ist aber weniger gut überliefert, wie namentlich seine theils lückenhaften, theils ungenauen geographischen und chronologischen Angaben zeigen ²).

Eine Uebersetzung respective Paraphrase des griechischen Textes ist die ä t h i o p i s c h e vita im Certamen apostolorum (Malan p. 181—187). Dieselbe ist schwerlich direct aus dem Griechischen, sondern vermuthlich aus einem bisher noch nicht wieder aufgefundenen koptischen oder arabischen Originale geschöpft. Die von Peter Kirsten herausgegebene arabische vita Marci kann indessen dieses Original nicht gewesen sein. Dagegen gibt auch das a r a b i s c h e S y n a x a r der koptischen Kirche zum 30. Bermuda eine Erzählung, welche nach Voranschickung einiger Nachrichten über Herkunft, Bildung und die früheren Reisen des Markus in Begleitung des Paulus, Barnabas und Petrus, wesentlich denselben Bericht von seinem Märtyrertode gibt wie die griechischen Acten, nur in

---

1) Handschriftlich z. B. cod. Genovef. Paris. II. l. 9 und cod. Bibl. Aedil. Flor. 133 (Bandini suppl. I, 277). Henschen nennt zwei andere Codd., aus denen er den Text abgedruckt hat. Eine nicht näher bezeichnete vita Marci findet sich auch in cod. Paris. lat. 12602.

2) Die Unmöglichkeit, an ein lateinisches Original zu denken, wird schon durch Varianten bewiesen, die nur auf griechischem Boden entstanden sein können. So las der Lateiner z. B. statt πηκτῶν σεβασμάτων vielmehr πνικτῶν ἑδεσμάτων ('*suffocata edentes*'). πᾶσα δύναμις ἐνεργοργητική ist durch '*omnisque contraria virtus*' übersetzt. Der Lateiner verstand also das griechische Wort nicht. Statt ἧν γὰρ τὸ γένος ἐκ τῆς αὐτῆς χώρας ὁρμώμενος schreibt er '*erant illic secundum genus eiusdem religionis indigenae*'; statt Φαρίτην Ἀλεξάνδρειαν '*fanum* [ursprünglich wol *Farum*] *Alexandriae*', statt ὡς πρῶτον κειμήλιον ἐν Ἀλεξανδρείᾳ κεκτημένοι '*quod primus vicum et preciosissimum meruit Alexandriae thronum*' u. A. m.

stark verkürzter Gestalt. Ich verdanke der Güte des Herrn Prof. Wüstenfeld die vollständige Mittheilung des betreffenden Stückes.

Inhalt.

Der Inhalt der Acten ist folgender.

Bei der Aposteltheilung erhält Markus die Aufgabe zugewiesen, in Aegypten das Evangelium zu verkündigen, daher ihm die Kanones der heiligen katholischen Kirche den Namen des Evangelisten beilegen [1]. Er predigt als der erste in ganz Aegypten, Libyen und der Marmarika, in der Ammoniaka (der Oase des Jupiter Ammon) und der Pentapolis. Das ganze Land war voll von Unbeschnittenen und Götzendienern, welche aller Orten ihrem unheiligen Cultus huldigten, Zauberkünste trieben und dämonischen Gewalten hingegeben waren.

Markus kommt zuerst nach Kyrene in der Pentapolis — denn er stammte von Geburt aus derselben Gegend [2] — predigt daselbst und verrichtet viele wunderbare Heilungen, sodass viele durch ihn gläubig werden, ihre Götzenbilder zertrümmern, die Götzenhaine zerstören und die Taufe empfangen.

Hier erhält er die Weisung des heil. Geistes, nach Pharos bei Alexandrien [3] sich zu begeben. Die Brüder geleiten ihn zum Schiff und geben ihm, nachdem man noch gemeinsam Brot gegessen hat, ihre Segenswünsche auf den Weg. Am zweiten Tage langt er in Alexandrien an. Er steigt aus und kommt an einen Platz Namens Bennidion [4]. Wie er ins Stadtthor eintritt, zerreisst sein Schuh. Er wendet sich an einen Schuhflicker. Dieser sticht sich beim Nähen in die linke Hand und ruft „Einer ist Gott!" Als Markus dies hört, erwidert er: „Gott hat mir Glück auf den Weg gegeben", spuckt aus, macht mit Speichel einen Teig, legt denselben dem Manne auf die Hand und heilt ihn im Namen Jesu Christi. Der Schuhflicker ladet ihn darauf in sein Haus. Mit einem Segenswunsche tritt Markus ein und erklärt sich auf Befragen für einen Knecht des Herrn Jesus Christus. Als der Mann diesen Herrn zu

---

1) ὅθεν καὶ εὐαγγελιστὴν αὐτὸν ἐθέσπισαν οἱ μακάριοι κάνονες τῆς ἁγίας καθολικῆς ἐκκλησίας. Die Acten leiten diesen Namen also nicht von dem Evangelium ab, welches Markus geschrieben hat.

2) ἦν γὰρ τὸ γένος ἐκ τῆς αὐτῆς χώρας ὁρμώμενος fehlt im Pariser Texte.

3) Beide griechischen Texte haben εἰς τὴν Φαρίτην Ἀλεξάνδρειαν.

4) Der vatican. Text hat Βεννίδιον, der Pariser Μένδιον, der Lateiner lässt den Namen weg. Sirlet gibt 'Mendium'.

sehen verlangt, verspricht Markus ihm denselben zu zeigen und beginnt
ihm die Weissagungen der Propheten auf Christus und das Evangelium
von seiner Gottessohnschaft darzulegen. Jener erwiedert, von dem
Allen habe er noch nie gehört: er habe nur die Ilias und die Odyssee
und die Dinge, in denen ägyptische Knaben unterrichtet zu werden
pflegen, vernommen [1]. Da zeigt ihm Markus, dass dieser Welt Weisheit
Thorheit sei vor Gott. Um dieser Reden willen, sowie wegen der von
Markus vollbrachten Wunder und Zeichen wird Anianos — dies war
der Name des Mannes — gläubig und empfängt samt seinem Hause und
einer grossen Menge Volks die Taufe.

Als die Zahl der Gläubigen wuchs, dringt die Kunde von der Ankunft des Galiläers und von der Bedrohung des Götterdienstes durch ihn
zu den Männern der Stadt; diese stellen ihm nach und suchen ihn zu
tödten. Markus erkennt ihre Rathschläge, ordinirt den Anianos zum
Bischof, den Milios, Sabinos und Kerdon [2]) zu Presbytern, ausserdem
sieben Männer zu Diakonen und andre elf zu Kirchendienern. Darauf
entflieht er nach der Pentapolis. Nachdem er sich hier zwei Jahre aufgehalten, die dortigen Brüder gestärkt und an den verschiedenen Orten
Bischöfe und Kleriker eingesetzt hat, kehrt er nach Alexandrien zurück.
Er findet eine zahlreiche Gemeinde, welche sich an dem Platze Bukolos
an den Meeresklippen eine Kirche erbaut hat, und preist Gott dafür.

Nach langer Zeit, als die Christen zahlreich geworden sind, die
Götzen verlachen und die Hellenen verspotten, erfahren diese, dass
Markus wieder da ist. Die Kunde seiner Wunderwerke erregt ihren
Zorn; sie suchen ihn zu greifen und da sie ihn nicht finden, knirschen
sie mit den Zähnen und schelten bei ihren Götzenfesten auf den
„Magier".

Da traf sichs, dass der Ostersonntag auf den 24. April (29. Pharmuthi)
fiel, denselben Tag, an welchem die Heiden ihr Sarapisfest feierten [3]).

---

1) Im vatican. Texte ist hier ein ganzer Satz per homoioteleuton ausgefallen.

2) Statt Μίλιον hat der vatican. Text Μιλίοον, der Pariser Μιλατον, der
lateinische 'Melium'. Sirlet übersetzt irrig 'Malchum'. Gemeint ist der
zweite Bischof von Alexandrien nach Markus, der bei den Kopten Milius oder
Melius, bei Eusebios Ἀβίλιος heisst. Κέρδων ist der dritte Bischof von Alexandrien: statt Σαβῖνον wie alle drei Texte bieten, ist wohl Πρῖμον herzustellen, der Name des vierten Bischofs.

3) Der vollständige Text ist aus beiden griechischen Redactionen herzustellen: ἐγένετο δὲ τῆς μακαρίας ἑορτῆς [Vat.; τὴν μακαρίαν ἑορτὴν Paris.]
κατιλαβεῖν τὴν ἁγίαν κυριακὴν Φαρμουθὶ κς' [l. κθ'; der Lateiner schreibt

Viele von ihnen hatten aber dem Götzendienste den Abschied gegeben
und der rechten Lehre sich angeschlossen. Da ergriffen die Heiden
die Gelegenheit und sandten Boten aus, um ihm nachzustellen. Diese
trafen den Markus, wie er grade die Gebete des heiligen Opfers dar-
brachte, warfen ihm einen Strick um den Hals und schleiften ihn mit
dem Geschrei: „Lasst uns den Ochsen im Stalle schleppen"[1]). Der Heilige
aber dankte dem Herrn, dass er gewürdigt worden sei, für seinen
Namen zu leiden. Da sie ihn schleiften, fiel sein Fleisch in Fetzen zur
Erde und sein Blut röthete die Steine. Am Abend aber warfen sie ihn
in den Kerker und sannen nach, auf welche Weise sie ihn tödten sollten.
Um Mitternacht, da die Thüren geschlossen waren und die Wächter
draussen schliefen, entstand ein gewaltiges Erdbeben. Denn ein Engel
des Herrn kam vom Himmel herab, rührte ihn an und sprach: Markus,
Knecht Gottes, siehe dein Name ist eingeschrieben im Buche des ewigen
Lebens und dein Gedächtnis wird nicht verlöschen in Ewigkeit. Engel
werden deine Seele behüten und dein Leib wird nicht in der Erde ver-
wesen[2]). Als Markus dieses Gesicht schaute, streckte er seine Hände
gen Himmel, dankte dem Herrn, dass er ihn der Schaar seiner Heiligen
beigezählt und bat ihn, in Frieden seine Seele in Empfang zu nehmen.
Als er geendet, erscheint ihm der Herr in der Gestalt, in welcher er mit
seinen Jüngern vor seiner Passion verkehrt hatte und spricht zu ihm
„Friede sei mit dir, unser Markus, Evangelist!" Markus aber preist
den Herrn.

Am folgenden Morgen kommt die Menge wieder, zieht ihn aus dem
Kerker heraus, wirft ihm abermals einen Strick um den Hals und schleift
ihn mit demselben Rufe wie gestern durch die Strassen. Markus dankt
dem Herrn, ruft „Herr in deine Hände befehle ich meinen Geist" und
verscheidet. Die Heiden aber zünden an dem Platze Angeloi[3]) ein

ebenfalls irrig 'vicesimo die mentis Pharmuthi'] πρὸ ἑκτὼ καλανδῶν Μαΐων,
τοῦτ' ἔστι 'Απριλλίου κδ', ἐν ᾗ [οἷς Paris.] ἦν καὶ αὐτῶν Σαραπιακή κωμασία.
Cod. Vatic. lässt alles von Φαρμουθί bis 'Απριλλίου κδ' weg. Im Folgenden ist
in cod. Paris. eine Lücke. Das arabische Synaxarium hat richtig den 29. Bermuda.

1) εὕρωμεν τὸν βούβαλον ἐν τοῖς Βουκόλου. Βούβαλος ist eigentlich Büffel,
βούκολος der Rinderhirt, τὰ βουκόλου der Stall. Der Pariser Text hat irrig
εἰς τὰ βουκόλου, was auch der Lateiner ('trahamus bubalum ad loca bucoli')
das arabische Synaxarium und der Aethiopier vorauszusetzen scheinen. Das
Richtige bemerkt Henschen a. a. O. p. XLVII not c.

2) καὶ τὰ λείψανά σου εἰς γῆν οὐκ ἀπολοῦνται, Anspielung auf den
Feuertod des Evangelisten.

3) εἰς τοὺς καλουμένους 'Αγγέλους in beiden griech. Texten. Der Lateiner schreibt 'in ioco qui vocatur ad angelos'.

Feuer an und verbrennen den Leichnam des Heiligen[1]). Plötzlich erhebt sich ein Sturm, die Sonne verfinstert sich, Donner rollen und gewaltige Regengüsse stürzen bis zum Abend herab, sodass viele Häuser zusammenbrechen und viele Menschen umkommen. Erschreckt verlassen die Heiden die Reliquien und entfliehen, Andere aber rufen spottend: „Sarapis hat heute an seinem Geburtstage den Menschen besucht". Da kommen gottesfürchtige Männer, sammeln die Reliquien und bringen sie zu der Stätte, wo sie ihre Gebete darbrachten. Es war aber der heilige Markus von folgender Gestalt: mit gestreckter Nase, zusammengewachsenen Augenbrauen, schönen Augen, kahlen Vorderhauptes, weizenfarbig, mit dichtem Bart, gewandt, von edler Haltung, in mittlerem Alter, das Haar theilweise ergraut, von enthaltsamer Lebensführung, voll göttlicher Anmuth[2]).

Nachdem sie ihre Gebete vollendet, bestatteten sie den Leichnam wie es herkömmlich war in der Stadt, und legten ihn in ein aus Stein gehauenes Grab. Hier feierten sie sein Gedächtnis als des ersten Schatzes, den Alexandrien besass und setzten ihn auf der Ostseite bei[3]).

Der Todestag des seligen Evangelisten Markus, des ersten Märtyrers in Alexandrien war nach ägyptischem Kalender der 30. Pharmuthi, nach römischem VIII kal. Mai. oder der 25. April, nach hebräischem der 17. Nisan, unter der Herrschaft des Gajus Tiberius Cäsar[4]).

---

1) πῦρ ἀνάψαντες . . . . . ἔκαυσαν τοῦ δικαίου τὸ λείψανον Vat. . . . . . ἐτέφρωσαν τὸ λείψανον τοῦ δικαίου Paris. Der Lateiner ändert: 'voluerunt reliquias sancti comburere'.

2) ἦν δὲ τῇ ἰδέᾳ ὁ μακάριος Μάρκος μακρόρυγχος. συνοφρύς, εὐόμματος, ἀναφάλαντος, πτόχροος, δασυπώγων, ὀξύς, εὐακτικός, μεσήλιξ, πολιός, τὴν σχέσιν ἀσκητικός, πεπληρωμένος χάριτος θεοῦ). Die Beschreibung erinnert an die ähnlichen Schilderungen Christi und des Paulus. Im Pariser Text fehlt die Personalbeschreibung; im vaticanischen und beim Lateiner ist sie an unpassender Stelle eingefügt.

3) καὶ εἰς τὸ ἀνατολικὸν μέρος ἀπέθεντο Par. Vat. 'positus est in parte orientali' Lat. Die Worte stehn wieder an unpassender Stelle.

4) μηνὶ κατ' Αἰγυπτίους Φαρμουθὶ λ', κατὰ δὲ 'Ρωμαίους πρὸς τὰ [l. πρὸ ἑπτὰ] καλανδῶν Μαΐων, [τοῦτ' ἐστι] μηνὶ Ἀπριλλίῳ κα', κατὰ δὲ Ἐβραίους Νισαρρίου [sic in Paris.] ἑπτακαιδεκάτῃ. Der Text ist wieder aus beiden Codd. herzustellen. Das τοῦτ' ἐστι ist in Analogie mit der vorhergehenden chronologischen Angabe ergänzt. Der Lateiner, der die Data ebenfalls unvollständig bietet, liest für den hebräischen Monatstag fälschlich 'die octavo decimo'. — Statt der Regierungszeit des Gajus, welche auch der lateinische Text des Lazius nennt gibt der Text bei 'enschen 'anno Neronis imperii quarto decimo'.

Fälschlich verlegt der Aethiopier das Sarapisfest auf den 17. statt
auf den 29. Miyazia (= Pharmuthi), während er ·als Todestag richtig
den 30. Miyazia bezeichnet. Dass als damals regierender Kaiser Tiberius genannt wird, ist ein Irrthum, welcher sich leicht aus dem Γαίου
Τιβερίου Καίσαρος der Acten erklärt. Der Name der Stätte, wo Markus
ergriffen wird, ἐν τοῖς Βουκόλου¹), wird mit 'Atsada-caham (Ochsenzaun)
übersetzt, die Todesstätte aber heisst Apoclyon statt Ἄγγελον. Verdorbt sind auch die Namen der Länder, in denen der Evangelist gewirkt haben soll: ausser Aegypten werden aufgeführt Zalonia und
Markia, Tamureke und Barke. Markia ist aus Marmarika verdorbt;
Barke ist die Stadt Barka in der Pentapolis unweit Kyrene, welche
auch das arabische Synaxarium, sowie Eutychios in der noch anzuführenden Stelle als Wirkungsstätte des Markus erwähnen; mit Zalonia
und Tamureke weiss ich nichts anzufangen. Die Personalbeschreibung
fehlt ebenso wie im vaticanischen Texte.

Aeussere Zeugnisse.

Auf die Legende der Acten gehen auch die Angaben des Dorotheostextes A, des Pseud-Epiphanios (cod. Paris. 1115) und
des vor dem Oikumenios abgedruckten Textes der Apostelverzeichnisse
zurück²), desgleichen das Menologium des Basilios und die

---

1) Das arabische Synaxarium hat richtig Dâr el-bacar, Rinderstall.
2) Dorotheos A (cod. Vindob.): Μάρκος ὁ εὐαγγελιστὴς καὶ πρῶτος
'Αλεξανδρείας ἐπίσκοπος 'Αλεξανδρεῦσι καὶ πάσῃ τῇ περιχώρῳ αὐτῆς ἐκήρυξε
τὸ εὐαγγέλιον τοῦ κυρίου ἀπὸ Αἰγύπτου καὶ μέχρι Πενταπόλεως. Ἐπὶ δὲ τῆς
βασιλείας Τραΐανοῦ ἐν 'Αλεξανδρείᾳ κάλων λαβὼν κατὰ τοῦ τραχήλου καὶ
συρεὶς ἀπὸ τῶν καλουμένων Βουκόλου τόπων ἕως τῶν καλουμένων 'Αγγέλων,
ἐκεῖ ἐκάη πυρὶ ὑπὸ τῶν εἰδωλομανῶν μηνὶ Φαρμουθὶ λ' καὶ ἐκεῖ ἐτάφη ἐν
τοῖς Βουκόλου.
Pseudepiphanios (cod. Paris. 1115): Μάρκος ὁ εὐαγγελιστὴς ἦν μὲν
Κυρηναῖος τῆς Λιβύης, ἐκήρυξε δὲ τὸ εὐαγγέλιον ἐν 'Αλεξανδρεῦσι καὶ πάσῃ
τῇ περιχώρῳ αὐτῶν ἕως Πενταπόλεως καὶ ἐν πάσῃ Αἰγύπτῳ, ἐκλοθὲν ὑπὸ Πέτρου τοῦ ἀποστόλου, μετέδωκε τὸ τῆς εὐσεβείας μυστήριον. ἐν δὲ τῇ μεγαλο-
πόλει 'Αλεξανδρείᾳ συρθεὶς ἐν σχοινίοις ἐτελεύτησε καὶ τεφρωθεὶς ὑπὸ τῶν
εἰδωλομανῶν 'Ελλήνων ἐν τοῖς Βουκόλου τόποις κατετέθη καὶ ἔστιν ἕως
σήμερον. ἐστὶ δὲ ἡμέρα τῆς κοιμήσεως αὐτοῦ Φαρμουθὶ κς' ὅ ἐστι 'Απρίλλιος.
Anonymus ante opp. Oecumen.: Μάρκος ὁ εὐαγγελιστὴς 'Αλεξανδρεῦσι καὶ πάσῃ τῇ περιχώρῳ αὐτῆς ἕως τῆς Πενταπόλεως ἐκήρυξε τὸ εὐαγγέλιον τοῦ κυρίου. θάπτεται ἐν 'Αλεξανδρείᾳ ἐν τοῖς Βουκόλοιο μετὰ Ἰκταρος
τοῦ ἐν τῇ Λόκῳ πρωτομάρτυρος· ὃν 'Αλέξανδρος κατήνεγκε, καὶ ἔθηκεν ἔνθα
πάντες οἱ ἐπίσκοπου κεῖνται.

grossen griechischen Menäen zum 25. April. Bemerkung verdient, dass die Texte des Dorotheos und des falschen Epiphanios unabhängig von einander aus den Acten geflossen sind, während ihre sonstigen Angaben über die Missionsprovinzen und Schicksale der Apostel durchweg auf einen und denselben Grundtext des Apostelverzeichnisses zurückgehn. Das Τραϊανοῦ in Dorotheos A ist wol aus Γαΐου verderbt; das falsche Datum bei Pseudepiphanios Φαρμουθί κ϶΄ statt λ' erklärt sich wol nicht wie im Pariser Texte durch blossen Schreibfehler aus κϑ' (dort ist der Tag vor dem Tode gemeint), sondern aus ungenauer Umrechnung des ägyptischen Monatstags in den römischen.

Der Text der Menäen ist ein vollständiger Auszug aus den Acten. Voran gehn die Verse

σύροντες εἰς γῆν Μάρκον οἱ μιαιφόνοι
πρὸς οὐνοὺς [l. οὐρανοὺς] πέμποντες αὐτὸν ἡγνόουν.
εἰκάδι πέμπτη Μάρκον ἐνὶ χϑονὶ ἄφρονες εἷλκον.

Der πανεύφημος ἀπόστολος Μάρκος predigt πάσῃ τῇ Αἰγύπτῳ καὶ Λιβύῃ καὶ Βαρβαρικῇ [l. Μαρμαρικῇ] καὶ Πενταπόλει zu den Zeiten des Kaisers Tiberius [vielmehr des Gajus Tiberius Caesar]. Er verfasst das Evangelium Πέτρου τοῦ ἀποστόλου ἐξηγουμένου αὐτῷ (eine Notiz, die nicht aus den Acten stammt). In Kyrene in der Pentapolis vollbringt er viele Wunder, kommt dann εἰς τὴν κατὰ Φάρον Ἀλεξάνδρειαν, dann wieder nach der Pentapolis, überall Wunder thuend und das Kirchenwesen ordnend. Später kehrt er nach Alexandrien zurück und predigt den Brüdern παρὰ ϑάλασσαν ἐν τοῖς Βουκόλου. Da banden ihn die Götzendiener mit Stricken, schleiften ihn über die Felsen, sodass das Blut herabfloss und das Fleisch in Fetzen herunterfiel. Als er im Gefängnisse sass, erschien ihm der Herr und verkündigte ihm seinen bevorstehenden Märtyrertod. Am folgenden Tage wiederholten sich dieselben Martern; während man ihn auf der Strasse und über die Felsen schleifte, gab er seinen Geist auf. Hierauf folgt die Personalbeschreibung: dieselbe bietet eine Paraphrase der Angaben der Acten. Zum Schlusse steht die Notiz, dass die σύναξις des Markus gefeiert werde ἐν τῷ πανσέπτῳ αὐτοῦ ἀποστολείῳ τῷ ὄντι πλησίον τοῦ ταύρου.

Kürzer ist das Menologium des Basilios (III, 70 Albani; 117, 421 Migne). Das Missionsgebiet wird wie in den Menäen angegeben, nur fehlt die Marmarika. Als Bischof von Alexandrien ordnet er das Kirchenwesen in der ganzen Eparchie Aegypten. Einst als er

am Meere predigt, wird er von den Götzendienern mit Stricken gebunden und geschleift u. s. w. (Es folgt dieselbe Erzählung von seinem
Martyrium wie oben).

Eine kurze Notiz über das Martyrium nach den Acten findet sich
auch in der σύναξις zum 30. Juni (codd. Paris. 1587. 1588, gedruckt im Menaeum Junii p. ρκε') [1]).

Nicht mit völliger Sicherheit lässt sich die Benutzung der Acten
bei einigen anderen Schriftstellern erweisen.

Der älteste von allen würde der Verfasser des Martyriums des
Bischofs Petrus von Alexandrien (enthauptet am 25. November
312) sein, wenn sich sicherstellen liesse, dass er wirklich die Acten vor
sich gehabt hat. Das Martyrium ist in einem kürzeren und einem
ausführlicheren Texte erhalten. Der kürzere ist in einer lateinischen
Uebersetzung, angeblich von Anastasius Bibliothecarius, gedruckt bei
Surius zum 25. November (p. 526 sqq.); der längere, dessen Uebersetzung ebenfalls von Anastasius Bibliothecarius herrühren soll, ist noch
nicht vollständig gedruckt. Ausführliche Auszüge daraus gibt Baronius
annales ad ann. 310 n. 2 sqq.; der Schluss, welcher das eigentliche
Martyrium enthält, ist gedruckt in den Actis SS. April. T. III p. 349.
Der kürzere Text ist eine Tendenzschrift, welche erst längere Zeit nach
dem Tode des Petrus geschrieben sein kann. Ihr Hauptinteresse ist, zu
erzählen, dass Arius schon von Petrus excommunicirt worden sei, weil
er die heilige Dreieinigkeit spaltete, und vergeblich die Presbyter Achilles
und Alexander, die nachmaligen Bischöfe oder Patriarchen von Alexandrien, vermocht habe, bei Petrus Fürbitte für ihn einzulegen. Dieser
aber weigerte sich, auf Grund einer Vision, in welcher er sieht, dass
Christi Rock durch Arius zerrissen worden ist. Von den Händeln des
Petrus mit Meletios und der Betheiligung des Arius an denselben weiss
der Legendenschreiber ebensowenig etwas Zuverlässiges, als von der
Flucht des Petrus in der Verfolgung. Von Meletios heisst es, er habe
Bischöfe und Presbyter eingesperrt und zur Sünde gezwungen, und zuletzt den Kaiser Maximinus aufgehetzt, den Petrus zu tödten. Letzterer
warnt daher seine Nachfolger vor der „Lehre des Arius und Meletios".
An diese Reden und Gespräche, welche offenbar den Hauptzweck des

---

1) Μάρκος ὁ εὐαγγελιστής ὁ χρηματίσας υἱὸς τοῦ κορυφαίου τῶν ἀποστόλων Πέτρου καὶ ὑπ' αὐτοῦ τὸ εὐαγγέλιον συγγραψάμενος, Ἀλεξάνδρεια καὶ τῇ
ταύτης περιχώρῳ ἕως Πενταπόλεως ἐκήρυξε τὸ εὐαγγέλιον ἐν τῇ Ἀλεξανδρείᾳ
τῇ πρὸς [δὲ κατ' Men. impressa] Αἴγυπτον συρεὶς καὶ τετρωθεὶς ἐμαρτύρησε
καὶ ἐτάφη ἐν αὐτῇ.

Ganzen bilden, reiht sich eine ganz kurze Notiz von dem Martyrium des Petrus, welches mit seinem eigenen Willen und Zuthun im Gefängnisse erfolgt. Als Datum wird der 1. September genannt.

Der ausführlichere Text, den Baronius für authentisch hält, ist nach den vorliegenden Proben und Excerpten zu schliessen, nicht zuverlässiger, mag er nun, worüber ich zur Zeit nicht urtheilen kann, eine Erweiterung des kürzeren, oder mag umgekehrt letzterer ein Excerpt aus ersterem sein. Der Schluss berichtet, dass der Bischof aus seinem Kerker, zu welchem er den Häschern den Zugang freiwillig geöffnet hat, in die Markuskirche *ud locum Bucoli i. e. Bovis* gebracht wird, an dieselbe Stelle, wo lange vor ihm Markus das Martyrium erlitten hat. Am Grabe des Apostels hält er noch eine lange Anrede an Markus als an einen Gegenwärtigen; nach Vollendung derselben wird er an der Ostseite der Kirche, wo die Grabdenkmäler (der Bischöfe) lagen, enthauptet, am 25. November. Dieselbe Legende begegnet uns in kürzerer Gestalt auch in dem a r a b i s c h e n S y n a x a r i u m der koptischen Kirche zum 29. Hatur (25. November). Auch hier wird erzählt, dass Petrus den Arius wegen seiner Ketzerei (nicht wegen Schisma's) excommunicirt und in Folge der Vision von dem zerrissenen Rocke Christi die ihm angesonnene Wiederaufnahme verweigert habe. Die Geschichte des Martyriums wird übereinstimmend mit dem ausführlichen Texte bei Baronius und in den Actis SS. erzählt.

Eine Benutzung der Acten ist unerweislich. Das Martyrium setzt lediglich voraus, dass damals, als Petrus als der letzte Märtyrer Alexandrieus starb, das Grab des Markus bereits an derselben Stelle gezeigt wurde, wohin es die Acten verlegen, und dass damals bereits über dem Grabe eine Kirche sich wölbte.

Mit etwas grösserer Wahrscheinlichkeit lässt sich behaupten, dass die v i t a B a r n a b a e d e s M ö n c h e s A l e x a n d e r (Acta SS. Jun. T. II p. 445) auf die Darstellung der Acten zurückgeht.

Derselbe berichtet, Barnabas habe vor seinem Märtyrertode dem Markus aufgetragen, nach Bestattung seines Leichnams zu Paulus zu reisen und bei demselben zu bleiben, bis der Herr über ihn entschieden haben werde: denn sein Name werde gross werden in der ganzen Welt. Markus folgt dem Befehl, kommt zu Paulus nach Ephesos und meldet ihm das Ende des Barnabas. Darnach begleitet er den Petrus nach Rom und schreibt dort sein Evangelium. Petrus ordinirt ihn alsdann zum Bischofe und schickt ihn nach Alexandrien, Libyen und der Pentapolis. Nach neunjähriger Predigt erleidet er in Alexandrien den Märtyrertod. Die Umstände desselben sind nicht näher berichtet; die

22*

gleitet als des Apostels geistlicher Sohn denselben auf allen seinen Reisen. Auf seine Weisung reist er dann nach Alexandrien in Aegypten, gründet die dortige Kirche und verfasst die nach ihm benannte Liturgie. Zuletzt wird sein Martyrium nach dem Berichte der Acten erzählt. Die Heiden ergreifen ihn, als er in seinem Hause „das Werk des Herrn" vollbringt, werfen ihn zu Boden, binden ihm einen Strick um den Hals, schleifen ihn durch die Strassen, schlagen ihn mit Knütteln und Steinen bis er todt ist und verbrennen zuletzt seinen Leichnam.

Auch Nikephoros Kallistos kennt in der Kirchengeschichte (II, 43) die Legende der Acten. Unter dem Kaiser Tiberius predigt Markus τῇ Αἰγύπτῳ καὶ Λιβύῃ ἔτι δὲ καὶ τῇ Βαρβαρικῇ πάσῃ, verfasst auf Antrieb des Petrus das Evangelium und entfaltet ἐν Κυρήνῃ τε καὶ Πεντάπόλει eine mächtige Wirksamkeit. Nachdem er Kirchen gegründet, Bischöfe und Priester eingesetzt hat u. s. w., kehrt er nach Alexandrien zurück, wo er ἐν τοῖς Βουκέλου seinen Aufenthalt nimmt. Hierauf folgt die Geschichte seines Märtyrertodes genau nach den Acten.

Im Abendlande begegnet uns die Kenntnis der Acten zuerst vielleicht schon bei Paulinus von Nola im 5. Jahrhundert, welcher carm. 26 (carm. 11 in Felicem) nicht blos den Tod des Markus in Alexandrien erwähnt, sondern, wie es scheint, auch auf die Stätte seiner Gefangennahme anspielt[1]); darnach erst wieder erheblich später in jüngeren Martyrologien und Kalendarien seit dem 8. oder 9. Jahrh. So im Martyrol. Rom. parvum, in den kleineren lateinischen Martyrologien von Reichenau, Augsburg (St. Ulrich), Altemps, Reginae-Sueciae, dem Kalendarium Lyrense bei Martène, welche alle als Gedächtnistag des Evangelisten den aus den Acten bekannten 25. April angeben. Genauere Kunde verräth das Martyrologium Bodae. Zu VII kal. Mai. hat dasselbe die Notiz: 'Natale S. Marci evangelistae in Alexandria. qui constitutis et confirmatis ecclesiis per Libyam, Marmaricam, Ammoniacam, Pentapolim, Alexandriam atque Aegyptum universum ad ultimum tentus est a paganis, qui remanserant Alexandriae'. Darauf folgt ein vollständiges Excerpt aus der Darstellung des Martyriums aus den Acten. Als Todesstätte werden ungenau die loca Buculi, als Todesjahr das 8. Jahr Nero's (mit Hieronymus) genannt. Von der Bestattung heisst es 'a viris religiosis Alexandriae sepultus in loco lapidis excisi'. Ein ähnliches Excerpt gibt das martyr. Reg.-Suec. zum

---

1) Gallandi VIII, 212:
'*Marcus Alexandria tibi datus, ut bove pulso*
Cum Jove nec pecudes Aegyptus in Apide demens
In Jove nec civem coleret male Creta sepultum'.

25. April (bei Sollier Acta SS. Jun. T. VII p. 41). Das Martyrologium
Rabani und Ado de festivitatibus Sanctorum apostolorum (ed. Rosweyde
Antwerpen 1613 p. 35) folgen dem Beda; die Martyrologien des
Usuard, Ado, Notker u. A. geben kürzere aus Beda geschöpfte Notizen.
Das Grab des Evangelisten in der nach seinem Namen benannten
alexandrinischen Hauptkirche wird zuerst im 7. Jahrh. unabhängig von
der Kenntnis der Acten erwähnt. Der gallische Bischof Arculf,
welcher im Jahre 670 auf der Rückreise vom heiligen Lande nach
Britannien kam und dem Abte Adamnanus von Hije in Irland seine
Schrift über das heilige Land dictirte, gibt eine Beschreibung des
Grabmals von Marmorquadern an der Ostseite der alexandrinischen
Markuskirche [1]). Dagegen geht wieder die Notiz in dem laterculus über
die Grabstätten der Apostel (cod. Paris. 9562) '*Marcus Alexandriae
in Buolis*' zwar nicht unmittelbar, aber durch Vermittelung eines Textes
wie des Martyrologium des Beda auf die Acten zurück.

Von orientalischen Schriftstellern, welche Bekanntschaft mit
den Acten zeigen, ist zunächst das arabische Synaxarium der
koptischen Kirche zu nennen. Dasselbe berichtet zum 30. Bermuda
„An diesem Tage erlitt den Märtyrertod der heil. Markus, der Evangelist und Apostel, der erste Patriarch von Alexandrien" [2]). Darnach lesen
wir Folgendes: „Der Name seines Vaters war Aristobulos aus dem
Districte von Pentapolis und seine Mutter Namens Maria ist diejenige,
welche in der Apostelgeschichte erwähnt wird; der Name dieses Apostels war zuerst Johannes, wie die Schrift sagt, dass die Apostel in dem
Hause der Maria, der Mutter des Johannes genannt Markus, zu beten
pflegten. Diese Frau war sehr begabt und unterrichtete ihren Sohn Markus im Griechischen, Fränkischen [!] und Hebräischen, und nachdem er
erwachsen war, nahm ihn Barnabas mit sich zur Verkündigung des
Evangeliums. Als er in Begleitung des Paulus umherzog und sah, wie

---

1) Adamnani Scotohiberni de Situ terrae sanctae ed. Gretser Ingolstadt
1619, auch in Gretseri Opp. T. IV Ratisbonae 1734 und wieder abgedruckt bei
Mabillon acta Sanctorum ordinis S. Benedicti Saec. 3 Pars 2 p. 499 sqq. Vgl.
auch Tobler, Bibl. geogr. Palaestinae (Lpz. 1867) p. 8 sq. Die betreffende
Stelle findet sich bei Mabillon p. 502. Darnach hat Beda de locis sanctis c. 19
(Opp. ed. Colon. 1688 T. III) die Schrift Arculfs excerpirt. Die betreffenden Worte
lauten hier p. 370: '*A parte Aegypti urbem intrantibus ad dexteram occurrit
ecclesia, in qua beatus evangelista Marcus requiescit: cuius corpus in orientali parte eiusdem ecclesiae ante altare humatum est, memoria superposita, de
quadrato marmore facta*'.
2) Ich gebe das folgende in der mir von Herrn Prof. Wüstenfeld
gütigst zur Verfügung gestellten Uebersetzung aus dem Arabischen.

sie Schläge und Verachtung zu erdulden hatten, verliess er sie in Pamphylien und kehrte nach Jerusalem zurück. Als nun die Apostel wieder nach Jerusalem kamen und erzählten von der Bekehrung der Heiden und welche Wunder Gott durch sie verrichtet habe, bereute er, was er unbesonnen gethan hatte und bat, mit ihnen wieder gehn zu dürfen; aber Paulus wollte ihn nicht mitnehmen, weil er sie verlassen hatte. Da nahm ihn Barnabas mit sich, weil er sein Verwandter war und nachdem Barnabas zur seligen Ruhe eingegangen war, begab er sich zu Petrus nach Rom. Dann ging er auf Geheiss des Messias und der Apostel nach Alexandrien und verkündete das Evangelium dort und in den Städten von Afrika, in Barka und Pentapolis". Hieran reiht sich — nach den Acten — die Geschichte von dem zerrissenen Schuh, der Bekehrung des Anianos, seiner Einsetzung zum Bischofe und der Abreise des Apostels nach „Barka und der Pentapolis". Den Schluss macht — ebenfalls nach den Acten — die Erzählung von dem Märtyrertode des Markus in Alexandrien.

Eigenthümlich ist dem Synaxar nur die Erzählung von der Jugendgeschichte des Markus, von seinem Vater Aristobul und seiner Unterweisung in den Sprachen durch seine gelehrte Mutter Maria. Die Angabe, dass er aus der Pentapolis gebürtig war, stammt aus den Acten.

In dem Artikel über Anianos zum 20. Hatur (= 16. November) wiederholt das Synaxarium die aus den Acten bekannte Erzählung von dem zerrissenen Schuh des Markus, von der Bekehrung des Anianos durch den Evangelisten und von seiner Einsetzung zum Patriarchen von Alexandrien (Wüstenfeld S. 129 flg.).

Von Späteren ist zu erwähnen Eutychios in seinen arabisch geschriebenen Annalen (p. 328 sq. 335 sq. ed. Oxon., wörtlich herübergenommen in die ecclesiae suae origines ed. Selden. London 1642 p. XXVII sqq. XXXVIII). Im neunten Jahre des Claudius Cäsar — so lesen wir hier — verweilt der Evangelist Markus in Alexandrien, um den christlichen Glauben zu verbreiten. Als er einst durch die Stadt geht, zerreisst ihm der Schuhriemen. Er geht zum Schuster Hananias, der sich beim Flicken in den Finger sticht und viel Blut vergiesst. Markus heilt den verwundeten Finger, bekehrt den Hananias und weiht ihn zum ersten Patriarchen von Alexandrien. Ebenso setzt er 12 Presbyter ein und bestimmt, dass bei einer Vacanz des Patriarchates immer einer aus ihrer Mitte zum Nachfolger gewählt werden sollte. Nachdem er den Hananias zum Patriarchen eingesetzt hat, begibt er sich nach Barka und predigt daselbst sieben Jahre lang. Im ersten Jahre Nero's stirbt er in Alexandrien den Märtyrertod und sein Leib wird mit Feuer verbrannt [1]). Ausser den Annalen des Eutychios ist noch die arabische vita des Markus zu erwähnen, welche als Prolog zu dem arabischen Texte des Evangeliums handschriftlich erhalten ist (Peter Kirsten, Vitae evangelistarum quatuor nunc primum ex antiquissimo codice M. S. Arabico Caesario erutae. Breslau 1608 p. 32—38). Johannes Markus wird hier als Apostel und einer der 70 bezeichnet, als Sohn der Maria (Merium) und Vetter des Barnabas, mit welchem er aus derselben Stadt Qabursha stammt. Schüler des Petrus, kommt er im vierten Jahre des Claudius nach Rom, wo er das Evangelium schreibt. Im siebenten Jahre des Claudius wird er von Petrus zum Patriarchen von Alexandrien, Aegypten und der Pentapolis gemacht, kommt zuerst nach Alexandrien, geht dann in die Pentapolis und kehrt darauf wieder nach Alexandrien zurück. Nachdem er noch seinen Nachfolger im Patriarchate geweiht hat, wird er im 14. Jahre des Claudius Märtyrer. Die Todesart wird nach den Acten erzählt: man wirft ihm einen Strick um, schleift ihn durch die Stadt und über die Strasse bis sein Fleisch zerfetzt wird; am folgenden Tage stirbt er, der Leichnam aber wird verbrannt. — Ebenfalls auf die Acten zurück geht die Lebensbeschreibung des Markus in der Patriarchengeschichte von Alexandrien, welche der gelehrte Maronit Abraham Ecchellensis im 'Chronicon orientale' herausgegeben hat [2]).

Abfassungszeit.

Die Abfassungszeit der Acten des Markus ist eine verhältnismässig frühe. Allerdings weiss Eusebios von ihnen noch nichts, und ebenso wenig Hieronymus, der hier nur den Eusebios ausschreibt. Doch ist den Lateinern, wenn anders Paulinus von Nola sie kennt, die

—

1) Unvereinbar mit dieser Chronologie ist die anderweite Notiz, Markus sei unter Nero in Rom gewesen und habe dort das von Petrus ihm dictirte Evangelium niedergeschrieben. Aber auch die sieben Jahre, welche Markus in Aegypten gewirkt haben soll, führen, vom neunten Jahre des Claudius an gerechnet, statt ins erste vielmehr ins dritte Jahr Nero's.

2) Da mir der Text des Ecchellensis nicht zugänglich ist, citire ich nach den Mittheilungen Henschens in den Acta SS. (April T. III p. 345). Das alexandrinische Patriarchat, welches Markus antritt, nachdem er in Rom Augenzeuge des Märtyrertodes des Petrus und Paulus gewesen, wird auf sieben Jahre berechnet wie in der arabischen vita. Die Geschichte vom Schuster wird nach den Acten erzählt, ebenso das Martyrium. Letzteres soll unter Galba (= Neronis XIV) am 30. Bermuda (Pharmuthi) erfolgt sein.

Kunde von ihnen schon seit dem 5. Jahrh. zugekommen. Die alte lateinische Uebersetzung war schon dem Beda bekannt. Auch die griechischen Zeugen für das Vorhandensein der Acten gehen sicher bis in die erste Hälfte des 5., vielleicht bis ins 4. Jahrhundert zurück. Die Abfassungszeit der Rede des Prokopios lässt sich nur im Allgemeinen auf die Zeit zwischen dem Ende des 4. und der Mitte des 7. Jahrhunderts bestimmen. Den terminus a quo geben die ausgebildeten trinitarischen Formeln, in welchen die Predigt des Markus zusammengefasst wird, d. h. also die Zeit nach dem Concil von Constantinopel (381); den terminus ad quem die saracenische Eroberung Aegyptens (638); denn aus dem Schlusse der Rede geht deutlich hervor, dass Alexandrien damals noch nicht in der Gewalt der Mohammedaner war. Das Chron. Paschale ist 670, die Schrift des Mönchs Alexander um die Mitte des 6. Jahrh. geschrieben (s. o. S. 304). Mindestens ein Jahrhundert höher hinauf führt uns der Dorotheostext A. Unabhängig von diesem schöpft, wie wir sahen, auch der andre unter dem Namen des Epiphanios umlaufende Text des Apostelverzeichnisses aus den Acten, während der jüngere Dorotheostext B die in demselben berichtete Legende ebensowenig wie der Hippolytostext berührt.

Hiernach ist es sehr wahrscheinlich, dass die Acten bereits einige Zeit vor Abfassung der betreffenden Apostelverzeichnisse, also wol schon am Ende des 4. oder am Anfang des 5. Jahrhunderts existirt haben. Noch etwas höher hinaufgeführt würden wir, wenn das Martyrium des Petrus von Alexandrien bereits unsere Acten benutzt hätte. Indessen ist dies nach dem Obigen unerweislich. Sonach bleibt für die Abfassungszeit der Acten etwa die Zeit von Mitte des 4. bis Anfang des 5. Jahrhunderts offen. Innere Gründe, welche eine engere Umgränzung forderten, fehlen. Nur soviel ist ersichtlich, dass die Schrift einer Zeit angehört, in welcher die heidnische Sarapisfeier in Alexandrien entweder noch fortdauerte, oder doch noch in lebendiger Erinnerung stand.

Zuversichtlicher lässt sich der Ort der Abfassung bestimmen. Die Acten sind in Alexandrien verfasst. Dies beweist die Bekanntschaft des Verfassers mit der Topographie der Stadt, der Gebrauch des ägyptischen Kalenders, die Erwähnung·des alexandrinischen Sarapisfestes und die Kenntnis des Tages, an dem dasselbe gefeiert ward. Der 25. April ist als Sarapistag auch anderweit bezeugt; so findet er sich in dem Kalendarium Romanum Constantini Magni vom Jahre 325, welches Petavius im Uranologium herausgegeben hat. Dasselbe berücksichtigt auch den ägyptischen Kalender. Zu VII kal. Maii finden wir hier angemerkt 'Serapis' (ed. Paris. 1630 p. 114). Endlich weist auf ägyptischen Ursprung auch die von Pseudo-Epiphanios und dem arabischen Synaxarium wiederholte, aber sonst nirgends überlieferte Notiz, die Vaterstadt des Markus sei Kyrene gewesen.

Den Acten liegt eine alexandrinische Localsage zu Grunde. Vermuthlich schon längere Zeit vor ihrer Abfassung zeigte man in Alexandrien das Grabmal des Evangelisten ἐν τόποις Βουκόλου und erzählte sich von seinem Märtyrertod. Die nähere Ausführung der Legende haben dann wol erst die Acten gebracht.

Legende von Aquileja.

Weit jünger als die alexandrinische ist die aquilejenser, beziehungsweise venetianer Legende. In lateinischen Handschriften seit dem 10. oder 11. Jahrhunderte begegnet uns zuerst eine Erzählung von der Sendung des Markus durch Petrus nach Aquileja, und von der Gründung der dortigen Kirche durch den Evangelisten, welche noch vor der Reise desselben nach Aegypten stattgefunden haben soll. Dieselbe beginnt mit den Worten 'post gloriosam domini nostri Jesu Christi in coelum ascensionem' und ist gedruckt bei Mombritius II, f. 94ʳ und in den Actis SS. April. T. III p. 346 sq. [1]).

Der Inhalt derselben ist in der Kürze folgender. Petrus reist im zweiten Jahre des Claudius nach Rom zur Bekämpfung des Magiers Simon und nimmt den Markus als Begleiter mit. Hier schreibt er, wie unter Berufung auf Clemens 'in sexto disputationis libro' berichtet wird, sein Evangelium. Darauf wird er, 'apostolico officio fungens', nach Aquileja geschickt, bekehrt dort eine grosse Menge und begründet das Kirchenwesen. Auch soll er hier nach einer älteren Ueberlieferung sein Evangelium eigenhändig niedergeschrieben haben [2]). Zum Zeugnis dafür wird noch heute in der dortigen Kirche die aus geglätteten Tafeln

---

1) Handschriftlich findet sich dieselbe z. B. in cod. S. Genovef. Paris. II. l. 9 saec. X oder XI f. 36ʳ, ferner in cod. Bibl. aedil. Flor. 133 p. 116 (Bandini suppl. I, 277).

2) *'Evangelium quoque ibidem domini proprio fertur edidisse stilo: quemadmodum veterum scriptorum ad posteros transmissa evidenter monumenta declarant. Adest etiam huius rei testis, quae usque in hodiernum diem ad confirmandam huius veritatis assertionem in eadem ecclesia perseverat ex ebore utique antiqua cathedra, politis compacta tabulis, in qua quidem sedisse illum dum evangelicas paginas exararet, priscorum non reticuit memoria relatorum'.*

gefertigte Kathedra gezeigt, auf welcher er gesessen haben soll, als er
das Evangelium niederschrieb, und welche in der Folgezeit eine solche
Verehrung genoss, dass keiner der späteren Patriarchen von Aquileja
es wagte, sich darauf zu setzen. Zu seinem Nachfolger designirt er
einen von ihm bekehrten und unterrichteten Bürger von Aquileja,
Namens Hermagoras. Diesen nimmt er auf der Rückreise mit sich nach
Rom, um denselben dort von dem obersten Hüter der Kirche weihen zu
lassen. Nachdem Hermagoras von Petrus den Bischofsstab und die
Würde des summus sacerdos empfangen hat [1]), tritt er das Amt in seiner
Vaterstadt an, und stirbt hier später den Märtyrertod. Markus aber wird
von Petrus nach Alexandrien gesendet. Hieran reiht sich der vollständige
Text der oben besprochenen alexandrinischen Acten des Markus.

Die erste Spur dieser Legende findet sich in jenem Texte des kleinen
römischen Martyrologiums, welchen Ado aus Aquileja erhielt und als *venerabile et perantiquum martyrologium*' bezeichnet. Hier lesen wir '*IV
id. Julii Aquilejae Hermagorae episcopi discipuli S. Marci*'. Darnach
schreibt auch Ado unter demselben Datum: '*apud Aquilejam natalis S.
Hermagorae primi eiusdem civitatis episcopi discipuli beati Marci
evangelistae*'. Auch die Martyrologien des Beda und Usuard haben zum
12. Juli dieselbe Notiz, um von dem heutigen Martyrologium Romanum zu
schweigen. Obwol die Martyrologen die persönliche Wirksamkeit des
Markus in Aquileja nicht ausdrücklich erwähnen, so ist sie doch in jener
Notiz des kleinen römischen Martyrologium bereits vorausgesetzt. Ihre
Quelle ist offenbar ein in Aquileja redigirtes oder doch mit Zusätzen
versehenes Exemplar jenes alten Martyrologiums, dessen Text etwa aus
der Mitte des 8. Jahrh. stammt. Eine weitere Bezugnahme auf die
aquilejenser Markuslegende findet sich in einer Convention des Herzogs
Ursus von Venedig mit dem Patriarchen Walpert von Aquileja vom
Jahre 880, in welcher der Stuhl von Aquileja ausdrücklich als Sitz des
Markus und Hermagoras bezeichnet wird (Ughelli Italia sacra V, 41).
Ferner in einem Diplome Papst Johanns XIX vom Jahre 1026 (Ughelli

---

1) *porro sanctissimum virum Hermagoram civem Aquilejensem ad tan-
tam excellentiae perfectionem magisterii sui imbutum arte perduxit, quatenus
dignum eum fore summi sacerdotii culmine idque in virtute sancti spiritus
adepturum non dubitaret. Unde et socium eum itineris sui, cum Romam repeteret idoneum adsciscere rectissime iudicavit: ac deinde praesentiae beati
apostoli Petri eum praesentandum non est arbitratus indignum: a quo nimi-
rum sancto apostolo, primo scilicet pastore ecclesiae, idem B. Hermagoras
Pontificatus virga suscepta et summi sacerdotii indepto officio Aquilejensem
domino favente gubernandam suscepit ecclesiam*'.

V, 49). Dasselbe concedirt — übrigens nach älteren Vorgängen (vgl. Ughelli V, 44 sq.) — dem Patriarchen von Aquileja den zweiten Platz im Abendlande unmittelbar nach dem Papste von Rom, mit Berufung auf das hohe Alter der aquilejenser Kirche: '*quoniam ante omnes constitutam et in fide Christi fundatam esse cognoscimus*'. Diese Motivirung setzt doch wol die Sage von der Gründung der Kirche von Aquileja durch Markus voraus.

Dagegen begegnet uns die vollständig ausgebildete Legende bei Ordericus Vitalis (1141) in seiner historia ecclesiastica I, 2, 20 (Migne 188 col. 181). Petrus ruft den Markus als er in Rom sich aufhält, bestimmt ihn, in Italien den Heiden zu predigen und fordert ihn auf, nach Aquileja zu gehn[1]). Dort heilt er einen Jüngling Athaulf, den Sohn des Ulf (Ulfinus), eines angesehenen Bürgers, vom Aussatze. Der Geheilte ruft seinen Vater, der von einer grossen Schaar begleitet den Markus aufsucht, ihn am Westthore sitzend antrifft und mit seiner ganzen Familie und vielem Volke an demselben Tage noch die Taufe empfängt. Nach einigen Jahren beschliesst Markus, aus Sehnsucht nach Petrus ergriffen, heimlich nach Rom zu reisen. Das Volk erfährt seine Absicht, und läuft am frühen Morgen zusammen, um von ihm einen Hirten zu erbitten. Darauf wird Hermagoras vom Volke erwählt und von Markus nach Rom geführt. Dort empfängt er von Petrus die Weihe zum '*protepiscopus provinciae Italiae*' und stirbt später unter dem Kaiser Nero und dem Präses Sebastus mit seinem Archidiakonus Fortunatus den Märtyrertod, III idus Julii.

Hieran reiht sich zunächst die Erzählung von der Sendung des Markus nach Alexandrien, woselbst er auf Befehl des Petrus die Leitung der dortigen Kirche übernimmt. Es folgt nun der Text der alexandrinischen Acten in der lateinischen Version, mit einigen Kürzungen, aber sonst ziemlich wörtlich. Nachdem zuletzt die Bestattung des seligen Evangelisten Markus, des primus Alexandriae praesul, kurz berichtet ist, folgt noch ein Anhang, welcher die Translation der Gebeine nach Aquileja erzählt, und hierauf die Uebertragung des alexandrinischen Patriarchates nach Aquileja und den Rang des praesul Aquilejensis als

---

1) '*Hunc beatus Petrus cum in urbe Roma esset vocavit et in Italiam ad praedicandum gentibus destinavit. "Quid hic inquit nobiscum moraris? ecce de omnibus quae fecit Jesus Nazarenus eruditus es. Surge et Aquilejam perge, ibique populis dogmata verae salutis sparge". Tunc Marcus primam sortem praedicationis et baculum pontificatus accepit, iniunctum iter arripuit et Aquilejam quae ex civitatibus Italiae prima est venit*'.

Abhängigkeit der zuletzt erwähnten Angaben von den Acten lässt sich daher nicht mehr zur Evidenz erheben.

Dagegen kennt das Chronicon Paschale (p. 471 ed. Bonn.) bereits die Legende der Acten, deren es zum Consulatsjahre des Syrianus (II) und Marcellus (III), dem Todesjahre des Johannes, Clemens und Simon Kananites gedenkt [1].

Mit Sicherheit auf die Acten zurück geht ferner das Enkomion auf den heiligen Markus von Prokopios Chartophylax mit den Anfangsworten Πάλιν ἀποστολικὴ καταστράπτει πανήγυρις (griechisch in der Catene des Possinus in Marc. am Anfange, ferner Acta SS. April T. III p. XLVIII sqq., lateinisch in der Uebersetzung von Joh. Franz Albani ebendas. p. 350 sqq.). Das Ganze ist eine in Alexandrien am Markustage gehaltene Prunkrede zum Ehrengedächtnis des Evangelisten. Markus ist der erste Apostel Aegyptens, einer der 70, des Petrus (geistlicher) Sohn. Er reist vom Orient nach dem Occident, unterwirft zugleich mit Petrus das Volk der Italer dem Glauben, schreibt namentlich für die Italer das Evangelium. Darnach wieder im Orient, geht er nach Libyen und in verschiedene Städte Aegyptens. Von Petrus als erster Bischof Aegyptens eingesetzt, wird er der Lehrer des Landes und stirbt zuletzt den Märtyrertod, dessen Hergang nach den Acten beschrieben wird: er wird gefesselt, hin- und hergezerrt; mit Schmach überhäuft und doch geduldig vergiesst er viel Blut. Alexandrien und ganz Aegypten ehrt ihn als seinen ersten Bischof und Märtyrer, singt ihm Hymnen, verehrt seinen Leib und freut sich ob des Besitzes des köstlichen Schatzes. Sein Grab schützt die Stadt vor allerlei Ungemach, vor Seuchen, vor der Wuth der Barbaren u. s. w., daher man alljährlich seinen Festtag feierlich begeht. Zum Schlusse ruft der Festredner die Fürbitte des heiligsten Lehrers und Evangelisten für sich selbst und für die von ihm gestifteten Kirchen an.

Aus den Acten hat ferner Niketas David (Paphlago) in seinem ἐγκώμιον εἰς τὸν ἅγιον καὶ πανεύφημον ἀπόστολον Μάρκον τὸν εὐαγγελιστήν geschöpft (bei Combefis Auctar. Noviss. I, 429 sqq.). Die Anfangsworte lauten Ὥσπερ οὐχ ὅμοιαι τῶν σωμάτων πάντων αἱ μορφαί. Das nach der Gewohnheit des Prunkredners sehr wortreiche Enkomion enthält nur wenige historische Notizen. Markus, einer der 70, schreibt sein Evangelium, wie man sagt, auf die Aufforderung des Petrus. Er be-

---

1) ἐπὶ τούτου τοῦ Τραϊανοῦ καὶ Μάρκος ὁ εὐαγγελιστής καὶ ἐπίσκοπος Ἀλεξανδρείας γενόμενος, κάλων λαβὼν καὶ συρεὶς ἀπὸ τῶν καλουμένων τὰ Βουκολίων ἕως τῶν λεγομένων Ἀγγέλων, ἐκεῖσε πυρὶ κατεκαύθη, Φαρμουθὶ πρώτῃ, καὶ οὕτως ἐμαρτύρησαν.

vierten Primas der Gesamtkirche begründet [1]). Die Tendenz dieser Erzählung ist klar ausgesprochen in der Bezeichnung Aquilejas als 'prima civitas Italiae', der Ernennung des Hermagoras zum 'protepiscopus provinciae Italiae' und besonders in dem von der Translation der Reliquien des Markus abgeleiteten Anspruche des Patriarchen von Aquileja als vierten Primas der Kirche.

Die Legende von der aquilejenser Predigt des Markus und von der Heilung des Athaulf, des Sohnes des Ulf, vom Aussatze begegnet uns auch in der venetianer Chronik des Andreas Daudulus aus der Mitte des 14. Jahrhunderts (vgl. Ughelli Italia sacra T. V p. 19). Die Stelle, wo der Evangelist Aquileja betrat, wird Munjana genannt; zum Schlusse wird berichtet, dass Hermagoras zu Schiff (also von Venedig aus) mit Markus nach Rom gereist und daselbst von Petrus geweiht worden sei.

Ein wol erst in den Metropolitanstreitigkeiten zwischen Passau und Salzburg entstandener jüngerer Ausläufer der Tradition von Aquileja ist die Ueberlieferung, dass Markus auch der Gründer von Laureacum (Lorch) in Norico Ripensi, der nachmaligen Stadt Enns in Oberösterreich, gewesen sein soll. Daselbst findet sich noch jetzt an einem Thurm die freilich erst aus dem 16. Jahrhunderte stammende Inschrift in Stein gehauen:

Aspicis exiguam nec magni nominis urbem,
Quam tamen aeternus curat amatque deus.
Haec de Laureaco reliqua est. His Marcus in oris
Cum Luca Christi dogma professus erat [2]).

Um die Entstehungszeit der aquilejenser Legende zu bestimmen, ist zunächst zu beachten, dass die aquilejenser Acten nicht als ein selb-

---

1) 'Quod [corpus] per multorum curricula annorum, propter incursiones paganorum ... fideles Christiani Aquilejam ubi primus Christum annunciarit transtulerunt. Aquilejensis igitur praesul stemma patriarchatus, quo Alexandrinus pontifex olim potitus est, nunc retinet et quartus primas ob reverentiam eius in orbe renitet. sancti videlicet Marci, quem Petrus clariger regni coelorum in Aegyptum destinarit et meridiani climatis principatum ad multarum salutem animarum commisit. Venetiarum indigenae et occidentales populi habito corpore beati evangelistae gratulantur, et indesinenter illud ad laudem cunctipotentis dei venerantur'.

2) Rettberg, Kirchengeschichte Deutschlands I, 150 ff. Nach einer andern Ueberlieferung soll Markus nicht selbst nach Laureacum gekommen sein, sondern er oder Hermagoras habe den heil. Laurentius dorthin gesandt (Rettberg a. a. O. 155).

ständiges Ganzes existiren, sondern nur der lateinischen Uebersetzung
der alexandrinischen Acten vorangestellt worden sind, und auch dies
nur in einem Theile der erhaltenen Handschriften. Der Eingang, welcher von Petrus in Rom und der Entstehung des Evangeliums handelt,
ist einfach aus Eusebios (h. e. II, 15), oder vielmehr aus der Uebersetzung Rufins entlehnt, aus welcher auch das angebliche Citat aus Clemens Alexandrinus genommen ist. Nun sind die alexandrinischen Acten,
obwol vielleicht schon Paulinus von Nola sie kennt, doch erst ziemlich spät
allgemeiner bei den Lateinern bekannt geworden. Weder Pseudo-Isidor
(beziehungsweise Freculf), noch das Martyrologium Hieronymianum weiss
von ihnen. Nur die alexandrinische Wirksamkeit überhaupt ist durch
Hieronymus beziehungsweise Rufinus bekannt. Dagegen weiss von der
Wirksamkeit des Evangelisten in Aquileja kein älterer lateinischer
Schriftsteller und kein älteres Martyrologium vor dem 11. Jahrhunderte
etwas zu berichten, obwol schon das oben erwähnte kleine römische
Martyrologium aus der Mitte des 8. Jahrhunderts zum 12. Juli den
Bischof Hermagoras von Aquileja als Schüler des Markus bezeichnet.
Die Erzählungen bei Ordericus und in der Chronik des Dandalus
erweisen sich leicht als jüngere Weiterbildungen der oben erwähnten
lateinischen Acten.

Diese Acten haben von vornherein gar nicht die Tendenz, die
Kirche von Aquileja auf unabhängige apostolische Stiftung zurückzuführen, wie dies bei der mailänder Barnabassage allerdings der Fall
war, sondern betonen im Gegentheil sehr geflissentlich die Abhängigkeit
des Stuhles von Aquileja von der römischen Kirche. Zu dem Ende
muss Markus, der Begleiter und Schüler des Petrus, lediglich in dessen
Auftrage nach Aquileja gekommen und nach Ausrichtung seiner Mission
wieder zu Petrus nach Rom zurückgekehrt sein. Und trotz des Aus-
drucks 'apostolico officio fungens' handelt Markus so wenig in apostolischer Vollmacht, dass er nicht einmal wagt, den Hermagoras auf eigene
Hand zum Bischofe zu weihen. Im Gegentheil nimmt er denselben mit
nach Rom, damit er dort von dem obersten Hirten der Kirche Bischofsstab und Bischofsweihe empfange.

Die Legende selbst ist älter als die Acten; die letzteren aber verdanken ihre Entstehung vermuthlich dem Streben, die Selbständigkeit
der Kirche von Aquileja durch den Nachweis zu beugen, dass ihre
Gründung von Rom aus und in Abhängigkeit vom obersten Hirtenamte
der Gesamtkirche erfolgt sei. Da die Bischöfe von Aquileja seit Anfang
oder Mitte des 7. Jahrhunderts den Patriarchentitel annahmen, so liegt
die Vermuthung nahe, dass sie den Ursprung ihrer Kirche seit derselben

Zeit auf den Evangelisten Markus zurückführten, dass man aber im
übrigen Abendlande von diesen Prätensionen längere Zeit hindurch
keine nähere Notiz nahm, sondern sich lediglich begnügte, den ersten
Bischof von Aquileja, Hermagoras, gemäss der Tradition dieser Kirche
als Schüler des Markus in den Märtyrerkalender einzutragen. Alles dies
erklärt sich, wenn wir bedenken, dass im Dreikapitelstreite die Metropoliten von Aquileja an der Spitze der Kirchen von Istrien und Venetien
die fünfte ökumenische Synode verworfen hatten und bis zum Anfang
des 8. Jahrhunderts getrennt von der Kirchengemeinschaft mit Rom
verharrten. Als nach dem Tode des Metropoliten Severus (607) sein
Nachfolger Candidianus sich mit Rom geeinigt hatte, wählten diejenigen
Suffraganen von Aquileja, welche unter dem Longobardenkönige und
dem Herzoge von Friaul standen, ein anderes Oberhaupt, welches in
Aquileja residirte, während der mit Rom unirte Metropolit seinen Sitz
in Grado aufgeschlagen hatte. Der neugewählte schismatische Metropolit nahm den Patriarchentitel an, um dadurch seiner kirchlichen Unabhängigkeit von Rom Ausdruck zu geben, und erst auf der um 700
gehaltenen Synode zu Aquileja unterwarf sich das schismatische Patriarchat dem Papste Sergius I. (687—701) [1]. In dieser Zeit, also
zwischen 607 und 700, mag die Legende von der Gründung der
Kirche von Aquileja durch Markus zuerst aufgekommen sein. Als Entstehungszeit der Acten würde sich hiernach etwa der Anfang des
8. Jahrhunderts ergeben, oder die Zeit, in welcher der Stuhl von
Aquileja zur Obedienz gegen die römische Kirche zurückgekehrt war.
Doch bleibt selbst eine noch etwas frühere Entstehung möglich, wenn
man dieselben in dem Sprengel des mit Rom unirten Patriarchen von
Grado geschrieben sein liesse.

Die venetianer Legende.

Die venetianer Legende ist nur eine jüngere Schwester der
aquilejenser. Der Stuhl von Grado, oder wie er später heisst von Venedig,
nahm natürlich die Ehre, durch Markus gestiftet zu sein, auch für sich
in Anspruch. Wenngleich er nicht wie die ursprüngliche Gestalt der
Legende behauptet hatte, einer selbständigen apostolischen Stiftung sich
rühmen durfte, so forderte doch schon die Concurrenz des katholischen

---

1) Vgl. Noris diss. de synodo V Opp. edd. Ballerini I. 713 ff. 748 ff.
und die Dissertation der Ballerini de patriarchatus Aquilej. origine ibid.
T. IV. 1051 sqq. Rubeis monim. eccl. Aquilej. p. 287 sqq.

mit dem schismatischen Patriarchat, den Evangelisten Markus nicht
minder als Aquileja zu feiern. Seit 976 wurde zu Venedig am Markus-
dome gebaut; die Vollendung fällt fast ein volles Jahrhundert später
(1071). Sehr bald nachher, angeblich im Jahre 1084, wurde der Leichnam des Evangelisten in der Markuskirche selbst, wie die Legende erzählt, auf wunderbare Weise wiederaufgefunden unter dem Dogen Vitale
Falieri (1082—1094) und dem Patriarchen Castellano Enrico Contareni
(1078—1108) [1]).

Um dieselbe Zeit mag die Legende von der T r a n s l a t i o n d e r
R e l i q u i e n d e s M a r k u s von Alexandrien n a c h V e n e d i g unter
dem Dogen Giustiniano Partecipazio (827—830) entstanden sein.

Der Bericht, den H e n s c h e n in den Actis SS. (l. c. p. 352 sqq.)
aus einem codex Vatic. 1196 abgedruckt hat, erzählt, dass Kaiser Leo der
Armenier (813—820) nach der Eroberung Aegyptens durch die Saracenen
jeden Handelsverkehr mit Alexandrien verboten habe. Trotz der Ein-
schärfung dieses Verbotes durch den Dogen Giustiniano kommen zwei
vornehme Venetianer, Bonus und Rusticus, zu Schiff nach Alexandrien,
wo unter den Christen grosse Besorgnis herrscht, weil der Saracenen-
könig (regulus) befohlen hat, alle marmornen Tafeln und Säulen wegzu-
schaffen. Die beiden Venetianer beschliessen diese Gelegenheit zu benutzen, um den Leichnam des heil. Markus zu stehlen und gewinnen
einen alexandrinischen Mönch Stauratius und einen Priester Theodoros
für ihr Vorhaben unter dem Vorwande, die heil. Reliquien vor dem
Saracenenkönige sicher zu stellen. Um den Diebstahl zu verbergen,
vertauschen sie den Leichnam des Evangelisten mit dem der heil.
Claudia [1]), der sie mittelst einer schlau ausgesonnenen Manipulation die
seidene Chlamys des Markus anziehen und sie dann in den Sarg desselben legen. Darauf wird der Leib des Markus glücklich zu Schiff nach
Venedig gebracht und beweist seine Aechtheit durch wunderbare Be-
strafung eines anderen Schiffes, dessen Mannschaft sich ungläubig
zeigte: das Schiff, welches die heiligen Gebeine trägt, rammt nämlich
vor Venedig das andere Schiff und lässt von ihm nicht ab, bis dessen

---

1) Vgl. die Geschichte der Auffindung der Reliquien (der apparitio S.
Marci) ex manuscripto Petri Calo bei H e n s c h e n Acta SS. l. c. p. 356 sqq.
Die Chronik des Dogen Andrea Dandolo (Mitte des 14. Jahrh.) verlegt die
Auffindung ins Jahr 1084. Vgl. Henschen l. c. p. 352. Dieselbe Erzählung
findet sich auch im ersten Buche der Geschichte von Venedig des Peter
Giustiniani (bei Henschen l. c.). Dieselbe soll sich kurze Zeit vor einem Be-
suche Kaiser Heinrichs IV in Venedig zugetragen haben.

Mannschaft sich bequemt hat, die Aechtheit des Leichnams anzuerkennen [2]).

Die abgeschmackte Erzählung wird erst erfunden worden seien, als man am Ende des 11. Jahrhunderts die Reliquien des Evangelisten plötzlich in der Markuskirche entdeckte. Die Entdeckung wird auf sehr unwahrscheinliche Weise damit motivirt, dass man nicht mehr gewusst habe, an welcher Stelle der Kirche das Grabmal des Apostels sich befunden habe. Wahrscheinlich hat man vor der angeblichen Wiederauffindung überhaupt noch nichts von der Bestattung des heil. Leichnams gewusst.

Sonderbar, dass etwa um dieselbe Zeit, in welcher der Körper des Markus nach Venedig transferirt worden sein soll, auch eine Translation desselben nach Reichenau bei Constanz gemeldet wird. Das Martyrologium von Reichenau meldet zum 9. April: '*translatio corporum S. Marci evangelistae et S. Senesii martyris in Augiam anno DCCCXXX*' (vgl. Acta SS. l. c. p. 346). Welche von den beiden widerstreitenden Nachrichten die ältere sei, kann wol ununtersucht bleiben.

Dagegen ist die von Ordericus aufbewahrte Legende von der Translation nach Aquileja wol zweifellos älter als die venetianer Tradition. Sie wird aufgekommen sein, seit die mit Rom wieder geeinten Patriarchen von Aquileja den ersten Rang nach dem römischen Papste in Italien, ja im Abendlande überhaupt, den vierten Rang aber unter den Patriarchen der Gesamtkirche beanspruchten. Ersteres war nachweislich schon im 10. Jahrhunderte, als Leo VIII. im Jahre 964 dem aquilejenser Patriarchen den ersten Platz unter allen Bischöfen Italiens nach dem römischen einräumte (Ughelli Italia Sacra T. V p. 44 sq.), vielleicht aber schon früher der Fall; ja es bleibt die Möglichkeit, dass die Translation der h. Gebeine von Alexandrien nach Aquileja schon bald nach der Annahme des Patriarchentitels und dem Aufkommen der Legende von der Gründung der aquilejenser Kirche durch Markus behauptet wurde. Späterhin suchte man dann die Gebeine des Evangelisten in Venedig; und da man sie dort nicht fand, meldeten sie sich nach der Legende von selbst.

1) (s. S. 352) Einer äthiopischen Heiligen, deren Gedächtnis am 2. Januar gefeiert wurde.

2) Vgl. ausser den Acta SS. l. c. auch Baronius annal. ad ann. 820 n. 22. Als Festtag der venetianer Translation nennt das heutige Martyrologium Romanum den 31. Januar. Als Tag der Apparition wird der 25. Juli gefeiert. Eine Zusammenstellung der venetianer Markustraditionen s. bei Augustin Molinus, de vita et lipsanis S. Marci evangelistae libri II ed. Sanctus Pieralisi (Rom 1864).

Die Acten des Lukas.

Ueber Lukas, den Evangelisten und Reisebegleiter des Paulus, weiss die ältere kirchliche Tradition wenig mehr zu berichten, als was den Schriften des Neuen·Testamentes entnommen werden kann. Von einem Martyrium des Lukas war der alten Kirche nichts bekannt; ebensowenig existiren ältere Acten von ihm und auch die Localtraditionen verhalten sich ziemlich schweigsam. Abgesehn von der häufig wiederholten Notiz des Kolosserbriefs (4, 14), dass Lukas Arzt gewesen sei (Fragment. Murat. lin. 3 sq. S. 67 ed. Hesse. Iren. haer. III, 14, 1. Eus. h. e. III, 4, 7. Hier. vir. illustr. 7; in Jes. VI, 9 Opp. IV, 97 Vallarsi; praefat. in Matth. Opp. VII, 3; ep. 20, 4 ad Damas. Opp. I, 67 u. ö.) und den Angaben über die Abfassungsverhältnisse des Evangeliums und der Apostelgeschichte (Fragm. Murat. lin. 3 sq. 34 sq. S. 67. 125 Hesse. Iren. III, 4, 1 sqq. Tertull. adv. Marcion. IV, 5. Orig. Opp. III, 1 Lommatzsch, bei Euseb. h. e. VI, 25, 6. Eus. h. e. III, 4, 7. Hieron. ll. cc. u. ö.) bieten die patristischen Angaben nicht viel Neues. Hieronymus (vir. illustr. 7) bezieht auf ihn wol schon nach älteren Vorgängen die Worte 2 Kor. 8, 18 von dem Bruder, den Paulus mit den Gesandten der Gemeinden abgeschickt habe, eine Notiz, die dann bei griechischen und lateinischen Schriftstellern wiederkehrt. Pseudo-Hippolyt (im Verzeichnisse der 70 Jünger) rechnet ihn und den Markus zu denjenigen Jüngern, welche den Herrn nach Joh. 6, 66 verlassen hätten: wie aber jener durch Petrus, so sei Lukas durch Paulus wieder bekehrt worden. Clemens von Alexandrien hielt ihn für den Uebersetzer des Hebräerbriefs (Hypotyp. bei Eus. VI, 14, 2. 3. adumbrat. in 1 Petri p. 1007 Potter), eine Ansicht, deren auch Origenes (comm. in ep. ad Hebr. Opp. V, 301 sq. Lommatzsch, bei Eus. h. e. VI, 25, 14), Eusebios (h. e. III, 38, 2. 3) und Hieronymus (vir. illustr. 5) gedenken.

Lukas in Antiochien, Achaja und Böotien.

Eusebios ist unseres Wissens der Erste, der ihn für einen Antiochener erklärt (h. e. III, 4, 7 und Quaest. ad Steph. bei Mai Nova Patr. Bibl. IV, 1, 270 [1]), eine Angabe, die uns darnach bei Hieronymus (vir. illustr. 7; praef. in Matth. l. c.) und vielen Späteren begegnet. Der Anlass zu dieser Tradition liegt wol in der in cod. D und bei Augustin (de sermone domini in monte II, 17, 57 Opp. III, 260 ed. Antverp.) noch erhaltenen alten Lesart zu Act. 11, 28: συνεστραμμένων δὲ ἡμῶν ἔφη εἰς ἐξ αὐτῶν ὀνοματι 'Αγαβος σημαίνων κτλ., nach welcher Lukas schon zur Zeit der Hungersnoth unter Claudius (44 u. Z.) ein Mitglied der antiochenischen Christengemeinde gewesen sein müsste [2]). Als Stätte seiner Wirksamkeit nennt Gregor von Nazianz (orat. 33 [25] ad Arian. Opp. ed. Paris. 1840 I, 610 sq.) Achaja, und Hieronymus weiss (in Matth. praef.), dass er 'in Achaiae Boeotiaeque partibus' sein Evangelium geschrieben habe [3]), eine Angabe, die in der Unterschrift des Lukasevangeliums in dem Minuskelcodex 293 (ἐν 'Αττικῇ τῆς Βοιωτίας) wiederkehrt. Die apostolischen Constitutionen lassen ihn auch nach Alexandrien kommen, wenigstens soll nach ihnen Abilios der zweite Bischof von Alexandrien von Lukas geweiht worden sein (Constt. VII, 46) und demgemäss versetzen wieder andere Minuskelhandschriften (9. 29. 124. 161. 163. 174. 346), sowie eine Handschrift der Peschita die Abfassung des Evangeliums nach Alexandrien (ἐγράφη ἑλληνιστὶ εἰς 'Αλεξάνδρειαν τὴν μεγάλην). Epiphanios (haer. 51, 11) berichtet von einer Predigt des Evangelisten in Dalmatien, Gallien, Italien und Makedonien. Obwol er selbst davon keine Ahnung mehr verräth, so sind doch die beiden erstgenannten Ländernamen lediglich wegen 2 Tim. 4, 10 flg. mit Lukas in Verbindung gebracht worden. Italien und Makedonien aber ergeben sich ebenso wie Böotien und Achaja, bez. Attika, sehr einfach aus dem

---

1) Die letztere Stelle ὁ δὲ Λουκᾶς τὸ μὲν γένος ἀπὸ τῆς βοωμένης 'Αντιοχείας ἦν führt Spitta (der Brief des Julius Afrikanus an Aristides S. 111) auf Julius Afrikanus zurück.

2) Die Geschichtlichkeit dieser Tradition ist zuletzt wieder vertheidigt von Karl Schmidt, die Apostelgeschichte I, 99 ff.

3) Opp. VII, 3 sq. Vallars.: *'Tertius Lucas medicus natione Syrus Antiochensis cuius laus in evangelio. qui et ipse discipulus apostoli Pauli in Achaiae Boeotiaeque partibus volumen condidit, quaedam altius repetens et ut ipse in prooemio confitetur audita magis quam visa describens'.*

23*

Reiseberichte der Apostelgeschichte, in welchem der Erzähler in der ersten Person Pluralis redet [1]). In andrer Weise wieder haben die gnostischen πράξεις Πέτρου die Stelle 2 Tim. 4, 10 flg. verwerthet. Hiernach trifft Lukas, der von Gallien kam, mit Titus, der von Dalmatien kam, gemeinschaftlich den Paulus in Rom. Nach der Hinrichtung des Apostels bekehren beide an dessen Grabe die Soldaten, die ihn enthauptet haben (Pseudo-Linus in Bibl. Patr. Max. Lugdun. II, 70 sqq.). Von einem Märtyrertode des Lukas weiss die ältere Tradition noch nichts. Wenn Gregor von Nazianz (orat. 4 [3] adv. Julian. c. 69. Opp. I, 108) ihn unter den Märtyrern der Apostelzeit aufzuzählen scheint [2]), so lässt doch der rhetorische Charakter der betreffenden Stelle keine sicheren Schlüsse zu. Die späteren griechischen Schriftsteller lassen ihn meistentheils in Frieden entschlafen; Elias Kretensis (8. Jahrh.) bestreitet in einem Scholion zu der Stelle des Nazianzeners ausdrücklich den Märtyrertod des Evangelisten [3]). Erst die Verbindung, in welche man seit der Translation seiner Reliquien nach Konstantinopel (357) den Lukas mit dem Apostel Andreas zu setzen sich gewöhnte, führte auch zur Uebertragung des von Andreas berichteten Martyriums auf den Evangelisten. Wie der Text des Pseudo-Hippolyt (bei Combefis) von Andreas zu berichten weiss, derselbe sei ἐπ᾽ ἐλαίας ὀρθιος gekreuzigt worden (vgl. auch Menolog. Basil. III, 146 Albani; 117, 516 Migne: ἐν δένδρῳ σταυρωθείς), so erzählt derselbe angebliche Hippolyt ein Gleiches auch von Lukas (σταυρωθεὶς ἐπ᾽ ἐλαίας) [4]) und ebenso berichtet späterhin Nikephoros in der

---

1) κηρύττει πρῶτον ἐν Δαλματίᾳ καὶ Γαλλίᾳ καὶ ἐν τῇ Ἰταλίᾳ καὶ Μακεδονίᾳ˙ ἀρχὴ δὲ ἐν τῇ Γαλλίᾳ, ὡς καὶ περὶ τινῶν τῶν αὐτοῦ ἀκολούθων λέγει ἐν ταῖς αὐτοῦ ἐπιστολαῖς ὁ αὐτὸς Παῦλος˙ Κρήσκης φησὶν ἐν τῇ Γαλλίᾳ˙ οὐ γὰρ ἐν τῇ Γαλατίᾳ, ὡς τινες πλανηθέντες νομίζουσιν, ἀλλὰ ἐν τῇ Γαλλίᾳ.

2) οὐκ ἠδέσθης τὰ ὑπὲρ Χριστοῦ σφάγια; οὐδὲ ἐφοβήθης τοὺς μεγάλους ἀγωνιστάς; τὸν Ἰωάννην ἐκεῖνον, τὸν Πέτρον, τὸν Παῦλον, τὸν Ἰάκωβον, τὸν Στέφανον, τὸν Λουκᾶν, τὸν Ἀνδρέαν, τὴν Θέκλαν, τοὺς ἐπ᾽ ἐκείνοις τε καὶ πρὸ ἐκείνων τῆς ἀληθείας προκινδυνήσαντας; οἱ πυρὶ καὶ σιδήρῳ καὶ θηρσὶ καὶ τυράννοις προθύμως ἀντηγωνίσαντο;

3) In Gregorii Nazianz. opp. ed. Paris. 1630 II. 322: 'Johannes — non de propheta loquor — cuius hic mentionem facit et item Lucas haudquaquam interemti sunt, verum cum permultas propter Christum et eius evangelium calamitates pertulissent, in pace ad eum qui pacis deus est reversi sunt'.

4) Pseudo-Hippolytos (ed. Combefis): Λουκᾶς ὁ εὐαγγελιστής. Οὗτοι οἱ β (Markus und Lukas) τῶν ο´ τυγχανόντων διασκορπισθέντων ἐπὶ τῷ ῥήματι ὃ εἶπεν ὁ Χριστός˙ Ἐάν μή τις φάγῃ μου τὴν σάρκα καὶ πίνῃ μου τὸ αἷμα οὐκ ἔστιν μου ἄξιος. ἀλλ᾽ ὁ μὲν διὰ Πέτρου, ὁ δὲ διὰ Παύλου πάλιν συνανακάμψαν-

Kirchengeschichte (II, 43), der Evangelist sei ἐπὶ καρποφόρου ἐλαίας aufgehängt worden [1]). Dieselbe Angabe findet sich auch bei dem Chronisten Michael Glykas (p. 442 ed. Bonn.). Unter den Lateinern erwähnt Gaudentius von Brescia (serm. XVII Opp. ed. Patav. 1720 p. 190) nicht blos den Märtyrertod des Lukas, sondern verlegt denselben auch gemeinsam mit dem des Andreas nach Paträ (*Andreas et Lucas apud Patras Achaiae civitatem consummati referuntur*). Dagegen wird Paulinus von Nola fälschlich unter den Zeugen für sein Martyrium angeführt [2]).

Die herrschende Tradition sowol in der griechischen als in der lateinischen Kirche lässt ihn eines natürlichen Todes sterben. So unter den Griechen der Dorotheostext A [8]), welcher gegen alle sonstige Tradition Ephesos als Todes- und Grabesstätte bezeichnet, die σύναξις τῶν ἀποστόλων zum 30. Juni [4]), das Menologium des Ba-

---

τας πρὸς κύριον, εὐαγγελίζεσθαι καταξιοῦνται· ὑπὲρ οὗ καὶ ἐμαρτύρησαν, ὁ μὲν πυρπολήθεὶς ὁ δὲ σταυρωθεὶς ἐπὶ ἐλαίας.

1) πολλοὺς δὲ τῷ φωτὶ τῆς θείας γνώσεως ποδηγήσας, ὑπὸ τῶν ἀθετούντων τὸν θεῖον λόγον ἐπὶ καρποφόρου ἐλαίας ἀναρτηθεὶς (οὐ γὰρ ἦν ξύλον ξηρὸν ὥστε εἰς σταυρὸν διασκευασθῆναι) τῷ θεῷ τὴν ψυχὴν παρατίθησιν.

2) Paulin. ep. 12 ad Severum (Opp. ed. Antw. 1622 p. 155) schreibt
Hic pater Andreas et magno nomine Lucas
Martyr et illustris sanguine Nazarius.
Das Wort '*martyr*' ist hier aber offenbar auf Nazarius, nicht auf Lukas bezogen. In der Stelle carmen 26 in Felicem 11 (l. c. p. 628) las man früher:
'*Creta Titum sibi sumpsit et Antiochia [et Ostia] Lucam*'.
Der richtige Text (Gallandi VIII, 212) lautet aber
'*Creta Titum sumpsit, medicum Boeotia Lucam*'.

3) Doroth. A (cod. Vindobon.): Λουκᾶς ὁ εὐαγγελιστὴς Ἀντιοχεὺς μὲν τὸ γένος ἦν, ἰατρὸς δὲ τὴν τέχνην. συνεγράψατο δὲ τὸ μὲν εὐαγγέλιον κατ' ἐπιτροπὴν Πέτρου τοῦ ἀποστόλου, τὰς δὲ πράξεις τῶν ἀποστόλων κατ' ἐπιτροπὴν Παύλου τοῦ ἀποστόλου· συνκπεδήμησε γὰρ τοῖς ἀποστόλοις καὶ μάλιστα τῷ Παύλῳ, οὗ καὶ μνημονεύσας ὁ Παῦλος ἔγραψεν ἐν ἐπιστολῇ· Ἀσπάζεται ὑμᾶς Λουκᾶς ὁ ἰατρὸς ὁ ἀγαπητὸς ἐν κυρίῳ. ἀπέθανεν δὲ ἐν Ἐφέσῳ καὶ ἐτάφη ἐκεῖ. μετετέθη δὲ ὕστερον ἐν Κωνσταντινουπόλει μετὰ καὶ Ἀνδρέου καὶ Τιμοθέου τῶν ἀποστόλων κατὰ τοὺς καιροὺς Κωνσταντίου τοῦ βασιλέως υἱοῦ Κωνσταντίνου τοῦ μεγάλου. Das Verzeichnis der 70 Jünger bei Dorotheos B schreibt nur: ιζ΄ Λουκᾶς ὃς κατὰ πᾶσαν τὴν γῆν τὸ εὐαγγέλιον σὺν τῷ Παύλῳ ἐκήρυξεν. Der Dorotheostext bei Lagarde Constt. App. p. 284 bringt über Lukas einen von beiden Texten ganz unabhängigen, aber fast nur aus biblischen Nachrichten geschöpften Artikel. Die Stelle 2 Kor. 8, 18 συνέπεμψα δὲ μετὰ τούτων τὸν ἀδελφὸν οὗ ὁ ἔπαινος ἐν τῷ εὐαγγελίῳ wird auch hier auf Lukas bezogen.

4) Codd. Paris. 1587. 1588 (Menaeum Junii p. ρχς΄): Λουκᾶς ὁ εὐαγγελιστής καὶ ἰατρός, ὁ καὶ συνέκδημος Παύλου, τὸ ἴδιον εὐαγγέλιον συγγραψάμενος

silios ¹) und die grossen griechischen Menäen zum 18. October ²). Letztere Zeugen nennen sämtlich Theben in Böotien als Todesstätte, eine Angabe, mit welcher auch der cod. Coislin. 224 des Dorotheostextes B (saec. XI) ³), Nikephoros in der Kirchengeschichte (II, 43) u. A. übereinstimmen. Die Menäen wissen zu erzählen, dass er zu Theben

ὑπαγορεύοντος αὐτοῦ τοῦ μακαρίου Παύλου, ἔτι δὲ καὶ τὰς πράξεις τῶν ἀποστόλων, μετὰ δὲ τὸ αὐτὸν ὑπαναχωρῆσαι ἀπὸ Ῥώμης, ἐγκαταλειφθέντος ἐκεῖσε τοῦ Παύλου, πᾶσαν δὲ τὴν Ἑλλάδα διδάξας ἐν Θήβαις τῆς Βοιωτίας ὡς φασιν ὀγδοήκοντα ἐτῶν γενόμενος ἐν εἰρήνῃ τελειοῦται. Φασὶ δὲ αὐτὸν πρῶτον τὴν εἰκόνα τοῦ κυρίου ἡμῶν Ἰησοῦ Χριστοῦ καὶ τῆς αὐτὸν τεκούσης καὶ τῶν κορυφαίων ἀποστόλων διὰ ζωγραφικῆς τέχνης ζωγραφῆσαι, κἀκεῖθεν εἰς πᾶσαν τὴν οἰκουμένην ἐξενεχθῆναι τὸ εὐσεβὲς τοῦτο καὶ πάντιμον ἔργον.

1) Menolog. Basilii (I, 125 Albani; 117, 113 Migne): Λουκᾶς ὁ εὐαγγελιστὴς ὑπῆρχεν ἀπὸ Ἀντιοχείας τῆς μεγάλης, ἰατρὸς τὴν τέχνην καὶ ζωγράφος. ἀπελθὼν δὲ εἰς Θήβας τῆς Μακεδονίας ἐπὶ Τιβερίου [sic] τοῦ βασιλέως διὰ τὸν διωγμόν, ἐνέτυχε τῷ ἁγίῳ ἀποστόλῳ Παύλῳ καὶ ὡς ὑπάρχων εἷς τῶν ἑβδομήκοντα ἀποστόλων ἠκολούθησεν αὐτῷ καὶ σὺν αὐτῷ ἐκήρυσσε τὸν Χριστόν. Nachdem hierauf die Abfassung des Evangeliums und der Apostelgeschichte erzählt ist, heisst es weiter: καὶ ταῦτα πράξας ἐν εἰρήνῃ τὴν ψυχὴν ἀπέδωκε τῷ θεῷ. τὸ δὲ ἱερὸν καὶ τίμιον αὐτοῦ λείψανον ἐτάφη μὲν πρότερον ἐν Θήβαις, ὕστερον δὲ ἀνακομισθὲν ἀπὸ Θηβῶν ἐν Κωνσταντιουπόλει κατετέθη ἐν τῷ ναῷ τῶν ἁγίων ἀποστόλων.

2) Die Menäen (Venetianer Quartausgabe von 1684, S. ριαʹ) schicken folgende Verse voraus:

Εἰς Ἐμμαοῦς βλέπειν σε κἂν πρὶν εἰργόμην
Λουκᾶς λέγει, τρανῶς σε νῦν Χριστέ βλέπω.
Ὀγδοάτῃ δεκάτῃ πάρατος βίου ἔμμορε Λουκᾶς.

Λουκᾶς ὁ μέγας εὐαγγελιστὴς ἦν ἀπὸ Ἀντιοχείας τῆς Συρίας τῆς μεγάλης, ἰατρὸς τὴν τέχνην καὶ ἄκρως τὴν ζωγραφικὴν ἐπιστάμενος ἐπιστήμην. οὗτος ἐν Θήβαις τῆς Βοιωτίας διάγων καὶ ἰατρεύων ἐπὶ Τραϊανοῦ [sic] βασιλέως, ἐνέτυχε τῷ ἁγίῳ Παύλῳ τῷ ἀποστόλῳ καὶ πιστεύσας τῷ Χριστῷ ἀπώσατο τὴν πρώην πλάνην καὶ τὴν περὶ τὰ σώματα θεραπείαν ἀφεὶς τῶν ψυχῶν προσελάβετο. συνεγράψατο δὲ καὶ τὸ κατ' αὐτὸν εὐαγγέλιον, πρὸς Θεόφιλον τινὰ ἡγεμόνα πιστεύσαντα εἰς Χριστόν, ὑπαγορεύσαντος αὐτῷ τοῦ ἁγίου ἀποστόλου Παύλου. ἔπειτα ἐξέθηκε καὶ τὰς πράξεις τῶν ἀποστόλων πρὸς τὸν αὐτὸν Θεόφιλον. μετὰ δὲ τὸ ἐγκαταλιπεῖν τὸν Παῦλον, πᾶσαν τὴν Ἑλλάδα διδάξας, ἐν Θήβαις τῆς Βοιωτίας ὡς φασιν ὀγδοήκοντα ἐτῶν γενόμενος ἐν εἰρήνῃ ἀνεπαύσατο. ἐν ᾧ δὲ τόπῳ κατετέθη τὸ σῶμα αὐτοῦ δοξάζων ὁ θεὸς τὸν ἴδιον θεράποντα καὶ ἐργάτην κολούρια ἔβρεξεν ἐπάνω τοῦ μνήματος αὐτοῦ, σύμβολον τῆς αὐτοῦ ἐπιστήμης, ὅθεν καὶ γνωριμώτερος γέγονεν ὁ τάφος αὐτοῦ τοῖς πᾶσιν. Folgt die Erzählung von der Translation unter Constantius und weitere Nachrichten über die von Lukas verfertigten Gemälde.

3) κςʹ Λουκᾶς ὃς κατὰ πᾶσαν τὴν γῆν τὸ εὐαγγέλιον σὺν τῷ Παύλῳ κηρύξας, εἶτα μετὰ τὴν αὐτοῦ τελευτὴν ἐπιδημήσας ταῖς ἑπταπύλοις Θήβαις τῆς Βοιωτίας ἐκεῖ κοιμᾶται.

die Heilkunde ausübte, dort (unter Trajan!) mit Paulus zusammentraf und von diesem bekehrt sich der Kunst zuwendete, Seelen zu heilen. Aehnlich erzählt das Menol. Basil., welches das Zusammentreffen unter Tiberius verlegt. Als Alter des Evangelisten wird in der Synaxis und in den grossen Menäen, desgleichen bei Nikephoros 80 Jahre angegeben. Erwähnung verdient noch die Nachricht der Menäen, des Nikephoros und des Glykas [1]) über die Wunder am Grabe des Lukas. Wenn es hier heisst, es habe als Symbol seiner ärztlichen Kenntnis an seinem Grabe κολούρια oder κολλύρια, kleine Brotchen oder Pastillen von heilkräftiger Wirkung geregnet, und dadurch sei das Grab allgemein bekannt geworden, so scheint eine Localtradition von Theben vorzuliegen, zumal wenn man an die Fassung der Erzählung bei Glykas sich hält, wonach das bisher in Vergessenheit gerathene Grab durch das Wunder wieder angezeigt worden sei. Aber auffällig bleibt, dass der Leichnam ja schon 357, also viele Jahrhunderte früher als diese angebliche Localtradition uns bezeugt ist, nach Constantinopel transferirt wurde; an das leere Grab aber, selbst wenn man es später noch zeigte, hat sich schwerlich eine Localsage angeknüpft. Im besten Falle liesse sich annehmen, dass das berichtete Wunder dem Wunsche des Kaisers, die Reliquien für Constantinopel zu erwerben, entgegengekommen sei, also damals zuerst die Grabstätte des Evangelisten verrathen habe.

Anderweite Traditionen.

Nach dem Vorgange des Adamantios in dem Dialog de recta fide sect. 1 (in Orig. opp. XVI, 259 Lommatzsch) rechnen auch das Chron. Paschale, die Apostelverzeichnisse des Pseudo - Hippolyt, Dorotheos und Pseudo-Logothetes, die Menologien und Menäen, Euthymios Zygadenos (in ev. Lucae ed. Matthaei II, 201) [2]), Nikephoros u. A. den

---

1) Die Stelle der Menäen s. vorige S. Anm. 2. Die Worte des Nikephoros (l. c.) lauten folgendermassen: Ὅπου δὲ τὸ σῶμα αὐτοῦ κατετέθη μεταξὺ μνημείων πολλῶν, προσευχῇ τῶν πιστῶν καταμηνύεται· κολλύρια γάρ ἰατρικὰ ὁ θεὸς ὅσεν ἄνωθεν τοῦ θείου αὐτοῦ μνήματος εἰς σύμβολον, οἶμαι, τῆς αὐτοῦ ἰατρείας· ἐξ οὗ καὶ γνώριμος ὁ τάφος τοῖς αὐτοῦ πᾶσι καθίστατο. — Glykas l. c.: λέγεται δὲ καὶ τοῦτο, ὅτι Λουκᾶς ὁ ἀπόστολος ἐπὶ καρποφόρου ἐλαίας ἐσταυρώθη. ἄδηλον δὲ ἦν τὸ τίμιον αὐτοῦ λείφανον διὰ τὸ μέσον πολλῶν σκηνωμάτων ριφῆναι· διὰ προσευχῆς δὲ ἔπεμψεν ὁ θεὸς κολλούρια ἰατρικά, σύμβολα τῆς τέχνης αὐτοῦ, καὶ οὕτω φανερωθὲν ἐνταῦθα ἐπανεσώθη.

2) Ὁ μακάριος Λουκᾶς Ἀντιοχεὺς μὲν ἦν τὸ γένος, πᾶσαν δὲ τὴν ἐν λόγοις παίδευσιν μετελθὼν καὶ τὴν ἰατρικὴν τῶν σωμάτων ἐκμαθὼν, ὕστερον

Lukas unter die 70 oder 72 Jünger, setzen also voraus, dass er geborener Jude gewesen sei. Eine in dem Menologium des Basilios, bei Theophylakt (prooem. in Luc.) [1]), Symeon Metaphrastes (in dem noch anzuführenden Enkomion) und in den den gedruckten Menäen vorangeschickten Versen, aber auch unter den Lateinern, in dem noch zu besprechenden Sermon des Bertharius von Montecassino und bei Gregor dem Grossen (Moral. in Job. praefat. c. 1 Opp. ed. Basil. 1564 p. 1, 4ᵛ)[2]) begegnende Notiz macht ihn zu Einem der Emmausjünger, also zum Gefährten des Kleophas, und erklärt die Nichterwähnung seines Namens aus der Bescheidenheit des Erzählers. Die Apostelverzeichnisse des Pseudo-Chrysostomos (hom. in XII app. Opp. VIII append. p. 11 Montfaucon) und des Michael Psellos des Aelteren (Pitra Spicileg. Solesm. IV, 496) zählen ihn gar, ebenso wie den Markus, unter den Zwölfen auf. Dagegen wissen Eusebios und Hieronymus zu erzählen, dass er in den griechischen Wissenschaften besser Bescheid gewusst habe, als im Hebräischen [3]); während Spätere ihn ebensogut in hebräischer wie in auswärtiger Bildung erfahren sein lassen.

καὶ τὴν ἰατρικὴν τῶν ψυχῶν κατόρθωσεν· πρῶτα μὲν τῷ Χριστῷ φοιτήσας καὶ παρ' αὐτοῦ τὰ σπέρματα τῆς εὐσεβείας ὑποδεξάμενος· ἔπειτα δὲ Παύλῳ τῷ κορυφαίῳ συναρμωσθεὶς καὶ διαφερόντως οἰκειωθεὶς καὶ γεγονὼς ἀκόλουθος αὐτῷ καὶ συνέκδημος, καθάπερ δὴ καὶ Πέτρου τοῦ κορυφαίου Μάρκος. φασὶ δέ τινες, καὶ μᾶλλον Ὠριγένης [d. h. der dial. de recta fide], ὅτι τοῖς ἑβδομήκοντα ἀποστόλοις καὶ Μάρκος καὶ Λουκᾶς πρὸ τοῦ δεσποτικοῦ σταυροῦ συνηρίθμηντο.

1) Opp. ed. Venet. 1757 I, p. σξς': Λουκᾶς ὁ θεῖος Ἀντιοχεὺς μὲν ἦν, ἰατρὸς δὲ καὶ τὴν ἔξω σοφίαν πολύς· οὐ μὴν ἀλλὰ καὶ τὴν ἑβραϊκὴν παιδείαν ἐξησκήσατο, τοῖς Ἱεροσολύμοις ἐπιφοιτήσας, ὅτε δὲ καὶ ὁ κύριος ἡμῶν ἐδίδασκεν. ὥστε φασί τινες ἕνα καὶ αὐτὸν γενέσθαι τῶν ἑβδομήκοντα ἀποστόλων καὶ ἐκ νεκρῶν δὲ ἀναστάντι τῷ Χριστῷ συναντῆσαι· μετὰ Κλεόπα· ἀναληφθέντος δὲ τοῦ κυρίου καὶ τοῦ Παύλου πιστεύσαντος γενέσθαι συνέκδημον καὶ ἀκόλουθον αὐτοῦ, φημὶ δὲ τοῦ Παύλου.

2) 'Hinc Lucas ait: cum ambularent duo ex discipulis in via, Cleopha et alius. Quem profecto alium, dum tam studiose tacuit ut quidam dicunt, quid nisi seipsum fuisse monstravit'?

3) Eusebios suppl. quaest. evang. ad Steph. bei Mai N. P. B. IV, 1, 270: οὐ μὴν ἀλλὰ πρὸς τῷ κατὰ φύσιν ἑλληνικῷ τῶν ἀνδρῶν ἐπήγετό τι πλέον ὁ Λουκᾶς ἐν λόγοις ἅτε ἰατρικῆς ἔμπειρος ὢν ἐπιστήμης. Hieron. in Jes. VI, 9 Opp. IV, 97 Vallars.: 'Evangelistam Lucam tradunt veteres ecclesiae tractatores medicae artis fuisse scientissimum et magis Graecas literas scisse quam Hebraeas'.

Lukas der Maler.

Eine in der späteren griechischen Kirche weitverbreitete Tradition berichtet noch von Lukas, er sei nicht blos Arzt, sondern auch Maler gewesen und habe das erste Muttergottesbild gemalt. Der älteste Zeuge für diese Tradition ist der Kirchenhistoriker Theodoros Anagnostes (Lector) aus der ersten Hälfte des 6. Jahrhunderts, welcher uns (I, 1) berichtet, dass die Kaiserin Eudokia auf ihrer Pilgerreise nach Jerusalem das von Lukas gemalte Bild der Maria aufgefunden und nach Konstantinopel an Pulcheria geschickt habe [1]. Nikephoros Kallistos, dem wir die Erhaltung der Fragmente Theodors verdanken [2]), erwähnt wiederholt Bilder Christi, der Maria und der grossen Apostel, welche Lukas gemalt habe (II, 43 ; VI, 16); insbesondere berichtet er noch von dem durch Eudokia von „Antiochien" nach Constantinopel geschickten Bilde der Maria in der Kirche ἀπὸ τῶν Ὁδηγῶν, welches von dem Evangelisten herrühre (h. e. XIV, 2. XV, 14). Auch die σύναξις zum 30. Juni weiss von den Bildern Christi, seiner Mutter und der Apostel, welche Lukas gemalt habe, zu berichten, und noch Genaueres über seine Malerkünste erzählen die grossen Menäen zum 18. October. Darnach hätte er das erste Bild der Maria mit dem Christuskinde und darauf noch zwei andre Bilder gemalt und der Mutter des Herrn dargebracht. Diese habe den Bildern die Gnade ihres Sohnes angewünscht. Ebenso habe Lukas die Bilder der Apostel gemalt [3]).

Translation nach Constantinopel.

Die Translation der Gebeine des Evangelisten nach Constantinopel erfolgte gleichzeitig mit der der Reliquien des Andreas

---

1) Theodoreti etc. hist. eccl. ed. Valesius Mogunt. 1679 p. 551: καὶ ὅτι ἡ Εὐδοκία τῇ Πουλχερίᾳ τὴν εἰκόνα τῆς θεομήτορος, ἣν ὁ ἀπόστολος Λουκᾶς κατεστόρησεν, ἐξ Ἱεροσολύμων ἀπέστειλεν.

2) Die Excerpte aus Theodor sollen ἀπὸ φωνῆς Νικηφόρου Καλλίστου τοῦ Ξανθοπούλου herrühren.

3) Φασὶ δὲ αὐτὸν πρῶτον τὴν εἰκόνα τῆς ἁγίας θεοτόκου ἐν ἀγκάλαις φέρουσαν τὸν κύριον ἡμῶν Ἰησοῦν Χριστὸν διὰ ζωγραφικῆς τέχνης ἐκ κηροῦ καὶ ἑτέρας δύο ζωγραφῆσαι· προσφέρειν τε αὐτὰς τὸν ἀπόστολον τῇ μητρὶ τοῦ κυρίου, εἰ ἀρεστόν ἐστιν αὐτῇ· καὶ αὐτὴν φάναι καὶ εἰπεῖν τὸ ἡ χάρις τοῦ ἐξ ἐμοῦ τεχθέντος δι᾿ ἐμοῦ μετ᾿ αὐτῶν, ὡσαύτως δὲ τῶν ἁγίων ἀποστόλων καὶ κορυφαίων τὰς ἁγίας εἰκόνας· καὶ ἐξ ἐκείνου εἰς πᾶσαν τὴν οἰκουμένην ἐξενεχθῆναι τὸ τοιοῦτον καλὸν καὶ εὐσεβὲς καὶ πάντιμον ἔργον.

im zwanzigsten Jahre des Constantius, 357 u. Z. So berichtet Hieronymus im Chronicon zum 20. Jahre des Constantius (Schöne II, 195), ferner de viris illustr. c. 7 (p. 13 Herding) und adv. Vigilantium (Opp. II, 391 Vallars.) und darnach zahlreiche jüngere Schriftsteller, Philostorgios (Hist. eccl. III, 2 p. 476 ed. Valesius, Mainz 1679), Dorotheos A, das Menologium des Basilios, die gedruckten Menäen, Nikephoros u. A. Die Chronik des Prosper (Opp. ed. Paris 1711 col. 729), und die Fasten des Idatius (in Sirmondi Opp. Venet. 1728 T. II, 262) nennen als Consulatsjahr Constantio IX et Juliano Caesare II (= 357), wofür das Chron. Pasch. (p. 542 ed. Bonn.) Κωνσταντίου Αὐγούστου τὸ ια' καὶ Ἰουλιανοῦ Καίσαρος τὸ β' angiebt; als Tag der Translation nennen die Fasten des Idatius den 3. März (V. non. Martias), eine Angabe, welche auch bei Theodoros Lector (hist. eccl. II, 61 bei Valesius Theodoreti Evagrii etc. hist. Mainz 1679 p. 567), und im Chron. Paschale (p. 542 Bonn.: μηνὶ δύστρῳ γ') wiederkehrt[1]). Dagegen werden die Natalitien des Lukas in der griechischen Kirche ganz allgemein am 18. October gefeiert.

Griechische Enkomien auf Lukas.

Von Enkomien auf den Evangelisten sind mehrere auf uns gekommen, die jedoch mehr homilienartigen Charakter tragen als sachliche Notizen bieten. Bisher ist nichts gedruckt als das dem Symeon Metaphrastes zugeschriebene ὑπόμνημα εἰς Λουκᾶν mit den Anfangsworten εἰ καὶ δικαίου μνήμην μετ' ἐγκωμίων τελεῖσθαι, griechisch und lateinisch hinter den Werken des Oikumenios (Paris 1631), ferner bei Combefis Auctar. Noviss. I, 513 sqq. und bei Migne Patr. gr. 115, 1130 sqq. Die lateinische Uebersetzung ist auch von Jos. van Hecke in den Actis SS. Octobr. VIII, 310 sqq. wiederabgedruckt.

Das ὑπόμνημα bietet trotz seines Umfanges nichts Eigenthümliches, abgesehen von einem groben Misverständnisse. Lukas aus Antiochien lernt zuerst syrisch und hebräisch, besucht darnach die Schulen in Hellas und Aegypten und bildet sich, nachdem er alle Wissenschaften durchlaufen, zum Arzte aus. Als die Kunde von dem Auftreten Jesu sich verbreitet, kommt er nach Judäa, wird ein Schüler des Herrn und auf dem Wege nach Emmaus gemeinsam mit Kleopas ein Zeuge seiner

---

1) Ueber die weiteren angeblichen Translationen nach dem Kloster S. Salvatoris de Gulleto im Neapolitanischen, nach Venedig und Padua s. Acta SS. Octobr. VIII p. 302 sqq.

Auferstehung. Nach Christi Himmelfahrt wird er als Heidenlehrer (ἐθνῶν διδάσκαλος) zu den Hellenen gesandt, schliesst sich darnach dem Paulus als Begleiter auf dessen Missionsreisen an, schreibt das Evangelium und die Apostelgeschichte. Nachdem er darauf den Paulus in Rom zurückgelassen, wendet er sich abermals nach dem Orient, predigt in Libyen und Aegypten, und lässt sich, nachdem er in der obern Thebais gepredigt, in der untern Thebais „der siebenthorigen" nieder, wo er vom heiligen Geiste als Hoherpriester und Hirt eingesetzt wird. Nach erfolgreicher Wirksamkeit stirbt er hier eines friedlichen Todes. Zum Schlusse wird die Translation der Gebeine von „Theben in Böotien" nach Constantinopel, die Beisetzung derselben zugleich mit den Reliquien des Andreas und Timotheus, die wunderbare Heilung eines kaiserlichen Eunuchen durch den Sarg des Heiligen und der prachtvolle Neubau der Apostelkirche durch Justinian berichtet.

Es ist klar, dass die angebliche Wirksamkeit des Lukas in der obern und untern Thebais auf Verwechselung mit Theben in Böotien beruht. Der Ausdruck τῇ κατὰ Θηβαΐδι τῇ ἑπταπύλῳ (Migne p. 1137) zeigt deutlich, dass der Metaphrast hier keiner anderen Tradition folgt als der bekannten, welche Wirksamkeit und Tod des Evangelisten nach dem „siebenthorigen" Theben, d. h. eben Theben in Böotien verlegt, während Theben in Aegypten als „hundertthorig" bezeichnet wurde. Zum Ueberflusse widerspricht der Erzähler sich selbst, indem er die Reliquien des Lukas nicht von Theben in Aegypten, sondern von Theben in Böotien nach Constantinopel transferirt werden lässt.

Von anderweiten griechischen Enkomien auf Lukas sind noch mehrere bisher ungedruckte zu nennen. Dahin gehören
Μεγάλη τῆς ἀποστολικῆς εὐκλείας ἡ δύναμις in cod. Coislin. 109 (309) saec. XI oder XII fol. 46, vgl. Montfaucon Bibl. Coislin. p. 185.
Ὦ λαμπρότης ὦ αἴνεσις ὦ σήμερον in demselben cod. Coislin. 109 (309) f. 53 vgl. Montfaucon. l. c.
Οἱ ἅγιοι τοῦ θεοῦ ἀπόστολοι καὶ εὐαγγελισταί vgl. Combefis Bibl. Concionat. VIII, 276 sq.
Οἱ μὲν ἅγιοι τοῦ θεοῦ μάρτυρες in cod. Coislin. 121 (57) vom Jahre 1343 mit der Ueberschrift περίοδοι καὶ τελείωσις τοῦ ἁγίου Λουχᾶ ἀποστόλου καὶ εὐαγγελιστοῦ vgl. Montfaucon l. c. p. 195.
Πράξεων καὶ λόγων ἄμιλλαν ὁρῶ in demselben Codex N. 6, vgl. Montfaucon l. c.

Meine Bemühungen, über den Inhalt dieser Enkomien etwas Näheres zu erfahren, sind leider bisher vergeblich gewesen. Eine Reise nach Paris hätten sie schwerlich gelohnt.

Die Tradition der Lateiner.

Das lateinische Abendland hat, wenn man von den sehr
späten Berichten über verschiedene Translationen der Reliquien absieht,
seine sämtlichen Nachrichten über Lukas von der griechischen Kirche
bezogen. Eine selbständige Tradition existirt auch nicht über den
römischen Aufenthalt des Evangelisten. Als Gedächtnistag nennt das
Kalendarium Karthaginiense von 526 den 13. October; verschiedene
Texte des Martyrol. Hieronymianum den 15. März = id. Mart. (codd.
Epternac. Wissenb. Corbej. mai. Gellon. Morbac. Corbej. min. August.
Labbean. Reg.-Suec.) oder den 14. März = prid. id. Mart. (Morbac.),
den 21. September = XI Kal. Octob. (codd. Lucc. Epternac. Wissenb.
Corbej. mai. Antissiodor. Morbac. Gellon. Richenov. Augustan. Labbean.) [1]).
Die meisten Texte des Hieronym. nennen aber den 18. October = XV
Kal. Novemb. (codd. Lucc. Epternac. Wissenb. Corbej. mai. Gellon. Mor-
bac. Turon. Corbej. min. Richenov. Augustan. Labbean.) und eben dieses
Datum ist wol in cod. Autissiod. nur in XVI Kal. Nov. (17. October)
verderbt. Der Cod. Lucc. bei Florentini und das kleinere Martyr.
Corbej. bezeichnen den 18. October als Tag der Translation ('in *Oriente*
translatio corporis S. Lucae evangelistae'), was Florentini p. 924 mit
Unrecht für ursprünglich hält. Die jüngeren lateinischen Martyrologien
(Roman. parv., Beda, Ado, Usuard u. s. w.) halten alle am 18. October
als dem Tage der Natalitien des Lukas fest. Als Tag der Translation
nach Constantinopel gilt der 9. Mai. Nach Ado und Notker ist dies
der Translationstag des Timotheus; seit Usuard wird derselbe Tag als
Translationstag auch des Andreas und Lukas in den Martyrologien angemerkt.

Die meisten Späteren wiederholen, was Hieronymus in der Schrift
de viris illustribus und in der praefatio zu Matthäus über Lukas berichtet. Die Angabe, dass er 'in *Achaiae Boeotiacque partibus*' gewirkt habe (praef. in Matth.) [2]), findet sich in einigen Handschriften

---

1) Andre Handschriften des Hieronymianum nennen noch den 27. Sep-
tember. So liest cod. Augustan. S. Udalrici zu V. Kal. Novemb. '*Romae Lucae*'.
- - Ausserdem schreiben codd. Lucc. Wissenb. Corb. maj. zum 3. Sept. (= III
non Sept.) '*In Aquileja ingressio reliquiarum sanctorum Andreae apostoli,
Lucae, Johannis*' (Gellon.: einfach '*Johannis, Lucae*'). Ebenso Richenov.
Augustan. Labbean. Ferner zum 27. November = V Kal. December codd.
Lucc. Epternac. Wissenb. Corbej. maj. '*Mediolani Lucae Andreae Johannis*'.
Gemeint ist wol ebenfalls eine Translation.

2) Die richtige Tradition bewahrt noch Paulinus von Nola in der oben
angeführten Stelle des Carmen. XI in Felicem.

verderbt, indem 'Bithyniae' statt 'Boeotiae' geschrieben ist. Hieraus
ist die bei den abendländischen Schriftstellern herrschend gewordene
Angabe geflossen, dass Lukas in Bithynien gestorben und begraben sei.
So Pseudo-Isidor de vitis et obitu sanctorum (Orthodoxogr. ed. Grynaeus II, 599)[1]), die noch zu besprechende lateinische vita, Ados libellus
de festivitatibus apostolorum [2]), Beda, Usuard und die späteren Martyro-
logien. Aus Bithynien ist weiter Bethanien verderbt, wie die codd.
Autissiodor. (zu XVI Kal. Nov.), Morbac. (zu XV Kal. Nov.) des martyr.
Hieronym. lesen ('Bethania Lucae evangelistae'), während andre Texte
(zu XI Kal. Octob.) des martyr. Hieronym. wie codd. Lucc. Wissenb.
Corbej. maj. 'in Peralice (Piralice, Paralice) civitate', codd. Epternac.
Richenov. zu XV Kal. Nov. 'in Anxiopoli' lesen [3]).

Am Schlusse des Artikels bei Hieronymus cat. vir. illustr. über
Lukas findet sich vor 'sepultus est Constantinopoli' nicht in Handschriften, aber in gedruckten Texten der Zusatz: 'vixit octoginta et
quatuor annos, uxorem non habens'. Die letztere Notiz begegnet uns
auch bei Beda[4]), Rabanus, Ado im libell. de festiv. apost. und bei
Späteren. Die Dauer seiner Lebenszeit wird sehr verschieden angegeben. Einige Texte des martyr. Hieronym., wie cod. Autissiodor.
nennen das 78., Pseudo-Isidor und Beda das 74., Ado und Usuard das
73., die erwähnte vita das 84. Lebensjahr u. s. w. Des Märtyrertodes gedenkt ausser Gaudentius von Brescia (l. c.) keiner unter den
Lateinern.

---

1) 'Lucas evangelista et apostolicae conscriptor historiae natione Syrus,
arte medicus, graeco eloquio eruditus, quem proselytum fuisse tradunt plerique
et hebraeas literas ignorasse. Hic tamen fuit Pauli discipulus et individuus
comes peregrinationis eius: ab ineunte pueritia castissimus fuit et evangelicae
praedicationis opus exercuit. Obiit septuagesimo quarto vitae suae anno sepultus in Bithynia. Cuius quidem ossa regnante Constantino Constantinopolim sunt translata'.

2) 'XI Kal. Novembr. Natalis sancti Lucae evangelistae, qui fuit natione
Syrus Antiochensis arte medicus discipulus apostolorum Paulum secutus usque ad confessionem eius serviens domino sine crimine; neque uxorem unquam habens neque filios. Septuaginta et trium annorum obiit in Bithynia
plenus spiritu sancto. Sepultus est autem nunc Constantinopoli, ad quam
urbem vicesimo Constantii anno ossa eius cum reliquiis Andreae apostoli
translata sunt' (der Rest ist aus Hieron. vir. illustr.).

3) Ob etwa 'Anxiopoli' (d. h. Axiopolis in Unter-Mösien) aus Constantinopoli corrumpirt ist, wage ich nicht zu entscheiden. Piralice ist mir unbekannt.

4) 'neque uxorem unquam habens neque filios, septuaginta quatuor annorum obiit in Bithynia'.

Der Sermo in natali S. Lucae.

Von Festreden auf Lukas ist nur der 'Sermo in natali S. Lucae evangelistae' zu erwähnen, welcher dem Abte Bertharius von Monte Cassino (856—884) zugeschrieben wird. Derselbe ist gedruckt bei Mombritius II f. 57 sqq. und in dem Homiliarium des Alkuin (ed. Colon. 1669 p. 930 sqq.), aber nicht in den Actis SS. Handschriftlich findet sich der Sermo nicht selten, z. B. codd. Casinens. 139. 148. 149 (Bibl. Casin. III, 253 sq. 306 sq. 313; ferner in Bibl. Laurent. Plut. XVII cod. 37 (Bandini I, 390); Plut. XX cod. 1 (Bandini 594); cod. 2 (Bandini 602); cod. 4 (Bandini 613). Bibl. Aedil. Florent. cod. 132 (Bandini suppl. I, 261); 133 (Bandini l. c. 283); 136 (Bandini 336). Bibl. Mugell. de Nemore cod. 13 (Bandini 573); 14 (Band. 589). Bibl. Amiatin. cod. 2 (Band. 636); auch in Paris, z. B. cod. Paris. lat. 12602 u. ö.

Vorangeht ein kurzer Prolog 'Cum in divinis' [1]), woran sich die eigentliche Festrede 'Igitur gloriosissimus apostolus et evangelista Jesu Christi natione videlicet erat Syrus' anreiht. Die Schlussworte lauten 'ad fidem ac dilectionem Jesu Christi domini nostri quem praedicavit confluerunt, qui cum deo patre etc.'

Der Inhalt der Erzählung ist der bekannte. Lukas 'natione Syrus Antiochensis', Arzt, Apostelschüler, Reisebegleiter des Paulus (2 Kor. 8, 18 erwähnt), Verfasser der Apostelgeschichte und des Evangeliums, welches letztere er 'in Achaiae Bithyniaeque partibus' schreibt, in griechischer Bildung wohl erfahren, nach der Meinung Einiger Einer der beiden Emmausjünger, stirbt 'in Bithyniae partibus' im 84. Lebensjahre am 18. October [2]). Zuletzt wird die Translation nach Constantinopel erwähnt. Eigenthümlich ist nur die Etymologie des Namens Lukas. Derselbe soll äolisch sein: 'in nostra autem lingua interpretatur consurgens seu elevans'.

---

1) 'Cum in divinis atque sacris voluminibus studiose lectitando perquirerem, ex qua ortus prosapia a quibus instructus quosque imitatus sit viros quibusve in partibus beatissimus Lucas evangelista scripserit atque docuerit, quove pausaverit eiusque sacrum deportatum fuerit cadaver loco, in singulis singula reperi et post pauca de pluribus carpens prout sensu capere potui ingenioli mei, partim stilo proprio explicare conatus sum, partim autem sicut a quibusdam reperi scripta doctoribus exarans vestrae intentis caritatis auribus noster subsequens sermo declarabit. Igitur gloriosissimus etc.'

2) l. c. p. 932: 'Tradunt praeterea nonnulli hunc evangelistam unum esse ex illis duobus discipulis quibus in castello Emaus euntibus dominus se sociavit etc. . . . . . Hic dum octuagesimum et quartum aetatis suae annum ageret obiit in Bithyniae partibus XV Kal. Novembr.'

Von späteren Chronisten ist ausser Freculph, der (II, 2, 4) den Pseudo-Isidor ausschreibt, etwa noch Ordericus Vitalis zu nennen, der aber ebenfalls (I, 2, 21 Migne 188, 184 sq.) nur das Bekannte gibt. Ein Syrer aus Antiochien, von Beruf Arzt, wird Lukas Schüler der Apostel und Begleiter des Paulus, predigt 'in Achaiae partibus', schreibt Evangelium und Apostelgeschichte und stirbt endlich 83 Jahr alt in Bithynien, XV Kal. Novembr. Seine Gebeine werden mit denen des Andreas und Timotheus im 20. Jahre des Constantius, am 9. Mai, nach Constantinopel transferirt. Eigenthümlich ist nur, dass auch der Wunder gedacht wird, die Lukas vollbracht habe: insbesondere soll er einen Todten erweckt haben.

Orientalische Traditionen.

Unter den Syrern weist die Doctrina apostolorum (bei Cureton l. c. 34, 13 sqq.) dem Lukas Byzanz, Thrakien und das ganze Land bis zur Donau, der Gränze des Reiches gegen die Barbarenländer, als Sprengel zu [1]). Eben daselbst (p. 35, 8 sqq.) findet sich die ganz eigenthümliche Notiz, dass Lukas die Apostelgeschichte dem Priscus und Aquila übergeben habe. Dieselben heissen seine Schüler und lebenslänglichen Begleiter. Die Abfassung des Evangeliums in Antiochia wird möglicherweise von Ephrem (evang. concordantis expos. ed. Mösinger p. 286, vgl. Zahn Tatians Diatessaron S. 54 Anm. 3) überliefert; die Doctrina App. nennt dafür Makedonien (p. 32, 10), eine dritte, namentlich in Handschriften der Peschita verbreitete Tradition nennt Alexandrien (Zahn a. a. O.). Die armenische Kirche feiert das Gedächtnis des Lukas mit den Griechen am 18. October; die koptische und abyssinische am 22. Paophi (Babeh) oder Tekemt (= 19. October).

Der arabische Prolog zum Lukasevangelium (Peter Kirsten, vitae evangelistarum quatuor. Breslau 1608 p. 38—46) bezeichnet ihn nach herkömmlicher Tradition als einen Arzt in Antiochia. Er wird einer der 70 Jünger, begegnet dem Auferstandenen auf dem Wege nach Emmaus und schliesst sich später dem Paulus an. Sein Evangelium soll er im letzten, d. h. im vierzehnten [sic] Jahre des Claudius, im 22. Jahre nach Christi Himmelfahrt geschrieben haben. Als Ort wird an

---

[1] „Byzanz und die ganze Gegend von Thrakien und Umgebung bis zu dem grossen Flusse, dessen Ufer die Gränze von den Barbaren bildet, empfing die apostolische Handauflegung zur Priesterweihe von dem Apostel Lukas u. s w.".

einer Stelle „Alexandrien in Griechenland“, an einer zweiten „die Stadt
Makedonien in Griechenland“ genannt. Zuletzt soll er, ebenso wie das
Synaxarium erzählt, in Rom Märtyrer geworden sein, am zweiund-
zwanzigsten Babeh (So sind natürlich die Worte بابه صو, mit denen
Peter Kirsten p. 45 nichts anzufangen wusste, zu erklären).

Die koptischen Acten des Lukas.

Eine ganz eigenthümliche Tradition über Lukas bringt das a r a b i -
s c h e S y n a x a r i u m der koptischen Kirche zum 22. Babeh (bei
W ü s t e n f e l d S. 81 flg.). Lukas, Evangelist und Arzt, einer der 70,
begleitete Petrus und Paulus und schrieb ihre Geschichte. Nach dem
Heimgange beider Apostel führt er fort, in den Districten von Rom zu
predigen, bis er von den Heiden und Juden beim Kaiser Nero als
Zauberer verklagt wird. Als Lukas erkennt, dass sein Ende nahe sei,
übergibt er seine Bücher und Rollen einem Fischer. Vor Nero geführt, verantwortet er sich gegen die Anklage der Zauberei. Als der
Kaiser ihm die rechte Hand abhauen lässt, heilt er sie sich selbst wieder
an und trennt sie dann freiwillig wieder vom Leibe. Das Wunder bewegt den Hauptmann, seine Frau und 276 Seelen, gläubig zu werden.
Nero aber lässt sie alle samt Lukas köpfen, den Leichnam des Evangelisten aber auf eine geflochtene Decke legen und ins Meer werfen. Derselbe wird von den Wellen nach einer Insel getragen, wo ein frommer
Mann ihn aufhebt und ehrenvoll bestattet.

Wesentlich dieselbe Erzählung wie im arabischen Synaxarium ist
auch in dem Martyrium des Lukas enthalten, welches das ä t h i o p i s c h e
Certamen apostolorum zum 22. Tekemt bewahrt hat (Malan p. 60—66).

Bei der Aposteltheilung fällt die Stadt Rom dem Petrus zu. Mit
ihm reisen einige seiner Schüler, Titus von der Stadt Galila und Lukas
von der Stadt Dalmatia. Nach dem Tode des Apostels unter Nero
zerstreuen sich seine Schüler und predigen das Evangelium in allen
Gegenden. Als auch Paulus von Nero enthauptet ist, verbirgt sich
Lukas vor ihm und predigt auswärts. Er schreibt einen Bericht von
allen Werken, welche Petrus, als er predigte, vollbracht hat, verrichtet
auch selbst viel Wundercuren, führt viele zum Glauben und baut zahlreiche Kirchen. Da treten die Götzenpriester, vom Satan getrieben, mit
den Juden im Tempel der „Hauptstadt jener Gegenden“ zusammen. Die
Oberpriester beschweren sich über die 72 galiläischen Männer, welche
als Boten eines Mannes Namens Christus durch ihre Zauberkünste das
römische Volk zu ihrer Lehre verführen und besonders über den Einen

Zauberer Lukas, welcher den Nachstellungen Nero's bisher noch immer entgangen ist. Darauf nimmt Isaak, der Oberste der Juden in jener Gegend, das Wort und erzählt, als er mit einem guten Manne Namens Amilil in Jerusalem gewesen, hätten die Hohenpriester Annas und Kaiaphas und Alexander und Rialius einen Mann Namens Jesus gekreuzigt und begraben. Derselbe sei aber am dritten Tage auferstanden und in seinem Namen predige dieser Lukas. Sie antworten mit Einer Stimme: Wie konnte er, wenn einmal todt, auferstehn? Als die Götter im Tempel aber den Namen Jesu hörten, stürzten sie nieder und zerbrachen in Stücke. Da zerrissen die Priester ihre Kleider, schüttelten ihre Köpfe, gingen nach Rom zum Kaiser und meldeten ihm die Ankunft eines Zauberers, welcher den Namen Jesu anrufe. Der Kaiser erwidert, er habe alle Bekenner dieses Namens tödten lassen mit Ausnahme des Lukas, der seinen Händen entgangen sei. Da melden sie ihm, dieser Lukas sei in ihrer Stadt und thue Wunder. Zornentbrannt sendet Nero vier Leibgardisten und zwei Soldaten ab, um ihn zu greifen. Lukas hat grade den Gottesdienst beendet und das Volk entlassen. Er steht auf, geht zur Meeresküste und findet dort einen alten Fischer Namens Silas. Diesen ruft er herbei, meldet demselben seinen bevorstehenden Märtyrertod und übergibt ihm seine Schriften zum Aufbewahren: dieselben würden ihm den Weg des Lebens lehren. Silas that wie ihm geheissen und die Kraft Gottes kam über ihn und er begann überall zu predigen im Namen Gottes.

Während Lukas mit ihm noch redete, kamen die Soldaten des Kaisers, ergriffen ihn und führten ihn gebunden zu Nero. Dieser lässt ihn ins Gefängnis werfen und am folgenden Morgen zum Verhör vorführen. Der Kaiser befragt ihn, ob er Lukas sei, welcher die ganze Stadt Rom zu Grunde gerichtet und die Verehrung der Götter durch seine Zauberkünste verhindert habe. Lukas beruft sich zur Antwort auf den Auftrag des Herrn im Evangelium Matth. 10, 23. 5, 11: „Wenn sie euch in einer Stadt verfolgen, flieht in eine andere. Selig seid ihr wenn man alles Böse euch lügnerischer Weise nachsagt um meinetwillen: freuet euch und seid fröhlich, denn gross ist euer Lohn im Himmel". Darauf betheuert er, das Werk, welches er von seinem Vater Petrus gelernt, sei ein gutes Werk und er kenne keinen andern Zauber, als den Namen seines Herrn Jesu Christi. Nero verbietet ihm, den Namen Christi vor seinem Throne zu nennen: kaum hat ihn Lukas aber genannt, so fallen alle Götzenbilder des Throues zu Boden. Da befiehlt Nero ihn zu geisseln bis das Blut herabfliesst und ihm den Kopf und die rechte Hand abzuhauen. Als ihm vom Henker die Hand abgehauen

ist, fragt der Kaiser ihn, ob das die Hand sei, mit der er seine Bücher
geschrieben und das Volk von Rom bezaubert habe, welches seiner —
Neros — Herrschaft unterworfen sei. Da betet Lukas, um dem Kaiser
zu zeigen, dass sein Gott nicht ohnmächtig sei wie jene, zu Christus,
und bittet ihn, er möge ihm seine abgehauene Hand wieder herstellen.
Darauf ergreift er die abgehauene Rechte mit der Linken, setzt sie an
den Stumpf und alsbald ist sie wieder angeheilt. Auch dieses Wunder
erklärt der Kaiser für Zauberwerk. Lukas aber, zum Zeichen, dass er
den Tod in dieser vergänglichen Welt nicht fürchte, nimmt die abgehauene Rechte mit der Linken wieder ab. Als der Richter Inatus das
Wunder sieht, wird er mit seinem Weibe und seinem ganzen Hause, zusammen 287 Seelen, gläubig. Der Kaiser aber befiehlt das Todes-
urtheil wider Lukas niederzuschreiben, ihn am selben Tage, dem 22. Tekemt, zu enthaupten, den Leichnam in einen mit Sand beschwerten Sack
von grobem Haargewebe zu stecken und ins Meer zu werfen. Als Lukas
den Befehl hört, bittet er den mit der Execution betrauten Hauptmann
um eine kurze Frist zum Gebet. Darauf betet er zu Christus, er möge
ihm Kraft und Gnade und das Erbe mit seinem Vater Petrus verleihn.
Als einer der Offiziere, welcher auf dem einen Auge blind war, mit dem
gesunden Auge ihn beten sieht, fällt er ihm zu Füssen, bittet ihn um
Heilung und wird gläubig. Der andere Offizier aber enthauptet erst
den Heiligen und dann seinen gläubig gewordenen Kameraden. Darauf
steckt man den Leichnam des Lukas in einen härenen Sack und wirft ihn
ins Meer. Auf Befehl Gottes aber tragen ihn die Wellen zu einer Insel.
Ein gläubiger Mann findet ihn, zieht ihn heraus, bekleidet ihn mit guten
Gewändern und bestattet ihn ehrenvoll.

Wir haben in diesem äthiopischen Martyrium sicher keine spätere
Erweiterung, sondern wenigstens in allem Wesentlichen noch die ursprüngliche Gestalt der im Synaxarium nur ins Kurze gezogenen koptischen
Legende. Die Notiz im Eingange, dass Titus von „der Stadt Galila"
und Lukas von „der Stadt Dalmatia" herstammen solle, ist natürlich
ein wunderliches Misverständnis von 2 Tim. 4, 10 flg. Vermuthlich ist
diese Angabe erst durch die auch den Kopten bekannten πράξεις Παύλου vermittelt, in welchen beide Apostelschüler in ähnlicher Weise zusammengestellt sind, nur dass hier Titus von Dalmatien und Lukas von
Gallien gekommen, d. h. dem Paulus nach Rom vorangereist sein sollen.
Beide erscheinen auch in dem äthiopischen Certamen apostolorum ebenso
wie bei Pseudo-Linus (Bibl. Patr. Max. II, 70 sqq.) als die beiden Gefährten des Apostels Paulus, welche Augenzeugen seines Todes sind
(Malan p. 14 sq.).

Ausser den πράξεις Παύλου scheinen auch die Pilatusacten benutzt
zu sein. Wenn im äthiopischen Martyrium die Namen der jüdischen
Hohenpriester Annas, Kaiaphas, Alexander und Rialius genannt werden,
so ist es doch gewis nicht zufällig, dass auch die Pilatusacten cap. 1
(p. 214 Tischend. ed. II) ausser Ἄννας und Καΐάφας und einigen
anderen Namen auch noch Ἀλέξανδρος und Ἰάειρος aufführen [1]). Statt
Ἰάειρος hat die koptische Uebersetzung der Pilatusacten Ilierius, was
beim Aethiopier noch weiter in Riarius verderbt ist. An die Pilatusacten erinnert wol auch der wiederholte Zug, dass bei Nennung des
Namens Jesu die Götterbilder zu Boden fallen. In den Pilatusacten
neigen sich bekanntlich die römischen Feldzeichen und Standarten vor
Jesus, als er ins Prätorium des Pilatus eintritt (p. 220 Tischend.). Die
Namen Amilil und Inatus für den Begleiter des Juden Isaak und für den
römischen Richter sind verderbt; die Nachricht, dass Silas ursprünglich
Fischer gewesen und von Lukas dessen Schriften zur Aufbewahrung erhalten habe, ist meines Wissens sonst nirgends erhalten. Die ganze
Legende knüpft sicher nicht an eine römische Localtradition über Lukas
an, obwol sie in Rom und Umgegend spielt: denn sonst müsste sich davon doch irgend eine Spur in der Tradition der abendländischen, speciell
der römischen Kirche erhalten haben. Sonach ist dieselbe wol ursprünglich in der koptischen Kirche zu Hause. Der vorliegende Text kann,
wie die Benutzung der Pilatusacten zeigt, frühestens gegen Ende des
4. Jahrhunderts entstanden sein, ist aber vielleicht noch erheblich jünger.

---

[1]) Der Name Alexander begegnet uns auch in der syrischen Doctrina
apostolorum p. 31, 1. wo nächst Judas, Levi, Peri. Joseph und Justus, den
Söhnen des Hananja, noch „die Priester Kaiphas und Alexander" aufgeführt
werden.

Die Acten des Timotheus.

Die ältere Timotheuslegende.

Als Kaiser Constantius im Jahre 356 die Gebeine des h. Timotheus, des Schülers von Paulus, nach Constantinopel übertragen und unter dem Altare der Apostelkirche beisetzen liess [1]), hat wahrscheinlich die Legende von dessen Märtyrertode in Ephesos schon existirt. Jedenfalls muss man schon einige Zeit vorher das Grabmal des Apostelschülers in der kleinasiatischen Hauptstadt gezeigt haben. Seine ephesinische Wirksamkeit ergab sich einfach aus 1 Tim. 1, 3, vgl. 2 Tim. 2, 18. Schon Eusebios erwähnt daher als eine ἱστορία, dass er der erste Bischof von Ephesos gewesen sei (h. e. III, 4, 5) [2]) und dasselbe wird uns auf dem Concile zu Chalkedon aus den Diptychen der ephesinischen Kirche berichtet (Harduin IX, 88. Mansi VII, 293ᴬ[3]). Die apostolischen Constitutionen (VII, 46) berichten ausdrücklich, dass er von Paulus zum ersten Bischof von Ephesos eingesetzt worden sei, eine Angabe, welche der Dorotheostext A (cod. Vindobon.) und Sophronios wiederholen. Ersterer rechnet ihn ebenso wie das Chron. Paschale p. 420 Bonn. zu den 70 Jüngern, in deren Liste er jedoch in den übrigen Verzeichnissen (Dorotheos B, Pseudo-Hippolyt, dem

---

1) Hieronymi chronicon ad Constantii annum XIX. II. 195 Schöne, vgl. in Vigilantium II, 391 Vallarsi; Chron. Paschale p. 542 (*Constantio Augusto XI et Juliano Caesare cons.*). Prosperi chronic. und Idacii fasti 'Constantio VIII et Juliano'.

2) Τιμόθεός γε μὴν τῆς ἐν Ἐφέσῳ παροικίας ἱστορεῖται πρῶτος τὴν ἐπισκοπὴν εἰληχέναι.

3) Λεόντιος ὁ εὐλαβέστατος ἐπίσκοπος Μαγνησίας εἶπεν Ἀπὸ τοῦ ἁγίου Τιμοθέου μέχρις νῦν εἴκοσι ἑπτὰ ἐπίσκοποι ἐγένοντο· πάντες ἐν Ἐφέσῳ ἐχειροτονήθησαν· μόνος Βασίλειος κατὰ βίαν ὧδε ἐγένετο. Vgl. auch die aus Cramers Catenen der griech. Väter VI, 97, 21 von Usener p. 17 angeführte Stelle Theodors von Mopsuhestia.

angeblichen Logothetes) fehlt, meldet von ihm weiter, dass er von Ephesos aus nach Illyrikum und ganz Hellas mit seiner Predigt gekommen, zuletzt aber in Ephesos gestorben und ehrenvoll bestattet worden sei [1]). Letzterer, welcher ihn hinter Matthias und vor Titus und Crescens aufführt, bezeugt ausdrücklich seinen Märtyrertod [2]).

Die ephesinischen Acten des Timothens.
Die Ueberlieferung des Textes.

Dass eine ältere Tradition über seine Thaten und Schicksale nicht existirt hat [3]), beweisen die griechisch und lateinisch auf uns gekommenen Acten. Die lateinische Uebersetzung ist schon längst edirt; abgesehen von der mir nicht zugänglichen editio princeps in den vitis Sanctorum, Löwen 1485, ist sie bei Lipomannus und Surius gedruckt, darnach auf Grund neuverglichener Handschriften von Bolland in den Actis SS. Januar. T. II p. 566 sq. und von Peleterius in der Ausgabe des canon eccles. veter. von Franz Pithöus (Paris 1687) p. 366 sq. auf Grund eines Codex des Pariser Klosters St. Germain. Der griechische Originaltext war bisher nur in den Auszügen bei Photios (bibl. 254) und in den griechischen Menäen und Synaxarien, sowie in den von Peter Halloix (illustr. eccl. orient. script. vitae et documenta I, 558) und du Cange (gloss. mediae graecitatis I, 607) mitgetheilten Proben bekannt. Die erste vollständige Ausgabe auf Grund des von Max Bonnet abgeschriebenen cod. Paris. gr. 1219 saec. XI oder XII hat neuerdings Usener zugleich mit einer neuen Recension des lateinischen Textes (unter Benutzung der codd. Paris. lat. 17625 und 5300) und gelehrten Anmerkungen veranstaltet (Acta S. Timothei. Bonner Universitätsprogramm 1877). Dem verdienten Herausgeber verdanken wir ausser einem zuverlässigen Texte auch die erste eingehende Untersuchung über

---

1) Dorotheos A: Τιμόθεος ὁ ὑπὸ Παύλου ἐπίσκοπος γενόμενος Ἐφέσου ἐν τῷ Ἰλλυρικῷ καὶ ἐν ἀπάσῃ τῇ Ἑλλάδι ἀρξάμενος ἀπὸ Ἐφέσου ἐκήρυξε τὸ εὐαγγέλιον τοῦ κυρίου Ἰησοῦ Χριστοῦ. ἐκεῖ οὖν ἀπέθανε καὶ ἐκεῖ ἐτάφη ἐνδόξως. Dorotheos B (bei Ducange) erwähnt den Timotheus beiläufig als Vorgänger des Gajus im Bisthume zu Ephesos.

2) Sophron. in Hieronymi opp. II, 960 Vallars.: Τιμόθεος δὲ ὁ ἐπίσκοπος Ἐφέσου κατασταθεὶς ὑπὸ τοῦ μακαρίου Παύλου, ἐξ ἐθνῶν ἦν οὐκ ἐκ περιτομῆς. ὡς καὶ πολλὰ μαρτυρεῖ Παῦλος, νουθετῶν τὴν καλὴν ὁμολογίαν τοῦ δοθέντος αὐτῷ χαρίσματος φυλάξαι· ὃς καὶ ἐνδόξως ἐκεῖ ἐμαρτύρησεν.

3) Die Notiz der actus Petri Vercellenses, dass Paulus den Timotheus mit Barnabas nach Makedonien geschickt habe, ist eine leere Erfindung der gnostischen Acten.

Ursprung und Charakter der acta Timothei, sowie zahlreiche literarische Nachweisungen, von denen wir hier dankend Gebrauch machen.

Die Acten sind im griechischen Texte überschrieben Μηνὶ ἰανουαρίῳ κβ μαρτύριον τοῦ ἁγίου καὶ πανευφήμου ἀποστόλου Τιμοθέου μαθητοῦ γεναμένου Παύλου τοῦ ἀποστόλου, πρώτου ἐπισκόπου τῆς ἐν Ἐφέσῳ ἐκκλησίας, μαρτυρήσαντος ἐπὶ βασιλέως Νέρβα. Die Ueberschrift des lateinischen Textes lautet *'Incipit passio sancti Timothei discipuli sancti Pauli apostoli quae est XI Kal. Febr. Martyrium sancti Timothei discipuli quidem facti sancti Pauli apostoli primi autem patriarchae constituti Ephesiorum metropolis Asiae'.* Hierauf folgt die nur im lateinischen Texte enthaltene Adresse an alle in „diesem Asien" und Phrygien, Pamphylien, Pontos und Galatien und alle im katholischen Kirchenfrieden befindlichen Mitpresbyter: als Verfasser bezeichnet sich Polykrates, offenbar der bekannte Bischof von Ephesos, welcher das Folgende auf Grund der Ueberlieferung der Augenzeugen niedergeschrieben haben will [1]).

Inhalt.

Der Inhalt der Acten ist folgender.

Nach einer Einleitung, in welcher der Verfasser sein Unternehmen mit dem Hinweise auf ähnliche Lebensbeschreibungen heiliger und gottgeliebter Männer rechtfertigt, bringt er zunächst die Nachrichten der lukanischen Apostelgeschichte (der πράξεις καθολικαί). Timotheus stammt aus Lystra, einer Stadt der „Eparchie" Lykaonien, von einem hellenischen Vater und einer jüdischen Mutter; ein Schüler des Apostels Paulus und Reisegefährte desselben, hat er viel mit ihm bei Verkündigung des Evangeliums erlitten und hat sich ihm nützlich erwiesen, indem er zugleich mit ihm die Metropolis Ephesos leitete und unter dem Kaiser Nero und dem Procousul Maximus von Asien zum ersten Bischofe dieser Stadt eingesetzt wurde.

Seine Lehren, Wunderthaten und Heilungen, welche allen menschlichen Verstand übersteigen, sind zu erfahren aus dem, was speciell von ihm ἐν ταῖς τῶν ἁγίων ἀποστόλων πράξεσιν berichtet ist. Der Er-

---

1) *'Cunctis huius Asiae et Frigiae, Pamphyliae, Ponti et Galatiae et omnibus in catholica pace degentibus compresbyteris: ego omnium vestrum minimus Polycrates, sicut ipsi qui viderunt nobis tradiderunt et nos statim sicut succepimus in aedificationem innotescere iustum duximus, pax et salus in Christo fratribus'.*

zähler dagegen achtet es für seine Aufgabe hinzuzufügen, dass Timotheus
ein persönlicher Schüler nicht blos des hochgepriesenen Apostels Paulus,
sondern auch des ruhmvollen Theologen Johannes gewesen ist. Als
nämlich Nero wider die Apostelhäupter Petrus und Paulus wüthete und
auch die ruhmvollen Schüler derselben auf verschiedene Weise ihr
Leben endigten, da kam der Theologe Johannes vom Schiffbruche aus-
geworfen in diese Stadt, wie man aus dem von Irenäus dem Bischofe
von Lyon über ihn Geschriebenen entnehmen kann, und verfasste daselbst sein Evangelium. Der Hergang wird folgendermaassen berichtet.
Als die Schüler der Schüler des Herrn die von diesen über die von ihnen
selbst erlebten Wunderthaten Christi verfassten zerstreuten Blätter nicht
zusammenzustellen verstanden, kamen sie nach gemeiner Annahme nach
Ephesos zu Johannes und übergaben sie ihm. Dieser nahm Kenntnis
davon, vertheilte das Ganze in drei Evangelien und benannte diese nach
Matthäus, Markus und Lukas. Da er aber fand, dass sie nur die menschliche Genealogie Jesu berücksichtigt hatten, so ergänzte er ihre Darstellungen durch die „Theologie", d. h. die Logoslehre, und fügte auch
die von ihnen unerwähnt gelassenen Wunderthaten hinzu. Der ganzen
Schrift legte er dann seinen eigenen Namen bei. Später verbannte
Kaiser Domitian den Theologen Johannes auf Grund der Einflüsterungen
eines bösen Dämons und von allerlei Verleumdungen des Heiligen von
Ephesos nach der Insel Patmos, einer der Kykladen.

Während nun Timotheus das Bisthum von Ephesos verwaltete, in
der Stadt aber noch Ueberreste des ehemaligen Götzendienstes vorhanden waren, wurde an bestimmten Tagen das heidnische Fest der
Καταγώγια gefeiert. Die Theilnehmer des Festes verhüllten ihr Angesicht mit Masken, fielen mit Knitteln und Götzenbildern in den Händen
und gewisse Gesänge absingend über freie Männer und Frauen her, verübten Mordthaten und vergossen viel Blut an den ansehnlichsten Plätzen
der Stadt, gleich als wäre dies ein nothwendiges und heilsames Werk.
Vergeblich suchte Timotheus sie durch Belehrung von so wahnsinnigem
Treiben abzuhalten. Zuletzt trat er an dem Tage dieser greulichen
Feier von freien Stücken mitten ins Thor und rief ihnen zu: „Männer
von Ephesos, gebt euch nicht götzendienerischer Raserei hin, sondern
erkennt den wahrhaftigen Gott". Da fielen die Diener des Teufels voll
Zorn über seine Lehre mit ihren Knütteln und mit Steinen über ihn her
und schlugen den Gerechten zu Boden. Die Knechte Gottes hoben ihn
noch lebend auf und legten ihn auf einem abgesondert liegenden Berge
„dieser Stadt" jenseit des Hafens nieder und als er hier in Frieden seinen
Geist aufgegeben, bestatteten sie ihn an der Stätte Namens Pion, wo

sich noch jetzt sein heiligstes Martyrion (das Grabmal oder die Grabkirche des Märtyrers) befindet.

Als aber nach dem Tode Domitians Nerva die Regierung über-
nommen hatte, rief dieser den Johannes zurück. Bei seiner Rückkehr
in „diese Stadt" fand der Apostel den Timotheus schon todt, übernahm
auf Veranlassung der damaligen Bischöfe selbst die Kirchenleitung und
verwaltete dieselbe bis zur Regierung Trajans.

Es endete aber der heilige und ruhmvolle Märtyrer Timotheus drei
Tage nach den Katagogien, nach asiatischer Zeitrechnung am 30. Tage
des vierten Monats, nach römischer am 22. Januar, unter dem Kaiser-
thume des Nerva, unter dem Proconsulate des Peregrinus.

Geschichtlicher Werth.

Das Erste, was an dieser Darstellung auffallen muss, ist dieses,
dass sie fast ebensoviel von Johannes als von Timotheus selbst berichtet.
Usener hat (p. 35) dies durch die Annahme erklärt, dass der Erzählungsstoff der Acten einfach aus einer älteren Geschichte der ephesinischen Kirche herausgelöst, und ohne Beseitigung der lediglich auf
Johannes bezüglichen Stücke, höchstens hie und da verkürzt, durch
Hinzufügung eines Vorworts und der aus liturgischen Büchern geschöpften chronologischen Schlussbemerkungen, dem neuen Zwecke an-
gepasst worden sei. Indessen ist von den als Quelle vorausgesetzten
'annales Ephesiorum' sonst keine Spur vorhanden, wie sich denn auch
der Verfasser der Acten selbst auf ein solches Werk nicht beruft. Die
für eine Lebensbeschreibung des Timotheus aber so unzweckmässige
Composition, welche Usener richtig geltend gemacht hat, erklärt sich
einfacher auf anderem Wege. Man wird nicht umhin können, dem Ur-
theile Zahns (in der Recension des Usener'schen Programmes, Göttinger
gelehrte Anzeigen 1878, 4, S. 97 ff.) beizutreten, wenn dieser aus der
ausserordentlichen Dürftigkeit der in den Acten enthaltenen Nachrichten
über Timotheus folgert, dass eine dem Verfasser zur Verfügung stehende
ältere Tradition über Leben, Thaten und Schicksale des Apostelschülers
überhaupt nicht existirte. Die Notiz, dass Timotheus am Feste der
ephesinischen Katagogien den Märtyrertod von der Hand der rasenden
Festgenossen erlitten habe, ist im Grunde das einzige eigenthümliche
Datum, was die Acten über die Schicksale des Heiligen beizubringen
wissen. Die Nachricht, dass er nicht blos ein Schüler des Paulus, sondern auch des Johannes gewesen sei, ergab sich von selbst aus dem
Bestreben, den aus 1 Tim. 1, 3 wol schon lange vor unserm Verfasser

erschlossenen ephesinischen Episkopat des Timotheus mit der lang-
jährigen Wirksamkeit des Johannes in Ephesos auszugleichen. Eben
hieraus erklärt sich weiter die Verlegung des Todes des Timotheus in
die Regierungszeit des Nerva. Denn unmöglich konnte doch der aus
dem Patmosexile zurückberufene Apostel gemeinsam mit dem Apostelschüler die ephesinische Kirche regiert haben. Sollte er also nicht
schon vor der Ankunft des Johannes in Ephesos vom Schauplatze abge-
treten sein, so ergab sich das Ende des Patmosexiles von selbst als die
Zeitgrenze für den ephesinischen Episkopat des Timotheus (vgl. auch
Zahn a. a. O. S. 109) [1]).

Im Zusammenhange mit seiner Ansicht von der älteren Quelle, aus
welcher die Acten geschöpft haben sollen, glaubt Usener allerdings eine
Reihe weiterer Angaben der Acten auf ältere Quellen, theils auf eine ver-
loren gegangene Schrift des Irenäus, theils auf eine ältere ephesinische
Localtradition zurückführen zu können. Hierhin glaubt er namentlich
eine Reihe von Nachrichten über Johannes, insbesondere über seinen
Schiffbruch und über die Umstände, unter denen die Abfassung des
Evangeliums erfolgte, rechnen zu dürfen. Auf Irenäus beruft sich der Erzähler selbst für seine Nachrichten
über die Ankunft des Johannes in Ephesos, welche nach dem Tode des
Petrus und Paulus erfolgt sein soll. Auf der Fahrt nach Ephesos soll
der Apostel Schiffbruch gelitten haben, aber glücklich ans Land gespült
worden sein [2]). Die Nachricht vom Schiffbruche des Johannes und
seiner wunderbaren Landung ist uns jetzt nur noch bei Prochorus
(p. 8 sq. 13 ed. Zahn) aufbewahrt, stammt aber wahrscheinlich aus den
gnostischen περίοδοι Ἰωάννου (I, 436. 443 flg. 507). Dass sie nicht

---

1) Freilich bleibt auch bei dieser Annahme noch grosse Unklarheit
zurück. Denn da nach den Acten Timotheus von Paulus zum ephesinischen
Bischof eingesetzt worden sein soll, so muss dies geschehen sein vor der
Uebersiedelung des Johannes in die ephesinische Hauptstadt, wie dies z. B.
Hilarius (in ep. ad Ephes. bei Pitra Spicileg. Solesm. I, 97) ausdrücklich versichert; die Schwierigkeit, welcher der Erzähler entgehn will, kehrt also an
andrer Stelle wieder zurück. Hierzu kommt, dass die Johannesschülerschaft des
Timotheus ja erst aus des Apostels ephesinischem Aufenthalte abstrahirt ist,
jener also zu diesem als amtirender Bischof in ein Schülerverhältnis getreten
sein müsste.

2) p. 9, 24 Usener: Νέρωνος γὰρ κατὰ τῶν κορυφαίων τῶν ἀποστόλων
Πέτρου καὶ Παύλου λυττήσαντος τῶν τε σὺν αὐτοῖς μαθητῶν διαφόρως τὸν
βίον πληρωσάντων ἔτυχεν Ἰωάννην τὸν μέγαν θεόλογον ἐπιστῆναι ταύτῃ τῇ
πόλει ἐκφρασθέντα ἐκ ναυαγίου, ὡς ἐξὸν τοῖς βουλομένοις ἐκ τῶν ὑπὸ Εἰρη-
ναίου τοῦ Λουγδώνος ἐπισκόπου εἰς αὐτὸν συγγεγραμμένων γνῶναι.

aus Irenäus geschöpft ist, dem unser Erzähler nur die allgemeinsten
Notizen über den ephesinischen Aufenthalt des Johannes bis zu den
Zeiten Trajans, das Patmosexil unter Domitian und die Rückberufung
unter Nerva verdankt, hat sich bereits früher (I, 433 flg.) gezeigt. Es
fragt sich aber sogar, ob er auch nur diese allgemeinen Angaben
direct von Irenäus bezogen habe. Dieselben sind bekanntlich mit
ausdrücklicher Berufung auf die Autorität des Irenäus von Eusebios in
die Kirchengeschichte (h. e. III, 18, 2; 23, 3. 4; V, 8, 4 vgl. Iren.
haer. II, 22, 5. III, 1. 3, 4. V, 30, 3) aufgenommen worden und gehören seitdem zu dem Gemeingute der kirchlichen Ueberlieferung. Die
Nachricht, dass Johannes erst nach dem Tode des Petrus und Paulus
unter Nero nach Ephesos gekommen sei und dort sein Evangelium geschrieben habe, ergab sich ebenfalls leicht genug aus der von Eusebios
aus Irenäus (III, 1) entnommenen Notiz, dass Matthäus noch während
Petrus und Paulus in Rom predigten, Markus und Lukas erst nach dem
Tode der beiden Apostel, Johannes aber als der letzte von allen sein
Evangelium in Ephesos geschrieben habe.

Nun hat allerdings Usener die Bekanntschaft des Verfassers
unsrer Acten mit Eusebios in Abrede gestellt (p. 35). Aber eine nähere
Betrachtung der Erzählung über die Entstehung unsrer Evangelien [1]),
welche Usener 'inter antiquissimas Asianae ecclesiae fabulas' glaubt
rechnen zu dürfen, führt hier doch wol zu einem andern Ergebnisse.
Zunächst muss man Zahn Recht geben, wenn er erinnert, dass nicht
die μαθηταί τοῦ κυρίου selbst, sondern deren Schüler als Verfasser der
zerstreuten χάρται über die θαυματουργήματα des Herrn, welche
Johannes dann ordnet und vertheilt, bezeichnet werden [2]). Usener

---

1) p. 9, 28 sqq. Usener: καὶ γὰρ καὶ οἱ ἐπακολουθήσαντες τοῖς μαθηταῖς
τοῦ κυρίου ἡμῶν Ἰησοῦ Χριστοῦ τοὺς παρ' αὐτῶν σποράδην συνταγέντας χάρτας
διαφόροις γλώσσαις συγγεγραμμένους τῶν γεναμένων ἐπ' αὐτῶν [sc. τῶν μαθητῶν τοῦ κυρίου] θαυματουργημάτων ὑπὸ τοῦ κυρίου ἡμῶν Ἰησοῦ Χριστοῦ οὐκ
ἐγνωκότες συνθεῖναι, παραγενόμενοι ἐπὶ τῆς Ἐφεσίων κατὰ κοινὴν γνώμην
Ἰωάννῃ τῷ πανευφήμῳ θεολόγῳ αὐτοὺς προσήγαγον· ὅστις πάντα κατανοήσας
καὶ ἐξ αὐτῶν ὁρμηθεὶς τὰ μὲν παρ' αὐτῶν εἰρημένα ἐν τοῖς τρισὶν εὐαγγελίοις
ἐνθεὶς κατὰ τάξιν Ματθαίου καὶ Μάρκου καὶ Λουκᾶ ἀπεγράψατο, τὰς αὐτῶν
ὀνομασίας ἐνθεὶς τοῖς εὐαγγελίοις· εὑρὼν δὲ αὐτοὺς τὰ τῆς οἰκονομίας τῆς
ἐνανθρωπήσεως γενεαλογήσαντας, ἅτε τὰ ἐκ τοῦ θείου στήθους ἀνα-
μαξάμενος τὰ ἐκείνοις οὐκ εἰρημένα αὐτὸς θεολογεῖ, ἀναπληρώσας καὶ τὰ
ἐλλιπῶς αὐτοῖς εἰρημένα ἐν τοῖς κεφαλαίοις [in den Anfangparticcen?] θεῖα
θαυματουργήματα· ὅθεν τῷ τοιούτῳ συντάγματι εἴτ' οὖν εὐαγγελίῳ τὸ ἑαυτοῦ
ἐπέθηκεν ὄνομα.

2) Hiernach ist auch das oben I, 440 Z. 13 Gesagte zu berichtigen.

hat sich hier wol durch die lateinische Uebersetzung verleiten lassen, das παρ' αὐτῶν auf die ἐπακολουθήσαντες τοῖς μαθηταῖς τοῦ κυρίου statt auf diese μαθηταί selbst zu beziehn. Hiermit wird aber dasjenige hinfällig, was Usener als besondere Eigenthümlichkeit unsrer Erzählung und als ein Merkmal hohen Alterthums betrachtet. Wir haben hier lediglich eine weitere Ausschmückung der Erzählung des Eusebios (h. e. III, 24) [1]. Wenn Eusebios berichtet, dass die drei älteren Evangelien dem Johannes übergeben worden seien und dass dieser sein Urtheil darüber gefällt habe, so wird dies hier dahin weiter bestimmt, dass es Apostelschüler waren, welche ihm die Evangelien seiner Vorgänger übergeben hätten. Ja sowenig hat der Verfasser unsrer Acten ein Bewusstsein davon, hier etwas Eigenthümliches zu erzählen, dass er sich für seinen Bericht ausdrücklich auf die κοινὴ γνώμη beruft. Eigenthümlich ist daran nichts als die Angabe, dass erst Johannes die zerstreuten Blätter geordnet und zu drei Evangelien, denen er die Namen des Matthäus, Markus, Lukas gab, zusammengestellt habe. Auch dies geht aber wol nur auf Misverständnis der Worte des Eusebios zurück, dass die Apostel eine kunstmässige Zusammenstellung der Lehren des Herrn zu unternehmen weder vermocht noch auch nur versucht hätten [2]. Völlig klar wird aber die Abhängigkeit unsres Erzählers von Eusebios in den folgenden Worten. Genau wie dieser berichtet auch er, dass Johannes diejenigen Thaten des Herrn, welche seine Vorgänger unerwähnt gelassen, ergänzt habe; und wörtlich mit Eusebios berührt er sich in der weiteren Angabe, dass jene nur die menschliche Genealogie Jesu berücksichtigt hätten, Johannes aber das von ihnen verschwiegene specifisch Theologische, d. h. die Logoslehre, hinzugefügt habe. Während aber Eusebios sich für seine anderweiten Nachrichten auf die Tradition — auf das in dem κατὰ κοινὴν γνώμην wiederklingende φασί — beruft, redet er grade bei den Schlussworten im eigenen Namen. Folglich

---

1) III, 24, 7: τῶν προαναγραφέντων τριῶν εἰς πάντας ἤδη καὶ εἰς αὐτὸν [Ἰωάννην] διαδεδομένων ἀποδέξασθαι μέν φασιν ἀλήθειαν αὐτοῖς ἐπιμαρτυρήσαντα, μόνην δὲ ἄρα λείπεσθαι τῇ γραφῇ τὴν περὶ τῶν ἐν πρώτοις καὶ κατ' ἀρχὴν τοῦ κηρύγματος ὑπὸ τοῦ Χριστοῦ πεπραγμένων διήγησιν κτλ. III, 24, 12: οὐκοῦν ὁ μὲν Ἰωάννης τῇ τοῦ κατ' αὐτὸν εὐαγγελίου γραφῇ τὰ μηδέπω τοῦ βαπτιστοῦ βεβλημένου εἰς φυλακὴν πρὸς τοῦ Χριστοῦ πραχθέντα παραδίδωσιν .... εἰκότως δ' οὖν τὴν μὲν τῆς σαρκὸς τοῦ σωτῆρος ἡμῶν γενεαλογίαν .... ἀποσιωπῆσαι τὸν Ἰωάννην, τῆς δὲ θεολογίας ἀπάρξασθαι.

2) Euseb. h. e. III, 24, 3: τὸ μὲν ἐν περινοίᾳ καὶ τέχνῃ λέγειν τὰ τοῦ διδασκάλου μαθήματα πρεσβεύειν οὔτε ᾔδεισαν οὔτε ἐνεχείρουν.

muss man überall, wo der Gegensatz der menschlichen Genealogie und
der Theologie als charakteristisches Merkmal des Unterschiedes der drei
ersten und des vierten Evangeliums geltend gemacht wird, auf literarische Abhängigkeit von Eusebios erkennen.

Bemerkenswerth ist noch, dass unser Verfasser die Abfassung des
Evangeliums vor das Patmosexil des Johannes setzt, während er von
der auf Patmos geschauten Apokalypse völlig schweigt. Auch in dieser
Notiz über das Evangelium erblickt Usener, und diesmal nicht ohne
Grund, eine ältere Tradition (p. 20. 21). Während nämlich die herkömmliche Ueberlieferung die Abfassung in die letzte Zeit des ephesinischen Aufenthaltes des Apostels verlegt, offenbar weil er unter allen
Evangelisten zuletzt, oder wie Irenäus noch bestimmter sagt (III, 1),
erst längere Zeit nach dem Tode des Petrus und Paulus geschrieben
haben soll, weiss das Muratorische Fragment vielmehr zu berichten,
dass Johannes durch seine Mitapostel, unter denen namentlich Andreas
hervorgehoben wird, zum Schreiben aufgefordert worden sei. Im Gegensatze zu der eben mitgetheilten Tradition werden hier also die Apostel
noch als lebend gedacht, und Zahn hatte keine Ursache, die hierauf bezüglichen ganz richtigen Ausführungen Useners mit höhnischen Worten
zurückzuweisen (a. a. O. S. 107). Aber die weit spätere Erzählung
der syrischen vita Joannis bei Wright (apocryphal acts of the apostles
p. 57 sq. der engl. Uebers.), nach welcher zuerst Matthäus, Markus und
Lukas, darnach Petrus und Paulus den Johannes zum Schreiben auffordern, beweist jedenfalls, dass eine Darstellung wie die unsrer Acten
noch im 5. oder 6. Jahrhundert möglich war; denn höher geht die Abfassungszeit der syrischen vita Joannis nicht hinauf (s. oben I, 434).
Dass ferner das Schweigen über die Apokalypse kein Zeichen besonders
hohen Alterthums ist, hat Usener selbst ganz richtig bemerkt (p. 24),
wenngleich er in der Annahme irrt, dass der alexandrinische Kanon des
Athanasios (im neunten Festbriefe Opp. I, 961 sq.), welcher die von
Eusebios und andern Zeitgenossen bezweifelte Schrift „aus ihrem Exile
zurückrief", in der Kirche seitdem allgemeine Annahme gefunden habe
(vgl. dagegen die Zusammenstellungen bei Hilgenfeld, Einleitung ins
N. T. S. 138 ff.). Es liegt an sich kein Hinderniss vor, eine der klein-

---

1) lin. 9—16 (bei Hesse, das Muratorische Fragment S. 83): *'quarti evan-*
geliorum Johannis ex discipulis cohortantibus condiscipulis et episcopis suis
dixit conieiunate mihi hodie triduo et quid cuique fuerit revelatum alterutrum
nobis enarremus. Eadem nocte revelatum Andreae ex apostolis ut recog-
noscentibus cunctis Johannes suo nomine cuncta describeret'.

asiatischen Kirche angehörige Schrift, welche die Apokalypse mit Stillschweigen übergeht, statt in der Periode zwischen dem Zeitalter des Eusebios und dem neunten Festbriefe des Athanasios (365), vielmehr im 5. oder 6. Jahrhundert, ja noch später geschrieben sein zu lassen.

Als eine Bereicherung unsrer geschichtlichen Kenntnis könnte man ferner geneigt sein, die Angaben über die Proconsuln von Asien zu betrachten, welche in unsern Acten sich finden. Timotheus soll unter dem Proconsulate des Maximus Bischof geworden (p. 8, 16 sq.) und unter dem Proconsulate des Peregrinus (p. 13, 9) gestorben sein. Indessen hat schon Usener (p. 28) gegen den letzteren Namen wenigstens Bedenken erhoben, während er, freilich gegen den zuversichtlichen Widerspruch Zahns (S. 109), den ersteren für historisch hält und an Q. Allius Maximus, Consul suffectus im Jahre 49 denkt (p. 16). Eine Entscheidung wird hier, wenn überhaupt, wol nur von dem Ergebnisse weiterer Forschungen zu erwarten sein. Die Möglichkeit „dreister Erfindung" wird sich zur Zeit nicht abweisen lassen; doch ist grade bei der Verwerfung solcher Angaben aus der Profangeschichte die grösste Vorsicht geboten. So viel ich sehe, steht der Annahme nichts Ernstliches entgegen, dass unser Verfasser, wie Usener vermuthet, die Provinzial-Fasten von Asien eingesehn habe. Für die Lebensgeschichte des Timotheus selbst ist jedoch, auch wenn beide Namen geschichtlich sein sollten, daraus nichts zu gewinnen. Denn wir sahen bereits, welche Motive den Erzähler bewogen, den Tod des Apostelschülers grade unter Nerva zu setzen; von einer Einsetzung des Timotheus zum „Bischofe" von Ephesos kann aber überhaupt keine Rede sein.

Dass unsre Acten gar keine Wundergeschichten über Timotheus zu erzählen wissen, kann ihnen kaum zur Empfehlung gereichen (Usener p. 34), sondern bestätigt nur, dass eine ältere Tradition über Timotheus nicht existirte, und dass unser Erzähler so ehrlich war, keine Wunderthaten seines Helden auf eigene Hand zu erfinden. Aber wie schon Zahn (S. 102) bemerkt hat, er setzt ja voraus, dass der Apostelschüler Wunderwerke und Heilungen, die alle menschlichen Gedanken übersteigen, vollbracht habe, wie ein jeder aus dem speciell über ihn ἐν ταῖς τῶν ἀγίων ἀποστόλων πράξεσιν Gesagten ersehen könne. Von dem was dort über Timotheus berichtet sei, macht er alsdann mit ἡμᾶς δὲ δίκαιον παραστήσαι den Uebergang zu seinen eigenen Nachrichten über ihn, welche freilich dürftig genug sind, und beruft sich gleich für die folgenden, im Interesse der angeblichen Johannesschülerschaft des Timotheus mitgetheilten Angaben über Johannes, wie bereits bemerkt wurde, auf Irenäus von Lyon. Schon dieser Zusammenhang

macht es unwahrscheinlich, dass jene Berufung auf die Apostelacten nur
eine „lügnerische" Bezugnahme auf die unter dem Namen πράξεις τῶν
ἀποστόλων verbreiteten Apokrypha sein soll (Zahn S. 102 f.). Im
Vorangehenden sind lauter neutestamentliche Nachrichten verwerthet,
lediglich vermehrt durch die vermeintliche Zeitbestimmung für die
Bischofsweihe des Timotheus. Dass die kanonische Apostelgeschichte,
auf welche sich die Acten vorher berufen, von Wunderwerken des
Timotheus nichts berichtet, ist freilich wahr; aber auch die apokryphen
Apostelacten haben, soviel wir jetzt noch wissen können, davon nichts
erzählt; überdies ist es unwahrscheinlich, dass mit den „einem Jeden
zugänglichen" πράξεις τῶν ἁγίων ἀποστόλων ein andres Buch gemeint
sein soll, als die kurz vorher erwähnten καθολικαί πράξεις. Wenn aber
auch nicht von den Wundern, so erzählt doch die kanonische Apostelgeschichte Mancherlei von den Missionsreisen des Timotheus im Gefolge
beziehungsweise im Auftrage des Paulus, also von der διδασκαλία und
den πολιτείαι des Apostelschülers, welche in der fraglichen Stelle
der Acten mit den θαυματουργίαι und ἰάσεις zusammengefasst
werden[1]).

Eine schätzenswerthe Notiz haben die Acten endlich noch in der
Erwähnung des heidnischen Festes der Καταγώγια erhalten, welches am
20. Januar zu Ephesos gefeiert wurde. Ueber das Fest ist uns sonst
keine Kunde überliefert; selbst der Name der Gottheit, welcher es galt,
bleibt ungewis. Erst das Martyrologium Romanum zum 24. Januar bezeichnet es ausdrücklich, aber wol nur auf Grund von Act. 19, 24 ff., als
ein Fest der Diana. Die blutigen Bräuche dieses Festes, von denen der
Berichterstatter erzählt, sind nach Useners Nachweisen auch sonst
nicht unerhört. Ueberhaupt muss hier auf Useners Anmerkungen p. 24
und 25 sq. verwiesen werden. Dass Timotheus als ein Opfer der bei
dieser Feier herkömmlichen Mordthaten gefallen sei, könnte auf einer
älteren ephesinischen Localtradition beruhn, und wäre dann die einzige
ältere Nachricht über den Apostelschüler, welche dem Verfasser überhaupt zur Verfügung stand. Aber ebenso möglich bleibt, dass er aus
dem Datum des damals in Ephesos gefeierten Gedächtnistages des
Timotheus, dem 22. Januar, wegen der Zeitnähe mit den Katagogien
seine Erzählung herausgesponnen hat. Wenigstens würde sich so auf

---

1) p. 9, 1 Usener: ἔσα μὲν οὖν αὐτῷ ἔν τε διδασκαλίᾳ καὶ θαυματουρ-
γίαις καὶ ἰάσεσιν καὶ πολιτείαις ὑπερβαινούσαις ἀνθρωπίνους λογισμοὺς πέπρακ-
ται, ἐξὸν ἑκάστῳ ἐκ τῶν διαφόρως εἰς αὐτὸν εἰρημένων ἐν ταῖς τῶν ἁγίων
ἀποστόλων πράξεσιν καταμαθεῖν.

sehr einfache Weise die Angabe erklären, der Heilige sei nicht sogleich todtgeblieben, sondern erst am dritten Tage seinen Wunden er-
legen [1]).

Entstehungsverhältnisse und äussere Zeugnisse.

Um nun die Abfassungsverhältnisse, Zeit und Ort der Entstehung
der Acten zu ermitteln, ist zuvörderst die dem lateinischen Texte vorangeschickte Adresse, in welcher Polykrates, der aus dem Pascha-
streite bekannte Bischof von Ephesos ums Jahr 190 u. Z., als Verfasser
genannt wird, ins Auge zu fassen. Usener macht (p. 5) nach Bollands Vorgange (Acta SS. l. c. p. 563) darauf aufmerksam, dass die
griechischen Texte diesen Namen nicht kennen; auch der von ihm
herausgegebene Pariser Codex hat die Zuschrift nicht, ebensowenig
scheint Photios (bibl. cod. 254), welcher die Acten genau excerpirt,
dieselbe gekannt zu haben. Wir haben nur lateinische Zeugen dafür,
unter denen, von den lateinischen Handschriften abgeschn, Sigebet-
tus Gemblacensis († 1112) der älteste ist [2]). Darnach kennt sie
auch Vincentius von Beauvais (specul. hist. XI, 38), wenn auch,
wie es scheint, aus einer andern Quelle. Natürlich ist Usener nicht,
wie Zahn (S. 99 flg.) insinuirt, so unverständig gewesen, den Sigebert
für den Erfinder der Nachricht zu erklären [3]): es kommt ihm in diesem
Zusammenhange nur darauf an, aus ihrem späten Auftauchen ihre Un-
glaubwürdigkeit zu erweisen. Daran, dass wir es hier mit keiner
ächten Schrift des Polykrates zu thun haben, kann freilich kein Zweifel
sein, und die einzige Frage bleibt, ob sich die Acten von vornherein
unter dem falschen Namen des Polykrates einführten, also den Schein
erweckten, aus grauer Vergangenheit herzustammen, oder ob sie ursprünglich anonym, erst bei den Lateinern zu einer pseudonymen Schrift

---

1) Der Gedächtnistag des Timotheus in der griechischen Kirche ist ganz
allgemein der 22. Januar. Als Tag der Translation nennt Theodoros Lector
in der Kirchengeschichte (II, 61 ed. Valesius Mainz 1679 p. 567) den 24. Juni,
das Chron. Pasch. (p. 542 ed. Bonn.) den 1. Panemos, d. h. den 1. Juli. Im Chron.
Idacii (in Sirmondi opp. Venet. 1728 T. II, 262) ist 'kal. Jul.' in 'kal. Jun.'
verderbt. Die koptische Kirche feiert das Gedächtnis des Timotheus am 23.
oder 27. Tubeh (18. oder 22. Januar).

2) de vir. illustr. c. 3 'Polycrates passionem S. Timothei apostoli scripsit
et alia multa'. Vgl. Usener p. 5. Fabricius bibl. eccl. II, 93.

3) Diese Annahme ist übrigens wirklich vertreten durch Baronius zum
Martyrol. Rom.

geworden sind. Letztere Möglichkeit lässt sich im Hinblick auf die dem
Amts- und Zeitgenossen des Polykrates, Melito, beigelegte Bearbeitung
der lateinischen miracula Joannis, so lange bis der Name des Polykrates
in der Ueberschrift unserer Acten nicht bei griechischen Zeugen wieder
aufgefunden worden ist, nicht von der Hand weisen. Immerhin hat
jedoch die entgegengesetzte Annahme Zahns (S. 101 flg.) viel Wahrscheinlichkeit. Denn wenn in der lateinischen Zuschrift „Polykrates"
die Bischöfe von Asien als 'h u i u s Asiae compresbyteri' bezeichnet, so
erinnert unleugbar dieses Demonstrativ an die wiederholt in den Acten
vorkommende Bezeichnung von Ephesos als „diese Stadt" (p. 9, 26;
12, 57. 62; die Stelle 8, 15 entscheidet nichts), d. h. wie Z a h n es
paraphrasirt „diese unsre Stadt Ephesos, von wo aus ich schreibe".
Minder ins Gewicht fällt die weitere Reflexion, „ein nicht ganz bewusst-
loser Schriftsteller" habe nur dann so reden können, „wenn er sich zuvor als Epheser eingeführt hatte". Denn mag der Erzähler sich mit
dem ehrwürdigen Namen des Polykrates geschmückt haben oder nicht:
ein Epheser ist er selbst sicher gewesen, wie ja auch Zahn nicht bestritten hat. Ein andrer als ein ephesinischer Schriftsteller wäre wol
schwerlich dazu gekommen, lediglich um seine Fiction aufrechtzuerhalten,
immer wieder Ephesos als „diese Stadt" zu bezeichnen. Hierzu kommt
weiter die genaue Localkenntnis in Ephesos: der Verfasser kennt nicht
blos das Grabmal auf dem Pion, sondern auch die Lage dieses Berges;
ferner die Bekanntschaft mit der ephesinischen Feier der Katagogien,
ihrem Kalendertage und ihrer Bräuche; endlich der Gebrauch des
„asiatischen" Kalenders neben dem römischen.' Auch die besondere
Vorliebe für Johannes, den Apostel von Ephesos, die Mittheilung einer
von der herkömmlichen Tradition abweichenden Ansicht über die Abfassungszeit seines Evangeliums und die Erwähnung zweier Proconsuln
von Asien (selbst wenn deren Namen unhistorisch sein sollten) dient
zur Bestätigung der ephesinischen Heimath unsrer Schrift. Grade für
einen Epheser lag es aber andrerseits nahe, wenn er nach einem berühmten Namen der Vergangenheit suchte, um mit demselben seine
Leistung zu schmücken, grade auf den ephesinischen Polykrates zurückzugreifen, obwol er über dessen Zeitverhältnisse schon stark im Unklaren
ist, wenn er ihn nach der lateinischen Zuschrift seine Kunde über Timotheus direct von Augenzeugen schöpfen lässt. Aber auch dieser Anachronismus durfte der Erzählung zur weiteren Beglaubigung dienen.

Schwieriger als der Abfassungsort der Schrift ist die Abfassungszeit zu bestimmen. Nur soviel steht fest, dass sie n a c h e u s o b i a -
n i s c h ist, also frühestens im zweiten Viertel des 4. Jahrhunderts ge-

schrieben sein kann. Ob aber vor oder nach der im Jahre 356 erfolgten
Translation der Gebeine des Timotheus nach Constantinopel, oder wie
Usener vorzieht, unmittelbar auf Anlass der Translation selbst, also
präcis 356? Wenn die Acten von Haus aus unter dem Namen des
Polykrates ausgegangen sind, so gibt allerdings, wie schon Bolland
bemerkte (Acta SS. l. c. p. 563, 7) und neuerdings wieder Zahn gegen
Usener einwirft (S. 99), das Schweigen über die Translation keinen Beweis gegen ihre spätere Abfassung; denn „Polykrates" hatte dann allerdings einen sehr triftigen Grund, von einer die Pseudonymität sofort
aufdeckenden Thatsache zu schweigen.

Tiefer hinunter, mindestens bis ins letzte Viertel des 4. Jahrhunderts würde die Bezeichnung Lykaoniens als Eparchie führen, da nach
Useners Nachweisen (p. 35) diese Landschaft erst im Jahre 374 von
Pisidien getrennt und zu einer selbständigen Eparchie erhoben worden
ist. Zahn bestimmt nach eben diesem Datum den terminus a quo, während Usener hier eine spätere Textänderung vermuthet. Für die letztere
Annahme scheint in der That Manches zu sprechen. Sicher hätten wir,
abgesehen von jenem Datum, gar keinen Grund, mit der Abfassung der
Acten über 356 hinunterzugehn. Ein schicklicher Anlass zu ihrer Composition bot für einen ephesinischen Christen sich am Ersten doch in
der Zeit dar, da seine Vaterstadt noch die Gebeine des Apostelschülers
beherbergte. Wenn wir nun weiter lesen, der heilige Leichnam sei auf
dem Berge Pion bestattet worden, dort wo jetzt sein heiligstes Martyrium sich befindet (ἔνθα νῦν τυγχάνει τὸ ἁγιώτατον αὐτοῦ μαρτύριον),
so liegt die Annahme sicher am Nächsten, dass, als Pseudopolykarp
dieses schrieb, das Grabmal wirklich noch des Timotheus Gebeine um-
schloss. Der Anlass unserer Schrift würde dann am Einfachsten in der
Wiederkehr der kirchlichen Gedächtnisfeier des Heiligen in seiner Grab-
kapelle am 22. Januar zu suchen sein. Wenn diese Voraussetzungen
gelten, so müssen die Acten zwischen 325 und 356 geschrieben sein.
Geht man aber einmal von dem Jahre 374 als dem Datum für die Erhebung Lykaoniens zu einer eigenen Eparchie aus, so fehlt jede Handhabe zur Aufstellung einer Vermuthung über den äusseren Anlass der
Acten, und man muss in diesem Falle Zahn beipflichten, dass dieselben
ebensogut ums Jahr 500 wie um 400 geschrieben sein können (S. 114).
Für einen etwas späteren Abfassungstermin lässt sich auch nicht ohne
Schein die Bekanntschaft unseres Verfassers mit der Erzählung von

---

1) p. 8, 11 Usener: ὥρμητο δὲ ἐκ πόλεως Λυστρῶν, ἥ τίς ἐστι μία τῆς
Λυκαόνων ἐπαρχίας.

dem angeblichen Schiffbruche und der wunderbaren Rettung des Johannes verwerthen. Denn diese Erzählung geht wahrscheinlich auf Leucius zurück, eine Bekanntschaft katholischer Schriftsteller mit den leucianischen Apostelgeschichten ist aber erst seit Ende des 4. Jahrhunderts ausdrücklich bezeugt. Indessen finden sich verschiedene leucianische Johanneslegenden schon in weit früherer Zeit in der anonymen Tradition der katholischen Kirche (oben I, 65. 70).

Benutzung der Acten bei den späteren griechischen Schriftstellern.

Bei Pseudo-Dorotheos und Pseudo-Sophronios fehlt noch jede Spur einer Bekanntschaft mit den Acten des Timotheus. Doch ist es nur Zufall, dass uns das erste sicher datirbare Zeugnis für ihr Vorhandensein in der griechischen Kirche nicht früher als im 9. Jahrhunderte begegnet. Denn im Abendlande lässt sich die Bekanntschaft mit ihnen um volle zwei Jahrhunderte höher hinauf verfolgen.

Der erste uns bekannte griechische Zeuge ist der gelehrte Patriarch Photios von Constantinopel (bibl. cod. 254 p. 468 Bekker, wieder abgedruckt bei Usener p. 29 sq.). Derselbe gibt zuerst unter der Ueberschrift ἀνεγνώσθη ἐκ τῆς μαρτυρικῆς Τιμοθέου τοῦ ἀποστόλου συγγραφῆς eine ganz kurze Inhaltsübersicht, und reiht an diese kurze Excerpte, meist mit den eigenen Worten der Acten, aber in anderer Zusammenstellung: zunächst über die Rückkehr des Johannes nach Ephesos nach des Timotheus Tode (= 12, 60—13, 65 Usener), dann über des Apostels erste Ankunft in Ephesos, den Schiffbruch, die wunderbare Rettung und die Abfassung des Evangeliums (= 9, 24—10, 36 Usener), woran sich eine nochmalige Erwähnung der Uebernahme des Bisthums durch Johannes nach des Timotheus Tode und seiner ephesinischen Wirksamkeit bis zur Regierung Trajans reiht (= 12, 60—13, 65 Usener). Hierauf folgt eine kurze Notiz über die Einsetzung des Timotheus zum Bischof von Ephesos durch den Apostel Paulus (= 8, 14—17 Usener) und zuletzt eine fast wörtliche Wiedergabe der Stelle über die ephesinischen Katagogien (= 11, 45—51 Usener). Bemerkung verdient nur, dass Photios die Stelle von der ephesinischen Stuhlbesteigung des Johannes mit Bezugnahme auf spätere Bräuche etwas abweichend wiedergibt. Statt der Worte διὰ τῶν τηνικαῦτα εὑρεθέντων ἀρχιερέων τῆς προεδρίας ἀντελάβετο (12, 64 sq. Usener) schreibt er αὐτὸς δι᾽ ἑαυτοῦ ἑπτὰ συμπαρόντων ἐπισκόπων τῆς Ἐφεσίων ἀντιλαμβάνεται προεδρίας. Das δι᾽ ἑαυτοῦ erläutert sich von selbst: ein Apostel konnte doch sein Amt nur selbst übernehmen, nicht von Andern übertragen erhalten.

Die ἀρχιερεῖς deutet Photios wol richtig auf Bischöfe und bestimmt ihre Zahl auf sieben, nach der Zahl der sieben alten Kirchen von Asien, zu welchen freilich die ephesinische Kirche selbst mit gehört. Der spätere Brauch, dass die asiatischen Suffraganbischöfe bei der Inthronisation des Metropoliten von Ephesos administrirten, wird uns auch anderwärts bezeugt (Usener p. 28).

Eine wortreiche Paraphrase der Acten des Timotheus gibt ferner Symeon Metaphrastes in seinem ὑπόμνημα εἰς τὸν ἅγιον ἀπόστολον Τιμόθεον mit den Anfangsworten Τιμόθεον τὸν μέγαν ἤνεγκε μὲν ἡ Λυκαόνων, zuerst griechisch aus cod. Paris. 1457 saec. XI bei Migne 114, 761 sqq. (lateinisch in Actis SS. Jan. T. II p. 567 sqq. und bei Migne l. c.)[1]). Der Text des Metaphrasten findet sich ziemlich häufig in Handschriften. Usener führt (p. 30) noch einen cod. bibl. Laurent. plut. XI cod. 2 saec. X oder XI (f. 109) und einen cod. Ambrosian. gr. A 149 sup. auf. Auch in Paris liegen mehrere Handschriften. Symeon folgt ziemlich genau dem Texte der Acten, hat jedoch denselben durch Zuthaten erweitert. Zum Eingange stellt er die neutestamentlichen Nachrichten über Timotheus zusammen, natürlich mit dem üblichen Redeschwall; darnach geht er (col. 768 A) zur Wiedergabe des Inhaltes der Acten über. Im Widerspruche mit denselben lässt er jedoch den Timotheus nicht von Paulus, sondern von Johannes zum Bischofe von Ephesos geweiht werden (col. 768 A) und zwar, wie es weiter unten heisst, auf Anlass der Verbannung des Apostels nach Patmos, daher er nur kurze Zeit das bischöfliche Amt bekleidet haben soll (col. 769 C). Ferner fügt er bei der Erzählung über die Entstehung des Johannesevangeliums den vollständigen Bericht des Eusebios ein, wofür die eigenthümlichen Angaben der Acten grösstentheils weggeblieben sind[2]). Ebenso fehlt die chronologische Schlussnotiz über das Martyrium des Timotheus. Dagegen gibt der Metaphrast unmittelbar nach der Erzählung des Märtyrertodes einen Bericht von der Translation der Gebeine des Heiligen nach Constantinopel unter Kaiser Constantius auf Veranlassung des Patriarchen Artemios (col. 772 B) und von der prächtigen

---

1) Das von Leo Allatius p. 126 unter den Werken Symeons noch weiter ausgeführte griechische Martyrium Ἴσμεν πολλοὺς ἱστορίας τε καὶ βίους ist natürlich der von Usener edirte Text der Acten, was oben I, 186 hätte bemerkt werden sollen. Der Sachverhalt ist bereits I, 180 dargelegt worden.

2) Symeon hat hier nur die Worte: τῶν μέντοι μαθητῶν οἱ τοῖς ἄλλοις εὐαγγελισταῖς καὶ ἀποστόλοις ἀκολουθήσαντες τὰ ὑπ’ ἐκείνων διαφόρῳ γλώττῃ συντεταγμένα — οὕπω γὰρ ἦσαν ὁμοφώνῳ χρώμενοι διαλέκτῳ — εἰς τὴν Ἐφεσίων πόλιν κομίσαντες αὐτῷ ἐγχειρίζουσιν (= 9, 25—10, 32 Usener).

Erneuerung der Kirche, in welcher die heiligen Gebeine des Andreas, Lukas und Timotheus beigesetzt waren, durch Justinian (col. 772 C). Zum Schlusse bringt er endlich (col. 772 D), was er in seiner Quelle noch weiter über Johannes las, die Rückkehr desselben nach Ephesos unter Nerva und seine bischöfliche Wirksamkeit bis zu den Zeiten Trajans, mit der hinzugefügten Bemerkung, dass Johannes hiernach sowol der Vorgänger als der Nachfolger des Timotheus gewesen sei.

Aus den Acten geschöpft haben weiter auch die **griechischen Monologien** und **Synaxarien**. Usener theilt zunächst unter Nr. III und IV den Text von zwei handschriftlichen Synaxarien zum 22. Januar mit, einen älteren aus zwei Codd. der ambrosianischen Bibliothek in Mailand, Ambr. D 74 sup. saec. XI und Ambr. B 104 sup. (p. 31 sq.), und einen jüngeren ebenfalls aus einer Handschrift der Ambrosiana B 133 sup. saec. XII (p. 32). Der ältere Text ist mit wenigen Veränderungen auch in das **Menologium des Basilios** zum 22. Januar (II, 128 Albani; 117, 273 Migne; bei Usener p. 33 unter Nr. V wieder abgedruckt) übergegangen. Derselbe erzählt, dass Timotheus aus Lystra, der Sohn eines griechischen Vaters und einer jüdischen Mutter, Schüler und Reisegefährte des Paulus, von diesem unter der Regierung des Nero vor dem heiligen Theologen Johannes (d. h. vor dessen Uebersiedelung nach Asien) zum Bischofe von Ephesos geweiht worden sei. Johannes nämlich sei auf göttliche Weisung nach dem Tode der θεοτόχος nach Ephesos gekommen und aus dem Meere ans Land gespült worden. Hierauf folgt eine kurze Erzählung seines Märtyrertodes nach den Acten und die Notiz seiner Beisetzung in Constantinopel unter dem Altar, neben Lukas und Andreas. Die Notiz, dass Johannes erst nach dem Tode der Gottesgebärerin (μετὰ τὴν χοίμησιν τῆς θεοτόχου) die Weisung erhalten habe, nach Ephesos zu gehn, weist wol auf den interpolirten Prochorostext des cod. Vatic. 455 bei Birch (Vat. 654) zurück (s. oben I, 366).

Das jüngere Synaxarium (Nr. IV bei Usener) bezeichnet ihn nicht blos als Schüler und Reisegefährten, sondern auch als Leidensgenossen, geistlichen Sohn und Gehilfen des Paulus, sowie als einzigen Apostel aus den Heiden [1]); darnach berichtet es ganz kurz, dass er von Paulus zum Bischofe von Ephesos geweiht, der Schreiber des göttlichen Evan-

---

1) μαθητευθεὶς δὲ Παύλῳ τῷ ἀποστόλῳ καὶ ἐν ταῖς ἐκδημίαις αὐτοῦ καὶ κακουχίαις συγκακουχῶν καὶ τέκνον αὐτοῦ καλεῖσθαι καταξιωθεὶς καὶ διαφόροις αὐτοῦ διακονίαις διακονήσας, ἀπόστολος ἐξ Ἑλλήνων οὗτος καὶ μόνος γίνεται.

geliums und ein Herold desselben geworden und von den Götzendienern
getödtet worden sei [1]): der Hergang seines Märtyrertodes wird nicht
näher beschrieben. Zum Schlusse wird auch hier kurz der Translation
nach Constantinopel gedacht. Die Bezeichnung des Timotheus als συγγραφεὺς τοῦ ἁγίου εὐαγγελίου beruht offenbar auf Misverständnis dessen,
was die Acten von der Abfassung des Evangeliums durch J o h a n n e s
berichten.

Endlich die g r o s s e n g r i e c h i s c h e n M e n ä e n bieten einen
ausführlichen Text, aus dem der des zuletzt genannten Synaxariums excerpirt ist [2]). U s e n e r hat denselben (p. 33 sq.) unter Nr. VI aus dem
Menaeum Cuthunusensianum (ed. III Venedig 1868 I p. 168) wieder abgedruckt. Ich benutze auch hier die Venetianer Quartausgabe von 1684
p. ρ4χ', deren Text ursprünglicher ist.

Voran gehn die στίχοι

Ἔρωτι θείων Τιμόθεος στεμμάτων
τυθείς [τυχθείς Men. Cutl.] βάκλοις ἔβαψε γῆν ἐξ αἱμάτων [3]).

Timotheus aus Lystra, Sohn eines griechischen Vaters und einer
jüdischen Mutter Namens Eunike, Schüler des Paulus, Verfasser [4]) und
Herold des heiligen Evangeliums, kommt mit Johannes, dem Lieblings-
jünger, zusammen und wird von Paulus zum Bischofe von Ephesos eingesetzt. Nachdem nämlich Johannes, wie Irenäus von Lyon erzählt
und die Sage geht, vom Meere ausgespült und nach Ephesos gelangt,
später aber von Domitian nach Patmos verbannt worden war, wurde
der selige Timotheus mit der Leitung der ephesinischen Kirche betraut.
Hierauf folgt die Erzählung des Märtyrertodes des Timotheus bei der
Feier des Festes Καταγώγιον [sic] durch die Keulen der Götzendiener
und zuletzt die Notiz über die Translation.

Bemerkenswerth ist hier nur noch das Quidproquo, dass Paulus

---

1) ὃς τὴν Ἔφεσον ποιμαίνειν ὑπ' αὐτοῦ προτραπεὶς καὶ σ υ γ γ ρ α φ ε ὺ ς
τοῦ θείου εὐαγγελίου καὶ κήρυξ γενόμενος ἀναιρεῖται ὑπὸ τῶν εἰδωλολα-
τρῶν.

2) Die Zuthaten des Synaxarions in cod. Ambros. B 133 sup. beschränken
sich auf die in der S. 388 Anm. 1 angeführten Stelle enthaltenen Worte nach
μαθητευθεὶς δὲ Παύλῳ τῷ ἀποστόλῳ. Die grossen Menäen haben hier nur
ἐγίνετο δὲ καὶ μαθητὴς τοῦ ἁγίου ἀποστόλου Παύλου, καὶ περιπατῶν μετ' αὐτοῦ
ἐδίδασκεν.

3) Das Men. Cutlumus. fügt hiernach den Vers ein:
Εἰκάδι δευτερίη πνεῦμ' ἤρθη Τιμοθέοιο.

4) Statt συγγραφεὺς τοῦ θείου εὐαγγελίου hat das Men. Cutlumus. hier
συνεργὸς τ. θ. εὐ., eine handgreifliche Aenderung.

nach der Verbannung des Johannes (also unter Domitian!) den Timotheus zum Bischofe von Ephesos eingesetzt haben soll.

Benutzung der Acten bei Syrern, Armeniern und Kopten.

Auch die Syrer erzählen, dass Timotheus Bischof von Ephesos gewesen sei. Wenn hierbei Barhebräus das Quidproquo begeht, ihn nach Johannes von Paulus ordinirt werden zu lassen [1]), so erklärt sich dies wol am einfachsten aus einer sehr naheliegenden Deutung der in den Acten enthaltenen Angaben.

Die Armenier feiern das Gedächtnis des Apostelschülers übereinstimmend mit den Griechen am 22. Januar. In der koptischen Kirche werden die Natalitien des Apostelschülers am 23. Tybi (Tubeh) oder am 18. Januar, der Tag seiner Translation nach Constantinopel am 27. Tybi (Tubeh) oder am 22. Januar, also an demselben Tage, an welchem die Griechen die Natalitien feiern, begangen. Das arabisch geschriebene Synaxar der koptischen Kirche (deutsch von Wüsten-feld S. 258 f.) verräth in seiner kurzen Legende über den Heiligen keine Kenntnis der ephesinischen Acten. Nachdem vorher die neutestamentlichen Nachrichten zusammengestellt sind, heisst es weiter: Als er die ihm anvertraute Heerde Christi hütete (nämlich als Bischof von Ephesos), ihren Verstand durch Lehre und Ermahnung, durch Verbieten und Tadeln erleuchtete und unablässig die Juden und Griechen unterrichtete und widerlegte, wurde eine Menge Juden auf ihn neidisch; sie vereinigten sich gegen ihn in Ephesos und tödteten ihn. Einige der dortigen Gläubigen begruben seinen Körper an einem Tage wie der heutige (d. h. am 23. Tubeh). Hierauf folgt die Notiz von der Translation der Reliquien nach Constantinopel am 27. Tubeh (vgl. auch die speciellen Angaben darüber zum 27. Tubeh, Wüstenfeld S. 266).

Timotheus bei den Lateinern.

Im lateinischen Abendlande ist der Erste, bei dem uns vielleicht eine Spur der Acten begegnet, Pseudo-Isidor de vita et obitu sanctorum (in den Basler Orthodoxographa p. 599). Wenigstens weiss derselbe von der Bestattung des Timotheus auf dem Berge Pion, eine

---

1) Barhebraeus Chron. Eccl. ed. Abbeloos et Lamy T. 1 c. 39: 'Epheso vero post Joannem evangelistam ordinavit Paulus apostolus Timotheum discipulum suum'.

Nachricht, welche im 7. Jahrhunderte, wo das Grab daselbst schon seit drei Jahrhunderten leer war, wol schwerlich anderwärtsher als aus den Acten geflossen sein wird [1]). Theilweise wörtlich mit dem angeblichen Isidor stimmt der Text des alten Martyrologiums, welches nach Bollands Mittheilung (Acta SS. l. c. p. 563) 'in monasteriis Laeliensi et S. Martini Tornaci asservatur'. Dasselbe erwähnt die Bestattung des Timotheus auf dem Berge Pion zum 27. September [2]).

Auf dieselben Acten ist es ferner direct oder indirect zurückzuführen, wenn uns als Gedächtnistag des Timotheus der 22. o d e r 24. J a n u a r begegnet. Ersteres ist bei Usuard [3]) und darnach bei Galesinius, letzteres zuerst im kleinen römischen Martyrologium [4]), bei Ado de festivitatibus sanctorum apostolorum [5]), sowie im Martyrologium, bei Rabanus, Notker, in einigen Handschriften des Beda, sowie im jetzigen Martyrologium Romanum der Fall.

Die älteren lateinischen Martyrologien und Kalendarien kennen weder den 22. noch den 24. Januar als Gedächtnistag des Timotheus. Dafür wird in den Texten des Martyrol. Hieronymianum der 27. September (V kal. Oct.) genannt. Die codd. Lucc. bei Florentini, Wissemb. und ähnlich auch Corbej. maj. und min. bieten die Angabe: 'V kal. Octobr. in Epheso natalis sancti Timothei discipuli ad quem Paulus epistolas scripsit' [codd. Corb. 'disc. Pauli apostoli']. Cod. Epternac. hat einfach 'V kal. Octobr. in Epheso Timothei', ähnlich oder noch kürzer codd. Gellon. Richenov. Augustan. Labbean., sowie die beiden

---

1) 'Timotheus Ephesiorum episcopus de civitate Lystrensium patre Graeco id est ethnico matre autem Judaea ut fertur natus, apostolo dicente: quae habitavit fides in avia tua Loide et matre tua Eunice, certum autem quod et in te. Hic autem fuit discipulus Pauli eiusdemque apostoli filius, quem puerum proprie secum idem Paulus assumpsit. Qui pudicus et virgo permansit, quique apud Ephesum in monte Piron [l. Pion] cum magno honore sepultus quiescit'.

2) 'S. Timothei discipuli Pauli apostoli quem idem vas electionis assumens, omnem ecclesiasticam disciplinam docuit et per manus impositionem accommodabilem ecclesiis fecit. Hic pudicus et virgo permanens apud Ephesum in monte Pion cum magno honore sepultus quievit'.

3) 'Natalis S. Timothei discipuli beati Pauli. Hic ab eodem apostolo episcopus Epheso ordinatus est'.

4) 'IX kal. Febr. Ephesi Timothei apostoli'.

5) 'IX kal. Febr. Natalis sancti Timothei discipuli beati Pauli apostoli, qui apud Ephesum a beato apostolo episcopus ordinatus post multos pro Christo agones dormivit. Cuius corpus cum reliquiis beati Andreae et Lucae vicesimo Constantii anno Constantinopolim translatum est'.

von Bolland (l. c. p. 563) erwähnten Handschriften der Klöster Lactium und S. Martini zu Tournay.

Der 27. September ist nach Useners scharfsinniger Vermuthung (p. 37) gewählt, weil er auf den Gedächtnistag des Johannes in der griechischen Kirche (26. September) ebenso unmittelbar folgt, wie Timotheus im Bisthum von Ephesos auf Johannes gefolgt sein sollte. Als Tag der Translation nach Constantinopel nennen die lateinischen Martyrologien (Hieronymianum, Beda, Ado, Usuard u. A.) den 9. Mai [1]).

Der Heilige des 22. August.

Verschiedene lateinische Martyrologien scheinen nun aber der ephesinischen Timotheustradition eine römische an die Seite zu stellen und das Martyrium des Apostelschülers für die Reichshauptstadt in Anspruch zu nehmen. Zum 22. August (XI kal. Septembr.) bietet der cod. Lucc. des Martyrologium Hieronymianum: '*Roma via Ostense in cimiterio eiusdem Sancti Timothei discipuli Pauli apostoli*'. Ebenso codd. Wissemb. Corbej. maj. und min. Rhinov. Richenov. Es ist wol kaum zu bezweifeln, dass diese Notiz unter dem „Schüler des Apostels Paulus" keinen andern als seinen Reisebegleiter und Missionsgehilfen, den aus dem N. T. bekannten Timotheus versteht. Hiermit stimmt, dass dieser Timotheus nach den zum 22. August erhaltenen Märtyreracten in cod. Bibl. aedil. Flor. Nr. 134 f. 115 (Bandini suppl. I, 293) unter Nero in Rom enthauptet worden sein soll.

Es ist hier nicht der Ort, diese schwierige Timotheusfrage zu erledigen. Aber der Beweis lässt sich noch führen, dass die Bezeichnung des Heiligen des 22. August als Schülers des Apostels Paulus auf einer späteren Verwechselung desselben mit dem Reisegefährten des Apostel beruht. Das altrömische Kalendarium in der Chronik vom Jahre 354 (bei Mommsen in den Abhandlungen der Königl. Sächs. Gesellsch. d. Wiss. Philol. hist. Classe Bd. I 1850 S. 632) bietet einfach zu XI kal. Septemb. '*Timothei Ostense*' ohne diesen Timotheus als Paulusschüler zu bezeichnen. Dieselbe Notiz kehrt wieder im Kalendarium Kartbaginiense, ferner im Sacramentarium Gregors des Grossen (Liturg. Romana vetus ed. Muratori. Venet. 1748 T. II col. 115: '*XI kal. Sept.*

---

1) Wandelberts versificirtes Martyrologium erwähnt das Gedächtnis des Timotheus zum 16 Mai (XVII kal. Jun.):
'*Septima Timothei cum dena nomine lucet*
Veridica Paulus docuit quem voce beatus'.

Natalis S. Timothei martyris'), im kleinen römischen Martyrologium ('*XI kal. Sept. Romae via Osticnsi Timothei martyris'*), bei Ado, Usuard u. s. w. [1]), aber auch in verschiedenen Codd. des Martyrol. Hieronym., welche den Zusatz '*discipuli Pauli apostoli*' ebenfalls weglassen. (So codd. Epternac. Gellon. Augustan. Labbean. Reg.-Succ.). Dieser Märtyrer Timotheus hat nun aber mit dem Apostelschüler nicht das Geringste zu thun, sondern ist während des Pontificates des Miltiades von Rom unter Kaiser Maxentius enthauptet worden. Es ist dies derselbe Timotheus, der auch in den freilich unächten Acten des Silvester (bei Combefis illustr. martyr. triumph. p. 260) vorkommt. Diese Acten [2]) erzählen, zur Zeit als der nachmalige Papst Silvester noch Diakonus gewesen, sei der h. Timotheus aus dem Oriente gekommen und habe bei Silvester Wohnung genommen. Er war ein reicher Mann, der all seine Habe den Armen gab. Bei einer Verfolgung der Christen wird Timotheus von dem Stadtpräfecten (ἔπαρχος τῆς πόλεως) Tranquilianus (cod. Angelic. στραγχυλιανος, στραγχυλίνος) [3]) gefangen gesetzt und da er nicht opfern will, mit dem Schwerte enthauptet. Ein Weib, Theognia (cod. Angel. Θεογνησία oder Θεογνεισία pr. m., Θεογνεία corr.), hebt den Leichnam auf, erbaut in ihrem Garten nahe bei dem εὐκτήριον des h. Paulus aus eigenen Mitteln ein Haus εἰς ὄνομα αὐτοῦ und bestattet unter Mitwirkung „des Bischofs der Christen", d. h. des Miltiades, den Leichnam daselbst. Tranquilianus fordert von Silvester das Vermögen des Heiligen, jener aber prophezeit ihm noch in derselben Nacht seinen Tod. Silvester wird eingekerkert, der Präfect aber stirbt noch in der Nacht an einer Fischgräte, die er beim Abendessen verschluckt hat. Hierauf wird Silvester wieder freigelassen und kehrt ins ἐπισκόπιον τῶν Χριστιανῶν zurück.

---

1) So auch Wandelbert zu XI kal. Septembr.: '*Undecimam Romae Timotheus passus honorat*'.

2) Ich benutze einen cod. Angelic. B. 2. 2, welcher fol. 119ʳ sqq. die Acten Silvesters enthält. Der Cod. ist von Usener abgeschrieben und mir freundlichst zur Benutzung überlassen.

3) Der Name wird auch Tarquinianus oder Tarquinius genannt. Ein Stadtpräfect Tranquilianus oder Tarquinianus kommt meines Wissens in dieser ganzen Zeit nicht vor. Vielleicht ist der Name aus Septimius Aquindinus oder Acyndinus verstümmelt. So heisst nach dem Verzeichnisse der Stadtpräfecten in der Chronik von 354 (bei Mommsen l. c. p. 628) der Präfect der Jahre 293 und 294, also noch ein Decennium vor der diocletianischen Verfolgung. Im ersten Jahre des Papstes Miltiades (Melchiades), d. h. 310, soll nach Baronius (zum Martyrol. Roman. p. 353 ed. Rosweyde) Tarquinius Perpenna Stadtpräfect gewesen sein. Woher diese Angabe stammt, ist mir unbekannt.

Welches nun auch immer die Rolle gewesen sein mag, welche der spätere Papst Silvester bei dem Martyrium des Timotheus gespielt hat, so beruht dieses Martyrium selbst jedenfalls auf ächter geschichtlicher Erinnerung. Die in den acta Silvestri enthaltene Erzählung existirt nach Baronius a. a. O. auch als besondere Schrift mit den Anfangsworten 'Sub persecutione Constantini Imp.'. In den Consularfasten vom Jahre 493, welche Cuspinianus und nach ihm wieder Mommsen im Anhange zur Chronik von 354 herausgegeben hat (a. a. O. p. 663), findet sich zum Jahre 306 folgende Notiz 'Constantio VI et Maximiano VI. His consulibus passus est Timotheus Romae X Kal. Julias'. Das Datum 'X Kal. Julias' ist ein Fehler; cod. Bern. liest dafür 'X Kal. Septembr.'.

Die jüngeren Martyrologien des Beda und Ado, welche diesen Timotheus zum 22. August feiern, berufen sich für die Erzählung von seinem Märtyrertode ausdrücklich auf die Acta Silvestri, aus denen Beda (welchen Rabanus ausschreibt) und Ado einen von Usuard noch weiter abgekürzten Auszug geben [1]). Aber auch das alte römische Kalendarium, das Sacramentarium Gregors und das Martyrol. Hieronymianum haben unter dem an der via Ostiensis bestatteten Märtyrer, dessen Gedächtnis sie an dem gleichen Tage feiern, keinen andern als diesen Timotheus im Sinn. Seine Bezeichnung als Paulusschüler in einigen Texten des Hieronymianum beruht auf einem leicht erklärlichen Misverständnisse. Wie nämlich die Acta Silvestri ausdrücklich berichten, ist der Leib des Heiligen unweit des εὐκτήριον des h. Paulus, d. h. der basi-

---

1) Ado zum 22. August: '*Romae via Ostiensi in coemeterio eiusdem natalis sancti Timothei. Qui Antiochia veniens Romam sub Melchiade papa susceptus est. Quique cum annum totum et aliquot menses ibi praedicans multos ad fidem Christi convertisset, tentus a Tarquinio Urbis praefecto et longa carceris custodia maceratus, cum sacrificare idolis noluisset, tertio caesus et gravissimis suppliciis attrectatus, ad ultimum decollatus et iuxta beatum apostolum Paulum sepultus est. Scriptum invenitur in historia sancti Silvestri*'. Theilweise wörtlich übereinstimmt der Text des Martyrologium Bedae: '*Natale S. Timothei qui ab Antiochia veniens Romae sub Melchiade papa susceptus est in hospitium a Silvesto, qui postea episcopus factus est. Qui cum annum totum et aliquot menses praedicans multos ad Christum convertisset, tentus a Tarquinio Urbis praefecto et longa carceris custodia maceratus, cum sacrificare idolis noluisset, tertio caesus et gravissimis suppliciis attrectatus, ad ultimum decollatus et iuxta beatum Paulum apostolum sepultus est*'. Die Worte '*et iuxta beatum Paulum apostolum sepultus*' fehlen in dem sonst wörtlich mit Beda übereinstimmenden Texte des von Baronius (l. c.) mitgetheilten Martyrol. monasterii S. Cyriaci.

lica S. Pauli, also wirklich an der via Ostiensis, beigesetzt worden. Hier wird das nach dem Namen des Heiligen benannte „Haus", oder wie es in den oben angeführten Codd. des Martyrol. Hieronym. und bei Ado heisst, das *'cimiterium eiusdem'* angelegt, d. h. ein Friedhof, welcher den Namen *coemeterium Timothei* führte, und am Eingange desselben die dem Heiligen geweihte Kirche. Weil die Grabkirche dieses Timotheus unweit der basilica S. Pauli lag, bemerkt das Kalendarium des Fronto zum 22. August (8. oder 9. Jahrh., in Frontonis epistolae et dissert. ed. Fabricius Hamburg 1720 p. 223) *'Natale S. Timothei ad b. Paulum'*. Ebenso Beda und Ado: *'iuxta beatum apostolum Paulum sepultus est'*. So erklärt es sich, wie aus dem *'ad b. Paulum'* bestatteten Timotheus ein *'discipulus Pauli apostoli'* werden konnte. Die Gebeine des Märtyrers wurden späterhin in der Basilica Pauli unter dem Altare der b. Brigitta beigesetzt. Aringhi führt (Roma subterranea lib. III cap. 3 n. 4) *'ex S. Juliani oratorio'* folgende Inschrift an: *'Hic requiescunt ossa beata Sanctorum Celsi, Juliani cum beata Basilissa et Martianella, superius vero corpus S. Timothei martyris sub Tarquinio'*. Nach einem von Aringhi (l. c. cap. 6) beigebrachten cod. Vatic. hätte Theone oder Theodora *'non longe a sepultura beati Pauli apostoli'* den Leichnam des Timotheus in ihrem Garten beigesetzt und damit den Christen eine grosse Freude bereitet, *'ut huius nominis martyrem vicinum exciperent, qui Paulo apostolo ut quondam Timotheus adhaereret'*. Dieselbe Erzählung theilt Florentini in seiner Ausgabe des Martyr. Hieron. p. 768 aus einem alten Hagiologium mit: Silvester bringt den Leichnam des h. Timotheus heimlich des Nachts in sein Haus, woselbst der h. Bischof Miltiades mit seinen Presbytern und Diakonen die ganze Nacht über unter Lobpreisungen Gottes verweilt. Theone erbittet darauf die Erlaubnis des Bischofs, den Heiligen auf ihre Kosten in ihrem Garten *'iuxta sepulturam S. Pauli apostoli'* (d. h. der alten Grabstätte in der Basilica Pauli) bestatten zu dürfen.

Gegen die Identität dieses Timotheus mit dem Heiligen des 22. August scheint nun aber zu sprechen, dass nach verschiedenen Texten der letztere nicht in der diocletianischen Verfolgung, sondern schon unter Nero Märtyrer geworden sein soll. So erzählen ausser dem erweiterten Texte des Usuard in einem cod. Hagenov. (Auctarium ad Usuard in Actis SS. Jun. T. VII p. 483) namentlich die in dem oben erwähnten cod. bibl. aedil. Flor. 134 enthaltenen Märtyreracten.

Der ausgezeichneten Gefälligkeit des verdienten Gelehrten Herrn Professor Vitelli in Florenz, dem ich hiermit öffentlich meinen Dank sage, verdanke ich einen vollständigen Auszug aus dem Texte dieser

Acten. Dieselben beginnen '*Natale S. Timothei. In illo tempore sub Nerone imperatore agente Lampadio praeside facta est persecutio Christianorum in civitate Roma. Lampadius praeses in civitate eadem audiens S. Timotheum praedicantem et docentem verbum veritatis dei iussit eum comprehendi a ministris suis et adduci ante tribunal suum*'. Der Präses stellt ihn zur Rede, dass er ein neues von den Kaisern verbotenes Gesetz predige und verheisst ihm viel Geld, wenn er dem Jupiter opfern würde. Timotheus antwortet: '*Divitiae tuae tecum sunt im* [corr. *in*] *perditione* (Act. 8, 20) *et ibis cum ipsis in ignem aeternum. Dominus meus Jesus Christus filius dei ipse* [*re* delev.] *iudicaturus est. An nescis quid contigit Simoni mago demones colenti quos et tu colis? qualiter eum precipitaverunt beatissimi apostoli petrus et paulus, ita in tuo capite sententia revertetur*'. Der Präses lässt ihn foltern und bedroht ihn mit dem Tode, ohne den Heiligen wankend machen zu können. Da sieht einer der Folterknechte (*unus de cedentibus*) Namens Apollinaris zwei Engel zur Seite des Heiligen stehn, die ihm zurufen: „Sei stark Timotheus! wir sind zu dir gesandt, um (dir) den Herrn Jesum Christum zu zeigen". Alsbald sieht Timotheus Christum stehn, der ihm die ihm bereitete kostbare Krone ('*la corona di pietre preziosa preparata per lui*', wie Prof. Vitelli analysirt) zeigt, und ihm dieselbe nach drei Tagen zu geben verheisst. Da fällt Apollinaris ihm zu Füssen und bittet ihn, für ihn zu beten. Der Präses befiehlt, dem Apollinaris glühendes Blei in den Mund zu giessen, aber dieses wird kalt wie Eis. Darauf lässt er beide in den Kerker abführen, wo sie von vielen Gläubigen besucht werden. In der Nacht kommt ein Presbyter Namens Maurus in den Kerker und tauft den Apollinaris. Am folgenden Tage lässt der Präses die Gefangenen wieder vorführen und fragt sie '*Stulti homines, quae res circumvenit vos, ut credatis in hominem crucifixum, qui sub pontio pilato multa perpessus est, novissime autem crucifixus asseritur?*' Darauf befiehlt er, beide zu enthaupten. Tags darauf werden sie zur Stadt hinausgeführt '*in via quae appellatur cesarea in locum qui buxitus dicitur*' und leiden den Märtyrertod in der befohlenen Weise '*die XI kt. Septebris*'. Noch an demselben Tage werden ihre Leiber von den Christen bestattet. '*Eusebius quidam vir, qui et ipse per verbum ipsorum crediderat Christo, fabricavit basilicam, in qua multa signa et remedia ostenderi. Ceci ibi receperunt visum, clauli* //////////// *gressum et qui a demoniis vexabantur curati sunt in nomine dn. Ihu cui est honor et gta in scta sctorum. amen*'.

Eine Vergleichung dieser Acten mit der oben erwähnten Erzählung in den actis Silvestri schliesst wol jeden Zweifel daran aus, dass wir beidemale denselben Heiligen vor uns haben, dessen Martyrium unter Maxentius gehört. Seine Zurückverlegung in die Zeit Nero's beruht wol nur auf dem Streben, ihn in Beziehung zu den Aposteln zu bringen. Ob dabei etwa auch eine Verwechselung des in den Acten erwähnten Apollinaris mit dem heiligen Apollinaris von Ravenna vorliegt, welcher ja ebenfalls ein Petrusschüler gewesen sein soll, bleibe dahingestellt. Mit der Zurückverlegung scheint auch die Namensänderung des Stadtpräfecten zusammenzuhängen. In dem oben erwähnten erweiterten Texte des cod. Hagenav. des martyrol. Usuardi wird allerdings nicht Lampadius, sondern ebenso wie in den actis Silvestri Tarquinius als Stadtpräfect bezeichnet [1]. Dagegen stimmen auch die von Baronius (zum Martyrol. Rom. unter dem 23. August) und von Ruinart (in der Ausgabe des Gregorius Turonensis p. 785) erwähnten handschriftlichen Acten mit dem Florentiner Texte überein [2]. Zum 23. August (X kal. Septembr.) setzt, wie bereits bemerkt ist, das Consulverzeichnis vom Jahre 493 die Passion des römischen Märtyrers Timotheus an. An demselben Tage verzeichnen nun aber auch das Martyrol. Hieronym. und viele jüngere Martyrologien die Heiligen Timotheus und Apollinaris. Es ist klar, dass dies derselbe Apollinaris ist, welcher in den Florentiner Acten des römischen Timotheus als Leidensgefährte desselben vorkommt. Um so mehr fällt es aber auf, dass die beiden Heiligen des 23. August nicht nach Rom, sondern nach Rheims versetzt werden. So schon der cod. Epternac. des Martyrol. Hieron. '*X kal. Sept.* . . . *Remis civitate Timothei, Apollinaris*'. Aehnlich die codd. Lucc. Corbej. maj. Wissemb. etc. Ado und Usuard bemerken zu demselben Datum: '*Item natalis sanctorum Timothei et Apollinaris, qui apud Remensium urbem consummato martyrio caelestia regna meruerunt*'.

---

1) '*Romae via Ostiensi natale beati Timothei martyris, qui sub persecutione Neronis* **tentus est a Tarquinio Urbis praefecto et longa carceris custodia est maceratus et cum idolis sacrificare noluisset, tertio est caesus et gravissimis est poenis attrectatus** *et viva calce vulnera eius sunt aspersa et martyr dei gratias egit deo. Tunc duo sibi angeli dixerunt: respice sursum; et vidit coronam sibi praeparatam in manu domini et sic* **decollatus est.** *Eodem die sancti Apollinaris martyris qui vidit gloriam sancti Timothei et ideo se baptizari fecit et cum Timotheo decollatus est*'. Die gesperrt gedruckten Worte stimmen wörtlich mit Ado überein.

2) Wenn Ruinart bemerkt, dass nach den betreffenden Acten mit Timotheus auch Maurus und viele Andere das Martyrium erlitten haben sollen, so beruht dies schwerlich auf einem anderen Texte, sondern auf flüchtigem Lesen.

Aehnlich auch das martyrol. Bedae und viele Spätere; vgl. auch Baronius zum Martyrol. Rom. am angeführten Tage. Schon Gregor
von Tours (de glor. martyr. I, 55 p. 785 sq. Ruinart) kennt die
beiden Heiligen und bezeichnet ihr Martyrium zu Rheims beinahe mit
denselben Worten wie die jüngeren Martyrologien: *'Timotheus et
Apollinaris apud Remensium urbem consummato martyrio caelestia
regna meruerunt'*. Wie dieselben nach Rheims gekommen sind, geht
vielleicht aus der bei Gregor auf diese Notiz folgenden Translationsgeschichte hervor: *'Quorum reliquia quidam aedificata in eorum honorem basilica devotus expetiit. Pontifex vero qui aderat cum honore
per presbyterum dirigit'*. Nun wird weiter berichtet, wie auf dem
Wege nach dem Bestimmungsorte ein Weib dem begleitenden Presbyter
einige Partikeln der Reliquien abbettelt; als er aber weiterreisen will, sind
die Pferde nicht von der Stelle zu bringen und setzen sich erst wieder
in Bewegung, nachdem der Presbyter die verschenkten Reliquientheile
zurückgeholt hat. Die hier erwähnte Basilika ist die Kirche des heiligen
Remigius (St. Remi) in Rheims[1]); woher sie dorthin transferirt worden sind, erfahren wir nicht. Aber die ganze Translationsgeschichte
verräth, dass die ältere Tradition nichts von einem Martyrium der
Heiligen zu Rheims wusste, sondern letzteres erst seit der Zeit, als man
dort ihre Reliquien erworben haben wollte, dahin verlegte. Der angebliche Timotheus von Rheims ist also kein andrer als der römische
Märtyrer, der Heilige des 23. August kein andrer als der des
22. August.

Mit dem Heiligen des 22. August nicht zu verwechseln ist der römische Presbyter Timotheus, der in den Acten der heiligen
Pudentiana und Praxedes zum 19. Mai (Acta SS. Mai. T. IV p. 299)
erwähnt wird. Derselbe soll ein Zeitgenosse des Bischofs Pius von Rom,
zugleich aber wieder sonderbarer Weise ebenfalls ein Schüler des Paulus
und Freund des Senators Pudens, des Vaters jener beiden Heiligen, gewesen sein. Als Bruder dieses Timotheus wird der gleichfalls als
Apostelschüler bezeichnete Novatus genannt, den das kleine römische
Martyrologium und darnach Beda, Ado, Usuard und viele Spätere am
20. Juni erwähnen[2]). Florentini (a. a. O. S. 768) hält diesen Ti-

---

1) Dieselbe darf natürlich nicht, wie Ruinart will, mit der nach den
Acten von einem Eusebius erbauten Grabkirche des Timotheus identificirt
werden: denn diese gehört, wie wir gesehen haben, nach Rom.

2) Martyrol. Roman. parvum: *'XII kal. Jul. Romae Novati fratris Timothei presbyteri qui ab apostolis eruditi sunt'*.

motheus für den Heiligen des 22. August. Aber die oben besprochenen Acten zeigen deutlich, dass dieser angebliche Paulusschüler, der bis in die Zeiten des Pius, also noch 80 bis 90 Jahre nach dem Tode des Apostels gelebt haben soll, mit dem an der via Ostiensis bestatteten Heiligen nicht das Geringste zu thun hat. Schon das Personal, welches beidemale erwähnt wird, ist völlig verschieden. Weit eher liesse sich annehmen, dass dieser Bruder des Novatus und Freund des Pudens mit dem Missionsgefährten des Paulus identificirt werden soll. Denn wenn auch nicht Novatus, so wird doch Pudens im 2. Timotheusbriefe (4, 21) von Paulus gegrüsst. In einem untergeschobenen Briefe des Papstes Pius I an den Bischof Justus von Vienne wird dieser Presbyter Timotheus ebenfalls erwähnt, in Verbindung mit einem andern römischen Presbyter Marcus: beide sollen von den Zeiten der Apostel her bis auf die Zeiten des Pius gelebt und unter des letzteren Pontificate das Martyrium erlitten haben [1]). Die Vermuthung ist wohlfeil, dass der hier erwähnte Marcus kein andrer sein soll, als der Evangelist. Aber wahrscheinlich liegt dem ganzen Falsificate weiter nichts als die aus den Acten der Pudentiana und Praxedes erweiterte Notiz des kleinen römischen Martyrologiums zu Grunde. Aehnlich hat Ado im Martyrologium diese Notiz durch den aus jenen Acten fast vollständig excerpirten Brief des Pastor an Timotheus erweitert; und Usuard fügt aus denselben Acten hinzu, dass die heiligen Jungfrauen Potentiana und Praxedes die Schwestern des Novatus und Timotheus gewesen seien. Jener Marcus aber, dessen der angebliche Brief des Pius gedenkt, wird einfach aus Novatus verderbt sein. Zuletzt hat dann Baronius aus dem von ihm viel benutzten Martyrol. S. Cyriaci zum 24. März (IX kal. April.) die Heiligen Timotheus und Marcus in das Martyrol. Roman. hinein interpolirt [2]) (vgl. die Note des Baronius zum 24. März und dazu Florentini l. c.).

Jener Timotheus aus der Zeit des römischen Bischofs Pius hat in der römischen Localtradition gar keine Stelle behauptet. Vor dem kleinen römischen Martyrologium begegnet uns nicht einmal sein Name

---

1) Epist. II ad Just. Vienn. bei Constant epp. Pontif. T. I Append. p. 19: *'Presbyteri illi qui ab apostolis educati usque ad nos perrenerunt, cum quibus simul verbum fidei partiti sumus, a domino vocati in cubilibus aeternis clausi tenentur, Sanctus Timotheus et Marcus per bonum certamen transierunt'.*

2) IX kal. April.: *'Romae Sanctorum martyrum Marci et Timothei qui sub Antonino imperatore martyrio coronati sunt'.*

und überall, wo seiner Erwähnung geschieht, sind die Acten der Pudentiana und Praxedes die Quelle [1]).

---

1) Gar nicht in Betracht kommt der zu XI kal. Jun. erwähnte Heilige;
das 'Romae Timothei' in den codd. Lucc. Wissemb. Corbej. maj. etc. des
martyr. Hieron., bei Beda, Ado u. s. w. beruht wol auf einem alten handschriftlichen Verderbnis: der cod. Epternac. des Mart. Hieron. verlegt den Heiligen
nach Afrika. Tags vorher (XII kal. Jun.) wird ein mauretanischer und ein
britannischer, VII id. April. ein antiochenischer Märtyrer dieses Namens erwähnt.

Die Acten des Titus.

Die Schrift des angeblichen Zenas.

Als Verfasser einer bisher nicht wiederaufgefundenen Lebensbeschreibung des Titus wird in den griechischen Menäen zum 25. August [1])
(cd. Venet. 1684 p. ρλη') — dem Gedächtnistage des Apostelschülers
in der griechischen Kirche — der Rechtsgelehrte Zenas (Tit.
3, 13) genannt. Der Inhalt derselben bietet nach dem Excerpt in den
Menäen wenig Bemerkenswerthes. Titus, Bischof von Gortyna auf
Kreta und Schüler des Apostels Paulus, soll aus dem kretischen Königs-
geschlechte des Minos stammen. Als Jüngling widmet er sich mit
Eifer den hellenischen Wissenschaften, bis er in seinem zwanzigsten
Jahre durch eine Himmelsstimme gemahnt wird, denselben den Abschied
zu geben um seine Seele zu retten. Nach einem Jahre gebietet ihm
abermals eine Stimme, die Schrift der Hebräer zu lesen. Er schlägt
die Stelle Jes. 41, 1 auf. Sein Oheim, der Proconsul von Kreta, der
von den Wundern Christi in Jerusalem gehört hat, sendet ihn dorthin
ab, um Christum zu hören und zu melden was er vernommen. Titus
aber bleibt in Jerusalem, wird ein Augenzeuge der Wunder des Herrn,
seiner Passion, Auferstehung und Himmelfahrt und wird den 120 sowie
den 3000 zugesellt, welche durch die Predigt des Apostelfürsten Petrus
gläubig wurden (Act. 1, 15. 2, 41). Darauf wird er zum Gehilfen des Paulus geweiht und begleitet denselben auf dessen Reisen nach Antiochia, Cypern, Perge in Pamphilien, Antiochia in Pisidien, ferner nach Ikonion, wo

---

1) Vorangeschickt sind in den Menäon folgende Verse:
Ἴτω παρ' ἡμῶν καὶ Τίτῳ βραχὺς τίτλος
Τούτου τελευτὴν τὴν ἐν εἰρήνῃ φέρων
Οὐράνιον δάπεδον λάχες εἰκάδι Τίτ' ἐνὶ πέμπτῃ.

er bei Onesiphores einkehrt und nach Lystra und Derbe (Act. 13, 1.
4—6. 13. 14. 14, 1—6). Darnach als sein Schwager Rustilos das zweite
Jahr Präses von Kreta war, kommt er mit Paulus nach seiner Heimaths-
insel. Daselbst erbauen sie eine Kirche und reisen dann weiter nach
Asien und nach Rom. Als Paulus von Nero getödtet ist, kehrt er nach
Kreta zurück, ordinirt daselbst Bischöfe und Presbyter, und stirbt, nachdem er ein apostolisches Leben geführt hat, 84 Jahre alt einen friedlichen Tod. Die Berechnung seiner Lebensjahre ist diese: 20 Jahre
alt reist er nach Jerusalem, wo er ein Jahr lang bleibt; 18 Jahre lang
bringt er mit Paulus auf Missionsreisen zu, dann wiederum auf Kreta
und andern Inseln sechs, zuletzt in seiner Vaterstadt 39 Jahre.

Derselbe Text liegt der kurzen Darstellung im Menologium des
Basilios zum 25. August (III, 219 Albani; 117, 604 Migne) zu Grunde.
Titus aus Kreta studirt in seiner Jugend eifrig die hellenischen Wissenschaften bis ihn im 20. Jahre eine Stimme mahnt, um seine Seele zu
retten, davon abzulassen. Bald darauf schickt ihn der Archon von
Kreta nach Jerusalem, damit er ihm berichte, wie es sich mit den
Wundern Jesu verhalte. Er geht hin, sieht Christum und seine Wunder
und wird gläubig. Nach Christi Auferstehung wird er von den Aposteln
zum Bischof von Kreta geweiht, woselbst er 94 Jahre alt stirbt.

Auf dieselbe Legende geht weiter das am Gedächtnistage des
Heiligen gehaltene prunkvolle Enkomion des Erzbischofs Andreas
von Kreta (Mitte des 7. Jahrhunderts) Ἀποστολικῶν ἐγκωμίων ἐφάπ-
τεσθαι μέλλοντι zurück (bei Combefis Andreae Cretensis opp. Paris
1644 p. 155—175) [1]). Dasselbe enthält aus dem Leben des Titus nur
wenige Data. Als seine Vorfahren werden „Minos und Rhadamantos, die
Sprösslinge des Zeus" (p. 159) genannt. Er gibt die hellenische
Weisheit und den Götzendienst auf, studirt die Schrift der Hebräer,
geht dann im Einverständnis mit seinen Verwandten nach Jerusalem,
wird zuerst den 120 zugesellt, dann Reisegefährte des Paulus und erhält zuletzt den Erzstuhl über die 12 Bisthümer von Kreta.

Die Tradition von dem kretischen Bisthume oder Erzbisthume des
Titus geht natürlich auf Tit. 1, 5 zurück. So schon Eusebios (h. e.
III, 4, 6), mit dessen Notiz die allgemeinen Angaben über die kretische
Missionswirksamkeit des Titus bei Hieronymus (ep. 59 [148] ad
Marcellam Opp. I, 330 Vallars.), Paulinus von Nola (carm. 26 Opp.
ed. Antw. 1622 p. 627) u. A. zu vergleichen sind. Nach den aposto-

---

1) oben I, 181 ist aus Verschen Combefis bibl. concionat. (Paris 1644)
S. 155 citirt.

lischen Constitutionen (VII, 46) setzt Paulus ihn zum Bischofe von Kreta
ein. In dem Verzeichnisse der 70 Jünger im Chron. Paschale
(p. 420 ed. Bonn) wird einfach sein Name ziemlich gegen Ende hinter
Timotheus und Silvanus aufgeführt. Die Listen des Dorotheostextes B und
des Pseudohippolyt lassen ihn ganz weg; dagegen nennt ihn die Chronik
des angeblichen Logotheten an fünfzehnter Stelle und bezeichnet ihn
als Bischof von Gortyna auf Kreta [1]). Der Dorotheostext A (cod. Vindob. th. gr. 40) nennt ihn an dritter Stelle: als Bischof von Kreta habe
er in Kreta selbst und auf den umliegenden Inseln gepredigt und sei
daselbst ruhmvoll bestattet worden [2]). Derselbe Text kehrt mit wenigen
Veränderungen wieder bei Pseudo-Sophronios [3]) und in dem vor den
Werken des Oikumenios abgedruckten Apostelverzeichnisse [4]).

Die Acten, aus denen oben ein Auszug nach den Menäen gegeben
ist, beruhen wahrscheinlich auf einer Localsage von Kreta. Noch
heute zeigt man in der jetzigen Stadt Candia, dem alten Herakleion, das
Haupt des Apostelschülers in der nach seinem Namen benannten Kirche
(vgl. auch Acta SS. Januar. T. I, p. 164, 14). Die Farblosigkeit der
Legende zeigt aber zugleich deutlich, dass man ältere Traditionen über
Titus nicht besass, also lediglich auf eine Weiterausschmückung der
neutestamentlichen Nachrichten über ihn angewiesen war. Dabei ist
es für das Maass von Geschichtsverständnis jener späteren Zeiten charakteristisch, dass die Legende von der Erzählung des Paulus Gal. 2, 14
keinen Gebrauch zu machen wusste. Wann der angebliche Zenas geschrieben hat, wird sich nicht näher ausmitteln lassen. Ausser dem
paulinischen Briefe an Titus und der Apostelgeschichte hat er auch die
Acten des Paulus und der Thekla benutzt, aus denen die Notiz, dass
Titus mit Paulus zu Ikonion bei Onesiphoros einkehren, handgreiflich
entlehnt ist (p. 41 ed. Tischendorf). Weil dort berichtet wird, dass
Titus dem Onesiphoros die Gestalt des Paulus beschrieben habe, so soll
jener ebenso wie der Apostel bei Onesiphoros Wohnung gemacht haben.
Als terminus ad quem für die Entstehung der Acten lässt sich nur das
7. Jahrhundert angeben, da Andreas von Kreta sie benutzte; sie können
aber ebensogut mehrere Jahrhunderte früher geschrieben sein.

---

1) ιε' Τίτος ὃς γέγονε ἐπίσκοπος Γορτύνης ἐν Κρήτῃ.

2) Τίτος ὁ ἐπίσκοπος Κρήτης αὐτῇ τε τῇ Κρήτῃ καὶ ταῖς περὶξ νήσοις
ἐκήρυξε τὸ εὐαγγέλιον τοῦ Χριστοῦ κάκεῖσε ἀποθανὼν ἐτάφη ἐνδόξως.

3) Τίτος ἐπίσκοπος Κρήτης, ἐν αὐτῇ καὶ ταῖς περὶξ νήσοις ἐκήρυξε τὸ
εὐαγγέλιον τοῦ Χριστοῦ. ἐκεῖ καὶ ἐκοιμήθη καὶ ἐτάφη ἐν Κρήτῃ.

4) Τίτος ἐπίσκοπος Κρήτης αὐτοῖς τοῖς Κρησὶ καὶ ταῖς περὶξ νήσοις ἐκήρυξε τὸ εὐαγγέλιον τοῦ κυρίου, κάκεῖ θανὼν ἐτάφη.

Titus in der römischen Peter-Pauls-Sage.

Unabhängig von der kretischen Localtradition ist die Verflechtung des Namens des Titus in die römische Petrus- und Paulussage. In den gnostischen πράξεις Παύλου kommt er von Dalmatien und erwartet den Paulus mit Lukas, der von Gallien kam, in Rom [1]); nach der Hinrichtung des Apostels bekehren beide am Grabe desselben die drei Soldaten, welche ihn enthauptet haben (Pseudo-Linus in Bibl. Patr. Max. II p. 70 sqq.). Ausserdem erscheint Titus noch einmal als Schüler des Petrus in den Acten des Nereus und Achilleus zum 12. Mai, in der Geschichte von der Petronilla (Acta SS. Mai. T. III p. 9 sq.).

Ueberlieferungen in der lateinischen Kirche.

Die lateinische Kirche feiert seit dem 8. Jahrhunderte das Gedächtnis des Titus zum 4. Januar (vgl. Bolland Acta SS. Jan. T. I p. 163 sq.). So zuerst das kleine römische Martyrologium: 'Prid. Non. Jan. apud Cretam Titi apostolorum discipuli', darnach Ado im libellus de festivitatibus apostolorum [2]), sowie im Martyrologium, ferner der angebliche Beda, Usuard u. s. w. Das Verzeichnis der Grabstätten der Apostel in cod. Paris. 9562 zählt ihn hinter Symon Klopa und vor Crescens auf: 'Tytus Cretae'. Dagegen fehlt sein Name noch im Martyrologium Hieronymianum und in den daraus abgeleiteten Texten.

Von eigenthümlichen Traditionen über ihn ist im Abendlande gar nichts verbreitet. Zwar Hieronymus weiss ep. 120 ad Hedibiam c. 11 (opp. I, 844 Vallars.) von ihm zu erzählen, er habe dem Paulus in den griechisch redenden Gegenden als Dollmetscher gedient, daher der Apostel als er in Troas, wohin er gekommen war um nach Makedonien überzusetzen, den Titus nicht fand, in grosse Herzensangst gerathen sei. Diese Darstellung ist aber nichts als ein abgeschmacktes Misverständnis von 2 Kor. 2, 12. Der libellus Pseudo-Isidors de vita et obitu sanctorum (in den Basler Orthodoxographa II, 599) be-

---

1) Misverständnis von 2 Tim. 4, 10 flg.
2) II Non. Januar.: '*Natalis beati Titi apostolorum discipuli: qui ordinatus ab apostolo Paulo Cretensium episcopus, cui etiam epistolam omni ecclesiae dei celeberrimam idem apostolus misit, post praedicationis officium fidelissime consummatum, beatum finem adeptus, sepultus est in ecclesia ubi a beato apostolo fuerat dignus minister constitutus*'.

richtet nur, dass er von Paulus auf Kreta zur Einrichtung der dortigen Kirchen zurückgelassen worden und dort in Frieden gestorben und bestattet worden sei [1]).

Erst **P e t r u s d e N a t a l i b u s** im 14. Jahrhundert (hist. eccl. VII, 108; wiederabgedruckt in den Actis SS. l. c. p. 164) kennt und verwerthet die kretische Localsage [2]). Er erzählt dieselbe wesentlich ebenso, wie die griechischen Menäen, nur mit einigen weiteren Zuthaten. Der dem Titus verschwägerte Proconsul, der hier Rutilius heisst, wird von Paulus getauft, nachdem der Apostel vorher dessen Sohn von den Todten erweckt hat. Nach seiner Rückkehr von Rom stürzt Titus ein Götzenbild der Diana und später einen vom Proconsul Secundus auf Befehl des Kaisers erbauten Zeustempel, worauf der Proconsul sich taufen lässt und an der Stelle eine christliche Kirche erbaut. Als Titus dem Tode nahe ist, erscheinen ihm zwei Engel, und sein Angesicht erglänzt wie die Sonne. Darauf befiehlt er die ihm anvertraute Gemeinde dem Herrn und stirbt in Frieden, 94 Jahre alt, am 25. August. An seinem Grabe in der Hauptstadt von Kreta geschehen Zeichen und Wunder.

Sehr wahrscheinlich haben wir es bei diesen Nachrichten mit einer Weiterbildung der kretischen Localsage zu thun, deren Kenntnis im 13. oder 14. Jahrhundert dem Abendlande durch die Venetianer vermittelt wurde.

Orientalische Traditionen.

Die **A r m e n i e r** feiern als Gedächtnistag des Titus den 29. Juli. Bei den **K o p t e n** ist ihm der zweite Intercalartag (Nisi) geweiht, an welchem Tage ihn auch das arabische Synaxarium im zweiten Theile, wie **W ü s t e n f e l d** mir mittheilt, erwähnt. Ausserdem wird in der koptischen Kirche der 18. Kihak (14. December) als Tag der Translation der Reliquien des Titus von Kreta nach Constantinopel gefeiert. Das arabische Synaxarium erzählt zum genannten Tage (Wüstenfeld S. 186 flg.), dass Kaiser Constantin die Gebeine nach Constantinopel bringen, zu ihrer würdigen Bestattung eine Kirche bauen und sie in

---

1) 'Titus Pauli discipulus et in baptismo filius natione Graecus et ex gentibus solus a Paulo post evangelium circumcisus. Quem ad instruendas Cretae ecclesias praefatus reliquit apostolus ibique in pace defunctus atque sepultus est'.

2) Die abgeschmackten Erfindungen Pseudo-Dexters von einer spanischen Predigt des Titus übergehe ich absichtlich.

einem ausgebauenen Marmorsteine im Innern des Tempels beisetzen liess. Daran reiht sich eine abgeschmackte Wundergeschichte von einem Träger der h. Reliquien, dem der Marmor auf den Fuss gefallen sei und den Knochen zerschmettert habe, worauf dann etwas Oel von der Lampe vor dem Bilde des Heiligen die Heilung vollbracht haben soll. Die Tradition der griechischen Kirche weiss von dieser Translation nichts; der Verdacht liegt nahe, dass Titus mit Timotheus verwechselt worden ist.

Inhaltsübersicht.

Die Acten des Philippus S. 1—53.

Die ältere Tradition über Philippus 1

Die περίοδοι Φιλίππου . . 2—46

Die Thaten des Philippus in Hierapolis . . . . . 7—26

    Inhalt . . . . 7—11

    Geschichtlicher Werth . 11—15

    Gnostischer Charakter der Acten . . . 16—22

    Katholische Bearbeitungen . . . . . . 22—26

Acten des Philippus in Hellas . . . . 27—31

    Inhalt . . . . . . 27—28

    Gnostischer Charakter . 28—29

    Verhältnis zum Martyrium . . . . . . 29—31

    Katholische Bearbeitungen 31

Acten des Philippus in Karthago . . . . 32—36

    Inhalt . . . . . . 32—34

    Ursprung u. Charakter 34—36

Anderweite Reste der περίοδοι Φιλίππου . . . 36—39

Das katholische ὑπόμνημα Φιλίππου . . . . . . 39—46

Die koptischen und äthiopischen Acten . . . . 46—49

Philippus in den Acten des Petrus und Andreas . . 49

Die lateinische passio Philippi . . . . 50—51

Die jüngere lateinische Philippuslegende . . . . 52—53

Die Acten des Bartholomäus S. 54—108.

Die lykaonische Bartholomäuslegende . . . . . 54—57

Die bosporenische und grossarmenische Bartholomäuslegende . . . . . 57—62

Die parthische Bartholomäuslegende . . . . . 62—63

Die indische Bartholomäuslegende . . . . 63—65

Das griechische Martyrium und die lateinische passio 65—76

    Inhalt . . . . . . 65—67

    Nestorianischer Ursprung . . . . . 67—70

    Abfassungszeit und geschichtlicher Werth . 71—72

    Ursprünglicher Zusammenhang der Legenden von Bartholomäus und Matthäus 72—74

Seite

Verhältnis des Marty-
riums zur lykaoni-
schen Legende . . 75—76
Die koptischen Acten des
Andreas und Bartholo-
mäus . . . . 76—86
Die koptische Legende von
Bartholomäus in der
Oasenstadt . . . . . 86—89
Verhältnis der beiden kop-
tischen Legenden zu ein-
ander . . . . 89—90
Verhältnis zu gnostischen
Legenden . . . . . . 90—91

Seite

Abfassungszeit und Entste-
hungsverhältnisse . . 91— 92
Die armenischen Acten des
Bartholomäus . . . . 92—101
Inhalt . . . . . . 93— 95
Ursprung der armeni-
schen Tradition . 96—101
Verschiedene Legenden
über die Todesart des
Bartholomäus . . . . 101—106
Die Translationen nach
Lipari und nach Bene-
vent . . . . 106—108

Die Acten des Matthäus S. 109—141.

Seite

Das gnostische Marty-
rium des Matthäus im
Pontus . . . . . . 109 -124
Inhalt . . . . . . 109 -113
Verhältnis des Marty-
riums zur gnosti-
schen Andreaslo-
gende . . . . . 113—115
Die koptischen Acten
des Matthäus in
Kahanat . . . . 115—117
Verhältnis des grie-
chischen Marty-
riums zu den kop-
tischen Acten des
Matthäus in Kabanat 118—120
Ursprünglich gnosti-
scher Charakter des
Martyriums . . . 120—123
Geschichtlicher Werth 123—124

Seite

Die parthische Matthäus-
legende . . . . . . 124—128
Das koptische (äthiopi-
sche) Martyrium des
Matthäus . . . . . . 128—129
Umbildung der parthi-
schen Legende. Local-
sage von Hierapolis . 130—132
Die äthiopische Matthäus-
legende . . . . . . 132—141
Verhältnis zur indi-
schen Bartholo-
mäussage . . . . 132—135
Matthäus und Mat-
thias . . . . . 135—136
Die lateinische passio
Matthaei . . . . 137—141
Inhalt . . . . . 137—138
Geschichtl. Werth 138—141

Die Acten des Simon und des Judas S. 142—200.

Seite

Kirchliche Traditionen
über Simon Kananites
und Simon Klopas . . 142—143
Bosporenische und baby-
lonische Simon - Le-
gende . . . . 143—146
Aegyptische, nordafrika-

Seite

nische und britannische
Legende . . . . . . 147—151
Die koptischen Acten . . 152—154
Judas Thaddäus und Ad-
däus. Edessenische und
armenische Legende . 154—158
Judas Thaddäus in der
griechischen und latei-

	Seite
nischenTradition. Thaddäus der Zwölfer und Thaddäus der Siebziger	158—163
Die lateinische passio Simonis et Judae	164—174
Inhalt	164—169
Verhältnis zur passio Matthaei	169—172

	Seite
Quelle der passio. Die zehn Bücher des Krato	172—174
Koptische (äthiopische) Acten des Judas Thaddäus	175-178
Die Acten des Thaddäus und die edessenische Abgarsage	178—200

Die Acten des Jakobus Zebedäi S. 201-228.

	Seite
Die altkirchliche Jakobuslegende und die lateinische passio	201—208
Die jüngere Tradition über Jakobus in der griechischen Kirche	208—211
Die koptischen und äthiopischen Acten des Jakobus	211—214
Die Tradition der lateini-	

	Seite
schen Kirche. Jakobus in Spanien	214—227
Die ältere spanische Legende. Paulus und Jakobus	216—219
Die Legende von den sieben Paulusschülern	219—220
Die Legende von Compostella	220—227
Andere abendländische Traditionen	227—228

Die Acten des Jakobus Alphäi und Jakobus des Bruders des Herrn S. 229—257.

	Seite
Jakobus der Alphaide und der Bruder des Herrn	229-231
Griechische Traditionen über den Alphaiden	231—234
Syrische und koptische Traditionen	234—235
Jakobus Alphäi bei den Lateinern	235—238
Altkirchliche Ueberliefe-	

	Seite
rungen über Jakobus den Bruder des Herrn	238—245
Die Ueberlieferungen in der späteren griechischen (und syrischen) Kirche	245—250
Das koptische Martyrium des Jakobus	250—253
Die abendländische Tradition über Jakobus den Bruder des Herrn	253-257

Die Acten des Matthias S. 258—269.

	Seite
Die Nachrichten über Matthias bei den Griechen	258—260
Die koptischen Acten des Matthias	260—261

	Seite
Die ältere lateinische Tradition	261—264
Die Matthiaslegende von Trier	264—269

Die Acten des Barnabas S. 270—320.

	Seite		Seite
Barnabas in Rom	271—275	Die Mailänder Barnabas-	
Die cyprische Barnabas-		legende	305—320
sage	273—304	Die Datiana historia . .	310—316
Die περίοδοι Βαρνάβα	275—280	Die Legende bei Mom-	
Textgestalt	276—297	britius	316—318
Inhalt	280—285	Abhängigkeit der mailän-	
Geschichtlicher Werth	285—290	der von der cyprischen	
Ursprung und Ab-		Legende	318—320
fassungszeit . . .	290—297		
Das Enkomium des Mönchs			
Alexander	298—304		

Die Acten des Markus S. 321—353.

	Seite		Seite
Markus als Begleiter des		Textgestalt	329—332
Petrus in Rom . . .	321—322	Inhalt	332—336
Alexandrinische Markus-		Aeussere Zeugnisse	336—344
sage	322—327	Abfassungszeit . .	344—346
Anderweite Legenden . .	327—329	Legende von Aquileja .	346 351
Die Acten des Markus .	329—346	Die venetianer Legende .	351—353

Die Acten des Lukas S. 354—371.

	Seite		Seite
Traditionen über Lukas		Griechische Enkomien auf	
in der griechischen		Lukas	362—363
Kirche	354—362	Die Tradition der Latei-	
Lukas in Antiochien,		ner	364—365
Achaja und Böotien .	355—359	Der Sermo in natali S.	
Anderweite Traditionen .	359—360	Lucae	366—367
Lukas der Maler	361	Orientalische Traditionen	367—368
Translation nach Constan-		Die koptischen Acten des	
tinopel	361—362	Lukas	368—371

Die Acten des Timotheus S. 372—400.

	Seite		Seite
Die ältere Timotheusle-		Benutzung der Acten	
gende	372—373	bei den späteren	
Die ephesinischen Acten		griechischen Schrift-	
des Timotheus . . .	373—392	stellern	386—390
Die Ueberlieferung		Benutzung der Acten	
des Textes . . .	373—374	bei Syrern, Arme-	
Inhalt	374—376	niern und Kopten .	390
Geschichtlicher Werth	376—383	Timotheus bei den	
Entstehungsverhält-		Lateinern	390—392
nisse und äussere		Der Heilige des 22. Au-	
Zeugnisse . . .	383—386	gust	392—400

Die Acten des Titus S. 401—406.

Seite

Die Schrift des angeb-
lichen Zenas . . . . 401—403
Titus in der römischen
Peter-Pauls-Sage . . 404

Seite

Ueberlieferungen in der
lateinischen Kirche . . 404—405
Orientalische Traditionen 405—406

Nachträge und Berichtigungen

zu Band I.

Zu S. 3 Z. 28. Der Ursprung der Legende über Jakobus Zebedäi bei Clemens Alexandrinus (Eus. h. e. II. 9) ist nicht in judenchristlichen, sondern in heidenchristlichen Kreisen zu suchen. S. II, 2, 202.

Zu S. 19 Z. 22 flg. vgl. II, 2, 234 Z. 3 bemerkt Overbeck, dass schon Eusebios zu Jes. 17, 5 Jakobus den ἀδελφὸς τοῦ κυρίου als vierzehnten Apostel bezeichnet.

Zu S. 23 Anm. 1. Z. 4. Genau mit der Liste der 12 Apostel in cod. Matrit. stimmt die des Textes überein, welcher in den gedruckten Ausgaben des Oikumenios voransteht. Während aber cod. Matrit. an die Liste der 12 ein mit Jakobus dem ἀδελφὸς τοῦ κυρίου beginnendes, von Iriarte leider nicht mitgetheiltes Verzeichnis der 70 Jünger anschliesst, fügt der vor Oikumenios gedruckte Text nach Matthias noch die Namen des Markus, Titus, Crescens und „des Eunuchen der Kandake" hinzu, in einer etwas kürzeren Textgestalt als im cod. Vindobon. (Dorotheos A). Zum Schlusse finden sich folgende Worte: ἐκ τῶν ἀποστόλων τοῦ σωτῆρος τῶν ἑβδομήκοντα γεγόνασιν ὡς ἱστορεῖται ἐν τῇ πέμπτῃ τῶν ὑποτυπώσεων Βαρνάβας, Σωσθένης, Κηφᾶς ὁμώνυμος Πέτρῳ, Ματθίας ὁ συγκαταριθμηθεὶς τοῖς δώδεκα καὶ Βαρσαβᾶς καὶ Αῖνος οὖ μέμνηται Παῦλος Τιμοθέῳ γράφων, Θαδδαῖος καὶ Κλωπᾶς καὶ οἱ σὺν αὐτῷ.

Zu S. 105 Z. 23. In dem ersten apokryphen Briefe des Hieronymus sind hinter 'transferendum tradiderunt' folgende Worte per ὁμοιοτέλευτον ausgefallen: 'textum vero eius aliter aliterque tradiderunt'. Overbeck hat hierauf aufmerksam gemacht.

Zu S. 123 Anm. 2. Nöldeke schreibt mir: „Ueber Abdias habe ich vergeblich nachgesehen. Ich finde keinen 'Abdia', der irgend passte. St. Ev. Assemani nennt zwar einen Märtyrer 'Abdias' (Martyr. I, 144); aber der syrische Text hat auch bei ihm ܐܒܕܐ; es ist auch nur ein Diakon. Bischöfe des Namens Abdâ (genauer Abbdâ ܐܒܒܕܐ) die zur Noth als ‚Bischöfe von Babylon' bezeichnet werden könnten, finde ich folgende:

1) Ein Bischof Abda in Garamaea (Bêth Garmê, nördlich von Ktesiphon nach dem Binnenlande zu), „der siebente nach den Aposteln", Märtyrer Januar 318. s. Hoffmann, Syrische Märtyrer 9 ff. Die Acten sind un-

gewöhnlich unhistorisch, und ich würde nicht einmal auf die Zeitbestimmung irgend welchen Werth legen.

2) Abda, Bischof von Kaschkar, Märtyrer c. 375. S. Assemani Mart. I 144 sqq. Dies ist der Ἀβδᾶς des Sozomenos II, 13.

3) Der Elferer Abda, Bischof von Hormizdardašir (in Susiana), welcher den toleranten Jazdegerd I zu einer particllen Christenverfolgung geradezu zwang. Märtyrer 420. Reste der Acten bei Hoffmann l. c. 34 f. Vgl. Theodoret h. c. V, 39. Meine Tabari-Uebersetzung S. 75.

Einen gemarterten Diakonen Namens Abda hat ausser Assemani l. c. noch Wright's kleines Martyrologium am Ende. Das Martyrium wird wol zwischen 340 und 350 fallen.

Keiner der Genannten dürfte sich für den Abdias der Legende eignen. Uebrigens käme vielleicht noch der Name ܐܒܕܝܫܘܥ Ἀβδιησοῦς mit in Frage. Dieser Name ist auch nicht selten. Man sollte eigentlich in 'Abdias' einen der mythischen Patriarchen von Seleucia und Ktesiphon aus den 3. ersten Jahrhh. erwarten („Bischöfe von Seleucia und Ktesiphon" hat es schon vor Simeon [bar Ṣabbâ'ê] Einige gegeben; Patriarchen oder vielmehr 'catholici' erst seit 410); aber keiner der Namen stimmt irgend. Also doch wol freie Erfindung".

Zu S. 133 Z. 23. Schon die Original-Ausgabe des Lazius (vom Jahre 1552) enthält die Anhänge, die vita Mathiae, die historia Marci und Perionius de vitis apostolorum. Ich entnehme dies einer freundlichen Mittheilung Bonnets, der die mir unzugängliche editio princeps in Paris eingesehn hat.

Zu S. 137 Z. 22. Bonnet macht mich darauf aufmerksam, dass schon Ruinart die Beziehung des Citates auf c. 31 der gregorianischen Schrift de gloria martyrum bemerkt hat. Auch Gregors Geburtstag ist, wie Bonnet hinzufügt, schon aus dieser Stelle erkannt von G. Monod, Études critiques sur les sources de l'histoire mérovingienne p. 40.

Zu S. 138 Z. 13—35. Die hier, ebenso wie S. 142, 10—21; S. 162, 7—14; S. 550, 10—16; S. 562, 31—33; S. 565, Text Z. 10—12 u. Anm. 1 Z. 14 flg.; S. 615, 36 vorausgesetzte Ansicht über das Verhältnis der miracula Andreae in der Abdiassammlung bei Lazius zu dem gregorianischem Texte der virtutes einerseits, zu der kürzeren Passion 'conversante et docente' andrerseits erweist sich bei genauerer Betrachtung als unhaltbar. Was Lazius ('Maximilla autem — commisceretur' = Fabricius 507, 21—508, 5) über den Text Gregors hinaus zu bieten scheint, ist sicher nicht direct aus dem gnostischen Originale geschöpft, sondern findet sich, wie Bonnet mir brieflich mit Recht bemerkt hat, schon im Texte des Gregor, an einer früheren Stelle, wo Lazius die betreffenden Worte gestrichen hat. Ich hätte dies selbst finden müssen, wäre mir bei Ausarbeitung des betreffenden Abschnittes der Druck Nausea's noch zur Hand gewesen. Nach den Worten 'audiebat verbum salutis' (= Nausea f. XXIIr, 27; Fabricius 507, 3) folgt bei Nausea

'Miraculum de proconsule ab itinere regresso Cap. XXXV.

Omni enim die Maximilla ad praetorium veniens, vocabat apostolum et audiebat ab eo verbum dei, qua proconsul discesserat a Patris et abierat in Macedoniam. Magna enim indignatione succensus erat contra apostоlum, eo quod Maximilla uxor eius post acceptum salutis verbum non

*ei coniungebatur. Illo quoque redeunte quum omnes in praetorio reside-
rent et audirent verbum dei, turbati sunt valde timentes, ne aliquam eis
vim inferret. Tunc sanctus apostolus oravit dicens Ne patiaris quaeso
domine etc.*' (Nausea XXIIv, 1 = Fabricius 507, 12). Nach '*discessit*'
(Nausea XXIIv, 4 = Fabricius 507, 21) folgt bei Nausea '*Sed et Maximilla quum primum invenisset locum, statim veniebat ad S. apostolum et
suscipiens verbum dei regrediebat ad domum suam*'. Und hieran reiht sich
alsbald (Nausea XXIIr, 7) '*de passione sancti Andreae apostoli cap. XXXVI.
Post haec comprehendens Aegeas proconsul beatum apostolum posuit eum
in carcerem etc.*' Vgl. den oben S. 136 (aus cod. Wizenburg. 48) mitgetheilten Text. Es ist klar, dass Lazius den gregorianischen Text zusammen-
gezogen und theilweise umgestellt hat. Was nach '*commisceretur*' bei
Lazius folgt (= Fabricius 508, 6—10) bildet nur den Uebergang zu dem
Texte der passio, welchen Lazius dem gregorianischen Texte der virtutes
Andreae angefügt hat. Weit gefehlt also, dass der Text des Lazius das
Original zu den Texten der gregorianischen virtutes und der kürzeren
passio bildete, findet vielmehr das umgekehrte Verhältnis statt. Nicht
Gregor hat den Text des Lazius, sondern Lazius hat den gregorianischen
Text vor sich gehabt; und die passio ist nicht erst nachträglich aus dem
von Lazius gebotenen Texte „herausgelöst", sondern erst Lazius selbst hat
sie mit dem gregorianischen Texte der virtutes zu einem neuen Ganzen
verschmolzen. Nur insofern kann von einer „Herauslösung" der passio aus
einem ausführlichern Texte die Rede sein, als man unter diesem Texte den
der alten περίοδοι 'Ανδρέου versteht, sei es nun in ihrer Urgestalt, sei es
in irgend einer schon vor den Zeiten Gregors von Tours vorhandenen
katholischen Bearbeitung.

Zu S. 144 Z. 2—20. Wie Bonnet (suppl. codicis apocryphi p. XVI) gezeigt
hat, ist der aus der passio Thomae entlehnte Abschnitt in den miracula
(Bonnet 114, 9—118, 5 = Fabricius 713, 12—718, 8) eine freilich sehr alte
Interpolation. Wird hiermit auch der handgreiflichste Beweis für die
Priorität der passio hinfällig, so bleibt es doch sehr wahrscheinlich, dass
letztere schon um die Mitte des 6. Jahrh. entstanden ist (I, 254 flg. Anm.
273). Die wörtliche Berührung der Stelle der passio über den Palast,
welchen Thomas dem Gundaforus baut, mit der Beschreibung des Palastes
eines Herzogs von Spoleto (Mabillon, annales Benedictinorum II, 410 ad
ann. 814) erklärt sich, wie auch Bonnet p. XVIII wahrscheinlich findet, aus
Benutzung der passio durch den späteren Schriftsteller.

Zu S. 163 Z. 24. 26. Die hier ausgesprochene Vermuthung, dass auch die
'miracula Thomae' den Gregor von Tours zum Verfasser haben, ist jetzt
aufs Schlagendste bestätigt durch die ausführlichen Nachweise von Bonnet
a. a. O. p. XIII sqq.

Zu S. 178 Z. 30—34. 180 Z. 31—33. Der hier als ungedrucktes griechisches
Original der lateinischen passio Jacobi fratris domini bezeichnete Text des
cod. Paris. gr. 881 enthält einfach die bekannte Erzählung Hegesipps.
S. II, 2, 250. 257.

Zu S. 181 Z. 3 v. u. ist statt 'bei Combefis bibl. concionat.' zu losen 'in Andreae
opp. ed. Combefis'.

Zu S. 184 Anm. 1. Wie Overbeck bemerkt, ist die Abfassung der Biographie der h. Theoktistes durch Symeon Metaphrastes neuerdings von dem russischen Byzantiologen Wassiliewsky bestritten worden. Vgl. Revue des questions historiques XXX, 624 f. Ich muss indessen die Prüfung der von Wassiliewsky vorgebrachten Argumente Andern überlassen.

Zu S. 185 Z. 22. Der griechische Text des Lebens des Jakobus Adelphotheos von Symeon Metaphrastes findet sich Acta SS. Mai T. 1 p. 735 sqq.

Zu S. 186 Z. 3—5. Hier ist zu bemerken vergessen, dass das von Leo Allatius fälschlich unter den Werken des Symeon Metaphrastes aufgeführte Martyrium des Timotheus Ἴσμεν πολλοὺς ἱστορίας τε καὶ βίους mit dem neuerdings von Usener zuerst im griechischen Originale herausgegebenen Texte identisch ist. Das Richtige findet sich schon I, 181 Z. 31—35.

Zu S. 186 Z. 9. Der griechische Text des dem Symeon Metaphrastes zugeschriebenen Lebens des Philippus findet sich gedruckt Acta SS. Mai. T. I p. 733 sqq.

Zu S. 188 Z. 29 ist als Jahr der Abfassung des Menologiums Basilii Porphyrogeneti fälschlich 884 statt 984 genannt. Basilios Porphyrogennetos regierte 976—1025.

S. 190, Z. 15—19. Das Andreasleben des Hesychios σάλπιγξ ἡμᾶς ἀποστολικὴ ist wenigstens in lateinischer Uebersetzung bereits gedruckt. Bibl. Patr. Max. XIII, 188—190.

S. 199 Z. 11. Zu meiner Vermuthung, dass die Chronik des „Hippolyt von Theben" eine Chronik aus der Zeit Constantins des Grossen zur ältesten Grundlage zu haben scheine, bemerkt Gutschmid mir Folgendes. „Die Frage, wer Hippolyt von Theben war, tritt in eine neue Phase durch eine mir von Dillmann mitgetheilte Liste der Patriarchen von Alexandria aus der äthiopischen Uebersetzung des Abu Shaker. Diese Chronik enthält nämlich Angaben über sämtliche Patriarchen vom ersten, Anianos, bis Timotheos (380—384) aus „Abulides Erzbischof von Rom", mit einziger Ausnahme des Theonas, bei dem eine solche Angabe gewiss nur durch Zufall fehlt. Daraus wird zu folgern sein: 1) dass Hippolyt ein Aegypter war, 2) dass sein (vermuthlich von Späteren überarbeitetes) Werk bis 384 herabging, und sein Verfasser damals schrieb". Sollte diese Chronik des „Abulides" wirklich auch die Liste der 12 Apostel resp. der 70 Jünger enthalten haben, so wäre der S. 199 Z. 28 für die Entstehungszeit der unter den Namen des Dorotheos, Epiphanios, Hippolyt umlaufenden Apostellisten angesetzte Terminus a quo — Anfang des 5. Jahrhunderts — etwas zu spät. Es ist dann dafür das Ende des 4. Jahrb. zu setzen. Uebrigens bedarf die ganze Hippolytos-Frage einer von Grund aus neuen Untersuchung.

S. 201, Z. 10 nach „aufzählt" ist einzuschieben: „in dem vor den Werken des Oikumenios gedruckten Apostelverzeichnisse, welches nach Paulus noch Markus, Titus, Crescens und den Eunuchen verzeichnet". Ebendaselbst Z. 28 nach „erscheinen" schiebe ein: „Hiermit stimmt die Angabe am Schlusse des Verzeichnisses vor den Werken des Oikumenios, welches ausdrücklich das fünfte Buch der Hypotyposen als Quelle für seine Angabe nennt, dass Barnabas, Sosthenes, Kephas, Matthias, Barsabas, Linus, Thaddäus und Klopas zu den 70 Jüngern gehören". Die folgenden Worte müssen hiernach lauten: „Der Verfasser des lateinischen Laterculus hat einen dem vor Oikumenios abgedruckten verwandten griechischen Text vorgefunden u. s. w.

Zu S. 210 Z. 6 ff. Der von Vallarsi mitgetheilte Text der 'notitia de locis sanctorum apostolorum' findet sich auch bei d'Achery Spicileg. II p. 1 (Paris 1723) vor dem Martyrol. Hieronym. Mit dem besseren Texte des cod. Paris. lat. 10837 stimmt fast wörtlich überein der Text des alten cod. Epternacensis (S. Willibrordi), abgeschrieben von Laurentius Mönch von Epternach zu Anfang des 8. Jahrhunderts. Derselbe ist abgedruckt in den Actis SS. Januar. T. I p. XLVI und in Florentini's Ausgabe des martyrol. Hieronym. p. 92. Vom Pariser Texte weicht der cod. Epternac. nur darin ab, dass er bei Thomas das Datum der Translation nach Edessa 'V Kal. Jul.' hinzufügt, und dass er von dem bei Philippus und Bartholomäus eingerissenen Abschreiberversehn noch frei ist. Er schreibt richtig

'*Kal. Maij natalis S. Philippi apostoli in ciritate Hierapoli provinciae Asiae.*

VIII Kal. Septemb. nat. S. Bartholomaei apostoli qui decollatus est in India iussu regis Astiagis'.

Zu S. 211 Z. 5 ff. Der kürzere Text des 'Breviarium apostolorum' ist bereits wiederholt gedruckt: aus einem cod. Wizemburg. (Blumianus) des martyrol. Hieronym. bei Florentini hinter dem martyrol. Hieronym. p. 1057 sq., aus dem cod. Auti-siodor., bei Martène et Durand, Thesaurus Nov. Anecdot. T. III p. 1549 sqq. und aus dem cod. Gellonens., bei d'Achery Spicileg. II, 25 sq. (ed. Paris. 1723). Die gedruckten Texte weichen nur wenig von den Pariser Handschriften ab.

Zu S. 215 Z. 14 ist hinzuzufügen: Von sonstigen lateinischen Verzeichnissen der Apostelfeste sind noch hervorzuheben:

Das kurze Verzeichnis in den codd. Lucc. des martyrol. Hieronym. bei Florentini p. 91 sq. Dasselbe ist jedoch, wie namentlich die wörtlichen Entlehnungen in der Schlussnotiz über Matthias zeigen, aus dem Breviarium apostolorum excerpirt.

Das Sacramentarium Gregorii Magni in Liturg. Roman. vetus ed. L. A. Muratori Venedig 1748 T. II. Dasselbe enthält unter Andern Präfationen zu sämtlichen Aposteltagen. Als Festtage werden hier auch '*prid. non. Mai. natale S. Joannis ante portam latinam*' (col. 83) '*Kal. August. ad sanctum Petrum in vincula*' (col. 107) '*VIII Kal. Febr. conversio Sancti Pauli*' (col. 296) und '*VIII Kal. Mart. cathedra S. Petri*' (col. 298) mitangeführt. Die Natalitien des Paulus werden einen Tag später als die des Petrus gesetzt '*prid. Kal. Jul.*' (col. 101).

Ein altes Kalendarium Romanum aus der ersten Hälfte des 8. Jahrh. 'ex Mscr. Monaster. S. Genovef. Paris. aureis characteribus exarato' herausgegeben von F. Joann. Fronto Paris 1652, wiederabgedruckt in Frontonis opp. dissertatt. etc. von J. A. Fabricius Hamburg 1720 p. 123 sqq. Dasselbe enthält nur römische Heilige und solche, die in Rom eine besondere Verehrung genossen. Von den Aposteln ausser Petrus und Paulus nur Philippus und Jakobus (1. Mai), Andreas (30. Nov.) und Johannes (24. Dec.).

Adonis libellus de festivitatibus sanctorum apostolorum et reliquorum qui discipuli aut vicini successoresque ipsorum apostolorum fuerunt ed. Rosweyde, Antwerpen 1613 p. 31 sqq. Die einzelnen nach Kalendertagen vertheilten.

aber nicht kalendarisch geordneten Artikel bieten wenig Eigenthümliches. Der Stoff ist aus Hieronymus (catal. vir. illustr.), Rufins Kirchengeschichte, der Passionensammlung und älteren Martyrologien (des Beda u. A.) geschöpft. Das Breviarium apostolorum ist nicht direct benutzt.

Zu S. 222 Anm. 1. Herr Prof. Wüstenfeld ist so freundlich gewesen, mir ein vollständiges Verzeichnis der im ungedruckten zweiten Theile des arabischen Synaxariums enthaltenen kirchlichen Gedenktage zu übersenden. Ich ersehe daraus, dass meine a. a. O. ausgesprochenen Erwartungen sich nur theilweise bestätigen. Die aufgeführten Aposteltage sind folgende: 8. Bermahat (= 3. März) Matthias; 6. Bermuda (= 1. April) Thomas; 17. Bermuda (= 12. April) Jakobus Zebedäi; 30. Bermuda (= 25. April) Markus; 15. Bashnash (= 10. Mai) Simon (Judas); 16. Bashnash (= 11 Mai) Johannes der Evangelist; 26. Bashnash (= 21. Mai) Thomas; 5. Baûne (= 30. Mai) Jakobus; 27. Baûne (= 21. Juni) Thomas; 5. Abib (= 29. Juni) Petrus und Paulus; 9. Abib (= 3. Juli) Simon Klopa; 16. Abib (= 10. Juli) Johannes der Evangelist; 18. Abib (= 12. Juli) Jakobus der Bischof von Jerusalem (Jakobus der Gerechte); 29. Abib (= 23. Juli) Thaddäus; 5. Musara (= 29. Juli) in margine: 'festum S. Jacobi'; 2. Nisi (= 25. August) Titus. Irrthümlich sind hiernach a. a. O. die Angaben für Simon (10. Bermuda = 10 Miyazia, das Datum in der Ueberschrift der Acten des Simon im abyssinischen Certamen apostolorum); für Petrus und Paulus (14. Abib = 8. [nicht 31.] Juli, das bei Ludolph angegebene Datum) und für Judas (2. Abib = 2. Hamleh, das Datum im abyssinischen Certamen).

Zu S. 225 Z. 7 ff. Mit Recht macht Nöldeke mich darauf aufmerksam, dass die in der passio Thomae (p. 159 ed. Bonnet) enthaltene chronologische Angabe über die Translation der Reliquien des Thomas nach Edesssa unter Alexander Severus (die betreffende Stelle s. o. I, 144) nicht ohne Weiteres als unhistorisch verworfen werden dürfe. „Alexander Severus hat mit (Arta-)Xerxes gekämpft, nach Eutrop (VIII, 23 [14]), der den Ardašir auch Xerxes nennt, ihn besiegt [diese Thatsache ist völlig sicher. Schon Tillemont hat es nachgewiesen. Die Münzen bestätigen die in der Vita (in d. script. hist. Aug.) stehende Urkunde, dagegen kommt die ganz andere Erzählung des elenden romanhaften Herodian gar nicht in Betracht]. Sollte ein Späterer das so ohne Weiteres auf eigne Hand verwerthet haben? Er könnte es ja allerdings aus Eutrop oder einem Ausschreiber' desselben haben; aber liegt es nicht näher, die Zeitbestimmung für ächt zu halten? Damals kann sehr wohl die Uebersiedelung der Leiche des Thomas nach Edessa stattgefunden haben. Sogar dass der christenfreundliche Orientale Alexander Mammaeae den Edessenern, die oben erst reichsunmittelbar geworden waren, den Gefallen gethan, ihnen ein paar alte Knochen aus persischem Gebiet zu schenken, halte ich für recht möglich. In jener Zeit ist Edessa ganz und absolut christlich geworden, während im Jahre 201 bei der grossen Ueberschwemmung der Staat noch heidnisch ist und „die Kirche der Christen" dort erwähnt wird. Die verschiedenen Sekten wohnten noch leidlich friedlich bei einander: der Dialog über das Fatum, der praeter propter 220 (und zwar syrisch, nicht griechisch) geschrieben ist, obgleich voll verborgener gnostischer Züge, macht den Eindruck, als ob der edessenische Verfasser sich als Christ unter lauter Christen fühlte . . . Dass die

Bedeutung Edessa's als christliche Hauptstadt der Syrer durch die Aufhebung des kleinen Reiches nur gehoben ist, lässt sich kaum verkennen. Die Angabe des Chronicon Edessenum (bei Assemani Bibl. Orient. I. 399), dass am 22. Aug. 394 [703 aer. graec.] die Leiche des Thomas in die grosse Thomaskirche gebracht sei, ist kein Widerspruch gegen meine Vermuthung. Es handelt sich da wol nur um die Translation aus einem unscheinbaren Kirchlein in Edessa selbst in eine grosse Kirche". Zur Bestätigung dieser von Nöldeke geäusserten Ansicht lässt sich weiter hinzufügen, dass schon die Thomasacten selbst, und zwar in sämtlichen Texten, die Translation der Gebeine des Apostels von „Indien" nach „Mesopotamien" oder nach „dem Westen", d. h. eben nach Edessa voraussetzen. Ausser dem Texte der consummatio bei Tischendorf acta app. apocr. p. 241 und dem syrischen Texte bei Wright p. 298 der engl. Uebersetzung vgl. jetzt auch den griechischen Text der περίοδοι bei Bonnet p. 94, 10 (nach codd. Paris. 1510. 1551, übereinstimmend mit cod. Monac. bei Tischendorf apoc. apocr. p. 157). S. oben I, 226, 17 ff. 272 Anm. 3. Da die περίοδοι sicher nicht jünger sind, als die erste Hälfte des 3. Jahrhunderts, so wird die Angabe der passio, wie es sich auch mit ihren näheren Details verhalten möge, im Wesentlichen durch eine gleichzeitige Urkunde bestätigt. Vgl. auch meine edessenische Abgarsage S. 12 Z. 29 und Anm. 1. Aus der zweiten Hälfte des 4. Jahrhunderts haben wir weitere Zeugnisse für die Thatsache, dass damals die Gebeine des Thomas schon längere Zeit in Edessa geruht haben müssen, also nicht erst, wie Barhebräus die Angabe des Chron. Edessen. misverstanden, im Jahre 394 dahin transportirt worden sein können. S. I, 224, Z. 8 flg. und 15 flg.; edessenische Abgarsage a. a. O. Nöldeke wirft die Vermuthung hin, dass die acta Thomae in ihrer ursprünglichen Gestalt grade durch die Translation der Gebeine des Heiligen nach Edessa veranlasst worden seien. Das „Indien", aus welchem man die heiligen Reliquien nach Edessa transferirt hat, kann freilich nicht das eigentliche Indien gewesen sein, sehr wohl aber das ehemalige Gebiet des Königs Gundaforus, Weissindien oder Arachosien. Für die „Aechtheit" der Reliquien ist natürlich auch bei dieser Annahme keine Garantie geboten.

Zu S. 234 Z. 12 und S. 631 Z. 25 l. hybrida st. hybridus.

Zu S. 247 Anm. 1 Z. 2 und 3. In dem Citate aus dem Breviarium apostolorum ist vor *interpretatur* einzuschieben *qui*. Statt *praedicavit [et] destinans* liest der Text im martyr. Gellonense *praedicator et distans*.

Zu S. 247 Anm. 1 füge hinzu: Während die Griechen das Andenken des Apostels Thomas am 6. October feiern, ist sein Gedächtnistag in der lateinischen Kirche der 21. December (XII Kal. Jan.). So das Sacramentarium Gregorii (Liturg. Rom. vet. ed. L. A. Muratori. Venet. 1748 T. II col. 347), das ‚Breviarium' und die ‘notitia apostolorum', das Martyrolog. Hieronym., Rom. parv., Ado im libellus festivitatum und sämtliche spätere Martyrologien. Verschiedene Texte der notitia und des martyr. Hieron. bezeichnen diesen Tag ausdrücklich als den Todestag des Apostels „in Indien" (so cod. Paris 10837 und cod. Epternac. der notitia, desgl. die codd. Epternac. Richenov. des martyr. Hieron.), und unterscheiden ihn ausdrücklich vom Tage der Translation nach Edessa (Mesopotamien), welcher am 3. Juli (V. non Jul.) gefeiert wird. Letzteres Datum nennen auch die codd. Lucc. Corbej. maj et min. Gellon.

27*

Antissiod. Rhinov. August. Labb. Reg.-Succ., sowie das martyr. Roth. parv.
für die Translation nach Edessa, während cod. Epternac. dafür in der
'notitia' fälschlich V Kal. Jul. schreibt. Dagegen wird daneben auch der
21. December als Tag der edessenischen Translation genannt in codd. Lucc.
Wissemb. Corbej. maj. et min. Gellon. Antissiod. Morbac. Labbean. Einige
codd. nennen neben dem Datum V non. Jul. auch III non Jun. d. i. den
3. Juni (so codd. Morbac. Corbej. maj. et min. Gellon. Labbeau.) oder V
Kal. Jan. (Labbean.) als Todes- oder Translationstag, sowie V idib. Febr.
(9. Febr.) als Tag der Deposition ohne Angabe des Orts (so codd. Lucc.
Epternac. Wissemb.; cod. Epternac. lässt hier die Bezeichnung des Thomas
als Apostel weg). Ersteres ist wol nur ein Schreibfehler für V non. Jul..
letzteres ein Schreibfehler für XII Kal. Jan., welcher in cod. Paris. lat. 2136
des Breviarium apostolorum weiter in VI Kal. Febr. verderbt ist. Der Heilige
des 3. April (III non April.), welcher in einigen Texten mit dem Apostel
Thomas identificirt wird und nach cod. August. in India, nach codd.
Morbac. Labbean. in Nicia, nach cod. Reg.-Succ. in Scythia verehrt
werden soll, ist wol eine ganz andre Person. — In der koptisch-abyssinischen Kirche ist der Gedächtnistag des Apostels Thomas der 26. Pachom
(Ginbot, Bashnash = 21. Mai), daneben wird auch der griechische Gedächtnistag 8. Tekemt = 6. October, und ausserdem noch der 6. Bermuda (Miyazia = 1. April) und der 27. Payni (Bashno, Senne = 21. Juni, wol
aus Verwechselung mit dem 21. Mai) genannt. Der armenische Gedächtnistag
ist der 22. August, der syrische der 3. Tammuz (3. Juli), d. h. der Tag der
Translation der Reliquien des Apostels nach Edessa.

Zu S. 283 Z. 27. Nach Gutschmids Nachweisen (ZDMG XXXIV, 741)
begann Kosmas seine Reise 519, und schrieb zwischen 544 und 547.

Zu S. 287 Z. 27. Erwähnung verdient hier auch die seltsame Erzählung über
das Grab und den Leichnam des Thomas angeblich aus dem Munde eines
„indischen" Erzbischofs, welcher im Jahre 1122, nachdem er zuvor den
Kaiserhof zu Konstantinopel besucht hatte, zu Papst Calixt II. nach Rom
kam. Dieselbe ist uns in einem dreifachen Berichte erhalten. Der kürzeste
findet sich in dem Briefe des Abtes Oddo von St. Remigius an einen Grafen
Thomas (bei Mabillon, Vetern Analecta p. 464). Ausführlicher ist eine
zweite Darstellung in dem Chronicon Alberici Monachi vom Jahre 1241 bei
Leibniz Accessiones Historicae II, 243 sq. zum Jahre 1122, angeblich 'ex
gestis Calixti' geschöpft (wieder abgedruckt in einem Leipziger Universitäts-
programme von Friedrich Zarncke, commentatio de patriarcha Johanne
quasi praecursore presbyteri Johannis patrio sermone scripta. Leipzig 1875).
Mit dem Texte Alberichs stimmt vielfach wörtlich ein dritter und viel
wortreicherer Bericht, der sich als eine gleichzeitige Erzählung einführt.
('quae nostris temporibus recitata Romae sunt') und den Titel führt 'de adventu patriarchae Yndorum sub Calixto papa II'. Derselbe findet sich als
isolirtes Stück häufig in Handschriften (abgedruckt von Zarncke a. a. O
aus einer Handschrift der Leipziger Rathsbibliothek Rep. II, 59a).

Wie Oddo als Augenzeuge berichtet, erzählte jener indische Erzbischof
in Rom, dass er der Kirche vorstehe, in welcher der Körper des h. Thomas
ruhe. Dieselbe sei von einem Flusse umgeben, dessen Wasser sich aber
8 Tage vor und 8 Tage nach dem Feste des Apostels verlaufe, sodass man

trocken hingelangen könne. Am Festtage werde der Körper des Apostels
auf den Bischofsstuhl gesetzt und öffne die Hand, um die dargebotenen
Gaben in Empfang zu nehmen; wenn aber ein Häretiker sich nahe, so
schliesse er dieselbe. Diese seine Erzählung soll der Erzbischof, wie Oddo
noch hinzufügt, als sie auf Unglauben stiess, feierlich beschworen haben.
Viel weiter ausgeschmückt begegnet uns dieselbe Geschichte bei Alberich
und in dem oben erwähnten dritten Berichte. Der „Indier" führt hier den
Namen Johannes und den Titel Patriarch. Er soll erzählt haben, seine
Stadt heisse Ulna (Hulna) und sei die Hauptstadt von ganz Indien, ganz von
Christen bevölkert und von ungeheurer Grösse, vier Tagereisen im Umfange,
vom Paradiesesflusse Phison durchströmt und mit Mauern von ausserordent-
licher Dicke und Höhe umgeben. Nahe bei der Stadt liege der rings von
einem See umflossene Berg, auf dessen Gipfel die Mutterkirche des Thomas
erbaut sei, rings um den See aber die Klöster der 12 Apostel. Im Ciborium
hange an silbernen Ketten eine silberne Concha mit dem aufrechtstehenden,
unversehrten Leibe des Apostels: davor brenne stets eine mit wunder-
kräftigem Balsam angefüllte goldene Lampe. Die Nachricht von dem 8 Tage
vor und 8 Tage nach dem Apostelfeste sich verlaufenden Wasser stimmt
mit der Erzählung Oddos überein. Einmal im Jahre, wenn das Wasser
sich verlaufen, gehe der Patriarch hinauf, setze den Leichnam auf einen
goldenen Stuhl vor dem Altar, und feiere vor einer grossen Volksmenge,
die ihm nachzufolgen pflege, die Messe. Nach der Messe würden dem Apostel Hostien überreicht, die er mit ausgestreckter Rechten in Empfang
nehme und den hinzutretenden Gläubigen darreiche. Komme aber ein Un-
gläubiger, Häretiker oder Sünder, so verschliesse sich die Hand des Apostels und der Betroffene thue entweder alsbald Busse oder müsse sterben.

Derselbe Bericht findet sich häufig als Anhang der älteren Drucke des dem
sogenannten Priester Johannes zugeschriebenen Briefs, und mit diesem in
der Reisebeschreibung des Johannes de Hese aus dem 15. Jahrhundert (bei
Gustav Oppert, der Presbyter Johannes 1864 [1870] S. 180 flg.). Letzterer
bemerkt, Ulna liege vier Tagereisen von Edessa. In das Chronicon Belgi-
cum von 1474 (ed. Joh. Struve Frankfurt 1654 S. 150. Pistorius-Struve,
Script. rer. German. III S. 150) ist ein Stück der Erzählung Alberichs aufgenommen, welches aber, nachdem Ulna genannt ist, mit den Worten ab-
bricht *ut habetur in gestis apostoli Thoma'. Auf dieselbe Quelle beruft sich
bei zwei verschiedenen Anlässen der Bericht *de adventu patriarchae Yndorum'. So p. 14 n. 25 ed. Zarncke: *Inter quos [unter den Bewohnern
von Ulna] nullus erroneus aut infidelis sicut hystoria narrat, aliquando
conversari potest, quin aut facile resipiscat vel inopinato casu corruat
moribundus'. Desgl. p. 15 n. 31: *in quo ciborio concha argentea sicut et
ipsa hystoria apostoli narrat, argenteis dependet cathenis, cara quidem
metallo sed pocior thesauro intra se reposito'. Gemeint ist beidemale die
passio Thomae, an deren Schlusse (p. 159, l. 15—17 ed. Bonnet) beide
Citate sich finden (die betreffenden Stellen s. oben I, 145). Hiermit ist
zugleich festgestellt, dass unter jener indischen Hauptstadt Ulna einfach
Edessa in Mesopotamien, unter dem Flusse Phison der Eufrat verborgen
liegt, und dass die Beschreibung des Grabmals des Apostels der Erzählung
der passio Thomae von der Grabkirche des Apostels in Edessa entlehnt ist.

An der Thatsache, dass irgend ein orientalischer Bischof nach Rom gekommen ist, und dort jenen wunderbaren Bericht wirklich erstattet hat.
lässt sich nach den Mittheilungen Oddos wol nicht zweifeln, da kein Grund
vorliegt, den seinen Namen tragenden Brief für untergeschoben zu erklären. Wahrscheinlich war aber jener Bischof kein Inder, sondern „irgend
ein abenteuernder Bischof Mesopotamiens", der durch die ins Wunderbare
gemalte Erzählung von dem Grabmal des Thomas das Staunen des Papstes
zu erregen wusste. Die damals als Sitz eines christlichen Fürstenthums
wohlbekannte Stadt Edessa hat der schlaue Orientale wol absichtlich, aus
Geheimnisthuerei nicht genannt. Wie derselbe später zu dem Namen Johannes gekommen ist, wird sich nicht mehr ausmitteln lassen; mit dem
sagenhaften Priesterkönige Johannes ist er sicher nicht identificirt worden,
sondern wie Zarncke richtig sah, jener Erzbischof oder Patriarch Johannes
ist umgekehrt das Vorbild des in der späteren Legende so gefeierten
Priesterkönigs geworden. In der Erzählung 'de adventu patriarchae Yu-
dorum' und bei Alberich ist die von Oddo mitgetheilte Nachricht des „indischen" Erzbischofs bereits weiter ausgemalt. In der Handschrift der Leipziger Rathsbibliothek ist sie auf vier Pergamentblättern der 'vita Thomae'
vorangeheftet (fol. 122—125) und mag wol auch sonst noch öfter mit der
passio verbunden worden sein. Vgl. Germann, die Kirche der Thomas-
christen S. 164 ff. und die zusammenfassende Arbeit von Zarncke, der
Priester Johannes. Leipzig 1876.

Zu S. 293 Z. 13. „Und die mit demselben zusammengefaltete Toga". Nöldeke übersetzt jetzt „und deine Toga, die darüber liegt". ﻜﻴ heisse
hier offenbar „legen".

Zu S. 295 Z. 1 v. u. (Text). Nöldeke bemerkt mir dazu: „in seiner Höhe"
passt nicht; der Parallelismus verlangt etwas für die Qualität des Klei-
des Wichtiges, nicht für den Ursprung. „In seiner Höhe" (in altitudine
sua) erregt auch durch das reflexive Suffix Anstoss. Ich weiss aber keine
Textverbesserung. Ueberhaupt steckt das Lied voll kleiner Corruptelen".

Zu S. 296 Z. 16 „den Glanz meines Vaters". Nöldeke schreibt mir: „am
Schlusse des Liedes möchte ich jetzt „den Glanz" als persönliches Wesen
fassen. ﺯﻳﻮﺍ ziwá ist im Mandäischen ein ganz gewöhnliches Wort für eine
bestimmte Art Lichtwesen (ebenso wie uthrá „Reichthum"). „Und ich war
mit ihm (dem Glanz) in seinem (des Glanzes?) Königreich . . . und er (der
Glanz) versprach mir, dass ich mit ihm zum Hofe des Königs der Könige
gehen und mit meinem Geschenk [der Gabe, welche der Unterthan, der
vor den König tritt, diesem darbringen muss] und meiner Perle mit ihm
(dem Glanz) vor unserm König erscheinen solle [Z. 20—24]. Der Redende
geht deutlich durch zwei Stationen und es geht Einer mit ihm, der nicht
der oberste König selbst sein kann". Ist diese Auffassung des „Glanzes",
wie man nicht bezweifeln wird, richtig, so kann unter dem mit diesem
Namen bezeichneten Wesen schwerlich ein andres gemeint sein, als „der
Zweite", oder der zweite Mensch, zu dessen Thore der Heimkehrende früher
als zu dem Thore des Königs der Könige gelangt, und der ihn seinerseits
wieder zum König der Könige geleitet.

Zu S. 300 Z. 31. 32. 34. S. 313 Z. 14 und 15. Professor Wright macht mich darauf aufmerksam, dass hier wiederholt „fünfzeilig", „sechszeilig", „sieben-zeilig" statt „fünfsilbig", „sechssilbig", „siebensilbig" gedruckt ist.

Zu S. 345 flg. Ich hatte es hier und S. 300 Z. 6 ff. dahingestellt lassen müssen, ob die Acten des Thomas ursprünglich in syrischer oder in griechischer Sprache geschrieben seien. Nöldeke theilt mir nun mit, dass er im Laufe des Sommersemesters 1883 einen Theil der Acten mit seinen Studenten durchgenommen und dabei die feste Ueberzeugung gewonnen hat, „dass der syrische Text das nur durch starke dogmatische Correcturen, denen oft das Significanteste zum Opfer gefallen, und durch gelegentliche Abschreiber-sünden entstellte Original, der griechische die Uebersetzung ist". „Seitdem es feststeht, dass die Lieder ursprünglich syrisch sind, ist die natürliche Annahme die, dass der ganze Text ursprünglich syrisch geschrieben ist. Das Gegentheil müsste bewiesen werden". „Ich habe bisher nicht eine Instanz für das Gegentheil gefunden".

Für ursprünglich syrische Abfassung theilt mir Nöldeke folgende (lediglich den ersten drei πράξεις entnommene) Belege mit.

„Bonnet 4, 7 ζυγάνας (vgl. 14, 17). Welcher Zimmermann oder Tischler macht „Wagen?" Im Syrischen steht beidemal ܩܘܫܳܣܐ „Ochsenstachel". Die passen zum Pflug und zum Joch: die einfachsten Ackergeräthe machte er. ܩܘܫܳܣܐ ist aber ein seltenes Wort: der Uebersetzer verstand es nicht und las entweder ܠܰܩܳܣܐ „Wagen", oder substituirte es willkürlich dafür. Ich glaube, dieser Fall ist sehr deutlich. Dass der Grieche ein syrisches Wort nicht verstand, kommt auch sonst vor. So lässt er das dunkle ܠܰܟܳܐ 183, 6 [Uebers. 157] einfach aus; es scheint „Hergang" „was geschieht bei . . ." zu bedeuten (ich kenne das Wort in mehreren Verbindungen, ohne volle Sicherheit über die wahre Bedeutung gewonnen zu haben); Wright erklärt es unrichtig; der Grieche verstand das Wort nicht.

Bonnet 6, 9 στεφάνων. Das sieht so schön und passend aus. Aber der Syrer hat 175, 17 ܟܶܣܳܢܶܐ (sprich Kessánê ܟܶܣܳܢܶܐ). Das ist ein Wort, welches in der alten syrischen Literatur bis jetzt nur 1 Kön. 14, 3 vorkommt, über dessen Aussprache und Bedeutung die Syrer selbst nicht sicher sind (die Nestorianer sprechen es falsch ܟܣܳܢܶܐ Ksánê), dessen Bedeutung uns aber einigermaassen durch die jüdische Literatur erhalten ist. כִּיסְנִין [diese Schreibart sichert den Vocal der ersten Silbe: כִּיסְנִין, das י — natürlich nur Zeichen des kurzen Vocals] ist irgend eine Art kleiner Kuchen oder dgl., meinetwegen auch getrocknete Früchte, welche — und darauf kommt es an — auf der Hochzeit einer Jungfrau gereicht werden. Vgl. Levy, Targumwörter-buch s. v. I, 377 a, den Absatz über die Talmudstelle. Das passt hier nun durchaus: es ist die Hochzeit einer Jungfrau. Der Uebersetzer, welcher weder das Wort noch den Brauch kannte, substituirte willkürlich στέφανοι.

Das ist viel verzeihlicher als z. B. seine Unbekanntschaft mit ܟܶܣܳܢܶܐ und die Substituirung von στεφάνων. [Beiläufig, wenn ein Singular von

ܟܣܗ vorkäme, würde er wol ܟܣܗ Kessâ lauten, wie ܟܣܡܐ, ܟܣܡ̈ܐ

ܟܣܡ̈ܐ und andre duftende und wohlschmeckende Dinge Plurale mit ân

bilden; Wurzel כֵסַם, كسم zerkleinern].

Bonnet 9, 17 ἔτυχε δὲ ἐκεῖ εἶναι λέοντα, καὶ ἐξελθὼν ἐθανάτωσεν αὐτόν
Syrisch (S. 178. 7) „und es begegnete (traf) da ein Löwe und zerriss ihn".
Der syrische Text kümmert sich nicht darum, woher der Löwe kommt;
er tritt da auf, ist aber nicht „zufällig grade da". Jenes sieht mir in einer
alten Wundergeschichte viel ursprünglicher aus. Das Wort ܐܪܥܘܗܝ
„treffen auf", „begegnen", ist etwas selten und war dem Uebersetzer vielleicht nicht bekannt.

Bonnet 12, 19 τὸν ἄνδρα τοῦτον. Den Mann verachtet sie doch eigentlich
nicht. Im Syrischen steht (183. 5) ܟܪܡܐ ܗܘ ܠܗ ܘܟܪܡܝܠ „diesen Sklaven des
Verderbens". Aber ܟܪܡܐ soll ohne Zweifel ܝܟܪܟ „Werk" sein; die Ungenauigkeit in der Stellung des Punktes der eigentlich über dem ܟ stehn
sollte, ist ganz gewöhnlich. „Das Werk der Vergänglichkeit" (wörtlich
„des Verderbens") passt viel besser als τὸν ἄνδρα τοῦτον. Der Uebersetzer
las, was überaus leicht geschehen konnte, ܟܪܡܐ für ܓܒܪܐ. übersetzte
„Mann" und liess nun das dazu nicht passende „Verderben" weg. während
er das parallele „diese vergängliche Hochzeit" vollständig übersetzte.

Bonnet 19, 29 πάντες διδόντες καὶ ἀναπαύοντες πάντας schlechte wörtliche Auffassung des syrischen (192, 13 sq.) „und jeder Bedürftige empfing
und ܣܒܥܝ̈ܢ wurde befriedigt". Dieselbe Thorheit tritt viel ärger hervor
27, 24 (syr. 205. 7) und 29. 3 (syr. 206 ult.), wo ܢܝܚ, dass allerdings ursprünglich „Ruhe" bedeutet, aber ganz gewöhnlich für „Genuss" (auch
„Freude") ist, durch ἀνάπαυσις wiedergegeben wird.

Bonnet 29, 2 καὶ σηκὸς πλήρης βρώσεως. Der Syrer 206 paenult. „und
wird euch sein ein voller Korb (ܣܠܐ) am Orte des Hungers". Dass der
Uebersetzer das gewöhnliche Wort ܣܠܐ „Korb" nicht gekannt habe, ist
kaum anzunehmen; er nahm wol an dem Bilde „Fresskorb, wo Andre hun-
gern müssen", Anstoss und supplirte nun etwas ganz Thörichtes: ein ganzes
Gehöft oder dgl. voll Speisen. „Quelle" und „Korb mit Speisen" steht
natürlich in engem Parallelismus.

Scheinbar für das Gegentheil spricht Bonnet 21, 6 ἐργασίας τῆς γαστρός.
was sicher besser ist als ܘܦܠܚܢܐ ܕܫܐܕ̈ܐ ܡܢ „und als der Dienst der
Dämonen" (194. 7). Aber das ist blosser Abschreiberfehler; lin. 17
steht das richtige ܫܐܕܐ ܘܕܡܢ „Dienst des Bauches" ἐργασία für
δουλεία oder dgl. ist wol gewählt. weil ܦܘܠܚܢܐ zunächst und oft „Arbeit"
heisst.

Zu den wenigen Stellen, in welchen mir unser Syrer Gnostisches erhalten
zu haben scheint. was im Griechischen verwischt ist, möchte ich folgende
zählen :

Bonnet 10, 14—20 ist alles in unserm Syrer katholisch überarbeitet; nur ist wol ursprünglich: „und hat den ersten Menschen angezogen" (179, 15). Ferner Bonnet 12, 3 für κυρίου der Syrer „oures Herrn". Das scheint mir specieller und ist jedenfalls ungewöhnlich.

Es wird also wol darauf hinauskommen, dass die Thomasacten da entstanden sind, wo so viel Thörichtes und einiges Verständige entstand, in Edessa; und dann ist Bardesanes' Schule wol die einzige, an die man denken kann".

Als Ergebnis für die Abfassungsverhältnisse der Thomasacten stellt sich nach dem Allen heraus, dass sie nach dem Jahre 232 u. Z., dem Jahre des Sieges Alexanders über Artaxerxes und der Translation der Reliquien des Apostels nach Edessa geschrieben sind. Wäre die Vermuthung Nöldekes richtig, dass eben jene Translation den Anlass zur Abfassung der περίοδοι gegeben hätte, so wäre das Jahr 232 präcis das Entstehungsjahr derselben. Jedenfalls werden wir nicht viel tiefer heruntergehn dürfen. Ferner ist hierdurch ebenso wie durch die nachgewiesene syrische Originalsprache der Acten die S. 346 Z. 24 ff. ausgesprochene Vermuthung bestätigt, dass dieselben nicht von demselben Verfasser herrühren, wie die περίοδοι Ἰωάννου und die πράξεις Πέτρου, dass also von einer Abfassung derselben durch „Leucius Charinus", wenn anders derselbe wirklich die Johannesacten geschrieben hat, keine Rede sein kann. Für die kirchlichen Zustände Edessas in der ersten Hälfte des 3. Jahrhunderts ergibt sich aus dem Gefundenen endlich die beachtenswerthe Thatsache, dass die edessenische Kirche wie zur Zeit des Bardesanes selbst, so auch noch eine Zeitlang nachher gnostische Anschauungen in ihrem eigenen Schosse hegte.

Zu S. 360 Z. 23. Die Menäen schicken folgende Verse voraus:

Πατρὸς παρέστης ἠγαπημένῳ Λόγῳ,
πάντων μαθητῶν ἠγαπημένε πλέον.
πρόσγε θεὸν μετέστη βροντῆς πάϊς εἰκάδι ἐκτῃ.

Zu S. 367. Nöldeke schreibt mir: „Die Erzählung vom Schiffbruch des Johannes ist wol von der Geschichte des Propheten Jona beeinflusst. Dass der grade auf dem Meere entfliehen will, während Johannes das Wasser scheut, ist Nebensache; die Hauptsache ist, dass der Gottesmann sich gegen Gottes Befehl sträubt, dadurch den Sturm heraufbeschwört, in welchem seine Genossen noch leidlich davonkommen, er ums Haar zu Grunde geht. Joppe ist der gemeinschaftliche Ausgangspunkt, der sich freilich für Leute aus Jerusalem und Umgebung von selbst versteht".

Zu S. 417 Z. 33 ff. Gutschmid bemerkt mir: „rex für den Kaiser beweist nichts für Abhängigkeit vom Griechischen. Es ist vom 4. Jahrhundert an in Gallien und Spanien ganz gewöhnlich; bei Sulpicius Severus z. B. ist es stehend". Ich könnte diese Berichtigung mit Freuden begrüssen, weil sie am Einfachsten über die S. 489 Z. 7 ff. hervorgehobene Schwierigkeit hinwegzuhelfen scheint. Indessen ist hiermit die Beobachtung nicht hinfällig geworden, dass die Ausdrücke 'iussioni regiae' und 'iussu regis' in einem Zusammenhange, in welchem sonst nur vom 'Caesar' und 'imperator' die Rede ist, auf eine benutzte Quellenschrift zurückweisen. Die betreffende Stelle, in welcher jene Ausdrücke sich finden, gehört aber grade nicht der Interpolation an, durch welche das Oelmartyrium von Ephesos nach Rom verlegt wird, sondern dem älteren von 'Abdias' vorgefundenen Texte, nach welchem der Procousul den Apostel nach glücklich bestandener Oelprobe von Ephesos nach Patmos verbannt. Es verdient also doch eine nochmalige Erwägung, ob wirklich die in cod. Vat. 654 vorliegende Verknüpfung des Patmosexils mit der Giftprobe in Rom den ursprünglichen Zusammenhang der Ereignisse in den leucianischen περίοδοι wiedergibt.

Zu S. 420 Z. 20. Das betreffende Fragment aus Polykarp findet sich auch in Stieren's Ausgabe des Irenäus II, 862.

Zu S. 428 Z. 14—19; S. 443 Z. 12 vgl. jetzt Bonnets Bemerkungen in den Jahrbb. f. protest. Theologie 1883 S. 527 flg., wo sich auch der Text der betreffenden Stelle des Theodoros Studites noch vollständiger als S. 412, 28 ff. abgedruckt findet. Hiernach hat der cod. Paris. 1197 Interpolationen aus Symeon Metaphrastes erfahren; zu diesen Interpolationen aber glaubt Bonnet wol mit Recht auch die, in Vatic. 2019 fehlenden Worte χόρτον τε εἰς χρυσὸν μεταβαλλόμενον οἴκτῳ τοῦ ἐαυτὸν μέλλοντος διὰ πενίαν ἀναιρεῖν (vgl I, 485) rechnen zu müssen. Wenn aber hiermit auch das Hauptmerkmal für die Zugehörigkeit der ganzen Wunderreihe zur leucianischen Ueberlieferung wegfällt, so kann ich im Uebrigen nur auf die Schlussbemerkung Bonnets verweisen: „trotzdem aber wird die eigenthümliche Beschaffenheit der übrigen Wunder selbst wol niemand über ihren Ursprung im Unklaren lassen".

Zu S. 433, Z. 18. Anmerkung. Während die griechische Kirche die μετάστασις des Johannes am 26. September feierlich begeht, und ausserdem seiner noch am 8. Mai gedenkt, ist der lateinische Gedächtnistag der assumptio Joannis ganz allgemein den 27. December (VI kal. Januar.). So das Sacramentarium Gregorii (l. c. col. 13), das Breviarium und die Notitia apostolorum, das Kalendarium Frontonis (ed. Fabric. col. 152), sämtliche Texte des martyr. Hieronym., das martyrol. Rom. parvum und alle späteren Martyrologien. Daneben erscheint noch der Gedächtnistag des Oelmärtyrerthums des Johannes ante portam latinam am 6. Mai (prid. non. Mai.) im Sacrament. Gregorii (col. 83), dem martyrol. Rom. parv., verschiedenen jüngeren Texten des martyrol. Hieronym. wie codd. Corbej. maj. August. Labbean., und allen späteren Martyrologien. Ferner nennen einige ältere Texte als Todestag des Evangelisten Johannes in Ephesos den 24. Juni (VIII kal. Jul.), den bekannten Gedächtnistag Johannes des Täufers. So mehrere codd. des Breviarium apostolorum (als anderweite Angabe neben dem 27. Dec., in codd. Paris. 2136, 12604. Genovef. Paris. II. l. 10, in dem Drucke bei Martène u. Durand u. s. w.); ferner die notitia apostolorum in codd. Paris. 10837 und Epternac., und zahlreiche codd. des martyr. Hieron. (codd. Lucc. Epternac. Wissemb. Corbej. maj. et min. Gellon. Morbac. Richenov. Augustan. Labbean.). Bei den Kopten und Abyssiniern ist dem Johannes der 4 Tybi (Tubeh = 29. December) geweiht, daneben werden als Johannestage der 16. Epiphi (Abib, Hamle = 10. Juli), den 16. Pachom (Ginbot, Bashnash = 11. Mai) und (im arab. Synaxar) der 4. oder 8. Bashnash (29. April oder 3. Mai) genannt. Die Armenier feiern mit den Griechen den 26. September, daneben aber auch den 23. December.

Zu S. 440 Z. 13. Statt „die drei ersten Evangelisten" ist zu lesen „die Schüler der drei ersten Evangelisten".

Zu S. 441 Anm. 1 vgl. II, 2, 32 letzte Zeile. Gutschmid schreibt mir: „Sollte es Zufall sein, dass, wenn man von den 3795 Jahren der Teufels-herrschaft nach dem Johannesevangelium 33 Lebensjahre Christi bis zu seinem der Teufelsherrschaft ein Ende machenden Kreuzestode abzieht, man auf das Jahr 3762 als das des Sündenfalls kommt, das ist auf den An-fang der jetzigen jüdischen Weltära?".

Zu S. 444 Z. 2 ff. Vgl. noch Iren. haer. III, 1 mit Eus. h. e. V, 8; Iren. III, 3, 4 mit Eus. IV, 14.

Zu S. 452 Z. 30, vgl. 454 Z. 6 ff. Herr Pfarrer Rösch in Hermaringen (Württemberg) interpretirt nach einer brieflichen Mittheilung die Worte des zweiten leucianischen Fragmentes χαι ἐν αὐτῷ ἦν μορφὴ μία χαι ἰδέα ἐμοία (Zahn 223, 2) wol richtig so: „an dem Lichtkreuz war eine Menschen-gestalt und (nämlich) eine Christo gleiche Form, in welcher 'der niedere Haufe in Jerusalem' Christum selbst gekreuzigt wähnte". „Eigentlich hat der Wortlaut des Fragments zunächst wol nur den Sinn einer lediglichen Scheinkreuzigung infolge der göttlichen Substitution eines Phantoms, wie Johannes von Damaskos von einer umbra redet. Allein Photios hat um der umlaufenden Sage willen, es sei ein wirklicher Mensch, Simon von Kyrene (Basilidianer) oder der Verräther Judas (islamische Sage bei Ibn el Athir und dann im Evang. Barnabae) nach seiner Verähnlichung mit Jesu ge-kreuzigt worden, in der ἰδέα ἐμοία einen ἕτερος suchen zu müssen ge-glaubt. Wer ist aber wol der Qitibanus oder Qlitianus, wie Ibn el Athir den Stellvertreter Jesu am Kreuze auch heisst? Am Ende Titianus (wol eine Verlängerung des Räubernamens Titus im Evang. infant.), wie der Stellvertreter anderswo heisst, denn ɣ konnte leicht mit ʒ verwechselt werden".

Zu S. 457—466. Overbeck hat in seiner Recension des ersten Bandes (Götting. gel. Anzeigen 1883 Stück 28 S. 876 ff.) seinen schon früher er-hobenen Widerspruch gegen die ursprüngliche Zugehörigkeit der Geschichte von der Drusiana zu den gnostischen περίοδοι Ἰωάννου noch verschärft. Als Kern der Erzählung betrachtet er jetzt „ein ächtes, der katholischen Heiligenlegende geläufiges Nonnenproblem": „den tödtlichen Schmerz der Drusiana darüber, dass sich an ihr die sündigen Begierden eines Jünglings entzündet haben". An diesem Motiv soll alles Folgende hängen: der Frevel des Kallimachos an einer jeder Mitschuld unfähigen Leiche und seine Auferweckung, welche keinen andern Zweck habe, als das Schuldbe-wusstsein der Drusiana zu beschwichtigen. Ebenso soll mit der Composi-tion der ganzen Erzählung auch die Zweiheit der an jenem Frevel be-theiligten Missethäter zusammenhängen, dessen Sühnung, da Kallimachos zu retten ist, nun auf den treulosen und todtbleibenden Fortunatus abge-geladen wird. Endlich bei der Entsagung der Drusiana im Umgange mit ihrem Gatten Andronikos soll wohl zu beachten sein, dass sie keine dem Gatten aufgezwungene sei: dies aber sei grade gar kein gnostischer, son-dern ein gut katholischer Zug. — Ich kann diesen Ausführungen gegenüber nur an meiner Auffassung festhalten. Es mag sein, dass nicht nur, wie ich selbst schon hervorgehoben habe, die Redestücke, sondern auch der

Erzählungsstoff katholisch überarbeitet ist. Aber dass jene „im Wesentlichen ganz katholische" Erzählung nur noch durch wenige ganz äusserliche Fäden mit den gnostischen Johannesacten zusammenhängen soll, kann ich nimmermehr zugestehen. Overbeck lässt „zur Zeit" keinen andern Faden dieser Art gelten als den Namen Lykomedes. Aber schon mit dem Verzichte des Andronikos auf den ehelichen Umgang verhält es sich wesentlich anders, als es nach Overbeck erscheint, wenn man in beiden Texten liest, dass Andronikos die Drusiana wegen ihrer Weigerung, die eheliche Pflicht zu erfüllen, erst in ein Grabmal einschliesst und dann mit dem Tode bedroht (Fabricius 542, 24 sqq. Zahn 227, 10 sqq., vgl. auch die Anmerkung von Fabricius S. 543 f.). Demgegenüber kann doch die nachträgliche „Bekehrung" des Andronikos nicht als ein antignostisches Motiv geltend gemacht werden. Aber auch das ist nicht einzuräumen, dass der Kern der Erzählung in dem unfreiwilligen Schuldbewusstsein der Drusiana und der Beschwichtigung desselben liegen soll. Vielmehr begehrt Drusiana den Tod, weil sie dadurch den Jüngling von seinen wilden Leidenschaften zu befreien hofft (Fabricius 543, 25) und nicht ein vermeintliches eigenes Schuldbewusstsein, sondern eben jene Leidenschaft des Jünglings hat die Heilige mit Schmerz erfüllt (Fabricius 544, 1. 553, 26. Zahn 228, 12). Wie aber die Missethat des Jünglings, die selbst der Todten nicht verschont, nur die Raserei, von der er ergriffen ist, auf ihrem Gipfel zeigt, so werden die Umstände, unter denen sein eigner Tod erfolgt, nach seiner Erweckung durch den Apostel das Mittel zu seiner Bekehrung, und wiederum muss Drusiana erweckt werden, um Zeugin der vollbrachten Bekehrung des Jünglings zu werden. Die Rolle, welche der Procurator Fortunatus spielt, ist durchaus nebensächlich. Sie soll nur motiviren, wie Kallimachos den Zugang zu dem Grabe der Drusiana fand, was ohne Verrath unmöglich schien; den Verräther aber trifft nur die gebührende Strafe, wenn sich die auch ihm zu Theil gewordene Erweckung als vergeblich erweist. Der letzte Grund aber, warum der Eine gerettet wird, der Andere nicht, liegt darin, dass jener zu den in dieser materiellen Welt in die Irre gerathenen Pneumatikern gehört (ʻunus de errantibus' Fabricius 550, 26; τῶν πλανη-θέντων ἀνθρώπων Zahn 233, 7), dessen sündige Leidenschaft daher als ein Wahnsinn (ʻdementia') erscheint, der ihn zeitweilig befallen hat (Fabricius 552, 5 vgl. 534, 10. 547, 28; Zahn 234, 2; 18; nach dem griechischen Texte zugleich als satanische Besessenheit (Zahn 227, 6). Dagegen stammt dieser von der „bösen Wurzel" (Fabricius 555, 22): ein Thatbestand, der auch aus der katholisch übermalten Schlussrede des Apostels noch deutlich hervorblickt (Fabricius 555, 20—557, 8 vgl. auch die Anmerkung von Zahn zu S. 234, 25). Auf eine Reihe weiterer gnostischer Züge habe ich schon früher aufmerksam gemacht (S. 464 flg.); ich erinnere nochmals an die Erscheinung Christi in der Gestalt eines glänzenden Jünglings, der die Drusiana wunderbar bekleidet und an ihrem Grabe wacht, an die Bezeichnung Christi als ὁ καλός, an den Lichtfunken, der von Christus aus auf Kallimachos übergeht und dessen Bekehrung vermittelt, indem er sich zu dem Worte gestaltet: „Kallimachos stirb um zu leben". Noch hinzugefügt sei die wunderbare Eröffnung der verschlossenen Thüren (Fabricius 548, 26. Zahn 231, 14), ein Zug, der uns wiederholt in den Acten des Thomas begegnet. — Ueberhaupt muss ich gegenüber der von Overbeck (vgl. auch Harnack Theol. Literaturzeitung 1883 Nr. 3 Sp. 51) versuchten starken Reduction der gnostischen Ueberreste in den Johannes- und Andreasacten darauf bestehn, dass man zum Maassstabe der Beurtheilung der in ihrer gnostischen Urgestalt nicht mehr erhaltenen, sondern nur in katholischer Bearbeitung auf uns gekommenen Stücke die unzweifelhaft gnostischen περίοδοι θωμᾶ nehme. Bei diesen steht es denn doch nicht so, wie es nach Overbecks Auffassung scheint, als ob der gnostische Charakter derselben durch den Nachweis unsicher werde, dass die darin erhaltenen gnostischen Hymnen älter als die Acten sind und ursprünglich nichts mit ihnen zu schaffen haben. Denn wie will man es irgend begreiflich machen, dass ein gut katholischer Verfasser an diesen Hymnen soviel Freude gefunden haben soll, um ihnen einen Ehrenplatz in seiner eignen Erzählung einzuräumen? Aber auch abgesehen hiervon, so sind ja auch in dem übrigen Texte der Thomasacten die unzweifelhaft gnostischen Elemente so zahlreich wie in keinem andern Apokryphum dieser Gattung (vgl. die Zusammenstellungen I, 321 ff.). Kann man aber auch nur an einer einzigen dieser Schriften die ursprünglich gnostische Abfassung mit Sicherheit constatiren, so bleibt es der methodisch einzig sichere Weg, aus dieser Schrift die Kriterien abzuleiten, nach denen die gnostischen Elemente aller übrigen zu beurtheilen sind, natürlich unter steter Vergleichung der von Photios in der berühmten Stelle bibl. cod. 114 hervorgehobenen Eigenthümlichkeiten der von ihm noch gelesenen „leucianischen" Sammlung. Die von mir wiederholt zusammengestellten, von Overbeck als unzulänglich angefochtenen Kriterien gnostischer Askese und gnostischer Scenerie sind aber durchweg auf eine solche Vergleichung basirt. Dass man hierbei über Einzelheiten (z. B. über das Oehmartyrium des Johannes, über die Zerstörung des Artemistempels, über die Rebhuhngeschichte u. A.) schwanken kann, muss freilich zugestanden werden. Im Ganzen und Grossen wird aber doch nur das Maass der katholischen Ueberarbeitung, nicht aber der gnostische Ursprung der von mir den περίοδοι Ἰωάννου und Ἀνδρέου zugewiesenen Erzählungsstücke streitig bleiben können. Dagegen lässt sich von der Ausdehnung und der Art der katholischen Redactionen bei der Annahme, dass letztere auch den Erzählungsstoff in ganz erheblichem Umfange neugebildet haben, mit den gnostischen Vorlagen also nur durch wenige ganz äusserliche Fäden zusammenhängen sollen, überhaupt keine irgend deutliche Vorstellung gewinnen. Im Uebrigen gebe ich gern zu, dass die Gränzlinien gnostischer und klösterlicher Askese, wohl auch gnostischen und mönchischen Geschmacks vielfach fliessende sind. Wie daher jene gnostischen Geschichten seit Mitte des 4. Jahrhunderts von Mönchen und Nonnen mit besondrer Vorliebe gelesen worden sein mögen, so wird es auch an Nachbildungen derselben und sogar an directen Entlehnungen gnostischer Motive nicht gefehlt haben. Eine sichere Sonderung katholisch überarbeiteter und ursprünglich katholischer Stücke wird sich hier nur durch Zurückgehn auf die äusseren Zeugnisse, beziehungsweise durch den Nachweis unzweifelhaft gnostischer Ueberreste der betreffenden Literaturproducte ermöglichen lassen.

Zu S. 520 Z. 25. Vgl. zu diesen Tänzen auch Weingarten 'Mönchthum' Herzogs R. E. 2. Aufl. X, 762.

Zu S. 540 Anm. 5. ἀκολουθησάτωσαν. Nöldeke hält an der nächstliegenden Bedeutung „mögen mir folgen" fest und bemerkt, dass der Corrector die ἄγγελοι für gute Wesen gehalten habe.

Zu S. 544 Z. 21 ff. Gutschmid bemerkt mir hierzu: „Die Vermuthung, dass in dem 'quae a Nexocharide [d. i. Xenocharide] et Leonida philososophis' abermals Leucius Charinus stecke, kommt mir wenig wahrscheinlich vor. Dass die Worte in einigen Handschriften fehlen, kann ihre Unächtheit gewiss nicht beweisen: das ἐμοιέπρατον erklärt den Ausfall zur Genüge. Und dass sonst die ganze Sammlung dem Leucius Charinus beigelegt wird, ist auch kein Gegenbeweis: waren die an der Spitze stehenden Acten von ihm, so war es auch begreiflich, dass man seine Autorschaft auch auf alle folgenden übertrug". Gutschmid erblickt daher in der Angabe Innocenz' I, dass nicht Leucius, sondern Xenocharides und Leonidas die Andreasacten verfasst hätten, eine von mir zu leicht preisgegebene „werthvolle literarische Notiz", die noch dazu mit meinen Resultaten über die Prominenz der Andreasacten „bestens stimmt".

Zu S. 567 Anm. 1 καὶ Γορσίνοις. Gutschmid ist geneigt, in diesem Namen das älteste Beispiel vom Vorkommen des heutigen Namens 'Grusien' für das alte Iberien zu sehn. Das Prototyp wäre die persische Form Gurg, arabisch G'urz, welche wiederum (unter Uebergang von v in g) aus dem armenischen Gen. Plur. Vrats entstanden wäre. Auch Nöldeke bezeichnet diese Deutung als naheliegend. „Dann wäre Γορσίνοις gleich Γορζίνοις zu nehmen, Gorzān wäre also Georgien. Der Name kommt (als ‮جرزان‬) im 6. Jahrh. bei Syrern vor. Da der Apostel in Iberien herumstreift (S. 577 etc.). so passte das schon. Aber σ statt ζ ist wenigstens schon ein kleines Bedenken. Da nun die Saker und die Sogdianer danebenstehn, unter welchen letzteren absolut nur die Bewohner des Soghd in Transoxanien verstanden werden können, von denen man in der 2. Hälfte des 6. Jahrh. in Constantinopel sehr gut Bescheid wusste (s. Menander Protektor und Theophylakt), so wäre ein passendes Land daneben Gurgān (Hyrkanien), welches als Γοργώ bei Prokop. Pers. I, 3. 4. Johannes Lydus Mens. 4, 75, als Γοργᾶ Priscus cap. 33 (Dindorf Hist. min. I, 344) vorkommt. Tolle Geographie wird durch die Sogdaiten immer bedingt".

Zu S. 568—569 Anm. 1. Nöldeke schreibt mir: „Die Veränderung des in mehreren Texten gegebenen παρεμβολή Ἄψαρος in Ἀψάρου ist schwerlich richtig. Ἄψαρος ist der Ort selbst. Ich dachte erst, παρεμβολή sei hier einfach soviel wie κάστρον in späterer Bedeutung „Dorf" oder „Flecken"; aber Apsaros hatte eine feste Besatzung. So Arrian Periplus Ponti Euxini c. 7 (Müller, Geogr. min. I, 372 sq., vgl. dessen Anmerkungen). Ich würde übersetzen „Der Garnisonsort Apsaros". Diese Gegenden bekamen in den Kriegen mit den Sasaniden, welche sich der Kaukasusländer zu bemächtigen suchten (was die Parther kaum gethan), erhöhte Bedeutung und waren den Leuten in Constantinopel daher leidlich bekannt".

Zu S. 609 Anm. 1. Als Gedächtnistag des Andreas und seines Martyriums in Patrā gilt bei Griechen, Lateinern, Armeniern und Kopten ganz allgemein der 30. November. So unter den Lateinern das Breviarium und die notitia apostolorum, das Sacram. Gregorii, das Kalendar. des Fronto und sämtliche Martyrologien. Daneben nennen einige codd. des martyrol. Hieronym. (codd. Lucc. Epternac. Wissemb. Corbej. maj. et min. Gellon. Augustan. Labbean.) den 5. Februar (non. Februar.) als Ordinationstag des Andreas 'in Oriente' in der Stadt Patras.

Zu S. 617 Z. 19 ff. 621 Z. 24 ff. Wie Nöldeke mir bestätigt, sind die „Akradis' und „Lydda" des Aethiopen dasselbe wie „die Kurden" اكراد und „Ludd" لد des Arabers. „Akråd (Plur. von Kurd) heisst eben „Kurden", und wie dies Wort, so ist auch 'Ludd' (Lydda, Diospolis in Palästina) von den thörichten Abessiniern mit einer griechischen Endung versehn. Welche Namen der Araber mit 'Kurden' und 'Lydda' wiedergegeben hat, ist natürlich eine andre Frage".

Druck von M. Bruhn in Braunschweig.

Berichtigungen.

S. 23 Z. 10 l. ριδ' st. ρ‚δ'. S. 55 Anm. 2 Z. 2 L 1588 st. 1589. S. 61 Anm. 1. Dass hier die armenische Tradition vorausgesetzt sei, ist berichtigt S. 91. S. 62 Z. 19 l. *Huzitis* st. *Huzidis*. S. 64 Z. 1 ist ausgefallen: *So-krates (h. e. I, 19)*. S. 67 Z. 7 l. *Bartholomaeus* st. *Matthaeus*. S. 70 Z. 11 l. *'handgreiflich'* st. *hand—*. S. 75 Z. 10 l. *in welchen* st. *in welcher*. S. 77 Z. 9 l. *sollen* st. *solle*. S. 85 Z. 6 l. *Mit* st. *In*. S. 92 Z. 13 l. *Wright* st. *Wight*. S. 108 Anm. 2 Z. 7 l. *Text* st. *Texte*. S. 152 Z. 11 und S. 153 (Text) Z. 1 v. u. l. *Baschnasch* st. *Baschmasch*. S. 176 Z. 15 ist das Komma vor *quem* zu setzen. S. 209 Z. 17 l. *Judäa's* st. *Indiens*. S. 215 Z. 15 l. *intra* st. *inter*. S. 257 Z. 17 l. *welche* st. *welchen*. S. 323 Anm. Z. 3 v. u. ist das Kolon hinter εὐηγγελίζετο zu streichen. S. 341 Z. 30 l. *universam* st. *universum*. S. 352 Z. 26 Die hierzu gehörige Anmerkung ist fälschlich auf S. 353 gesetzt. S. 353 Z. 3 l. *sein* st. *seien*. S. 371 Z. 8 l. *Rialius* st. *Riarius*. S. 380 Z. 16 ist hinter *aufgefordert worden sei* die Verweisung auf die Anmerkung unter dem Texte ausgefallen. S. 394 Z. 8 v. u. l. *Silvestro* st. *Silvesto*.

Ferner sind einige Accentfehler zu verbessern. S. 24 Z. 4 l. Φιλιπ-πον, ebendas. Z. 14 καθεζομένου. S. 61 Anm. Z. 8 v. u. εἷς. S. 231 Anm. 1 Z. 7 v. u. προφάσεως. S. 301 Anm. Z. 1 u. 2 v. u. δεκάτῳ und ἐννάτῳ. S. 385 Z. 24 ἁγιώτατον.